"十四五"时期国家重点出版物出版专项规划项目

现代数学基础丛书 198

金融数学引论

(第二版)

严加安 著

科学出版社

北 京

内 容 简 介

本书由浅入深、全面系统地介绍金融数学基本理论,着重介绍鞅方法在未定权益定价和对冲中的应用. 内容包含离散时间投资组合选择理论和金融市场模型、Black-Scholes 模型及其修正、奇异期权的定价和对冲、Itô 过程和扩散过程模型、利率期限结构模型、最优投资组合与投资-消费策略、静态风险度量. 本书第四章系统讲述了 Itô 随机分析理论,这是金融数学中鞅方法的理论基础. 该章内容可以作为概率论研究生学习 Itô 随机分析的简明教材.

本版是在第一版基础上增加了基于半鞅随机分析理论的金融数学(共计 4 章),内容取材于 2018 年由 Springer 和科学出版社联合出版的作者的英文专著 *Introduction to Stochastic Finance*.

本书适合金融数学专业的高年级大学生和研究生学习使用,也可供从事金融数学教学和理论研究的学者参考.

图书在版编目(CIP)数据

金融数学引论/严加安著. —2 版.—北京:科学出版社,2023.3
(现代数学基础丛书; 198)
ISBN 978-7-03-074993-2

I. ①金⋯ II. ①严⋯ III. ①金融-经济数学 IV. ①F830

中国国家版本馆 CIP 数据核字(2023) 第 038227 号

责任编辑: 李 欣 李香叶 / 责任校对: 彭珍珍
责任印制: 赵 博 / 封面设计: 陈 敬

科学出版社 出版
北京东黄城根北街 16 号
邮政编码: 100717
http://www.sciencep.com
天津市新科印刷有限公司印刷
科学出版社发行   各地新华书店经销

*

2012 年 8 月第 一 版   开本: 720×1000   1/16
2023 年 3 月第 二 版   印张: 25 1/4
2024 年 1 月第十次印刷   字数: 510 000
定价: 128.00 元
(如有印装质量问题, 我社负责调换)

《现代数学基础丛书》序

对于数学研究与培养青年数学人才而言，书籍与期刊起着特殊重要的作用．许多成就卓越的数学家在青年时代都曾钻研或参考过一些优秀书籍，从中汲取营养，获得教益．

20 世纪 70 年代后期，我国的数学研究与数学书刊的出版由于"文化大革命"的浩劫已经破坏与中断了 10 余年，而在这期间国际上数学研究却在迅猛地发展着．1978 年以后，我国青年学子重新获得了学习、钻研与深造的机会．当时他们的参考书籍大多还是 50 年代甚至更早期的著述．据此，科学出版社陆续推出了多套数学丛书，其中《纯粹数学与应用数学专著》丛书与《现代数学基础丛书》更为突出，前者出版约 40 卷，后者则逾 80 卷．它们质量甚高，影响颇大，对我国数学研究、交流与人才培养发挥了显著效用．

《现代数学基础丛书》的宗旨是面向大学数学专业的高年级学生、研究生以及青年学者，针对一些重要的数学领域与研究方向，作较系统的介绍．既注意该领域的基础知识，又反映其新发展，力求深入浅出，简明扼要，注重创新．

近年来，数学在各门科学、高新技术、经济、管理等方面取得了更加广泛与深入的应用，还形成了一些交叉学科．我们希望这套丛书的内容由基础数学拓展到应用数学、计算数学以及数学交叉学科的各个领域．

这套丛书得到了许多数学家长期的大力支持，编辑人员也为其付出了艰辛的劳动．它获得了广大读者的喜爱．我们诚挚地希望大家更加关心与支持它的发展，使它越办越好，为我国数学研究与教育水平的进一步提高做出贡献．

杨　乐
2003 年 8 月

第二版前言

本书是在第一版基础上增加了基于半鞅随机分析理论的金融数学, 共计 4 章: 第十一章至第十四章, 内容取材于 2018 年由 Springer 和科学出版社联合出版的作者的英文专著 *Introduction to Stochastic Finance*. 在第十一章中, 我们首先简要介绍半鞅随机分析和半鞅模型市场中的基本概念和记号, 然后在等价鞅测度构架下建立 Kramkov 的可选分解定理一个版本, 给出超对冲成本的一个不依赖计价单位的表达式, 以及可达未定权益和市场完备性的不依赖计价单位的刻画. 在第十二章中, 首先对由 Kramkov 和 Schachermayer 在等价局部鞅测度设定下提出的最优投资的凸对偶方法进行了综述, 然后介绍了一个不依赖于计价单位的且基于原始概率的金融市场框架 (源于 Yan (2002a)), 并给出了 Kramkov 和 Schachermayer 的结果在这个框架下的新表述, 介绍了两种基于效用的期权定价方法. 在第十三章中, 首先介绍一般半鞅模型中的期望效用最大化和估价问题. 这时经典的 "虚拟完备化" 方法不再适用, 我们提出了鞅测度方法. 对于由 Lévy 过程驱动的市场, 给出了最优投资组合和相关的鞅测度的显式表达. 最后, 在第十四章中, 我们引入半鞅模型市场中的 "最优增长策略" 及其相关的 "最优增长投资组合", 给出由 Lévy 过程或跳扩散型过程驱动的模型中的最优增长投资组合的表达式.

严加安

2023 年 1 月

第一版前言

现代金融经济学研究在不确定环境中的投资和交易. 金融数学 (亦称数理金融学) 通过建立金融市场的数学模型, 利用数学工具研究风险资产 (包括衍生金融产品和金融工具) 的定价、对冲和最优投资消费策略的选取. 近四十年来, 金融数学不仅对金融工具的创新和对金融市场的有效运作产生直接影响, 而且对公司的投资决策和对研究开发项目的评估以及在金融机构的风险管理中得到广泛应用.

金融数学的第一个突破是 1952 年 Markowitz 提出的用于投资分析的均值-方差分析方法. 该方法用收益率的期望和方差分别表示投资的回报和风险, 投资者从证券收益率的统计特性出发来决定最优投资组合, 以达到在回报和风险间一种权衡. 20 世纪 60 年代中期, 在 Markowitz 的均值-方差分析基础上, Sharpe (1964)、Lintner (1965) 和 Mossin (1966) 进一步发现在竞争均衡市场中, 风险资产的预期收益率与市场投资组合的风险报酬之间有一个线性关系, 这就是著名的资本资产定价模型 (CAPM). CAPM 在证券估价、投资组合绩效评估、资本预算以及投资风险分析中有广泛的应用. 1976 年, Ross 进一步提出了著名的套利定价理论 (APT). 该理论认为证券收益率与一组因子线性相关, 这组因子代表影响证券收益率的一些基本因素, 这提供了理解市场中风险与收益率间的一种内在关系.

事实上, 金融数学的历史还可以追溯到 1900 年法国数学家 Bachelier 的博士学位论文《投机的理论》. 在这篇论文中, 他首次用 Brown 运动来描述股票价格的变化, 并研究了期权定价问题. 但 Bachelier 的工作直到首届诺贝尔经济学奖得主 Samuelson 在 1965 年的一篇文章提及才被经济学家知晓. Samuelson 在文章中提出用几何 Brown 运动替代 Bachelier 论文中 Brown 运动来描述股票价格的变动, 建立了这一经典的连续时间金融数学模型. 在 1969 年和 1971 年的两篇文章中, Merton 用随机动态规划方法研究了这一连续时间金融模型下的最优消费投资组合问题. 1973 年 Black 和 Scholes 利用随机分析中的 Itô 公式导出了一个期权定价公式, 即著名的 Black-Scholes 公式. 几乎与此同时, Merton (1973a) 对 Black-Scholes 模型和定价公式作了完善和多方面的推广, 并将他们用期权来估价公司负债的思想发展成为所谓的 "未定权益分析". Harrison and Kreps (1979) 提出用鞅方法刻画无套利市场, 并用等价鞅测度对期权进行定价和对冲, 这对金融数学的日后发展产生了深远的影响. 为了研究利率衍生产品的定价, 需要对未来即期利率的市场走势有所预测. 20 世纪 70 年代以来, 许多学者相继提出了能够反映未来即期利率的市场走势的许多利率期限结构模型, 其中著名的有 Vasicek 模型、CIR 模型、HJM 模型和 BGM 模型. 所谓利率期限结构, 是指在某一时点上, 各种不同期限债券的利率与到期期限之间的关系. 利率期限结构模型大致可分为两大类: 无套利模型和均衡模型. 前者是基于债券市场价格是合理的 (不存在套利机会) 这一假定, 而后者是基于流动性报酬和风险报酬之间的关系.

20 世纪 80 年代以来, 许多概率论及相关领域的学者开展了对金融数学的理论和应用研究, 国外已经出版了许多有关金融数学的著作, 国内近年来也有一些金融数学的著作问世. 本书旨在由浅入深地、全面和系统地介绍金融数学的基本理论, 着重介绍鞅方法在未定权益的定价和对冲中的应用. 本书共分 10 章. 第一章简单介绍概率论基础和离散时间鞅, 这是专门为非概率论专业的读者准备的. 第二章首先系统介绍经典的离散时间组合选择理论——Markowitz 的均值-方差分析, 并简单介绍作者和合作者对 Markowitz 均值-方差分析理论的一个改进形式; 接着介绍资产定价模型 (CAPM)、套利定价理论 (APT) 和多阶段均值-方差分析理论; 最后简要介绍期望效用理论的基本思想和基于消费的资产定价模型. 第三章首先引入金融市场的基本概念和二叉树模型, 接着介绍一般离散时间金融市场模型和无套利市场的鞅刻画, 最后讲述期望效用最大化的鞅方法和欧式未定权益的风险中性定价原理. 第四章系统讲述了 Itô 随机分析理论, 这是金融数学中的鞅方法的理论基础. 本章首先简要介绍了基本的连续时间随机过程的定义和性质, 以及连续下鞅的 Doob-Meyer 分解和连续局部鞅和半鞅的二次变差过程; 然后给出关于 Brown 运动随机积分的定义, 介绍 Itô 公式、Girsanov 定理和鞅表示定理等基本结果; 最后简要介绍 Itô 随机微分方程、Feynman-Kac 公式和倒向随机微分方程. 本章内容可以单独提取出来作为概率论研究生学习 Itô 随机分析的一个简明教材. 第五章在经典的 Black-Scholes 模型下, 介绍欧式未定权益定价和对冲的鞅方法, 并推导出欧式期权定价的 Black-Scholes 公式, 对美式期权的定价问题也进行了简要讨论. 此外, 通过若干例子说明鞅方法的具体应用. 最后, 针对 Black-Scholes 公式在期权定价中出现的偏差, 介绍了 Black-Scholes 模型的几种修正. 第六章介绍了几种在实际中常用的路径依赖奇异期权: 障碍期权、亚式期权、回望期权和重置期权, 用鞅方法和偏微分方程方法研究了这些特异期权的定价和对冲. 第七章研究了 Itô 过程和扩散过程模型, 详细介绍了未定权益定价的鞅方法, 包括介绍通过时间和刻度变换给出一些期权定价的显式公式. 此外也简要介绍了美式未定权益的定价. 第八章介绍债券市场和利率期限结构模型, 包括各种单因子短期利率模型、HJM 模型以及 HJM 模型的一个变种 (BGM 模型). 此外, 简单讨论了利率衍生品的定价问题. 第九章介绍扩散过程模型下的最优投资组合与投资-消费策略, 内容包括在 L^2 容许交易策略范围内研究风险-均值投资组合选择问题, 期望效用最大化问题和带消费的投资组合策略选择问题. 第十章系统介绍有关静态风险度量的一般理论, 其中包括一致风险度量和凸风险度量、共单调次可加风险度量、共单调凸风险度量、分布不变的各类风险度量, 介绍它们的刻画和表示.

本书前八章部分内容来自我的一份英文讲义, 感谢我的学生邓欣雨帮我将英文讲义中的相关章节翻译成了本书第五、六、七章的初稿. 我曾经用英文讲义和本书的书稿给我的历届研究生讲授金融数学入门课程, 感谢他们发现书稿中的一些错误和欠妥之处, 使我得以对书稿不断加以改进和完善. 在本书定稿阶段, 许明宇博士、宋永生博士、许左权博士以及我的博士生尚珂和葛旸等审阅了部分书稿, 提出了不少修改建议, 在此向他们表示衷心感谢.

作者特别感谢夏建明研究员为本书撰写了 §9.2 节, 感谢宋永生博士将他的博士论文中有关静态风险度量部分提供给作者作为本书第十章的基本素材.

本书的出版得到中国科学院科学出版基金的资助. 在本书写作过程中, 作者得到科技部 973 项目 "金融创新产品的设计和定价" 课题 (No.2007CB814902)、国家自然科学基金委员会 "创新研究群体科学基金"(No.11021161) 和中国科学院随机复杂结构与数据科学重点实验室的资助, 在此一并致谢.

严加安

2012 年 5 月

目　　录

第一章　概率论基础和离散时间鞅论

中世纪欧洲盛行用掷骰子进行赌博, 概率论就起源于研究与之相关的概率问题. 但直到 20 世纪初概率论还未被认为是数学的一个分支. 现代概率论的数学基础是 Kolmogorov 在 1933 年奠定的, 他采纳 Lebesgue 的测度论框架创立了概率论公理化体系. 本章首先介绍现代概率论的若干基本概念和结果, 重点介绍与条件数学期望有关的结果; 然后介绍离散时间鞅论, 包括鞅变换和 Snell 包络. 我们假定读者已经具备测度论的基础知识.

§1.1　概率论的基本概念

§1.1.1　事件与概率

考虑一项试验. 用 Ω 表示试验的所有可能的结果的集合, 称为样本空间. 每个结果称为基本事件. 样本空间 Ω 的子集, 称为事件. Ω 本身称为必然事件. 我们说事件 A 发生, 是指试验结果 ω 是 A 的一个元素. 如果试验结果是有限或可数多个, 我们可以用组合数学来研究有关的概率问题. 但如果试验结果是不可数无限多个, 我们可能不好考虑单个试验结果, 因为它们出现的概率可能为零. 这时我们需要在测度论框架下研究概率问题.

在测度论中, 我们用 Ω 表示一个空间, 它是我们事先界定的研究对象, 它的元素用 ω 表示. $\omega \in A$ 或 $\omega \notin A$ 分别表示 ω 属于 A 或不属于 A. 不含任何元素的集合称为空集, 以 $\varnothing$ 记之. 我们用 $A \supset B$ 或 $B \subset A$ 表示 B 是 A 的子集, 用

$$A \cap B, \quad A \cup B, \quad A \setminus B, \quad A \triangle B$$

分别表示 A 与 B 的交、并、差和对称差, 即

$$A \cap B = \{\omega : \omega \in A \text{ 且 } \omega \in B\}, \quad A \cup B = \{\omega : \omega \in A \text{ 或 } \omega \in B\},$$

$$A \setminus B = \{\omega : \omega \in A \text{ 且 } \omega \notin B\}, \quad A \triangle B = (A \setminus B) \cup (B \setminus A).$$

我们用 A^c 表示 $\Omega \setminus A$, 并称 A^c 为 A (在 Ω 中) 的余集, 于是有 $A \setminus B = A \cap B^c$. 有时也用 AB 表示 $A \cap B$. 若 $A \cap B = \varnothing$, 称 A 与 B 互不相交. 显然有 $A \cap A^c = \varnothing$, $A \cup A^c = \Omega$.

设 $\{A_\lambda, \lambda \in \Lambda\}$ 为一由 Ω 的子集为元素构成的集合. 我们用 $\bigcup_{\lambda \in \Lambda} A_\lambda$ 和 $\bigcap_{\lambda \in \Lambda} A_\lambda$ 分别表示它们的并和交. 设 $\{A_n, n \geqslant 1\}$ 为一由 Ω 的子集构成的有限或

可数序列. 若 (A_n) 两两不相交 (即 $n \neq m \Rightarrow A_n \cap A_m = \varnothing$), 则常用 $\sum_n A_n$ 表示 $\bigcup_n A_n$. 若有 $\sum_n A_n = \Omega$, 称 $\{A_n, n \geqslant 1\}$ 为 Ω 的一个划分.

对任一集列 (A_n), 令

$$\limsup_{n \to \infty} A_n = \bigcap_{n=1}^{\infty} \bigcup_{k=n}^{\infty} A_k, \quad \liminf_{n \to \infty} A_n = \bigcup_{n=1}^{\infty} \bigcap_{k=n}^{\infty} A_k,$$

分别称其为 (A_n) 的上极限和下极限. 显然有

$$\liminf_{n \to \infty} A_n \subset \limsup_{n \to \infty} A_n.$$

若 $\liminf\limits_{n \to \infty} A_n = \limsup\limits_{n \to \infty} A_n$, 称 (A_n) 的极限存在, 并用 $\lim\limits_{n \to \infty} A_n$ 表示 (A_n) 的同一上、下极限, 称它为 (A_n) 的极限.

以 Ω 的某些子集为元素的集合称为 (Ω 上的) 集类. 称集类 $\mathcal{C}$ 为代数 (或域), 如果 $\Omega \in \mathcal{C}, \varnothing \in \mathcal{C}$, 且 $\mathcal{C}$ 对有限交及取余集运算封闭 (由此推知 $\mathcal{C}$ 对有限并及差运算封闭). 称 $\mathcal{C}$ 为 σ-代数, 如果 $\Omega \in \mathcal{C}, \varnothing \in \mathcal{C}$, 且 $\mathcal{C}$ 对可列交及取余集运算封闭 (由此推知 $\mathcal{C}$ 对可列并及差运算封闭). 包含一集类 $\mathcal{C}$ 的最小 σ 代数称为由 $\mathcal{C}$ 生成的 σ-代数, 记为 $\sigma(\mathcal{C})$.

设 $\mathcal{F}$ 为 Ω 上的一 σ-代数, 称序偶 $(\Omega, \mathcal{F})$ 为一可测空间, $\mathcal{F}$ 中的元称为 $\mathcal{F}$-可测集. 设 μ 为定义于 $\mathcal{F}$ 取值于 $\overline{\mathbb{R}}_+ = [0, \infty]$ 的函数. 如果 $\mu(\varnothing) = 0$ 且 μ 有可数可加性或 σ-可加性, 即

$$\forall\ n \geqslant 1, A_n \in \mathcal{F};\ \forall n \neq m,\ A_n \cap A_m = \varnothing$$
$$\Rightarrow \mu\left(\bigcup_{n=1}^{\infty} A_n\right) = \sum_{n=1}^{\infty} \mu(A_n),$$

则称 μ 为 Ω 上的 (或 $(\Omega, \mathcal{F})$ 上的) 测度. 若 $\mu(\Omega) < \infty$, 则称 μ 为有限测度. 如果存在 Ω 的可数可测划分 $(A_i)_{i \geqslant 1}$, 使得对于每个 A_i, $\mu(A_i) < \infty$, 则称 μ 为 σ-有限测度. 若 $\mu(\Omega) = 1$, 则称 μ 为概率测度, 并称三元组 $(\Omega, \mathcal{F}, \mu)$ 为概率空间. 以下我们用 $\mathbb{P}$ 表示一概率测度.

设 $(\Omega, \mathcal{F}, \mathbb{P})$ 为一概率空间, 若 $A \in \mathcal{F}$, 且 $\mathbb{P}(A) = 0$, 称 A 为零概集. 如果任何零概集的子集皆属于 $\mathcal{F}$, 称 $\mathcal{F}$ 关于 $\mathbb{P}$ 是完备的, 并称 $(\Omega, \mathcal{F}, \mathbb{P})$ 为一完备概率空间.

设 $(\Omega, \mathcal{F}, \mathbb{P})$ 为一概率空间, 令

$$\mathcal{N} = \{N \subset \Omega : \text{存在 } A \in \mathcal{F}, \mathbb{P}(A) = 0, \text{使得 } N \subset A\},$$

$$\overline{\mathcal{F}} = \{B \cup N : B \in \mathcal{F}, N \in \mathcal{N}\},$$

$$\overline{\mathbb{P}}(B \cup N) = \mathbb{P}(B), \quad B \in \mathcal{F}, N \in \mathcal{N}.$$

则 $(\Omega, \overline{\mathcal{F}}, \overline{\mathbb{P}})$ 为一完备概率空间, 它是包含 $(\Omega, \mathcal{F}, \mathbb{P})$ 的最小完备概率空间. 称 $(\Omega, \overline{\mathcal{F}}, \overline{\mathbb{P}})$ 为 $(\Omega, \mathcal{F}, \mathbb{P})$ 的完备化, 称 $\overline{\mathcal{F}}$ 为 $\mathcal{F}$ 关于 $\mathbb{P}$ 的完备化.

§1.1.2   独立性、0-1 律和 Borel-Cantelli 引理

设 A 和 B 为事件, 如果 $\mathbb{P}(AB) = \mathbb{P}(A)\mathbb{P}(B)$, 则称事件 A 和 B 独立. 一事件类 $(A_t, t \in T)$ 称为独立事件类, 如果对 T 的任何有限子集 S, 我们有

$$\mathbb{P}\Big(\bigcap_{s \in S} A_s\Big) = \prod_{s \in S} \mathbb{P}(A_s).$$

这时称该事件类中的诸事件相互独立, 这比两两独立条件强.

称事件类 $\mathcal{A}$ 和事件类 $\mathcal{B}$ 独立, 如果 $\mathcal{A}$ 中的任何事件 A 和 $\mathcal{B}$ 中的任何事件 B 独立. 更一般地, 设 $(\mathcal{C}_t, t \in T)$ 为由事件类构成的族. 如果从每个事件类 $\mathcal{C}_t$ 中任取一事件 A_t, 由它们组成的类 $(A_t, t \in T)$ 都是独立事件类, 则称该族为独立族, 并称该族中的事件类相互独立. 容易证明如下的

> **独立类扩张定理**   设 $(\mathcal{C}_t, t \in T)$ 为独立族, 如果对每个 $t \in T$), $\mathcal{C}_t$ 为 π 类 (即对集合交运算封闭), 则 $(\sigma(\mathcal{C}_t), t \in T)$ 也为独立族, 这里 $\sigma(\mathcal{C}_t)$ 表示由事件类 $\mathcal{C}_t$ 生成的 σ-代数 (即包含 $\mathcal{C}_t$ 的最小 σ-代数).

下面的 Kolmogorov 0-1 律是有关事件独立性的一个重要结果.

> **Kolmogorov 0-1 律**   设 $(\mathcal{F}_n, n \geqslant 1)$ 为一列相互独立的 σ-代数. 令
>
> $$\mathcal{G} = \bigcap_{k=1}^{\infty} \sigma\Big(\bigcup_{n=k}^{\infty} \mathcal{F}_n\Big).$$
>
> 则对任何 $A \in \mathcal{G}$, 我们有 $\mathbb{P}(A) = 0$ 或 1. 我们称 $\mathcal{G}$ 为序列 $(\mathcal{F}_n, n \geqslant 1)$ 的尾 σ-代数.

事实上, 由于 $\sigma\Big(\bigcup_{n=k+1}^{\infty} \mathcal{F}_n\Big)$ 和 $\sigma(\mathcal{F}_n, 1 \leqslant n \leqslant k)$ 独立, $\mathcal{G}$ 和 $\sigma(\mathcal{F}_n, 1 \leqslant n \leqslant k)$ 独立. 令 $\mathcal{A} = \bigcup_{k=1}^{\infty} \sigma(\mathcal{F}_n, 1 \leqslant n \leqslant k)$. 则 $\mathcal{G}$ 和 $\mathcal{A}$ 也独立. 但 $\mathcal{A}$ 本身是一代数 (从而是 π 类), 故 $\mathcal{G}$ 和 $\sigma(\mathcal{A})$ 独立. 然而由于 $\mathcal{G} \subset \sigma(\mathcal{A})$, 这表明 $\mathcal{G}$ 与它自身独立. 因此对任何 $A \in \mathcal{G}$, 我们有 $\mathbb{P}(A) = \mathbb{P}(AA) = \mathbb{P}(A)^2$, 即 $\mathbb{P}(A) = 0$ 或 1.

令 $(A_n)_{n \geqslant 1}$ 为一列事件. 事件 $A = \bigcap_{k=1}^{\infty} \bigcup_{n=k}^{\infty} A_n$ ((A_n) 的上极限) 发生, 当且仅当有无穷多个事件 A_n 发生. 我们用 "A_n i.o." 表示事件 A, 关于此事件的概率, 我

们有如下的

Borel-Cantelli 引理　如果 $\sum\limits_{n=1}^{\infty} \mathbb{P}(A_n) < \infty$, 则 $\mathbb{P}(A_n \text{ i.o.}) = 0$. 若 (A_n) 相互独立, 且 $\sum\limits_{n=1}^{\infty} \mathbb{P}(A_n) = \infty$, 则 $\mathbb{P}(A_n \text{ i.o.}) = 1$.

事实上, 如果 $\sum\limits_{n=1}^{\infty} \mathbb{P}(A_n) < \infty$, 则

$$\mathbb{P}(A_n \text{ i.o.}) = \lim_{k \to \infty} \mathbb{P}\left(\bigcup_{n=k}^{\infty} A_n\right) \leqslant \lim_{k \to \infty} \sum_{n=k}^{\infty} \mathbb{P}(A_n) = 0.$$

若 (A_n) 相互独立, 且 $\sum\limits_{n=1}^{\infty} \mathbb{P}(A_n) = \infty$, 则对 $k \geqslant 1$, 我们有 (注意到 $1 - x \leqslant e^{-x}$)

$$\mathbb{P}\left(\bigcup_{n=k}^{\infty} A_n\right) = 1 - \mathbb{P}\left(\bigcap_{n=k}^{\infty} A_n^c\right) = 1 - \prod_{n=k}^{\infty} \mathbb{P}(A_n^c)$$

$$\geqslant 1 - \prod_{n=k}^{\infty} e^{-\mathbb{P}(A_n)} = 1 - e^{-\sum\limits_{n=k}^{\infty} \mathbb{P}(A_n)} = 1.$$

因此有

$$\mathbb{P}(A_n \text{ i.o.}) = \lim_{k \to \infty} \mathbb{P}\left(\bigcup_{n=k}^{\infty} A_n\right) = 1.$$

§1.1.3　积分、随机变量的 (数学) 期望

给定一测度空间 $(\Omega, \mathcal{F}, \mu)$. 如下形式的可测函数称为简单可测函数:

$$f = \sum_{i=1}^{n} a_i I_{A_i},$$

其中 $a_i \in \mathbb{R}_+$, $A_i \in \mathcal{F}$, I_{A_i} 称为 A_i 的示性函数. 我们用 $\mathcal{S}^+$ 表示 Ω 上 $\mathcal{F}$ 可测非负简单函数全体, 用 $\mathcal{L}$(相应地, $\overline{\mathcal{L}}$) 表示 Ω 上 $\mathcal{F}$ 可测实值 (相应地, 数值) 函数全体.

首先, 我们定义非负简单可测函数关于测度 μ 的积分. 设 $f = \sum\limits_{i=1}^{n} a_i I_{A_i} \in \mathcal{S}^+$ 为简单可测函数, 令

$$\int_{\Omega} f d\mu = \sum_{i=1}^{n} a_i \mu(A_i),$$

易证 $\int_{\Omega} f d\mu$ 不依赖于 f 的具体表达. 我们称 $\int_{\Omega} f d\mu$ 为 f 关于 μ 的积分.

通常, 我们用 $\int f d\mu$ 或 $\mu(f)$ 简记 $\int_\Omega f d\mu$.

设 f 为一非负可测函数. 任取 $f_n \in \mathcal{S}^+$, 使 $f_n \uparrow f$, 令

$$\mu(f) = \lim_{n \to \infty} \mu(f_n),$$

则上述右端极限存在, 且不依赖于序列 (f_n) 的选取, 我们称 $\mu(f)$ 为 f 关于 μ 的积分.

现设 f 为一可测函数. 令 $f^+ = f \vee 0, f^- = (-f) \vee 0$, 若 $\mu(f^+) < \infty$ 或 $\mu(f^-) < \infty$, 则称 f(关于 μ 的) 积分存在. 令

$$\mu(f) = \mu(f^+) - \mu(f^-),$$

称 $\mu(f)$ 为 f 关于 μ 的积分. 若 $\mu(f^+) < \infty$, 且 $\mu(f^-) < \infty$ (亦即 $\mu(|f|) < \infty$), 则称 f 关于 μ 可积 (简称 μ 可积).

设 $(\Omega, \mathcal{F}, \mathbb{P})$ 为一概率空间, X 为一定义在 Ω 上的 $\mathbb{R}^d$-值函数. 我们用 $\sigma(X)$ 表示 σ-代数 $\{X^{-1}(A), A \in \mathcal{B}(\mathbb{R}^d)\}$, 其中 $\mathcal{B}(\mathbb{R}^d)$ 为 $\mathbb{R}^d$ 上的 Borel σ-代数, 称 $\sigma(X)$ 为由 X 生成的 σ-代数.

X 称为随机变量, 如果它是 $\mathcal{F}$-可测, 即 $\sigma(X) \subset \mathcal{F}$. 由于 $\mathcal{B}(\mathbb{R}^d)$ 由 $\{(-\infty, x] : x \in \mathbb{R}^d\}$ 生成, 定义在 Ω 上的 $\mathbb{R}^d$-值函数 X 为一随机变量, 当且仅当对一切 $x \in \mathbb{R}^d$, $[X \leqslant x] := \{\omega : X(\omega) \leqslant x\} \in \mathcal{F}$. 在概率论中, 我们对几乎必然相等 (简记为 a.s. 相等) 的随机变量不加区别.

设 X 为一 $\mathbb{R}^d$-值随机变量. 如果存在 $\mathbb{R}^d$ 的一有限或可数子集 $\{x_1, x_2, \cdots\}$, 使得对每个 i, $\mathbb{P}(X = x_i) > 0$, 且 $\sum_i \mathbb{P}(X = x_i) = 1$, X 称为离散随机变量, 其值域为 $\{x_1, x_2, \cdots\}$. 如果对每个 $x \in \mathbb{R}^d$, $\mathbb{P}(X = x) = 0$, X 称为连续随机变量.

设 $X = (X_1, \cdots, X_d)^\tau$ 为一 $\mathbb{R}^d$-值随机变量, 这里及今后, 上标 "τ" 表示向量或矩阵的转置. 令

$$F(x) = \mathbb{P}(X \leqslant x) = \mathbb{P}\left(\bigcap_{i=1}^d [X_i \leqslant x_i]\right), \quad x = (x_1, \cdots, x_d)^\tau \in \mathbb{R}^d,$$

称 F 为 X 的分布 (函数), 也称它为 d 个标量随机变量 $\{X_1, \cdots, X_d\}$ 的 联合分布. 对一固定的 i, 令

$$F_i(x_i) = \mathbb{P}(X_i \leqslant x_i), \quad x_i \in \mathbb{R}.$$

称 F_i 为 X_i 的边际分布. 一标量随机变量的分布函数 F 为右连续增函数. 如果 F 绝对连续, 它的导数 f 称为 F 的密度函数, 即

$$\frac{\partial^d F}{\partial x_1 \partial x_2 \cdots \partial x_d} = f(x_1, x_2, \cdots, x_d).$$

随机变量 X 关于概率测度 $\mathbb{P}$ 的积分, 称为 X 关于 $\mathbb{P}$ 的期望, 记为 $\mathbb{E}[X]$. 如果 $\mathbb{E}[X^+]$ 和 $\mathbb{E}[X^-]$ 两者之一有限, 我们令 $\mathbb{E}[X] = \mathbb{E}[X^+] - \mathbb{E}[X^-]$, 这时称 X 关于 $\mathbb{P}$ 的期望存在. 如果 $\mathbb{E}[X^+]$ 和 $\mathbb{E}[X^-]$ 两者都有限, 这时 $\mathbb{E}[X]$ 有限, 称 X 为可积随机变量. 设 $p \geqslant 1$, 如果 $\mathbb{E}[|X|^p]$ 有限, 称 X 为 L^p-可积. 我们用 $L^p(\Omega, \mathcal{F}, \mathbb{P})$ 表示 L^p-可积随机变量全体.

一随机变量族 $(X_t, t \in T)$ 称为独立族, 如果 σ-代数族 $(\sigma(X_t), t \in T)$ 为独立族. 由独立类扩张定理知, 一列随机变量 $X_1, \cdots, X_n$ 相互独立, 当且仅当对任意 $x_i \in \mathbb{R}$, $i \geqslant 1$, 有

$$\mathbb{P}(X_1 \leqslant x_1, \cdots, X_n \leqslant x_n) = \prod_{i=1}^{n} \mathbb{P}(X_i \leqslant x_i).$$

设 $(X_i, i = 1, \cdots, n)$ 为一列相互独立可积随机变量, 则有

$$\mathbb{E}\left[\prod_i X_i\right] = \prod_i \mathbb{E}[X_i].$$

§1.1.4 收敛定理

下面定义随机变量序列的几种收敛.

> **定义 1.1** 设 (X_n) 为随机变量序列, X 为随机变量.
> (1) 如果存在一零概集 N, 使得 $\forall \omega \in N^c$ 有 $\lim\limits_{n \to \infty} X_n(\omega) = X(\omega)$, 则称 (X_n) 几乎必然收敛于 X(或 a.s. 收敛于 X), 记为 $\lim\limits_{n \to \infty} X_n = X$ a.s., 或 $X_n \xrightarrow{\text{a.s.}} X$.
> (2) 如果对任给 $\varepsilon > 0$, $\lim\limits_{n \to \infty} \mathbb{P}(|X_n - X| > \varepsilon]) = 0$, 则称 (X_n) 依概率收敛于 X, 并记为 $X_n \xrightarrow{\text{P}} X$.
> (3) 设 F_n 和 F 分别为 X_n 和 X 的分布函数. 如果在 F 的每个连续点 t 上有 $F_n(t) \to F(t)$, 则称 (X_n) 依分布收敛于 X, 并记为 $X_n \xrightarrow{\mathcal{L}} X$.
> (4) 如果 $\mathbb{E}[|X_n|^p] < \infty$, $\mathbb{E}[|X|^p] < \infty$, $\lim\limits_{n \to \infty} \mathbb{E}[|X_n - X|^p] = 0$, 则称 (X_n) 按 L^p-范数收敛于 X, 或 L^p-收敛于 X, 记为 $X_n \xrightarrow{\text{L}^p} X$, 或 $(L^p) \lim\limits_{n \to \infty} X_n = X$. L^2-收敛也称为均方收敛.
> (5) 设 (X_n) 为一可积随机变量序列, X 可积. 如果对一切有界随机变量 η, 有
> $$\lim_{n \to \infty} \mathbb{E}[X_n \eta] = \mathbb{E}[X \eta],$$
> 则称 (X_n) 在 L^1 中弱收敛于 X.

定理 1.2　　a.s. 收敛和 L^p-收敛蕴含依概率收敛, 后者又蕴含依分布收敛.

证明　　假定 (X_n) 不依概率收敛于 X, 则存在 $\varepsilon > 0$, 使得

$$\limsup_{n \to \infty} \mathbb{P}(|X_n - X| > \varepsilon) > 0.$$

令 $A_n = [|X_n - X| > \varepsilon]$, 则

$$
\begin{aligned}
\mathbb{P}(A_n \text{ i.o.}) &= \lim_{k \to \infty} \mathbb{P}\Big(\bigcup_{n=k}^{\infty} A_n \Big) \\
&\geqslant \limsup_{n \to \infty} \mathbb{P}(A_n) > 0.
\end{aligned}
$$

这蕴含 X_n 不 a.s. 收敛于 X.

　　假定 X_n L^p-收敛于 X. 则对任给 $\varepsilon > 0$, 我们有

$$\mathbb{P}(|X_n - X| > \varepsilon)\varepsilon^{-p}\mathbb{E}[|X_n - X|^p] \to 0, \quad n \to \infty.$$

于是 (X_n) 依概率收敛于 X.

　　最后, 假定 (X_n) 依概率收敛于 X. 令 t 为 X 的分布的连续点, 则对任给 $\eta > 0$, 可选取 $\varepsilon > 0$ 使得 $\mathbb{P}(t - \varepsilon < X \leqslant t + \varepsilon) < \eta$. 由于

$$
\begin{aligned}
\mathbb{P}(A) - \mathbb{P}(B) &= \mathbb{P}(A \setminus B) + \mathbb{P}(AB) - [\mathbb{P}(B \setminus A) + \mathbb{P}(AB)] \\
&= \mathbb{P}(A \setminus B) - \mathbb{P}(B \setminus A),
\end{aligned}
$$

我们有

$$
\begin{aligned}
|\mathbb{P}(X_n \leqslant t) - \mathbb{P}(X \leqslant t)| &\leqslant \mathbb{P}([X_n \leqslant t, X > t] \cup [X_n > t, X \leqslant t]) \\
&\leqslant \mathbb{P}(X_n \leqslant t, X > t + \varepsilon) + \mathbb{P}(t - \varepsilon < X \leqslant t + \varepsilon) \\
&\quad + \mathbb{P}(X_n > t, X \leqslant t - \varepsilon) \\
&\leqslant 2\mathbb{P}(|X_n - X| > \varepsilon) + \eta,
\end{aligned}
$$

由此推得 (X_n) 依分布收敛于 X.　　　　　　　　　　　　　　　　$\square$

定理 1.3　　下面三个结果是有关随机变量序列期望的极限定理.

1) 单调收敛定理　设 (X_n) 为一期望存在的随机变量序列. 如果对所有 $n \geqslant 1$, $X_n \leqslant X_{n+1}$ (相应地, $X_n \geqslant X_{n+1}$), a.s., 并且 $\mathbb{E}[X_1] > -\infty$ (相应地, $\mathbb{E}[X_1] < \infty$), 则有

$$\mathbb{E}[\lim_{n \to \infty} X_n] = \lim_{n \to \infty} \mathbb{E}[X_n].$$

2) Fatou 引理　设 (X_n) 为一期望存在的随机变量序列. 如果存在随机变量 Y, $\mathbb{E}[Y] > -\infty$ (相应地, $\mathbb{E}[Y] < \infty$) 使得对所有 $n \geqslant 1$, 有 $X_n \geqslant Y$ (相应地, $X_n \leqslant Y$), 则 $\liminf\limits_{n \to \infty} X_n$(相应地, $\limsup\limits_{n \to \infty} X_n$) 的期望存在, 且有

$$\mathbb{E}[\liminf_{n \to \infty} X_n] \leqslant \liminf_{n \to \infty} \mathbb{E}[X_n]$$

(相应地, $\mathbb{E}[\limsup\limits_{n \to \infty} X_n] \geqslant \limsup\limits_{n \to \infty} \mathbb{E}[X_n]$).

3) 控制收敛定理　设 (X_n) 为一随机变量序列, 使得 $X_n \xrightarrow{\text{a.s.}} X$ 或 $X_n \xrightarrow{\text{P}} X$. 如果存在可积随机变量 Y, 使得对所有 $n \geqslant 1$, 有 $|X_n| \leqslant Y$, 则 $\mathbb{E}[X_n] \to \mathbb{E}[X]$.

证明　1) 是显然的, 其证明省略.

令 $Y_n = \inf_{k \geqslant n} X_k$(相应地, $Y_n = \sup_{k \geqslant n} X_k$), 由 1) 推得 2).

往证 3). 对 a.s. 收敛情形, 3) 是 2) 的推论; 对依概率收敛情形, 由于任给 (X_n) 的一子列 $(X_{n'})$, 存在其子列 $(X_{n'_k})$, 使得 $(X_{n'_k})$ a.s. 收敛于 X, 于是 $\mathbb{E}[X_{n'_k}] \to \mathbb{E}[X]$, 这蕴含 $\mathbb{E}[X_n] \to \mathbb{E}[X]$. □

§1.2　条件数学期望

§1.2.1　定义和基本性质

设 $(\Omega, \mathcal{F}, \mathbb{P})$ 为一概率空间, A 和 B 为两个事件, 且 $\mathbb{P}(A) > 0$. 在 A 发生的条件下 B 发生的概率显然等于 $\mathbb{P}(AB)/\mathbb{P}(A)$, 称之为 B 关于 A 的条件概率, 记为 $\mathbb{P}(B|A)$.

设 $(B_j)_{1 \leqslant j \leqslant m}$ 为 Ω 的一个有限划分, 且 $B_j \in \mathcal{F}$, $\mathbb{P}(B_j) > 0, 1 \leqslant j \leqslant m$. 令 $\mathcal{G}$ 为由 (B_j) 生成的 σ 代数. 对一可积随机变量 X, 令

$$\mathbb{E}[X|\mathcal{G}] = \sum_{j=1}^{m} \frac{\mathbb{E}[XI_{B_j}]}{\mathbb{P}(B_j)} I_{B_j},$$

称 $\mathbb{E}[X|\mathcal{G}]$ 为 X 关于 $\mathcal{G}$ 的条件 (数学) 期望. 如果 $(A_i)_{1 \leqslant i \leqslant n}$ 是 Ω 的一个有限划分, 且 $A_i \in \mathcal{F}, 1 \leqslant i \leqslant n$, $X = \sum_{i=1}^{n} a_i I_{A_i}$ 为一简单随机变量, 则易知

$$\mathbb{E}[X|\mathcal{G}] = \sum_{j=1}^{m} \sum_{i=1}^{n} a_i \mathbb{P}(A_i|B_j) I_{B_j}.$$

$\mathbb{E}(X|\mathcal{G})$ 是一 $\mathcal{G}$-可测随机变量, 满足

$$\mathbb{E}[\mathbb{E}[X|\mathcal{G}]I_B] = \mathbb{E}[XI_B], \qquad \forall B \in \mathcal{G}.$$

下面我们将利用测度论中的 Radon-Nikodym 定理把条件期望推广到一般随机变量及一般的 σ-代数情形. 为此, 先介绍测度论的一些有关结果.

设 $(\Omega, \mathcal{F})$ 为一可测空间, $\mathcal{F}$ 上的 σ-可加集函数 (不一定非负) 称为符号测度. 由测度论中的 "Jordan-Hahn 分解定理" 知, 对任意符号测度 ν 可以表示为两个测度之差: $\nu = \mu_1 - \mu_2$, 其中有一个是有限测度, 并且存在一可测集 K, 使得 $\forall A \in \mathcal{F}$, 有 $\mu_1(A) = \nu(A \cap K), \mu_2(A) = -\nu(A \cap K^c)$. 我们令 $\nu^+ = \mu_1, \nu^- = \mu_2, |\nu| = \nu^+ + \nu^-$, 称 $|\nu|$ 为 ν 的变差测度. 如果 $|\nu|$ 为 σ-有限测度, 则称 ν 为 σ-有限符号测度. 设 μ 和 ν 为两个符号测度, 称 ν 关于 μ 绝对连续 (记为 $\nu \ll \mu$), 如果 $|\mu|(A) = 0 \Rightarrow |\nu|(A) = 0$; 称 ν 和 μ 相互奇异 (记为 $\nu \perp \mu$), 如果存在可测集 A, 使得 $|\mu|(A) = 0, |\nu|(A^c) = 0$.

下一定理表明: 任一 σ-有限符号测度 ν 总可以唯一地分解为关于另一 σ-有限符号测度 μ 的绝对连续部分和奇异部分之和.

定理 1.4 设 μ 与 ν 为 $(\Omega, \mathcal{F})$ 上的两个 σ-有限符号测度, 则 ν 有如下唯一分解 (称为 Lebesgue 分解):

$$\nu = \nu_s + \nu_c, \qquad (1.1)$$

其中 ν_s 与 μ 相互奇异, ν_c 关于 μ 绝对连续. 此外, ν_s 及 ν_c 均为 σ-有限的, 并且存在 $g \in \mathcal{L}$, 使得 g 关于 $|\mu|$ 的积分存在, ν_c 为 g 关于 μ 的不定积分, 即

$$\nu_c(A) = \int_\Omega I_A g d\mu.$$

证明 首先不妨假定 μ 为测度 (否则以 $|\mu|$ 代替 μ), 且 $\mu(\Omega) > 0$. 这时由 μ 的 σ-有限性知, 存在 Ω 的一个可数划分 $\Omega = \sum_{n=1}^{\infty} A_n$, 使得 $A_n \in \mathcal{F}, 0 < \mu(A_n) < \infty, \forall n \geqslant 1$. 令

$$h = \sum_{n=1}^{\infty} \frac{1}{2^n \mu(A_n)} I_{A_n},$$

则 h 处处严格正, 且 $\mu(h) = 1$. 令 $\widetilde{\mu} = h.\mu$, 则 $\widetilde{\mu}$ 为测度, 且 $\widetilde{\mu}(\Omega) = 1$. 由于 $\widetilde{\mu}$ 与 μ 等价, 故可以 $\widetilde{\mu}$ 代替 μ 来证明定理的结论. 因此, 不妨设 μ 为有限测度.

下面先假定 ν 也为有限测度. 令

$$\mathcal{H} = \left\{ h \in \overline{\mathcal{L}}^+ : \forall A \in \mathcal{F}, \int_A h d\mu \leqslant \nu(A) \right\},$$

这里 $\overline{\mathcal{L}}^+$ 表示 $(\Omega, \mathcal{F})$ 上非负可测函数全体. 设 $h_1, h_2 \in \mathcal{H}, h = h_1 \vee h_2$, 则

$$\int_A h d\mu = \int_{A \cap [h_1 \geqslant h_2]} h_1 d\mu + \int_{A \cap [h_1 < h_2]} h_2 d\mu$$
$$\leqslant \nu(A \cap [h_1 \geqslant h_2]) + \nu(A \cap [h_1 < h_2]) = \nu(A),$$

这表明 $\mathcal{H}$ 对有限上端运算封闭. 现设 $h_n \in \mathcal{H}, h_n \uparrow g$, 使得

$$\int_\Omega g d\mu = \sup \left\{ \int_\Omega h d\mu : h \in \mathcal{H} \right\},$$

则由积分单调收敛定理易知 $g \in \mathcal{H}$. 令

$$\nu_s(A) = \nu(A) - \int_A g d\mu, \quad A \in \mathcal{F},$$

则 ν_s 为一有限测度. 往证 $\nu_s \perp \mu$. 令 $\Omega = D_n + D_n^c$ 为符号测度 $\nu_s - \dfrac{1}{n}\mu$ 的 Hahn 分解, 则对一切 $A \in \mathcal{F}$,

$$\nu_s(A \cap D_n) \geqslant n^{-1}\mu(A \cap D_n) = n^{-1}\int_A I_{D_n} d\mu.$$

于是 $\forall A \in \mathcal{F}$ 有

$$\int_A (g + n^{-1}I_{D_n}) d\mu \leqslant \int_A g d\mu + \nu_s(A \cap D_n) \leqslant \nu(A),$$

这表明 $g + n^{-1}I_{D_n} \in \mathcal{H}$. 由于 $\mu(g) = \sup\{\mu(h) : h \in \mathcal{H}\}$, 故有 $\mu(D_n) = 0$. 令 $N = \bigcup_n D_n$, 则 $\mu(N) = 0$. 此外我们有 $\left(\text{注意} \left(\nu_s - \dfrac{1}{n}\mu\right)(D_n^c) \leqslant 0 \right)$

$$\nu_s(N^c) \leqslant \nu_s(D_n^c) \leqslant n^{-1}\mu(D_n^c) \leqslant n^{-1}\mu(\Omega) \to 0 \quad (n \to \infty),$$

这表明 $\nu_s \perp \mu$. 令

$$\nu_c(A) = \int_A g d\mu,$$

则 $\nu_c \ll \mu$. 此外, 由于 g 为 μ 可积的, 故 g 可取为实值可测函数.

现设 ν 为 σ-有限符号测度. 为证定理结论, 不妨假定 ν 为 σ-有限测度 (否则分别考虑 ν^+ 及 ν^-). 取 Ω 的一个可数划分 $\Omega = \sum_n A_n$, 使得 $A_n \in \mathcal{F}, \nu(A_n) < \infty, n \geqslant 1$.
令 $\nu^n(A) = \nu(A \cap A_n)$, 则每个 ν^n 为有限测度, 故由上所证, ν^n 有如下分解

$$\nu^n = \nu_s^n + \nu_c^n, \quad n \geqslant 1,$$

其中 $\nu_s^n \perp \mu, \nu_c^n \ll \mu$, 且存在非负实值可测函数 g_n, 使得 $\nu_c^n = g_n.\mu$. 显然, g_n 在 A_n^c 上可取为 0, 令

$$\nu_s = \sum_n \nu_s^n, \quad \nu_c = \sum_n \nu_c^n, \quad g = \sum_n g_n,$$

则有 $\nu_s \perp \mu, \nu_c \ll \mu, \nu_c = g.\mu$, 且 (1.1) 式成立. ν 的分解唯一性显然. □

设 μ 为一可测空间 $(\Omega, \mathcal{F})$ 上的一测度, f 为一关于 μ 积分存在的可测函数, ν 为 f 关于 μ 的不定积分, 则 ν 关于 μ 绝对连续. 下一定理表明: 若 μ 为 σ-有限测度, 则逆命题成立.

定理 1.5 (Radon-Nikodym 定理) 设 $(\Omega, \mathcal{F})$ 为一可测空间, μ 为一 σ-有限测度, ν 为一符号测度 (不必为 σ-有限). 如果 ν 关于 μ 绝对连续, 则存在一关于 μ 积分存在的可测函数 g, 使得 $\nu = g.\mu$. 此外, g 在 μ 等价意义下是唯一的 (称 g_1, g_2 为 μ 等价的, 是指 $\mu([g_1 \neq g_2]) = 0$), 为要 g 为 μ-a.e. 有限, 必须且只需 ν 为 σ-有限的.

证明 为证定理, 不妨设 ν 为测度 (否则分别考虑 ν^+ 及 ν^-). 又由 μ 的 σ-有限性, 不妨假定 μ 为有限测度. 若 ν 为有限测度, 则由定理 1.4 立刻推得本定理结论. 因此, 下面我们可以假定 $\mu(\Omega) < \infty, \nu(\Omega) = \infty$. 令

$$\mathcal{G} = \{C \in \mathcal{F} : \nu(C) < \infty\},$$

显然 $\mathcal{G}$ 对有限并运算封闭. 于是存在 $C_n \in \mathcal{G}, C_n \uparrow C$, 使得

$$\mu(C) = \sup\{\mu(G) : G \in \mathcal{G}\}.$$

令

$$\nu'(B) = \nu(B \cap C), \quad \nu''(B) = \nu(B \cap C^c), \ B \in \mathcal{F},$$

则 ν' 为 σ-有限测度, 且 $\nu' \ll \mu$, 故存在非负实值可测函数 g', 使得 $\nu' = g'.\mu$. 另一方面, 由 $\mathcal{G}$ 的定义知

$$\mu(B \cap C^c) > 0 \Rightarrow \nu(B \cap C^c) = \infty.$$

因此, 若令 $g'' = (+\infty)I_{C^c}, g = g' + g''$, 则 $\nu'' = g''.\mu, \nu = g.\mu$. 定理的其余结论显然. □

注 我们用 $\dfrac{d\nu}{d\mu}$ 表示定理 1.5 中的 g (它在 μ 等价意义下唯一确定), 并称 $\dfrac{d\nu}{d\mu}$ 为 ν 关于 μ 的 Radon-Nikodym 导数.

设 $(\Omega, \mathcal{F}, \mathbb{P})$ 为一概率空间, $\mathcal{G}$ 为 $\mathcal{F}$ 的一子 σ-代数. 设 X 为数学期望存在的随机变量, 令 $\nu = X.\mathbb{P}$ 为 X 关于 $\mathbb{P}$ 的不定积分, 即

$$\nu(A) = \int_A X \, d\mathbb{P}, \quad \forall A \in \mathcal{F},$$

则 ν 为符号测度, 且 ν 关于 P 绝对连续. 若将 ν 及 $\mathbb{P}$ 都限于 $(\Omega, \mathcal{G})$, 则仍有 $\nu \ll \mathbb{P}$. 令 Y 为 ν 关于 $\mathbb{P}$ 在 $(\Omega, \mathcal{G})$ 上的 Radon-Nikodym 导数, 则 Y 为 $\mathcal{G}$ 可测随机变量, 且有

$$\mathbb{E}[Y I_B] = \mathbb{E}[X I_B], \quad \forall B \in \mathcal{G}, \tag{1.2}$$

我们称随机变量 Y 为 X 关于 $\mathcal{G}$ 的条件 (数学) 期望. 在 $\mathbb{P}$ 等价意义下, 条件期望 Y 是唯一确定的, 我们把它记为 $\mathbb{E}[X|\mathcal{G}]$, 它由 (1.2) 式所刻画.

定理 1.6 条件期望有如下基本性质:

(1) $\mathbb{E}[\mathbb{E}[X|\mathcal{G}]] = \mathbb{E}[X]$;

(2) 若 X 为 $\mathcal{G}$ 可测, 则 $\mathbb{E}[X|\mathcal{G}] = X$, a.s.;

(3) 设 $\mathcal{G} = \{\varnothing, \Omega\}$, 则 $\mathbb{E}[X|\mathcal{G}] = \mathbb{E}[X]$, a.s.;

(4) $\mathbb{E}[X|\mathcal{G}] = \mathbb{E}[X^+|\mathcal{G}] - \mathbb{E}[X^-|\mathcal{G}]$, a.s.;

(5) $X \geqslant Y$ a.s. $\Rightarrow \mathbb{E}[X|\mathcal{G}] \geqslant \mathbb{E}[Y|\mathcal{G}]$, a.s.;

(6) 设 c_1, c_2 为实数, $X, Y, c_1 X + c_2 Y$ 的期望存在, 则

$$\mathbb{E}[c_1 X + c_2 Y|\mathcal{G}] = c_1 \mathbb{E}[X|\mathcal{G}] + c_2 \mathbb{E}[Y|\mathcal{G}], \quad \text{a.s.,}$$

如果右边和式有意义;

(7) $|\mathbb{E}[X|\mathcal{G}]| \leqslant \mathbb{E}[|X| \, | \mathcal{G}]$, a.s.;

(8) 设 $0 \leqslant X_n \uparrow X$, a.s., 则 $\mathbb{E}[X_n|\mathcal{G}] \uparrow \mathbb{E}[X|\mathcal{G}]$, a.s.;

(9) 设 X 及 XY 的期望存在, 且 Y 为 $\mathcal{G}$-可测, 则

$$\mathbb{E}[XY|\mathcal{G}] = Y \mathbb{E}[X|\mathcal{G}], \quad \text{a.s.;} \tag{1.3}$$

(10) (条件期望的平滑性) 设 $\mathcal{G}_1, \mathcal{G}_2$ 为 $\mathcal{F}$ 的子 σ-代数, 且 $\mathcal{G}_1 \subset \mathcal{G}_2$, 则

$$\mathbb{E}[\mathbb{E}[X|\mathcal{G}_2]|\mathcal{G}_1] = \mathbb{E}[X|\mathcal{G}_1], \quad \text{a.s.;} \tag{1.4}$$

(11) 若 X 与 $\mathcal{G}$ 相互独立 (即 $\sigma(X)$ 与 $\mathcal{G}$ 相互独立), 则有 $\mathbb{E}[X|\mathcal{G}] = \mathbb{E}[X]$, a.s..

证明 (1)—(7) 容易由条件期望定义直接看出.

(8) 由 (5) 知, $\mathbb{E}[X_n|\mathcal{G}] \uparrow Y$, a.s., Y 为一 $\mathcal{G}$-可测随机变量. 于是, 对一切 $B \in \mathcal{G}$,

$$\int_B Y d\mathbb{P} = \lim_{n\to\infty} \int_B \mathbb{E}[X_n|\mathcal{G}] d\mathbb{P} = \lim_{n\to\infty} \int_B X_n d\mathbb{P} = \int_B X d\mathbb{P},$$

从而 $Y = \mathbb{E}[X|\mathcal{G}]$, a.s..

(9) 不妨设 X 及 Y 皆为非负随机变量. 首先设 $Y = I_A, A \in \mathcal{G}$, 则 $\mathbb{E}[X|\mathcal{G}]$ 为 $\mathcal{G}$-可测, 且对一切 $B \in \mathcal{G}$, 有

$$\int_B Y\mathbb{E}[X|\mathcal{G}] d\mathbb{P} = \int_{A\cap B} \mathbb{E}[X|\mathcal{G}] d\mathbb{P} = \int_{A\cap B} X d\mathbb{P}$$
$$= \int_B X I_A d\mathbb{P} = \int_B YX d\mathbb{P},$$

故 (1.3) 式成立. 然后利用 (8) 即可由简单随机变量过渡到一般非负随机变量.

(10) 设 $B \in \mathcal{G}_1$, 则

$$\int_B \mathbb{E}[\mathbb{E}[X|\mathcal{G}_2]|\mathcal{G}_1] d\mathbb{P} = \int_B \mathbb{E}[X|\mathcal{G}_2] d\mathbb{P} = \int_B X d\mathbb{P},$$

故有 (1.4) 式.

(11) 不妨设 X 为非负随机变量. 设 $A \in \mathcal{G}$, 由于 I_A 与 X 独立, 故有

$$\int_A \mathbb{E}[X] d\mathbb{P} = \mathbb{E}[X]\mathbb{P}(A) = \mathbb{E}[X I_A] = \int_A X d\mathbb{P},$$

故 $\mathbb{E}[X] = \mathbb{E}[X|\mathcal{G}]$, a.s.. $\square$

§1.2.2 收敛定理

关于条件期望, 我们也有单调收敛定理、Fatou 引理和控制收敛定理, 其证明与积分情形相应结果的证明类似. 因此, 下面只叙述结果而略去证明. 注意: 对概率空间情形, a.s. 收敛总蕴含依概率收敛.

在下面几个定理中, $(\Omega, \mathcal{F}, \mathbb{P})$ 为一概率空间, $\mathcal{G}$ 为 $\mathcal{F}$ 的一子 σ-代数.

定理 1.7 (单调收敛定理) 设 (X_n) 为关于 $\mathcal{G}$ 条件期望存在的随机变量序列. 若 $X_n \uparrow X$ a.s., $\mathbb{E}[X_1^-|\mathcal{G}] < \infty$ a.s., 则 X 关于 $\mathcal{G}$ 的条件期望存在, 且有 $\mathbb{E}[X_n|\mathcal{G}] \uparrow \mathbb{E}[X|\mathcal{G}]$, a.s..

定理 1.8 (Fatou 引理)　　设 (X_n) 为关于 $\mathcal{G}$ 的条件期望存在的随机变量序列.
(1) 若存在随机变量 Y, 使 $\mathbb{E}[Y^-|\mathcal{G}] < \infty$, a.s., 且对每个 $n \geqslant 1$, 有 $X_n \geqslant Y$, a.s., 则 $\liminf\limits_{n\to\infty} X_n$ 关于 $\mathcal{G}$ 的条件期望存在, 且有

$$\mathbb{E}[\liminf_{n\to\infty} X_n \mid \mathcal{G}] \leqslant \liminf_{n\to\infty} \mathbb{E}[X_n \mid \mathcal{G}];$$

(2) 若存在随机变量 Y, 使 $\mathbb{E}[Y^+|\mathcal{G}] < \infty$　a.s., 且对每个 $n \geqslant 1$, 有 $X_n \leqslant Y$, a.s., 则 $\limsup\limits_{n\to\infty} X_n$ 关于 $\mathcal{G}$ 的条件期望存在, 且有

$$\mathbb{E}[\limsup_{n\to\infty} X_n \mid \mathcal{G}] \geqslant \limsup_{n\to\infty} \mathbb{E}[X_n \mid \mathcal{G}].$$

定理 1.9 (控制收敛定理)　　设 $X_n \xrightarrow{\text{a.s.}} X$(相应地, $X_n \xrightarrow{\text{P}} X$), 若存在非负可积随机变量 Y, 使 $|X_n| \leqslant Y$, a.s., 则 X 可积, 且有 $\lim\limits_{n\to\infty} \mathbb{E}[X_n \mid \mathcal{G}] = \mathbb{E}[X \mid \mathcal{G}]$, a.s. (相应地, $\mathbb{E}[X_n \mid \mathcal{G}] \xrightarrow{\text{P}} \mathbb{E}[X \mid \mathcal{G}]$).

§1.2.3　两个有关条件期望的定理

在本书中我们将经常用到如下两个有关条件期望的定理.

定理 1.10　　设 $(\Omega, \mathcal{F}, \mathbb{P})$ 为一概率空间, $\mathcal{G}$ 为 $\mathcal{F}$ 的子 σ-代数, X 为 $\mathbb{R}^m$ 值 $\mathcal{G}$-可测随机变量, Y 为一 $\mathbb{R}^n$ 值随机变量. 如果 Y 与 $\mathcal{G}$ 独立 (即 $\sigma(Y)$ 和 $\mathcal{G}$ 独立), 则对 $\mathbb{R}^m \times \mathbb{R}^n$ 上的任何非负 Borel 函数 $g(x, y)$, 有

$$\mathbb{E}[g(X, Y) \mid \mathcal{G}] = \mathbb{E}[g(x, Y)]|_{x=X}. \tag{1.5}$$

证明　　为了证明 (1.5), 我们只需证明对任何非负 $\mathcal{G}$-可测随机变量 Z 有

$$\mathbb{E}[g(X, Y)Z] = \mathbb{E}[f(X)Z],$$

其中 $f(x) = \mathbb{E}[g(x, Y)]$. 为了证明这点, 令

$$\mu_Y(A) = \mathbb{P}(Y^{-1}(A)), \quad A \in \mathcal{B}(\mathbb{R}^n),$$

$$\mu_{X,Z}(E) = \mathbb{P}((X, Z)^{-1}(E)), \quad E \in \mathcal{B}(\mathbb{R}^m \times \mathbb{R}).$$

则有

$$f(x) = \int g(x, y) \mu_Y(dy).$$

因为 Y 与 (X, Z) 相互独立, 所以有

$$\mathbb{E}[g(X,Y)Z] = \int z g(x,y)\mu_Y(dy)\mu_{X,Z}(dx,dz)$$

$$= \int z f(x)\mu_{X,Z}(dx,dz) = \mathbb{E}[Zf(X)]. \qquad \square$$

下一定理是条件期望的 Bayes 法则.

定理 1.11 设 $\mathbb{Q}$ 为一关于 $\mathbb{P}$ 绝对连续的概率测度, $\mathcal{G}$ 为 $\mathcal{F}$ 的一子 σ-代数. 令

$$\xi = \frac{d\mathbb{Q}}{d\mathbb{P}}, \qquad \eta = \mathbb{E}[\xi \,|\, \mathcal{G}].$$

则 $\eta > 0$, $\mathbb{Q}$-a.s.. 如果 X 为一 $\mathbb{Q}$-可积的随机变量, 则有

$$\mathbb{E}_{\mathbb{Q}}[X \,|\, \mathcal{G}] = \eta^{-1}\mathbb{E}[X\xi \,|\, \mathcal{G}], \quad \mathbb{Q}\text{-a.s..} \qquad (1.6)$$

证明 首先, 由于 $[\eta > 0] \in \mathcal{G}$, 我们有

$$\mathbb{Q}([\eta > 0]) = \mathbb{E}[\xi I_{[\eta > 0]}] = \mathbb{E}[\eta I_{[\eta > 0]}] = \mathbb{E}[\eta] = \mathbb{E}[\xi] = 1.$$

设 X 为一 $\mathbb{Q}$-可积的随机变量, 则有

$$\mathbb{E}[X\xi I_A] = \mathbb{E}_{\mathbb{Q}}[XI_A] = \mathbb{E}_{\mathbb{Q}}[\mathbb{E}_{\mathbb{Q}}[X \,|\, \mathcal{G}]I_A]$$

$$= \mathbb{E}[\mathbb{E}_{\mathbb{Q}}[X \,|\, \mathcal{G}]\xi I_A] = \mathbb{E}[\mathbb{E}_{\mathbb{Q}}[X \,|\, \mathcal{G}]\eta I_A], \quad \forall A \in \mathcal{G}.$$

这表明

$$\mathbb{E}[X\xi \,|\, \mathcal{G}] = \mathbb{E}_{\mathbb{Q}}[X \,|\, \mathcal{G}]\eta, \quad \mathbb{P}\text{-a.s.},$$

从而上一等式 $\mathbb{Q}$-a.s. 成立. 由此立刻推得 (1.6). $\qquad \square$

§1.3 空间 $L^\infty(\Omega, \mathcal{F})$ 和 $L^\infty(\Omega, \mathcal{F}, m)$ 的对偶

设 $(\Omega, \mathcal{F})$ 为一可测空间, 我们用 $L^\infty(\Omega, \mathcal{F})$ 表示 $(\Omega, \mathcal{F})$ 上的有界可测函数全体. 对任一 $f \in L^\infty(\Omega, \mathcal{F})$, 令

$$\|f\|_\infty = \sup_{\omega \in \Omega} |f(\omega)|,$$

则 $L^\infty(\Omega, \mathcal{F})$ 按此范数为一 Banach 空间.

设 μ 为 $\mathcal{F}$ 上的一有限可加集函数. 令

$$\|\mu\|_{\mathrm{var}} = \sup\left\{\sum_{i=1}^{n}|\mu(A_i)| \,\Big|\, A_i \in \mathcal{F}, i=1,\cdots,n, \{A_i\}为 \Omega 的有限划分\right\},$$

称 $\|\mu\|_{\mathrm{var}}$ 为 μ 的全变差. 我们用 $ba(\Omega,\mathcal{F})$ 表示全变差有穷的有限可加集函数全体. 此外, 设 $\mu \in ba(\Omega,\mathcal{F}), f = \sum_{i=1}^{n} a_i I_{A_i}$ 为一简单可测函数, 其中 $a_i \in \mathbb{R}, A_i \in \mathcal{F}$. 令

$$\int_{\Omega} f d\mu = \sum_{i=1}^{n} a_i \mu(A_i),$$

易证 $\displaystyle\int_{\Omega} f d\mu$ 不依赖于 f 的具体表达, 且有

$$\left|\int_{\Omega} f d\mu\right| \leqslant \|f\|\|\mu\|_{\mathrm{var}}. \tag{1.7}$$

由于简单可测函数全体在 $L^{\infty}(\Omega,\mathcal{F})$ 中按范数稠密, 不等式 (1.7) 允许我们将上述定义推广成为 $L^{\infty}(\Omega,\mathcal{F})$ 上的一连续线性泛函, 且保持不等式成立. 我们称 $\displaystyle\int_{\Omega} f d\mu$ 为 f 关于 μ 的积分, 通常, 我们用 $\mu(f)$ 简记 $\displaystyle\int_{\Omega} f d\mu$.

设 $(\Omega,\mathcal{F},m)$ 为一测度空间, $\mu \in ba(\Omega,\mathcal{F})$, μ 关于 m 绝对连续. 令

$$ba(\Omega,\mathcal{F},m) = \{\mu \in ba(\Omega,\mathcal{F}) \,|\, \mu \ll m\}.$$

设 $\mu \in ba(\Omega,\mathcal{F},m), f \in L^{\infty}(\Omega,\mathcal{F},m)$, 显然我们可以任选 $L^{\infty}(\Omega,\mathcal{F})$ 中一元素 $\tilde{f}$ 作为 f 的代表, 定义 $\mu(\tilde{f})$ 为 f 关于 μ 的积分, 仍记为 $\displaystyle\int_{\Omega} f d\mu$, 简记为 $\mu(f)$. 这时有

$$\left|\int_{\Omega} f d\mu\right| \leqslant \|f\|_{\infty}\|\mu\|_{\mathrm{var}}.$$

下一定理表明 $ba(\Omega,\mathcal{F})$ 和 $ba(\Omega,\mathcal{F},m)$ 分别可以视为 $L^{\infty}(\Omega,\mathcal{F})$ 和 $L^{\infty}(\Omega,\mathcal{F},m)$ 的对偶空间.

定理 1.12 (1) 设 $\mu \in ba(\Omega, \mathcal{F})$, 令

$$T_\mu(f) = \mu(f), \quad f \in L^\infty(\Omega, \mathcal{F}).$$

则 T_μ 为从 $L^\infty(\Omega, \mathcal{F})^*$ 到 $ba(\Omega, \mathcal{F})$ 上的保范线性同构映射.
(2) 设 $\mu \in ba(\Omega, \mathcal{F}, m)$, 令

$$T_\mu(f) = \mu(f), \quad f \in L^\infty(\Omega, \mathcal{F}, m).$$

则 T_μ 为从 $L^\infty(\Omega, \mathcal{F}, m)^*$ 到 $ba(\Omega, \mathcal{F}, m)$ 上的保范线性同构映射.

证明 由 (1.7) 式知, $T_\mu \in L^\infty(\Omega, \mathcal{F})^*$, 且有 $\|T_\mu\| \leqslant \|\mu\|_{\mathrm{var}}$. 反之, 设 $l \in L^\infty(\Omega, \mathcal{F})^*$. 令

$$\mu(A) = l(I_A), \quad A \in \mathcal{F},$$

则 μ 为 $\mathcal{F}$ 上的一有限可加集函数, 显然有 $\|\mu\|_{\mathrm{var}} \leqslant \|l\|$, 于是 $\mu \in ba(\Omega, \mathcal{F})$, 且有 $T_\mu = l$. 因此最终有 $\|T_\mu\| = \|\mu\|_{\mathrm{var}}$. (2) 的证明类似, 留给读者完成. $\square$

§1.4 一致可积随机变量族

定义 1.13 设 $(\Omega, \mathcal{F}, \mathbb{P})$ 为一概率空间, $\mathcal{H}$ 为一族可积随机变量. 称 $\mathcal{H}$ 为一致可积的, 如果当 $C \to \infty$ 时, 积分

$$\int_{[|\xi| \geqslant C]} |\xi| d\mathbb{P}, \quad \xi \in \mathcal{H}$$

一致趋于零.

下一定理给出了一个一致可积性准则.

定理 1.14 令 $\mathcal{H} \subset L^1(\Omega, \mathcal{F}, \mathbb{P})$, 则为要 $\mathcal{H}$ 为一致可积族, 必须且只需下列条件成立:
(1) $a = \sup\{\mathbb{E}|\xi|, \xi \in \mathcal{H}\} < +\infty$;
(2) 对任给 $\varepsilon > 0$, 存在 $\delta > 0$, 使得对任何满足 $\mathbb{P}(A) \leqslant \delta$ 的 $A \in \mathcal{F}$, 有

$$\sup_{\xi \in \mathcal{H}} \int_A |\xi| d\mathbb{P} \leqslant \varepsilon.$$

证明 必要性. 设 $\mathcal{H}$ 为一致可积族. 对给定 $\varepsilon > 0$, 取 C 足够大, 使得

$$\sup_{\xi \in \mathcal{H}} \int_{[|\xi| \geqslant C]} |\xi| d\mathbb{P} \leqslant \frac{\varepsilon}{2}.$$

另一方面, 我们有

$$\int_A |\xi| d\mathbb{P} \leqslant C\mathbb{P}(A) + \int_{[|\xi|\geqslant C]} |\xi| d\mathbb{P}. \tag{1.8}$$

在 (1.8) 式中令 $A = \Omega$ 得到条件 (1); 令 $\delta = \varepsilon/2C$ 得到条件 (2).

充分性. 设条件 (1) 及 (2) 成立. 对任给 $\varepsilon > 0$, 选取 $\delta > 0$ 使条件 (2) 中结论成立. 令 $C \geqslant a/\delta$, 则

$$\mathbb{P}([|\xi| \geqslant C]) \leqslant \frac{1}{C}\mathbb{E}[|\xi|] \leqslant \frac{a}{C} \leqslant \delta, \quad \xi \in \mathcal{H},$$

故由条件 (2) 知

$$\int_{[|\xi|\geqslant C]} |\xi| d\mathbb{P} \leqslant \varepsilon, \quad \xi \in \mathcal{H}.$$

这表明 $\mathcal{H}$ 是一致可积族. □

下一定理给出了 L^1 收敛准则.

> **定理 1.15**　设 (ξ_n) 为一可积随机变量序列, ξ 为一实值随机变量. 则下列条件等价:
> (1) $\xi_n \xrightarrow{L^1} \xi$;
> (2) $\xi_n \xrightarrow{P} \xi$, 且 (ξ_n) 为一致可积.

证明　(1)⇒(2). 设 $\xi_n \xrightarrow{L^1} \xi$. 令 $A \in \mathcal{F}$, 我们有

$$\int_A |\xi_n| d\mathbb{P} \leqslant \int_A |\xi| d\mathbb{P} + E[|\xi_n - \xi|]. \tag{1.9}$$

给定 $\varepsilon > 0$, 取一正数 N, 使得当 $n > N$ 时, 有 $\mathbb{E}[|\xi_n - \xi|] \leqslant \varepsilon/2$. 再选取 $\delta > 0$, 使得对任何满足 $\mathbb{P}(A) \leqslant \delta$ 的 $A \in \mathcal{F}$, 有

$$\int_A |\xi| d\mathbb{P} \leqslant \frac{\varepsilon}{2}, \quad \int_A |\xi_n| d\mathbb{P} \leqslant \frac{\varepsilon}{2}, \quad n = 1, 2, \cdots, N. \tag{1.10}$$

于是由 (1.9) 及 (1.10) 知, 对任何满足 $\mathbb{P}(A) \leqslant \delta$ 的 $A \in \mathcal{F}$, 有 $\sup_n \int_A |\xi_n| d\mathbb{P} \leqslant \varepsilon$. 此外有 $\sup_n \mathbb{E}[|\xi_n|] < \infty$. 故由定理 1.14 知, (ξ_n) 为一致可积族. 最后, 显然有 $\xi_n \xrightarrow{P} \xi$.

(2)⇒(1). 设 (ξ_n) 一致可积, 且 $\xi_n \xrightarrow{P} \xi$. 由 Fatou 引理,

$$\mathbb{E}[|\xi|] \leqslant \sup_n \mathbb{E}[|\xi_n|] < +\infty,$$

故 ξ 可积. 从而 $(\xi_n - \xi)$ 为一致可积. 对任给 $\varepsilon > 0$, 由定理 1.14 知, 存在 $\delta > 0$, 使得对任何满足 $\mathbb{P}(A) < \delta$ 的 $A \in \mathcal{F}$, 有

$$\sup_n \int_A |\xi_n - \xi| d\mathbb{P} \leqslant \varepsilon.$$

取 N 充分大, 使得当 $n \geqslant N$ 时, 有 $\mathbb{P}([\,|\xi_n - \xi| \geqslant \varepsilon]) < \delta$. 于是当 $n \geqslant N$ 时, 我们有

$$\mathbb{E}[|\xi_n - \xi|] = \int_{[\,|\xi_n - \xi| < \varepsilon]} |\xi_n - \xi| d\mathbb{P} + \int_{[\,|\xi_n - \xi| \geqslant \varepsilon]} |\xi_n - \xi| d\mathbb{P} \leqslant 2\varepsilon,$$

这表明 $\xi_n \xrightarrow{L^1} \xi$. $\qquad\qquad \square$

定理 1.16 设 $(\Omega, \mathcal{F}, \mathbb{P})$ 为概率空间, ξ 为一可积随机变量, $(\mathcal{G}_i)_{i \in I}$ 为一族 $\mathcal{F}$ 的子 σ-代数. 令 $\eta_i = \mathbb{E}[\xi \,|\, \mathcal{G}_i]$, 则 $(\eta_i, i \in I)$ 为一致可积族.

证明 对任何 $C > 0$, 我们有

$$\mathbb{P}([\,|\eta_i| \geqslant C]) \leqslant \frac{1}{C} \mathbb{E}[|\eta_i|] \leqslant \frac{1}{C} \mathbb{E}[|\xi|], \quad i \in I,$$

于是有 (注意 $|\eta_i| \geqslant C \in \mathcal{G}_i$)

$$\int_{[\,|\eta_i| \geqslant C]} |\eta_i| d\mathbb{P} \leqslant \int_{[\,|\eta_i| \geqslant C]} |\xi| d\mathbb{P} \leqslant \delta \mathbb{P}([\,|\eta_i| \geqslant C]) + \int_{[\,|\xi| \geqslant \delta]} |\xi| d\mathbb{P}$$

$$\leqslant \frac{\delta}{C} \mathbb{E}[|\xi|] + \int_{[\,|\xi| \geqslant \delta]} |\xi| d\mathbb{P}.$$

对 $\varepsilon > 0$, 取 $\delta > 0$, 使得 $\int_{[\,|\xi| \geqslant \delta]} |\xi| d\mathbb{P} \leqslant \varepsilon/2$. 则当 $C \geqslant (2\delta/\varepsilon)\mathbb{E}[|\xi|]$ 时, 有

$$\int_{[\,|\eta_i| \geqslant C]} |\eta_i| d\mathbb{P} \leqslant \varepsilon, \; \forall i \in I.$$

这表明 $(\eta_i, i \in I)$ 为一致可积族. $\qquad\qquad \square$

下一定理称为 Vitali-Hahn-Saks 定理, 我们将在下面用到这一定理, 其证明见文献 (严加安, 2021).

定理 1.17 设 $(\Omega, \mathcal{F}, \mathbb{P})$ 为概率空间, (μ_n) 为其 $(\Omega, \mathcal{F})$ 上的一列关于 $\mathbb{P}$ 绝对连续的有限符号测度. 如果对每个 $A \in \mathcal{F}$, 极限 $\mu(A) = \lim\limits_{n \to \infty} \mu_n(A)$ 存在且有限, 则
(1) μ 为一符号测度, 且 $\sup_n \|\mu_n\| < \infty$, 这里 $\|\mu_n\|$ 表示 μ_n 的全变差;
(2) 对任给 $\varepsilon > 0$, 存在 $\eta > 0$, 使得

$$A \in \mathcal{F}, \; \mathbb{P}(A) \leqslant \eta \Rightarrow \sup_n |\mu_n|(A) \leqslant \varepsilon.$$

引理 1.18 设 (ξ_n) 为 $(\Omega, \mathcal{F}, \mathbb{P})$ 上一可积随机变量序列, 则为要 (ξ_n) 在 L^1 中弱收敛于某可积随机变量 ξ, 必须且只需对每个 $A \in \mathcal{F}$, $\mathbb{E}[\xi_n I_A]$ 的极限存在且有穷.

证明 必要性显然. 往证充分性. 设引理的条件成立. 令 μ_n 为 ξ_n 关于 $\mathbb{P}$ 的不定积分, 由 Vitali-Hahn-Saks 定理知, $\sup_n \|\mu_n\| = \sup_n \mathbb{E}[|\xi_n|] < \infty$. 此外, 存在 $\mathcal{F}$ 上一有限测度 μ, 使对一切 $A \in \mathcal{F}$, 有 $\mu(A) = \lim_{n \to \infty} \mu_n(A)$, 且有 $\mu \ll \mathbb{P}$. 令 $\xi = d\mu/d\mathbb{P}$. 则易见 ξ_n 弱收敛于 ξ. (这里用到 $\sup_n E[|\xi_n|] < \infty$ 这一事实.) □

下一定理是著名的 Dunford-Pettis 弱紧性准则的一个部分 (对概率论最有用的部分).

定理 1.19 设 $\mathcal{H} \subset L^1(\Omega, \mathcal{F}, \mathbb{P})$, 则下列条件等价:
(1) $\mathcal{H}$ 为一致可积族;
(2) 对 $\mathcal{H}$ 中的任一序列 (ξ_n), 存在其子列 (ξ_{n_k}), 使之在 L^1 中弱收敛.

证明 $(1) \Rightarrow (2)$. 设 $\mathcal{H}$ 为一致可积族. 令 (ξ_n) 为 $\mathcal{H}$ 中的一序列, $\mathcal{G} = \sigma(\xi_1, \xi_2, \cdots)$, 则 $\mathcal{G}$ 为一可分的 σ 代数, 故存在一可数代数 $\mathcal{A} = \{A_1, A_2, \cdots\}$, 使 $\sigma(\mathcal{A}) = \mathcal{G}$. 由对角线法则, 可选 (ξ_n) 的子列 (ξ_{n_k}) 使得对一切 $j \geqslant 1$, 极限 $\lim_{k \to \infty} \mathbb{E}[\xi_{n_k} I_{A_j}]$ 存在且有穷. 令

$$\mathcal{H} = \{A \in \mathcal{G} \mid \lim_{k \to \infty} E[\xi_{n_k} I_A] \text{ 存在且有穷}\}.$$

利用 (ξ_{n_k}) 的一致可积性不难看出 $\mathcal{H}$ 为一单调类. 由于 $\mathcal{A} \subset \mathcal{H}$, 故由单调类定理知 $\mathcal{H} = \mathcal{G}$. 于是由引理 1.18 知, (ξ_{n_k}) 在 $L^1(\Omega, \mathcal{G}, \mathbb{P})$ 中弱收敛, 从而对一切有界 $\mathcal{G}$ 可测随机变量 η, 极限 $\lim_{k \to \infty} \mathbb{E}[\xi_{n_k} \eta]$ 存在且有穷. 现设 $A \in \mathcal{F}$, 令 $\eta = \mathbb{E}[I_A | \mathcal{G}]$, 则有 $\mathbb{E}[\xi_{n_k} I_A] = \mathbb{E}[\mathbb{E}[\xi_{n_k} I_A | \mathcal{G}]] = E[\xi_{n_k} \eta]$, 从而极限 $\lim_{k \to \infty} \mathbb{E}[\xi_{n_k} I_A]$ 存在且有穷. 再由引理 1.18 知, (ξ_{n_k}) 在 $L^1(\Omega, \mathcal{F}, \mathbb{P})$ 中弱收敛.

$(2) \Rightarrow (1)$. 我们用反证法来证明. 假定 (1) 不成立, 则存在 $\mathcal{H}$ 中一序列 (ξ_n), 使得: 或者 $\lim_{n \to \infty} \mathbb{E}[|\xi_n|] = \infty$; 或者存在某 $\varepsilon > 0$ 和 $\mathcal{F}$ 中的一列集合 $(A_n, n \geqslant 1)$, 使得

$$\lim_{n \to \infty} \mathbb{P}(A_n) = 0, \quad \inf_n \int_{A_n} |\xi_n| d\mathbb{P} \geqslant \varepsilon.$$

由 Vitali-Hahn-Saks 定理知, 序列 (ξ_n) 不可能有弱收敛子列. □

§1.5 离散时间鞅

鞅 (martingale) 这个术语源于赌博策略, 它是 J. Ville 于 1939 年首先引进概率论的, 他借用了法文 martingale 有 "倍赌策略" (即赌输后加倍赔注) 这一含义. 中译名 "鞅" 则是该法文词的另一含义 (即马颔缰). 本章将简要介绍有关离散时间鞅的一些结果, 如 Doob 可选停止定理、Doob 不等式、鞅收敛定理、鞅变换、Snell 包络等.

§1.5.1 基本定义

假设一名赌徒参加一场赌博, 每局他赢或输的概率均为 $1/2$. 如果输了, 那么他连续地将赌注翻倍直到赢一局为止, 然后就退出. 利用这种所谓的倍赌策略, 他肯定最终能够赢得与初始下注相同的金额, 但这一结论是建立在他有无穷大资金这一不现实的前提下. 我们说一种赌博是公平的, 是指没有人能够通过有限次的赌局而增加自己的期望财富. 为了看清这点, 令 $X_1, X_2, \cdots$ 为一列独立随机变量 (简记为 r.v.), 它们有相同的分布 $\mathbb{P}(X_i = 1) = \mathbb{P}(X_i = -1) = 1/2$. $[X_i = 1]$ 和 $[X_i = -1]$ 分别表示赌徒赢和输第 i 局所对应的事件. 令 $\mathcal{F}_k$ 表示由 $\{X_1, \cdots, X_k\}$ 生成的 σ-代数. 如果 W_k 表示赌徒第 k 局所下赌注, 那么 W_k 一定是 $\mathcal{F}_{k-1}$-可测的, 因为赌徒只能根据前 $k-1$ 次赌局的结果来决定第 k 局的下注. 赌徒在时刻 n 的财富为

$$Y_n = Y_0 + \sum_{i=1}^{n} W_i X_i = Y_{n-1} + W_n X_n.$$

由于 W_n 是 $\mathcal{F}_{n-1}$-可测的, 且 X_n 与 $\mathcal{F}_{n-1}$ 独立, 故有

$$\mathbb{E}[Y_n | \mathcal{F}_{n-1}] = Y_{n-1} + W_n \mathbb{E}[X_n | \mathcal{F}_{n-1}]$$
$$= Y_{n-1} + W_n \mathbb{E}[X_n] = Y_{n-1}.$$

序列 (Y_n) 的这种性质被称为鞅性. 特别地, 如果每个 W_k 都可积, 那么鞅性蕴含对所有的 n 有 $\mathbb{E}[Y_n] = Y_0$.

现在来给出鞅的一般定义, 并研究它的基本性质. 设 $(\Omega, \mathcal{F}, \mathbb{P})$ 是一概率空间, $(\mathcal{F}_n, n \geqslant 0)$ 为 $\mathcal{F}$ 的一列单调增子 σ-代数. 令 $\mathcal{F}_\infty \triangleq \sigma\left(\bigcup_n \mathcal{F}_n\right)$, $\mathcal{F}_{-1} = \mathcal{F}_0$. 称随机变量序列 $(X_n, n \geqslant 0)$ 是 $(\mathcal{F}_n)$-适应的 (相应地, 可料的), 如果每个 X_n 为 $\mathcal{F}_n$-(相应地, $\mathcal{F}_{n-1}$-) 可测的.

我们记 $\overline{\mathbb{N}}_0 = \{0, 1, 2, \cdots\}$. 设 τ 为 $\overline{\mathbb{N}}_0$-值随机变量. 如果 $\forall n \in \overline{\mathbb{N}}_0, [\tau = n] \in \mathcal{F}_n$, 那么称 τ 是一个 $(\mathcal{F}_n)$-停时. 对停时 τ, 令

$$\mathcal{F}_\tau = \{A \in \mathcal{F}_\infty : A \cap [\tau = n] \in \mathcal{F}_n, \forall n \geqslant 0\}, \tag{1.11}$$

那么 $\mathcal{F}_\tau$ 是一个 σ-代数, 称为τ-前事件 σ-代数.

以前面的赌博为例, $\mathcal{F}_n$ 表示为直到时刻 n 赌场上发生的各种事件全体. 一个赌徒决定何时第一次下注的时刻 τ 可以看成一个停时, 因为他在时刻 n 第一次下注这一事件 $[\tau=n]$ 发生与否, 只能根据直到时刻 n 之前他所了解到的部分赌场信息决定, 即 $[\tau=n]\in\mathcal{F}_n$. 至于判断一个事件 A 是否在他第一次下注前 (包括下注那一时刻) 发生, 就可以用一系列事件 $A\cap[\tau=n]$ 是否都属于 $\mathcal{F}_n$ 来判断.

定理 1.20　设 $(X_n,n\geqslant 0)$ 是一 $(\mathcal{F}_n)$-适应的随机变量序列, T 是一个停时. 令
$$X_n^T(\omega)=X_{T\wedge n}(\omega)=X_{T(\omega)\wedge n}(\omega).$$
那么 $(X_n^T,n\geqslant 0)$ 是一 $(\mathcal{F}_n)$-适应的随机变量序列, 并且 $X_T I_{[T<\infty]}$ 是 $\mathcal{F}_T$-可测的.

定义 1.21　设 $(X_n,n\geqslant 0)$ 是一 $(\mathcal{F}_n)$-适应的随机变量序列. 称它 (关于 $(\mathcal{F}_n)$) 为 鞅 (上鞅, 下鞅), 如果每个 X_n 可积, 且
$$\mathbb{E}[X_{n+1}\mid\mathcal{F}_n]=X_n(\leqslant X_n,\ \geqslant X_n),\quad\text{a.s..}\tag{1.12}$$
称它为局部鞅, 如果存在一单调增的停时序列 (T_n), 它满足 $\lim\limits_n T_n=\infty$, 使得对每个 k, $(X_{n\wedge T_k}I_{[T_k>0]},n\geqslant 0)$ 为鞅, 或者等价地, 对每个 k, $(X_{n\wedge T_k}-X_0,n\geqslant 0)$ 为鞅.

设 $(X_n,n\geqslant 0)$ 为一随机变量序列, 令 $\mathcal{F}_n$ 表示由 $\{X_1,\cdots,X_n\}$ 生成的 σ-代数, 称 $(\mathcal{F}_n)$ 为序列 (X_n) 的自然 σ-代数流. 如果 (X_n) 关于它的自然 σ-代数流 $(\mathcal{F}_n)$ 为鞅 (上鞅, 下鞅), 则直接称 (X_n) 为鞅 (上鞅, 下鞅). 例如, 设 $\xi_k,k=0,1,\cdots$ 为一相互独立可积随机变量序列, $X_n=\sum\limits_{i=0}^n\xi_i,n=0,1,\cdots$. 如果 $\mathbb{E}[\xi_i]=0\ (\leqslant 0,\geqslant 0)$, 那么 (X_n) 为鞅 (上鞅, 下鞅).

今后, 如果在讨论问题中, σ-代数流 $(\mathcal{F}_n)$ 是预先指定的, 或者从上下文看是没有歧义的, 那么在提及鞅 (上鞅, 下鞅) 时, 可以省略 “关于 $(\mathcal{F}_n)$” 这一界定词, 这时并不是指 $(\mathcal{F}_n)$ 是序列的自然 σ-代数流.

下面这些结论是显然的:

(1) 设 (X_n) 和 (Y_n) 为 (上) 鞅, 则 (X_n+Y_n) 为 (上) 鞅, $(X_n\wedge Y_n)$ 为上鞅.

(2) 设 (X_n) 为 (下) 鞅, 且 $f:\mathbb{R}\longrightarrow\mathbb{R}$ 为 $\mathbb{R}$ 上一 (非降) 凸函数, 使得每个 $f(X_n)$ 可积, 则由 Jensen 不等式可知 $(f(X_n))$ 为下鞅.

(3) 设 (X_n) 为上鞅. 记
$$A_n=X_0+\sum_{j=1}^n(X_{j-1}-\mathbb{E}[X_j|\mathcal{F}_{j-1}]);\quad M_n=X_n+A_n,\quad n\geqslant 1,\tag{1.13}$$

并令 $A_0 = 0, M_0 = X_0$. 则 A 为一非降可料过程 $(A_0 = 0)$, 且 M 为鞅. 我们称表达式 $X = M - A$ 为上鞅 X 的 Doob 分解.

§1.5.2 基本定理

> **定理 1.22 (Doob 可选停止定理)** 设 (X_n) 为鞅 (下鞅). 如果 S 和 T 是有界停时, 那么 X_S 和 X_T 可积, 且
>
> $$\mathbb{E}[X_T \mid \mathcal{F}_S] = X_{T \wedge S} \ (\geqslant X_{T \wedge S}) \ \text{a.s..} \tag{1.14}$$
>
> 特别地, 对任意停时 T, $(X_n^T, n \geqslant 0)$ 为鞅 (下鞅).

证明 我们只需考虑下鞅情形. 设 (X_n) 为下鞅, 停时 S 和 T 都不超过某个自然数 m. 首先假设 $S \leqslant T$. 由于 $|X_T| \leqslant \sum_{j=0}^{m} |X_j|, |X_S| \leqslant \sum_{j=0}^{m} |X_j|$, 故 X_T 和 X_S 可积. 令 $j \geqslant 0, A \in \mathcal{F}_S$, 我们有

$$A_j := A \cap [S = j] \cap [T > j] \in \mathcal{F}_j.$$

如果 $T - S \leqslant 1$, 那么根据下鞅的性质有

$$\int_A (X_S - X_T) d\mathbb{P} = \sum_{j=0}^{m} \int_{A_j} (X_j - X_{j+1}) d\mathbb{P} \leqslant 0.$$

对于一般情形, 令 $R_j = T \wedge (S + j), 1 \leqslant j \leqslant m$, 那么每个 R_j 都是一停时, 且

$$S \leqslant R_1 \leqslant \cdots \leqslant R_m; \quad R_1 - S \leqslant 1, R_{j+1} - R_j \leqslant 1, 1 \leqslant j \leqslant m - 1.$$

因此有

$$\int_A X_S d\mathbb{P} \leqslant \int_A X_{R_1} d\mathbb{P} \leqslant \cdots \leqslant \int_A X_T d\mathbb{P},$$

这就对 $S \leqslant T$ 情形证明了 (1.14).

对于任意两个有界停时 S 和 T 情形, 我们应用上述结果于停时 S 和 $T \vee S$ 得到

$$\mathbb{E}[X_T \mid \mathcal{F}_S] = \mathbb{E}[X_{T \vee S} I_{[T \geqslant S]} + X_{T \wedge S} I_{[T < S]} \mid \mathcal{F}_S]$$

$$\geqslant X_S I_{[T \geqslant S]} + X_{T \wedge S} I_{[T < S]} = X_{T \wedge S}. \qquad \square$$

注 用赌博术语, 定理 1.22 断言: 在一场公平赌博中, 不可能利用一有界停时策略来增加个人的期望财富.

定理 1.23　设 $(X_n)_{n \leqslant N}$ 为一非负下鞅. 令 $X_N^* = \sup_{n \leqslant N} X_n$. 则 $\forall \lambda > 0$, 我们有

$$\lambda \mathbb{P}(X_N^* \geqslant \lambda) \leqslant \int_{[X_N^* \geqslant \lambda]} X_N d\mathbb{P}; \tag{1.15}$$

对 $p > 1$, 我们有

$$(\mathbb{E}[(X_N^*)^p])^{1/p} \leqslant \frac{p}{p-1} (\mathbb{E}[X_N^p])^{1/p} . \tag{1.16}$$

(1.15) 和 (1.16) 分别称为 Doob 极大值不等式和 Doob 不等式.

证明　对 $\lambda > 0$, 令 $T = \inf\{n : X_n \geqslant \lambda\} \wedge N$. 则在 $[X_N^* \geqslant \lambda]$ 上有 $X_T \geqslant \lambda$, 且在 $[X_N^* < \lambda]$ 上有 $T = N$. 由于 (X_n) 为一下鞅, 由定理 1.22 得到

$$\mathbb{E}[X_N] \geqslant \mathbb{E}[X_T] = \int_{[X_N^* \geqslant \lambda]} X_T d\mathbb{P} + \int_{[X_N^* < \lambda]} X_N d\mathbb{P}$$

$$\geqslant \lambda \mathbb{P}(X_N^* \geqslant \lambda) + \int_{[X_N^* < \lambda]} X_N d\mathbb{P},$$

(1.15) 得证.

下面证明 (1.16). 利用 Fubini 定理从 (1.15) 式可得

$$\mathbb{E}[(X_N^*)^p] = \mathbb{E} \int_0^\infty p\lambda^{p-1} I_{[X_N^* \geqslant \lambda]} d\lambda$$

$$= \int_0^\infty p\lambda^{p-1} \mathbb{P}(X_N^* \geqslant \lambda) d\lambda$$

$$\leqslant \int_0^\infty p\lambda^{p-2} \int_{[X_N^* \geqslant \lambda]} X_N d\mathbb{P} d\lambda$$

$$= \frac{p}{p-1} \mathbb{E}[X_N (X_N^*)^{p-1}].$$

由数学期望的 Hölder 不等式 $|\mathbb{E}[\xi\eta]| \leqslant (\mathbb{E}[|\xi|^p])^{\frac{1}{p}} (\mathbb{E}[|\eta|^{\frac{p}{p-1}}])^{\frac{p-1}{p}}$ 进一步得到

$$\mathbb{E}[(X_N^*)^p] \leqslant \frac{p}{p-1} (\mathbb{E}[X_N^p])^{\frac{1}{p}} (\mathbb{E}[(X_N^*)^p])^{\frac{p-1}{p}},$$

这蕴含了 (1.16). 定理证毕.　　　　　　　　　　　　　　　　　　　　　　　□

下面给出上鞅收敛定理, 其证明从略.

定理 1.24 (上鞅收敛定理) 设 (X_n) 为一上鞅. 如果 $\sup_n E[X_n^-] < \infty$(或者等价地, $\sup_n \mathbb{E}[|X_n|] < \infty$, 因为 $E[|X_n|] = E[X_n] + 2E[X_n^-]$), 那么当 $n \to \infty$ 时, X_n a.s. 收敛到一可积随机变量 X_∞. 如果 (X_n) 为一非负上鞅, 那么对每个 $n \geqslant 0$,

$$E[X_\infty \mid \mathcal{F}_n] \leqslant X_n, \quad \text{a.s.}.$$

特别地, 设 ξ 为一可积随机变量, 则有

$$\lim_{n \to \infty} \mathbb{E}[\xi | \mathcal{F}_n] = \mathbb{E}[\xi | \textstyle\bigvee_n \mathcal{F}_n].$$

现在我们考虑指标集 $-\mathbb{N}_0 = \{\cdots, -2, -1, 0\}$. 设 $(\mathcal{F}_n)_{n \in -\mathbb{N}_0}$ 为 $\mathcal{F}$ 的一列子 σ-代数, 使得对所有 $n \in -\mathbb{N}_0$, 有 $\mathcal{F}_{n-1} \subset \mathcal{F}_n$. 称一 $(\mathcal{F}_n)$-适应随机序列 $(X_n)_{n \in -\mathbb{N}_0}$ 为 (反向) 鞅 ((反向) 上鞅), 如果对每个 $n \in -\mathbb{N}_0$, X_n 可积且

$$\mathbb{E}[X_n \mid \mathcal{F}_{n-1}] = X_{n-1}(\leqslant X_{n-1}), \quad \text{a.s.}.$$

定理 1.25 (反向上鞅收敛定理) 设 $(X_n)_{n \in -\mathbb{N}_0}$ 为一上鞅, 则极限 $\lim_{n \to -\infty} X_n$ a.s. 存在. 如果 $\lim_{n \to -\infty} \mathbb{E}[X_n] < +\infty$, a.s., 则 (X_n) 一致可积, X_n a.s., 且 L^1-收敛于 $X_{-\infty}$. 特别地, 设 ξ 为一可积随机变量, 则有

$$\lim_{n \to -\infty} \mathbb{E}[\xi | \mathcal{F}_n] = \mathbb{E}[\xi | \textstyle\bigcap_n \mathcal{F}_n].$$

§1.5.3 鞅变换

定义 1.26 (鞅变换) 设 $(M_n, n \geqslant 0)$ 为一适应随机变量序列, (H_n) 为一可料序列. 我们记 $\Delta M_n = M_n - M_{n-1}$, 并令

$$X_0 = H_0 M_0, \quad X_n = H_0 M_0 + \sum_{i=1}^n H_i \Delta M_i, \quad n \geqslant 1,$$

将 X 记成 $H.M$. 如果 M 为鞅, 我们称 $H.M$ 为 M 经 H 的鞅变换.

为了研究鞅变换, 我们需要引入 σ-可积随机变量的概念.

定义 1.27 令 $(\Omega, \mathcal{F}, \mathbb{P})$ 为一概率空间, $\mathcal{G}$ 为 $\mathcal{F}$ 的一子 σ-域. 一随机变量 ξ 称为关于 $\mathcal{G}$ σ-可积, 如果存在 $\Omega_n \in \mathcal{G}$, $\Omega_n \uparrow \Omega$, 使得每个 ξI_{Ω_n} 为可积.

注　容易证明: 为要随机变量 ξ 关于 $\mathcal{G}$ 为 σ-可积, 必须且只需存在一 $\mathcal{G}$-可测实值随机变量 $\eta > 0$, 使得 $\xi\eta$ 可积.

定理 1.28　设 ξ 为一关于 $\mathcal{G}$ 为 σ-可积的随机变量, 令

$$\mathcal{C} = \{A \in \mathcal{G} : \mathbb{E}[|\xi|I_A] < +\infty\},$$

则存在 a.s. 唯一的 $\mathcal{G}$-可测实值随机变量 η, 使得对一切 $A \in \mathcal{C}$ 有

$$\mathbb{E}[\xi I_A] = \mathbb{E}[\eta I_A]. \tag{1.17}$$

我们称 η 为 ξ 关于 $\mathcal{G}$ 的条件 (数学) 期望, 记为 $\mathbb{E}[\xi|\mathcal{G}]$.

证明　不妨设 ξ 非负. 取 $\Omega_n \in \mathcal{G}$, $\Omega_n \uparrow \Omega$, 使得 ξI_{Ω_n} 可积. 令 $\eta_n = \mathbb{E}[\xi I_{\Omega_n}|\mathcal{G}]$, 则有 $\eta_{n+1}I_{\Omega_n} = \eta_n$ a.s., $\eta_n \uparrow \eta$ a.s., 其中 η 为一 $\mathcal{G}$-可测实值随机变量. 令 $A \in \mathcal{C}$, 则有

$$\mathbb{E}[\xi I_A] = \lim_n \mathbb{E}[\xi I_A I_{\Omega_n}] = \lim_n \mathbb{E}[\eta_n I_A] = \mathbb{E}[\eta I_A],$$

此即 (1.17). 由 (1.17) 知, ηI_{Ω_n} 为 ξI_{Ω_n} 关于 $\mathcal{G}$ 的条件期望, 故 η a.s. 唯一确定. □

容易证明, 上述推广的条件期望保留了通常条件期望的性质, 例如线性性、单调收敛定理.

下一定理来自 Meyer (1972, pp.47-48).

定理 1.29　设 $X = (X_n, n \geqslant 0)$ 为一适应序列, 则下列命题等价:
(1) X 为一局部鞅;
(2) 对每个 $n \geqslant 0$, X_{n+1} 关于 $\mathcal{F}_n$ 是 σ-可积的, 且 $\mathbb{E}[X_{n+1} \mid \mathcal{F}_n] = X_n$, a.s.;
(3) X 是一鞅变换.

证明　(1)⇒(2). 令 $T_n \uparrow \infty$ 为一停时序列, 使得对每个 k, 序列 $Z_n = X_{n \wedge T_k}I_{[T_k > 0]}$, $n \geqslant 0$ 为鞅. 那么对任意 $A \in \mathcal{F}_n$, 因为 $A \cap [T_k > n] \in \mathcal{F}_n$, 故有

$$\mathbb{E}[Z_{n+1}I_{A \cap [T_k > n]}] = \mathbb{E}[Z_n I_{A \cap [T_k > n]}],$$

即有 $\mathbb{E}[X_{n+1}I_{A \cap [T_k > n]}] = \mathbb{E}[X_n I_{A \cap [T_k > n]}]$. 因为当 $k \to \infty$ 时, $[T_k > n] \uparrow \Omega$, 所以我们知道 (2) 成立.

(2)⇒(3). 令 $H_0 = X_0$, $H_n = \mathbb{E}[|X_n - X_{n-1}| \mid \mathcal{F}_{n-1}]$, $n \geqslant 1$; $V_0 = 0$, $V_n = \frac{1}{H_n}I_{[H_n > 0]}$, $n \geqslant 1$. 那么序列 (H_n) 和 (V_n) 是可料的. 令 $M = 1 + V.X$, 则易知

M 为鞅且 $X = H.M$.

(3)$\Rightarrow$(1). 假设 $X = H.M$ 为鞅变换, 其中 M 为鞅, H 为一可料序列. 令

$$T_k = \inf\{n : |H_{n+1}| \geqslant k\}.$$

那么每个 T_k 都是停时, $T_k \uparrow \infty$, 且在 $[T_k > 0]$ 上, $|H_{n \wedge T_k}| \leqslant k$. 因此每个 $X_{n \wedge T_k} I_{[T_k > 0]}$ 都可积, 而且有

$$\mathbb{E}[(X_{n+1 \wedge T_k} - X_{n \wedge T_k}) I_{[T_k > 0]} \mid \mathcal{F}_n] = H_{n+1} I_{[T_k > 0]} \mathbb{E}[M_{(n+1) \wedge T_k} - M_{n \wedge T_k} \mid \mathcal{F}_n] = 0.$$

这表明 $(X_{n \wedge T_k} I_{[T_k > 0]}, n \geqslant 0)$ 为鞅. 因此 X 为局部鞅. $\qquad\square$

推论 1.30 (1) 设 M 为一局部鞅. 如果每个 M_n 可积, 那么 M 为鞅. 特别地, 如果 M 为一非负局部鞅且 M_0 可积, 那么 M 为鞅.
(2) 设 L 为一局部鞅, 且 (H_n) 是一可料过程, 则 $X = H.L$ 为鞅变换.

证明 (1) 是定理 1.29 中 (1)$\Rightarrow$(2) 的一个直接结果. 为了证明 (2), 根据定理 1.29 中的 (1)$\Rightarrow$(3), 我们有 $L = K.M$, 其中 M 为鞅且 K 是一可料过程. 因此 $X = H.L = (HK).M$, 从而 X 为一鞅变换. $\qquad\square$

定理 1.31 如果 $(M_n, 0 \leqslant n \leqslant N)$ 是一适应的可积随机变量序列, 使得对任意有界可料序列 $(H_n, 1 \leqslant n \leqslant N)$ 都有 $\mathbb{E}\left[\sum_{j=1}^{N} H_j \Delta M_j\right] = 0$, 那么 (M_n) 为鞅.

证明 对任意 $1 \leqslant j \leqslant N, A \in \mathcal{F}_{j-1}$, 令 $H_n = 0, n \neq j, H_j = I_A$, 则 (H_n) 为一有界可料序列. 根据假设 $\mathbb{E}[I_A(M_j - M_{j-1})] = 0$, 这意味着 $\mathbb{E}[M_j | \mathcal{F}_{j-1}] = M_{j-1}$. 因此 (M_n) 为鞅. $\qquad\square$

引理 1.32 设 ξ 为一随机变量, 它是关于 $\mathcal{G}$ 为 σ-可积的, 且 $\mathbb{E}[\xi \mid \mathcal{G}] = 0$. 如果存在一可积随机变量 η, 使得 $\xi \geqslant \eta$ 或 $\xi \leqslant \eta$, 那么 ξ 也可积. 特别地, ξ 可积当且仅当 ξ^+ 或 ξ^- 可积.

证明 假设 $\xi \geqslant \eta$. 令 $X = \xi - \eta$. 那么 X 是一非负随机变量. 我们有

$$\mathbb{E}[X] = \mathbb{E}[\mathbb{E}[\xi - \eta \mid \mathcal{G}]] = \mathbb{E}[\mathbb{E}[-\eta \mid \mathcal{G}]] = \mathbb{E}[-\eta] < \infty.$$

因此 X 可积, 这意味着 ξ 可积. 如果 $\xi \leqslant \eta$, 令 $X = \eta - \xi$. 同理可证 ξ 可积. $\qquad\square$

下一定理给出了鞅变换的一个重要例子.

定理 1.33 (指数鞅)　设 L 为一局部鞅, 且 $L_0 = 0$. 令

$$Z_0 = 1, \quad Z_n = \prod_{k=1}^{n}(1 + \Delta L_k), \quad n \geqslant 1. \tag{1.18}$$

则 Z 为一局部鞅. 我们称 Z 是 L 的指数鞅. 如果进一步 $\Delta L_n \geqslant -1$, 则 Z 为非负鞅, L 本身也为鞅. 此外, 每个初值为 1 的非负鞅 Z 一定具有形式 (1.18), 其中 L 为零初值鞅, 且 $\Delta L_n \geqslant -1$.

证明　由 (1.18) 得到

$$Z_n - Z_{n-1} = Z_{n-1}\Delta L_n, \quad n \geqslant 1.$$

故由推论 1.30 (2) 知, $Z - 1 = H.L$ 为一鞅变换, 其中 $H_n = Z_{n-1}$. 因此由定理 1.29 知, Z 为一局部鞅.

如果 $\Delta L_n \geqslant -1$, 则由推论 1.30 (1) 知, Z 为非负鞅. 另外, 这时由引理 1.32 知 ΔL_n 可积, 从而 L 本身也为鞅.

现设 Z 非负鞅, 且 $Z_0 = 1$. 令

$$L_0 = 0, \quad L_n = L_{n-1} + (Z_n/Z_{n-1} - 1)I_{[Z_{n-1}>0]}, \quad n \geqslant 1,$$

则由定理 1.29 知, L 为局部鞅, 由于 $\Delta L_n \geqslant -1$, 故由引理 1.32 知 ΔL_n 可积, 从而 L 为鞅. 最后容易验证 (1.18) 成立. □

§1.5.4　Snell 包络

下一定理解决了一个最优停止问题.

定理 1.34 (Snell 包络)　设 $(Z_n)_{0 \leqslant n \leqslant N}$ 为一适应的可积随机变量序列. 我们利用倒向归纳定义序列 (U_n) 如下: 令 $U_N = Z_N$,

$$U_n = \text{Max}(Z_n, \mathbb{E}[U_{n+1}|\mathcal{F}_n]), \quad n \leqslant N - 1.$$

(1) (U_n) 为一上鞅, 且它是控制 (Z_n) (即对所有 n 有 $U_n \geqslant Z_n$) 的最小上鞅. 称 (U_n) 为 (Z_n) 的 Snell 包络.

(2) 如果用 $\mathcal{T}_{j,N}$ 表示在 $\{j, \cdots, N\}$ 中取值的所有停时全体, 并令 $T_j = \inf\{l \geqslant j : U_l = Z_l\}$, 则每个 T_j 为停时, $\{U_n^{T_j}, j \leqslant n \leqslant N\}$ 为鞅, 且对所有的 $j \leqslant N$,

$$U_j = \mathbb{E}[Z_{T_j} \mid \mathcal{F}_j] = \text{ess sup}\{\mathbb{E}[Z_T \mid \mathcal{F}_j] : T \in \mathcal{T}_{j,N}\},$$

这里 ess sup $\mathcal{H}$ 表示随机变量族 $\mathcal{H}$ 的本性上确界. 特别地, $\mathbb{E}[Z_T]$ 在 $\mathcal{T}_{j,N}$ 上的上确界在 T_j 处达到, 而且该值等于 $\mathbb{E}[U_j]$, 也就是说,

$$\mathbb{E}[U_j] = \mathbb{E}[Z_{T_j}] = \sup\{\mathbb{E}[Z_T] : T \in \mathcal{T}_{j,N}\}.$$

证明 (1) 因为 $U_n \geqslant \mathbb{E}[U_{n+1} \mid \mathcal{F}_n]$, 且 $U_n \geqslant Z_n$, 所以 (U_n) 为控制 (Z_n) 的上鞅. 设 (V_n) 为另一控制 (Z_n) 的上鞅. 由倒向归纳易知 (V_n) 控制 (U_n). 因此 (U_n) 为控制 (Z_n) 的最小上鞅.

(2) 容易验证 T_n 为停时. 由于 $U_n^{T_j} = U_{n \wedge T_j}$, 从而对 $j \leqslant n \leqslant N-1$, 有

$$U_{n+1}^{T_j} - U_n^{T_j} = I_{[T_j \geqslant n+1]}(U_{n+1} - U_n).$$

另一方面, 根据 T_j 和 U_n 的定义, 可知在 $[T_j \geqslant n+1]$ 上有

$$U_n = \mathbb{E}[U_{n+1} \mid \mathcal{F}_n].$$

因此

$$U_{n+1}^{T_j} - U_n^{T_j} = I_{[T_j \geqslant n+1]}(U_{n+1} - \mathbb{E}[U_{n+1} \mid \mathcal{F}_n]).$$

注意到 $[T_j \geqslant n+1] = [T_j \leqslant n]^c \in \mathcal{F}_n$, 故上一等式蕴含

$$\mathbb{E}[U_{n+1}^{T_j} - U_n^{T_j} \mid \mathcal{F}_n] = 0.$$

因而对每个 j, $(U_n^{T_j})$ 为鞅. 由于 $U_{T_j} = Z_{T_j}$, 我们有

$$U_j = U_j^{T_j} = \mathbb{E}[U_N^{T_j} \mid \mathcal{F}_j] = \mathbb{E}[Z_{T_j} \mid \mathcal{F}_j].$$

现在对每个 $T \in \mathcal{T}_{j,N}$, 由于 $U_T \geqslant Z_T$ 且 (U_n) 为上鞅, 我们有

$$\mathbb{E}[Z_T \mid \mathcal{F}_j] \leqslant \mathbb{E}[U_T \mid \mathcal{F}_j] \leqslant U_j.$$

结论 (2) 得证. □

§1.6　Markov 序列

设 $(\Omega, \mathcal{F}, \mathbb{P})$ 为一概率空间, $\mathcal{G}, \mathcal{G}_1$ 和 $\mathcal{G}_2$ 为 $\mathcal{F}$ 的子 σ-代数. 如果对任意 $B_1 \in \mathcal{G}_1, B_2 \in \mathcal{G}_2$, 有

$$\mathbb{P}[B_1 B_2 | \mathcal{G}] = \mathbb{P}[B_1 | \mathcal{G}] \mathbb{P}[B_2 | \mathcal{G}], \text{ a.s.},$$

则称 $\mathcal{G}_1$ 和 $\mathcal{G}_2$ 关于 σ-代数 $\mathcal{G}$ 条件独立. 容易证明 $\mathcal{G}_1$ 和 $\mathcal{G}_2$ 关于 σ-代数 $\mathcal{G}$ 条件独立, 当且仅当对任意 $B_2 \in \mathcal{G}_2$, 有

$$\mathbb{P}[B_2 | \mathcal{G}_1 \vee \mathcal{G}] = \mathbb{P}[B_2 | \mathcal{G}], \text{ a.s.}, \tag{1.19}$$

其中 $\mathcal{G}_1 \vee \mathcal{G}$ 为包含 $\mathcal{G}_1$ 和 $\mathcal{G}$ 的最小 σ-代数.

设 X 和 Y 为 $\mathbb{R}^d$-值随机变量. 如果 $\sigma(X)$ 和 $\sigma(Y)$ 关于 $\mathcal{G}$ 条件独立, 则我们称 X 和 Y 关于 $\mathcal{G}$ 条件独立. 由 (1.19), 这意味着对任意 $A \in \mathcal{B}(\mathbb{R}^d)$,

$$\mathbb{P}[X \in A | \sigma(Y) \vee \mathcal{G}] = \mathbb{P}[X \in A | \mathcal{G}], \tag{1.20}$$

因为 $\sigma(X) = \{[X \in A] : A \in \mathcal{B}(\mathbb{R}^d)\}$. 如果 X 和 Y 为关于 $\mathcal{G}$ 条件独立的非负 (或可积) 随机变量, 则有

$$\mathbb{E}[XY | \mathcal{G}] = \mathbb{E}[X | \mathcal{G}] \mathbb{E}[Y | \mathcal{G}], \text{ a.s.}. \tag{1.21}$$

设 $(\Omega, \mathcal{F}, \mathbb{P})$ 为一概率空间. $\mathbb{R}^d$-值随机变量序列 $\{X_0, X_1, \cdots\}$ 称为 Markov 序列, 如果对所有 $n \geqslant 1$ 和 $A \in \mathcal{B}(\mathbb{R}^d)$, 有

$$\mathbb{P}[X_{n+1} \in A | X_0, X_1, \cdots, X_n] = \mathbb{P}[X_{n+1} \in A | X_n]. \tag{1.22}$$

根据 (1.19), 这表明序列 (X_n) 具有如下 Markov 性: 过去的演化 $\{X_0, \cdots, X_{n-1}\}$ 与未来状态 X_{n+1} 关于当前状态 X_n 是条件独立的.

设 S 为一非空集合, 至多含有可数多个元素. 如果 $\{X_0, X_1, \cdots\}$ 为具有值域 S 的离散随机变量序列, 则序列的 Markov 性简化为如下要求:

$$\mathbb{P}(X_{n+1} = x_{n+1} | X_0 = x_0, \cdots, X_n = x_n) = \mathbb{P}(X_{n+1} = x_{n+1} | X_n = x_n),$$

其中 $x_0, \cdots, x_{n+1}$ 属于 S. 这时称序列 (X_n) 是状态空间为 S 的 Markov 链, 称条件概率 $\mathbb{P}(X_{n+1} = x_{n+1} | X_n = x_n)$ 为该 Markov 链的 (一步) 转移概率. 如果它们不依赖 n, 则称该 Markov 链是时齐的. 在此情形下, 我们令 $P(x, y) = \mathbb{P}(X_1 = y | X_0 = x), x, y \in S$, 称 $P(x, y)$ 为该 Markov 链的转移函数.

时齐 Markov 链的一简单例子是生灭链, 它的状态空间为 $S = \{0, 1, 2, \cdots\}$, 转移函数为

$$P(x, x-1) = q_x, \ x \geqslant 1; \ P(x, x+1) = p_x; \ P(x, x) = r_x; \ P(x, y) = 0, \ \text{其他情形}.$$

这里从状态 x 转移到另一状态 $x+1$ 和 $x-1$ 分别对应着 "出生" 和 "死亡".

第二章　离散时间投资组合选择理论

俗话说得好: 不能把鸡蛋放在一个篮子里. 一经济人 (economic agent) 在股票市场中进行投资, 要选择适当投资组合 (portfolio), 其中心问题是在回报 (reward) 与风险 (risk) 之间进行权衡. Markowitz (1952) 把投资组合收益率的期望和方差分别看作为回报和风险, 提出了均值–方差分析模型, 首次为不确定情况下投资组合选择提供了定量分析方法. 后来, Tobin(1958) 进一步发展了这一方法, 提出了著名的两基金分离定理. 在 20 世纪 60 年代中期, 基于 Markowitz 的均值–方差分析和 Tobin 的两基金分离定理, Sharpe(1964), Lintner(1965) 和 Mossin(1966) 独立地建立了资本资产定价模型 (capital asset pricing model, CAPM). 资本资产定价模型实际隐含地假定了影响证券收益率的共同因素只是单个市场因素. 1976 年, Ross 提出了决定风险资产价格的套利定价理论 (arbitrage pricing theory, APT), 它是一个多因子模型.

Markowitz 的理论被誉为 "华尔街的第一次革命". Markowitz 和 Sharpe 荣获 1990 年诺贝尔经济学奖, 同时获奖的还有 Miller, 他因对公司金融理论的基础性贡献而获奖.

本章简要介绍上述模型和理论的主要结果. Markowitz 在 1952 年的原创性论文和 1958 年的专著中都是研究不允许卖空情形下的均值–方差分析, 但这时由于问题变得复杂 (要解带等式约束和不等式约束的二次规划问题) 而没有显式解, 所以我们只介绍允许卖空情形下的均值–方差分析理论. 本章的写作主要参考了文献 Huang and Litzenberger (1988) 和王江 (2006).

§2.1　均值–方差分析

假设一个经济人在证券市场中进行投资, 他只在当前时刻 (时刻 0) 做投资决策, 然后等待在未来某个时刻 (时刻 1) 获得回报. 假设在市场中有一只无风险证券和 d 只风险证券, 分别用指标 0 和 $1, \cdots, d$ 表示. 我们用 $X_i(0)$ 和 $X_i(1)$ 分别表示证券 i 在时刻 0 和 1 的价格. 证券 i 的收益率 (rate of return) 和全收益 (total return) 分别定义为 $r_i = \dfrac{X_i(1)}{X_i(0)} - 1$ 和 $R_i = 1 + r_i$. 风险证券的收益率是一个随机变量, 无风险证券的收益率是一个正的常数, 用 r_f 表示. 令 $e_i = \mathbb{E}[r_i]$ 表示 r_i 的期望, 并令

$$\mathbf{r} = (r_1, \cdots, r_d)^\tau, \qquad \mathbf{e} = (e_1, \cdots, e_d)^\tau,$$

其中 τ 表示转置. 用 V 表示随机向量 r 的协方差阵, 即 $V = \mathbb{E}[(\mathbf{r} - \mathbf{e})(\mathbf{r} - \mathbf{e})^\tau]$. 今后我们恒假设 V 是满秩的 (从而是正定的), 即假定 $r_1 - e_1, \cdots, r_d - e_d$ 是线性独立的, 这蕴含 $r_1, \cdots, r_d$ 是线性独立的. 这时市场没有冗余证券, 即任一证券的收益率不能表示为其他证券收益率的线性组合.

投资组合的选择就是要确定在风险证券上的权重, 我们用 $\mathbf{w}_i$ 表示在证券 i 上的权重, 并令 $\mathbf{w} = (\mathbf{w}_1, \cdots, \mathbf{w}_d)^\tau$. 这样 $1 - \mathbf{w}^\tau 1$ 就表示在无风险证券上的权重. 这里 1 表示分量都是 1 的 d 维列向量. 为简单起见, 我们就把权重向量 w 叫作一个投资组合.

一个投资组合 w 的收益率 $r(\mathbf{w})$ 及其方差 $\sigma^2(r(\mathbf{w}))$ 分别为

$$r(\mathbf{w}) = \mathbf{w}^\tau \mathbf{r} + (1 - \mathbf{w}^\tau 1)r_f, \qquad \sigma^2(r(\mathbf{w})) = \mathbf{w}^\tau V \mathbf{w}. \tag{2.1}$$

$\mu(\mathbf{w}) = \mathbb{E}[r(\mathbf{w})]$ 表示组合 w 的期望收益率, $r(\mathbf{w}) - r_f$ 称为组合 w 的超额收益率 (excess return), $\mu(\mathbf{w}) - r_f$ 称为组合 w 的风险溢价 (risk premium), $(\mu(\mathbf{w}) - r_f)/\sigma(r(\mathbf{w}))$ 称为组合 w 的 Sharpe 比 (Sharpe ratio), 它表示单位风险带来的风险溢价.

我们可以把一投资组合的收益率的期望和方差分别看作为投资的回报和风险. 对任意给定 μ, 如果在所有期望收益率为 μ 的组合中, 某一投资组合收益率的方差为最小, 那么这个组合就叫作期望收益率为 μ 的均值–方差前沿组合 (mean-variance frontier portfolio). 我们下面的任务就是找出所有的均值–方差前沿组合.

§2.1.1 没有无风险证券情形下的均值–方差前沿组合

首先我们考虑市场上没有 (或限制使用) 无风险证券情形, 这时求均值–方差前沿组合就化为下面的二次规划问题:

$$\begin{cases} \mathbf{w}(\mu) = \arg\min_{\mathbf{w}} \dfrac{1}{2} \mathbf{w}^\tau V \mathbf{w}, \\ \mathbf{w}^\tau \mathbf{e} = \mu, \qquad \mathbf{w}^\tau 1 = 1. \end{cases} \tag{2.2}$$

利用 Lagrange 乘子法, 我们求解 $\min_{(\mathbf{w}, \lambda, \gamma)} L(\mathbf{w}, \lambda, \gamma)$, 其中

$$L(\mathbf{w}, \lambda, \gamma) = \frac{1}{2} \mathbf{w}^\tau V \mathbf{w} + \lambda(\mu - \mathbf{w}^\tau \mathbf{e}) + \gamma(1 - \mathbf{w}^\tau 1), \tag{2.3}$$

使得 $\mathbf{w}(\mu)$ 为 $\min_{(\mathbf{w}, \lambda, \gamma)} L(\mathbf{w}, \lambda, \gamma)$ 的解的一阶必要和充分条件是

$$\frac{\partial L}{\partial \mathbf{w}} = V \mathbf{w} - \lambda \mathbf{e} - \gamma 1 = 0, \tag{2.4a}$$

$$\frac{\partial L}{\partial \lambda} = \mu - \mathrm{w}^{\tau}\mathrm{e} = 0, \tag{2.4b}$$

$$\frac{\partial L}{\partial \gamma} = 1 - \mathrm{w}^{\tau}1 = 0, \tag{2.4c}$$

其中 0 表示 d 维零向量. 解方程 (2.4a) 给出

$$\mathrm{w}(\mu) = \lambda(V^{-1}\mathrm{e}) + \gamma(V^{-1}1). \tag{2.4d}$$

由 (2.4b), (2.4c) 和 (2.4d) 我们推得关于 λ 和 γ 的方程:

$$\begin{cases} \lambda(\mathrm{e}^{\tau}V^{-1}\mathrm{e}) + \gamma(\mathrm{e}^{\tau}V^{-1}1) = \mu, \\ \lambda(1^{\tau}V^{-1}\mathrm{e}) + \gamma(1^{\tau}V^{-1}1) = 1. \end{cases}$$

解此方程给出

$$\lambda = \frac{C\mu - A}{D}, \quad \gamma = \frac{B - A\mu}{D}, \tag{2.5}$$

其中

$$A = 1^{\tau}V^{-1}\mathrm{e} = \mathrm{e}^{\tau}V^{-1}1, \quad B = \mathrm{e}^{\tau}V^{-1}\mathrm{e},$$

$$C = 1^{\tau}V^{-1}1, \quad D = BC - A^2.$$

易见 $B > 0, C > 0$. 由于

$$(A\mathrm{e} - B1)^{\tau}V^{-1}(A\mathrm{e} - B1) = B(BC - A^2) = BD,$$

也有 $D > 0$. 但是 A 可正、可负或为零. 最终得到

定理 2.1　期望收益率为 μ 的均值–方差前沿组合 $\mathrm{w}(\mu)$ 由下式给出:

$$\mathrm{w}(\mu) = g + \mu h, \tag{2.6}$$

其收益率的方差为

$$\mathrm{w}(\mu)^{\tau}V\mathrm{w}(\mu) = \frac{C}{D}\left(\mu - \frac{A}{C}\right)^2 + \frac{1}{C} := \sigma(\mu)^2, \tag{2.7}$$

其中

$$g = \frac{1}{D}(BV^{-1}1 - AV^{-1}\mathrm{e}), \quad h = \frac{1}{D}(CV^{-1}\mathrm{e} - AV^{-1}1). \tag{2.8}$$

证明 (2.6) 由 (2.4d) 和 (2.5) 直接推得. 此外, 容易证明

$$g^\tau V g = \frac{B}{D}, \quad g^\tau V h = -\frac{A}{D}, \quad h^\tau V h = \frac{C}{D},$$

由此立刻推得 (2.7). □

从 (2.6) 我们可以得到如下的由 Tobin (1958) 给出的两基金分离定理 (two-fund separation theorem).

定理 2.2 假定 $d \geqslant 2$, $\mu_1 > 0, \mu_2 > 0$ 且 $\mu_1 \neq \mu_2$. 令 w(μ_1) 和 w(μ_2) 为期望收益率分别为 μ_1 和 μ_2 的均值–方差前沿组合, 则 $\forall \mu > 0$, 期望收益率为 μ 的均值–方差前沿组合 w(μ) 是 w(μ_1) 和 w(μ_2) 的仿射组合 (affine combination):

$$\mathrm{w}(\mu) = \alpha \mathrm{w}(\mu_1) + (1 - \alpha)\mathrm{w}(\mu_2),$$

其中 $\alpha = (\mu - \mu_2)/(\mu_1 - \mu_2)$ 是如下方程的解:

$$\mu = \alpha\mu_1 + (1 - \alpha)\mu_2.$$

反之, 对任何使得 $\mu = \alpha\mu_1 + (1 - \alpha)\mu_2 > 0$ 的实数 α, $\alpha\mathrm{w}(\mu_1) + (1 - \alpha)\mathrm{w}(\mu_2)$ 是一个期望收益率为 μ 的均值–方差前沿组合.

注 两基金分离定理告诉我们: 在均值–方差分析准则下, 投资人只要选择两个可以信赖的具有不同期望收益率的基金 (即均值–方差前沿组合) 进行投资即可.

设 p 和 q 是两个均值–方差前沿组合, 由 (2.6) 我们有

$$p = g + \mathbb{E}[r(p)]h, \quad q = g + \mathbb{E}[r(q)]h,$$

其中 g 和 h 由 (2.8) 给出. 因此组合 p 和 q 的收益率的协方差为

$$\mathrm{cov}(r(p), r(q)) = p^\tau V q = \frac{C}{D}\left(\mathbb{E}[r(p)] - \frac{A}{C}\right)\left(\mathbb{E}[r(q)] - \frac{A}{C}\right) + \frac{1}{C}. \tag{2.9}$$

特别令 p 和 q 相等, 则可以得到

$$\frac{\sigma^2(r(p))}{\dfrac{1}{C}} - \frac{\left(\mathbb{E}[r(p)] - \dfrac{A}{C}\right)^2}{\dfrac{D}{C^2}} = 1. \tag{2.10}$$

此即 (2.7) 式. 如果用 $\sigma^2(\mu)$ 表示组合 w(μ) 的收益率的方差, 即

$$\sigma(\mu)^2 := \sigma^2\big(r(\mathrm{w}(\mu))\big),$$

由 (2.10) 看出 $(\sigma(\mu), \mu)$ 的图像是 $\sigma(r(p)) - \mathbb{E}[r(p)]$ 平面上以 $(0, A/C)$ 为中心、渐近线斜率是 $\pm\sqrt{D/C}$ 的双曲线, 称之为组合前沿 (portfolio frontier)(图 2.1). 点 $(\sqrt{1/C}, A/C)$ 对应于最小方差的均值–方差前沿组合, 称之为最小方差组合 (minimum variance portfolio, MVP). 期望收益率大于或等于 A/C 的那些均值–方差前沿组合 (对应于 (2.5) 中的 $\lambda \geqslant 0$) 称为有效组合 (efficient portfolios), 它们对应于图像的上半部分. 容易看出, 有效组合的凸线性组合还是有效组合. 对于投资者来说, 只需要考虑有效组合.

在均值–方差模型下, 我们也可以考虑 "给定方差而选取期望收益率达最大的投资组合". 下一定理给出了收益率标准差等于给定 σ 中的期望收益率的最大值和对应的投资组合.

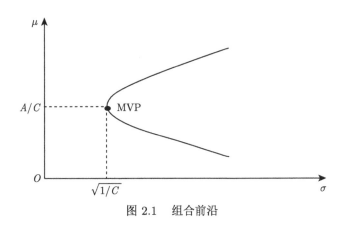

图 2.1　组合前沿

> **定理 2.3**　对任意给定的 $\sigma \geqslant \sqrt{1/C}$, 令
>
> $$\mu(\sigma) = \sqrt{\frac{D\sigma^2}{C} - \frac{D}{C^2}} + \frac{A}{C},$$
>
> 则收益率标准差等于 σ 的投资组合中期望收益率最大值为 $\mu(\sigma)$, 对应的投资组合 $\tilde{w}(\sigma)$ 为有效前沿组合 $w(\mu(\sigma))$.

　　证明　如果有效前沿投资组合 $w(\mu)$ 的收益率标准差等于 σ, 则由公式 (2.7) 知

$$\mu = \sqrt{\frac{D\sigma^2}{C} - \frac{D}{C^2}} + \frac{A}{C}, \text{ 或 } \mu = -\sqrt{\frac{D\sigma^2}{C} - \frac{D}{C^2}} + \frac{A}{C}.$$

因此, 收益率标准差等于 σ 的投资组合中期望收益率最大值为 $\mu(\sigma)$, 对应的投资组合 $\tilde{w}(\sigma)$ 为期望收益率等于 $\mu(\sigma)$ 的有效前沿组合 $w(\mu(\sigma))$.　　□

注 1 可以看出, $\mathrm{w}(\mu(\sigma))$ 是如下问题的最优解:

$$\begin{cases} \tilde{\mathrm{w}}(\sigma) = \arg\max_{\tilde{\mathrm{w}}} \tilde{\mathrm{w}}^\tau \mathrm{e}, \\ \tilde{\mathrm{w}}^\tau V \tilde{\mathrm{w}} = \sigma^2, \qquad \tilde{\mathrm{w}}^\tau 1 = 1, \end{cases}$$

注 2 该定理表明: 在均值–方差模型下, "给定方差而选取期望收益率达最大的投资组合" 和 "给定期望收益率选取方差最小的投资组合" 这两者通常并不等价, 一般来说前者往往优于后者, 即有 $\tilde{\mu}(\sigma) \geqslant \mu$, 其中 $\sigma = \sigma(\mu)$.

§2.1.2 没有无风险证券情形下均值–方差分析的新表述

我们考虑市场上没有 (或限制使用) 无风险证券情形. 假设一个经济人 (或投资者) 在市场上投资, 他的初始财富为 $x_0 > 0$, 时刻 1 的财富为 x_1, 两者之差 $x_1 - x_0$ 称为资本利得 (capital gain), 简称为利得. 问题是如何在期望利得为给定的 μ 的投资组合中, 寻找一投资组合, 使得其利得的方差达最小. 显然, 令 $\hat{\mu} = \dfrac{\mu}{x_0}$, 则 $\hat{\mu}$ 为期望收益率, 最优投资组合即为 $\mathrm{w}(\hat{\mu})$, 它是问题 (2.2) 对应于 $\hat{\mu}$ 的解. 这时, 投资到各风险资产的资金额为 $\hat{\mathrm{w}}(x_0, \mu) = x_0 \mathrm{w}(\hat{\mu})$. 因此, 如果不是考虑投资到各风险资产的权重 w, 而是直接考虑投资到各风险资产的资金额 $\hat{\mathrm{w}}$ (也称为投资组合), 则 $\hat{\mathrm{w}}(x_0, \mu)$ 为如下的二次规划问题的解:

$$\begin{cases} \hat{\mathrm{w}}(x_0, \mu) = \arg\min_{\hat{\mathrm{w}}} \dfrac{1}{2} \hat{\mathrm{w}}^\tau V \hat{\mathrm{w}}, \\ \hat{\mathrm{w}}^\tau \mathrm{e} = \mu, \qquad \hat{\mathrm{w}}^\tau 1 = x_0. \end{cases} \tag{2.2*}$$

这里 μ 是在时刻 1 的期望利得, $\hat{\mathrm{w}}^\tau V \hat{\mathrm{w}}$ 是在时刻 1 利得的方差. 投资组合 $\hat{\mathrm{w}}(x_0, \mu)$ 在时刻 1 利得的方差为

$$\hat{\mathrm{w}}(x_0, \mu)^\tau V \hat{\mathrm{w}}(x_0, \mu) = \frac{C}{D}\left(\mu - \frac{A}{C}x_0\right)^2 + \frac{x_0^2}{C} =: \sigma(\mu, x_0)^2. \tag{2.7*}$$

给定 x_0, 如果令 $\mu = \dfrac{A}{C}x_0$, 则 $\sigma(\mu, x_0)$ 达最小值 $|x_0|/\sqrt{C}$. 最小方差以上的均值–方差集合

$$\left\{ (\mu, \sigma^2) : \sigma^2 = \frac{C}{D}\left(\mu - \frac{A}{C}x_0\right)^2 + \frac{x_0^2}{C}, \ \mu \geqslant \frac{A}{C}x_0 \right\}$$

构成了所谓的均值–方差有效前沿.

定理 2.4　我们有

$$\sigma^2(\mu, x_0) = \frac{1}{B}(A\mu - Bx_0)^2 + \frac{\mu^2}{B}. \tag{2.11}$$

给定 μ, 如果令 $x_0 = \frac{A}{B}\mu$, 则 $\sigma(\mu, x_0)$ 达最小值 $|\mu|/\sqrt{B}$. 最小方差以下的初始财富–方差集合

$$\left\{ (x_0, \sigma^2) : \sigma^2 = \frac{1}{B}(A\mu - Bx_0)^2 + \frac{\mu^2}{B},\ x_0 \leqslant \frac{A}{B}\mu \right\}$$

构成了所谓的初始财富–方差有效前沿.

证明　注意到 $BC - D = A^2$, 由 (2.7^*) 推得

$$\begin{aligned}
D(B\sigma^2(\mu, x_0) - \mu^2) &= BC\left(\mu - \frac{A}{C}x_0\right)^2 + \frac{BD}{C}x_0^2 - D\mu^2 \\
&= (BC - D)\mu^2 - \frac{2AB\mu x_0}{C} + \frac{B}{C}(A^2 + D)x_0^2 \\
&= A^2\mu^2 - 2AB\mu x_0 + B^2 x_0^2 \\
&= (A\mu - Bx_0)^2.
\end{aligned}$$

(2.11) 得证. 其余结论是 (2.11) 的直接推论.　　　　　　　　　　□

注 1　如果 $A\mu < Bx_0$, 令 $x_0^* = \frac{A}{B}\mu$, 则组合 $\hat{\mathrm{w}}(x_0^*, \mu)$ 实现与组合 $\hat{\mathrm{w}}(x_0, \mu)$ 同样的期望利得, 但用了较少的初始投资 x_0^*, 并达到较小的利得标准差 $\dfrac{|\mu|}{\sqrt{B}}$.

注 2　如果 $\mu < \frac{A}{C}x_0$, 令 $\mu^* = \frac{A}{C}x_0$, 则组合 $\hat{\mathrm{w}}(x_0, \mu^*)$ 比组合 $\hat{\mathrm{w}}(x_0, \mu)$ 实现较高的期望利得和较小的利得标准差, 但初始投资还是 x_0.

上述两个注告诉我们, 如果用均值和方差来衡量收益和风险, 在给定风险水平下, 并非投资额度愈高期望回报愈高; 或者期望回报愈高, 未必风险愈大.

下面恒假定 $x_0 > 0$ 和 $\mu > 0$. 根据上面两项观察, 考虑投资的利得, 一个更为合理的均值–方差分析表述应该是

$$\begin{cases}
\hat{\mathrm{w}}(x_0, \mu) = \arg\min\limits_{\hat{\mathrm{w}}} \hat{\mathrm{w}}^\tau V \hat{\mathrm{w}}, \\
\hat{\mathrm{w}}^\tau \mathrm{e} \geqslant \mu, \qquad \hat{\mathrm{w}}^\tau \mathbf{1} \leqslant x_0,
\end{cases} \tag{2.12}$$

或者是

$$\begin{cases} \tilde{\mathrm{w}}(x_0, \mu) = \arg\min_{\tilde{\mathrm{w}}} \tilde{\mathrm{w}}^\tau V \tilde{\mathrm{w}}, \\ \tilde{\mathrm{w}}^\tau \mathrm{e} + (x_0 - \tilde{\mathrm{w}}^\tau 1) \geqslant \mu, \qquad \tilde{\mathrm{w}}^\tau 1 \leqslant x_0. \end{cases} \tag{2.13}$$

为了解问题 (2.12), 对任给 $\nu \geqslant \mu$, 我们先解如下问题

$$\begin{cases} \hat{\mathrm{w}}(x_0, \nu) = \arg\min_{\hat{\mathrm{w}}} \hat{\mathrm{w}}^\tau V \hat{\mathrm{w}}, \\ \hat{\mathrm{w}}^\tau \mathrm{e} = \nu, \qquad \hat{\mathrm{w}}^\tau 1 \leqslant x_0 \end{cases} \tag{2.12*}$$

来找出最优投资水平 $\hat{x}_0(\nu)$:

$$\hat{x}_0(\nu) = \arg\min_{x \leqslant x_0} \frac{C}{D} \left(\nu - \frac{A}{C} x \right)^2 + \frac{x^2}{C}. \tag{2.14}$$

其解为

$$\hat{x}_0(\nu) = \begin{cases} x_0, & A\nu \geqslant Bx_0, \\ \dfrac{A}{B} \nu, & A\nu < Bx_0. \end{cases} \tag{2.15}$$

如果 $A\nu < Bx_0$, 则

$$\sigma(\hat{x}_0(\nu), \nu)^2 = \frac{C}{D} \left(\nu - \hat{x}_0(\nu) \frac{A}{C} \right)^2 + \frac{\hat{x}_0(\nu)^2}{C} = \frac{1}{B} \nu^2.$$

从而最终得知 $\hat{\mathrm{w}}(\hat{x}_0(\mu), \mu)$ 是问题 (2.12) 的解. 这表明, 如果 $A\mu < Bx_0$, 三目标最优化问题 (2.12) 事实上等价于如下二目标最优化问题:

$$\begin{cases} \hat{\mathrm{w}}(x_0, \mu) = \arg\min_{\hat{\mathrm{w}}} \hat{\mathrm{w}}^\tau V \hat{\mathrm{w}}, \\ \hat{\mathrm{w}}^\tau \mathrm{e} = \mu, \qquad \hat{\mathrm{w}}^\tau 1 \leqslant x_0. \end{cases} \tag{2.16}$$

另一方面, 为解问题 (2.12), 对任给 $x \leqslant x_0$, 我们也可以先解如下问题:

$$\begin{cases} \hat{\mathrm{w}}(x, \nu) = \arg\min_{\hat{\mathrm{w}}} \hat{\mathrm{w}}^\tau V \hat{\mathrm{w}}, \\ \hat{\mathrm{w}}^\tau \mathrm{e} \geqslant \mu, \qquad \hat{\mathrm{w}}^\tau 1 = x \end{cases} \tag{2.12'}$$

来找出最优投资水平 $\hat{\mu}(x)$:

$$\hat{\mu}(x) = \arg\min_{\nu \geqslant \mu} \frac{C}{D} \left(\nu - \frac{A}{C} x \right)^2 + \frac{x^2}{C}. \tag{2.14'}$$

其解为

$$
\hat{\mu}(x) = \begin{cases} \mu, & C\mu > Ax, \\[2mm] \dfrac{A}{C}x, & C\mu \leqslant Ax. \end{cases} \tag{2.15'}
$$

如果 $C\mu \leqslant Ax_0$ 且 $A > 0$, 令 $x_0^* = \dfrac{C}{A}\mu$, 则 $\hat{w}(x_0^*, \mu)$ 是问题 $(2.12')$ 的解. 如果 $C\mu > Ax_0$, 则 $\hat{w}(x_0, \mu)$ 是问题 $(2.12')$ 的解.

这表明, 如果 $C\mu \leqslant Ax_0$ 且 $A > 0$, 三目标最优化问题 (2.12) 实际上等价于如下二目标最优化问题:

$$
\begin{cases} \hat{w}(x_0, \mu) = \arg\min\limits_{\hat{w}} \hat{w}^\tau V \hat{w}, \\[2mm] \hat{w}^\tau e = \mu, \qquad \hat{w}^\tau 1 \leqslant x_0. \end{cases} \tag{2.17}
$$

为解问题 (2.13), 对任给 $\nu \geqslant \mu$, 我们首先解如下问题:

$$
\begin{cases} \tilde{w}(x_0, \nu) = \arg\min\limits_{\tilde{w}} \tilde{w}^\tau V \tilde{w}, \\[2mm] \tilde{w}^\tau e + (x_0 - \tilde{w}^\tau 1) = \nu, \quad \tilde{w}^\tau 1 \leqslant x_0 \end{cases} \tag{2.13*}
$$

来找出最优投资水平 $\hat{x}_0(\nu)$:

$$
\tilde{x}_0(\nu) = \arg\min_{x \leqslant x_0} \frac{C}{D}\left(\nu - x_0 + x - \frac{A}{C}x\right)^2 + \frac{x^2}{C}.
$$

其解为

$$
\tilde{x}_0(\nu) = \begin{cases} x_0, & (A-C)\nu \geqslant (B-A)x_0, \\[2mm] \dfrac{A-C}{B+C-2A}(\nu - x_0), & (A-C)\nu < (B-A)x_0. \end{cases} \tag{2.18}
$$

如果 $(A-C)\nu < (B-A)x_0$, 则

$$
\begin{aligned}
\sigma^2(\tilde{x}_0(\nu), \nu) &= \frac{C}{D}\left(\nu - x_0 + \tilde{x}_0(\nu) - \frac{A}{C}\tilde{x}_0(\nu)\right)^2 + \frac{\tilde{x}_0(\nu)^2}{C} \\[2mm]
&= \frac{A^2 - 4AC + 2C^2 + CB}{C(B+C-2A)^2}(\nu - x_0)^2.
\end{aligned}
$$

为了找到最优的 ν, 我们需要解如下问题:

$$
\nu^* = \arg\min_{\nu \geqslant \mu}(\nu - x_0)^2.
$$

注意到

$$B + C - 2A = (1 - \mathrm{e})^\tau V^{-1}(1 - \mathrm{e}) > 0,$$

从而有 $A - C < B - A$.

下面分两种情况考虑:

(1) 假定 $A > C$. 如果 $(A - C)\mu < (B - A)x_0$, 则 $\mu < x_0$, $\nu^* = x_0$, 这时 $\tilde{\mathrm{w}}(\tilde{x}_0(x_0), x_0)$ 为 (2.13) 的解; 如果 $(A - C)\mu \geqslant (B - A)x_0$, 则 $\nu^* = \mu$, $\tilde{x}_0(\mu) = x_0$, 这时问题 (2.13) 退化为问题 (2.2*).

(2) 假定 $A \leqslant C$, 这时恒有 $(A - C)\mu < (B - A)x_0$. 如果 $\mu \leqslant x_0$, 则 $\nu^* = x_0$, 这时 $\tilde{\mathrm{w}}(\tilde{x}_0(x_0), x_0)$ 为 (2.13) 的解; 如果 $\mu > x_0$, 则 $\nu^* = \mu$, 这时 $\tilde{\mathrm{w}}(\tilde{x}_0(\mu), \mu)$ 为 (2.13) 的解.

上述结果表明, 如果 $\mu \leqslant x_0$, 且 $(A - C)\mu < (B - A)x_0$, 三目标最优化问题 (2.13) 实际上等价于如下二目标最优化问题:

$$\begin{cases} \tilde{\mathrm{w}}(x_0, \mu) = \arg\min_{\tilde{\mathrm{w}}} \tilde{\mathrm{w}}^\tau V \tilde{\mathrm{w}}, \\ \tilde{\mathrm{w}}^\tau \mathrm{e} + (x_0 - \tilde{\mathrm{w}}^\tau 1) = x_0, \quad \tilde{\mathrm{w}}^\tau 1 \leqslant x_0. \end{cases} \tag{2.19}$$

注 由于 $B + C - 2A > 0$, 如果 $A \leqslant C$, 且 $\mu \geqslant x_0 > 0$, 则最优投资水平 $\tilde{x}_0(\nu) \left(= \dfrac{A - C}{B + C - 2A}(\mu - x_0) \right)$ 为负的. 特别地, 如果 $A \leqslant 0$ 且 $\mu > x_0 > 0$, 则最优投资水平 $\tilde{x}_0(\nu)$ 为严格负的.

我们还可以如下改述均值–方差组合选择模型:

$$\begin{cases} \hat{\mathrm{w}}(x_0, \sigma) = \arg\max_{\hat{\mathrm{w}}} \hat{\mathrm{w}}^\tau e + (x_0 - \hat{\mathrm{w}}^\tau 1), \\ \hat{\mathrm{w}}^\tau V \hat{\mathrm{w}} = \sigma^2, \quad \hat{\mathrm{w}}^\tau 1 \leqslant x_0, \end{cases} \tag{2.20}$$

这里 $\hat{\mathrm{w}}^\tau 1 \leqslant x_0$ 是 "预算约束"(budget constraint), 而且假定了零利率.

注意: 对应于初始财富为 x 和资本利得的方差为 σ^2, 最大期望利得为

$$\mu = \sqrt{\frac{D\sigma^2}{C} - \frac{Dx^2}{C^2}} + \frac{A}{C}x,$$

我们首先通过解

$$\hat{x}_0 = \arg\max_{-\sqrt{C}\sigma \leqslant x \leqslant \min\{x_0, \sqrt{C}\sigma\}} \sqrt{\frac{D\sigma^2}{C} - \frac{Dx^2}{C^2}} + \frac{A}{C}x + x_0 - x$$

找出最优投资水平 $\hat{x}_0$, 其解为

$$
\hat{x}_0 = \begin{cases}
x_0, & A > C, x_0 \geqslant 0, \sigma \geqslant \dfrac{\sqrt{B+C-2A}}{A-C}\Big/ x_0, \\
& \text{或 } A \geqslant C, x \leqslant 0, \sigma > -x_0\sqrt{1/C}, \\
& \text{或 } A < C, x \leqslant 0, -x_0\sqrt{1/C} \leqslant \sigma \leqslant \dfrac{\sqrt{B+C-2A}}{A-C}\Big/ x_0, \\
(A-C)\sigma\sqrt{\dfrac{C}{D+(A-C)^2}}, & \text{其他情形.}
\end{cases}
$$

然后我们解如下问题得到问题 (2.20) 的解:

$$
\begin{cases}
\hat{w}(\hat{x}_0, \sigma) = \arg\max_{\hat{w}} \hat{w}^\tau e, \\
\hat{w}^\tau V \hat{w} = \sigma^2, \quad \hat{w}^\tau 1 = \hat{x}_0.
\end{cases} \tag{2.21}
$$

如果考虑 r 为全收益和 μ 为期望终端财富, 类似的讨论及其他问题的研究参见文献 Cui et al.(2015).

§2.1.3　存在无风险证券情形下的均值–方差前沿组合

现在我们假设市场中有一无风险证券可供投资者选择, 其收益率为 r_f. 我们要找出所有的均值–方差前沿组合. 期望收益率为 μ 的均值–方差前沿组合 $w(\mu)$ 是下面二次规划问题的解:

$$
\begin{cases}
w(\mu) = \arg\min_{w} \dfrac{1}{2} w^\tau V w, \\
w^\tau e + (1 - w^\tau 1) r_f = \mu.
\end{cases}
$$

如果 $\mu = r_f$, 解是平凡的: $w(\mu) = 0$. 下面我们假设 $\mu \neq r_f$. 利用 Lagrange 乘子法, 我们求解 $\min_{(w, \lambda)} L(w, \lambda)$, 其中

$$
L(w, \lambda) = \frac{1}{2} w^\tau V w + \lambda(\mu - w^\tau e - (1 - w^\tau 1) r_f).
$$

使得 $w(\mu)$ 为 $\min_{(w, \lambda)} L(w, \lambda)$ 的解的一阶必要和充分条件是

$$
\frac{\partial L}{\partial w} = V w - \lambda(e - r_f 1) = 0 \tag{2.22a}
$$

和

$$\frac{\partial L}{\partial \lambda} = \mu - w^\tau e - (1 - w^\tau 1)r_f = 0. \tag{2.22b}$$

解上述两个方程给出

$$w(\mu) = \frac{\mu - r}{H} V^{-1}(e - r_f 1), \tag{2.23}$$

其中

$$H = (e - r_f 1)^\tau V^{-1}(e - r_f 1) = B - 2rA + r_f^2 C. \tag{2.24}$$

由于 $A^2 < BC$, 我们有 $H > 0$. 由 (2.23) 得到

$$\sigma^2(\mu) = w(\mu)^\tau V w(\mu) = \frac{(\mu - r_f)^2}{H}, \tag{2.25}$$

其中 $\sigma^2(\mu)$ 表示 $w(\mu)$ 的收益率 $r(w(\mu))$ 的方差. 由 (2.15) 得到

$$\sigma(\mu) = \frac{1}{\sqrt{H}}|\mu - r_f|. \tag{2.26}$$

因此 $(\sigma(\mu), \mu)$ 在 $\sigma(r(w)) - \mathbb{E}[r(w)]$ 平面上的图像是从 $(0, r_f)$ 出发的斜率分别为 $\sqrt{H}$ 和 $-\sqrt{H}$ 的两条射线, 与斜率为 $\sqrt{H}$ 射线上的点相对应的前沿组合称为有效组合 (图 2.2), 它们的期望收益率 μ 大于或等于 r. 该射线称为资本市场线 (capital market line). 由 (2.26) 知斜率 $\sqrt{H}$ 是所有有效组合共同的 Sharpe 比, 即

$$\forall \mu > r_f, \ \frac{\mu - r_f}{\sigma(\mu)} = \sqrt{H},$$

它也被称为风险的市场价格 (market price of risk), 与此对照的是, 无风险资产的收益率可以看作为时间价格 (price of time).

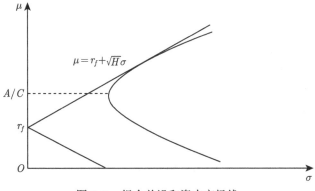

图 2.2　组合前沿和资本市场线

容易看出: 对任意组合 p, $(\sigma(r(p)), \mathbb{E}[r(p)])$ 一定处在两条射线内部. 由此推知: 存在无风险证券情形下, 上一节中的定理 2.3 及其注仍然成立.

上一节我们证明: 风险证券的最小方差组合的期望收益率是 A/C. 因此可能有下面三种情况发生: $A/C > r_f$, $A/C < r_f$ 和 $A/C = r_f$. 当 $A/C = r_f$ 时, 资本市场线就是风险证券的组合前沿的渐近线的一支, 与风险证券的有效组合前沿没有交点; 当 $A/C < r_f$ 时, 资本市场线的斜率 $\sqrt{H}$ 大于风险证券的有效组合前沿的渐近线的斜率 $\sqrt{D/C}$, 所以这时资本市场线与风险证券的有效组合前沿也没有交点.

下面只考虑 $A/C > r_f$ 的情况.

定理 2.5　　假定 $A/C > r_f$. 则当且仅当 $\mu^* = r_f + H/(A - r_f C)$ 时有 $1^\tau \mathrm{w}(\mu^*) = 1$, 即有效前沿组合 $\mathrm{w}(\mu^*)$ 不含无风险证券, 且它的收益率的标准差为 $\sigma(\mu^*) = \sqrt{H}/(A - r_f C)$. 此外, 资本市场线与风险证券的组合前沿相切于点 $(\sigma(\mu^*), \mu^*)$, 切点对应的组合称为切点组合 (tangent portfolio).

证明　　由于

$$1^\tau V^{-1}(\mathrm{e} - r_f 1) = A - r_f C,$$

故由 (2.23) 和 (2.26) 立即推知第一个结论. 另一方面, 由于有效前沿组合 $\mathrm{w}(\mu^*)$ 不含无风险证券, $\mathrm{w}(\mu^*)$ 必然也是在上一节中不考虑投资于无风险证券情形时的有效前沿组合, 从而点 $(\sigma(\mu^*), \mu^*)$ 位于风险证券的组合前沿. 因此, 资本市场线与风险证券的组合前沿相切于点 $(\sigma(\mu^*), \mu^*)$.　　　　□

注 1　　我们用 w^* 表示切点组合 (即前述的 $\mathrm{w}(\mu^*)$), 则由 (2.13) 我们有

$$\mathrm{w}^* = \frac{1}{A - r_f C} V^{-1}(\mathrm{e} - r_f 1). \tag{2.27}$$

对于切点以上和以下部分的资本市场线上的点所对应的有效前沿组合 w, 分别有 $1^\tau \mathrm{w} > 1$ 和 $1^\tau \mathrm{w} < 1$. 前者表示投资者以无风险利率借一部分资金来增加财富, 然后将所有资金按照切点组合的权重投资到风险证券; 后者表示投资者以一定资金购买无风险证券, 然后将剩余资金按照切点组合的权重投资到风险证券.

注 2　　从 (2.23) 可以看出, 组合 $\mathrm{w}(\mu)$ 关于 μ 是线性的, 所以存在无风险证券情形下, 我们也有两基金分离定理. 特别地, 任何投资者的有效投资组合都可以由无风险证券和切点组合做线性组合得到. 因此, 它们都按切点组合的比例将部分资金投资到风险资产上.

由切点组合的定义容易推知:

定理 2.6　　假定 $A/C > r_f$. 则切点组合的 Sharpe 比在所有风险资产组合中达最大值.

§2.1.4 均值–方差效用函数

一个经济人在证券市场中如何选择投资组合呢? 从金融经济学的角度看, 这取决于人的偏好或对风险的态度, 后者可以用所谓的效用函数 (utility function) U 表示. 经济人的目标就是他关于投资组合在时刻 1 的财富 W 期望效用 $\mathbb{E}[U(W)]$ 达到最大. 如果经济人是风险厌恶的 (risk averse), 那么他的效用函数是单调增且严格凹的. 假设风险证券的收益率的联合分布是 Gauss 分布, 那么容易证明他关于投资组合在时刻 1 财富的期望效用就简化为形如 $u(\sigma, \mu)$ 的函数, 称为均值–方差效用函数 (mean-variance utility function), 这里 μ 表示投资组合的期望收益率, σ 表示投资组合收益率的标准差. 更一般地, Chamberlain (1983) 证明了如下事实: 在无风险资产存在的市场中, 投资组合收益率分布只依赖其均值和方差, 当且仅当组合中的风险证券的收益率的联合分布为椭球分布 (elliptical distribution). 在这种情形下, 期望效用就化为均值–方差效用函数. 一随机向量 $X = (X_1, \cdots, X_n)^\tau$ 称为服从椭球分布, 如果它的特征函数具有如下形式:

$$\varphi_X(t) = \exp\{it^\tau \mu\} \psi(t^\tau \Sigma t),$$

其中 μ 为 n 维列向量, Σ 为 $n \times n$ 正定对称矩阵, ψ 为一实值函数.

效用函数的单调性和严格凹意味着投资者偏好较高的期望收益率和较小的标准差. 因此, 对于均值–方差效用函数 u, 一般来说我们必须有

$$\frac{\partial u}{\partial \sigma} < 0, \quad \frac{\partial u}{\partial \mu} > 0. \tag{2.28}$$

于是对每一个常数 c, 方程 $u(\sigma, \mu) = c$ 在 σ-μ 平面上决定了一个具有正斜率的曲线, 称为效用水平为 c 的无差异曲线 (indifference curve).

容易证明: 存在唯一无差异曲线与组合前沿 (没有无风险证券情形下) 或资本市场线 (有无风险证券情形下) 相切, 在后一种情况下, 切点 (σ, μ) 是下面方程的唯一解:

$$-\frac{\dfrac{\partial u}{\partial \sigma}}{\dfrac{\partial u}{\partial \mu}} = \sqrt{H} = \frac{\mu - r_f}{\sigma}. \tag{2.29}$$

对这一 μ, 由 (2.23) 可以求得有效组合. 对一个以均值–方差效用函数为其偏好的投资者来说, 这一有效组合是在如下意义最优的: 在所有有效组合中它的效用水平最高 (图 2.3).

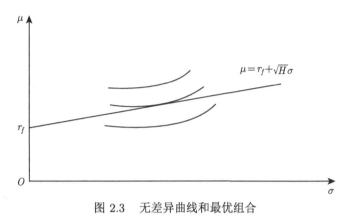

图 2.3   无差异曲线和最优组合

(2.29) 表明: 对于最优投资组合, 风险和期望收益率的边际替代率必须等于组合的 Sharpe 比. 作为一个例子, 假设投资者的均值–方差效用函数为

$$u(\sigma, \mu) = \mu - \frac{1}{\tau}\sigma^2, \qquad (2.30)$$

其中 $\tau > 0$ 称为风险容忍度 (risk tolerance). 方程 (2.29) 的解为

$$\mu = r_f + \frac{\tau}{2}H, \quad \sigma = \frac{\tau}{2}\sqrt{H}. \qquad (2.31)$$

§2.2   资本资产定价模型 (CAPM)

§2.2.1   市场竞争均衡与市场组合

假设我们的市场是无摩擦的 (frictionless), 这就是说: 没有交易费用, 没有买卖价差 (bid-ask spread), 没有卖空限制, 没有税收, 借贷都是一样的利率, 并且证券是任意可分的. 进一步, 我们假设参与者都是以均值-方差效用函数为偏好, 并且持有相应的最优投资组合, 因此参与者都持有有效组合. 如果市场出清 (market clear), 即市场参与者对各只证券拥有量的总和与市场相应证券的供给量相等, 我们称市场达到了竞争均衡 (competitive equilibrium), 简称均衡.

假设市场达到竞争均衡, 在时刻 0 证券市场上第 i 只风险证券的总价值为 W_i, 无风险证券的总价值为 W_f. 令

$$(w_M)_i = \frac{W_i}{\displaystyle\sum_{j=1}^{d} W_j + W_f}, \qquad (2.32)$$

称这一组合 $\mathrm{w}_M = ((w_M)_1, \cdots, (w_M)_d)^\tau$ 为**市场组合** (market portfolio). 在实际运用中, 一般用指数基金作为市场组合的近似.

下面我们将证明均衡市场中市场组合是有效组合. 事实上, 假设市场中有 K 个参与者. 令 $W^{(k)}$ 为第 k 个参与者 0 时的最优投资组合, $X^{(k)}(0)$ 为其 0 时拥有的各种证券 (称为**禀赋** (endowment)) 的总价值, 则有

$$\sum_{j=1}^{d} W_j + W_f = \sum_{k=1}^{K} X^{(k)}(0), \quad W_i = \sum_{k=1}^{K} X^{(k)}(0)W_i^{(k)}.$$

令

$$\alpha_k = X^{(k)}(0) \Big/ \left(\sum_{j=1}^{d} W_j + W_f \right).$$

则对每个 $1 \leqslant i \leqslant d$,

$$\sum_{k=1}^{K} \alpha_k W_i^{(k)} = \sum_{k=1}^{K} X^{(k)}(0)W_i^{(k)} \Big/ \left(\sum_{j=1}^{d} W_j + W_f \right) = (w_M)_i.$$

这表明市场组合是若干有效组合的凸组合, 从而是有效组合. 另外, 如果无风险证券净供给为零, 即借贷相抵, 则市场组合就是切点组合.

今后将把市场组合的风险 (即市场组合收益率的标准差) 称为**市场风险** (market risk), 把市场组合的风险溢价称为**市场风险溢价** (market risk premium). 由于市场组合是有效组合, 所以市场组合的 Sharpe 比就是上一小节中定义的风险的市场价格 $\sqrt{H}$.

根据两基金分离定理, 任一有效组合可以表示为无风险证券和市场组合的线性组合. 例如, 假设市场中有 K 个参与者, 每个参与者都有形如 (2.30) 的均值–方差效用函数, 其风险容忍系数为 $\tau_1, \cdots, \tau_K$. 则由 (2.23) 和 (2.31) 知, 第 k 个参与者的最优组合是

$$\mathrm{w}^{(k)} = \frac{\tau_k}{2} V^{-1}(\mathrm{e} - r_f 1).$$

另一方面, 在 (2.23) 中令 $\mathrm{w}(\mu) = \mathrm{w}_M$, 则有

$$V^{-1}(\mathrm{e} - r_f 1) = \frac{H}{\mathbb{E}[r(\mathrm{w}_M)] - r_f} \mathrm{w}_M.$$

因此有

$$\mathrm{w}^{(k)} = \frac{\tau_k H}{2(\mathbb{E}[r(\mathrm{w}_M)] - r_f)} \mathrm{w}_M. \tag{2.33}$$

由于 $\sum\limits_{k=1}^{K} \alpha_k \mathbf{w}^{(k)} = \mathbf{w}_M$, 故由 (2.33) 推得

$$\mathbf{w}_M = \frac{\tau H}{2(\mathbb{E}[r(\mathbf{w}_M)] - r_f)}\mathbf{w}_M, \tag{2.34}$$

其中

$$\tau = \sum_{k=1}^{K} \alpha_k \tau_k. \tag{2.35}$$

比较 (2.34) 和 (2.33) 看出: 市场组合可以看成是对应于风险容忍度为 τ 的形如 (2.30) 的均值–方差效用函数的最优组合, 这里 τ 是所有参与者风险容忍度按其禀赋的权重 (α_k) 的加权平均.

§2.2.2 存在无风险证券时的 CAPM

在这一小节里, 我们假设市场是竞争均衡的, 且市场中存在无风险证券, 其收益率为 r_f. 下一定理给出了两个资产组合期望收益率之间的一个关系, 其中一个是均值–方差前沿组合.

> **定理 2.7**   令 p 是一个均值–方差前沿组合, 那么对任意组合 q(并不一定是均值–方差前沿组合), 我们有
>
> $$\mathbb{E}[r(q)] = r_f + \beta_{q,p}(\mathbb{E}[r(p)] - r_f), \tag{2.36}$$
>
> 其中
>
> $$\beta_{q,p} := \frac{\operatorname{cov}(r(q), r(p))}{\sigma^2(r(p))}. \tag{2.37}$$
>
> 特别令 p 为市场组合 $\mathbf{w}_M$, 则有
>
> $$\mathbb{E}[r(q)] = r_f + \beta_{q,\mathbf{w}_M}\big(\mu(\mathbf{w}_M) - r_f\big). \tag{2.38}$$
>
> 我们称 $\beta_{q,\mathbf{w}_M}$ 为组合 q 的 β 系数.

证明   由于 p 是一个均值–方差前沿组合, 由 (2.22a) 我们必须有

$$Vp = \lambda(e - r_f 1),$$

其中 λ 是一依赖 p 的常数. 令 q 为任一组合. 由于 $q^\tau e = \mathbb{E}[r(q)] - (1 - q^\tau 1)r_f$ 和 $q^\tau Vp = \operatorname{cov}(r(q), r(p))$, 我们有

$$\operatorname{cov}(r(q), r(p)) = \lambda(\mathbb{E}[r(q)] - r_f). \tag{2.39}$$

特别令 $q = p$ 得到

$$\lambda = \frac{\sigma(r(p))^2}{\mathbb{E}[r(p)] - r_f},$$

代入 (2.39) 即得 (2.36). □

注 1 由 (2.36) 和 (2.37) 容易看出

$$r(q) - r_f = \beta_{q,p}(r(p) - r_f) + \xi, \tag{2.40}$$

其中 $\mathbb{E}[\xi] = 0$, $\mathrm{cov}(\xi, r(p)) = 0$. 此外, 由 (2.40) 和 (2.37) 易知

$$\beta_{q,p} = \arg\min_{\alpha} \mathrm{Var}[(r(q) - r_f) - \alpha(r(p) - r_f)].$$

因此, 用最小二乘法对 $r(q) - r_f$ 和 $r(p) - r_f$ 的观测数据作线性回归, 其回归系数就是 $\beta_{q,p}$ 的最优估计.

注 2 由 (2.40) 得

$$\sigma^2(r(q)) = \beta_{q,\mathrm{w}_M}^2 \sigma^2(r(\mathrm{w}_M)) + \sigma^2(\xi).$$

令 $\rho_{r(q),r(\mathrm{w}_M)}$ 表示 $r(q)$ 和 $r(\mathrm{w}_M)$ 的相关系数, 即

$$\rho_{r(q),r(\mathrm{w}_M)} = \frac{\mathrm{cov}(r(q), r(\mathrm{w}_M))}{\sigma(r(q))\sigma(r(\mathrm{w}_M))},$$

则有

$$\beta_{q,\mathrm{w}_M}\sigma(r(\mathrm{w}_M)) = \rho_{r(q),r(\mathrm{w}_M)}\sigma(r(q)). \tag{2.41}$$

于是有

$$\sigma^2(r(q)) = \rho_{r(q),r(\mathrm{w}_M)}^2 \sigma^2(r(q)) + \sigma^2(\xi),$$

$$\sigma^2(\xi) = (1 - \rho_{r(q),r(\mathrm{w}_M)}^2)\sigma^2(r(q)).$$

$\sigma^2(r(q))$ 和 $\rho_{r(q),r(\mathrm{w}_M)}^2 \sigma^2(r(q))$ 分别称为组合 q 的总风险和系统风险 (systematic risk), 后者是由市场大环境引发的; 把 $(1 - \rho_{r(q),r(\mathrm{w}_M)}^2)\sigma^2(r(q))$ 称为组合 q 的非系统风险 (non-systematic risk), 它是独立于市场环境的风险.

容易证明: 当且仅当组合 q 是均值–方差前沿组合时, q 的非系统风险为零.

由于 $\frac{\mu(\mathrm{w}_M) - r_f}{\sigma(r(\mathrm{w}_M))} = \sqrt{H}$, 由 (2.36) 和 (2.41) 知, 方程 (2.38) 可以重新写成

$$\mathbb{E}[r(q)] = r + \rho_{r(q),r(\mathrm{w}_M)}\sigma(r(q))\sqrt{H}, \tag{2.38'}$$

其中 H 由 (2.34) 给出. 方程 (2.38) 或 (2.38') 称为资本资产定价模型 (capital asset pricing model, CAPM). 它是由 Sharpe(1964)、Lintner(1965)、Mossin(1966) 分别独立建立的.

按 (2.38') 表述的 CAPM 表明: 任一组合的风险溢价与其系统风险成正比, 其比例系数为市场的风险价格 (即 $\sqrt{H}$). 按 (2.28) 表述的 CAPM 表明: 任一组合的风险溢价等于它的 β 系数乘以市场的风险溢价.

从 (2.41) 看出: 任一组合 q 的 β 系数等于其系统风险与市场风险的比值, 称之为相对系统风险, 而从 (2.38) 看出: 任一组合 q 的风险溢价 $\mathbb{E}[r(q)] - r_f$ 只依赖于其系统风险, 并不依赖于其非系统风险.

β-μ 平面内通过点 $(0, r_f)$ 斜率为 $\sigma(r(\mathrm{w}_M))\sqrt{H}$ (即市场风险溢价 $\mu(\mathrm{w}_M) - r$) 的直线称为证券市场线 (security market line)(见图 2.4).

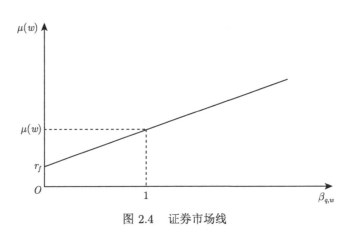

图 2.4　证券市场线

证券市场线是对 CAPM 的另一种表述, 它形象地表明了如下事实: 组合的风险溢价与组合的相对系统风险成正比, 其比例系数为市场风险溢价. 在实际应用中, 市场风险溢价 $\mu(\mathrm{w}_M) - r_f$ 可用指数基金的风险溢价来近似.

特别令 $\beta_i = \mathrm{cov}(r_i, r(\mathrm{w}_M))/\sigma^2(r(\mathrm{w}_M))$, 称之为第 i 只证券的 β 系数. 由 (2.38) 我们有

$$e_i = r_f + \beta_i\big(\mathbb{E}[r(\mathrm{w}_M)] - r_f\big). \tag{2.42}$$

第 i 只证券的系统风险为 $\beta_i\sigma(r(\mathrm{w}_M))$, 它由市场决定, 不能通过分散化投资而消除. 但它的非系统风险为 $\sqrt{\sigma^2(r_i) - \beta_i^2\sigma^2(r(\mathrm{w}_M))}$, 它由公司内部因素产生, 能够通过分散化投资而消除. 事实上, 假定市场上 d 只证券的方差相同, 等于 σ^2, 彼此之间的协方差相同, 等于 cov. 考虑一个最简单的等权重的投资组合 p, 这时投资

组合的方差为

$$\sigma^2(p) = \frac{1}{d}\sigma^2 + \left(1 - \frac{1}{d}\right)\text{cov},$$

因此个体证券的方差在投资组合中被分散掉了, 但协方差无法分散.

一只证券的 β 系数可以度量其相对系统风险. 由于无风险证券的 β 系数为 0, 所以组合 w 的 β 系数实际上等于风险证券的 β 系数关于权重 w 的加权平均, 即

$$\beta_{\mathrm{w},\mathrm{w}_M} = \sum_{i=1}^{d} w_i \beta_i.$$

由于组合的系统风险与它的 β 系数成正比, 所以选取 β 系数小的证券可以降低组合的风险, 尽管这些证券的期望收益率较低. 在实际应用中, 风险资产的 β 系数可以由公司及市场的观测数据用统计方法进行估计.

§2.2.3 没有无风险证券时的 CAPM

现在假设市场上不存在 (或限制使用) 无风险证券. 令 p 为一个均值-方差前沿组合, 并且 p 不是最小方差组合, 即 $\mathbb{E}[r(p)] \neq A/C$. 下面我们将说明存在唯一的一个均值-方差前沿组合, 用 $zc(p)$ 表示, 它和 p 之间具有零协方差. 为了寻找组合 $zc(p)$ 使得 $\text{cov}(r(p), r(zc(p))) = 0$, 由 (2.9) 我们解下面方程

$$\frac{C}{D}\left(\mathbb{E}[r(p)] - \frac{A}{C}\right)\left(\mathbb{E}[r(zc(p))] - \frac{A}{C}\right) + \frac{1}{C} = 0$$

得到

$$\mathbb{E}[r(zc(p))] = \frac{A}{C} - \frac{\dfrac{D}{C^2}}{\mathbb{E}[r(p)] - \dfrac{A}{C}}.$$

期望收益率等于上式右端值的前沿组合就是我们要找的组合 $zc(p)$.

下面的定理由 Black(1972) 给出.

定理 2.8 设 p 是一个均值-方差前沿组合, 但不是最小方差组合. 则对任意组合 q(不一定是均值-方差前沿组合), 我们有

$$\mathbb{E}[r(q)] = \mathbb{E}[r(zc(p))] + \beta_{q,p}(\mathbb{E}[r(p)] - \mathbb{E}[r(zc(p))]). \qquad (2.43)$$

证明 由于 p 是一个均值-方差前沿组合, 从 (2.4a) 推得

$$Vp = \lambda \mathrm{e} + \gamma \mathbf{1},$$

其中 λ 和 γ 为依赖 p 的常数. 令 q 为任一组合. 由于 $q^\tau e = \mathbb{E}[r(q)], q^\tau 1 = 1$ 且 $q^\tau V p = \mathrm{cov}(r(p), r(q))$, 我们有

$$\mathrm{cov}(r(p), r(q)) = \lambda \mathbb{E}[r(q)] + \gamma. \tag{2.43'}$$

特别地, 在上式中分别令 $q = p$ 和 $q = zc(p)$, 我们得到

$$\sigma^2(r(p)) = \lambda \mathbb{E}[r(p)] + \gamma, \quad 0 = \lambda \mathbb{E}[r(zc(p))] + \gamma.$$

由此解得

$$\lambda^{-1} = \frac{\mathbb{E}[r(p)] - \mathbb{E}[r(zc(p))]}{\sigma^2(r(p))}, \quad \lambda^{-1}\gamma = -\mathbb{E}[r(zc(p))].$$

于是从 (2.43') 立刻推得 (2.43). □

　　注　如果在 (2.43) 式中令 p 为市场组合 w_M, 则得到

$$\mathbb{E}[r(q)] = \mathbb{E}[r(zc(\mathrm{w}_M))] + \beta_{q,\mathrm{w}_M}(\mathbb{E}[r(\mathrm{w}_M)] - \mathbb{E}[r(zc(\mathrm{w}_M))]). \tag{2.44}$$

由于 $zc(\mathrm{w}_M)$ 的 β 系数为零, 所以 (2.44) 式称为零 β CAPM. 对比 (2.44) 和 (2.38), 零 β CAPM 中的 $zc(\mathrm{w}_M)$ 就相当于 CAPM 中的无风险资产.

§2.2.4　利用 CAPM 的均衡定价

　　CAPM 的主要应用是未定权益定价. 在本小节我们假设市场中有一无风险证券可供选择, 而且所有参与者都有各自的均值–方差效用函数, 并持有相应的最优投资组合, 此外假设市场是竞争均衡的. 令 X 为在时刻 1 的一个不确定回报 (payoff), 称为未定权益 (contingent claim), 假定它是一个资产组合在时刻 1 的回报, 并且它的统计特征 (均值和方差) 以及它与市场组合收益率的相关系数是知道的, 我们要想知道它在时刻 0 的合理价格, 记为 $e(X)$. 由 (2.38') 知, 在均衡市场中, X 的收益率 $r_X = X/e(X) - 1$ 应该满足如下方程:

$$\mathbb{E}[r_X] = r + \rho_{r_X,r(\mathrm{w}_M)}\sigma(r_X)\sqrt{H}, \tag{2.45}$$

由于

$$\mathbb{E}[X] = (1 + \mathbb{E}[r_X])e(X), \quad \rho_{r_X,r(\mathrm{w}_M)} = \rho_{X,r(\mathrm{w}_M)}, \quad \sigma(X) = e(X)\sigma(r_X),$$

由 (2.45) 我们得到

$$e(X) = \frac{\mathbb{E}[X] - \rho_{X,r(\mathrm{w}_M)}\sigma(X)\sqrt{H}}{1 + r}. \tag{2.46}$$

称 $e(X)$ 为 X 的均衡价格. 这一定价公式也适用于对一般未定权益的定价.

由于 $\rho_{X,r(\mathrm{w}_M)}\sigma(X) = \mathrm{cov}(X, r(\mathrm{w}_M))/\sigma(r(\mathrm{w}_M))$, 故从 (2.46) 看出: 均衡定价关于未定权益是一线性运算. 这一线性性质对公司做资本预算很重要, 因为公司的财务目标是资产价值最大化. 公司可以选择那些项目进行投资, 它们产生的未来不确定回报的当前均衡价格超过成本预算.

CAPM 的另一应用是利用市场数学模型计算的均衡价格与市场实际价格对比, 对证券或风险资产 (如共同基金) 进行评估, 发现被低估或高估的, 从卖高买低中获益. 但需注意的是, 不能投资于个别被认为低估了的证券, 因为单只证券的非系统风险也不容忽视.

§2.3 套利定价理论 (APT)

CAPM 是一个单因素模型, 它意味着影响风险资产收益的因素只有市场因素, 但这是一个不可观测的量. 事实上, 有许多共同的因素会影响风险证券的收益, 比如 GDP 增长率、就业率、利率、通货膨胀率等. 因此, CAPM 的应用是有很大局限性的. 更严重的是, CAPM 是建立在一系列假设基础上的, 比如所有参与者都是风险厌恶的, 并且都利用均值–方差函数作为偏好, 还有市场处于竞争均衡状态. 这些假定显然是不合理的. 在没有这些假设的情况下, Ross(1976) 提出了一个关于证券收益率的多因子模型 (即一种统计假设):

$$r_i = e_i + \sum_{j=1}^{M} b_{ij} f_j + \varepsilon_i, \quad 1 \leqslant i \leqslant d, \tag{2.47}$$

其中 r_i 和 e_i 分别表示证券 i 的收益率和期望收益率, $f_1, \cdots, f_M$ 是零均值的随机变量, 表示影响证券收益率的共同因子. b_{ij} 表示证券 i 关于因子 j 的敏感系数 (sensitive coefficient). $\varepsilon_1, \cdots, \varepsilon_d$ 是均值为零互不相关的随机变量, 表示模型误差, 并且与因素 $f_1, \cdots, f_M$ 也是不相关的.

所谓的 Ross 套利定价理论 (arbitrage pricing theory, APT) 可以粗略描述如下: 假设风险证券的数目 d 远大于共同因素的数目 M, 且市场是渐近无套利的 (approxi- mately arbitrage-free), 也就是说当 d 趋于无穷大时套利机会将消失, 则存在 M 个资产组合 $\mathrm{w}_1, \cdots, \mathrm{w}_M$, 使得第 j 个组合 w_j 关于因子 j 的敏感系数为 1, 关于其他因子的敏感系数为 0, 并且在大多数资产的期望收益率和关于共同因子的敏感系数之间近似存在一个线性关系:

$$e_i = r_f + \sum_{j=1}^{M} b_{ij}(\lambda_j - r_f), \tag{2.48}$$

其中 λ_j 是 w_j 的期望收益率. 和 CAPM 一样, APT 可以用来对风险资产进行定价.

关于 APT 更严格的表述需要进一步假设存在无穷多只证券, 每只证券的收益率都满足 (2.47), 并且 $\mathbb{E}\varepsilon_i^2$ 是一致有界的. 如果市场是渐近无套利的, 那么存在 $M+1$ 个常数 $\mu_0, \cdots, \mu_M$, 使得

$$\lim_{n \to \infty} \frac{1}{n} \sum_{i=1}^{n} \left(e_i - \mu_0 - \sum_{j=1}^{M} b_{ij}\mu_j \right)^2 = 0. \tag{2.49}$$

如果市场上有一个无风险证券, 那么 μ_0 就是无风险证券的收益率.

正如 Huberman (1982) 所指出的, Ross 的 APT 主要优点是对它的实证检验不需要了解实际上不能观测到的市场组合. 遗憾的是 Ross (1976) 并未提供渐近无套利的明确定义, 而且他的证明也不严格. 下面我们基本按照 Huberman (1982) 给出 APT 的明确陈述和严格证明. 为此需要一列风险证券个数不断增加的市场. 在第 n 个市场中, 有 n 只证券, 其收益率由形如 (2.47) 的多因子模型给出:

$$r_i^n = e_i^n + \sum_{j=1}^{M} b_{ij}^n f_j^n + \varepsilon_i^n, \quad i = 1, 2, \cdots, n, \tag{2.50}$$

其中 $\varepsilon_1^n, \cdots, \varepsilon_n^n$ 是互不相关的零均值随机变量, $\mathbb{E}[(\varepsilon_n^n)^2]$ 关于 n 和 i 是一致有界的. 用向量和矩阵形式可以将 (2.50) 改写为

$$\mathrm{r}^n = \mathrm{e}^n + B^n \mathrm{f}^n + \varepsilon^n, \tag{2.51}$$

其中 $\mathrm{r}^n = (r_1^n, \cdots, r_n^n)^\tau$, $\mathrm{f}^n = (f_1^n, \cdots, f_M^n)^\tau$.

此前我们总是考虑那些总价值非零的投资. 在这种情形下, 我们定义权重向量 w 为一投资组合. 现在我们定义价值向量 W 为一投资组合, 其中 W_i 为投资在证券 i 上的价值. 这时可以考虑总价值为零的投资组合, 按 Huberman (1982) 的说法, 称这样的组合为 "套利组合". 注意: 这里所谓的 "套利组合" 并不是真正能够产生套利的组合. 一列市场称为有渐近套利, 如果存在一 "套利组合" 序列 $W^n \in \mathbb{R}^n$ 使得

$$\lim_{n \to \infty} (W^n)^\tau \mathrm{e}^n = \infty, \quad \lim_{n \to \infty} (W^n)^\tau V^n W^n = 0.$$

这里 $(W^n)^\tau \mathrm{e}^n$ 和 $(W^n)^\tau V^n W^n$ 是组合 W^n 的期望收益率和收益率的方差, 其中 $V^n = \mathbb{E}[\varepsilon^n (\varepsilon^n)^\tau]$.

下一定理来自 Huberman (1982).

定理 2.9 考虑一列市场, 其在风险证券上的收益率由 (2.40) 给出, 并且满足上述条件. 如果这列市场是渐近无套利的, 则对 $n = 1, 2, \cdots$, 存在常数 $\rho^n, \mu_1^n, \cdots, \mu_M^n$ 和 A, 使得对 $n = 1, 2, \cdots$,

$$L_n := \sum_{i=1}^n \left(e_i^n - \rho^n - \sum_{j=1}^M b_{ij}^n \mu_j^n \right)^2 \leqslant A. \tag{2.52}$$

证明 为方便起见, 我们复述 Huberman (1982) 给出的证明. 将 e^n 投影到由 1^n 和 B^n 的列向量张成的线性空间, 得到如下表示:

$$\mathrm{e}^n = \rho^n 1^n + B^n \mu^n + c^n, \tag{2.53}$$

其中

$$\mu^n \in \mathbb{R}^M, \quad (c^n)^\tau 1^n = 0, \quad (B^n)^\tau c^n = 0.$$

注意 $\|c^n\|^2 = \sum_{i=1}^n (c_i^n)^2 = L_n$. 假定定理的结论不成立, 则存在一子列 (n') 使得 $L_{n'} \to \infty$. 固定一 $p \in (-1, -1/2)$, 考虑 "套利组合" $W^{n'} = L_{n'}^p c^{n'}$. 由 (2.53), $W^{n'}$ 的期望收益是 $L_{n'}^{1+p}$, 当 $n' \to \infty$ 时它趋于 ∞. 另一方面, 依假定, 对某个 $\sigma > 0$, 有 $\sup_n \mathrm{Var}(\varepsilon_i^n) \leqslant \sigma^2$, 我们有 $W^{n'}$ 的收益方差的如下估计:

$$(W^{n'})^\tau V^{n'} W^{n'} \leqslant \sigma^2 L_{n'}^{2p} \|c^{n'}\|^2 = \sigma^2 L_{n'}^{1+2p},$$

当 $n' \to \infty$ 时它趋于零. 这与这列市场是渐近无套利的假定矛盾. □

原先 Ross (1976) 考虑一个平稳模型, 假定市场中有无穷多只证券, 并在 (2.40) 中, 对所有 i, j 和 n, 有 $e_i^n = e_i, b_{i,j}^n = b_{i,j}$. 换言之, (2.51) 被下式替代:

$$\mathrm{r}^n = \mathrm{e} + B\mathrm{f}^n + \varepsilon^n. \tag{2.54}$$

这时可以证明如下结果 (属于 Ross (1976)). 关于这一结果的证明请见 Huberman (1982).

定理 2.10 考虑一市场, 风险证券的收益率由 (2.54) 给出, 并且满足前面所述的条件. 如果市场是渐近无套利的, 则对 $n = 1, 2, \cdots$, 存在常数 $\rho, \mu_1, \cdots, \mu_M$, 使得

$$\sum_{i=1}^\infty \left(e_i - \rho - \sum_{j=1}^M b_{ij} \mu_j \right)^2 < \infty. \tag{2.55}$$

如果市场中有一无风险证券, 则在定理 2.8 (相应地, 定理 2.9) 中, ρ^n (相应地, ρ) 是无风险证券的收益率.

§2.4　均值–半方差模型

将方差看成一投资组合的风险的好处是计算简单. 但从风险管理角度看, 方差不是一个满意的风险度量, 因为它同时 "惩罚" 收益和损失. Markowitz (1959) 曾建议用半方差作为风险度量, 并且给出了处理单期均值–半方差的计算程序. 但当受限制集合是非有界时, Markowitz 甚至连有效集的存在性都未建立. 此后许多工作聚焦于半方差有效前沿的数值计算, 而对受限制集合是 $\mathbb{R}^d$ 中的闭子集 (通常是无界的) 的有效前沿的存在性直到 Jin et al.(2006) 这篇文章才建立.

下面将给出在我们框架下他们文章一个主要结果的简单证明. 为简单起见, 我们只考虑市场中没有无风险证券情形.

令 $\mu > 0$ 给定. 如下优化问题称为均值–半方差模型:

$$\begin{cases} \mathrm{w}(\mu) = \arg\min_{\mathrm{w}} \mathbb{E}[(\mathrm{w}^\tau \mathrm{r} - \mu)_-^2], \\ \mathrm{w}^\tau \mathrm{e} = \mu, \quad \mathrm{w}^\tau 1 = 1, \end{cases} \tag{2.56}$$

其中 $x_- = \max(-x, 0)$. 我们的任务是证明 (2.56) 解的存在性.

令 $\mathcal{D} = \{\mathrm{w} \in \mathbb{R}^d : \mathrm{w}^\tau \mathrm{e} = \mu, \mathrm{w}^\tau 1 = 1\}$, $f(\mathrm{w}) = \mathbb{E}[(\mathrm{w}^\tau \mathrm{r} - \mu)_-^2]$, $\mathrm{w} \in \mathcal{D}$. 则 $\mathcal{D}$ 为 $\mathbb{R}^d$ 的闭子集. 我们取 $\mathcal{D}$ 中一序列 $\{\mathrm{w}_n, n \geq 1\}$, 使得 $\lim_{n \to \infty} f(\mathrm{w}_n) = \inf_{\mathrm{w} \in \mathcal{D}} f(\mathrm{w})$. 往证 $\{\mathrm{w}_n, n \geq 1\}$ 为有界, 从而该序列的任一极限点为 (2.56) 的一个解. 我们用反证法证明 $\{\mathrm{w}_n, n \geq 1\}$ 为有界. 事实上, 如果不然的话, 我们可以取一子列 $\{\mathrm{w}_{n(k)}, k \geq 1\}$ 使得 $\lim_{k \to \infty} \|\mathrm{w}_{n(k)}\| = \infty$, 且 $\lim_{k \to \infty} \mathrm{w}_{n(k)}/\|\mathrm{w}_{n(k)}\|$ 存在, 记为 y. 则 $\|y\| = 1$, 并且我们有

$$0 = \lim_{k \to \infty} \frac{f(\mathrm{w}_{n(k)})}{\|\mathrm{w}_{n(k)}\|^2} = \mathbb{E}\left[\left(y^\tau(\mathrm{r} - \mathrm{e})\right)_-^2\right],$$

这蕴含 $\left(y^\tau(\mathrm{r} - \mathrm{e})\right)_- = 0$, a.s.. 但是, 由于 $\mathbb{E}[y^\tau(\mathrm{r} - \mathrm{e})] = y^\tau \mathbb{E}[\mathrm{r} - \mathrm{e}] = 0$, 我们必须还有 $\left(y^\tau(\mathrm{r} - \mathrm{e})\right)_+ = 0$, a.s.. 因此我们得到 $y^\tau(\mathrm{r} - \mathrm{e}) = 0$, a.s., 这与 $r_1 - e_1, \cdots, r_d - e_d$ 为线性独立 (即 V 为满秩) 的最初假定矛盾.

更一般地, 对一给定的投资组合收益率目标 $b > 0$, 如下的优化问题为目标–半方差模型:

$$\begin{cases} \mathrm{w}(b) = \arg\min_{\mathrm{w}} \mathbb{E}[(\mathrm{w}^\tau \mathrm{r} - b)_-^2], \\ \mathrm{w}^\tau 1 = 1. \end{cases} \tag{2.57}$$

关于这一问题解的存在性证明请见 Jin et al.(2006).

§2.5　多阶段均值–方差分析理论

前面我们假设经济人只在当前时刻 (时刻 0) 做投资决策. 如何将这一结果推广到可以在时刻 0, 时刻 1, $\cdots$, 时刻 $T-1$ 进行投资决策呢? 这里 T 是一个正整数. 这一问题直到 2000 年才被 Li and Ng (2000) 解决. 下面我们将介绍这篇文章的主要结果, 但不给出证明细节. 作者感谢崔翔宇博士为本节撰写了初稿.

假设在市场中有 $d+1$ 只证券, 分别用指标 0 和 $1, \cdots, d$ 表示. 指标为 0 的证券通常表示无风险证券, 但也可以是风险证券, 其他指标的证券是风险证券. 证券 i 从时刻 $t-1$ 到时刻 t 的收益率用 $r_i(t)$ 表示, 它是一个随机变量, 令 $e_i(t) = E[r_i(t)]$ 表示 $r_i(t)$ 的期望, 并令

$$\mathrm{r}(t) = (r_1(t), \cdots, r_d(t))^\tau, \quad \mathrm{e}(t) = (e_1(t), \cdots, e_d(t))^\tau,$$

其中 τ 表示转置. 用 $V(t)$ 表示随机向量 $\mathrm{r}(t)$ 的协方差阵, 即

$$V(t) = E[(\mathrm{r}(t) - \mathrm{e}(t))(\mathrm{r}(t) - \mathrm{e}(t))^\tau].$$

假定收益率的均值和协方差阵是已知的, 并且协方差阵是满秩的.

令 $\mathcal{F}_t$ 为由 $\{\mathrm{r}(s), s \leqslant t\}$ 生成的 σ 代数. 一个投资策略就是一个关于 $(\mathcal{F}_t)$ 适应的向量值随机序列 $\mathrm{u}(t) = (u_1(t), u_2(t), \cdots, u_d(t))^\tau$, $t = 0, 1, 2, \cdots, T-1$, 其中 $u_i(t)$ 是经济人在时刻 t 证券市场交易后拥有证券 i 的价值, 它是 $\mathcal{F}_t$ 可测的. 设投资者的初始财富为 $x(0)$. 令 $x^{\mathrm{u}}(t) = \sum_{i=0}^{d} u_i(t)$ 表示经济人在时刻 t 采用投资组合 $\mathrm{u}(t)$ 所拥有的资产总价值. 称一投资策略是自融资的 (self-financing), 如果它满足如下的 "自融资条件":

$$\begin{aligned} x^{\mathrm{u}}(t+1) &= \sum_{i=1}^{d} u_i(t) r_i(t) + \left(x^{\mathrm{u}}(t) - \sum_{i=1}^{d} u_i(t) \right) r_0(t) \\ &= r_0(t) x^{\mathrm{u}}(t) + \mathrm{P}(t)^\tau \mathrm{u}(t), \quad t = 0, 1, \cdots, T-1, \end{aligned}$$

其中

$$\mathrm{P}(t) = (r_1(t) - r_0(t), r_2(t) - r_0(t), \cdots, r_d(t) - r_0(t))^\tau.$$

在均值–方差准则下, 投资者寻找如下意义下的最优自融资投资策略 u^*: 在时刻 T 的财富的方差不大于某个预先给定的水平时, 使得最终财富的期望达最大; 或者在时刻 T 的财富的期望不小于某个预先给定的水平时, 使得时刻 T 的财富的方差达最小, 其数学描述分别为

$$(P1(\sigma)) \qquad\qquad \underset{\mathrm{u} \in \mathcal{U}}{\operatorname{argmax}} \, \mathbb{E}(x^{\mathrm{u}}(T))$$

$$\text{受制于 } \mathrm{Var}(x^{\mathrm{u}}(T)) \leqslant \sigma,$$

$$(P2(\mu)) \qquad\qquad \underset{\mathrm{u}\in\mathcal{U}}{\mathrm{argmin}}\, \mathrm{Var}(x^{\mathrm{u}}(T))$$

$$\text{受制于 } \mathbb{E}(x^{\mathrm{u}}(T)) \geqslant \mu,$$

其中 $\mathcal{U}$ 表示初始财富为 $x(0)$ 的自融资投资策略全体.

上述两种不同表述可以统一表述为: 投资者在增大时刻 T 的财富的期望和减小时刻 T 的财富的方差之间进行权衡. 如果预先设定一权衡系数 $w \in [0, \infty)$, $(P1(\sigma))$ 和 $(P2(\mu))$ 可以统一写成如下等价形式 $(E(w))$,

$$(E(w)) \qquad\qquad \underset{\mathrm{u}\in\mathcal{U}}{\mathrm{argmax}}\, \mathbb{E}[x^{\mathrm{u}}(T)] - w\mathrm{Var}(x^{\mathrm{u}}(T)).$$

容易看出, 如果 u^* 是问题 $(E(w))$ 的解, 其财富过程为 $(x^*(t))$, 则 u^* 是问题 $(P1(\sigma))$ 的解, 其中 $\sigma = \mathrm{Var}(x^*(T))$, u^* 也是问题 $(P2(\mu))$ 的解, 其中 $\mu = \mathbb{E}[x^*(T)]$.

我们将分三个步骤解问题 $(E(w))$.

第一步, 引入辅助问题 $(A(\lambda, w)), \lambda \geqslant 0, w \geqslant 0$:

$$(A(\lambda, w)) \qquad\qquad \underset{\mathrm{u}\in\mathcal{U}}{\mathrm{argmax}}\, \mathbb{E}\{\lambda x^{\mathrm{u}}(T) - w x^{\mathrm{u}}(T)^2\}.$$

容易证明: 问题 $(E(w))$ 的解集是问题 $(A(\lambda, w))$ 的解集的子集. 更确切地说, 如果 u^* 是问题 $(E(w))$ 的解, 则它也是问题 $(A(\lambda^*, w))$ 的解, 其中 $\lambda^* = 1 + 2w\mathbb{E}[x^{\mathrm{u}^*}(T)]$.

第二步, 用动态规划方法解辅助问题 $(A(\lambda, w))$. 由于该问题实际上只依赖参数 $\gamma = \dfrac{\lambda}{w}$, 我们用 u_γ 表示问题 $(A(\lambda, w))$ 的解, 其对应的财富过程记为 $x_\gamma(t)$. 则有

$$\mathrm{u}_\gamma(t) = -\mathrm{K}(t)x_\gamma(t) + \mathrm{v}_\gamma(t), \quad t = 0, 1, \cdots, T-1,$$

其中

$$\mathrm{K}(t) = \mathrm{P}(t)^\tau \mathbb{E}(\mathrm{P}(t)\mathrm{P}(t)^\tau)^{-1}\mathbb{E}(r_0(t)\mathrm{P}(t)),$$

$$\mathrm{v}_\gamma(t) = \frac{\gamma}{2}\left(\prod_{j=t+1}^{T-1}\frac{A_j}{B_j}\right)\mathbb{E}(\mathrm{P}(t)\mathrm{P}(t)^\tau)^{-1}\mathbb{E}(\mathrm{P}(t)),$$

$$A_t = \mathbb{E}(r_0(t)) - \mathbb{E}(\mathrm{P}(t)^\tau)\mathbb{E}(\mathrm{P}(t)\mathrm{P}(t)^\tau)^{-1}\mathbb{E}(r_0(t)\mathrm{P}(t)),$$

$$B_t = \mathbb{E}(r_0(t)^2) - \mathbb{E}(r_0(t)\mathrm{P}(t)^\tau)\mathbb{E}(\mathrm{P}(t)\mathrm{P}(t)^\tau)^{-1}\mathbb{E}(r_0(t)\mathrm{P}(t)).$$

由于假定收益率的协方差阵是满秩的, 即假定 $\mathbb{E}(\mathrm{P}(t)\mathrm{P}(t)^\tau)$ 是严格正定的, 从而有 $B_t > 0, t = 0, 1, \cdots, T-1$.

第三步, 确定合适的 γ^*. 将辅助问题 $(A(\lambda, \mathrm{w}))$ 的最优解 u_γ 代入满足自融资条件的财富过程, 并取平方得

$$x_\gamma(t+1) = (r_0(t) - \mathrm{P}(t)^\tau \mathrm{K}(t))\, x_\gamma(t) + \mathrm{P}(t)^\tau \mathrm{v}_\gamma(t),$$
$$x_\gamma(t+1)^2 = \left[r_0(t)^2 - 2r_0(t)\mathrm{P}(t)^\tau \mathrm{K}(t) + \mathrm{K}(t)^\tau \mathrm{P}(t)\mathrm{P}(t)^\tau \mathrm{K}(t) \right] x_\gamma(t)^2$$
$$+ 2\left(r_0(t) - \mathrm{P}(t)^\tau \mathrm{K}(t) \right) x_\gamma(t) \mathrm{P}(t)^\tau \mathrm{v}_\gamma(t) + \mathrm{v}_\gamma(t)^\tau \mathrm{P}(t)\mathrm{P}(t)^\tau \mathrm{v}_\gamma(t),$$

等式两边取期望得

$$\mathbb{E}(x_\gamma(t+1)) = A_t \mathbb{E}(x_\gamma(t)) + \frac{\gamma}{2}\left(\prod_{j=t+1}^{T-1} \frac{A_j}{B_j} \right) C_t,$$

$$\mathbb{E}(x_\gamma(t+1)^2) = B_t \mathbb{E}\left(x_\gamma(t)^2 \right) + \frac{\gamma^2}{4}\left(\prod_{j=t+1}^{T-1} \frac{A_j}{B_j} \right)^2 C_t,$$

其中

$$C_t = \mathbb{E}(\mathrm{P}(t)^\tau)\mathbb{E}(\mathrm{P}(t)\mathrm{P}(t)^\tau)^{-1}\mathbb{E}(\mathrm{P}(t)).$$

进一步解出这两个递推方程, 有

$$\mathbb{E}(x_\gamma(T)) = \mu x(0) + \nu \gamma,$$
$$\mathbb{E}(x_\gamma(T)^2) = \tau x(0)^2 + \frac{\nu}{2}\gamma^2,$$
$$\mathrm{Var}(x_\gamma(T)) = a(\gamma - bx(0))^2 + cx(0)^2,$$

其中

$$\mu = \prod_{t=0}^{T-1} A_t, \quad \tau = \prod_{t=0}^{T-1} B_t,$$

$$\nu = \sum_{t=0}^{T-1} C_t \frac{\left(\prod\limits_{j=t+1}^{T-1} A_j \right)^2}{2 \prod\limits_{j=t+1}^{T-1} B_j},$$

$$a = \frac{\nu}{2} - \nu^2, \quad b = \frac{\mu\nu}{a}, \quad c = \tau - \mu^2 - ab^2.$$

令

$$U(\gamma) = \mathbb{E}[\gamma x_\gamma(T) - x_\gamma(T)^2],$$

将上述时刻 T 的财富的期望和方差代入原问题 $(E(w))$ 的目标函数中, 得到

$$U(\gamma) = \mu x(0) + \nu\gamma - \mathrm{w}[a(\gamma - bx(0))^2 + cx(0)^2].$$

显然, U 是 γ 的一个凹函数. 对 γ 求导数,

$$\frac{dU}{d\gamma} = \nu - 2wa(\gamma - bx(0)).$$

最优的 γ 一定满足条件 $dU/d\gamma = 0$, 即

$$\gamma^* = bx(0) + \frac{\nu}{2wa}.$$

最后, 将 γ^* 代入 $\mathrm{u}_\gamma(t)$ 就得到问题 $(E(w))$ 的最优投资策略 u^*:

$$\mathrm{u}^*(t) = -\mathrm{K}(t)x^*(t) + \frac{1}{2}\left(bx(0) + \frac{\nu}{2wa}\right)\left(\prod_{k=t+1}^{T-1}\frac{A_k}{B_k}\right)(\mathbb{E}(\mathrm{P}(t)\mathrm{P}(t)^\tau)^{-1}\mathbb{E}(\mathrm{P}(t))),$$

$$\forall t = 1, \cdots, t = T-2,$$

$$\mathrm{u}^*(T-1) = -\mathrm{K}(T-1)x^*(T-1) + \frac{1}{2}\left(bx(0) + \frac{\nu}{2wa}\right)$$

$$\cdot (\mathbb{E}(\mathrm{P}(T-1)\mathrm{P}(T-1)^\tau)^{-1}\mathbb{E}(\mathrm{P}(T-1))),$$

其对应的最终财富的均值和方差为

$$\mathbb{E}(x^*(T)) = (\mu + b\nu)x(0) + \frac{\nu^2}{2wa},$$

$$\mathrm{Var}(x^*(T)) = \frac{\nu^2}{4w^2a} + cx(0)^2.$$

§2.6　期望效用理论

在传统的微观经济学理论中, 一个基本假定是: 市场参与者的决策是基于对商品或商品组合的满足程度的高低, 其顺序能用序数 (即偏好) 来表示: $A \succeq B$(或 $B \npreceq A$) 表示 A 优于 B. 这一理论称为序数效用理论. 设备择商品集合为 $\mathcal{X}$, 关于 $\mathcal{X}$ 上的偏好关系 (preference relation)$\succeq$ 有以下三个基本假定.

(1) 完备性: 对 $\mathcal{X}$ 中的任何两种商品 A 和 B, 或者 $A \succeq B$, 或者 $B \succeq A$, 或者两者都成立;

(2) 自反性: $\mathcal{X}$ 中的任何商品都优于自身;

(3) 传递性: 若商品 A 优于商品 B, 商品 B 又优于商品 C, 则商品 A 优于商品 C.

若商品 A 优于商品 B, 商品 B 又优于商品 A, 则认为商品 A 与商品 B 无差异, 记为 $A \sim B$.

从 $\mathcal{X}$ 上的偏好关系 $\succeq$ 出发可以引入 $\mathcal{X}$ 上的另一种偏好关系 $\succ$: $B \succ A \Leftrightarrow A \not\succeq B$. $B \succ A$ 表示 B "严格优于"A. 偏好关系 $\succ$ 满足

(1) 反对称性: 如果 $A \succ B$, 则 $B \not\succ A$;

(2) 负传递性 (negative transitivity): 若 $A \succ B$, $C \in \mathcal{X}$, 则或者 $A \succ C$, 或者 $C \succ B$, 或者两者都成立.

1944 年, von Neumann 和 Morgenstern 在他们合著的《博弈论与经济行为》一书中研究了不确定条件下的决策, 这时偏好不只是在备择商品集合上有定义, 而是对它们的不确定性选择也有定义. 书中证明了如下结果: 如果基于序数效用理论的决策者面临的不确定性是用概率来描述的, 而且偏好满足所谓的 "连续性公理" 和 "独立性公理", 那么存在备择商品集合上的一个效用函数, 使得由商品选择的期望效用定义的数值 (称为基数效用) 大小与由偏好关系描述的优劣顺序有一一对应关系. 详细推导可参见文献 Föllmer and Schied (2004). 更一般的结果可见文献 Fishburn (1970). 这样一来, 人们可以用数学上便于处理的基数效用取代序数效用, 而决策者根据偏好选择商品或商品组合等价于使其期望效用最大化. 这一重要结果就是 von Neumann 和 Morgenstern 在公理化基础上建立的期望效用理论, 它是不确定条件下决策分析的数学框架, 是现代微观经济学的基石.

§2.6.1 效用函数

在用期望效用理论研究金融经济学时, 通常把不确定回报考虑为备择集合. 为方便起见, 以下假定市场参与者的效用函数是二次连续可微的. 由于市场参与者财富越多满足感越大, 因此恒假定效用函数 u 为严格增的 (即一阶导数 u' 大于零), 不确定回报 W 的期望效用即为 $\mathbb{E}[u(W)]$. 经济学将市场参与者的风险态度分为三类: 风险厌恶 (risk aversion)、风险爱好 (risk seeking) 和风险中性 (risk-neutral), 即在确定性回报和具有相同期望值的不确定回报中进行选择时, 风险厌恶者选择前者, 风险爱好者选择后者, 而对风险中性者而言, 这两种选择是等价的. 假定市场参与者的效用函数为 u, 则上述分类分别对应于 $\mathbb{E}[u(W)] < u(\mathbb{E}[W])$, $\mathbb{E}[u(W)] > u(\mathbb{E}[W])$, $\mathbb{E}[u(W)] = u(\mathbb{E}[W])$, 其中 W 是期望有穷的任意回报, 但不是几乎为一常数. 下面我们将证明: 这一分类可以用效用函数的二阶导数 u'' 来刻画.

设 $(\Omega, \mathcal{F}, \mathbb{P})$ 为一概率空间, 一集合 $A \in \mathcal{F}$ 称为关于 $\mathbb{P}$ 的一原子, 如果 $\mathbb{P}(A) > 0, \forall B \subset A, B \in \mathcal{F}$, 有 $\mathbb{P}(B) = \mathbb{P}(A)$ 或 $\mathbb{P}(B) = 0$. 容易证明: 一概率空间 $(\Omega, \mathcal{F}, \mathbb{P})$ 是无原子的, 当且仅当存在一随机变量, 其分布是 $[0, 1]$ 上的均匀分布.

定理 2.11　　假定市场参与者的效用函数是严格增的凹函数 (凸函数), 即它的二阶导数小于零 (大于零), 则市场参与者是风险厌恶者 (风险爱好者). 反之, 如果概率空间是无原子的, 则风险厌恶者 (风险爱好者) 的效用函数必然是严格增的凹函数 (凸函数). 此外, 市场参与者是风险中性者, 当且仅当他的效用函数是线性函数.

证明　　首先, 由数学期望的 Jensen 不等式立刻推知定理的第一个结论. 现在假定概率空间是无原子的, 市场参与者是风险厌恶的, 其效用函数为 u, 即对任意实数 x 和零均值随机变量 X, 恒有 $\mathbb{E}[u(x+X)] < u(x)$, 其中 $\mathbb{P}(X \neq 0) > 0$. 设 $x_2 > x_1, p \in (0,1)$. 令 $x = px_1 + (1-p)x_2$, $X = x_1 I_A + x_2 I_{A^c} - x$, 其中集合 A 的选取是要求它满足 $\mathbb{P}(A) = p$, 这一点是概率空间是无原子的假定能保证的. 这时有 $\mathbb{E}[X] = 0$, 且有

$$u(px_1 + (1-p)x_2) = u(x) > \mathbb{E}[u(x+X)] = pu(x_1) + (1-p)u(x_2).$$

这表明 u 是严格增的凹函数. 风险爱好者情形结论的证明类似. 此外, 有关风险中性者情形的结论是显然的. □

注　　今后, 在任何情况下 (即不假定概率空间是无原子的), 我们把具有严格凹和严格凸效用函数的市场参与者分别称为风险厌恶者和风险爱好者, 其效用函数的边际效用 (即效用函数的一阶导数) 分别是递减和递增的.

§2.6.2　Arrow-Pratt 风险厌恶函数

设 x 是市场参与者的初始财富, 他在市场上投资就如同进行一次博弈, 博弈后的财富 $W = x + X$ 是一不确定回报. 如果 W 期望值为 x, 则称此博弈是公平的. 对一公平博弈而言, 如果风险厌恶者的效用函数为 u, 则存在非负实数 $\pi(W)$, 使得 $\mathbb{E}[u(W)] = u(x - \pi(W))$, 称 $\pi(W)$ 为 W 的风险溢价, 它是风险厌恶者回避风险而愿意放弃的财富值. 而数值 $x - \pi(W)$ 称为 W 的确定性等值 (certainty equivalent), 即风险厌恶者为达到不确定回报 W 的期望效用水平所要求保证的财产水平.

设两个风险厌恶者 A 和 B 的效用函数分别为 u 和 v, 称 A 比 B 更风险厌恶, 如果对任何不确定回报 W, 有

$$\pi_A(W) \geqslant \pi_B(W),$$

这里 $\pi_A(W)$ 和 $\pi_B(W)$ 分别表示相对于效用函数 u 和 v 时 W 的风险溢价.

设 $W = x + X$ 是一不确定回报, 其期望值为 x. 则有

$$u(W) = u(x + X) = u(x) + u'(x)X + \frac{1}{2}u''(x)X^2 + o(X^2).$$

假定 W 的方差很小, 由于 $\mathbb{E}[u(W)] = u(x - \pi(W))$, 我们近似地有如下等式:

$$u(x) + \frac{1}{2}u''(x)\mathrm{Var}(W) + o(\mathrm{Var}(W)) = u(x) - u'(x)\pi(W) + o(\pi(W)),$$

从而近似地有

$$\pi(W) = \frac{1}{2}\left[-\frac{u''(x)}{u'(x)}\right]\mathrm{Var}(W).$$

这表明: 如果 W 的方差很小 (即风险很小), 则风险溢价与风险的大小成正比, 因此 Pratt (1964) 和 Arrow (1965) 建议把 $-u''(x)/u'(x)$ 作为绝对风险厌恶的度量, 称为绝对风险厌恶函数 (absolute risk aversion function), 又称为 Arrow-Pratt 风险厌恶度量, 记为 $A(x)$, 即令

$$A(x) = -\frac{u''(x)}{u'(x)}.$$

它确实给出了风险厌恶程度的一个量化指标 (见下面的定理 2.12).

通常把 $A(x)$ 的倒数称为风险承受函数, 记为 $T(x)$, 即令

$$T(x) = -\frac{u'(x)}{u''(x)}. \tag{2.58}$$

设 $W = x(1 + X)$ 是一不确定回报, 其期望值为 x. 则相对于风险厌恶者的效用函数 u 而言, 存在非负实数 $\pi_R(W)$, 使得 $\mathbb{E}[u(W)] = u(x(1 - \pi_R(W)))$. 称 $\pi_R(W)$ 为 W 的相对风险溢价 (relative risk premium). 类似于上述推理, 如果 W 的方差很小 (即风险很小), 则近似地有

$$\pi_R(W) = \frac{1}{2}\left[-\frac{xu''(x)}{u'(x)}\right]\mathrm{Var}(X).$$

我们把函数 $-xu''(x)/u'(x)$ 称为相对风险厌恶函数, 记为 $R(x)$, 即令

$$R(x) = -\frac{xu''(x)}{u'(x)}. \tag{2.59}$$

在金融经济学中最常用的效用函数属于双曲绝对风险厌恶 (hyperbolic absolute risk aversion, HARA) 函数族, 即

$$u(x) = \frac{1-\gamma}{\gamma}\left[\frac{ax}{1-\gamma} + b\right]^{\gamma}, \quad b \geqslant 0, \tag{2.60}$$

为了保证效用函数是严格增的凹函数, 需要适当界定它的定义区域. 例如, 当 $\gamma < 1$ 时, 定义域是 $(-(1-\gamma)b/a, \infty)$; 当 $\gamma > 1$ 时, 定义域是 $(-\infty, (\gamma-1)b/a)$. HARA 效用函数的风险承受函数为

$$T(x) = A(x)^{-1} = \frac{b}{a} + \frac{x}{1-\gamma}. \tag{2.61}$$

特别地, 在 (2.60) 中若令 $b = 0, a = 1$, 得到幂效用函数 $u(x) = x^\gamma/\gamma$; 若令 $b = 0, a = 1$ 和 $\gamma \to 0$, 得到对数效用函数 $u(x) = \log x$, 对数效用函数的定义域是 $(0, \infty)$; 若令 $b = 1$ 和 $\gamma \to -\infty$, 得到指数效用函数 $u(x) = -e^{-ax}$.

§2.6.3 风险厌恶程度的比较

下一定理 (见 Pratt (1964)) 对风险厌恶程度的比较给出了几个等价的刻画.

定理 2.12 设 u_1 和 u_2 是两个效用函数, A_1 和 A_2 是其相应的绝对风险厌恶函数. 则下列条件等价:

(1) $A_1(x) \geqslant A_2(x)$, $\forall x$;

(2) $u_1(u_2^{-1})$ 是严格增二次连续可微的凹函数;

(3) 存在严格增二次连续可微的凹函数 f, 使得 $u_1(x) = f(u_2(x))$;

(4) 对所有公平博弈的不确定回报 W, 有 $\pi_1(W) \geqslant \pi_2(W)$.

证明 $(1) \Rightarrow (2)$. 令 $f(x) = u_1(u_2^{-1}(x))$, 则 f 显然是严格增二次连续可微的, 且容易验证

$$f''(x) = -(A_1(y) - A_2(y))\frac{u_1'(y)}{u_2'(y)^2} \leqslant 0,$$

其中 $y = u_2^{-1}(x)$, 从而 f 是凹函数. 令 $f(x) = u_1(u_2^{-1}(x))$, 直接推得 $(2) \Rightarrow (3)$.

$(3) \Rightarrow (4)$. 设 $W = x + X$ 是一公平博弈的不确定回报, 则由 Jensen 不等式得

$$u_1(x - \pi_1(W)) = \mathbb{E}[u_1(W)] = \mathbb{E}[f(u_2(W))] \leqslant f(\mathbb{E}[u_2(W)]) = f(u_2(x - \pi_2(W))),$$

从而有 $\pi_1(W) \geqslant \pi_2(W)$. $(4) \Rightarrow (1)$ 显然. $\square$

§2.6.4 由随机序定义的偏好

设 X 和 Y 是两个随机变量. 称 X 比 Y 一阶随机占优, 如果对任何 $x \in \mathbb{R}$, 有 $F_X(x) \leqslant F_Y(x)$, 这里 F_X 是 X 的分布函数. 称 X 比 Y 二阶随机占优, 如果对任何 $t \in \mathbb{R}$, 有

$$\int_{-\infty}^t F_X(s)ds \leqslant \int_{-\infty}^t F_Y(s)ds.$$

显然 X 比 Y 一阶随机占优蕴含 X 比 Y 二阶随机占优. 随机占优概念的引入就在不确定回报集合中定义了偏好关系. 在一些文献中把二阶随机占优定义的偏好关系称为一致偏好 (uniform preference).

下一定理给出了二阶随机占优的一个刻画.

定理 2.13　设 X 和 Y 是两个实值的随机变量. 则 X 比 Y 二阶随机占优, 当且仅当对所有的 $c \in \mathbb{R}$, 有 $E[(c - X)_+] \leqslant E[(c - Y)_+]$.

证明　由 Fubini 定理,

$$
\int_{-\infty}^{c} F_X(y) dy = \int_{-\infty}^{c} \int_{(-\infty, y]} dF_X(y) dy
$$

$$
= \iint I_{[z \leqslant y \leqslant c]} dy dF_X(z)
$$

$$
= \int (c - z)^+ dF_X(z)
$$

$$
= \mathbb{E}[(c - X)^+]. \qquad \square
$$

下一定理从期望效用角度给出了随机序的刻画.

定理 2.14　设 X 和 Y 是两个随机变量.
(1) X 比 Y 一阶随机占优, 当且仅当对所有增函数 u, 有 $\mathbb{E}[u(X)] \geqslant \mathbb{E}[u(Y)]$.
(2) X 比 Y 二阶随机占优, 当且仅当对所有凹的增函数 u, 有 $\mathbb{E}[u(X)] \geqslant \mathbb{E}[u(Y)]$.

证明　(1) 设 u 是 $\mathbb{R}$ 上的增函数, u^{-1} 是其反函数, X 是一随机变量. 如果 $u(X)$ 可积, 则

$$
\mathbb{E}[u(X)] = \int_{-\infty}^{0} [\mathbb{P}(u(X) \geqslant x) - 1] dx + \int_{0}^{\infty} \mathbb{P}(u(X) \geqslant x) dx
$$

$$
= -\int_{-\infty}^{0} F_X(u^{-1}(x)) dx + \int_{0}^{\infty} [1 - F_X(u^{-1}(x))] dx.
$$

由此推知 (1) 成立.

(2) 充分性. 设 X 是一随机变量. 由 Fubini 定理有

$$
\mathbb{E}[(t - X)^+] = \mathbb{E}\left[\int_{-\infty}^{t} I_{[X \leqslant x]} dx \right] = \int_{-\infty}^{t} F_X(x) dx. \tag{2.62}
$$

令 $u(x) = -(t - x)^+$, 由于 u 是凹的增函数, 故充分性得证.

必要性. 设 u 是 $\mathbb{R}$ 上凹的增函数. 令 u' 为 u 的右导数, 则存在 $\mathbb{R}$ 上的测度 μ 使得对 $x \leqslant y$ 有 $u'(x) = u'(y) + \mu((x, y])$, 于是由 Fubini 定理有

$$u(x) = u(y) - u'(y)(y - x) - \int_x^y \int_{(t, y]} \mu(dz) dt$$

$$= u(y) - u'(y)(y - x) - \int_{(-\infty, y)} (z - x)^+ \mu(dz), \quad x \leqslant y.$$

设随机变量 X 比随机变量 Y 二阶随机占优, 则对任意 $y \in \mathbb{R}$, 由上式和 (2.62) 式推得

$$\mathbb{E}[u(X) I_{[X \leqslant y]}] = u(y) \mathbb{P}(X \leqslant y) - u'(y) \mathbb{E}[(y - X)^+] - \int_{(-\infty, y)} \mathbb{E}[(z - X)^+] \mu(dz)$$

$$\geqslant u(y) \mathbb{P}(Y \leqslant y) - u'(y) \mathbb{E}[(y - Y)^+] - \int_{(-\infty, y)} \mathbb{E}[(z - Y)^+] \mu(dz)$$

$$= \mathbb{E}[u(Y) I_{[Y \leqslant y]}].$$

令 $y \to \infty$, 最终得 $\mathbb{E}[u(X)] \geqslant \mathbb{E}[u(Y)]$. □

下一命题表明: 如果市场中风险资产的收益率服从正态分布, 则 Markowitz 的均值–方差分析对风险厌恶者来说是合理的选择.

命题 2.15　设随机变量 X 和 Y 分别服从 $N(m, \sigma^2)$ 和 $N(\widetilde{m}, \widetilde{\sigma}^2)$, 则 X 比 Y 二阶随机占优, 当且仅当 $m \geqslant \widetilde{m}, \sigma^2 \leqslant \widetilde{\sigma}^2$.

证明　必要性. 由定理 2.14 知: 如果 X 比 Y 二阶随机占优, 则 $\forall \alpha > 0$ 有

$$\exp\left\{ -\alpha m + \frac{1}{2} \alpha^2 \sigma^2 \right\} = \mathbb{E}[e^{-\alpha X}] \leqslant \mathbb{E}[e^{-\alpha Y}] = \exp\left\{ -\alpha \widetilde{m} + \frac{1}{2} \alpha^2 \widetilde{\sigma}^2 \right\},$$

即有

$$m - \frac{1}{2} \alpha \sigma^2 \geqslant \widetilde{m} - \frac{1}{2} \alpha \widetilde{\sigma}^2, \quad \forall \alpha > 0,$$

由此推得 $m \geqslant \widetilde{m}, \sigma^2 \leqslant \widetilde{\sigma}^2$.

充分性. 假定有 $m \geqslant \widetilde{m}, \sigma^2 \leqslant \widetilde{\sigma}^2$. 则可以直接验证: 对任何 $t \in \mathbb{R}$, 有

$$\int_{-\infty}^t F_X(s) ds \leqslant \int_{-\infty}^t F_Y(s) ds.$$

依定义, X 比 Y 二阶随机占优. □

下一命题来自 Föllmer and Schied (2004), 这里对原证明做了一些修正.

命题 2.16 设随机变量 X 和 Y 分别服从 $N(m, \sigma^2)$ 和 $N(\widetilde{m}, \widetilde{\sigma}^2)$, 则 e^X 比 e^Y 二阶随机占优, 当且仅当 $\sigma^2 \leqslant \widetilde{\sigma}^2$, $m + \dfrac{1}{2}\sigma^2 \geqslant \widetilde{m} + \dfrac{1}{2}\widetilde{\sigma}^2$. 特别地, e^X 比 e^Y 二阶随机占优蕴含 X 比 Y 二阶随机占优.

证明 必要性. 假定 e^X 比 e^Y 二阶随机占优. $\forall 0 < \alpha < 1$, 令 $u_\alpha(x) = x^\alpha$, 则 u_α 为 $(0, \infty)$ 上的严格增凹函数. 故由定理 2.14 有

$$\exp\left\{\alpha m + \frac{1}{2}\alpha^2\sigma^2\right\} = \mathbb{E}[u_\alpha(e^X)] \geqslant \mathbb{E}[u_\alpha(e^Y)] = \exp\left\{\alpha\widetilde{m} + \frac{1}{2}\alpha^2\widetilde{\sigma}^2\right\},$$

即有

$$m + \frac{1}{2}\alpha\sigma^2 \geqslant \widetilde{m} + \frac{1}{2}\alpha\widetilde{\sigma}^2, \quad \forall 0 < \alpha < 1.$$

在上式中令 $\alpha \uparrow 1$, 即得 $m + \dfrac{1}{2}\sigma^2 \geqslant \widetilde{m} + \dfrac{1}{2}\widetilde{\sigma}^2$. 另一方面, $\forall \varepsilon > 0$, 令 $f_\varepsilon(x) = \log(\varepsilon + x)$, 则 f_ε 为 $[0, \infty)$ 上的严格增凹函数, 且对 $\mathbb{R}$ 上任一凹的增函数 u, $u \circ f_\varepsilon$ 为 $[0, \infty)$ 上凹的增函数, 故由定理 2.14 有

$$\mathbb{E}[u(X)] = \lim_{\varepsilon \to 0} \mathbb{E}[u \circ f_\varepsilon(e^X)] \geqslant \lim_{\varepsilon \to 0} \mathbb{E}[u \circ f_\varepsilon(e^Y)] = \mathbb{E}[u(Y)],$$

这蕴含 X 比 Y 二阶随机占优, 故有 $\sigma^2 \leqslant \widetilde{\sigma}^2$.

关于充分性的证明可参见 Föllmer and Schied (2004) 或直接验证: 对任何 $t \in \mathbb{R}$, 有

$$\int_{-\infty}^{t} F_{e^X}(s)ds \leqslant \int_{-\infty}^{t} F_{e^Y}(s)ds,$$

即有

$$\int_{0}^{\log t} s^{-1}F_X(s)ds \leqslant \int_{0}^{\log t} s^{-1}F_Y(s)ds. \qquad \square$$

§2.6.5 期望效用最大化与风险资产的初始价格

下面我们研究单期市场期望效用最大化和风险资产的初始价格问题. 为简单起见, 我们假定市场中无风险资产收益率为一常数 $r > 0$, 另有一种风险资产, 其初始价格为 S_0, 时刻 1 价格为 S_1. 假定某市场参与者的初始财富为 w, 他的效用函数 u 为一严格凹的连续可微增函数. 问题是他如何进行投资使得在期末财富的期望效用达最大. 设 $0 \leqslant \lambda \leqslant 1$, 他用 λw 的资金投资于无风险资产, 用 $(1-\lambda)w$ 的资金投资于风险资产, 则在时刻 1 他的财富为

$$X_\lambda = \frac{(1-\lambda)w}{S_0}S_1 + \lambda w(1+r).$$

问题是求 $\lambda^* \in [0,1]$, 使得

$$\lambda^* = \arg\max_{\lambda \in [0,1]} \mathbb{E}[u(X_\lambda)].$$

下一定理取自 Föllmer and Schied (2004).

定理 2.17 假定 S_1 是一有界随机变量. 令 $R = \dfrac{S_1 - S_0}{S_0}$, 我们有如下结论:

(1) 如果 $r \geqslant \mathbb{E}[R]$, 则 $\lambda^* = 1$; 如果 $u((1+r)w) > \mathbb{E}[u((1+R)w)]$, 则 $\lambda^* > 0$.

(2) 如果 u 可微, 则 $\lambda^* = 1$, 当且仅当 $r \geqslant \mathbb{E}[R]$; $\lambda^* = 0$, 当且仅当

$$r \leqslant \frac{\mathbb{E}[Ru'((1+R)w)]}{\mathbb{E}[u'((1+R)w)]}.$$

证明 (1) 令 $c = w(1+r), X = w(1+R), f(\lambda) = \mathbb{E}[u(X_\lambda)]$, 则由 Jensen 不等式,

$$f(\lambda) \leqslant u(\mathbb{E}[X_\lambda]) = u((1-\lambda)\mathbb{E}[X] + \lambda c),$$

等号成立, 当且仅当 $\lambda = 1$. 如果 $r \geqslant \mathbb{E}[R]$, 则上式右端是 λ 的严格增函数, 故有 $\lambda^* = 1$. 此外, u 的严格凹性蕴含

$$f(\lambda) \geqslant \mathbb{E}[(1-\lambda)u(X) + \lambda u(c)] = (1-\lambda)u(c(X)) + \lambda u(c),$$

其中 $c(X)$ 是 X 的确定性等值. 如果 R 不恒为 r, 则上式等号成立当且仅当 $\lambda = 0$ 或 1. 如果 $u((1+r)w) > \mathbb{E}[u((1+R)w)]$, 即 $c > c(X)$, 则上式右端严格增, 从而有 $\lambda^* > 0$.

(2) 如果 u 可微, 则

$$f'_+(0) = \mathbb{E}[u'(X)(c-X)], \quad f'_-(1) = u'(c)(c - \mathbb{E}[X]).$$

从而 $\lambda^* = 1$, 当且仅当 $f'_-(1) \geqslant 0$, 即 $c \geqslant \mathbb{E}[X]$, 亦即 $r \geqslant \mathbb{E}[R]$; $\lambda^* = 0$, 当且仅当 $f'_+(0) \leqslant 0$, 即

$$c \leqslant \frac{E[Xu'(X)]}{E[u'(X)]},$$

亦即

$$r \leqslant \frac{\mathbb{E}[Ru'((1+R)w)]}{\mathbb{E}[u'((1+R)w)]}.$$

定理证毕. □

下面从效用函数观点来讨论风险资产的初始价格. 由定理 2.17 知, 对以效用函数 u 决定偏好的投资者而言, 只有当风险资产的期望收益率 $\mathbb{E}[R]$ 严格大于无

风险资产收益率 r 时, 才会考虑在风险资产上做一定投资; 只有当

$$\frac{\mathbb{E}[Ru'((1+R)w)]}{\mathbb{E}[u'((1+R)w)]} \geqslant r$$

时, 才不去投资于无风险资产. 因此, 使上式等号成立的风险资产初始价格才是效用函数 u 决定偏好的投资者可以接受的合理价格, 它由下式给出:

$$S_0 = (1+r)^{-1}\frac{\mathbb{E}[S_1 u'((1+R)w)]}{\mathbb{E}[u'((1+R)w)]},$$

即有

$$S_0 = (1+r)^{-1}\mathbb{E}^*[S_1],$$

其中

$$\frac{d\mathbb{P}^*}{d\mathbb{P}} = \frac{u'((1+R)w)}{\mathbb{E}[u'((1+R)w)]}.$$

这里定义的 $\mathbb{P}^*$ 是使得 $\mathbb{E}^*[R] = r$ 的概率测度, 称为风险中性测度.

§2.7 基于消费的资产定价模型

假定市场上有 d 只风险证券, 第 j 只证券的当前价格和下一时刻的价格 (未知) 分别为 S_0^j 和 S_1^j. 令 $S_0 = (S_0^1, \cdots, S_0^d)^\tau, S_1 = (S_1^1, \cdots, S_1^d)^\tau$. 假定市场中有许多偏好相同的投资者, 或者假定市场中有一个代表性投资者 (representative agent). 设他的效用函数是 u, 初始财富为 w_0, 他想用一部分钱用于初始消费, 剩余的钱投资于风险证券为下一时刻的消费做准备, 他的目标是确定初始消费数额 c_0 和购买每只证券的份额 $\theta = (\theta_1, \cdots, \theta_d)^\tau$, 使得如下的期望消费效用达到最大:

$$U(c_0, \theta) = u(c_0) + \beta\mathbb{E}[u(c_1)], \tag{2.63}$$

其中

$$c_0 = w_0 - \theta^\tau S_0, \quad c_1 = w_1 + \theta^\tau S_1 \tag{2.64}$$

分别为初始消费数额和下一时刻确定性收入 w_1 与风险资产价值总和, $0 < \beta \leqslant 1$ 是一 (主观) 折现因子, 它反映投资者对下一时刻现金效用打的一个折扣, $\beta^{-1} - 1$ 也可以视为这一时段无风险证券的收益率. 这一优化问题解的一阶必要条件是 $U(c_0, \theta)$ 关于 c_0 和每个 θ_j 的一阶导数为 0. 注意到 $c_1 = w_1 + \theta^\tau(S_1 - S_0) + w_0 - c_0$, 最优策略 (c_0^*, θ^*) 满足如下条件:

$$u'(c_0^*) - \beta\mathbb{E}[u'(c_1^*)] = 0, \tag{2.65}$$

$$S_0^j u'(c_0^*) = \beta \mathbb{E}[u'(c_1^*) S_1^j], \quad j = 1, \cdots, d. \tag{2.66}$$

从另一角度来看, 我们把满足 (2.64) 的 (c_0, θ) 看成为该投资者的一个可行的消费–投资计划, 如果这一计划是最优的, 则证券 j 的当前价格 S_0^j 应该由如下公式给出:

$$S_0^j = \beta \mathbb{E}\left[\frac{u'(c_1^*)}{u'(c_0^*)} S_1^j\right]. \tag{2.67}$$

这一公式称为基于消费的资产定价 (consumption-based asset pricing).

　　在一个由众多市场参与者从追求各自期望效用最大化而达到竞争均衡的市场中, 从理论上讲, 证券的均衡价格可以由代表性投资者采用加权的效用函数按上述基于消费的资产定价公式来计算. 但这一理论与实际数据严重背离. 1985 年, Mehra 和 Prescott 在一篇文章中指出, 基于消费的资产定价公式不能解释美国市场中股票平均收益率高于国债平均收益率 4—6 个百分点这一现象, 这一现象后来被称为 "股权溢价之迷" (equity premium puzzle), 至今还未获得合理解释.

第三章 离散时间金融市场模型和未定权益定价

本章在简要介绍金融市场的基本概念后, 先用二叉树模型解释风险中性定价原理, 然后研究一般的离散时间模型, 给出了无套利市场的鞅刻画和欧式未定权益定价, 此外讨论了期望效用最大化投资策略和基于效用函数的未定权益定价和市场均衡定价. 最后研究了美式未定权益的定价.

§3.1 基 本 概 念

§3.1.1 未定权益和期权

未定权益 (contingent claim) 是一种金融产品, 它是在未来某个时刻或以前可实现的权益. 如果未定权益的价值依赖于一个或几个标的资产 (underlying asset), 如股票、外汇、商品, 则也称此未定权益为衍生资产 (derivative asset). 衍生资产的一个典型例子是期权 (option), 它是基于某一标的资产 (如股票) 的一金融合约. 期权分为买权 (call option) 和卖权 (put option). 买权的持有者有权 (但无义务) 在合约到期日 (称为执行日, expiration date 或 maturity) 从合约卖方按约定价 (striking price)(称为执行价或敲定价) 买一份标的资产. 只有当标的资产在合约到期时价格高于约定价时买方才会执行合约. 类似地, 卖权的持有者有权 (但无义务) 在合约到期日按约定价卖一份标的资产给合约卖方. 欧式期权 (European option) 只能在期权的到期日才能执行, 美式期权 (American option) 可在到期日前的任意时刻执行. 最简单的期权是二元期权或数字期权 (binary option, or digital option). 在一事先约定情况发生时, 二元期权合约在执行时回报期权持有者一预先固定数额的现金 (或股票), 在其他情形下, 则不给任何回报.

某些情况下, 我们需要选定一严格正随机过程 (通常选某个特定的资产价格过程) 作为参照物来标定其他资产价格过程, 这一过程称为计价单位 (numeraire), 其他资产按计价单位标定的价格称为折算价格 (deflated price). 如果取银行账户为计价单位, 其他资产标定的价格称为折现价格 (discounted price). 例如, 假设银行账户的连续复利率为常数 r, 股票价格过程为 (S_t), 则股票的折现价格过程为 $(e^{-rt}S_t)$.

§3.1.2 卖权–买权平价关系

设欧式买权和卖权有相同标的资产 (如股票)、相同到期日 T 和相同执行价 K, 欧式卖权和买权在时刻 t 的价格分别为 P_t 和 C_t. 假设股票不分红, 在时刻 t 的价格为 S_t, 银行账户的连续复利率为常数 r. 考虑如下两个投资组合. 组合 A: 一份卖权多头, 一份买权空头. 该组合在时刻 t 的价值为 $P_t - C_t$, T 时刻的回报为

$$P_T - C_T = (K - S_T)^+ - (S_T - K)^+ = K - S_T.$$

组合 B: 一份股票空头, 一份初始价值为 Ke^{-rT} 的银行账户. 该投资组合在时刻 t 价值为 $Ke^{-r(T-t)} - S_t$, 在最终时刻 T 的回报为 $K - S_T$. 既然两个组合 A 和 B 在最终时刻 T 的回报相同, 那么在任何时刻 $t \leqslant T$ 的价值必须也一样. 否则, 投资者可以卖出较贵的组合而买进较便宜的组合而套利. 因此必须有

$$P_t - C_t = Ke^{-r(T-t)} - S_t,$$

这就是卖权–买权平价关系 (put-call parity).

§3.2   二叉树模型

常识告诉我们, 股票价格的变动是随机的和不可预测的. 但根据对历史数据的统计分析, 人们可以建立关于股票价格变动的一些模型. 有两类模型: 离散时间和连续时间模型. 最简单的离散时间模型是二叉树模型 (binomial-tree model), 它是由 Cox et al. (1979) 作为未定权益定价的一个技术工具而引入的. 虽然该模型与现实相差甚远, 我们将用它来解释两个本质上等价的期权定价方法: 套利定价和风险中性定价.

假设市场中只有两只证券: 一只是无风险证券 (如政府债券), 它在每个期间的利率为一固定常数 r; 另一只是不派发红利的风险证券 (如股票), 其当前时刻 0 的价格为 S_0. 我们用 S_n 表示风险证券在时刻 n (即第 n 个期间末) 的价格.

假定在每个期间, 股票价格变动只有两种可能, 且相对幅度不随期间改变, 即存在正数 d 和 u ($d < u$), 使得对每个 $n \geqslant 0$, 有 $S_{n+1} = uS_n$ 或 $S_{n+1} = dS_n$ (图 3.1). 这两种情形发生的概率分别为 p 和 $1 - p$ ($0 < p < 1$). 为了市场中不存在套利机会, 必须有 $d < 1 + r < u$.

我们感兴趣的是如何对到期时刻为 N 的欧式未定权益合理定价, 特别是对那些只依赖股票在时刻 N 的价格的未定权益的定价.

§3.2.1 单期情形

本节只考虑单期情形, 多期情形留待下节研究.

考虑一金融合约 ξ, 它在时刻 1(第 1 个期间末) 的价值只依赖于股票在时刻 1 的价格: 当股票价格为 uS_0 时, 它为 ξ_u; 当股票价格为 dS_0 时, 它为 ξ_d. 我们要研究的问题是: 如何合理确定合约的当前价格, 使得市场中仍无套利机会. 为此, 我们构造一投资组合, 它由卖空合约和买进 α_0 份股票构成, 使得它在时刻 1 的资产价值不依赖于股票在时刻 1 的价格. 显然 α_0 应由如下方程确定:

$$\alpha_0 u S_0 - \xi_u = \alpha_0 d S_0 - \xi_d,$$

其解为 $\alpha_0 = \dfrac{\xi_u - \xi_d}{(u-d)S_0}$. 于是, 该投资组合在时刻 1 的资产 X_1 为 $\dfrac{d\xi_u - u\xi_d}{u-d}$. 为了确保市场无套利, 该投资组合在时刻 0 的价值 X_0 应该为 $X_1/1+r$, 因为若将 X_0 投资到无风险证券上, 在时刻 1 也应获得 X_1. 由此推得合约的当前价格 C_0 为

$$C_0 = \alpha_0 S_0 - X_0 = \frac{(1+r-d)\xi_u + (u-(1+r))\xi_d}{(1+r)(u-d)}. \tag{3.1}$$

这一定价方法称为套利定价 (arbitrage pricing). 从定价公式 (3.1) 看出, 该价格不依赖于股票价格上下变动的概率的大小, 即不依赖于对市场中证券收益率的预期. 对这一有点令人吃惊现象的一个解释是: 市场中证券收益率的预期已经反映在股票的当前价格中了.

令 $q = \dfrac{1+r-d}{u-d}$, 则 (3.1) 可改写成

$$C_0 = (1+r)^{-1}[q\xi_u + (1-q)\xi_d]. \tag{3.2}$$

如果将 q 和 $1-q$ 想象为股票价格上下变动的概率, 它们构成状态空间上一概率测度, 记为 $\mathbb{P}^*$, 则 (3.2) 表明: 合约的当前价格 C_0 为合约的折现价值 (discount value) 在概率测度 $\mathbb{P}^*$ 下的数学期望. 由于 $qu + (1-q)d = 1+r$, 易知 $\mathbb{P}^*$ 是唯一的概率测度, 市场关于该概率在如下意义下是风险中性的: 股票在这一概率测度下的期望收益率等于无风险利率 r, 即 $\mathbb{E}^*[(1+r)^{-1}S_1] = S_0$. 这一新的概率测度称为风险中性测度, 用 (3.2) 式对未定权益定价称为风险中性定价.

§3.2.2 多期情形

下面考虑多期 (multi-period) 二叉树模型 (图 3.1). 我们的目标是决定时刻 N 到期的合约 ξ 在时刻 n 的价值. 令 Ω 表示到 N 时刻以前的股票价格变动各种可能涨跌走势的路径, 它代表了股票价格变动的不确定性. Ω 包含 2^N 个元素. 每个元素是股票价格变动的一个可能路径.

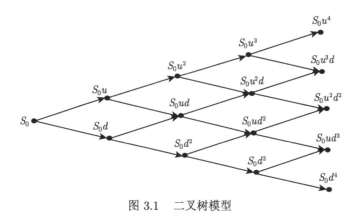

图 3.1　二叉树模型

在时刻 n, 有 $n+1$ 个结点. 我们给这些结点从上到下进行编号. 对每个 $\omega \in \Omega$ 我们用 $\omega(n)$ 表示路径 ω 在时刻 n 所通过的结点的序号. 令

$$\Omega_{n,j} = \{\omega \in \Omega : \omega(n) = j\}, \quad 1 \leqslant j \leqslant n+1.$$

则 $\Omega_{n,j} \subset \Omega_{n+1,j} \cup \Omega_{n+1,j+1}$, 且有

$$\omega, \omega' \in \Omega_{n,j} \Longleftrightarrow S_n(\omega) = S_n(\omega'). \tag{3.3}$$

如果把每个结点看成原点并考虑从该点出发股票价格的单期变动, 我们就回到单期二叉树模型情形. 于是由 "倒向归纳法" 和重复运用 (3.2) 式我们得到未定权益 ξ 在任何时刻 $n = 0, 1, \cdots, N-1$ 的价值. 确切来说, 如下定义 Ω 上一概率测度 $\mathbb{P}^*$:

$$\mathbb{P}^*(\omega) = q^{\sum\limits_{i=0}^{N-1} \alpha_i(\omega)} (1-q)^{N - \sum\limits_{i=0}^{N-1} \alpha_i(\omega)}, \quad \omega \in \Omega, \tag{3.4}$$

其中 $\alpha_i(\omega) = 1$ 或 0, 取决于股票价格路径 ω 从时刻 i 到时刻 $i+1$ 是上升还是下降. 我们用 C_n 表示未定权益 ξ 在时刻 n 的价值. 从 (3.1)—(3.3) 我们得到

$$\omega, \omega' \in \Omega_{n,j} \Longleftrightarrow C_n(\omega) = C_n(\omega') \tag{3.5}$$

和

$$C_{n,j} = (1+r)^{-1}[qC_{n+1,j} + (1-q)C_{n+1,j+1}], \tag{3.6}$$

其中 $C_{n,j}(\omega) := C_n(\omega), \forall \omega \in \Omega_{n,j}$. 根据 (3.3), 由 S_n 生成的 σ-代数与由 $\{\Omega_{n,j}, 1 \leqslant j \leqslant n+1\}$ 生成的 σ-代数是相同的, 并且有

$$\mathbb{P}^*(\Omega_{n+1,j}|\Omega_{n,j}) = q, \quad \mathbb{P}^*(\Omega_{n+1,j+1}|\Omega_{n,j}) = 1-q,$$

于是我们可以把 (3.6) 改写为

$$C_n = (1+r)^{-1}\mathbb{E}^*[C_{n+1}|S_n]. \tag{3.7}$$

因此, 如果我们用 $\mathcal{F}_n$ 表示由序列 $(S_j, 0 \leqslant j \leqslant n)$ 生成的 σ-代数, 则由过程 (C_n) 的马氏性推得

$$C_n = (1+r)^{-1}\mathbb{E}^*[C_{n+1}|\mathcal{F}_n]. \tag{3.8}$$

换言之, 未定权益 ξ 的折现价格序列 $\{(1+r)^{-n}(C_n), 0 \leqslant n \leqslant N\}$ 在 $\mathbb{P}^*$ 下关于 $(\mathcal{F}_n)$ 为一鞅. 这里 $(1+r)^{-n}$ 称为在时刻 n 的折现因子. 特别, 从前一节的最后一段陈述知, $\mathbb{P}^*$ 是 Ω 上唯一的概率测度, 使得股票的折现价格序列 $\{(1+r)^{-n}(S_n), n \leqslant N\}$ 在 $\mathbb{P}^*$ 下为一鞅. 我们称 $\mathbb{P}^*$ 为风险中性概率测度 (risk-neutral probability measure) 或鞅测度 (martingale measure).

由 (3.8) 我们得到未定权益 ξ 的定价公式:

$$C_n = (1+r)^{-(N-n)}\mathbb{E}^*[\xi|\mathcal{F}_n]. \tag{3.9}$$

这一公式是未定权益定价中的一个重要原理的一个例子, 该原理是所谓的 "风险中性定价原理"(risk-neutral valuation principle), 它断言: 任何只依赖股票价格的未定权益可以在市场是风险中性这一假设下来定价.

设 $\xi = f(S_N)$, f 是一非负函数, 我们将导出 C_n 的显式表达式. 令 $T_n = S_n/S_{n-1}$, $n = 1, \cdots, N$, 易见随机变量 $T_1, \cdots, T_n$ 在 $\mathbb{P}^*$ 下是独立同分布的, 其分布为 $\mathbb{P}^*(T_1 = u) = q = 1 - \mathbb{P}^*(T_1 = d)$. 特别, 对每个 $i \geqslant n+1$, T_i 与 $\mathcal{F}_n$ 独立. 因此, 由于 $S_N = S_n \prod_{i=n+1}^{N} T_i$, 由 (3.9) 利用定理 1.11 得到

$$\begin{aligned}
C_n &= (1+r)^{-(N-n)}\mathbb{E}^*\left[f\left(S_n \prod_{i=n+1}^{N} T_i\right)\bigg|\mathcal{F}_n\right] \\
&= (1+r)^{-(N-n)}\mathbb{E}^*\left[f\left(x \prod_{i=n+1}^{N} T_i\right)\right]\bigg|_{x=S_n} \\
&= (1+r)^{-(N-n)}\sum_{j=0}^{N-n}\binom{N-n}{j}q^j(1-q)^{N-n-j}f(S_n u^j d^{N-n-j}).
\end{aligned}$$

§3.2.3 近似连续交易情形

设 $\xi = f(S_T)$ 为一在时间 T 的未定权益. 如果交易在时刻 $\{T/N, 2T/N, \cdots\}$ 发生, 其中 N 非常大, 关于 ξ 在时刻 0 的价格我们能说什么呢? 为了回答这一问

题, 我们对依赖 N 的参数 u, d 和 p 做一些调整, 使得当 N 趋于无穷大时 C_0 的表达式的极限有意义. 由于 C_0 不依赖于 p, 对每个 N 我们取 $p = 1/2$. 假定单位时间的 (连续复利) 利率为常数 e^r, 则每个交易周期内的利率为 $e^{\frac{r}{N}}$. 令 μ 和 σ 为两个正常数. 如果我们选取

$$u = \exp\left\{ \frac{\mu T}{N} + \sigma\sqrt{\frac{T}{N}} \right\}, \quad d = \exp\left\{ \frac{\mu T}{N} - \sigma\sqrt{\frac{T}{N}} \right\},$$

则在时刻 T 的股票价格为

$$S_T^{(N)} = S_0 \exp\left\{ \left(\frac{\mu T}{N} + \sigma\sqrt{\frac{T}{N}} \right) X_N + \left(\frac{\mu T}{N} - \sigma\sqrt{\frac{T}{N}} \right) (N - X_N) \right\}$$

$$= S_0 \exp\left\{ \mu T + \sigma\sqrt{T} \frac{2X_N - N}{\sqrt{N}} \right\},$$

其中

$$X_N = \sum_{i=0}^{N-1} \alpha_i,$$

$\alpha_i(\omega) = 1$ 或 0, 取决于股票价格沿路径 ω 在第 i 步是升还是降. 在客观概率下, X_N 服从参数为 $\left(N, \frac{1}{2} \right)$ 的二项分布. 于是由中心极限定理, 随机变量 $\dfrac{2X_N - N}{\sqrt{N}}$ 的分布收敛于标准正态分布. 令

$$q = \frac{e^{\frac{rT}{N}} - d}{u - d}.$$

容易看出, q 近似等于

$$\frac{1}{2}\left(1 - \sqrt{\frac{T}{N}} \frac{\mu + \frac{1}{2}\sigma^2 - r}{\sigma} \right).$$

因此, 当 N 充分大时有 $0 < q < 1$. 对这样的 N, 市场无套利, 并且我们可以用 q 按照 (3.4) 定义风险中性概率 $\mathbb{P}^*$. 在风险中性概率 $\mathbb{P}^*$ 下, X_N 服从参数为 (N, q) 的二项分布. 由中心极限定理, 随机变量 $\log S_T^{(N)}$ 在 $\mathbb{P}^*$ 下的分布近似等于均值为 $\log S_0 + \left(r - \frac{1}{2}\sigma^2 \right) T$, 方差为 $\sigma^2 T$ 的正态分布. 因此, ξ 在时刻 0 的价格近似等于

$$C_0 = e^{-rT}\mathbb{E}^*[f(S_T)] = e^{-rT} \int_{-\infty}^{\infty} f\left(S_0 e^{(r - \sigma^2/2)T + \sigma y\sqrt{T}} \right) \frac{e^{-y^2/2}}{\sqrt{2\pi}} dy.$$

我们将在第五章看到, 当 $f(x) = (x - K)^+$ (或 $f(x) = (K - x)^+$), 这一等式给出关于买权 (相应地, 卖权) 的著名的 Black-Scholes 公式.

§3.3 一般的离散时间模型

下面转向考虑一般的离散时间模型, 这一模型是 Harrison and Pliska (1981) 引入的. 这里的介绍主要参考了 Lamberton and Lapeyre (1996) 书的第一章.

§3.3.1 基本框架

假设市场中有 $d+1$ 只证券, 其价格构成一 $\mathbb{R}^{d+1}$-值非负随机向量 $(S_n^0, \cdots, S_n^d)^\tau$ 的适应序列. 我们把编号为 0 证券取为计价单位, 并在今后的讨论中恒假定 $S_0^0 = 1$. 在时刻 n 的折现因子 $(S_n^0)^{-1}$ 记为 γ_n. 我们用 S_n 表示在时刻 n 时的股票价格向量 $(S_n^1, \cdots, S_n^d)^\tau$, 用 $\widetilde{S}_n$ 记它的折现价格向量 $\gamma_n S_n$. 通常情况下, 编号为 0 证券是一无风险证券, 它在时刻 n 的价格约定为 $S_n^0 = (1+r)^n$, 记为 β_n, 其中 $r > 0$ 为它在单个期间的收益率.

考虑 N 期交易的证券市场, 直到时刻 N 的市场不确定性由一概率空间 $(\Omega, \mathcal{F}, \mathbb{P})$ 表示, 其中 Ω 表示所有可能状态的集合. 令 $\mathcal{F}_n$ 为 $\mathcal{F}$ 的一子 σ-代数, 它代表直到时刻 n 的市场信息, 则 $\{\mathcal{F}_n, 0 \leqslant n \leqslant N\}$ 构成 Ω 上的一非降 σ-代数流 (filtration). 为方便起见, 我们令 $\mathcal{F}_{-1} = \mathcal{F}_0$.

一交易策略是一列投资组合:

$$\phi = \{(\phi_n^0, \cdots, \phi_n^d)^\tau, \ 0 \leqslant n \leqslant N\},$$

其中每个 ϕ_n^i 表示在时刻 $n-1$ 投资者对头寸进行调整后保持到时刻 n(但尚未进行新的调整) 时投资者拥有证券 i 的份数. 由于在时刻 $n-1$ 对头寸进行调整只能利用直到时刻 $n-1$ 的市场信息, 因此每个 ϕ_n^i 必须假定为 $\mathcal{F}_{n-1}$-可测的, 即投资组合序列是一可料的 $d+1$-维向量序列. 若 $\phi_n^0 < 0$, 则表明卖空 $|\phi_n^0|$ 份无风险证券; 若 $i \geqslant 1$, $\phi_n^i < 0$, 则表明卖空 $|\phi_n^i|$ 份证券 i. 假定卖空是容许的. 我们用 φ_n 表示向量 $(\phi_n^1, \cdots, \phi_n^d)^\tau$, 用 φ 表示过程 $(\varphi_n)_{0 \leqslant n \leqslant N}$. 于是我们有 $\phi_n = (\phi_n^0, \varphi_n)$ 和 $\phi = (\phi^0, \varphi)$.

投资组合 ϕ_n 在时刻 n 的财富为

$$V_n(\phi) = \phi_n^0 S_n^0 + \varphi_n \cdot S_n = \sum_{i=0}^{d} \phi_n^i S_n^i,$$

其中 "·" 表示 $\mathbb{R}^d$ 中的内积. 折现财富 $\widetilde{V}_n(\phi) := \gamma_n V_n(\phi)$ 为

$$\widetilde{V}_n(\phi) = \phi_n^0 + \varphi_n \cdot \widetilde{S}_n.$$

对一交易策略 $(\phi_n) = (\phi_n^0, \varphi_n)$, 我们定义

$$G_n(\phi) := \sum_{i=1}^n \phi_i^0(S_i^0 - S_{i-1}^0) + \sum_{i=1}^n \varphi_i \cdot \Delta S_i, \quad \forall 1 \leqslant n \leqslant N, \qquad (3.10)$$

其中 $\Delta S_i = S_i - S_{i-1}$. 称 (G_n) 为与策略 ϕ 联系的累积盈余过程 (cumulative gain process).

一交易策略 $(\phi_n) = (\phi_n^0, \varphi_n)$ 称为自融资的 (self-financing), 如果

$$\phi_n^0 S_n^0 + \varphi_n \cdot S_n = \phi_{n+1}^0 S_n^0 + \varphi_{n+1} \cdot S_n, \quad \forall 0 \leqslant n \leqslant N - 1. \qquad (3.11)$$

这表明: 在每个时刻 n, 一旦价格向量 S_n 发布, 投资者调整投资组合时, 既不追加投资又不抽走资金. 容易证明 (3.11) 等价于

$$V_n(\phi) = V_0(\phi) + G_n(\phi), \quad \forall 1 \leqslant n \leqslant N \qquad (3.12)$$

或

$$\widetilde{V}_n(\phi) = V_0(\phi) + \sum_{i=1}^n \varphi_i \cdot \Delta \widetilde{S}_i, \quad \forall 1 \leqslant n \leqslant N. \qquad (3.13)$$

事实上, 由 (3.11) 知 ϕ 为自融资当且仅当

$$\widetilde{V}_n(\phi) = \phi_{n+1}^0 + \varphi_{n+1} \cdot \widetilde{S}_n,$$

或者等价地,

$$\widetilde{V}_{n+1}(\phi) - \widetilde{V}_n(\phi) = \varphi_{n+1} \cdot \Delta \widetilde{S}_{n+1},$$

即 (3.13) 成立. 类似可证 (3.11) 等价于 (3.12).

§3.3.2　套利策略和容许策略

称一随机变量 ξ 非负且非零, 是指 $\xi \geqslant 0$, 且 $\mathbb{P}(\xi > 0) > 0$. 令 (ϕ_n) 为一自融资策略, 称它为套利策略 (arbitrage strategy), 如果它的初始财富为 0, 终了财富非负且非零; 称它为容许策略 (admissible strategy), 如果它的财富过程非负. 下一引理表明: 如果一市场对容许策略类无套利, 则它对整个自融资策略类都是无套利的.

引理 3.1 令 $\varphi_n = (\phi_n^1, \cdots, \phi_n^d)$, $0 \leqslant n \leqslant N$ 为一 $\mathbb{R}^d$-值可料过程. 令

$$W_0(\varphi) = 0; \quad W_n(\varphi) = \sum_{i=1}^{n} \varphi_i \cdot \Delta \widetilde{S}_i, \quad \forall 1 \leqslant n \leqslant N. \tag{3.14}$$

则对任何实数 V_0, 存在一可料过程 (ϕ_n^0), 使得 $\phi = (\phi_n^0, \varphi_n)$ 为自融资策略, 其初始财富为 V_0, 并且有 $\widetilde{V}_n(\phi) = V_0 + W_n(\varphi)$. 如果市场对容许策略类无套利, 则 $W_N(\varphi) \notin L_{++}^0$, 其中 L_{++}^0 表示非负且非零的随机变量组成的凸锥. 特别地, 这蕴含市场对整个自融资策略类都是无套利的.

证明 我们令

$$\phi_0^0 = V_0 - \varphi_0 \cdot S_0, \qquad \phi_n^0 = V_0 + W_{n-1}(\varphi) - \varphi_n \cdot \widetilde{S}_{n-1}, \quad n \geqslant 1. \tag{3.15}$$

则 (ϕ_n^0) 为一可料过程. 令 $\phi_n = (\phi_n^0, \varphi_n)$. 则由 (3.15) 推得

$$\begin{aligned}
\widetilde{V}_n(\phi) &= \phi_n^0 + \varphi_n \cdot \widetilde{S}_n \\
&= \phi_n^0 + \varphi_n \cdot \Delta \widetilde{S}_n + \varphi_n \cdot \widetilde{S}_{n-1} \\
&= V_0 + W_{n-1}(\varphi) + \varphi_n \cdot \Delta \widetilde{S}_n \\
&= V_0 + \sum_{i=1}^{n} \varphi_i \cdot \Delta \widetilde{S}_i, \quad \forall 1 \leqslant n \leqslant N.
\end{aligned}$$

由于 $V_0(\phi) = V_0$, 由 (3.13) 和 (3.11) 的等价性看出, $\phi = (\phi^0, \cdots, \phi^d)$ 为一自融资策略, 且有 $\widetilde{V}_n(\phi) = V_0 + W_n(\varphi)$.

现在假定市场对容许策略类无套利. 令 $V_0 = 0$. 如果 $W_N(\varphi) \in L_{++}^0$, 则如上构造的自融资策略 ϕ 不可能是容许策略. 这时令

$$m = \sup\{k : \mathbb{P}(\widetilde{V}_k(\phi) < 0) > 0\}, \quad A = [\widetilde{V}_m(\phi) < 0],$$

则 $1 \leqslant m \leqslant N - 1$, 且 $\mathbb{P}(A) > 0$. 对 $1 \leqslant j \leqslant N$, 令

$$\psi_j(\omega) = \begin{cases} 0, & \text{若 } j \leqslant m, \\ I_A(\omega)\varphi_j(\omega), & \text{若 } j > m, \end{cases}$$

则 $\psi = (\psi_1, \cdots, \psi_N)$ 是一个 $\mathbb{R}^d$-值可料过程, 且有

$$W_j(\psi) = \begin{cases} 0, & \text{若 } j \leqslant m, \\ I_A\big(\widetilde{V}_j(\phi) - \widetilde{V}_m(\phi)\big), & \text{若 } j > m. \end{cases}$$

因此, 对所有 $j \in \{1, \cdots, N\}$, 有 $W_j(\psi) \geqslant 0$, 且在 A 上有 $W_N(\psi) > 0$. 这与市场对容许策略类无套利的假定矛盾, 因为 $(W_n(\psi))$ 是一初始财富为零的容许策略的折现财富过程. 因此我们有 $W_N(\varphi) \notin L_{++}^0$. □

§3.4　无套利市场的鞅刻画

刻画那些通过测度等价改变能够变成鞅的随机过程在金融数学中特别有意义. Harrison and Kreps (1979), Harrison and Pliska (1981), 以及 Kreps (1981) 研究了对证券价格过程存在等价鞅测度和市场无套利之间的关系. 在对价格过程做适当假定下, 如可积性, 他们得到了某些基本结果. 正如 Harrison and Kreps(1979) 所指出的: 期权定价理论中的最重要事实是对证券的 (折现)价格过程存在等价鞅测度蕴含市场无套利. 幸运的是, 这一事实的证明相当容易. 但相反的蕴含关系的证明则相当困难. 在离散时间和一般概率空间情形, 这一结果的证明由 Dalang et al. (1990) 给出.

§3.4.1　有限状态市场情形

我们首先假定 Ω 为有限集, $\mathcal{F}$ 为 Ω 的子集全体, 且对所有 $\omega \in \Omega$, $\mathbb{P}(\{\omega\}) > 0$. 此外假定 $\mathcal{F}_0 = \{\varnothing, \Omega\}$, 且 $\mathcal{F}_N = \mathcal{F}$. 在这些假定下, 每个实值随机变量只取有限多个值, 从而是有界的.

下一定理给出了无套利的刻画.

定理 3.2　市场无套利当且仅当存在与 $\mathbb{P}$ 等价的概率测度 $\mathbb{P}^*$ (即对所有 $\omega \in \Omega$, $\mathbb{P}^*(\{\omega\}) > 0$), 使得资产折现价格的 $\mathbb{R}^d$-值过程 $(\widetilde{S}_n)_{0 \leqslant n \leqslant N}$ 为 $\mathbb{P}^*$-鞅.

证明　充分性. 假定存在与 $\mathbb{P}$ 等价的概率测度 $\mathbb{P}^*$, 使得 $(\widetilde{S}_n)$ 为 $\mathbb{P}^*$-鞅. 由定理 1.29 和 (3.13) 式知, 对任何容许策略 (ϕ_n), 其折现财富过程 $\widetilde{V}_n(\phi)$ 是一 $\mathbb{P}^*$-鞅. 特别地, 如果 $V_0(\phi) = 0$, 则 $\mathbb{E}^*[\widetilde{V}_N(\phi)] = 0$. 由于 $V_N(\phi) \geqslant 0$ 且 $\mathbb{P}^*(\{\omega\}) > 0, \forall \omega \in \Omega$, 我们必须有 $V_N(\phi) = 0$. 这表明市场无套利.

必要性. 假定市场无套利. 令

$$\mathcal{V} = \{W_N(\varphi) : \phi = (\phi_n^1, \cdots, \phi_n^d) \text{为} \mathbb{R}^d\text{-值可料过程}\}.$$

由引理 3.1, $\mathcal{V} \cap L_{++}^0 = \varnothing$. 特别, $\mathcal{V}$ 与凸紧集 $K = \left\{ x \in L_{++}^0 : \sum_\omega x(\omega) = 1 \right\}$ 不交. 令 $K - \mathcal{V} = \{x - y : x \in K, y \in \mathcal{V}\}$. 由于 $\Omega = \{\omega_1, \cdots, \omega_m\}$ 为一有限集, 我们可以把定义在 Ω 上的随机变量看成是 $\mathbb{R}^m$ 中的一向量. 因此, $K - \mathcal{V}$ 是 $\mathbb{R}^m$ 中的一闭凸集, 它不含原点. 由凸集分离定理 (见 Dudley(1989), p.152 或

Lamberton and Lapeyer (1996), p.178), 存在 $\mathbb{R}^m$ 上的一线性泛函 f, 使得对某 $\alpha > 0$, 有 $f(x) \geqslant \alpha, \forall x \in K - \mathcal{V}$. 由于 $\mathcal{V}$ 为 $\mathbb{R}^m$ 的线性子空间, 我们必须有 $f(x) = 0, \forall x \in \mathcal{V}$, 以及 $f(x) \geqslant \alpha > 0, \forall x \in K$. 这表明存在 $(\lambda(\omega))_{\omega \in \Omega}$, 使得 (i) $\forall x \in K, \sum_\omega \lambda(\omega)x(\omega) > 0$; (ii) $\forall x \in \mathcal{V}, \sum_\omega \lambda(\omega)x(\omega) = 0$. 由 (i) 知 $\lambda(\omega) > 0, \forall \omega \in \Omega$. 令

$$\mathbb{P}^*(\{\omega\}) = \frac{\lambda(\omega)}{\displaystyle\sum_{\omega' \in \Omega} \lambda(\omega')}.$$

则 $\mathbb{P}^*$ 与 $\mathbb{P}$ 等价, 且由 (ii) 知, 对任何 $\mathbb{R}^d$-值可料过程 φ,

$$\mathbb{E}^* \left[\sum_{j=1}^N \varphi_j \cdot \Delta \widetilde{S}_j \right] = \mathbb{E}^*[W_N(\varphi)] = 0.$$

因此, 根据定理 1.31, $(\widetilde{S}_n)_{0 \leqslant n \leqslant N}$ 为一 $\mathbb{P}^*$-鞅. □

§3.4.2 一般情形: Dalang-Morton-Willinger 定理

现在转向一般概率空间情形. 这时我们仍然有无套利市场的鞅刻画. 这一结果来自 Dalang et al. (1990), 通常称为资产定价基本定理 (fundamental theorem of asset pricing).

定理 3.3 市场无套利, 当且仅当存在一与 $\mathbb{P}$ 等价的概率测度 $\mathbb{P}^*$ 使得 $(\widetilde{S}_n)_{0 \leqslant n \leqslant N}$ 为一 $\mathbb{P}^*$-鞅. 这时可选取 $\mathbb{P}^*$ 使得它关于 $\mathbb{P}$ 的 Radon-Nikodym 导数 $d\mathbb{P}^*/d\mathbb{P}$ 有界. 特别地, 对一无套利市场, 空间 $(\Omega, \mathcal{F}, \mathbb{P})$ 上的任意给定的实值随机变量 X, 存在一等价鞅测度 $\mathbb{P}^*$, 使得 X 关于 $\mathbb{P}^*$ 可积.

定理 3.3 中的概率测度 $\mathbb{P}^*$ 称为市场的等价鞅测度. 一般说来, 等价鞅测度不唯一.

注意在定理 3.3 中对价格过程的可积性未作假定. 定理中条件的充分性的证明与定理 3.2 类似, 故从略. 定理中条件的必要性的原证明主要基于概率论中的 "可测选择定理". Schachermayer (1992), Kabanov and Kramkov (1994), Rogers (1994) 等先后给出了其他证明. 下面我们介绍 Kabanov and Stricker (2000) 给出的一个简单证明.

首先准备几个引理.

引理 3.4 令 (η_n) 为一 $\mathbb{R}^d$-值随机变量序列, 使得 $\eta := \liminf |\eta_n| < \infty$. 则存在一列 $\mathbb{R}^d$-值随机变量 (ξ_n) 使得对所有 ω 序列 $(\xi_n(\omega))$ 收敛, 且为 $(\eta_n(\omega))$ 的一个子序列.

证明　不妨假定 $d = 1$, 否则依次考虑每个分量. 令 $\tau(0) = 0$, 以及 $\tau(k) =$
$\inf\left\{ n > \tau(k-1) : ||\eta_n| - \eta| \leqslant \dfrac{1}{k} \right\}$. 令 $\zeta_k = \eta_{\tau(k)}$. 则每个 ζ_k 是一实值随机变
量, 且 $\sup_k |\zeta_k| < \infty$. 令 $\xi = \liminf \zeta_n$, $\alpha(0) = 0$, 以及

$$\alpha(k) = \inf\left\{ n > \alpha(k-1) : |\zeta_n - \xi| \leqslant \frac{1}{k} \right\}.$$

令 $\xi_n = \zeta_{\alpha(n)}$. 则序列 (ξ_n) 满足要求.　　　　　　　　　　　□

下一引理在文献中称为 Kreps-Yan (分离) 定理, 它由 Yan (1980a) 和 Kreps
(1981) 分别对 $p = 1$ 情形和 $p = \infty$ 情形独立建立. Ansel and Stricker (1990) 发现
Yan (1980a) 给出的证明对 $1 < p < \infty$ 情形也适用. 这里我们只考虑 $1 \leqslant p < \infty$
情形.

> **引理 3.5**　设 $1 \leqslant p < \infty$, $1/p + 1/q = 1$. 令 $(\Omega, \mathcal{F}, \mathbb{P})$ 为一概率空间, K 为
> $L^p := L^p(\Omega, \mathcal{F}, \mathbb{P})$ 中的一凸锥, 包含 $-L^\infty_+$. 假定 K 在 L^p 中闭, 则下列两个条
> 件等价:
> (1) $K \cap L^p_+ = \{0\}$;
> (2) 存在一与 $\mathbb{P}$ 等价的概率测度 $\mathbb{Q}$, $d\mathbb{Q}/d\mathbb{P} \in L^q$, 使得对所有 $\xi \in K$, 有 $\mathbb{E}_\mathbb{Q}[\xi] \leqslant 0$.

证明　(1)⇒(2). 假定 (1) 成立. 由于 L^q 为 L^p 的对偶, 根据 Hahn-Banach
分离定理, 对任一 $x \in L^p_+, x \neq 0$, 存在 $z_x \in L^q$, 使得

$$\mathbb{E}[z_x \xi] < \mathbb{E}[z_x x], \quad \forall \xi \in K.$$

由于 $0 \in K$ 且 K 为一个锥, 我们必须有 $\mathbb{E}[z_x x] > 0$, 且 $\sup_{\xi \in K} \mathbb{E}[z_x \xi] \leqslant 0$. 另一
方面, 由于对任何 $\alpha > 0$, $\xi_\alpha := -\alpha I_{[z_x < 0]} \in K$, 我们必须有 $z_x \geqslant 0$, a.s., 因为不
然的话导致矛盾:

$$\lim_{\alpha \to \infty} \mathbb{E}[z_x \xi_\alpha] = \lim_{\alpha \to \infty} \alpha \mathbb{E}[z_x^-] = \infty.$$

令 $\Theta = \{\theta : \theta \in L^q_+, \sup_{\xi \in K} \mathbb{E}[\theta \xi] \leqslant 0\}$. 则 Θ 非空. 定义 $b = \sup\{\mathbb{P}(\theta > 0) : \theta \in \Theta\}$, 并选取 $\theta_n \in \Theta$ 使得 $\mathbb{P}(\theta_n > 0) \to b$. 令

$$\theta = \sum_{n=1}^\infty 2^{-n} \frac{\theta_n}{1 + ||\theta_n||_q}.$$

则 $\theta \in L^q_+$, 且 $\mathbb{P}(\theta > 0) = b$. 我们将证明必有 $b = 1$. 为此假设 $b < 1$. 选取 $\theta \in \Theta$
使得 $\mathbb{P}(\theta > 0) = b$. 令 $A = [\theta = 0]$. 由于 $\mathbb{P}(A) > 0$ 且 $I_A \in L^p_+$, 可以找到 $\theta' \in \Theta$,
与 I_A 对应 (即有 $\theta' = z_{I_A}$), 使得 $\mathbb{E}[I_A \theta'] > 0$. 特别, 我们有 $\mathbb{P}([\theta' > 0] \cap A) > 0$.

令 $\eta = \theta + \theta'$, 则 $\eta \in \Theta$ 且 $\mathbb{P}(\eta > 0) > \mathbb{P}(\theta > 0) = b$. 这与 b 的定义矛盾. 最后, 如果取 $\theta \in \Theta$, 使得 $\mathbb{P}(\theta > 0) = 1$, 并用 $\mathbb{Q} = c\theta.\mathbb{P}$ 定义一概率测度 $\mathbb{Q}$, 其中 $c^{-1} = \mathbb{E}[\theta]$, 则满足要求. 于是 (2) 成立.

(2)⇒(1). 假定 (1) 不成立. 则存在 $\xi \in K$ 使得 $\xi \geqslant 0$ a.s., 且 $\mathbb{P}(\xi > 0) > 0$. 因此, 对任何与 $\mathbb{P}$ 等价的概率测度 $\mathbb{Q}$, 必须有 $\mathbb{E}_{\mathbb{Q}}[\xi] > 0$. 这表明 (2) 不成立. □

引理 3.6 令 (ξ_n) 为定义在一概率空间 $(\Omega, \mathcal{F}, \mathbb{P})$ 上的实值随机变量序列. 则存在一与 $\mathbb{P}$ 等价的概率测度 $\mathbb{P}'$, 其 Radon-Nikodym 导数 $d\mathbb{P}'/d\mathbb{P}$ 有界, 使得每个 ξ_n 为 $\mathbb{P}'$-可积.

证明 我们选取一正数序列 (a_n) 使得 $\sum\limits_{n=1}^{\infty} \mathbb{P}(|\xi_n| > a_n) < \infty$. 令 $A_n = [|\xi_n| > a_n]$. 由 Borel-Cantelli 引理, 我们有 $\mathbb{P}(A_n, \text{i.o.}) = 0$. 这表明对几乎所有 ω, 存在整数 $N(\omega)$, 使得对所有 $n \geqslant N(\omega)$, 我们有 $|\xi_n(\omega)| \leqslant a_n$. 于是如果令 $c_n = (2^n a_n)^{-1}$ 和 $X = \sum\limits_{n=1}^{\infty} c_n |\xi_n|$, 则 $X < \infty$, a.s.. 现令 $Y = e^{-X}$ 和 $\mathbb{P}' = cY.P$, 其中 $c^{-1} = \mathbb{E}[Y]$, 则 $\mathbb{P}'$ 满足要求. □

下面我们用 $\Phi(x)$ 表示初始财富为 x 的所有自融资策略全体.

定理 3.3 之证 由引理 3.6, 必要时改变概率测度, 我们可以假定 $\widetilde{S}_n$ 都是 $\mathbb{P}$-可积的 $\mathbb{R}^d$-值随机变量. 令

$$K_1 = \{\widetilde{V}_N(\phi): \phi \in \Phi(0)\},$$

并令 $K = (K_1 - L_+^0) \cap L^1$, 其中 L^0 记所有 $\mathcal{F}_N$-可测的实值随机变量全体. 注意对 $\phi \in \Phi(0)$, 我们有 $\widetilde{V}_N(\phi) = W_N(\varphi)$. 于是由 K_1 的定义和引理 3.1, 无套利假定蕴含 $K_1 \cap L_+^1 = \{0\}$. 因此, $K \cap L_+^1 = \{0\}$. 显然, K 包含 $-L_+^\infty$. 如果我们能证明 K 在 L^1 中是闭的, 则由引理 3.5, 存在一与 $\mathbb{P}$ 等价的概率测度 $\mathbb{Q}$, 其 Radon-Nikodym 导数 $d\mathbb{Q}/d\mathbb{P}$ 有界, 使得对所有 $\xi \in K$, $\mathbb{E}_{\mathbb{Q}}[\xi] \leqslant 0$. 由于 $K_1 \cap L^1$ 为 L^1 的线性子空间, 我们必须有 $\mathbb{E}_{\mathbb{Q}}[\xi] = 0$, $\forall \xi \in K_1 \cap L^1$. 特别, 对任何有界可料过程 $\varphi_n = (\phi_n^1, \cdots, \phi_n^d)$ $(0 \leqslant n \leqslant N)$, 我们有 $\mathbb{E}_{\mathbb{Q}}\left[\sum\limits_{i=1}^{N} \varphi_i \cdot \Delta \widetilde{S}_i\right] = 0$. 从而 $(\widetilde{S}_n)$ 为 $\mathbb{Q}$-鞅.

由于 $K = (K_1 - L_+^0) \cap L^1$, 为了证明 K 在 L^1 中闭, 下面只需证明 $K_1 - L_+^0$ 按概率收敛是闭的. 我们将采用归纳法来证.

首先对 $N = 1$ 情形来证. 假定 $\phi_1^n \Delta \widetilde{S}_1 - r^n \to \zeta$ a.s., 其中 ϕ_1^n 为 $\mathcal{F}_0$-可测, 且 $r^n \in L_+^0$. 只需发现 a.s. 收敛的 $\mathcal{F}_0$-可测随机变量序列 $\tilde{\phi}_1^k$, 以及 $\tilde{r}^k \in L_+^0$, 使得 $\tilde{\phi}_1^k \Delta \widetilde{S}_1 - \tilde{r}^k \to \zeta$ a.s..

令 $\Omega_i \in \mathcal{F}_0$ 为 Ω 的一有限划分. 显然我们可以分别把每个 Ω_i 看作测度空间 (考虑随机变量和 σ-代数的限制) 来讨论. 令 $\underline{\phi}_1 := \liminf|\phi_1^n|$. 在集合 $\Omega_1 := \{\underline{\phi}_1 < \infty\}$ 上, 利用引理 3.4, 我们可以取 $\mathcal{F}_0$-可测的 $\tilde{\phi}_1^k$ 使得对每个 $\omega \in \Omega_1$, $\tilde{\phi}_1^k(\omega)$ 为 $\phi_1^n(\omega)$ 的一收敛子序列. 于是, 如果 Ω_1 为满测度, 则可以找到 $\tilde{r}^k$ 而达到目的.

假定 $\mathbb{P}(\Omega_1) < 1$. 在 $\Omega_2 := \{\underline{\phi}_1 = \infty\}$ 上我们令 $g_1^n := \phi_1^n/|\phi_1^n|$, $h_1^n := r_1^n/|\phi_1^n|$, 并注意到 $g_1^n \Delta\widetilde{S}_1 - h_1^n \to 0$, a.s.. 由引理 3.4 可以找到 $\mathcal{F}_0$-可测的 $\tilde{g}_1^k$ 和 $\tilde{h}_1^k$, 使得对每个 $\omega \in \Omega_2$, $\tilde{g}_1^k(\omega)$ (相应地, $\tilde{h}_1^k(\omega)$) 为 $g_1^n(\omega)$ (相应地, $h_1^n(\omega)$)的一收敛子序列. 用 $\tilde{g}_1$ (相应地, $\tilde{h}_1$) 记其极限, 在 Ω_2 上我们得到 $\tilde{g}_1 \Delta\widetilde{S}_1 = \tilde{h}_1$, 其中 $\tilde{h}_1$ 为非负. 因此, 由无套利假定, 在 Ω_2 上有 $\tilde{g}_1 \Delta\widetilde{S}_1 = \tilde{h}_1 = 0$.

由于 $\tilde{g}_1 = (\tilde{g}_1(1), \cdots, \tilde{g}_1(d)) \neq 0$, 可以把 Ω_2 分成 d 个不相交子集 $\Omega_2^i \in \mathcal{F}_0$ (某些子集可能是空集或零概集), 使得在 Ω_2^i 上 $\tilde{g}_1(i) \neq 0$. 定义 $\bar{\phi}_1^n := \phi_1^n - \beta^n \tilde{g}_1$, 其中 β^n 在 Ω_2^i 上的定义为 $\beta^n := \phi_1^n(i)/\tilde{g}_1(i)$. 则在 Ω_2 上有 $\bar{\phi}_1^n \Delta\widetilde{S}_1 = \phi_1^n \Delta\widetilde{S}_1$. 既然知道在 Ω_2^i 上对一切 n, $\bar{\phi}_1^n(i) = 0$, 在每个 Ω_2^i 上用序列 $\bar{\phi}_1^n$ 重复上述步骤. 显然, 经过有限步后, 我们构造出所要的序列.

假定结论对 $N-1$ 成立. 令

$$\sum_{i=1}^N \phi_i^n \Delta\widetilde{S}_i - r^n \to \zeta, \quad \text{a.s.,}$$

其中 ϕ_i^n 为 $\mathcal{F}_{i-1}$-可测, 且 $r^n \in L_+^0$. 基于删除序列 ϕ_1^n 的非零分量的同样推理和利用归纳假设, 我们用 $\tilde{\phi}_i^k$ 和 $\tilde{r}^k$ 代替 ϕ_i^n 和 r^n 使得 $\tilde{\phi}_i^k$ a.s. 收敛. 这表明问题经过 $N-1$ 步化为单期问题.

定理中的最后一个断言是引理 3.6 的直接推论.　□

注　定理 3.3 可以推广到无穷期限情形, 见 Schachermayer (1994).

§3.5　欧式未定权益定价

下面我们假定市场无套利, 即存在市场的等价鞅测度. 令 $\mathcal{M}$ 表示市场的等价鞅测度全体. 执行时刻为 N 的一 (欧式) 未定权益是一 $\mathcal{F}_N$-可测随机变量, 它表示在未来时刻 N 可实现的权益. 通常假定未定权益非负.

一未定权益 ξ 称为可复制的 (replicatable), 如果存在一容许策略, 使其在时刻 N 的财富等于 ξ, 这时复制 ξ 的容许策略的折现财富过程 $(\widetilde{V}_n)$ 在任一等价鞅测度 $\mathbb{P}^*$ 下为一鞅变换, 从而为局部鞅. 由于它非负, 从而为鞅 (见推论 1.30). 这时对任一等价鞅测度 $\mathbb{P}^*$, 有

$$\widetilde{V}_n = \mathbb{E}^*[\tilde{\xi}|\mathcal{F}_n],$$

其中 $\mathbb{E}^*$ 为对应于 $\mathbb{P}^*$ 的期望算子. 特别有

$$V_0 = \mathbb{E}^*[\widetilde{\xi}], \tag{3.16}$$

因此, 将该未定权益 (其价格过程定义为 (V_n)) 作为一个新的风险资产添加到市场中, $\mathbb{P}^*$ 仍然是扩大了的市场中的一等价鞅测度, 从而市场无套利. 复制 ξ 的容许策略的初始财富就等于按公式 (3.16) 给出的 V_0, 它是未定权益 ξ 的一个无套利价格, 它不依赖等价鞅测度 $\mathbb{P}^*$ 的选取.

设 ξ 为任一未定权益, 如果存在一适应的非负序列 (V_n), 使得 $V_T = \xi$, 并且把 ξ 视为一个新的风险资产, 加入原来的市场, (V_n) 作为它的价格过程, 市场仍然无套利, 则称 V_0 为 ξ 的一个无套利价格. 这时必然存在一 $\mathbb{P}^* \in \mathcal{M}$, 使得 V_0 由公式 (3.16) 给出.

设 ξ 为任一未定权益, 我们用 $\Pi(\xi)$ 表示 ξ 的无套利价格全体. 令

$$\mathcal{M}(\xi) = \{\mathbb{P}^* : \mathbb{P}^* \in \mathcal{M}, \ \mathbb{E}^*[\widetilde{\xi}] < \infty\}.$$

则有

$$\Pi(\xi) = \{\mathbb{E}^*[\widetilde{\xi}] : \mathbb{P}^* \in \mathcal{M}(\xi)\}.$$

$\Pi(\xi)$ 显然为 $\mathbb{R}$ 上的一区间, 因为 $\mathcal{M}(\xi)$ 是个凸集.

我们令

$$\pi_{\sup}(\xi) = \sup_{\mathbb{Q} \in \mathcal{M}(\xi)} \mathbb{E}_{\mathbb{Q}}[\widetilde{\xi}], \quad \pi_{\inf}(\xi) = \inf_{\mathbb{Q} \in \mathcal{M}(\xi)} \mathbb{E}_{\mathbb{Q}}[\widetilde{\xi}]. \tag{3.17}$$

下一定理取自 Föllmer and Schied (2004).

定理 3.7 设 ξ 为一未定权益. 如果 ξ 可复制, 则 ξ 的无套利价格是唯一确定的, 它等于 $\mathbb{E}^*[\widetilde{\xi}]$, 其中 $\mathbb{P}^*$ 是任一等价鞅测度. 如果 ξ 不可复制, 则有 $\pi_{\inf}(\xi) < \pi_{\sup}(\xi)$, 且有

$$\Pi(\xi) = (\pi_{\inf}(\xi), \pi_{\sup}(\xi)).$$

证明 第一个结论在前面讨论中已经说明. 为证第二个结论, 只需证明: 对任意 $\pi = \mathbb{E}^*[\widetilde{\xi}] \in \Pi(\xi)$, 存在 $\pi_1, \pi_2 \in \Pi(\xi)$, 使得 $\pi_1 < \pi < \pi_2$. 详细证明见 Föllmer and Schied (2004). □

一无套利市场称为完全的 (complete), 如果每个未定权益 ξ 都是可复制的.

下一定理给出了市场完备性的一个刻画, 它最早由 Willinger and Taqqu(1988) 建立.

定理 3.8 一无套利市场是完全的, 当且仅当等价鞅测度唯一. 这时概率空间 $(\Omega, \mathcal{F}, \mathbb{P})$ 必然是纯原子的, 且原子个数有限. 特别地, 完全市场中的每个未定权益都是有界的.

证明   假定等价鞅测度 $\mathbb{P}^*$ 唯一. 由定理 3.7 知, 市场是完全的. 此外由定理 3.3 知, 所有实值随机变量关于 $\mathbb{P}^*$ 可积, 从而 $(\Omega, \mathcal{F}, \mathbb{P})$ 必然是纯原子的, 且原子个数有限. 反之, 如果市场中等价鞅测度不唯一, 即有 $\mathbb{Q}_1, \mathbb{Q}_2 \in \mathcal{M}$ 和 $A \in \mathcal{F}$, 使得 $\mathbb{Q}_1(A) \neq \mathbb{Q}_2(A)$, 则由定理 3.7 知, 未定权益 $S_N^0 I_A$ 是不能复制的, 因为它的无套利价格不唯一.   □

§3.6   期望效用最大化和欧式未定权益定价: 鞅方法

本节研究离散时间情形下期望效用最大化问题, 内容来自 Li, Xia, and Yan (2001), 采用的途径是 Karatzas, Lehoczky, Shreve and Xu (1991) 中引入的鞅方法. 作为应用, 研究了基于效用函数的欧式未定权益定价和市场均衡定价.

假设市场上有 $d+1$ 只证券, 其价格构成一 $\mathbb{R}^{d+1}$-值非负随机向量 $(S_n^0, \cdots, S_n^d)^\tau$ 的适应序列. 我们把编号 0 证券取为计价单位, 并在今后的讨论中恒假定 $S_0^0 = 1$. 在时刻 n 的折现因子 $(S_n^0)^{-1}$ 记为 β_n.

§3.6.1   一般效用函数情形

假定某市场参与者初始财富为 W, 他的效用函数 u 为一严格凹的连续可微增函数: $u: (D_u, \infty) \longrightarrow \mathbb{R}, \ -\infty \leqslant D_u < \infty$, 满足

$$u'(D_u) \hat{=} \lim_{x \downarrow D_u} u'(x) = \infty, \quad u'(\infty) \hat{=} \lim_{x \to \infty} u'(x) = 0.$$

函数 u' 的反函数记为 $I: \ (0, \infty) \longrightarrow (D_u, \infty)$, 它是严格降的连续函数. 由 u 的凹性, 我们有如下不等式:

$$u(I(y)) \geqslant u(x) + y[I(y) - x], \quad \forall \ x > D_u, \ y > 0. \tag{3.18}$$

我们用 Ψ_s^z 表示初始财富为 $z > 0$ 的容许策略全体, $(V_n(\psi))$ 表示容许策略 ψ 所对应的财富过程. 则对每个等价鞅测度 $\mathbb{Q}$, $(\widetilde{V}_n(\psi))$ 为 $\mathbb{Q}$-局部鞅, 从而为 $\mathbb{Q}$-鞅 (见推论 1.30). 我们所关心的问题是如何选择容许策略, 使得在期末财富的期望效用达最大.

我们分别讨论 $D_u > -\infty$ 和 $D_u = -\infty$ 这两种情形.

首先考虑 $D_u > -\infty$ 情形. 对一给定的初始财富 $z > 0$, 我们令

$$\Psi_s^z(D_u) \hat{=} \{\psi : \psi \in \Psi_s^z, V_N(\psi) > D_u\}.$$

我们考虑期末财富的期望效用最大化问题:

$$\arg \max_{\psi \in \Psi_s^z(D_u)} \mathbb{E}\left[u(V_N(\psi))\right].$$

令 $\mathcal{P}$ 表示等价鞅测度全体. 对 $\mathbb{Q} \in \mathcal{P}$, 我们令 $Z_n^{\mathbb{Q}} \hat{=} \mathbb{E}\left[\dfrac{d\mathbb{Q}}{d\mathbb{P}} \middle| \mathcal{F}_n\right]$, 则 $(Z_n^{\mathbb{Q}})$ 为一严格正鞅. 令

$$\mathcal{P}_n \hat{=} \{\mathbb{Q} \in \mathcal{P} : |\mathbb{E}[\beta_n Z_n^{\mathbb{Q}} I(y\beta_n Z_n^{\mathbb{Q}})]| < \infty, \ \forall y \in (0, \infty)\}, \quad n = 0, 1, \cdots, N.$$

假定每个 $\mathcal{P}_n$ 非空. 对 $n = 0, 1, \cdots, N$ 和 $\mathbb{Q} \in \mathcal{P}_n$, 令

$$\mathcal{X}_n^{\mathbb{Q}}(y) \hat{=} \mathbb{E}\left[\beta_n Z_n^{\mathbb{Q}} I(y\beta_n Z_n^{\mathbb{Q}})\right], \quad 0 < y < \infty,$$

则容易看出, $\mathcal{X}_n^{\mathbb{Q}}$ 为从 $(0, \infty)$ 到 $(D_u \mathbb{E}_{\mathbb{Q}}[\beta_n], \infty)$ 之上的严格降连续函数, 其反函数 $\mathcal{Y}_n^{\mathbb{Q}}$ 为从 $(D_u \mathbb{E}_{\mathbb{Q}}[\beta_n], \infty)$ 到 $(0, \infty)$ 之上的严格降连续函数. 我们定义

$$\xi_n^{\mathbb{Q}}(x) \hat{=} I(\mathcal{Y}_n^{\mathbb{Q}}(x)\beta_n Z_n^{\mathbb{Q}}), \quad 0 \leqslant n \leqslant N, \ \mathbb{Q} \in \mathcal{P}_n, \ x \in (D_u \mathbb{E}_{\mathbb{Q}}[\beta_n], \infty). \quad (3.19)$$

可以看出, 对 $\psi \in \Psi_s^z(D_u), \mathbb{Q} \in \mathcal{P}$, $(\beta_n V_n(\psi))$ 为一 $\mathbb{Q}$-鞅, 且由 (3.18) 和 (3.19) 有

$$\mathbb{E}\left[u(\xi_N^{\mathbb{Q}}(z))\right] \geqslant \mathbb{E}\left[u(V_N(\psi))\right], \quad \forall \mathbb{Q} \in \mathcal{P}_N, \ \psi \in \Psi_s^z(D_u). \quad (3.20)$$

如果存在概率测度 $\mathbb{Q}^* \in \mathcal{P}_N$ 和一交易策略 $\widehat{\psi} \in \Psi_s^z(D_u)$, 使得 $\xi_N^{\mathbb{Q}^*}(x) = V_N(\widehat{\psi})$, 则由 (3.20) 知, $\widehat{\psi}$ 为最优容许策略. 由于 $Z_N^{\mathbb{Q}}$ 被 $\xi_N^{\mathbb{Q}}(x)$ 唯一确定, 这样的 $\mathbb{Q}^*$ 是唯一的. 此外, 由 (3.20) 知, $\mathbb{Q}^*$ 满足

$$\mathbb{E}\left[u(\xi_N^{\mathbb{Q}^*}(x))\right] \geqslant \mathbb{E}\left[u(\xi_N^{\mathbb{Q}}(x))\right], \quad \forall \mathbb{Q} \in \mathcal{P}_N. \quad (3.21)$$

如果 $D_u = -\infty$, 令

$$\mathcal{P}' \hat{=} \left\{\mathbb{Q} \in \mathcal{P} : \dfrac{d\mathbb{Q}}{d\mathbb{P}} \in L^2(\Omega, \mathcal{F}_N, \mathbb{P})\right\},$$

$$\widehat{\Psi}_s^z \hat{=} \{\psi : \psi \in \Psi_s^z, \ \beta_n V_n(\psi) \in L^2(\Omega, \mathcal{F}_n, \mathbb{P}), \ 0 \leqslant n \leqslant N\},$$

并假定 $\mathcal{P}'$ 非空, 则对 $\psi \in \widehat{\Psi}_s^z, \mathbb{Q} \in \mathcal{P}'$, 容易证明 $(\beta_n V_n(\psi))$ 为一 $\mathbb{Q}$-鞅. 这时考虑 $\mathcal{P}'$ (而非 $\mathcal{P}$) 中的鞅测度和相应的 $\mathcal{P}_n'$ (而非 $\mathcal{P}_n$) 以及 $\widehat{\Psi}_s^z$ (而非 $\Psi_s^z(D_u)$). 类似于 $D_u > -\infty$ 情形, 可以看出: 如果存在概率测度 $\mathbb{Q}^* \in \mathcal{P}_N'$ 和一交易策略 $\widehat{\psi} \in \widehat{\Psi}_s^z$ 使得 $\xi_N^{\mathbb{Q}^*}(z) = V_N(\widehat{\psi})$, 则 $\widehat{\psi}$ 是 $\widehat{\Psi}_s^z$ 中的最优策略, 且 $\mathbb{Q}^*$ 满足

$$\mathbb{E}\left[u(\xi_N^{\mathbb{Q}^*}(x))\right] \geqslant \mathbb{E}\left[u(\xi_N^{\mathbb{Q}}(x))\right], \quad \forall \mathbb{Q} \in \mathcal{P}_N'. \quad (3.22)$$

§3.6.2　HARA 效用函数及其对偶情形

下面假定 (S_n^0) 是确定性函数, 从而 (β_n) 亦如此. 考虑 HARA 效用函数:

$$U_\gamma(x) = \begin{cases} \dfrac{1}{\gamma}(x^\gamma - 1), & \gamma < 0, \\ \log x, & \gamma = 0. \end{cases}$$

对于 $u = U_\gamma(\gamma \leqslant 0)$, 我们有 $D_u = 0, I(x) = x^{\frac{1}{\gamma-1}}$, 且有 $\mathcal{P}_n = \mathcal{P}, n = 0, 1, \cdots, N$. 令 $\delta \hat{=} \dfrac{\gamma}{\gamma - 1} \in [0, 1)$, 则对 $\gamma < 0$, 有 $\dfrac{1}{\delta} + \dfrac{1}{\gamma} = 1$. 于是有

$$\xi_n^{\mathbb{Q}}(x) = \frac{x(Z_n^{\mathbb{Q}})^{\frac{1}{\gamma-1}}}{\beta_n \mathbb{E}[(Z_n^{\mathbb{Q}})^\delta]}, \quad n = 0, 1, \cdots, N.$$

对 HARA 效用函数 $u = U_\gamma$, 如果 $\gamma < 0$ (或 $\gamma = 0$), 与 (3.22) 相应的不等式是如下的 (3.23)(相应地, (3.24)):

$$\mathbb{E}\left[(Z_N^{\mathbb{Q}^*})^\delta\right] \geqslant \mathbb{E}\left[(Z_N^{\mathbb{Q}})^\delta\right], \quad \forall \mathbb{Q} \in \mathcal{P}. \tag{3.23}$$

$$\mathbb{E}[\log Z_N^{\mathbb{Q}^*}] \geqslant \mathbb{E}[\log Z_N^{\mathbb{Q}}], \quad \forall \mathbb{Q} \in \mathcal{P}. \tag{3.24}$$

定义 3.9　设概率测度 $\mathbb{Q}$ 关于 $\mathbb{P}$ 绝对连续.

(1) 令

$$I_{\mathbb{Q}}(\mathbb{P}) = \mathbb{E}_{\mathbb{Q}}\left[\frac{d\mathbb{P}}{d\mathbb{Q}} \log \frac{d\mathbb{P}}{d\mathbb{Q}}\right].$$

称 $I_{\mathbb{Q}}(\mathbb{P})$ 为 $\mathbb{Q}$ 关于 $\mathbb{P}$ 的相对熵 (relative entropy);

(2) 对 $\delta \in (0, 1)$, 令

$$H_\delta(\mathbb{Q}, \mathbb{P}) \hat{=} \mathbb{E}_{\mathbb{P}}\left[\left(\frac{d\mathbb{Q}}{d\mathbb{P}}\right)^\delta\right] = \mathbb{E}_{\mathbb{P}}[(Z_N^{\mathbb{Q}})^\delta], \quad d_\delta(\mathbb{Q}, \mathbb{P}) \hat{=} 2(1 - H_\delta(\mathbb{Q}, \mathbb{P})).$$

分别称 $H_\delta(\mathbb{Q}, \mathbb{P})$ 和 $d_\delta(\mathbb{Q}, \mathbb{P})$ 为 $\mathbb{Q}$ 关于 $\mathbb{P}$ 的 δ 阶 Hellinger 积分和 Hellinger-Kakutani 距离.

对 HARA 效用函数 $u = U_\gamma(\gamma \leqslant 0)$, 由前一节的结果知, 如果存在概率测度 $\mathbb{Q}^* \in \mathcal{P}$ 和一交易策略 $\widehat{\psi} \in \Psi_s^z(D_u)$ 使得 $\xi_N^{\mathbb{Q}^*}(z) = V_N(\widehat{\psi})$, 则 $\widehat{\psi}$ 是最优的, 且有如下结论:

(i) 对 $u = U_\gamma$, $(\gamma < 0)$, $\mathbb{Q}^*$ 关于 $\mathbb{P}$ 的 δ 阶 Hellinger-Kakutani 距离在 $\mathcal{P}$ 上达最小, 即有 $d_\delta(\mathbb{Q}^*, \mathbb{P}) = \min\limits_{\mathbb{Q} \in \mathcal{P}} d_\delta(\mathbb{Q}, \mathbb{P})$, 其中 δ 满足 $\dfrac{1}{\delta} + \dfrac{1}{\gamma} = 1$;

(ii) 对 $u(x) = \log x$, $\mathbb{Q}^*$ 关于 $\mathbb{P}$ 的相对熵在 $\mathcal{P}$ 上达最小, 即有 $I_{\mathbb{Q}^*}(\mathbb{P}) = \min\limits_{\mathbb{Q} \in \mathcal{P}} I_{\mathbb{Q}}(\mathbb{P})$.

下面考虑如下形式的效用函数:

$$W_\gamma(x) = \begin{cases} -(1 - \gamma x)^{\frac{1}{\gamma}}, & \gamma < 0, \\ -e^{-x}, & \gamma = 0. \end{cases}$$

由于 $U_\gamma(-W_\gamma(x)) = -x (\gamma \leqslant 0)$, 我们称 W_γ 是 U_γ 的对偶效用函数. 对于 W_γ, 我们有

$$D_u = \begin{cases} \dfrac{1}{\gamma}, & \gamma < 0, \\ -\infty, & \gamma = 0, \end{cases} \qquad I(x) = \begin{cases} \dfrac{1 - x^\gamma 1 - \gamma}{\gamma}, & \gamma < 0, \\ -\log x, & \gamma = 0. \end{cases}$$

如果 $\gamma < 0$, 则有 $\mathcal{P}_n = \mathcal{P}$, $n = 0, 1, \cdots, N$; 如果 $\gamma = 0$, 则有 $\mathcal{P}_N = \{ \mathbb{Q} \in \mathcal{P} : |I_{\mathbb{P}}(\mathbb{Q})| < \infty \}$. 令 $\delta \hat{=} \dfrac{\gamma}{\gamma - 1}$, 则 $\dfrac{1}{\delta} + \dfrac{1}{\gamma} = 1$, $\delta \in [0, 1)$.

如果 $\gamma < 0$ (相应地, $\gamma = 0$), 用 $\zeta_n^{\mathbb{Q}}(x)$ (相应地, $\eta_n^{\mathbb{Q}}(x)$) 代替 $\xi_n^{\mathbb{Q}}(x)$, 由 (3.19) 有

$$\zeta_n^{\mathbb{Q}}(x) = \frac{1}{\gamma} \left\{ 1 - \frac{\beta_n - \gamma x}{\beta_n} \frac{(Z_n^{\mathbb{Q}})^{\frac{\gamma}{1-\gamma}}}{\mathbb{E}\left[(Z_n^{\mathbb{Q}})^{\frac{\gamma}{1-\gamma}}\right]} \right\},$$

$$\eta_n^{\mathbb{Q}}(x) = \frac{x}{\beta_n} + \mathbb{E}[Z_n^{\mathbb{Q}} \log Z_n^{\mathbb{Q}}] - \log Z_n^{\mathbb{Q}}.$$

对效用函数 $W_\gamma(x)$, 如果 $\gamma < 0$ (或 $\gamma = 0$), 与 (3.22) 相应的不等式是如下的 (3.25)(相应地, (3.26)):

$$\mathbb{E}\left[(Z_N^{\mathbb{Q}^*})^{\frac{1}{1-\gamma}}\right] \leqslant \mathbb{E}\left[(Z_N^{\mathbb{Q}})^{\frac{1}{1-\gamma}}\right], \quad \forall \mathbb{Q} \in \mathcal{P}, \tag{3.25}$$

$$\mathbb{E}[Z_N^{\mathbb{Q}^*} \log Z_N^{\mathbb{Q}^*}] \leqslant \mathbb{E}[Z_N^{\mathbb{Q}} \log Z_N^{\mathbb{Q}}], \quad \forall \mathbb{Q} \in \mathcal{P}_N. \tag{3.26}$$

因此, 如果存在概率测度 $\mathbb{Q}_1^* \in \mathcal{P}$ 和一交易策略 $\widehat{\psi}_1 \in \Psi_s^z(D_u)$ 使得 $\xi_N^{\mathbb{Q}_1^*}(z) = V_N(\widehat{\psi})$, 则 $\widehat{\psi}_1$ 是最优的, 且 $\mathbb{Q}_1^*$ 关于 $\mathbb{P}$ 的 δ 阶 Hellinger-Kakutani 距离在 $\mathcal{P}$ 上达最小, 即有

$$d_\delta(\mathbb{P}, \mathbb{Q}_1^*) = \min\limits_{\mathbb{Q} \in \mathcal{P}} d_\delta(\mathbb{P}, \mathbb{Q}),$$

其中 δ 满足 $\dfrac{1}{\delta} + \dfrac{1}{\gamma} = 1$; 如果存在概率测度 $\mathbb{Q}_2^* \in \mathcal{P}'$ 和一交易策略 $\widehat{\psi}_2 \in \widehat{\Psi}_s^z$ 使得

$\xi_N^{\mathbb{Q}_2^*}(z) = V_N(\widehat{\psi}_2)$, 则 $\widehat{\psi}_2$ 是最优的, 且 $\mathbb{Q}_2^*$ 关于 $\mathbb{P}$ 的相对熵在 $\mathcal{P}'_N$ 中达最小, 即有

$$I_{\mathbb{P}}(\mathbb{Q}_2^*) = \min_{\mathbb{Q} \in \mathcal{P}} I_{\mathbb{P}}(\mathbb{Q}).$$

§3.6.3　基于效用函数的未定权益定价

在第二章中, 对单个风险资产和单期模型情形, 我们从投资者的效用函数出发, 给出了投资者可以接受的风险资产初始价格, 进而构造出一个风险中性测度. 下面我们将进一步给出一般的理论结果.

为简单起见, 我们仍考虑单期模型. 设市场中存在一无风险资产和 d 种风险资产, 其在 0 时刻的价格分别记为 π^0 和 $\pi = (\pi^1, \cdots, \pi^d)$, 其中 $\pi^0 = 1$, 并记 $\overline{\pi} = (\pi^0, \pi) \in \mathbb{R}_+^{d+1}$. 此外, 1 时刻的价格分别记为 S^0 和 $S = (S^1, \cdots, S^d)$, 其中 $S^0 = 1 + r$, 并记 $\overline{S} = (S^0, S)$, 它为 $d+1$ 维非负随机向量.

某市场参与者在时刻 0 持有的投资组合记为 $\overline{\xi} = (\xi^0, \xi) = (\xi^0, \xi^1, \cdots, \xi^d)$, ξ^i 表示持有第 i 种资产的份额. 因此, 这位投资者的初始投资金额为 $\overline{\pi} \cdot \overline{\xi}$, 时刻 1 的财富为 $\overline{\xi} \cdot \overline{S}$. 市场称为无冗余的 (non-redundant), 如果

$$\overline{\xi} \cdot \overline{S} = 0, \ \mathbb{P}\text{-a.s.} \Longrightarrow \overline{\xi} = 0.$$

假定某市场参与者的投资偏好由一严格凹且严格增的效用函数 $\widetilde{u}$ 决定, 初始财富为 W, 那么他的最优投资策略是使得期末财富的期望效用达最大:

$$\max_{\overline{\xi}} \mathbb{E}[\widetilde{u}(\overline{\xi} \cdot \overline{S})]$$

$$\text{受制于 } \overline{\pi} \cdot \overline{\xi} \leqslant W.$$

注意到 $\widetilde{u}$ 严格单调增, 如上最优解必然满足 $\overline{\pi} \cdot \overline{\xi} = W$. 若令 $u(y) = \widetilde{u}((1+r)(y + W))$, 则 u 具有严格凹和严格增性质, 且仍为一效用函数. 再令

$$Y = S/(1+r) - \pi, \quad \mathcal{S}(D) = \{\xi \in \mathbb{R}^d | \xi \cdot Y \in D, \mathbb{P}\text{-a.s.}\},$$

其中 D 为 u 的定义域, 则原来的期望最大化问题转化为下述无约束的最优化问题:

$$\arg \max_{\xi \in \mathcal{S}(D)} \mathbb{E}[u(\xi \cdot Y)]. \tag{3.27}$$

如果市场是无冗余的, 则此最优化问题至多有一个解.

下一定理来自 Föllmer and Schied (2004). 由于定理的证明比较复杂, 我们不在此给出.

定理 3.10 假定市场是无冗余的. 若效用函数 u 满足如下两个条件之一:

(1) $D = \mathbb{R}$, 且函数 u 上有界;

(2) $D = [a, \infty), a < 0$, 且 $\mathbb{E}[u(\xi \cdot Y)] < \infty$, $\forall \xi \in \mathcal{S}(D)$,

那么最优化问题 (3.27) 有解, 当且仅当市场无套利.

当 u 连续可微时, 下一定理给出这个最优解所满足的一阶必要条件, 并由此确定一个等价的风险中性测度.

定理 3.11 假定 u 连续可微, 且对任一 $\xi \in \mathcal{S}(D), u(\xi \cdot Y)$ 可积. 设 ξ^* 为问题 (3.27) 的一最优解, 且满足如下两个条件之一:

(1) $D = \mathbb{R}$, 且函数 u 上有界;

(2) $D = [a, \infty), a < 0, \xi^*$ 为 $\mathcal{S}(D)$ 的内点,

则 $u'(\xi^* \cdot Y)|Y|$ 可积, 且有如下的一阶条件成立:

$$\mathbb{E}[u'(\xi^* \cdot Y)Y] = 0.$$

这时, $u'(\xi^* \cdot Y)$ 也可积, 且如下定义的概率测度 $\mathbb{P}^*$

$$\frac{d\mathbb{P}^*}{d\mathbb{P}} = \frac{u'(\xi^* \cdot Y)}{\mathbb{E}[u'(\xi^* \cdot Y)]}$$

为一与 $\mathbb{P}$ 等价的风险中性测度.

证明 对 $\xi \in \mathcal{S}(D), \varepsilon \in (0, 1]$, 令 $\xi_\varepsilon = \varepsilon \xi + (1 - \varepsilon)\xi^*$, 并定义

$$\Delta_\varepsilon = \frac{u(\xi_\varepsilon \cdot Y) - u(\xi^* \cdot Y)}{\varepsilon}.$$

由 u 的凹性知, 若 $\varepsilon \leqslant \delta$, 有 $\Delta_\varepsilon \geqslant \Delta_\delta$, 从而当 $\varepsilon \downarrow 0$ 时,

$$\Delta_\varepsilon \uparrow u'(\xi^* \cdot Y)(\xi - \xi^*) \cdot Y.$$

由假设可知 $\Delta_1 \in L^1(\mathbb{P})$, 所以由单调收敛定理可得

$$0 \geqslant E[\Delta_\varepsilon] \uparrow E[u'(\xi^* \cdot Y)(\xi - \xi^*) \cdot Y].$$

特别地, 上式右端的期望有穷. 由假设可知 ξ^* 为 $\mathcal{S}(D)$ 的内点, 所以在上式中令 $\eta = \xi - \xi^*$ 推知: 对取值于 $\mathbb{R}^d$, 原点为中心的小球内的 η, 有

$$E[u'(\xi^* \cdot Y)\eta \cdot Y] \leqslant 0.$$

用 $-\eta$ 代替 η 推知 $\mathbb{E}[u'(\xi^* \cdot Y)Y] = 0$.

由于 $\mathbb{P}^*$ 为风险中性测度等价于 $\mathbb{E}^*[Y] = 0$, 定理中的最后结论显然.　　□

这样一来, 在一个无套利市场之中, 利用投资者的效用函数我们可以直接构造出一个等价鞅测度 $\mathbb{P}^*$, 而且使得 $d\mathbb{P}^*/d\mathbb{P}$ 有界. 设一个市场参与者具有指数效用函数 $u(x) = 1-e^{-\alpha x}, \alpha > 0$, 不失一般性我们可以假设对任意的 $\xi \in \mathbb{R}^d, E[u(\xi \cdot Y)]$ 可积 (否则由引理 3.6 和用有理值策略逼近知, 可以引入等价概率测度 $\widetilde{\mathbb{P}}$, 使得 $d\widetilde{\mathbb{P}}/d\mathbb{P}$ 有界, 且 $\widetilde{\mathbb{E}}[u(\xi \cdot Y)] < \infty$). 由定理 3.9 我们可以如下构造等价鞅测度 $\mathbb{P}^*$

$$\frac{d\mathbb{P}^*}{d\mathbb{P}} = \frac{u'(\xi^* \cdot Y)}{\mathbb{E}[u'(\xi^* \cdot Y)]} = \frac{e^{-\alpha\xi^* \cdot Y}}{\mathbb{E}[e^{-\alpha\xi^* \cdot Y}]},$$

从而完成该市场中各类资产的定价.

上式定义的概率测度 $\mathbb{P}^*$ 在这个无套利市场所对应的等价鞅测度族 $\mathcal{P}$ 中占有特殊的地位, 它被称为原始概率测度 $\mathbb{P}$ 的 Esscher 变换, 而且它能够最小化关于 $\mathbb{P}$ 的相对熵 (见定义 3.7), 也即 $\mathbb{P}^*$ 是如下最优化问题的唯一解:

$$\arg\min_{\hat{\mathbb{P}} \in \mathcal{P}} H_{\hat{\mathbb{P}}}(\mathbb{P}).$$

§3.6.4　市场均衡定价

从微观经济学角度来审视金融市场, 我们会发现外生给定一个定价规则是不恰当的, 市场中各种资产及未定权益的价格应该是市场内生决定的. 具体而言, 金融市场中的资产价格是由市场特性 (如市场总供给水平) 以及市场参与者的个人偏好、对市场的主观预估等因素相互作用的结果. 所以我们有必要从市场出发, 寻找这个 "内生的" 定价规则, 使得在这个定价规则下, 不仅市场参与者个人的期望效用得以最大化, 而且同期市场的总供给等于总需求, 从而达到市场均衡.

下面以简单的单期模型为例研究均衡定价问题.

设 $(\Omega, \mathcal{F}, \mathbb{P})$ 为一概率空间, 用以描述市场在时刻 1 的不确定性, $L^0(\Omega, \mathcal{F}, \mathbb{P})$ 表示实值随机变量全体, 用以表示在时刻 1 所有可能的未定权益. 考虑市场参与者的有限集合 $\mathcal{A}$ 和容许权益的凸集 $\mathcal{X}$. 设参与者 a 在时刻 0 持有初始禀赋 (endowment), 在时刻 1 可获得折现回报 W_a, 则时刻 1 的市场总供给为 $W = \sum_{a \in \mathcal{A}} W_a$. 每个市场参与者可以按照自身的效用函数 u_a 改变初始配置, 以期在未来时刻 1 的获得一个未定权益 $X_a \in \mathcal{X}$ 达到期望效用最大化, 这样就产生了时刻 1 市场的总需求 $\sum_{a \in \mathcal{A}} X_a$. 如果配置 $(X_a)_{a \in \mathcal{A}} \subset \mathcal{X}$ 满足市场出清 (market clearing)(即总供给等于总需求) 条件, 我们称配置 $(X_a)_{a \in \mathcal{A}}$ 是可行配置.

在我们的市场模型中, 把任一严格正的期望等于 1 的随机变量 φ 称为一个定价密度 (price density) 或定价核 (price kernel), 因为通过它可以定义一个定价测度 $\mathbb{P}^* = \varphi.\mathbb{P}$, 来确定一个定价规则: 对未定权益 X, 通过折现了的未定权益 $\widetilde{X}$, 定

义 $\mathbb{E}^*[\widetilde{X}] = \mathbb{E}[\varphi\widetilde{X}]$ 为未定权益 X 在时刻 0 的价格. 这时, 参与者 a 的预算集合 (budget set) 为

$$\mathcal{B}_a(\varphi^*) = \{X \in \mathcal{X} \cap L^1(\Omega, \mathcal{F}, \mathbb{P}) : \mathbb{E}[\varphi^*X] \leqslant \mathbb{E}[\varphi^*W_a]\},$$

这里不等式 $\mathbb{E}[\varphi^*X] \leqslant \mathbb{E}[\varphi^*W_a]$ 称为预算约束 (budget constraint) 条件.

定义 3.12 称定价密度 φ^* 连同可行配置 $(X_a)_{a\in\mathcal{A}}$ 构成一个 Arrow-Debreu 均衡, 如果对于每个 $a \in \mathcal{A}$, X_a 为如下最优化问题的解:

$$\arg\max_{X_a \in \mathcal{B}_a(\varphi^*)} \mathbb{E}[u_a(X_a)].$$

注 如果 X_a 是上述最优化问题的解, 且 $\mathbb{E}[u(X_a)] < \infty$, 则由于 $\mathcal{B}_a(\varphi^*)$ 为凸集和 u_a 为严格凹, X_a 是唯一解. 如果进一步假定 $\mathcal{X} = L^0(\Omega, \mathcal{F}, \mathbb{P})$ 或 $\mathcal{X} = L^0_+(\Omega, \mathcal{F}, \mathbb{P})$, 则 $\mathbb{E}[\varphi^*X_a] = \mathbb{E}[\varphi^*W_a]$.

定义 3.13 令

$$\Lambda = \left\{ \lambda \in [0,1]^{|\mathcal{A}|} : \sum_{a\in\mathcal{A}} \lambda_a = 1 \right\},$$

其中 $|\mathcal{A}|$ 表示 $\mathcal{A}$ 中元素的个数. 则 Λ 为一个凸紧集. 对于任意给定的 $\lambda \in \Lambda$, 考虑如下加权平均最优化问题

$$\arg\max U^\lambda(X) = \sum_{a\in\mathcal{A}} \lambda_a E[u_a(X_a)],$$
$$\text{受制于} \sum_{a\in\mathcal{A}} X_a = W.$$

若一个可行配置 $(X_a)_{a\in\mathcal{A}}$ 是如上最优化问题的解, 则称它为 λ-有效的.

下一定理表明, 在一定的假设下, 市场中存在 Arrow-Debreu 均衡.

定理 3.14 假设对于每个市场参与者 $a \in \mathcal{A}$ 满足

$$\limsup_{x\downarrow 0} xu'_a(x) < \infty, \quad \mathbb{E}[u'_a(W/|\mathcal{A}|)] < \infty.$$

且 $\mathbb{E}[W] < \infty$, 那么该市场中存在 Arrow-Debreu 均衡.

在下面的证明中, 我们将利用如下引理, 其证明见 Föllmer and Schied (2004).

引理 3.15　　在定理 3.14 的条件下有如下结论:

(1) 对于任意的 $\lambda \in \Lambda$, 存在唯一的 λ-有效配置 $(X_a^\lambda)_{a \in \mathcal{A}}$.

(2) 一个可行配置 $(X_a)_{a \in \mathcal{A}}$ 是 λ-有效的, 当且仅当它关于某个定价密度 φ 满足如下一阶条件:

$$\lambda_a u_a'(X_a) \leqslant \varphi, \quad \text{且在集合 } [X_a > 0] \text{ 上等号成立}, \quad \forall a \in \mathcal{A}.$$

这时, $(X_a)_{a \in \mathcal{A}}$ 就是 λ-有效配置 $(X_a^\lambda)_{a \in \mathcal{A}}$, 而且 φ 可取为

$$\varphi^\lambda = \max_{a \in \mathcal{A}} \lambda_a u_a'(X_a^\lambda).$$

(3) 对于每一个 $a \in \mathcal{A}$, X_a^λ 是如下最优化问题的解:

$$\max \mathbb{E}[u_a(X)], \quad X \text{满足} \mathbb{E}[\phi^\lambda X] \leqslant \mathbb{E}[\phi^\lambda W_a].$$

　　定理 3.14 的证明　　由引理 3.15(1) 的结果可知, 如果存在一个 λ, 使得相应的定价密度 φ^λ 和 λ 有效配置 $(X_a^\lambda)_{a \in \mathcal{A}}$ 满足

$$\mathbb{E}[\phi^\lambda X_a^\lambda] = E[\phi^\lambda W_a], \quad \forall a \in \mathcal{A}, \tag{3.28}$$

那么 φ^λ 连同 $(X_a^\lambda)_{a \in \mathcal{A}}$ 构成了一个 Arrow-Debreu 均衡. 如若不然, 我们考虑如下映射 $g(\lambda) = (g_a(\lambda))_{a \in \mathcal{A}}$:

$$g_a(\lambda) = \lambda_a + \frac{1}{E[V]} \cdot E[\varphi^\lambda(W_a - X_a^\lambda)],$$

其中

$$V = \kappa(1 + W), \quad \kappa = \max_{a \in \mathcal{A}} \sup_{0 < x \leqslant 1} x u_a'(x) < \infty,$$

且 $u_a'(X_a)X_a \leqslant V \in L^1(\mathbb{P})$. 引理 3.13(2) 保证了 $g_a(\lambda) \geqslant 0$, 从而 $g(\lambda) \in \Lambda$. 由 g 的定义知, 任何 g 的不动点均满足条件 (3.28), 从而构造得到了一个 Arrow-Debreu 均衡.

　　因此, 为证定理, 只需验证映射 g 存在不动点. 依据泛函分析中的 Brouwer 不动点定理, 只需证明 g 是连续的. 从而取一列 $(\lambda_n) \subset \Lambda, \lambda_n \to \lambda \in \Lambda$, 记 $X_n = X^{\lambda_n}, \varphi_n = \varphi^{\lambda_n}$. 引入随机变量

$$F = \max_{a \in \mathcal{A}} u_a'\big(W/|\mathcal{A}|\big) \in L^1(\mathbb{P}),$$

则 $\forall \lambda \in \Lambda$, 有 $\varphi^\lambda \leqslant F$, 从而有

$$W_a \varphi_n \leqslant W \varphi_n \leqslant WF, \quad X_n \varphi_n \leqslant W \varphi_n \leqslant WF.$$

另一方面,

$$WF \leqslant |\mathcal{A}| F 1_{W \leqslant \mathcal{A}} + \max_{a \in \mathcal{A}} u_a'(1) \cdot W \in L^1(\mathbb{P}).$$

因此, 若有 $\varphi_n \xrightarrow{\mathrm{P}} \varphi^\lambda$, $X_n \xrightarrow{\mathrm{P}} X^\lambda$, 则由控制收敛定理知 g 的连续性得证.

下面我们只证 $\varphi_n \xrightarrow{\mathrm{P}} \varphi^\lambda$, 类似可证 $X_n \xrightarrow{\mathrm{P}} X^\lambda$.

记 I_a^+ 为 u_a' 的逆函数, 考虑如下连续映射 $f : \Lambda \times [0, +\infty] \to [0, +\infty]$:

$$f(\lambda, y) = \sum_{a \in \mathcal{A}} I_a^+(\lambda_a^{-1} y).$$

任意取定 λ, 则函数 $f(\lambda, \cdot)$ 在 $[0, \infty]$ 上连续, 且在 $(a(\lambda), b(\lambda))$ 上严格单调递减, 其中

$$a(\lambda) = \max_{a \in A} \lim_{x \uparrow \infty} \lambda_a u_a'(x) \geqslant 0, \quad b(\lambda) = \max_{a \in A} \lambda_a u_a'(0+) \leqslant +\infty.$$

而且, 当 $y \leqslant a(\lambda)$ 时, 有 $f(\lambda, y) = \infty$, 当 $y \geqslant b(\lambda)$ 时, 有 $f(\lambda, y) = 0$. 因此, 对任意的初始财富 ω, 存在唯一的 $y^\lambda \in (a(\lambda), b(\lambda))$, 使得

$$f(\lambda, y^\lambda) = \omega.$$

这样, 结合 $[0, +\infty]$ 的紧性, 对于序列 (λ_n), 存在一个子列 (λ_{n_k}), 使得 $f(\lambda_{n_k}, y) = \omega$ 的解 $y_k := y^{\lambda_{n_k}}$ 收敛到极限 $y_\infty \in [a(\lambda), b(\lambda)]$. 而由 f 的连续性知

$$f(\lambda, y_\infty) = \lim_{k \uparrow +\infty} f(\lambda_{n_k}, y_k) = \omega,$$

所以有 $y^\lambda = y_\infty$.

同时由 X_a^λ 为期望效用最大化的解可知, 其具有以下形式:

$$X_a^\lambda = I_a^+(\lambda_a^{-1} \varphi^\lambda).$$

从而 $W = f(\lambda, \varphi^\lambda)$, 进而 $\varphi^{\lambda_{n_k}}$ 几乎处处收敛于 φ^λ. 定理证毕. $\qquad \square$

这样一来, 在满足定理 3.13 条件的市场之中, 我们就可以利用 Arrow-Debreu 均衡定价密度 φ^* 给出所有非负未定权益的合理价格. 特别地, 假设该市场中存在一个无风险资产和 d 个风险资产, 其在时刻 $t = 1$ 的价格分别记为 S^0 和 $S^i, 1 \leqslant i \leqslant d$. 如果由 φ^* 给出的价格向量 $(\mathbb{E}[\varphi^* S^0], \mathbb{E}[\varphi^* S^1], \cdots, \mathbb{E}[\varphi^* S^d])$ 恰等于事先给定的常值向量 $\pi = (\pi^0, \pi^1, \cdots, \pi^d)$, 那么概率测度 $\mathbb{P}^*$ 成为一个等价风险中性测度, 其中 $d\mathbb{P}^*/d\mathbb{P} = \varphi^*$. 此时均衡定价和套利定价方法给出的资产价格相互吻合.

此外, 依照经济学的观点, 金融市场中的无风险利率同样应该由市场内生决定. 类比于如上均衡定价的思路, 我们也可以借助上述模型的推广, 得到均衡意义下的内生利率. 较之套利定价方法, 均衡定价的优势在于后者不再受到市场完备与否的限制, 因此适用范围更加广泛.

§3.7 美式未定权益定价

下面讨论美式 (American) 未定权益的定价. 与欧式未定权益不同的是, 美式未定权益在合约到期之前的任何时刻都可执行. 一般说来, 到期时刻为 N 的美式未定权益可用关于 $(\mathcal{F}_n)$-适应的非负随机变量序列 (Z_n) 描述, Z_n 表示若在时刻 n 执行合约所获得的权益, 即合约的卖方向买方付给 Z_n. 例如, 对于股票的美式买权 (卖权), $Z_n = (S_n - K)^+$(相应地, $Z_n = (K - S_n)^+$), 其中 S_n 为股票在时刻 n 的价格, K 为期权合约的约定价格或执行价格 (exercise price). 本节研究美式未定权益的对冲和定价.

§3.7.1 完全市场中卖方的超对冲策略

现在假定市场是完全的, $\mathbb{P}^*$ 为唯一的等价鞅测度. 令 U_n 表示美式未定权益在时刻 n 的卖方价格, 则 $U_N = Z_N$. 如果合约卖方要确保他能在时刻 $N-1$ 回报 Z_{N-1} 和在时刻 N 回报 Z_N, 则我们应定义

$$U_{N-1} = \max\Big(Z_{N-1}, \beta_{N-1}\mathbb{E}^*[\widetilde{Z}_N|\mathcal{F}_{N-1}]\Big).$$

由归纳法得: 对 $n = 0, \cdots, N-1$,

$$U_n = \max\Big(Z_n, \beta_n\mathbb{E}^*[\gamma_{n+1}U_{n+1}|\mathcal{F}_n]\Big). \tag{3.29}$$

由定理 1.34 (Snell 包络) 得到

> **定理 3.16** 由 (3.29) 定义的随机序列 $(\widetilde{U}_n)_{0\leqslant n\leqslant N}$ 为 $\mathbb{P}^*$-上鞅. 它是从上控制序列 $(\widetilde{Z}_n)_{0\leqslant n\leqslant N}$ 的最小 $\mathbb{P}^*$-上鞅.

一消费-投资策略(ϕ_n, c_n) 是一交易策略 (ϕ_n) 连同一非负适应序列 (c_n), $c_0 = 0$,
使得

$$\phi_{n+1} \cdot S_n = \phi_n \cdot S_n - c_n, \quad 0 \leqslant n \leqslant N-1, \tag{3.30}$$

其中 c_n 表示在时刻 n 取出的财富量用于消费. 消费-投资策略 (ϕ_n, c_n) 在时刻 n 的财富仍记为 $V_n(\phi) = \phi_n \cdot S_n$. 这时它的折现财富过程 $(\widetilde{V}_n(\psi))$ 为一 $\mathbb{P}^*$-上鞅. 容

易看出 (3.30) 等价于

$$V_n(\phi) = V_0(\phi) + G_n(\phi) - \sum_{j=1}^{n-1} c_j, \quad 1 \leqslant n \leqslant N. \tag{3.31}$$

从上鞅 $\widetilde{U}$ 的 Doob 分解容易看出, 存在一消费-投资策略 (ϕ_n, c_n), 使得 $V_n(\phi) = U_n$ 对所有 $0 \leqslant n \leqslant N$ 成立. 显然, 这一策略超对冲 (super-hedging) 美式期权, 即对一切 $0 \leqslant n \leqslant N$, $V_n(\phi) \geqslant Z_n$. 另一方面, 如果一消费-投资策略 (ϕ_n, c_n) 超对冲美式期权 (Z_n), 则显然有: 对一切 $0 \leqslant n \leqslant N$, $V_n(\phi) \geqslant U_n$. 这表明由 (3.29) 定义的随机序列 (U_n) 在所有超对冲策略的财富序列中是最小的. 显然, U_0 是美式未定权益卖方可以接受的价格, 它由下式给出:

$$U_0 = \sup_{\tau \in \mathcal{T}} \mathbb{E}^*[\widetilde{Z}_\tau], \tag{3.32}$$

其中 $\mathcal{T}$ 是取值 $\{0, 1, \cdots, N\}$ 的停时全体.

一实数 π 称为美式未定权益 (Z_n) 的无套利价格, 如果它满足如下两个条件:

(1) 存在一停时 $\tau \in \mathcal{T}$ 和 $\pi' \in \Pi(Z_\tau)$, 使得 $\pi \leqslant \pi'$, 其中 $\Pi(Z_\tau)$ 是在停时 τ 的欧式未定权益 Z_τ 的无套利价格全体;

(2) 不存在停时 $\tau' \in \mathcal{T}$ 使得对所有 $\pi' \in \Pi(Z_{\tau'})$ 有 $\pi < \pi'$.

§3.7.2 完全市场中买方最优停止策略和无套利定价

现在继续假定市场是完全的, $\mathbb{P}^*$ 为唯一的等价鞅测度. 美式未定权益 (Z_n) 的买方在 T 前的某个停时 τ 执行合约所得回报 Z_τ, 可以看成是在停时 τ 的欧式未定权益. 我们也可以把它转化为通常的到期时刻为 N 的欧式未定权益: 用财富 Z_τ 在 τ 时刻买资产 0, 到时刻 N 的财富为 $\xi = \dfrac{Z_\tau}{S_\tau^0} S_N^0$. 则 ξ 是一个欧式未定权益, 其无套利价格为 $\mathbb{E}^*[\xi] = \mathbb{E}^*[\widetilde{Z}_\tau]$. 从定理 1.34 (Snell 包络) 知, 为了使得在执行时刻 τ 获得的未定权益 Z_τ 价值最大化, 最优执行时刻 τ 可以取为

$$\tau = \inf\{j \geqslant 0 : U_j = Z_j\}, \tag{3.33}$$

其中 (U_n) 如 (3.29) 定义. 这时过程 $(\widetilde{U}_{\tau \wedge n}, 0 \leqslant n \leqslant N)$ 为一鞅. 事实上, 任何使得过程 $(\widetilde{U}_{\sigma \wedge n}, 0 \leqslant n \leqslant N)$ 为一鞅的停时 σ 都是最优执行时刻, 只不过上述定义的 τ 是最优执行时刻中最小的停时. 这时买方在最优执行时刻 τ 获得的未定权益 Z_τ 的无套利价格 $\mathbb{E}^*[\widetilde{Z}_\tau]$ 正好就是美式未定权益卖方可以接受的价格 U_0. 因此, 在一完全市场中, 由 (3.32) 定义的 U_0 是美式未定权益 (Z_n) 的唯一无套利价格.

§3.7.3   非完全市场中美式未定权益的无套利定价

现在假定市场不是完全的. 设 (Z_n) 为一美式未定权益, 我们假定在任意等价鞅测度 $\mathbb{Q}$ 下, 每个 Z_n 关于 $\mathbb{Q}$ 可积.

美式未定权益 (Z_n) 的无套利价格全体组成的集合记为 $\Pi^a(Z)$. 令

$$U_0^{\mathbb{Q}} = \sup_{\tau \in \mathcal{T}} \mathbb{E}^{\mathbb{Q}}[Z_\tau],$$

$$\pi_{\sup}^a(Z) = \sup_{\mathbb{Q} \in \mathcal{M}} U_0^{\mathbb{Q}}, \qquad \pi_{\inf}^a(Z) = \inf_{\mathbb{Q} \in \mathcal{M}} U_0^{\mathbb{Q}}, \tag{3.34}$$

可以证明 (见 Föllmer and Schied (2004)): 如果 $\pi_{\inf}^a(Z) < \pi_{\sup}^a(Z)$, 则 $\Pi^a(Z)$ 为一, 端点为 $\pi_{\inf}^a(Z)$ 和 $\pi_{\sup}^a(Z)$ 的实数区间, 它不含上端点 $\pi_{\sup}^a(Z)$, 但可以含或不含下端点 $\pi_{\inf}^a(Z)$. $\Pi^a(Z)$ 可以是单点集.

一美式未定权益 (Z_n) 称为可达的, 如果存在一停时 $\tau \in \mathcal{T}$ 和一自融资策略, 其财富过程 (V_n) 满足 $V_n \geqslant Z_n, \forall n$ 和 $V_\tau = Z_\tau$. 这时, 交易策略 φ 称为 (Z_n) 的对冲策略. 可以证明 (见 Föllmer and Schied (2004)): (Z_n) 是可达的, 当且仅当 $\pi_{\inf}^a(Z)$ 为单点集, 或者等价地, $\pi_{\sup}^a(Z) \in \Pi^a(Z)$.

第四章   鞅论和 Itô 随机分析

本章将简要介绍鞅论和 Itô 随机分析. 首先介绍连续时间随机过程的基本概念, 四类基本过程 (Markov 过程、鞅、Poisson 过程和 Brown 运动) 的定义和基本性质, 其中包括连续局部下鞅的 Doob-Meyer 分解, 连续局部鞅和半鞅的二次变差过程. 然后介绍可测适应过程关于 Brown 运动的随机积分, 并介绍一些有关 Itô 微积分的有用工具, 如 Itô 公式、Girsanov 定理和鞅表示定理. 最后介绍 Itô 随机微分方程、Feynman-Kac 公式和倒向随机微分方程. 本章内容基本上是自封的, 少数结果省略了证明, 想要了解这些证明的读者可参看严加安 (1981), 严加安等 (1997), 以及 Karatzas and Shreve (1991) 和 Revuz and Yor (1999).

§4.1   连续时间随机过程

在本节中, 我们先介绍随机过程的一些基本概念, 然后介绍连续时间下的四类基本过程: Poisson 过程、Markov 过程、Brown 运动和鞅.

§4.1.1   随机过程的基本概念

简单地说, 一随机过程就是一族随机变量 $\{X_t, t \in \Lambda\}$, 它们定义在同一概率空间 $(\Omega, \mathcal{F}, \mathbb{P})$ 上, 其中 Λ 为一时间参数集. 如果 Λ 为 $\mathbb{R} = (-\infty, \infty)$ 的一个区间, 那么称 (X_t) 为连续时间随机过程.

对一固定的 $\omega \in \Omega$, 定义在 Λ 上的函数 $t \mapsto X_t(\omega)$ 称为随机过程 (X_t) 的一样本轨道. 如果两个随机过程 (X_t) 和 (X_t') 的几乎所有轨道相同, 则称过程 X 和 X' 无区别 (indistinguishable). 一过程称为右连续 (左连续) 过程, 如果它的几乎所有样本轨道为右连续 (左连续). 一过程称为右连左极过程, 如果它的几乎所有样本轨道右连续且有左极限.

设 (X_t) 和 (X_t') 为两个随机过程, 如果对一切 t 有 $X_t = X_t'$, a.s., 称 X 和 X' 互为版本 (version).

设 (X_t) 为一随机过程. 对任意有限序列 $(t_i)_{1 \leqslant i \leqslant n}$ 且 $0 \leqslant t_1 < t_2 < \cdots < t_n < \infty$, n 个随机变量 $\{X_{t_1}, \cdots, X_{t_n}\}$ 的联合分布称为过程 X 的 n-维分布. 如果过程 (X_t) 的所有有限维分布均为正态分布, 则称 (X_t) 为 Gauss 过程或正态过程.

称一 $\mathbb{R}^d$-值的过程 (X_t) 为独立增量过程, 如果对所有 $0 \leqslant t_0 < t_1 < \cdots < t_n$, $X_{t_0}, X_{t_1} - X_{t_0}, \cdots, X_{t_n} - X_{t_{n-1}}$ 相互独立. 容易看出: 为要 $\mathbb{R}^d$-值的过程 (X_t) 为独

立增量过程, 当且仅当 $\forall 0 \leqslant s < t$, $X_t - X_s$ 与 $\mathcal{F}_s^X$ 独立, 其中 $\mathcal{F}_s^X = \sigma(X_u, u \leqslant s)$.

称一独立增量过程是时齐的, 如果对任何 $s > 0$ 和所有的 $t > 0$, $X_{t+s} - X_t$ 与 $X_s - X_0$ 同分布.

下面设时间参数集 Λ 为 $\mathbb{R}_+ = [0, \infty)$ 或 $[0, T]$. 考虑一完备概率空间 $(\Omega, \mathcal{F}, \mathbb{P})$. 我们称 $\mathcal{F}$ 的一族单调增子 σ-代数 $(\mathcal{F}_t)$ 为 σ-代数流. 流 $\mathbb{F} = (\mathcal{F}_t)$ 称为完备的, 如果概率空间 $(\Omega, \mathcal{F}, \mathbb{P})$ 本身是完备的, 且 $\mathcal{F}_0$ 包含一切 $\mathbb{P}$-零概集. 若流 $\mathbb{F}$ 既完备又右连续 (即 $\bigcap_{s>t} \mathcal{F}_s = \mathcal{F}_t$ 对所有的 t 成立), 则称 $\mathbb{F}$ 满足通常条件, 或称 $\mathbb{F}$ 为通常 σ-代数流. 一完备概率空间 $(\Omega, \mathcal{F}, \mathbb{P})$ 连同一通常 σ-代数流 $(\mathcal{F}_t)$ 称为带流的概率空间 或随机基, 记为 $(\Omega, \mathcal{F}, (\mathcal{F}_t), \mathbb{P})$.

设 $(\Omega, \mathcal{F}, (\mathcal{F}_t), \mathbb{P})$ 为一随机基, $(S, \mathcal{S})$ 为一可测空间. (X_t) 为定义在 $(\Omega, \mathcal{F}, \mathbb{P})$ 上的一 S-值随机过程. 如果对每个 t, X_t 为 $\mathcal{F}_t$-可测, 则称 (X_t) 为 $(\mathcal{F}_t)$-适应过程. 如果 $X_t(\omega)$ (看作 (t, ω) 的 S-值函数) 为 $\mathcal{B}(\mathbb{R}_+) \times \mathcal{F}$-可测, 那么就称 X 是可测过程.

设 (X_t) 为一定义在完备概率空间 $(\Omega, \mathcal{F}, \mathbb{P})$ 上的随机过程. 对每个 t, 令 $\mathcal{F}_t$ 表示由 $(X_s, s \leqslant t)$ 和所有 $\mathcal{F}$ 中的零概集生成的 σ-代数, 称 $(\mathcal{F}_t)$ 为过程 (X_t) 的自然 σ-代数流或自然流.

设 $(\Omega, \mathcal{F}, (\mathcal{F}_t), \mathbb{P})$ 为一随机基, (X_t) 为定义在 $(\Omega, \mathcal{F}, \mathbb{P})$ 上的一 $\mathbb{R}^d$-值随机过程. 如果对每个 $t \in \mathbb{R}_+$, X 限制在 $[0, t] \times \Omega$ 上为 $\mathcal{B}([0, t]) \times \mathcal{F}_t$-可测, 则说 X 是循序可测的. 循序可测过程是适应过程. 容易证明: 右连续 (左连续) 适应过程为循序可测过程.

§4.1.2 Poisson 过程和复合 Poisson 过程

下面我们将建立一个数学模型, 用以描述相继在离散时刻发生的事件, 而事件间的等待时间是随机的. 排队顾客的到达, 电话交换台收到的呼叫, 一个城市的交通事故等都是该类事件发生的例子. 我们考虑排队顾客的到达. 设 $\xi_i, i = 1, 2, \cdots$ 为一列等待时, 假定它们为独立同分布随机变量, 服从参数为 λ 的指数分布. 令

$$S_0 = 0, \quad S_n = \sum_{i=1}^n \xi_i, \ n \geqslant 1,$$
$$N_0 = 0, \quad N_t = \sum_{n=1}^\infty I_{(0,t]}(S_n), \ t > 0.$$

则 N_t 为 $(0, t]$ 内的顾客到达数目. 对每个 t, N_t 为取整数值的离散随机变量, 过程 (N_t) 为右连续增过程.

N_t 的分布是什么? 由于 S_n 的密度函数为 $\lambda^n t^{n-1} e^{-\lambda t}/(n-1)!, t > 0$, 故有

$$\mathbb{P}(N_t = n) = \mathbb{P}(S_n \leqslant t < S_{n+1}) = \mathbb{P}(S_n \leqslant t) - \mathbb{P}(S_{n+1} \leqslant t)$$

$$= \frac{\lambda^n}{(n-1)!} \int_0^t u^{n-1} e^{-\lambda u} du - \frac{\lambda^{n+1}}{n!} \int_0^t u^n e^{-\lambda u} du$$

$$= e^{-\lambda t} \sum_{k=n}^{\infty} \frac{(\lambda t)^k}{k!} - e^{-\lambda t} \sum_{k=n+1}^{\infty} \frac{(\lambda t)^k}{k!}$$

$$= e^{-\lambda t} \frac{(\lambda t)^n}{n!},$$

因此 N_t 服从参数为 λt 的 Poisson 分布.

可以证明如上构造的随机过程 (N_t) 具有如下性质:

(1) (N_t) 为齐次独立增量过程, $N_0 = 0$;

(2) $N_t - N_s$ 服从参数为 $\lambda(t-s)$ 的 Poisson 分布.

具有上述两条性质的过程 $(N_t)_{t\geqslant 0}$ 称为强度为 λ 的 Poisson 过程. 称 λ 为强度的原因是区间 $(0,t]$ 内的期望到达数 ($\mathbb{E}[N_t] = \lambda t$) 与区间长度成比例, 而 λ 是比例常数.

设 (N_t) 为一 Poisson 过程, 其强度为 λ. 令 $(U_j)_{j\geqslant 1}$ 为一列独立同分布可积随机变量, 且与 (N_t) 独立. 记 U_j 的相同分布为 F. 令

$$C_t = \sum_{j=1}^{N_t} U_j.$$

我们称 (C_t) 为到达率为 λ、跳分布为 F 的复合 Poisson 过程. C_t 的特征函数为

$$\phi_t(u) = \mathbb{E}[e^{iuC_t}] = \sum_{k=0}^{\infty} \mathbb{E}\Big[e^{iu\sum_{j=1}^k U_j}\Big| N_t = k\Big]\mathbb{P}(N_t = k)$$

$$= \sum_{k=0}^{\infty} \Big(\int_{\mathbb{R}} e^{iux} F(dx)\Big)^k \frac{e^{-\lambda t}(\lambda t)^k}{k!}$$

$$= \exp\Big\{\lambda t \int_{\mathbb{R}} (e^{iux} - 1) F(dx)\Big\}, \quad u \in \mathbb{R}.$$

令 S_j 表示 Poisson 过程 (N_t) 第 j 次跳的时间. 则可以将 C_t 重写为

$$C_t = \sum_{j=1}^{\infty} U_j I_{[S_j \leqslant t]}.$$

在表达式中 U_j 为第 j 次跳的幅度. 如果对所有 j 有 $U_j = 1$, 那么复合 Poisson 过程退化为 Poisson 过程.

§4.1.3　Markov 过程

设 $(S, \mathcal{S})$ 为一可测空间. 一 S-值 $(\mathcal{F}_t)$-适应过程 (X_t) 称为状态空间为 S 的 (连续时间) Markov 过程, 如果对所有的 $s < t$ 和 $A \in \mathcal{S}$, 有

$$\mathbb{P}[X_t \in A \mid \mathcal{F}_s] = \mathbb{P}[X_t \in A \mid X_s], \quad \text{a.s..}$$

如果 $(\mathcal{F}_t)$ 为 (X_t) 的自然流, 那么容易证明该性质等价于如下性质: 对 $t_1 \leqslant t \leqslant t_2$, $A_1 \in \sigma(X_s, s \leqslant t_1)$ 和 $A_2 \in \sigma(X_s, s \geqslant t_2)$,

$$\mathbb{P}(A_1 A_2 \mid X_t) = \mathbb{P}(A_1 \mid X_t)\mathbb{P}(A_2 \mid X_t).$$

后者刚好为 Markov 性的数学表述: 在已知当前状态下, 过去与未来是统计上独立的. 如果状态空间 S 有至多可数个状态, $\mathcal{S}$ 为 S 的所有子集形成的集族, 则 Markov 过程也称为 Markov 链.

转移概率

现在我们仅考虑状态空间为 $\mathbb{R}^d$ 的 Markov 过程. 称关于 $0 \leqslant s \leqslant t, x \in \mathbb{R}^d, B \in \mathcal{B}(\mathbb{R}^d)$ 的函数 $P(s, x; t, B)$ 为转移概率, 如果它具有如下性质:

(1) 对固定的 s, t 和 x, $P(s, x; t, \cdot)$ 为 $\mathcal{B}(\mathbb{R}^d)$ 上的一概率测度;

(2) 对固定的 s, t 和 B, $P(s, \cdot; t, B)$ 是 $\mathcal{B}(\mathbb{R}^d)$-可测的;

(3) $P(s, x; s, B) = I_B(x)$;

(4) 对 $s \leqslant u \leqslant t$ 和 $B \in \mathcal{B}(\mathbb{R}^d)$, 有所谓的 Chapman-Kolmogorov 方程:

$$P(s, x; t, B) = \int_{\mathbb{R}^d} P(u, y; t, B)P(s, x; u, dy).$$

设 (X_t) 为一 Markov 过程, $P(s, x; t, B)$ 为一转移概率. 如果

$$P(s, X_s; t, B) = \mathbb{P}(X_t \in B | X_s), \quad \text{a.s.,}$$

或者更符号化些,

$$P(s, x; t, B) = \mathbb{P}(X_t \in B | X_s = x),$$

我们称 $P(s, x; t, B)$ 为 (X_t) 的转移概率. 如果进一步地 $P(s, x; t, \cdot)$ 有一关于 Lebesgue 测度的密度 $p(s, x; t, y)$, 且

$$p(s, x; t, z) = \int_{\mathbb{R}^d} p(u, y; t, z)p(s, x; u, y)dy,$$

则称 $p(s, x; t, y)$ 为 (X_t) 的转移密度函数.

设 (X_t) 为一 Markov 过程, 其转移概率为 $P(s,x;t,B)$. 称过程为时齐的, 如果对任意 $s < t$ 和 $h > 0$, 有

$$P(s,x;t,B) = P(s+h,x;t+h,B).$$

这时可以令

$$P(t,x,B) = P(0,x;t,B),$$

也称 $P(t,x,B)$ 为 (X_t) 的**转移概率**.

扩散过程

设 (X_t) 为一 Markov 过程, 其转移概率为 $P(s,x;t,B)$. 称它为扩散过程, 如果对任何 $\varepsilon > 0, P(s,x;t,B)$ 满足如下三个条件:

(1) $\lim\limits_{t \downarrow s} \dfrac{1}{t-s} \displaystyle\int_{|x-y|>\varepsilon} P(s,x;t,dy) = 0;$

(2) 存在一 $\mathbb{R}^d$-值函数 $b(s,x)$ 使得

$$\lim\limits_{t \downarrow s} \frac{1}{t-s} \int_{|x-y| \leqslant \varepsilon} (y-x) P(s,x;t,dy) = b(s,x);$$

(3) 存在一 $d \times d$ 矩阵值函数 $a(s,x)$ 使得

$$\lim\limits_{t \downarrow s} \frac{1}{t-s} \int_{|x-y| \leqslant \varepsilon} (y-x)(y-x)^{\tau} P(s,x;t,dy) = a(s,x).$$

函数 b 和 a 称为扩散过程 (X_t) 的系数. b 称为漂移向量, a 称为扩散矩阵. a 是对称非负定的. 如果 (X_t) 是时齐的, 那么 b 和 a 不依赖时间参数 t.

对每个 $t \geqslant 0$, 扩散过程 (X_t) 有一相应的二阶微分算子

$$\mathcal{A}_t = \frac{1}{2} \sum_{i,k=1}^{d} a_{ik}(t,x) \frac{\partial^2}{\partial x_i \partial x_k} + \sum_{i=1}^{d} b_i(t,x) \frac{\partial}{\partial x_i}.$$

如果 (X_t) 是时齐的, 则算子 $\mathcal{A}_t$ 不依赖 t, 从而变为

$$\mathcal{A} = \frac{1}{2} \sum_{i,k=1}^{d} a_{ik}(x) \frac{\partial^2}{\partial x_i \partial x_k} + \sum_{i=1}^{d} b_i(x) \frac{\partial}{\partial x_i}.$$

这时, $\mathcal{A}$ 称为扩散过程 (X_t) 的**生成算子** (generator).

设 (X_t) 为一扩散过程, 其系数连续. 假定它的转移密度函数 $p(s,x;t,y)$ 存在.

(1) 如果导数 $\partial p/\partial x_i$ 和 $\partial^2 p/\partial x_i \partial x_j$ 存在, 并且它们关于 s 连续, 那么 p 为如下的 Kolmogorov 向后方程的基本解 (fundamental solution)

$$\frac{\partial p}{\partial s} + \mathcal{A}_s p = 0.$$

(2) 如果扩散过程定义中的极限关于 s 和 x 一致成立, 并且导数 $\partial p/\partial t, \partial(b_i p)/\partial y_i$ 和 $\partial^2(a_{ij}p)/\partial y_i \partial y_j$ 存在且连续, 那么 p 为 Kolmogorov 向前方程 或 Fokker-Planck 方程的基本解

$$\frac{\partial p}{\partial t} + \sum_{i=1}^{d} \frac{\partial}{\partial y_i}(b_i(t,y)p) - \frac{1}{2}\sum_{i,j=1}^{d} \frac{\partial^2}{\partial y_i \partial y_j}(a_{ij}(t,y)p) = 0.$$

§4.1.4　Brown 运动

植物学家 Robert Brown 于 1827 年首次发现悬浮在水中的小花粉颗粒处于不停息的无规则运动中. 该现象后来被称为 Brown 运动. 花粉颗粒的无规则运动是由水分子的随机碰撞所引起的. 假设这些分子运动是统计独立的, Albert Einstein 于 1905 年给出了 Brown 运动的统计描述. 1923 年, Robert Wiener 构建了一个连续过程, 该过程满足 Einstein 对 Brown 运动的描述. 因此在文献上也称 Brown 运动为 Wiener 过程.

称定义在概率空间 $(\Omega, \mathcal{F}, \mathbb{P})$ 上的连续过程 $(B_t)_{t \geqslant 0}$ 是参数为 σ^2 的 Brown 运动, 如果它满足下述条件:

(1) $B_0 = 0$;

(2) 对 $t_1 < t_2 < \cdots < t_n$, $B_{t_2} - B_{t_1}, B_{t_3} - B_{t_2}, \cdots, B_{t_n} - B_{t_{n-1}}$ 相互独立;

(3) 对 $s < t$, $B_t - B_s$ 服从均值为 0、方差为 $\sigma^2(t-s)$ 的正态分布.

这里 $\sigma > 0$ 为常数. 如果 $\sigma = 1$, 则称该过程为标准 Brown 运动.

如果 $\{B_t^1, \cdots, B_t^d\}$ 是 d 个相互独立 Brown 运动, 称过程 $(B_t) = (B_t^1, \cdots, B_t^d)^\tau$ 为 d 维 Brown 运动, 这里及今后, $(x^1, \cdots, x^d)^\tau$ 表示行向量 $(x^1, \cdots, x^d)$ 的转置. 记 $\mathcal{F}_t^B$ 为 Brown 运动 (B_t) 生成的自然 σ-代数流. 一个众所周知的结果是 $(\mathcal{F}_t^B)_{t \geqslant 0}$ 满足通常条件.

d 维标准 Brown 运动是时齐 Markov 过程, 其转移密度函数为

$$p(t,x,y) = \frac{1}{(2\pi t)^{d/2}} \exp\left\{ -\frac{|x-y|^2}{2t} \right\}.$$

p 为如下热方程的基本解:

$$\frac{\partial u}{\partial t} = \frac{1}{2}\sum_{i=1}^{d} \frac{\partial^2 u}{\partial x_i}.$$

下面定义的 Brown 运动或 Wiener 过程比前面定义的 Brown 运动更一般. 称定义在随机基 $(\Omega, \mathcal{F}, (\mathcal{F}_t), \mathbb{P})$ 上的 $\mathbb{R}^d$-值 $(\mathcal{F}_t)$-适应连续过程 (B_t) 是参数为 σ^2 的 $(\mathcal{F}_t)$-Brown 运动或 Wiener 过程, 如果 $B_0 = 0$, $B_t - B_s (s < t)$ 与 σ-代数 $\mathcal{F}_s$ 独立, 且服从均值为 0 协方差矩阵为 $\sigma^2(s-t)I$ 的正态分布. 如果 $\sigma = 1$, 则过程 (B_t) 称为标准 $(\mathcal{F}_t)$-Brown 运动或 Wiener 过程. 这里 $(\mathcal{F}_t)$ 不一定为 (B_t) 的自然 σ-代数流. 例如, 设 $(B_t) = (B_t^1, \cdots, B_t^d)^\tau$ 为 d 维 Brown 运动, 则它的每个分量 (B_t^j) 关于 $(\mathcal{F}_t^B)$ 为 Brown 运动.

§4.1.5 停时、鞅、局部鞅

令 $\overline{\mathbb{R}}_+ = \mathbb{R}_+ \cup \{+\infty\}$. 一 $\overline{\mathbb{R}}_+$-值随机变量 T 称为 $(\mathcal{F}_t)$-停时, 如果对每个 $t \geqslant 0$, 有 $[T \leqslant t] \in \mathcal{F}_t$. 令 $\mathcal{F}_\infty = \mathcal{F}$, 对任意 $(\mathcal{F}_t)$-停时 T, 定义

$$\mathcal{F}_T = \{A \in \mathcal{F}_\infty : \forall t \in \mathbb{R}_+, A \cap [T \leqslant t] \in \mathcal{F}_t\}.$$

则 $\mathcal{F}_T$ 是一个 σ-代数.

一实值 $(\mathcal{F}_t)$-适应过程 (X_t) 称为鞅 (上鞅, 下鞅), 如果每个 X_t 可积, 且对所有 $s < t$, 有

$$\mathbb{E}[X_t \mid \mathcal{F}_s] = X_s (\leqslant X_s, \geqslant X_s) \quad \text{a.s..}$$

设 M 为一右连左极适应过程. 如果存在停时 $T_n \uparrow +\infty$ 使得每个 $M^{T_n} - M_0$ 都为一致可积鞅 (上鞅, 下鞅), 那么称 M 为局部鞅 (上鞅, 下鞅). 设 M 只定义在有限区间 $[0, T]$ 上, 如果存在停时 $T_n \uparrow T$, 且 $\bigcup_{n=1}^{\infty} [T_n = T] = \Omega$, 使得每个 $M^{T_n} - M_0$ 都为一致可积鞅 (上鞅, 下鞅), 则称 M 为 $[0, T]$ 上的局部鞅 (上鞅, 下鞅).

容易证明: 一致可积局部鞅为鞅; 初值为可积随机变量的非负局部鞅为上鞅.

我们在下文列出连续时间上鞅的两个基本结果, 它们可以从离散时间情形下的相应结果通过取极限得到.

Doob 可选停止定理　设 (M_t) 为一右连续鞅 (上鞅), 并且 τ_1 和 τ_2 为有界停时, 则 M_{τ_2} 可积, 且有

$$\mathbb{E}[M_{\tau_2} | \mathcal{F}_{\tau_1}] = M_{\tau_1 \wedge \tau_2} \ (\leqslant M_{\tau_1 \wedge \tau_2}), \quad \mathbb{P}\text{-a.s..}$$

Doob 不等式　设 $T > 0$, $(X_t)_{0 \leqslant t \leqslant T}$ 为一非负的右连续下鞅. 令 $X_T^* = \sup_{0 \leqslant t \leqslant T} X_t$, 则 $\forall \lambda > 0$, 有

$$\lambda \mathbb{P}(X_T^* \geqslant \lambda) \leqslant \mathbb{E}[X_T].$$

此外, 对 $p > 1$, 有

$$(\mathbb{E}[(X_T^*)^p])^{1/p} \leqslant \frac{p}{p-1} (\mathbb{E}[X_T^p])^{1/p}.$$

上鞅轨道的正则性

下一定理是关于连续时间上鞅轨道正则性的一个基本结果, 我们将在研究 Itô 积分时用到它. 关于它的证明可参考任何一部有关随机分析的著作 (例如何声武等 (1995) 或严加安等 (1997)).

定理 4.1   设 (X_t) 为一上鞅. 如果它的几乎所有样本轨道右连续, 则它的几乎所有样本轨道在 $(0, \infty)$ 上有左极限; 如果 $I\!\!F = (\mathcal{F}_t)$ 右连续, 则为要 (X_t) 有右连续修正, 必须且只需 $t \mapsto \mathbb{E}[X_t]$ 为 $\mathbb{R}_+$ 上的右连续函数. 特别地, 如果 $I\!\!F = (\mathcal{F}_t)$ 右连续, 则任何 $I\!\!F$-鞅有右连左极修正.

---

§4.1.6 有限变差过程

称一过程为增过程, 如果它为非负有限值右连左极过程, 且它的几乎所有轨道为增函数. 称一过程为有限变差过程, 如果它是两个增过程之差, 即它是右连左极过程, 且其轨道在 $\mathbb{R}_+$ 的每个紧区间上有有限变差.

设 $A = (A_t)_{t \geqslant 0}$ 为一有限变差过程, 对每个 $\omega \in \Omega$, $\mathbb{R}_+$ 上的有限变差函数 $A.(\omega)$ 可以唯一地分解为 $A.(\omega) = A^c.(\omega) + A^d.(\omega)$, 其中 $A^c.(\omega)$ 为连续有限变差函数, $A^d.(\omega)$ 为纯断有限变差函数 :

$$A_t^d(\omega) = \sum_{0 < s \leqslant t} \Delta A_s(\omega).$$

我们称过程 A^c 为 A 的连续部分, 称过程 A^d 为 A 的纯断部分 (或跳部分).

设 A 为有限变差过程, 称 A 为纯断的, 如果 $A^c = 0$.

设 $A = (A_t)$ 为一适应有限变差过程, 则 A 的变差过程

$$B_t = |A_0| + \int_0^t |dA_s|$$

为适应增过程, 且 A 可表示为两个适应增过程之差.

下面的结果表明: 有限变差连续局部鞅恒等于它的初始值, 这一结果以后经常要用到.

定理 4.2   设 (X_t) 为一有限变差连续局部鞅, 则 $\forall t \geqslant 0$, $X_t = X_0$, a.s..

证明   不妨假定 $X_0 = 0$. 设 (V_t) 为 X 的变差过程, 令 $T_n = \inf\{t > 0 : |X_t| \geqslant n$, 或 $V_t \geqslant n\}$, 则 $(X_t^{T_n})$ 为鞅, 且 $|X_t^{T_n}| \leqslant n$, $V_\infty^{T_n} \leqslant n$. 所以可以进一步假定 (X_t) 为一有界鞅, 且其全变差有界: $|X_t| \leqslant K$, $V_\infty \leqslant K$. 设 $\Pi_n : 0 = t_0^n < t_1^n < \cdots < t_{k_n}^n = t$ 为 $[0, t]$ 的一列有限划分, 使得当 $n \to \infty$ 时, 划分的步长 $\delta(\Pi_n)$ 趋于 0, 则有

$$\mathbb{E}[X_t^2] = \mathbb{E}\left[\sum_{i=1}^{k_n}\left(X_{t_i^n}^2 - X_{t_{i-1}^n}^2\right)\right] = \mathbb{E}\left[\sum_{i=1}^{k_n}(X_{t_i^n} - X_{t_{i-1}^n})^2\right]$$

$$\leqslant \mathbb{E}\left[V_t \max_{1\leqslant i\leqslant k_n}|X_{t_i^n} - X_{t_{i-1}^n}|\right] \leqslant K\mathbb{E}\left[\max_{1\leqslant i\leqslant k_n}|X_{t_i^n} - X_{t_{i-1}^n}|\right].$$

由控制收敛定理, 上式右端当 $n \to \infty$ 时趋于 0. 于是 $X_t = 0$, a.s.. $\qquad\square$

§4.1.7 连续局部下鞅的 Doob-Meyer 分解

今后, 如果随机基 $(\mathcal{F}_t)$ 给定, 在叙述 Brown 运动、鞅或适应过程时, 我们经常省略前缀 $(\mathcal{F}_t)$.

设 X 为一循序可测过程. 称 X 为类 (D) 过程, 如果随机变量族 $\{X_\tau I_{\tau<\infty}, \tau \in \mathcal{T}\}$ 是一致可积的, 这里 $\mathcal{T}$ 为所有停时全体. 称 X 为局部类 (D) 过程, 如果存在停时 $T_n \uparrow +\infty$ 使得每个 $X^{T_n} - X_0$ 都为类 (D) 过程.

类 (D) 下鞅的 Doob-Meyer 分解是现代鞅论和随机分析的一个基石, 它最先由 Meyer(1962, 1963) 给出证明. 后来 Rao(1969) 给出了该定理的一个初等证明. 为了避免用到随机过程一般理论中的一些艰深结果, 下面我们介绍 Bass(1995) 给出的连续局部下鞅 Doob-Meyer 分解定理的一个初等证明. 为此我们先证明一个辅助性的引理.

引理 4.3 设 $(A_n^{(1)}, 0 \leqslant n \leqslant \infty)$ 和 $(A_n^{(2)}, 0 \leqslant n \leqslant \infty)$ 是 $(\mathcal{F}_n)$- 可料的随机变量增序列, $A_\infty^{(1)}, A_\infty^{(2)}$ 为有界随机变量, 且 $A_0^{(1)} = 0, A_0^{(2)} = 0$. 令 $B_k = A_k^{(1)} - A_k^{(2)}$. 如果存在常数 $C > 0$, 使得

$$\mathbb{E}[A_\infty^{(i)} - A_k^{(i)}|\mathcal{F}_k] \leqslant C, \quad i = 1,2; \quad k = 0,1,2,\cdots,$$

且存在随机变量 $W \geqslant 0$, $\mathbb{E}[W^2] < \infty$, 使得

$$\mathbb{E}[|B_\infty - B_k||\mathcal{F}_k] \leqslant \mathbb{E}[W|\mathcal{F}_k], \quad k = 0,1,2,\cdots,$$

则有

$$\mathbb{E}[\sup_k B_k^2] \leqslant 8\mathbb{E}[W^2] + 32\sqrt{2}C(\mathbb{E}[W^2])^{1/2}. \tag{4.1}$$

证明 首先由假定 (令 $k = 0$) 知 $\mathbb{E}[A_\infty^{(i)}] \leqslant C$. 令 $a_k^{(i)} = A_{k+1}^{(i)} - A_k^{(i)}$, 由 "分部求和公式"

$$A_\infty^{(i)2} = 2\sum_{k=0}^{\infty}(A_\infty^{(i)} - A_k^{(i)})a_k^{(i)} - \sum_{k=0}^{\infty}a_k^{(i)2}$$

推得 (注意 $a_k^{(i)}$ 为 $\mathcal{F}_k$ 可测, 且 $a_k^{(i)} \geqslant 0$)

$$\mathbb{E}[A_\infty^{(i)2}] = 2\mathbb{E}\left[\sum_{k=0}^\infty \mathbb{E}[A_\infty^{(i)} - A_k^{(i)}|\mathcal{F}_k]a_k^{(i)}\right] - \mathbb{E}\left[\sum_{k=0}^\infty a_k^{(i)2}\right]$$

$$\leqslant 2C\mathbb{E}\left[\sum_{k=0}^\infty a_k^{(i)}\right] = 2C\mathbb{E}[A_\infty^{(i)}] \leqslant 2C^2.$$

现在令 $b_k = B_{k+1} - B_k$, 再由 "分部求和公式" 得

$$\mathbb{E}[B_\infty^2] = 2\mathbb{E}\left[\sum_{k=0}^\infty \mathbb{E}[B_\infty - B_k|\mathcal{F}_k]b_k\right] - \mathbb{E}\left[\sum_{k=0}^\infty b_k^2\right]$$

$$\leqslant 2\mathbb{E}\left[\sum_{k=0}^\infty \mathbb{E}[W|\mathcal{F}_k](a_k^{(1)} + a_k^{(2)})\right]$$

$$\leqslant 2\mathbb{E}[W(A_\infty^{(1)} + A_\infty^{(2)})].$$

由于

$$\mathbb{E}[(A_\infty^{(1)} + A_\infty^{(2)})^2] \leqslant 2\mathbb{E}[A_\infty^{(1)2} + A_\infty^{(2)2}] \leqslant 8C^2,$$

由 Schwarz 不等式我们有 $\mathbb{E}[B_\infty^2] \leqslant 4\sqrt{2}C(\mathbb{E}[W^2])^{1/2}$.

另一方面, 令 $M_k = \mathbb{E}[B_\infty|\mathcal{F}_k], X_k = M_k - B_k$, 则有

$$|X_k| = |\mathbb{E}[B_\infty - B_k|\mathcal{F}_k]| \leqslant \mathbb{E}[W|\mathcal{F}_k] =: N_k.$$

故由 Doob 不等式得

$$\mathbb{E}[\sup_k X_k^2] \leqslant \mathbb{E}[\sup_k N_k^2] \leqslant 4\mathbb{E}[N_\infty^2] = 4\mathbb{E}[W^2],$$

$$\mathbb{E}[\sup_k M_k^2] \leqslant 4\mathbb{E}[M_\infty^2] = 4\mathbb{E}[B_\infty^2] \leqslant 16\sqrt{2}C(\mathbb{E}[W^2])^{1/2}.$$

由于 $\sup_k B_k^2 \leqslant 2[\sup_k X_k^2 + \sup_k M_k^2]$, 于是 (4.1) 得证. □

下一定理是连续局部下鞅的 Doob-Meyer 分解定理.

定理 4.4　设 X 为一连续局部下鞅, 则 X 可唯一地分解为 $X = M + A$, 其中 M 为一连续局部鞅, A 为一初值为零的连续增过程.

证明　分解的唯一性立刻由定理 4.2 推得. 下面证明分解的存在性. 不妨假定 X 为下鞅, 且 $X_0 = 0$. 令 $T_n = \inf\{t > 0 : |X_t| > n\} \wedge n$, 则 $|X_t^{T_n}| \leqslant n$, 从而

X^{T_n} 为有界下鞅. 由分解的唯一性, 可以假定 X 本身为有界下鞅. 进一步只需考虑如下有界下鞅: 存在实数 $T > 0$, 使得 $X_t = X_T, \forall t \geqslant T$. 这时过程 X 的几乎所有轨道是一致连续的.

令
$$W(\delta) = \sup_s \sup_{s \leqslant t \leqslant s+\delta} |X_t - X_s|,$$
则当 $\delta \to 0$ 时有 $W(\delta) \to 0$, a.s., 从而 $\lim_{\delta \to 0} \mathbb{E}[W(\delta)^2] = 0$.

现在令 $t_j^n = j/2^n$, $\Delta^n = \{t_j^n, j = 0, 1, \cdots\}$, $A_0^n = 0$,
$$A_t^n = \sum_{j < 2^n t} \mathbb{E}[X_{t_{j+1}^n} - X_{t_j^n} | \mathcal{F}_{t_j^n}], \quad t > 0, \ n \in \mathbb{N}.$$

对 $n \leqslant m \in \mathbb{N}$, $k \in \mathbb{N}$, 存在唯一的 $k(n,m) \in \mathbb{N}$, 使得 $k(n,m)/2^n < k/2^m \leqslant (k(n,m)+1)/2^n$. 由 A_t^n 的定义和条件期望的平滑性质知

$$\mathbb{E}[A_\infty^n - A_{k/2^m}^n | \mathcal{F}_{k/2^m}] = \mathbb{E}\left[\mathbb{E}\left[\sum_{j \geqslant k(n,m)+1} \mathbb{E}[X_{t_{j+1}^n} - X_{t_j^n} | \mathcal{F}_{t_j^n}] \Big| \mathcal{F}_{(k(n,m)+1)/2^n}\right] \Big| \mathcal{F}_{k/2^m}\right]$$
$$= \mathbb{E}\left[\mathbb{E}[X_\infty - X_{(k(n,m)+1)/2^n} | \mathcal{F}_{(k(n,m)+1)/2^n}] | \mathcal{F}_{k/2^m}\right]$$
$$= \mathbb{E}[X_\infty - X_{(k(n,m)+1)/2^n} | \mathcal{F}_{k/2^m}].$$

另一方面, 由离散时间下鞅的 Doob 分解定理有
$$\mathbb{E}[A_\infty^m - A_{k/2^m}^m | \mathcal{F}_{k/2^m}] = \mathbb{E}[X_\infty - X_{k/2^m} | \mathcal{F}_{k/2^m}], \quad \forall k = 0, 1, 2, \cdots.$$
从而对 $n \leqslant m \in \mathbb{N}$, $k \in \mathbb{N}$, 我们有
$$|\mathbb{E}[A_\infty^m - A_{k/2^m}^m | \mathcal{F}_{k/2^m}] - \mathbb{E}[A_\infty^n - A_{k/2^m}^n | \mathcal{F}_{k/2^m}]|$$
$$\leqslant \mathbb{E}[|X_{(k(n,m)+1)/2^n} - X_{k/2^m}| | \mathcal{F}_{k/2^m}]$$
$$\leqslant \mathbb{E}[W(2^{-n}) | \mathcal{F}_{k/2^m}].$$
由于 $\sup_{t \geqslant 0} |A_t^m - A_t^n| = \sup_{t \in \Delta^m} |A_t^m - A_t^n|$, 故由引理 4.3 推知
$$\lim_{m,n \to \infty} \mathbb{E}[\sup_t |A_t^m - A_t^n|^2] = 0,$$
从而 A_t^n 在 L^2 中收敛于一极限, 记为 A_t. 显然 (A_t) 非负, 且它的几乎所有轨道单调非降.

下面证明过程 (A_t) 的几乎所有轨道连续. A_t^n 只在 Δ^n 上有跳, 其跃度 ΔA_t^n 为
$$\Delta A_t^n = \mathbb{E}[X_{k/2^n} - X_{(k-1)/2^n} | \mathcal{F}_{(k-1)/2^n}] \leqslant \mathbb{E}[W(2^{-n}) | \mathcal{F}_{(k-1)/2^n}], \quad t = (k-1)/2^n.$$

注意到 $(\mathbb{E}[W(2^{-n})|\mathcal{F}_{(k-1)/2^n}], k=1,2,\cdots)$ 是鞅, 由 Doob 不等式有

$$\mathbb{E}\Big[\sup_t(\Delta A_t^n)^2\Big] \leqslant \mathbb{E}\Big[\sup_k(\mathbb{E}[W(2^{-n})|\mathcal{F}_{(k-1)/2^n}])^2\Big] \leqslant 4\mathbb{E}[W(2^{-n})^2].$$

从而存在一子序列 (n_j), 使得当 $j \to \infty$ 时, $\sup_t \Delta A_t^{n_j} \to 0$, a.s., 因此 (A_t) 的几乎所有轨道连续.

最后证明 $(X_t - A_t)$ 是鞅. 由于 (X_t) 和 (A_t) 是连续平方可积过程, 只需证明对 $s, t \in \Delta_n, s < t, B \in \mathcal{F}_s$, 有

$$\mathbb{E}[(X_t - A_t)I_B] = \mathbb{E}[(X_s - A_s)I_B].$$

但我们已经知道

$$\mathbb{E}[(X_t - A_t^m)I_B] = \mathbb{E}[(X_s - A_s^m)I_B], \quad \forall m \geqslant n,$$

令 $m \to \infty$ 得知上一等式成立.   □

§4.1.8　连续局部鞅和半鞅的二次变差过程

设 M 为一连续局部鞅, 则 M^2 为一连续局部下鞅. 由定理 4.4 (Doob-Meyer 分解定理) 知, 存在唯一的零初值连续增过程, 记为 $\langle M \rangle$, 使得 $M^2 - \langle M \rangle$ 为一连续局部鞅. 我们称 $\langle M \rangle$ 为 M 的二次变差过程.

对两个连续局部鞅 M, N, 我们令

$$\langle M, N \rangle = \frac{1}{2}\Big(\langle M+N \rangle - \langle M \rangle - \langle N \rangle\Big),$$

则 $\langle M, N \rangle$ 为唯一的零初值连续有限变差过程, 使得 $MN - \langle M, N \rangle$ 为一连续局部鞅. 我们称 $\langle M, N \rangle$ 为 M 和 N 的二次协变差过程.

定理 4.5　设 (B_t) 为一维 $(\mathcal{F}_t)$-标准 Brown 运动, 则它的二次变差过程为 $\langle B \rangle_t = t$. 设 (B_t) 和 (W_t) 为两个相互独立的一维 $(\mathcal{F}_t)$-标准 Brown 运动, 则它们的二次协变差过程为 $\langle B, W \rangle_t = 0$.

证明　对 $s < t$, $B_t - B_s$ 为独立于 $\mathcal{F}_s$ 的均值为 0、方差为 $t-s$ 的正态随机变量, 且有 $\mathbb{E}[B_sB_t \mid \mathcal{F}_s] = B_s^2$, 故有

$$\begin{aligned}
\mathbb{E}[B_t^2 - B_s^2 \mid \mathcal{F}_s] &= \mathbb{E}[(B_t - B_s)^2 \mid \mathcal{F}_s] \\
&= \mathbb{E}[(B_t - B_s)^2] = t - s.
\end{aligned}$$

这表明 $(B_t^2 - t)$ 为鞅, 从而 $\langle B \rangle_t = t$. 类似可证 $(B_t W_t)$ 为鞅, 从而 $\langle B, W \rangle_t = 0$. 定理证毕. $\qquad\qquad\qquad\qquad\qquad\qquad\qquad\qquad\qquad\qquad\qquad\qquad\qquad\quad$ $\square$

注 1 令 $\Pi_n = \{t_0^n, \cdots, t_{k_n}^n\}, 0 = t_0^n < t_1^n < \cdots < t_{k_n}^n = t$ 为 $[0, t]$ 的一列划分, 使得当 $n \to \infty$ 时划分步长 $\delta(\Pi_n) = \max_i |t_i^n - t_{i-1}^n|$ 趋于 0. 则当 $n \to \infty$ 时,

$$V_t(\Pi_n) = \sum_{i=1}^{k_n} (B_{t_i^n} - B_{t_{i-1}^n})^2$$

在 L^2 中收敛于 t. 事实上, 因为对 $i \neq j$, $B_{t_i^n} - B_{t_{i-1}^n}$ 和 $B_{t_j^n} - B_{t_{j-1}^n}$ 相互独立, 所以有

$$\mathbb{E}(V_t(\Pi_n) - t)^2 = \sum_{i=1}^{k_n} (t_i^n - t_{i-1}^n)^2 \mathbb{E}\left[\frac{(B_{t_i^n} - B_{t_{i-1}^n})^2}{t_i^n - t_{i-1}^n} - 1\right]^2 \leqslant t\delta(\Pi_n)\mathbb{E}[(Z^2 - 1)^2],$$

其中 Z 为标准正态随机变量. 这证明了 $V_t(\Pi_n)$ 在 L^2 中收敛于 t.

注 2 如果进一步有 $\sum_{n=1}^{\infty} \delta(\Pi_n) < \infty$, 则上述收敛可加强为 a.s. 收敛. 事实上, 这时对每个 $\varepsilon > 0$,

$$\sum_{n=1}^{\infty} \mathbb{P}[|V_t(\Pi_n) - t| > \varepsilon] \leqslant \frac{1}{\varepsilon^2} \sum_{n=1}^{\infty} \mathbb{E}(V_t(\Pi_n) - t)^2$$

$$\leqslant \frac{t\mathbb{E}[(Z^2 - 1)^2]}{\varepsilon^2} \sum_{n=1}^{\infty} \delta(\Pi_n) < \infty,$$

由 Borel-Cantelli 引理知, $\mathbb{P}[|V_t(\Pi_n) - t| > \varepsilon, \text{ i.o.}] = 0$. 这证明了 a.s. 收敛性. 这里 i.o. 是英文 "infinitely often" 的简写.

设 $X_t = M_t + A_t$, 其中 M 为一连续局部鞅, A 为一零初值连续有限变差过程, 则称 X 为一连续半鞅, 由定理 4.2 知, 连续半鞅的这一分解称为 (典则分解) 是唯一的. 我们称 M 为 X 的连续局部鞅部分, 并把 $\langle M \rangle$ 称为 X 的二次变差过程, 记为 $\langle X \rangle$.

对两个连续半鞅 X, Y, 其典则分解为 $X_t = M_t + A_t$, $Y_t = N_t + B_t$, 我们令 $\langle X, Y \rangle = \langle M, N \rangle$, 称其为 X 和 Y 的二次协变差过程. 显然, 对任何停时 T, 我们有 $\langle X, Y \rangle^T = \langle X^T, Y \rangle = \langle X^T, Y^T \rangle$.

下一定理给出了半鞅二次变差过程的构造性表示, 其证明来自 Kunita (1984) (见 Revuz and Yor (1999)).

定理 4.6　设 $T > 0$ 为一实数, X 为 $[0, T]$ 上的一连续半鞅, 令 $\Pi_n = \{t_0^n, \cdots, t_{k_n}^n\}$, $0 = t_0^n < t_1^n < \cdots < t_{k_n}^n = T$ 为 $[0, T]$ 的一列划分, 使得当 $n \to \infty$ 划分步长 $\delta(\Pi_n) = \max_i |t_i^n - t_{i-1}^n|$ 趋于 0. 则对任何 $0 < t \leqslant T$, 当 $n \to \infty$ 时, X 关于 Π_n 在 $[0, t]$ 上的二次变差

$$V^{(n)}(X)_t = \sum_{i=1}^{k_n} (X_{t_i^n \wedge t} - X_{t_{i-1}^n \wedge t})^2$$

依概率收敛于 $\langle X \rangle_t$.

证明　首先假定 X 为一零初值连续有界鞅. 对任何 $0 \leqslant s \leqslant u < v$, 我们有

$$\mathbb{E}[(X_v - X_u)^2 | \mathcal{F}_s] = \mathbb{E}[X_v^2 - X_u^2 | \mathcal{F}_s].$$

对 $0 \leqslant s < t$, 存在 k, 使得 $t_{k-1}^n < s \leqslant t_k^n$, 故有

$$\begin{aligned}
&\mathbb{E}[V^{(n)}(X)_t - V^{(n)}(X)_s | \mathcal{F}_s] \\
&= \mathbb{E}\Big[\sum_{i > k} (X_{t_i^n \wedge t} - X_{t_{i-1}^n \wedge t})^2 \Big| \mathcal{F}_s\Big] + \mathbb{E}[(X_{t_k^n \wedge t} - X_{t_{k-1}^n})^2 - (X_s - X_{t_{k-1}^n})^2 | \mathcal{F}_s] \\
&= \mathbb{E}\Big[\sum_{i > k} X_{t_i^n \wedge t}^2 - X_{t_{i-1}^n \wedge t}^2 \Big| \mathcal{F}_s\Big] + \mathbb{E}[(X_{t_k^n \wedge t}^2 - X_s^2) | \mathcal{F}_s] \\
&= \mathbb{E}[X_t^2 - X_s^2 | \mathcal{F}_s].
\end{aligned}$$

这表明 $(X_t^2 - V^{(n)}(X)_t)$ 为一零初值连续鞅.

对给定 n, m, $Y_t^{(n,m)} = V^{(n)}(X)_t - V^{(m)}(X)_t$ 为一零初值连续鞅. 令

$$\Pi_{n,m} = \{s_0, \cdots, s_M : 0 = s_0 < s_1 < \cdots < s_M = T\}$$

表示由 Π_n 和 Π_m 的分点共同组成的 $[0, T]$ 的划分, $X, Y^{(n,m)}, V^{(n)}(X), V^{(m)}(X)$ 关于 $\Pi_{n,m}$ 在 $[0, t]$ 上的二次变差分别记为

$$V^{(n,m)}(X)_t, V^{(n,m)}(Y)_t, V^{(n,m)}(V^{(n)})_t, V^{(n,m)}(V^{(m)})_t.$$

我们先证明序列 $V^{(n)}(X)_T$ 在 L^2 中收敛. 设 s_k^n 是 Π_n 中满足 $s_k^n \leqslant s_j < s_{j+1} \leqslant s_{k+1}^n$ 的最右边的分点, 则有

$$\begin{aligned}
V^{(n)}(X)_{s_{j+1}} - V^{(n)}(X)_{s_j} &= (X_{s_{j+1}} - X_{s_k^n})^2 - (X_{s_j} - X_{s_k^n})^2 \\
&= (X_{s_{j+1}} - X_{s_j})(X_{s_{j+1}} + X_{s_j} - 2X_{s_k^n}).
\end{aligned}$$

从而有

$$V^{(n,m)}(V^{(n)})_T \leqslant \sup_j |X_{s_{j+1}} + X_{s_j} - 2X_{s_k^n}|^2 V^{(n,m)}(X)_T.$$

由 Schwarz 不等式得

$$\mathbb{E}[V^{(n,m)}(V^{(n)})_T] \leqslant \left(\mathbb{E}\Big[\sup_j |X_{s_{j+1}} + X_{s_j} - 2X_{s_k^n}|^4\Big]\right)^{1/2} (\mathbb{E}[V^{(n,m)}(X)_T^2])^{1/2}.$$

同理有

$$\mathbb{E}[V^{(n,m)}(V^{(m)})_T] \leqslant \left(\mathbb{E}\Big[\sup_j |X_{s_{j+1}} + X_{s_j} - 2X_{s_k^n}|^4\Big]\right)^{1/2} (\mathbb{E}[V^{(n,m)}(X)_T^2])^{1/2}.$$

最终有

$$\begin{aligned}
\mathbb{E}[(Y_T^{(n,m)})^2] &= \mathbb{E}[V^{(n,m)}(Y)_T] \\
&\leqslant 2\mathbb{E}[V^{(n,m)}(V^{(n)})_T + V^{(n,m)}(V^{(m)})_T] \\
&\leqslant 4\left(\mathbb{E}\Big[\sup_j |X_{s_{j+1}} + X_{s_j} - 2X_{s_k^n}|^4\Big]\right)^{1/2} (\mathbb{E}[V^{(n,m)}(X)_T^2])^{1/2}.
\end{aligned}$$

由于 X 连续和有界, 当 $n, m \to \infty$ 时, 上式右端第一因子趋于零. 因此, 为了证明序列 $V^{(n)}(X)_T$ 在 L^2 中收敛, 只需证明 $\mathbb{E}[V^{(n,m)}(X)_T^2]$ 关于 (n, m) 一致有界. 设 $|X_t| \leqslant C, t \in [0, T]$, 我们有 $\mathbb{E}[V^{(n,m)}(X)_T] = \mathbb{E}[X_T^2] \leqslant C^2$. 另一方面, 由于

$$\begin{aligned}
V^{(n,m)}(X)_T^2 &= \Big(\sum_j (X_{s_j} - X_{s_{j-1}})^2\Big)^2 \\
&= 2\sum_j (V^{(n,m)}(X)_T - V^{(n,m)}(X)_{s_j})(V^{(n,m)}(X)_{s_j} - V^{(n,m)}(X)_{s_{j-1}}) \\
&\quad + \sum_j (X_{s_j} - X_{s_{j-1}})^4.
\end{aligned}$$

对 $s_k \leqslant t$, 利用等式 $\mathbb{E}[V^{(n,m)}(X)_T - V^{(n,m)}(X)_{s_j} | \mathcal{F}_{s_j}] = \mathbb{E}[(X_T - X_{s_j})^2 | \mathcal{F}_{s_j}]$, 我们有

$$\begin{aligned}
\mathbb{E}[V^{(n,m)}(X)_T^2] &= 2\sum_j \mathbb{E}[(X_T - X_{s_j})^2 (V^{(n,m)}(X)_{s_j} - V^{(n,m)}(X)_{s_{j-1}})] \\
&\quad + \sum_j \mathbb{E}[(X_{s_j} - X_{s_{j-1}})^4] \\
&\leqslant 8C^2 \mathbb{E}[V^{(n,m)}(X)_T] + 4C^2 \mathbb{E}[V^{(n,m)}(X)_T] \leqslant 12C^4,
\end{aligned}$$

因此序列 $V^{(n)}(X)_T$ 在 L^2 中收敛.

下面证明 $V^{(n)}(X)_t$ 在 L^2 中关于 $t \in [0, T]$ 一致收敛. 由 Doob 不等式, 有

$$\mathbb{E}\Big[\sup_{s \leqslant T} |V^{(n)}(X)_t - V^{(m)}(X)_t|^2\Big] \leqslant 4\mathbb{E}[|V^{(n)}(X)_T - V^{(m)}(X)_T|^2].$$

从而序列 $V^{(n)}(X)_t$ 在 L^2 中关于 $t \in [0, T]$ 一致收敛, 其极限记为 A_t. 显然对 $s < t$, 有 $A_s \leqslant A_t$, a.s., 且 $(X_t^2 - A_t)$ 为鞅, 从而 (A_t) 的轨道有右连左极修正, 仍然记为 (A_t). 为了证明 $A = \langle X \rangle$, 只需证明增过程 (A_t) 的几乎所有轨道连续. 为此, 选取子列 n_k, 使得

$$\sum_{k=1}^{\infty} 2^k \mathbb{E}[|V^{(n_k)}(X)_T - A_T|] < \infty.$$

由于对每个 n, $(V^{(n)}(X)_t - A_t)$ 为鞅, 由 Doob 极大值不等式有

$$\sum_{n=1}^{\infty} \mathbb{P}\Big[\sup_t |V^{(n_k)}(X)_t - A_t| > 2^{-k}\Big] \leqslant \sum_{n=1}^{\infty} 2^k \mathbb{E}\Big[|V^{(n_k)}(X)_T - A_T|\Big] < \infty.$$

根据 Borel-Cantelli 引理, 在 $[0, T]$ 内 $V^{(n_k)}(X)$ 的几乎所有轨道一致收敛到 A 的轨道, 因此 A 的几乎所有轨道连续.

设 $X = M + V$ 为连续半鞅, 其中 M 为零初值连续有界鞅, V 为零初值连续有限变差过程, 且 V 在 $[0, T]$ 上的全变差 (记为 $\mathrm{Var}_T(V)$) 一致有界. 由于

$$\Big|\sum_j (M_{s_j^{(n)} \wedge t} - M_{s_{j-1}^{(n)} \wedge t})(V_{s_j^{(n)} \wedge t} - V_{s_{j-1}^{(n)} \wedge t})\Big| \leqslant \sup_j |M_{s_j^{(n)} \wedge t} - M_{s_{j-1}^{(n)} \wedge t}| \mathrm{Var}_t(V),$$

$$\Big|\sum_j (V_{s_j^{(n)} \wedge t} - V_{s_{j-1}^{(n)} \wedge t})^2\Big| \leqslant \sup_j |V_{s_j^{(n)} \wedge t} - V_{s_{j-1}^{(n)} \wedge t}| \mathrm{Var}_t(V),$$

故 $V^{(n)}(X)_t$ 与 $V^{(n)}(M)_t$ 之差在 L^2 中收敛于 0, 从而 $V^{(n)}(X)_t$ 在 L^2 中收敛于 $\langle X \rangle_t$. 进一步对任意连续半鞅 $X = M + V$, 选取停时列 $T_n \uparrow \infty$, 使得 M^{T_n} 为零初值连续有界鞅, V^{T_n} 为零初值连续有限变差过程, 由于 $\lim_{n \to \infty} \mathbb{P}(T_n \wedge T = T) = 1$, 且有

$$V^{(n)}(X)_t^{T_n} - \langle X \rangle_t^{T_n} = V^{(n)}(X^{T_n})_t - \langle X^{T_n} \rangle_t,$$

容易推得 $V^{(n)}(X)_t$ 依概率收敛于 $\langle X \rangle_t$. 这一推理方式称为 "停时推理". $\square$

§4.2 关于 Brown 运动的随机积分

设 $(\Omega, \mathcal{F}, (\mathcal{F}_t), \mathbb{P})$ 为一随机基, $(B_t)_{0 \leqslant t \leqslant T}$ 为一 $(\mathcal{F}_t)$-Brown 运动. 1944 年, K. Itô 首次定义了一类可测适应随机过程 θ 关于 Brown 运动的随机积分 $\int_0^t \theta(s) dB_s$, 这里的可测是指关于乘积 σ-代数 $\mathcal{B}([0,T]) \times \mathcal{F}_T$ 可测.

§4.2.1 Wiener 积分

我们首先考虑被积过程为确定性函数情形. 为此先从阶梯函数入手. $[0,T]$ 上的阶梯函数 f 具有如下形式: 设 $0 = t_0 < t_1 < \cdots < t_N = T$ 为区间 $[0,T]$ 的一个有限划分,

$$f(t) = a_0, \quad t \in [0,t_1]; \quad f(t) = a_j, \quad t \in (t_j, t_{j+1}], \quad j = 1, \cdots, N-1,$$

其中 a_j 都为实数. 令

$$I(f) := \sum_{0 \leqslant j \leqslant N-1} a_j (B_{t_{j+1}} - B_{t_j}). \tag{4.2}$$

利用 Brown 运动的独立增量性质, 我们有

$$\sum_{0 \leqslant i,j \leqslant N-1} a_i a_j \mathbb{E}\Big[(B_{t_{i+1}} - B_{t_i})(B_{t_{j+1}} - B_{t_j})\Big] = \sum_{0 \leqslant i \leqslant N-1} a_i^2 (t_{i+1} - t_i).$$

从而有

$$\mathbb{E}\Big[I(f)^2\Big] = \sum_{0 \leqslant j \leqslant N-1} a_j^2 (t_{j+1} - t_j) = \int_0^T f(s)^2 ds. \tag{4.3}$$

由于 $[0,T]$ 上的阶梯函数全体 (记为 H) 构成 Hilbert 空间在 $L^2[0,T]$ 中稠密, 从 (4.3) 可知: 由 (4.2) 定义在 H 上的映射 $f \mapsto I(f)$ 可唯一地扩张成为从 $L^2[0,T]$ 到 $L^2(\Omega, \mathcal{F}, \mathbb{P})$ 中的线性保范映射. 我们称 $I(f)$ 为 f 关于 Brown 运动 (B_t) 在 $[0,T]$ 上的 Wiener 积分.

§4.2.2 Itô 随机积分

简单可测适应过程情形

下面我们考虑一类可测适应过程关于一维 Brown 运动 (B_t) 的随机积分. 为此首先考虑简单可测适应过程情形. 称 $(\theta(t))$ 为 $[0,T]$ 上的简单可测适应过程, 是指存在 $[0,T]$ 的划分: $0 = t_0 < t_1 < \cdots < t_N = T$, 使得

$$\theta(t) = \xi_0, \quad t \in [0,t_1]; \quad \theta(t) = \xi_j, \quad t \in (t_j, t_{j+1}], \quad j = 1, \cdots, N-1,$$

其中 ξ_j 为 $\mathcal{F}_{t_j}$-可测平方可积随机变量. 与 Wiener 积分定义类似, 对简单可测适应过程 θ, 我们自然想到如下定义它关于 Brown 运动 (B_t) 在 $[0,T]$ 上的积分:

$$I(\theta) := \sum_{0 \leqslant j \leqslant N-1} \xi_j (B_{t_{j+1}} - B_{t_j}). \tag{4.4}$$

则有

$$\mathbb{E}\left[I(\theta)^2\right] = \mathbb{E}\left[\sum_{0 \leqslant j \leqslant N-1} \xi_j^2 (t_{j+1} - t_j)\right] = \mathbb{E}\left[\int_0^T \theta(s)^2 ds\right]. \tag{4.5}$$

事实上, 我们有

$$\mathbb{E}\left[\xi_i^2 (B_{t_{i+1}} - B_{t_i})^2\right] = \mathbb{E}\left[\xi_i^2 \mathbb{E}\left[(B_{t_{i+1}} - B_{t_i})^2 \,|\, \mathcal{F}_{t_i}\right]\right] = \mathbb{E}\left[\xi_i^2 (t_{i+1} - t_i)\right].$$

而对 $i < j$, 我们有

$$\mathbb{E}\left[\xi_i \xi_j (B_{t_{i+1}} - B_{t_i})(B_{t_{j+1}} - B_{t_j})\right] = \mathbb{E}\left[\xi_i \xi_j (B_{t_{i+1}} - B_{t_i}) \mathbb{E}\left[(B_{t_{j+1}} - B_{t_j}) \,|\, \mathcal{F}_{t_j}\right]\right] = 0.$$

下面我们定义简单可测适应过程的不定积分, 即积分上限 t 可以在 $[0,T]$ 中变动. 对任意 $t_k < t \leqslant t_{k+1}$, 令

$$I_t(\theta) := \int_0^t \theta(s) dB_s = \sum_{0 \leqslant j \leqslant k-1} \xi_j (B_{t_{j+1}} - B_{t_j}) + \xi_k (B_t - B_{t_k}).$$

显然, 对任意 $t \in [0,T]$, 上述表达式可写成

$$I_t(\theta) = \sum_{0 \leqslant j \leqslant N} \xi_j (B_{t_{j+1} \wedge t} - B_{t_j \wedge t}). \tag{4.6}$$

它是一有连续轨道的适应过程. 由 (4.5) 有

$$\mathbb{E}\left[\left(\int_0^t \theta(s) dB_s\right)^2\right] = \mathbb{E}\left[\int_0^t \theta(s)^2 ds\right]. \tag{4.7}$$

此外, 由于对任何 $0 \leqslant s < t$, $B_t - B_s$ 与 $\mathcal{F}_s$ 独立, 容易证明过程 $\int_0^t \theta(s) dB_s$ 关于 $(\mathcal{F}_t)$ 为一鞅.

$\mathcal{H}^2[0,T]$ **情形**

现在我们用 $\mathcal{L}$ 表示 $[0,T]$ 上所有可测适应过程全体. 令

$$\mathcal{H}^2[0,T] = \left\{\theta : \theta \in \mathcal{L}, \ |\theta|_{\mathcal{H}}^2 := \mathbb{E}\left[\int_0^T \theta(s)^2 ds\right] < \infty\right\}.$$

引理 4.7 设 $\theta \in \mathcal{H}^2[0,T]$, 则存在一列简单可测适应过程 (θ^n) 使得

$$\lim_{n \to \infty} \mathbb{E}\left[\int_0^T |\theta(s) - \theta^n(s)|^2 ds\right] = 0.$$

证明 设 $\theta \in \mathcal{H}^2[0,T]$, 定义 θ 的范数为 $|\theta|_{\mathcal{H}}$. 令 $h_n(s) = (-n) \vee \theta(s) \wedge n$, 则易知 $\lim_{n \to \infty} |\theta - h_n|_{\mathcal{H}} = 0$, 因此不妨假定 θ 有界. 任取一列支撑在 $[-1/n, 0]$ 中的连续概率密度函数 p_n, 令

$$g_n(t, \omega) = \int_0^t p_n(s - t)\theta(s, \omega)ds, \quad t \in [0, T],$$

则 g_n 为有界可测适应连续过程, 且有 $\lim_{n \to \infty} |\theta - g_n|_{\mathcal{H}} = 0$. 因此, 为证引理, 我们可进一步假定 θ 为有界可测适应连续过程. 这时任取 $[0, T]$ 的一列划分: $\Pi_n = \{t_0^n, \cdots, t_{k_n}^n\}$, $0 = t_0^n < t_1^n < \cdots < t_{k_n}^n = T$, 使得当 $n \to \infty$ 划分步长 $\delta(\Pi_n) = \max_i |t_i^n - t_{i-1}^n|$ 趋于 0. 令 $\theta^n(0, \omega) = \theta(0, \omega)$,

$$\theta^n(t, \omega) = \sum_{j=0}^{k_n - 1} \theta(t_j^n, \omega) I_{(t_j^n, t_{j+1}^n]}(t), \quad t > 0,$$

则容易看出, 我们有 $\lim_{n \to \infty} |\theta - \theta^n|_{\mathcal{H}} = 0$. $\qquad\square$

根据引理 4.7, 可以利用 (4.7) 把随机积分的定义扩展到被积过程为 $\mathcal{H}^2[0,T]$ 中的元素, 且有

$$\mathbb{E}\left[\left(\int_0^t \theta(s)dB_s\right)^2\right] = \mathbb{E}\left[\int_0^t \theta(s)^2 ds\right]. \tag{4.8}$$

得到的不定积分 $I_t(\theta) = \displaystyle\int_0^t \theta(s)dB_s$ 关于 $(\mathcal{F}_t)$ 为一鞅. 由于 $(\mathcal{F}_t)$ 右连续, 于是根据定理 4.1, 我们可以选取鞅 $(I_t(\theta))$ 一个轨道右连续版本.

下面我们进一步证明

定理 4.8 设 $\theta \in \mathcal{H}^2[0,T]$, 不定积分 $I_t(\theta)$ 的右连续版本实际上是一连续鞅.

证明 选取一列简单过程 (θ^n), 使得

$$\mathbb{E}[(I_T(\theta^n) - I_T(\theta))^2] = \mathbb{E}\left[\int_0^T |\theta^n(s) - \theta(s)|^2 ds\right] \leqslant \frac{1}{n^2}, \quad n \geqslant 1. \tag{4.9}$$

由于 $(|I_t(\theta^n) - I_t(\theta)|)$ 为一非负右连续下鞅, 故由 Doob 不等式得

$$\mathbb{E}\left[\sum_{n=1}^{\infty} \sup_{0 \leqslant t \leqslant T} |I_t(\theta^n) - I_t(\theta)|^2\right] \leqslant 4 \sum_{n=1}^{\infty} \mathbb{E}[|I_T(\theta^n) - I_T(\theta)|^2] < \infty.$$

特别有

$$\sum_{n=1}^{\infty} \sup_{0\leqslant t\leqslant T} |I_t(\theta^n) - I_t(\theta)|^2 < \infty, \quad \text{a.s.,}$$

这蕴含过程 $(I_t(\theta^n))$ 的几乎所有轨道在 $[0,T]$ 上一致收敛到过程 $(I_t(\theta))$, 从而随机过程 $(I_t(\theta))$ 的几乎所有轨道连续. □

注 我们称连续鞅 $(I_t(\theta))$ 为 θ 关于 Brown 运动 (B_t) 的随机积分或 Itô 积分, 也记为 $\int_0^t \theta(s)dB_s$, 或 $(\theta.B)_t$. 显然 Itô 积分关于被积过程具有线性性.

下面的定理表明, 一类特殊的连续过程在有限区间上的 Itô 积分可作为黎曼和的 L^2-极限而得到.

> **定理 4.9** 令 (B_t) 为一维 $(\mathcal{F}_t)$-Brown 运动, $\Pi_n = \{t_0^n, \cdots, t_{k_n}^n\}$, $0 = t_0^n < t_1^n < \cdots < t_{k_n}^n = t$ 为 $[0,t]$ 的划分, 使得 $n \to \infty$ 时划分的步长 $\delta(\Pi_n)$ 趋于 0. 如果 θ 为 $\mathcal{H}^2[0,t]$ 中 $(\mathcal{F}_t)$-适应连续过程, 使得 $\mathbb{E}\left[\sup_{0\leqslant s\leqslant t} |\theta(s)|^2\right] < \infty$, 则当 $n \to \infty$, 划分 (Π_n) 上的黎曼和 $\sum_{i=1}^{k_n} \theta(t_{i-1}^n)(B_{t_i^n} - B_{t_{i-1}^n})$ 在 L^2 中收敛于 Itô 积分 $\int_0^t \theta(s)dB_s$.

证明 令

$$\theta^n(s) = \sum_{i=1}^{k_n} \theta(t_{i-1}^n)I_{[t_{i-1}<s\leqslant t_i^n]}, \quad s \leqslant t.$$

容易看出

$$\lim_{n\to\infty} \mathbb{E}\left[\int_0^t |\theta(s) - \theta^n(s)|^2 ds\right] = 0,$$

从而由 (4.8) 推得定理结论. □

随机积分的进一步推广

下面我们进一步推广随机积分的定义. 设 $U \leqslant V$ 为两个停时, 且 $V \leqslant T$. 令

$$]\!]U,V]\!] = \{(\omega,t) \in \Omega \times \mathbb{R}_+ : U(\omega) < t \leqslant V(\omega)\}.$$

我们首先证明 Itô 积分具有如下的 "局部性": 如果 $\theta \in \mathcal{H}^2[0,T]$, S 为一停时, $S \leqslant T$, 则有

$$(\theta.B)_{t\wedge S} = ((\theta I_{]\!]0,S]\!]}).B)_t. \tag{4.10}$$

为此, 设 U 和 V 是两个停时, 且 $U \leqslant V \leqslant T$, ξ 为一 $\mathcal{F}_U$ 可测的平方可积随机变量, $\theta = \xi I_{]\!]U,V]\!]}$, 显然 $\theta \in \mathcal{H}^2[0,T]$. 下式表明 (4.10) 对这一形式的 θ 成立,

$$\int_0^t \theta(s)dB_s = \xi(B_{t \wedge V} - B_{t \wedge U}). \tag{4.10'}$$

$\forall n \geqslant 1, \exists k_n$, 使得 $k_n/2^n \leqslant T < (k_n+1)/2^n$. 令

$$U_n = \sum_{k=1}^{k_n} \frac{k}{2^n} I_{[\frac{k-1}{2^n} \leqslant U < \frac{k}{2^n}]} + T I_{[k_n/2^n \leqslant U \leqslant T]},$$

$$V_n = \sum_{k=1}^{k_n} \frac{k}{2^n} I_{[\frac{k-1}{2^n} \leqslant V < \frac{k}{2^n}]} + T I_{[k_n/2^n \leqslant V \leqslant T]}.$$

则 U_n, V_n 为停时, $\theta^n := \xi I_{]\!]U_n,V_n]\!]}$ 为一列简单可测适应过程, 满足

$$\lim_{n \to \infty} \mathbb{E}\left[\int_0^T |\theta(s) - \theta^n(s)|^2 ds\right] = 0.$$

由 (4.6) 容易看出

$$\int_0^t \theta^n(s)dB_s = \xi(B_{t \wedge V_n} - B_{t \wedge U_n}),$$

即 (4.10′) 对 θ^n 成立. 于是由 (4.8) 知, 对 $\theta = \xi I_{]\!]U,V]\!]}$ (4.10′) 也成立, 从而 (4.10) 成立. 由于对任一简单可测适应过程 θ 和任一停时 $S \leqslant T$, $\theta I_{]\!]0,S]\!]}$ 可以表示为形如 $\xi I_{]\!]U,V]\!]}$ 的线性组合, 从而 (4.10) 对简单可测适应过程 θ 成立, 进一步由 (4.8) 推知对任意 $\theta \in \mathcal{H}^2[0,T]$, (4.10) 也成立.

现在令

$$\mathcal{L}^2[0,T] = \left\{\theta : \theta \in \mathcal{L}, \int_0^T \theta(s)^2 ds < \infty\right\},$$

$$\mathcal{L}^1[0,T] = \left\{\theta : \theta \in \mathcal{L}, \int_0^T |\theta(s)| ds < \infty\right\}.$$

如果 $\theta \in \mathcal{L}^2[0,T]$, 令

$$V_n = \inf\left\{t \in [0,T] : \int_0^t \theta(s)^2 ds \geqslant n\right\} \wedge T,$$

则 V_n 为停时, $V_n \uparrow T$, 并且对 $\omega \in \Omega$, 存在 $N(\omega)$, 使得 $\forall n \geqslant N(\omega)$, 有 $V_n(\omega) = T$. 于是利用前面证明的 Itô 积分的 "局部性", 我们通过令 $(\theta.B)_{t \wedge V_n} = (\theta I_{]\!]0,V_n]\!]}.B)_t$

就可以唯一地定义 θ 关于 B 的在 $[0,T]$ 上的不定随机积分 $((\theta.B)_t)$, 它为 $[0,T]$ 上的连续局部鞅.

如果 $\theta \in \mathcal{L}^2[0,\infty)$, 即 θ 为一可测适应过程, 使得 $\int_0^t |\theta(s)|^2 ds < \infty$, $\forall t > 0$, 令

$$V_n = \inf \left\{ t \in [0,\infty) : \int_0^t \theta(s)^2 ds \geqslant n \right\},$$

则 V_n 为停时, $V_n \uparrow +\infty$. 利用 Itô 积分的 "局部性", 通过 Itô 积分序列 $(\theta I_{]\!]0,V_n]\!]}).B$ 可以唯一地定义 θ 关于 B 的在 $[0,\infty)$ 上的随机积分 $\theta.B$, 它为 $[0,\infty)$ 上的局部鞅.

最后, 令 $B = (B^1, \cdots, B^d)^\tau$ 为一 d 维 $(\mathcal{F}_t)$-Brown 运动, $H = (H^1, \cdots, H^d)^\tau$ 为 $(\mathcal{L}^2[0,\infty))^d$ 中 $\mathbb{R}^d$-值过程. 我们可以如下定义 H 关于 B 的随机积分为 (记为 $H.B$)

$$\int_0^t H_s^\tau dB_s = \sum_{j=1}^d \int_0^t H_s^j dB_s^j.$$

下一定理给出了随机积分的二次变差过程的表达式.

定理 4.10　设 $\theta, \psi \in \mathcal{L}^2[0,\infty)$, 则 $\theta.B$ 和 $\psi.B$ 的二次协变差过程为

$$\langle \theta.B, \psi.B \rangle_t = \int_0^t \theta(s)\psi(s)ds. \tag{4.11}$$

证明　不妨假定 $\theta, \psi \in \mathcal{H}^2[0,T]$, $T > 0$. 如果 θ, ψ 是有界简单可测适应过程, 则可以证明 $(\theta.B)_t(\psi.B)_t - \int_0^t \theta(s)\psi(s)ds$ 为一鞅, 由此通过极限过渡容易证明: 对 $\theta, \psi \in \mathcal{H}^2[0,T]$, $(\theta.B)_t(\psi.B)_t - \int_0^t \theta(s)\psi(s)ds$ 也为鞅, 故 (4.11) 得证.　$\square$

§4.3　Itô 公式、Girsanov 定理和鞅表示定理

如果一过程具有形式

$$X_t = X_0 + \int_0^t \theta^\tau(s)dB_s + \int_0^t \phi(s)ds,$$

其中 X_0 为 $\mathcal{F}_0$-可测, $\theta \in \mathcal{L}^2[0,\infty)^d, \phi \in \mathcal{L}^1[0,\infty)$, 则称它为 Itô 过程. 由定理 4.2 知, 有限变差连续局部鞅恒等于它的初始值, 因此 Itô 过程的上述分解 (称为典则分解) 是唯一的. 特别地, 如果 Itô 过程 (X_t) 为局部鞅, 则由定理 4.2 知, 上述分解中的有限变差项为零.

一个最简单 Itô 过程就是所谓的带漂移的广义 Brown 运动:

$$X_t = X_0 + \int_0^t b(s)ds + \int_0^t a(s)dB_s,$$

其中 a 和 b 为确定性实值函数, (B_t) 为一维 Brown 运动, X_0 为一常数. 容易知道 (X_t) 为 Gauss 过程和 Markov 过程, 其转移密度函数为

$$p(s,x;t,y) = \left[2\pi \int_s^t a^2(u)du\right]^{-\frac{1}{2}} \exp\left\{-\frac{\left(y - x - \int_s^t b(u)du\right)^2}{2\int_s^t a^2(u)du}\right\}.$$

§4.3.1 Itô 公式

令 (X_t) 为 (4.11) 给出的 Itô 过程, (H_t) 为可测适应过程且使得 $H\theta \in \mathcal{L}^2[0,T]^d$ 和 $H\phi \in \mathcal{L}^1[0,T]$. 则可定义 H 关于 Itô 过程 X 的随机积分为

$$\int_0^t H_s dX_s = \int_0^t H_s\theta(s)dB_s + \int_0^t H_s\phi(s)ds, \quad 0 \leqslant t \leqslant T.$$

下面定理为 Itô 过程提供了变量替换公式, 称为 Itô 公式, 它是 Itô 微积分中非常有用的工具.

定理 4.11　设 $B = (B^1, \cdots, B^d)^\tau$ 为 d 维 $(\mathcal{F}_t)$-Brown 运动, $X = (X^1, \cdots, X^m)$ 为 $\mathbb{R}^m$-值 Itô 过程, 且

$$X_t^i = X_0^i + \sum_{j=1}^d \int_0^t \theta_j^i(s)dB_s^j + \int_0^t \phi^i(s)ds, \quad 1 \leqslant i \leqslant m. \tag{4.12}$$

如果 $F = F(x)$ 为 $\mathbb{R}^m$ 上的函数, 且关于 x 二次连续可微, 那么有

$$F(X_t) = F(X_0) + \sum_{i=1}^m \int_0^t \frac{\partial F}{\partial x_i}(X_s)dX_s^i$$

$$+ \frac{1}{2}\sum_{i,k=1}^m \int_0^t \frac{\partial^2 F}{\partial x_i x_k}(X_s)d\langle X^i, X^k\rangle_s, \tag{4.13}$$

其中

$$\langle X^i, X^k\rangle_t = \sum_{j=1}^d \int_0^t \theta_j^i(s)\theta_j^k(s)ds$$

为 X^i 和 X^k 的二次协变差过程 (见定理 4.10).

进一步, 如果 $f = f(t,x)$ 为 $\mathbb{R}_+ \times \mathbb{R}^m$ 上的函数, 且关于 x 二次连续可微, 关于 t 连续可微, 那么有

$$f(t, X_t) = f(0, X_0) + \int_0^t \frac{\partial f}{\partial s}(s, X_s)ds + \sum_{i=1}^m \int_0^t \frac{\partial f}{\partial x_i}(s, X_s)dX_s^i$$

$$+ \frac{1}{2} \sum_{i,k=1}^m \int_0^t \frac{\partial^2 f}{\partial x_i x_k}(s, X_s)d\langle X^i, X^k \rangle_s. \tag{4.14}$$

为了证明 Itô 公式, 我们先证明它的一个特例, 即所谓的分部积分公式.

定理 4.12 设 X 和 Y 为两个 Itô 过程. 则

$$X_t Y_t = X_0 Y_0 + \int_0^t X_s dY_s + \int_0^t Y_s dX_s + \langle X, Y \rangle_t. \tag{4.15}$$

证明 只需对 $X = Y$ 的情形证明 (4.15), 即证明

$$X_t^2 = X_0^2 + 2 \int_0^t X_s dX_s + \langle X \rangle_t. \tag{4.15'}$$

设

$$\tau_n : 0 = t_0^n < t_1^n < \cdots < t_{m(n)}^n = t$$

为 $[0, t]$ 的一列有限分割, 且 $\delta(\tau_n) \to 0$, 则

$$X_t^2 - X_0^2 = \sum_i (X_{t_{i+1}^n}^2 - X_{t_i^n}^2)$$

$$= 2 \sum_i X_{t_i^n}(X_{t_{i+1}^n} - X_{t_i^n}) + \sum_i (X_{t_{i+1}^n} - X_{t_i^n})^2$$

$$= 2((H^{(n)}.X)_t - X_0^2) + \sum_i (X_{t_{i+1}^n} - X_{t_i^n})^2,$$

其中

$$H^{(n)} = X_0 I_{[\![0]\!]} + \sum_i X_{t_i^n} I_{]\!]t_i^n - t_{i+1}^n]\!]}.$$

由定理 4.6 知, 当 $n \to \infty$ 时, $\sum_i (X_{t_{i+1}^n} - X_{t_i^n})^2$ 依概率收敛于 $\langle X \rangle_t$. 另一方面, 容易证明: 如果过程

$$X_t = X_0 + \int_0^t \theta(s)dB_s + \int_0^t \phi(s)ds$$

一致有界, 并且 $\theta \in \mathcal{H}^2[0,t], \phi \in \mathcal{L}^1[0,t], \mathbb{E}\left[\int_0^t |\phi(s)|ds\right] < \infty$, 则 $(H^{(n)}.X)_t$ 在 L^1 中收敛于 $(X.X)_t$. 由此用停时推理 (见定理 4.6 的证明) 可以进一步证明: 在一般情形下, $H^{(n)}.X_t$ 依概率收敛于 $(X.X)_t$, 故有 (4.15′). 定理证毕. $\quad\square$

定理 4.11 的证明　不妨设 $X^1, \cdots, X^d$ 均为有界 Itô 过程, $|X^j| \leqslant C, j = 1, \cdots, d$, 其中 C 为一常数. 取一列 $\mathbb{R}^d$ 上的多项式 (F_n), 使得 $F_n, D_j F_n, D_{ij} F_n$ 在 $[-C, C]^d$ 上分别一致收敛于 $F, D_j F, D_{ij} F, i, j = 1, \cdots, d$. 如果 (4.13) 对每个 F_n 成立, 则 (4.13) 对 F 也成立. 因此, 只需对 F 为一个 $\mathbb{R}^d$ 上的多项式情形证明 (4.13).

若 $F(x^1, \cdots, x^d) = x^i x^j$, (4.13) 即为 (4.15). 由归纳法, 只需证明: 若 (4.13) 对某个多项式 F 成立, 则 (4.13) 对多项式

$$G(x^1, \cdots, x^d) = x^i F(x^1, \cdots, x^d)$$

也成立. 事实上, 由于

$$\langle X^i, F(X)\rangle_t = \sum_{k=1}^m \int_0^t \frac{\partial F}{\partial x_k}(X_s) d\langle X^i, X^k\rangle_s,$$

$$\frac{\partial G}{\partial x^k} = x^i \frac{\partial F}{\partial x^k}, \ \forall k \neq i; \quad \frac{\partial G}{\partial x^i} = F + x^i \frac{\partial F}{\partial x^i},$$

我们有

$$
\begin{aligned}
G(X_t) - G(X_0) &= X_t^i F(X_t) - X_0^i F(X_0) \\
&= \int_0^t X_s^i dF(X_s) + \int_0^t F(X_s) dX_s^i + \langle X^i, F(X)\rangle_t \\
&= \sum_{j=1}^d \int_0^t \frac{\partial G}{\partial x^j}(X_s) dX_s^j + \frac{1}{2} \sum_{j,k=1}^m \int_0^t \frac{\partial^2 G}{\partial x_j x_k}(X_s) d\langle X^j, X^k\rangle_s,
\end{aligned}
$$

即 (4.13) 对 G 成立. (4.14) 的证明留给读者. $\quad\square$

注　这里的证明源于 Dellacherie and Meyer(1982), 参见 Revuz and Yor (1999).

§4.3.2 Brown 运动的 Lévy 鞅刻画

利用 Itô 公式可证明如下 Brown 运动的 Lévy 鞅刻画.

定理 4.13　设 (B_t) 为 $\mathbb{R}^d$-值 $(\mathcal{F}_t)$-适应连续过程, $B_0 = 0$. 则 B 为 $(\mathcal{F}_t)$-Brown 运动, 当且仅当每个 (B_t^i) 为一局部鞅, 且对所有 i, j, $(B_t^i B_t^j - \delta_{ij}t)$ 为局部鞅.

证明　必要性由定理 4.5 推得. 往证充分性. 假设对任何 $1 \leqslant i, j \leqslant d, (B_t^i)$ 和 $(B_t^i B_t^j - \delta_{ij} t)$ 为局部鞅. 则 $\langle B^i, B^j \rangle_t = \delta_{ij} t$. 设 $u \in \mathbb{R}^d$. 令

$$Z_t = \exp\left\{ i \sum_{j=1}^{d} u_j B_t^j + \frac{|u|^2}{2} t \right\}.$$

则由 Itô 公式有

$$Z_t = 1 + \frac{|u|^2}{2} \int_0^t Z_s ds + i \sum_{j=1}^{d} u_j \int_0^t Z_s dB_s^j - \frac{1}{2} \sum_{j,k=1}^{d} u_j u_k \int_0^t Z_s d\langle B^j, B^k \rangle_s$$

$$= 1 + i \sum_{j=1}^{d} u_j \int_0^t Z_s dB_s^j.$$

因此 (Z_t) 为一复值局部鞅. 由于 $|Z_t| \leqslant \exp\left\{ \dfrac{|u|^2}{2} t \right\}$, (Z_t) 实为鞅. 因此, $\forall s < t$,

$$\mathbb{E}\left[\exp\left\{ i \sum_{j=1}^{d} u_j (B_t^j - B_s^j) \right\} \Bigg| \mathcal{F}_s \right] = \exp\left\{ -\frac{|u|^2}{2} (t - s) \right\}.$$

这表明 $B_t^j - B_s^j$ 与 $\mathcal{F}_s$ 独立, 且 $B_t^j - B_s^j$ 为均值为 0 方差为 $t - s$ 的正态随机变量. 因此 B 为 $(\mathcal{F}_t)$-Brown 运动.　　　　　　　　　　　　□

§4.3.3　Brown 运动的反射原理

设 (B_t) 为一维 Brown 运动, T 为一停时. 令

$$\widetilde{B}_t = B_t I_{[t < T]} + (2B_T - B_t) I_{[t \geqslant T]} = 2B_{T \wedge t} - B_t.$$

由 (4.10) 有

$$\widetilde{B}_t = \int_0^t H_s dB_s,$$

其中 $H = 2I_{[\![0,T]\!]} - 1$ 为可料过程, $|H| = 1$. 故由分部积分公式得

$$\widetilde{B}_t^2 - t = 2 \int_0^t \widetilde{B}_s H_s dB_s.$$

因此 $(\widetilde{B}_t)$ 和 $(\widetilde{B}_t^2 - t)$ 都为局部鞅. 于是由 Brown 运动的 Lévy 鞅刻画知, $(\widetilde{B}_t)$ 为一标准 Brown 运动. 该结果称为 Brown 运动的反射原理.

特别, 设 $x \in \mathbb{R}$, $T_x = \inf\{t \geqslant 0 : B_t = x\}$. 令

$$B_t^x = B_t I_{[t < T_x]} + (2x - B_t) I_{[t \geqslant T_x]},$$

则 (B_t^x) 为一标准 Brown 运动.

§4.3.4 随机指数和 Novikov 定理

下一定理为 Itô 公式的简单应用.

定理 4.14 设 X 为 Itô 过程, $X_0 = 0$. 令

$$\mathcal{E}(X)_t = \exp\left\{X_t - \frac{1}{2}\langle X, X\rangle_t\right\}. \tag{4.16}$$

则

$$\mathcal{E}(X)_t = 1 + \int_0^t \mathcal{E}(X)_s dX_s.$$

称 $\mathcal{E}(X)_t$ 为 X 的随机指数. 表达式 (4.16) 称为 Doléans (指数) 公式. 特别地, 如果 X 为一局部鞅, 则 $\mathcal{E}(X)$ 是一局部鞅和严格正上鞅.

证明 对函数 e^x 和 Itô 过程 $Y_t = X_t - \frac{1}{2}\langle X, X\rangle_t$ 应用 Itô 公式, 容易验证

$$\exp Y_t = 1 + \int_0^t \exp Y_s dX_s. \qquad \Box$$

下一定理源于 Novikov (1972).

定理 4.15 (Novikov 定理) 设 (B_t) 为 d 维 Brown 运动. 如果 $\theta \in (\mathcal{L}^2[0, T])^d$ 且满足 Novikov 条件

$$\mathbb{E}\left[\exp\left(\frac{1}{2}\int_0^T |\theta(s)|^2 ds\right)\right] < \infty, \tag{4.17}$$

那么 $\mathcal{E}(\theta.B)$ 为鞅 (或等价地, $\mathbb{E}[\mathcal{E}(\theta.B)_T] = 1$).

证明 如下简单证明方法源于 Yan (1980b). 令 $0 < a < 1$. 我们有

$$\mathcal{E}(a\theta.B)_t = \exp\left\{a(\theta.B)_t - \frac{1}{2}a^2\int_0^t |\theta(s)|^2 ds\right\}$$

$$= \mathcal{E}(\theta.B)_t^a \exp\left\{\frac{a(1-a)}{2}\int_0^t |\theta(s)|^2 ds\right\}.$$

对任何停时 $\tau \leqslant T$ 和任何 $A \in \mathcal{F}_T$, 根据 Hölder 不等式有

$$\mathbb{E}[I_A \mathcal{E}(a\theta.B)_\tau] \leqslant \left(\mathbb{E}[\mathcal{E}(\theta.B)_\tau]\right)^a \left(\mathbb{E}\left[I_A \exp\left\{\frac{a}{2}\int_0^\tau |\theta(s)|^2 ds\right\}\right]\right)^{1-a}$$

$$\leqslant \left(\mathbb{E}\left[I_A \exp\left\{\frac{1}{2}\int_0^T |\theta(s)|^2 ds\right\}\right]\right)^{1-a}.$$

这表明 $\mathcal{E}(a\theta.B)$ 为 $[0,T]$ 上的一致可积鞅. 在上述第一个不等式中取 $A = \Omega$ 和 $\tau = T$, 并令 a 趋于 1, 得 $\mathbb{E}[\mathcal{E}(\theta.B)_T] \geqslant 1$. 由于 $\mathcal{E}(\theta.B)$ 为非负上鞅, 从而有 $\mathbb{E}[\mathcal{E}(\theta.B)_T] = 1$ 和 $\mathcal{E}(\theta.B)$ 为一鞅. □

注　(1) 运用上述同样的证明方法可得如下更一般的结论: 设 M 为一连续局部鞅, $M_0 = 0$. 如果 $\mathbb{E}\left[\exp\left\{\frac{1}{2}\langle M\rangle_T\right\}\right] < \infty$, 那么 $\mathcal{E}(M)_t, 0 \leqslant t \leqslant T$ 为一鞅.

(2) 由定理的证明看出 (见 Yan (1980b)): Novikov 条件可以减弱为

$$\lim_{a\uparrow 1}\left(\mathbb{E}\left[\exp\left\{\frac{a}{2}\int_0^T |\theta(s)|^2 ds\right\}\right]\right)^{1-a} = 1.$$

(3) 设 M 为一连续局部鞅, $M_0 = 0$. 假设 $\langle M\rangle_t \leqslant ct$, 则从上述结论可得如下所谓的指数不等式 (见 McKean(1969)): 对任何 $a > 0$,

$$\mathbb{P}[\sup_{s\leqslant t} M_s \geqslant at] \leqslant \exp(-a^2 t/2c). \tag{4.18}$$

事实上, 注意到对任何 $\alpha > 0$, $\mathbb{E}[\mathcal{E}(\alpha M)_t] = 1$, 根据 Doob 极大值不等式有

$$\mathbb{P}\left[\sup_{s\leqslant t} M_s \geqslant at\right] \leqslant \mathbb{P}\left[\sup_{s\leqslant t}\exp\left\{\alpha M_s - \frac{1}{2}\alpha^2\langle M\rangle_s\right\} \geqslant \exp\left(\alpha at - \frac{1}{2}\alpha^2\langle M\rangle_t\right)\right]$$

$$\leqslant \mathbb{P}\left[\sup_{s\leqslant t}\mathcal{E}(\alpha M)_s \geqslant \exp\left(\alpha at - \frac{1}{2}\alpha^2 ct\right)\right]$$

$$\leqslant \exp\left(-\alpha at + \frac{1}{2}\alpha^2 ct\right).$$

然而, 由于 $\inf_{\alpha>0}\left(-\alpha at + \frac{1}{2}\alpha^2 ct\right) = -\frac{a^2 t}{2c}$, 故得 (4.18).

§4.3.5　Girsanov 定理

下一定理描述了等价概率测度改变下的 Brown 运动结构.

定理 4.16 (Girsanov 定理) 设 $(B_t)_{0\leqslant t\leqslant T}$ 为一 d 维 $(\mathcal{F}_t)$-Brown 运动. 令 $\mathbb{P}^*$ 是由 $\dfrac{d\mathbb{P}^*}{d\mathbb{P}}\Big|_{\mathcal{F}_T} = \mathcal{E}(\theta.B)_T$ 定义的与 $\mathbb{P}$ 等价的概率测度. 如果 $\theta \in (\mathcal{L}^2[0,T])^d$ 和 $\mathbb{E}[\mathcal{E}(\theta.B)_T] = 1$, 则在 $\mathbb{P}^*$ 下, $B_t^* = B_t - \displaystyle\int_0^t \theta(s)ds$ 为一 d 维 $(\mathcal{F}_t)$-Brown 运动.

证明 我们采用 Lamberton and Lapeyre (1996) 中的证明. 将 $\mathcal{E}(\theta.B)_t$ 记为 L_t. 对每个 $1 \leqslant i \leqslant d$, 我们有

$$\langle B^{*i}, L \rangle_t = \langle B^i, L \rangle_t = \int_0^t L_s \theta^i(s)ds.$$

并利用分部积分公式, 有

$$\begin{aligned} B_t^{*i}L_t &= \int_0^t L_s(dB_s^i - \theta^i(s)ds) + \int_0^t B_s^{*i}dL_s + \langle B^{*i}, L \rangle_t \\ &= \int_0^t L_s dB_s^i + \int_0^t B_s^{*i}dL_s. \end{aligned}$$

因此 $(B_t^{*i}L_t)$ 为 $\mathbb{P}$-局部鞅. 这意味着 (B_t^{*i}) 为 $\mathbb{P}^*$-局部鞅. 同样能够证明 $(B_t^{*i}B_t^{*j} - \delta_{ij}t)L_t$ 为 $\mathbb{P}$-局部鞅. 这意味着 $(B_t^{*i}B_t^{*j} - \delta_{ij}t)$ 为 $\mathbb{P}^*$-局部鞅. 因此, 根据 Brown 运动的鞅刻画 (定理 4.12), B^* 为 $\mathbb{P}^*$ 下的 Brown 运动. $\square$

注 1 由 Girsanov 定理, 在概率测度的等价改变下, 原测度下的半鞅在新测度下仍然为半鞅. 可以证明, 这时关于半鞅的随机积分在概率的等价改变下不变.

注 2 作为 Girsanov 定理的一个应用, 我们得到如下公式: $\forall t \in [0,T]$,

$$\mathbb{E}[f(B_t^*)g(B_T^*)] = \mathbb{E}[\mathcal{E}(-\theta.B)_T f(B_t)g(B_T)],$$

其中 f 为 $C([0,T], \mathbb{R}^d)$ 上的一 Borel 函数, $C([0,T], \mathbb{R}^d)$ 表示 $[0,T]$ 上的 $\mathbb{R}^d$-值连续函数全体, g 为 $\mathbb{R}^d$ 上一 Borel 函数. 事实上, 利用条件期望 Bayes 法则 (定理 1.11) 我们得到

$$\begin{aligned} \mathbb{E}[f(B_t^*)g(B_T^*)] &= \mathbb{E}^*\left[\left(\frac{d\mathbb{P}^*}{d\mathbb{P}}\Big|_{\mathcal{F}_T}\right)^{-1} f(B_t^*)g(B_T^*) \right] \\ &= \mathbb{E}^*[\mathcal{E}(-\theta.B^*)_T f(B_t^*)g(B_T^*)]. \end{aligned}$$

由于 (B_t^*) 在 $\mathbb{P}^*$ 下为 Brown 运动, 故有前面的公式成立.

鞅表示定理

下面为 Brown 运动的鞅表示定理. 证明是根据文献 Revuz and Yor(1999).

定理 4.17　设 (B_t) 为 $[0, T]$ 上一 d 维 Brown 运动,$(\mathcal{F}_t^B)$ 为其自然 σ-代数流. 则 (B_t) 关于 $(\mathcal{F}_t^B)$ 具有**鞅表示性**, 即对任何 $[0, T]$ 上的关于 $(\mathcal{F}_t^B)$ 的局部鞅 M, 都存在某一 $\theta \in (\mathcal{L}^2[0, T])^d$, 使得

$$M_t = M_0 + \int_0^t \theta(s) dB_s, \quad 0 \leqslant t \leqslant T. \tag{4.19}$$

而且, 这样的 θ 关于测度 $\mathbb{P} \times \lambda$ 是唯一的, 其中 λ 为 $[0, T]$ 上的 Lebesgue 测度. 特别地, 任何关于 $(\mathcal{F}_t^B)$ 的局部鞅都是轨道连续的.

证明　首先我们证明对任何随机变量 $\xi \in L^2(\Omega, \mathcal{F}_T^B, \mathbb{P})$, 存在一 $\mathbb{R}^d$-值适应过程 $f \in (\mathcal{H}^2[0, T])^d$ 使得

$$\xi = \mathbb{E}[\xi] + \int_0^T f(s) dB_s, \quad \mathbb{E}\Big[(\xi - \mathbb{E}[\xi])^2\Big] = \sum_{i=1}^d \mathbb{E}\Big[\int_0^T f^i(s)^2 ds\Big].$$

容易证明 $\mathcal{G} = \{c + (f.B)_T : c \in \mathbb{R}, \ f \in (\mathcal{H}^2[0, T])^d\}$ 为 Hilbert 空间 $L^2(\Omega, \mathcal{F}_T^B, \mathbb{P})$ 的一闭子空间. 为了证明 $\mathcal{G} = L^2(\Omega, \mathcal{F}_T^B, \mathbb{P})$, 只需证明存在 $\mathcal{G}$ 中的一子空间 $\mathcal{G}_0$ 使得它在 $L^2(\Omega, \mathcal{F}_T^B, \mathbb{P})$ 中稠密. 为了证明这点, 令 $\mathcal{K}$ 表示所有具有 $\mathcal{E}(\theta.B)_T$ 这种形式的随机变量全体, 其中 θ 为 $\mathbb{R}^d$ 值右连续阶梯函数, 并令 $\mathcal{G}_0$ 表示由 $\mathcal{K}$ 张成的线性子空间. 则根据定理 4.14, 有 $\mathcal{G}_0 \subset \mathcal{G}$.

设 $\mathcal{T}$ 为 $[0, T]$ 的一给定划分: $0 = t_0 < t_1 < \cdots < t_n = T$, $\xi \in L^2(\Omega, \mathcal{F}_T^B, \mathbb{P})$, 且与 $\mathcal{K}$ 正交. 我们定义

$$\varphi(z_1, \cdots, z_n) = \mathbb{E}\left[\exp\left\{\sum_{j=1}^n z_j^\tau (B_{t_j} - B_{t_{j-1}})\right\}\xi\right], \quad z_j \in \mathbb{C}^d, \ 1 \leqslant j \leqslant n.$$

这里上标 "τ" 表示向量或矩阵的转置. 则 φ 一定等于 0, 这是因为它为一解析函数且在 $\mathbb{R}^d$ 上为零. 特别地,

$$\mathbb{E}\left[\exp\left\{i\sum_{j=1}^n \lambda_j^\tau (B_{t_j} - B_{t_{j-1}})\right\}\xi\right] = 0.$$

这表明 $\xi \cdot \mathbb{P}$ 在映射 $\omega \to (B_{t_1}(\omega), \cdots, B_{t_j}(\omega) - B_{t_{j-1}}(\omega), \cdots)$ 下的像测度为零, 因为它的 Fourier 变换为零. 这蕴含 $\xi = 0$, a.s.. 上述结果意味着 $\mathcal{G}_0$ 在 $L^2(\Omega, \mathcal{F}_T^B, \mathbb{P})$ 中稠密.

设 M 为一 $[0, T]$ 上的 $(\mathcal{F}_t^B)$-平方可积鞅. 由上述已证结果知, M 具有形如 (4.19) 的表示. 特别地, 任何平方可积 $(\mathcal{F}_t^B)$-鞅是连续的. 现在假设 M 为一致可积

鞅. 由于 $L^2(\Omega, \mathcal{F}_T^B, \mathbb{P})$ 在 $L^1(\Omega, \mathcal{F}_T^B, \mathbb{P})$ 中稠密, 故可选取一列平方可积 $(\mathcal{F}_t^B)$-鞅 $M^{(n)}$ 使得

$$\sum_{n=1}^{\infty} 2^n \mathbb{E}\left[|M_T^{(n)} - M_T|\right] < \infty.$$

由 Doob 极大值不等式有

$$\sum_{n=1}^{\infty} \mathbb{P}\left[\sup_t |M_t^{(n)} - M_t| > 2^{-n}\right] \leqslant \sum_{n=1}^{\infty} 2^n \mathbb{E}\left[|M_T^{(n)} - M_T|\right] < \infty.$$

根据 Borel-Cantelli 引理, 在 $[0,T]$ 内, $M^{(n)}$ 的几乎所有轨道一致收敛到 M 的轨道. 从而 M 的几乎所有轨道连续, 于是 M 为局部平方可积鞅. 因此, 任何局部 $(\mathcal{F}_t^B)$-鞅的几乎所有轨道连续, 并且具有表达式 (4.19). 事实上, 设 M 为一 $[0,T]$ 上的关于 $(\mathcal{F}_t^B)$ 的局部鞅, 则有停时列 $T_n \uparrow T$, 且 $\mathbb{P}(T_n = T) \to 1$, 使得 $M_t^{T_n} = M_0 + \int_0^t \theta^n(s)dB_s$, 令 $\theta_t = \sum_n \theta_t^n I_{[T_{n-1} < t \leqslant T_n]}$, 则得 (4.19). □

下一定理源于 Fujisaki et al.(1972). 这里给出的构造性证明来自 Lamberton and Lapeyre(1996).

> **定理 4.18** 在定理 4.16 的假设和记号下, 如果 $(\mathcal{F}_t)$ 为 (B_t) 的自然 σ-代数流, 那么 (B_t^*) 在 $\mathbb{P}^*$ 下关于 $(\mathcal{F}_t)$ 具有鞅表示性.

证明 用 L_t 表示鞅 $\mathcal{E}(\theta.B)_t$. 设 M_t 为 $\mathbb{P}^*$ 下的局部鞅, $M_0 = 0$. 则由条件期望的 Bayes 法则 (定理 1.11) 知, $M_t L_t$ 为 $\mathbb{P}$ 下的局部鞅. 因此根据定理 4.17 知, 存在一可测适应过程 H_t 使得

$$M_t L_t = \int_0^t H_s dB_s.$$

故有

$$M_t = L_t^{-1} \int_0^t H_s dB_s,$$

这里根据 Itô 公式,

$$L_t^{-1} = 1 + \int_0^t L_s^{-1}[-\theta(s)dB_s + \theta(s)^2 ds].$$

利用分部积分公式可得

$$M_t = \int_0^t (L_s^{-1} H_s - M_s \theta(s)) dB_s^*.$$ □

§4.4 Itô 随机微分方程

令 $(\Omega, \mathcal{F}, (\mathcal{F}_t), \mathbb{P})$ 为一随机基. 设 $(B_t)_{t\geqslant 0}$ 为 d 维 $(\mathcal{F}_t)$-Brown 运动, $0 \leqslant t_0 \leqslant T$. 令 $b : [t_0, T] \times \mathbb{R}^m \to \mathbb{R}^m$ 和 $\sigma : [t_0, T] \times \mathbb{R}^m \to M^{m,d}$ 为 Borel 可测映射, 其中 $M^{m,d}$ 为所有 $m \times d$ 矩阵全体. 一 $\mathbb{R}^m$-值连续 $(\mathcal{F}_t)$-适应过程 X 称为如下 Itô 随机微分方程 (SDE) 的解

$$dX_t = b(t, X_t)dt + \sigma(t, X_t)dB_t, \ t \in [t_0, T], \quad X_{t_0} = \xi, \qquad (4.20)$$

其中 $\xi = (\xi^1, \cdots, \xi^m)$ 为 $\mathcal{F}_{t_0}$-可测, 如果 X 满足随机积分方程

$$X_t^i = \xi^i + \int_{t_0}^t b^i(s, X_s)ds + \sum_{j=1}^d \int_{t_0}^t \sigma_j^i(s, X_s)dB_s^j, \quad 1 \leqslant i \leqslant m, \ t \in [t_0, T]. \ (4.21)$$

这样的解称为 SDE (4.20) 的强解, 意思是它是基于原始驱动的 Brown 运动 (B_t) 的轨道. 特别地, 令 $(\mathcal{F}_t^B)$ 为 (B_t) 的自然 σ-代数流, 如果 ξ 为 $\mathcal{F}_{t_0}^B$-可测, 则强解关于 (B_t) 的自然 σ-代数流 $(\mathcal{F}_t^B)$ 是适应的.

关于 SDE 还有另外一种解, 即弱解. 我们说 SDE (4.20) 有一初始分布为 μ 的弱解 (X, B), 如果存在一适当随机基上的 Brown 运动 (B_t) 和一连续适应过程 (X_t) 使得 X_0 服从分布 μ, 且 (4.21) 成立.

如果只要 (X, B) 和 (X', B) 为 SDE (4.20) 的两个定义在相同随机基上且有相同初值的解, X 和 X' 就无区别, 则称 SDE (4.20) 的解具有轨道唯一性 (pathwise uniqueness). 如果只要 (X, B) 和 (X', B') 为 SDE (4.20) 的两个有相同初始分布的弱解, X 和 X' 就有相同的有限维分布, 则称 SDE (4.20) 的解具有分布唯一性. 可以证明, 如果 SDE (4.20) 的解具有轨道唯一性, 则它也具有分布唯一性, 且它的每个解都为强解 (见 Revuz and Yor (1999), Chap. IX, 定理 1.7).

§4.4.1 解的存在唯一性

下面对 $x \in \mathbb{R}^m$ 和 $\gamma \in M^{m,d}$ 我们分别定义如下范数:

$$|x|^2 = \sum_{i=1}^m x_i^2, \ \ |\gamma|^2 = \text{tr}(\gamma\gamma^\tau) = \sum_{j=1}^d \sum_{i=1}^m (\gamma^{ij})^2.$$

下一定理是有关随机微分方程 (4.20) 解的存在和唯一性基本结果, 其证明可在有关随机分析的著作中找到.

定理 4.19　如果 b 和 σ 关于 x 满足 Lipschitz 条件:

$$|b(t,x) - b(t,y)| + |\sigma(t,x) - \sigma(t,y)| \leqslant K|x - y|, \qquad (4.22)$$

并且关于 x 满足线性增长条件:

$$|b(t,x)| + |\sigma(t,x)| \leqslant K(1 + |x|), \qquad (4.23)$$

其中 K 为一常数, 那么 (4.20) 有唯一解 X. 而且, 如果对某个常数 $C > 0, \mu \geqslant 1$ 和 $\mathbb{E}[|\xi|^{2\mu}] < \infty$, 则有

$$\mathbb{E}\left[\sup_{0 \leqslant t \leqslant T} |X_t|^{2\mu}\right] \leqslant K_1 + K_2 \mathbb{E}[|\xi|^{2\mu}].$$

注　如果 b 和 σ 仅仅满足 条件局部 Lipschitz 条件, 即对每个正常数 L, 存在一常数 K_L, 使得关于 $|x| \leqslant L, |y| \leqslant L$ 的 x 和 y, (4.22) 得以满足, 那么 (4.20) 仍有唯一解.

线性 SDE

如果 (4.20) 中的 b 和 σ 为 x 的线性函数:

$$b(t,x) = G(t)x + g(t); \quad \sigma(t,x) = (H_1(t)x + h_1(t), \cdots, H_d(t)x + h_d(t)),$$

其中 $G(t)$ 和 $H_i(t)$ 为 $m \times m$ 矩阵值可测函数, $g(t)$ 和 $h_i(t)$ 为 $\mathbb{R}^m$-值可测函数, 则称 (4.20) 为线性 SDE.

为了符号的简单, 我们在 (4.20) 中取 $t_0 = 0$. 下一定理给出了线性 SDE 解的表达式.

定理 4.20　假设 G, g, H_i, h_i 都为局部有界可测函数, 则线性 SDE (4.20) 的唯一解为

$$X_t = \Phi_t\left(\xi + \int_{t_0}^t \Phi_s^{-1} dY_s\right),$$

其中

$$dY_t = \left(g(t) - \sum_{i=1}^d H_i(t)h_i(t)\right)dt + \sum_{i=1}^d h_i(t)dB_t^i,$$

(Φ_t) 是初值为 $\Phi_0 = I$ 的齐次 SDE

$$d\Phi_t = G(t)\Phi_t dt + \sum_{i=1}^d H_i(t)\Phi_t dB_t^i$$

的解. 如果 $G(t) = G$ 和 $H_i(t) = H_i, 1 \leqslant i \leqslant d$, 不依赖 t, 且 $G, H_1, \cdots, H_d$ 可交换:

$$GH_i = H_i G, \quad H_i H_j = H_j H_i, \quad \forall i, j,$$

则

$$\Phi_t = \exp\left\{ \left(G - \sum_{i=0}^{d} H_i^2/2 \right) t + \sum_{i=1}^{d} H_i B_t^i \right\}.$$

关于一维随机微分方程, 下一结果源于 Yamada and Watanabe (1971), 它放松了定理 4.19 给出的条件.

定理 4.21　假设 $m = d = 1$. 为了 (4.20) 有唯一解, 只需 b 关于 x 连续和满足 Lipschitz 条件, σ 连续, 且对所有 x, y 和 t,

$$|\sigma(t, x) - \sigma(t, y)| \leqslant \rho(|x - y|),$$

其中 $\rho: \mathbb{R}_+ \to \mathbb{R}_+$ 为严格增函数, $\rho(0) = 0$, 且有

$$\int_{(0,\varepsilon)} \rho^{-2}(x) dx = \infty, \quad \forall \varepsilon > 0.$$

§4.4.2　例子

在该小节中我们给出几种有用的过程, 它们为 SDE 的解.

Ornstein-Uhlenbeck 过程

考虑如下 SDE:

$$dX_t = -cX_t dt + \sigma dB_t, \ X_0 = \xi. \tag{4.24}$$

其唯一解为

$$X_t = e^{-ct}\left(\xi + \sigma \int_0^t e^{cs} dB_s \right).$$

称为 Ornstein-Uhlenbeck 过程. 该 SDE 称为 Langevin 方程, 因为 Langevin 于 1908 年首次引进该 SDE 用来刻画 Brown 运动颗粒的速度. 如果 ξ 为一常数或者正态随机变量, 那么 (X_t) 为 Gauss 过程. 如果 $\xi \sim N(0, \delta^2)$, 且 ξ 与 (B_t) 独立, 则对 $s \leqslant t$, 我们有

$$E[X_t] = 0, \quad \mathrm{cov}(X_s, X_t) = e^{-ct-cs}\left[\delta^2 + \frac{\sigma^2}{2c}(e^{2cs} - 1) \right],$$

$$\rho(X_t, X_s) = \sqrt{\frac{\delta^2 + \frac{\sigma^2}{2c}(e^{2cs} - 1)}{\delta^2 + \frac{\sigma^2}{2c}(e^{2ct} - 1)}}.$$

特别, 如果 $\sigma^2 = 2c\delta^2$, 则 $\rho(X_t, X_s) = e^{-c(t-s)}$, $X_t \sim N(0, \delta^2)$. 这时 X 为一平稳 Gauss 过程和时齐马氏过程. 扩散过程 X 的转移密度为

$$p(t; x, y) = \frac{1}{\sqrt{2\pi}\sigma\sqrt{\frac{1 - e^{-2ct}}{2c}}} e^{-\frac{c(y - e^{-ct}x)^2}{\sigma^2(1 - e^{-2c})}}.$$

推广的 Ornstein-Uhlenbeck 过程

更一般地, 我们考虑如下 SDE:

$$dX_t = -b(t)X_t dt + \sigma(t)dB_t, \quad X_0 = \xi, \tag{4.24'}$$

其中 $b(t)$ 和 $\sigma(t)$ 是确定性函数. 方程的唯一解为

$$X_t = e^{-l(t)}\left(\xi + \int_0^t e^{l(s)}\sigma(s)dB_s\right),$$

其中 $l(t) = \int_0^t b(u)du$. 它称为推广的 Ornstein-Uhlenbeck 过程. 如果 ξ 为一常数或者正态随机变量, 那么 (X_t) 为 Gauss 过程. 如果 $\xi \sim N(0, \delta^2)$, 且 ξ 与 (B_t) 独立, 则对 $s \leqslant t$ 我们有

$$E[X_t] = 0, \quad \text{cov}(X_s, X_t) = e^{-l(t) - l(s)}\left[\delta^2 + \int_0^s e^{2l(u)}\sigma^2(u)du\right],$$

$$\rho(X_t, X_s) = \sqrt{\frac{\delta^2 + \int_0^s e^{2l(u)}\sigma^2(u)du}{\delta^2 + \int_0^t e^{2l(u)}\sigma^2(u)du}}.$$

该过程为 Markov 过程, 其转移密度为

$$p(s, x; t, y) = \frac{1}{\sqrt{2\pi}e^{-l(t)}\sqrt{\int_s^t e^{2l(u)}\sigma^2(u)du}} \exp\left\{-\frac{(y - e^{-(l(t) - l(s))}x)^2}{e^{-2l(t)}\int_s^t e^{2l(u)}\sigma^2(u)du}\right\}. \tag{4.25}$$

Bessel 过程

设 $W(t) = (W_1(t), \cdots, W_d(t))$ 为 d 维 Brown 运动. 令 $X_t = \sum\limits_{i=1}^{d} W_i(t)^2$. 根据 Itô 公式有

$$dX_t = 2\sum_{i=1}^{d} W_i(t)dW_i(t) + d\,dt.$$

令

$$B_t = \sum_{i=1}^{d}\int_0^t \sqrt{X_s^{-1}}W_i(s)dW_i(s).$$

则 B_t 为局部鞅, 并且

$$\langle B, B\rangle_t = \sum_{i=1}^{d}\int_0^t X_s^{-1}W_i(s)^2 ds = t.$$

因此由 Brown 运动的 Lévy 鞅刻画知, B_t 为 Brown 运动, 且 (X_t) 满足如下 SDE:

$$dX_t = 2(X_t)^{\frac{1}{2}}dB_t + d\,dt.$$

现在令 $\delta > 0$ 为一实数. 考虑如下 SDE:

$$dX_t = 2(X_t^+)^{\frac{1}{2}}dB_t + \delta dt, \tag{4.26}$$

$X_0 = x > 0$, 其中 $y^+ = \max\{y, 0\}$. 可以证明 (4.26) 有唯一非负强解 (Revuz and Yor (1999), 420—432). 方程 (4.26) 的解 (X_t) 称为从 x 处开始的 δ 维 Bessel 平方过程. 如果 $\delta \geqslant 2$, 则 0 点为极点, 即对几乎所有轨道, 不存在 $t > 0$ 使得 $X(t) = 0$. 如果 $0 < \delta < 1$, 0 点为过程 X_t 的吸收边界点. 如果 $1 \leqslant \delta < 2$, 0 点为瞬时反射点.

令 $R_t = \sqrt{X_t}$. 称 R_t 为 δ 维 Bessel 过程. 它为 $[0, \infty)$ 上的扩散过程, 转移密度为

$$p^{(\nu)}(t; x, y) = \frac{y}{t}\left(\frac{y}{x}\right)^{\nu}\exp\left\{-\frac{x^2 + y^2}{2t}\right\}I_\nu\left(\frac{xy}{t}\right), \quad x,\ y > 0, \tag{4.27}$$

其中 $\nu = \dfrac{\delta}{2} - 1$, $I_\nu(x) = \left(\dfrac{x}{2}\right)^{\nu}\sum\limits_{n=0}^{\infty}\dfrac{1}{n!\Gamma(\nu + n + 1)}\left(\dfrac{x}{2}\right)^{2n}$ 为指数 ν 修正的第一类 Bessel 函数. 如果 $\delta \geqslant 2$, 则 R_t 从不到达 0 点, 因此根据 Itô 公式有

$$dR_t = \frac{1}{2}X_t^{-\frac{1}{2}}\left[2X_t^{\frac{1}{2}}dB_t + \delta dt\right] - \frac{1}{2}X_t^{-\frac{3}{2}}X_t dt$$

$$= dB_t + \frac{\delta - 1}{2}\frac{1}{R_t}dt.$$

但是对 $\delta < 2$, 该情形就不再简单. 例如, 如果 $\delta = 1$, 它会涉及 Brown 运动的局部时.

刻度和时间变换了的 Bessel 过程

考虑如下 SDE:

$$dX_t = \sigma dB_t + \frac{\varepsilon}{X_t}dt,$$

其中 σ 和 ε 为常数. 如果令 $R_t = \dfrac{X_t}{\sigma}$, 那么

$$dR_t = dB_t + \frac{\varepsilon}{\sigma^2}\frac{1}{R_t}dt.$$

因此, 如果 $\dfrac{\varepsilon}{\sigma^2} \geqslant \dfrac{1}{2}$, 则 R_t 为 δ 维 Bessel 过程, 其中 $\delta = \dfrac{2\varepsilon}{\sigma^2}+1$. 以下假定 $\sigma \neq 0$, $\dfrac{\varepsilon}{\sigma^2} \geqslant \dfrac{1}{2}$. 现在考虑另一 SDE:

$$dY_t = \sigma dB_t + \frac{\varepsilon}{Y_t}dt - \eta Y_t dt, \qquad (4.28)$$

其中 σ, ε 和 η 为常数. 我们将证明该 SDE 有一弱解 Y_t, 且该解为刻度和时间变换的 Bessel 过程. 事实上, 令 $Y_t = f(t)X_{\tau(t)}$, 其中 f 和 τ 为确定性可微函数, τ 递增且 $\tau(0) = 0$. 由 Itô 公式可得

$$dY_t = X_{\tau(t)}f'(t)dt + f(t)dX_{\tau(t)} = \frac{f'(t)}{f(t)}Y_t dt + f(t)\left[\sigma dB_{\tau(t)} + \frac{\varepsilon}{X_{\tau(t)}}\tau'(t)dt\right]$$

$$= \frac{f'(t)}{f(t)}Y_t dt + f(t)\sigma dB_{\tau(t)} + \frac{\varepsilon f(t)^2\tau'(t)}{Y_t}dt.$$

为使 Y_t 为 (4.28) 的解, 设

$$f(t) = e^{-\eta t}, \quad \tau(t) = \int_0^t f(s)^{-2}ds = \frac{e^{2\eta t}-1}{2\eta}.$$

令

$$W_t = \int_0^t \frac{1}{\sqrt{\tau'(s)}}dB_{\tau(s)}.$$

则 W_t 关于 $(\mathcal{F}_{\tau(t)})$ 为一局部鞅且 $\langle W, W \rangle_t = t$, 故 W_t 关于 $(\mathcal{F}_{\tau(t)})$ 为一 Brown 运动. 由于 $f(t)\sqrt{\tau'(t)} = 1$, 故有

$$dY_t = \sigma dW_t + \frac{\varepsilon}{Y_t} dt - \eta Y_t dt.$$

因此, Y_t 为 SDE(4.28) 的一个弱解.

Brown 桥

令 $Y_t = B_t - tB_1, t \in [0,1]$. 则 Y 为 Gauss 过程, 且对 $s \leqslant t$, $\mathbb{E}[Y_sY_t] = s(1-t)$. 这一过程称为 Brown 桥, 因为它在 0 时从 0 出发在 1 时返回到 0, 并在时间 $(0,1)$ 内, 很像 Brown 运动. 现在我们展示该过程如何可以表示成一 SDE 的解. 考虑如下 $[0,t)$ 上的 SDE:

$$dX_t = -\frac{X_t}{1-t} dt + dB_t, \quad X_0 = 0, \tag{4.29}$$

其唯一解为

$$X_t = (1-t) \int_0^t \frac{1}{1-s} dB_s, \quad t \in [0,1). \tag{4.30}$$

X 为一 Gauss 过程. 容易验证对 $0 \leqslant s \leqslant t < 1$, 我们有 $E[X_sX_t] = s(1-t)$. 因此, X 与 $[0,1)$ 上的 Brown 桥过程有相同分布. 特别地, 我们有 $\lim_{t \to 1} X_t = 0$.

§4.5　Itô 扩散过程

Itô SDE (4.20) 的强解 (X_t) 称为 Itô 扩散过程. 称 $b(t,x)$ 为 (X_t) 的漂移系数, $\sigma(t,x)$ 为 (X_t) 的扩散系数. 如果 b 和 σ 仅依赖 x, 那么称 (X_t) 为时齐扩散过程. 这时如果记 (4.20) 在 $[s,\infty)$ 上的解为 $(X_t^{s,x})\, t \geqslant s$, 其中 $X_s = x$, 那么对任何 $h \geqslant 0$, $X_{s+h}^{s,x}$ 与 $X_h^{0,x}$ 有相同的分布.

通过将时间参数 t 添加到状态变量中, 任何非时齐扩散过程都可变为时齐过程. 事实上, 对一非时齐扩散过程 X 和一给定 $s \geqslant 0$, 令

$$Y_t = (s+t, X_t), \quad \widehat{b}(t,x) = (1, b(t,x)), \quad \widehat{\sigma}(t,x) = (0, \sigma(t,x)),$$

则有

$$dY_t = \widehat{b}(Y_t)dt + \widehat{\sigma}(Y_t)dB_t. \tag{4.31}$$

因此 (Y_t) 为时齐扩散过程.

定理 4.22 假设 (X_t) 为 Itô 方程 (4.20) 的强解, 系数 $b(t,x)$ 和 $\sigma(t,x)$ 关于 (t,x) 二元连续, 且满足定理 4.19 的条件, 则 (X_t) 关于 $(\mathcal{F}_t^B)$ 为一扩散过程, 其中 $(\mathcal{F}_t^B)$ 为 Brwon 运动 B 的自然 σ-代数流. 而且, (X_t) 的转移概率为

$$P(s,x,t,A) = P(X_t \in A | X_s = x) = P(X_t^{s,x} \in A). \tag{4.32}$$

此外, (X_t) 的生成算子为

$$\mathcal{A}_t = \frac{1}{2} \sum_{i,k=1}^d a_{ik}(t,x) \frac{\partial^2}{\partial x_i \partial x_k} + \sum_{i=1}^d b_i(t,x) \frac{\partial}{\partial x_i},$$

其中 $a(t,x) = \sigma(t,x)^\tau \sigma(t,x)$, 即有

$$a_{ik}(t,x) = \sum_{l=1}^m \sigma_i^l(t,x) \sigma_k^l(t,x).$$

证明 记 $B_u - B_t(u \geqslant t)$ 生成的 σ-代数为 $\mathcal{G}_t$. 令 $A \in \mathcal{B}(\mathbb{R}^d)$. 又令

$$g(x,\omega) = I_A(X_t^{s,x}(\omega)).$$

则对任何 x, $g(x,\cdot)$ 是 $\mathcal{G}_t$-可测的. 从而它与 $\mathcal{F}_s$ 独立. 然而, 根据解的轨道唯一性,

$$X_t(\omega) = X_t^{t_0,\xi}(\omega) = X_t^{s,X_s(\omega)}(\omega),$$

因此得到 $g(X_s,\omega) = I_A(X_t(\omega))$. 最后根据定理 1.11 可得

$$\mathbb{P}(X_t \in A | \mathcal{F}_s) = \mathbb{E}[g(X_s,\cdot) | \mathcal{F}_s] = \mathbb{E}[g(x,\cdot)]|_{x=X_s} = \mathbb{P}(X_t^{s,x} \in A)|_{x=X_s}.$$

这表明 $\mathbb{P}(X_t \in A | \mathcal{F}_s) = \mathbb{P}(X_t \in A | X_s)$, 故 (4.32) 成立. □

§4.6 Feynman-Kac 公式

下一定理是 Feynman-Kac 公式的一般版本, Feynman-Kac 公式提供了 Cauchy 问题解的概率表示, 其中 Cauchy 问题为

$$-\frac{\partial u}{\partial t} + ku = \mathcal{A}_t u + g, \quad (t,x) \in [0,T) \times \mathbb{R}^d \tag{4.33}$$

使得

$$u(T,x) = f(x), \quad x \in \mathbb{R}^d. \tag{4.34}$$

这里 $\mathcal{A}_t$ 是与定理 4.22 中给出的扩散过程 (X_t) 相应的生成算子, $f:\mathbb{R}^d\to\mathbb{R}, k:$ $[0,T]\times\mathbb{R}^d\to\mathbb{R}_+$ 和 $g:[0,T]\times\mathbb{R}^d\to\mathbb{R}$ 为连续函数, f 和 g 关于 x 满足多项式增长条件 (见如下 (4.35)) 或者非负.

定理 4.23   设 u 为 $[0,T]\times\mathbb{R}^d$ 上实值 $C^{1,2}$ 函数, 且满足 (4.33) 和 (4.34). 假设 u 关于 x 满足多项式增长条件:

$$\sup_{0\leqslant t\leqslant T}|u(t,x)|\leqslant C(1+|x|^{2\mu}),\quad x\in\mathbb{R}^d,\tag{4.35}$$

对某个常数 $C>0,\ \mu\geqslant 1$. 则 u 具有表示

$$u(t,x)=\mathbb{E}^{t,x}\Big[f(X_T)\exp\Big\{-\int_t^T k(\theta,X_\theta)d\theta\Big\}$$
$$+\int_t^T g(s,X_s)\exp\Big\{-\int_t^s k(\theta,X_\theta)d\theta\Big\}ds\Big],\tag{4.36}$$

其中 $\{\mathbb{P}^{t,x},t\geqslant 0,x\in\mathbb{R}^d\}$ 为联系于定理 4.22 中的 Markov 过程 (X_t) 的概率测度族. 特别地, 方程 (4.33) 和 (4.34) 的满足多项式增长条件的解是唯一的.

证明   在 $[t,T]$ 上, 令

$$M_s=u(s,X_s)\exp\Big\{-\int_t^s k(\theta,X_\theta)d\theta+\int_t^s g(\tau,X_\tau)\exp\Big\{-\int_t^\tau k(\theta,X_\theta)d\theta\Big\}d\tau\Big\}.$$

根据 Itô 公式并利用 u 为 (4.33) 的解这个事实, 我们推知在每个测度 $\mathbb{P}^{t,x}$ 下,

$$M_s=M_t+\int_t^s\exp\Big\{-\int_t^\tau k(\theta,X_\theta)d\theta\Big\}\sigma(\tau,X_\tau)\frac{\partial u}{\partial x}(\tau,X_\tau)dB_\tau.$$

因此 (M_s) 为 $[t,T]$ 上的局部鞅. 由于 u,f 和 g 关于 x 满足多项式增长条件, 且 k 非负, 所以有

$$\mathbb{E}[\sup_{t\leqslant s\leqslant T}|M_s|]\leqslant C(1+\mathbb{E}\sup_{t\leqslant s\leqslant T}|X_s|^{2\mu})+C(T-t)(1+\mathbb{E}\sup_{t\leqslant s\leqslant T}|X_s|^{2\mu})$$
$$\leqslant C(1+T-t)(1+K_1+K_2|x|^{2\mu})<\infty.$$

因此, (M_s) 在 $[t,T]$ 上为 $\mathbb{P}^{t,x}$-鞅, 从而, $u(t,x)=M_t=\mathbb{E}^{t,x}[M_T]$. $\square$

注   设 v 为 $[0,T]\times\mathbb{R}^d$ 上实值 $C^{1,2}$ 函数, 它为如下 Cauchy 问题的唯一解:

$$\frac{\partial v}{\partial t}+kv=\mathcal{A}_tv+g,\quad(t,x)\in(0,T)\times\mathbb{R}^d,\tag{4.37}$$

满足初始条件

$$v(0,x) = f(x), \quad x \in \mathbb{R}^d. \tag{4.38}$$

此外假设 v 关于 x 满足多项式增长条件. 则类似可证 v 具有如下表示:

$$v(t,x) = \mathbb{E}^{0,x}\left[f(X_t)\exp\left\{ -\int_0^t k(\theta,X_\theta)d\theta \right\} \right.$$
$$\left. + \int_0^t g(t-s,X_s)\exp\left\{ -\int_0^s k(t-\theta,X_\theta)d\theta \right\} ds \right]. \tag{4.39}$$

§4.7   Snell 包络 (连续时间情形)

设 $(\Omega,\mathcal{F},(\mathcal{F}_t),\mathbb{P})$ 为一满足通常条件的随机基.

定理 4.24 (Snell 包络)   设 (Z_t) 为一类 D 循序可测过程. 令

$$X_t = \operatorname*{ess\,sup}_{\tau\in\mathcal{T}_t} \mathbb{E}[Z_\tau|\mathcal{F}_t], \tag{4.40}$$

其中 $\mathcal{T}_t$ 为取值大于或等于 t 的 $(\mathcal{F}_t)$ 停时全体. 则 (X_t) 是控制 (Z_t) 的最小上鞅, 且有右连左极修正. 此外, 对 $t > s$ 有

$$\mathbb{E}[X_t|\mathcal{F}_s] = \operatorname*{ess\,sup}_{\tau\in\mathcal{T}_t} \mathbb{E}[Z_\tau|\mathcal{F}_s]. \tag{4.41}$$

证明   选取 $\tau_n \in \mathcal{T}_t$, 使得

$$X_t = \sup_{n\geqslant 1} \mathbb{E}[Z_{\tau_n}|\mathcal{F}_t].$$

令 $A_n = \big[\mathbb{E}[Z_{\tau_{n-1}}|\mathcal{F}_t] \geqslant \mathbb{E}[Z_{\tau_n}|\mathcal{F}_t] \big]$,

$$\sigma_1 = \tau_1, \quad \sigma_n = \sigma_{n-1}I_{A_n} + \tau_n I_{A_n^c}, \quad n \geqslant 2,$$

则 $\sigma_n \in \mathcal{T}_t$, 且由归纳法得

$$\mathbb{E}[Z_{\sigma_n}|\mathcal{F}_t] = I_{A_n}\mathbb{E}[Z_{\sigma_{n-1}}|\mathcal{F}_t] + I_{A_n^c}\mathbb{E}[Z_{\sigma_n}|\mathcal{F}_t]$$
$$= \max\{\mathbb{E}[Z_{\sigma_{n-1}}|\mathcal{F}_t], \mathbb{E}[Z_{\tau_n}|\mathcal{F}_t]\}$$
$$= \max_{i\leqslant n} \mathbb{E}[Z_{\tau_i}|\mathcal{F}_t].$$

由于

$$X_t = \lim_{n\to\infty} \max_{1\leqslant i\leqslant n} \mathbb{E}[Z_{\tau_i}|\mathcal{F}_t],$$

故由条件期望的单调收敛定理得

$$\mathbb{E}[X_t|\mathcal{F}_s] = \lim_{n\to\infty} \mathbb{E}[Z_{\sigma_n}|\mathcal{F}_s] \leqslant \operatorname*{ess\,sup}_{\tau\in\mathcal{T}_t} \mathbb{E}[Z_\tau|\mathcal{F}_s]$$

$$\leqslant \operatorname*{ess\,sup}_{\tau\in\mathcal{T}_s} \mathbb{E}[Z_\tau|\mathcal{F}_s] = X_s,$$

这蕴含 (4.41) 中的 $\leqslant$ 成立, 但 $\geqslant$ 显然成立, 故 (4.41) 得证. 另外, 上一不等式表明 (X_t) 是控制 (Z_t) 的最小上鞅. 容易由 (Z_t) 的类 D 性证明 $(\mathbb{E}[X_t])$ 是右连续的, 故由定理 4.1 知, (X_t) 有右连左极修正.　　　　　　　　　　　　　　□

§4.8　倒向随机微分方程

倒向随机微分方程最先由 Pardoux and Peng (1990) 引入. 本节简单介绍倒向随机微分方程解的存在性和唯一性. 有关倒向随机微分方程理论在金融数学中的应用, 读者可参见文献 (El Karoui et al., 1997).

令 $(\Omega, \mathcal{F}, (\mathcal{F}_t), \mathbb{P})$ 为一随机基. 设 $(B_t)_{t\geqslant 0}$ 为 d 维 Brown 运动, $(\mathcal{F}_t)$ 是 (B_t) 的自然 σ-代数流. 对于任一 $t\in(0,T]$, 我们以 $\mathcal{M}(0,t;\mathbb{R}^n)$ 记满足

$$\|v\|_t := \mathbb{E}\int_0^t |v_t|^2 dt < \infty$$

的 $(\mathcal{F}_t)$-适应的 $\mathbb{R}^n$-值的过程全体. 它按范数 $\|\cdot\|_t$ 构成一 Hilbert 空间.

本节讨论如下形式的倒向随机微分方程 (backward stochastic differential equation, BSDE)

$$Y_t = \xi + \int_t^T g(s, Y_s, Z_s)ds - \int_t^T Z_s dW_s, \tag{4.42}$$

其中 ξ 为 $\mathcal{F}_T$ 可测的平方可积随机变量,

$$g = g(t, y, z) : [0, T] \times \mathbb{R}^m \times \mathbb{R}^{m\times d} \mapsto L^2(\Omega, \mathcal{F}_t, \mathbb{P}; \mathbb{R}^m),$$

对每一个 $(y, z) \in \mathbb{R}^m \times \mathbb{R}^{m\times d}$, $g(\cdot, y, z)$ 是 $\mathbb{R}^m$-值的 $(\mathcal{F}_t)$-适应的过程, 并满足

(H1)　　　　　$\displaystyle\int_0^T |g(s,0,0)|ds \in L^2(\Omega, \mathcal{F}_T, \mathbb{P}; \mathbb{R}).$

我们还假设 g 关于 (y, z) 满足 Lipschitz 条件:

(H2)　$\forall y, y' \in \mathbb{R}^m$, $z, z' \in \mathbb{R}^{m\times d}$,

$$|g(t, y, z) - g(t, y', z')| \leqslant C(|y - y'| + |z - z'|).$$

问题是要找一对 $(\mathcal{F}_t)$-适应过程 $(Y, Z) \in \mathcal{M}(0, T; \mathbb{R}^m \times \mathbb{R}^{m \times d})$ 满足 (4.42).

注　(Y_t) 是如下的 Itô 过程:

$$Y_t = Y_0 - \int_0^t g(s, Y_s, Z_s)ds + \int_0^t Z_s dW_s.$$

我们先考虑 g 是不含变量 (y, z) 情形.

引理 4.25　对给定的 $\xi \in L^2(\Omega, \mathcal{F}_T, \mathbb{P}; \mathbb{R})$ 及满足如下条件

$$\mathbb{E}\left[\left(\int_0^T |g_0(t)|dt\right)^2\right] < \infty$$

的 $g_0(\cdot)$, 存在唯一的一对过程 $(Y, Z) \in \mathcal{M}(0, T; \mathbb{R}^1 \times \mathbb{R}^d)$, 满足

$$Y_t = \xi + \int_t^T g_0(s)ds - \int_t^T Z_s dW_s. \tag{4.43}$$

此时若 $g_0(\cdot) \in \mathcal{M}(0, T; \mathbb{R})$, 则对任给的正常数 β, 我们有如下基本估计:

$$|Y_t|^2 + \mathbb{E}^{\mathcal{F}_t} \int_t^T \left[\frac{\beta}{2}|Y_s|^2 + |Z_s|^2\right] e^{\beta(s-t)}ds$$

$$\leqslant \mathbb{E}^{\mathcal{F}_t}|\xi|^2 e^{\beta(T-t)} + \frac{2}{\beta}\mathbb{E}^{\mathcal{F}_t}\int_t^T |g_0(s)|^2 e^{\beta(s-t)}ds, \tag{4.44}$$

其中 $\mathbb{E}^{\mathcal{F}_t}$ 表示条件期望算子 $\mathbb{E}[\cdot|\mathcal{F}_t]$. 特别地,

$$|Y_0|^2 + \mathbb{E}\left[\int_0^T \left[\frac{\beta}{2}|Y_s|^2 + |Z_s|^2\right] e^{\beta s}ds\right] \leqslant \mathbb{E}[|\xi|^2 e^{\beta T}] + \frac{2}{\beta}\mathbb{E}\left[\int_0^T |g_0(s)|^2 e^{\beta s}ds\right].$$

$$\tag{4.45}$$

证明　令

$$M_t = \mathbb{E}^{\mathcal{F}_t}\left[\xi + \int_0^T g_0(s)ds\right].$$

显然 (M_t) 是平方可积鞅. 由 Brown 运动鞅表示定理, 存在唯一的适应过程 $(Z_t) \in \mathcal{M}(0, T; \mathbb{R}^d)$ 使得

$$M_t = M_0 + \int_0^t Z_s dW_s,$$

从而有

$$M_t = M_T - \int_t^T Z_s dW_s.$$

我们记

$$Y_t = M_t - \int_0^t g_0(s)ds = M_T - \int_0^t g_0(s)ds - \int_t^T Z_s dW_s.$$

注意到 $M_T = \xi + \int_0^T g_0(s)ds$, 从而立刻得知 (Y, Z) 满足 (4.43).

为证 (4.43) 解的唯一性, 只需证明估计 (4.44). 为此先考虑 ξ 和 g_0 为有界情形. 此时由

$$Y_t = \mathbb{E}^{\mathcal{F}_t}\left[\xi + \int_t^T g_0(s)ds\right]$$

知 (Y_t) 也有界. 在区间 $[t, T]$ 上对 $|Y_s|^2 e^{\beta(s-t)}$ 应用 Itô 公式得

$$|Y_t|^2 + \int_t^T [\beta|Y_s|^2 + |Z_s|^2]e^{\beta(s-t)}ds$$

$$= |\xi|^2 e^{\beta(T-t)} + \int_t^T 2Y_s g_0(s)e^{\beta(s-t)}ds - \int_t^T e^{\beta(s-t)}2Y_s Z_s dW_s.$$

由于 Y_t 为 $(\mathcal{F}_t)$-可测, 在上式两端关于 $\mathcal{F}_t$ 取条件数学期望得

$$|Y_t|^2 + \mathbb{E}^{\mathcal{F}_t}\int_t^T [\beta|Y_s|^2 + |Z_s|^2]e^{\beta(s-t)}ds$$

$$= \mathbb{E}^{\mathcal{F}_t}[|\xi|^2 e^{\beta(T-t)}] + \mathbb{E}^{\mathcal{F}_t}\left[\int_t^T 2Y_s g_0(s)e^{\beta(s-t)}ds\right]$$

$$\leqslant \mathbb{E}^{\mathcal{F}_t}[|\xi|^2 e^{\beta(T-t)}] + \mathbb{E}^{\mathcal{F}_t}\left[\int_t^T \left[\frac{\beta}{2}|Y_s|^2 + \frac{2}{\beta}|g_0(s)|^2\right]e^{\beta(s-t)}ds\right].$$

对于一般情形的 ξ 和 g_0, 我们令

$$\xi^n := (\xi \wedge n) \vee (-n), \qquad g_0^n(s) := (g_0(s) \wedge n) \vee (-n),$$

$$Y_t^n := \xi^n + \int_t^T g_0^n(s)ds - \int_t^T Z_s^n dW_s.$$

此时有估计

$$|Y_t^n|^2 + \mathbb{E}^{\mathcal{F}_t}\left[\int_t^T \left(\frac{\beta}{2}|Y_s^n|^2 + |Z_s^n|^2\right)e^{\beta(s-t)}ds\right]$$

$$\leqslant \mathbb{E}^{\mathcal{F}_t}[|\xi^n|^2 e^{\beta(T-t)}] + \frac{2}{\beta}\mathbb{E}^{\mathcal{F}_t}\left[\int_t^T |g_0^n(s)|^2 e^{\beta(s-t)}ds\right],$$

以及

$$\mathbb{E}\int_0^T \left[\frac{\beta}{2}|Y_s^n - Y_s^k|^2 + |Z_s^n - Z_s^k|^2\right] e^{\beta s}ds$$

$$\leqslant \mathbb{E}[|\xi^n - \xi^k|^2 e^{\beta T}] + \frac{2}{\beta}\mathbb{E}\left[\int_0^T |g_0^n(s) - g_0^k(s)|^2 e^{\beta s}ds\right].$$

第二个不等式说明过程 $\{Y^n\}$ 和 $\{Z^n\}$ 都是 $\mathcal{M}(0,T)$ 中的 Cauchy 序列, 从而在第一个不等式两边令 n 趋向 ∞ 即得 (4.44). $\qquad\qquad\qquad\qquad\qquad\qquad\square$

下面给出一般倒向随机微分方程解的存在性和唯一性定理.

> **定理 4.26** 假设函数 g 满足条件 (H1) 及 (H2). 则对任何给定的终端随机变量 $\xi \in L^2(\Omega, \mathcal{F}_T, \mathbb{P}; \mathbb{R}^m)$, 存在唯一的一对 $(\mathcal{F}_t)$-适应过程 $(Y, Z) \in \mathcal{M}(0,T; \mathbb{R}^m \times \mathbb{R}^{m\times d})$, 满足 BSDE(4.42).

证明 由引理 4.25 (多维情形推广), 对任意给定的 $(y, z) \in \mathcal{M}(0,T; \mathbb{R}^m \times \mathbb{R}^{m\times d})$, 如下 BSDE

$$Y_t = \xi + \int_t^T g(s, y_s, z_s)ds - \int_t^T Z_s dW_s$$

有唯一解 $(Y, Z) \in \mathcal{M}(0,T; \mathbb{R}^m \times \mathbb{R}^{m\times d})$. 我们将这一对应关系记为映像 I.

我们在基本估计式 (4.44) 中固定 $\beta = 8(1 + C^2)$, 其中 C 是 g 的 Lipschitz 常数. 现在空间 $\mathcal{M}(0,T; \mathbb{R}^n)$ 中引入一个与原范数等价的范数:

$$|v(\cdot)|_\beta \equiv \left\{\mathbb{E}\int_0^T |v_s|^2 e^{\beta s}ds\right\}^{\frac{1}{2}}.$$

下面将证明映像 I 在范数 $|\cdot|_\beta$ 下是严格压缩的.

对 $\mathcal{M}(0,T; \mathbb{R}^m \times \mathbb{R}^{m\times d})$ 的任意两对元素 (y, z) 及 (y', z'), 记

$$(Y, Z) = I[(y, z)], \quad (Y', Z') = I[(y', z')],$$

且记其差为 $(\hat{y}, \hat{z}) = (y - y', z - z'), (\hat{Y}, \hat{Z}) = (Y - Y', Z - Z')$. 由基本估计 (4.44) 和 (H2) 得

$$\mathbb{E}\int_0^T \left(\frac{\beta}{2}|\hat{Y}_s|^2 + |\hat{Z}_s|^2\right) e^{\beta s}ds \leqslant \frac{2}{\beta}\mathbb{E}\int_0^T |g(s, y_s, z_s) - g(s, y_s'z_s')|^2 e^{\beta s}ds$$

$$\leqslant \frac{4C^2}{\beta}\mathbb{E}\int_0^T [|\hat{y}_s|^2 + |\hat{z}_s|^2] e^{\beta s}ds.$$

令 $\beta = 8(1 + C^2)$ 得

$$\mathbb{E}\int_0^T [|\hat{Y}_s|^2 + |\hat{Z}_s|^2]e^{\beta s}ds \leqslant \frac{1}{2}\mathbb{E}\int_0^T [|\hat{y}_s|^2 + |\hat{z}_s|^2]e^{\beta s}ds,$$

即有 $|(\hat{Y}, \hat{Z})|_\beta \leqslant \frac{1}{\sqrt{2}}|(\hat{y}, \hat{z})|_\beta$. 从而 I 是 $\mathcal{M}(0, T; \mathbb{R}^m \times \mathbb{R}^{m \times d})$ 到自身中的一个严格压缩映像. 由不动点定理知, BSDE (4.42) 有唯一解. □

第五章 Black-Scholes 模型及其修正

我们在第三章研究了离散时间金融市场模型, 这些模型适合定性研究和统计分析. 然而, 从理论研究看, 连续时间模型被证明是一个很方便的框架, 这主要得益于能够借助随机分析工具. 在期权定价和对冲以及投资组合研究方面, 用随机分析工具经常能够导出显式解或者解析表达式.

在 20 世纪 70 年代早期, Black and Scholes (1973) 在期权定价理论方面做出了突破性的贡献, 文章给出了欧式期权的显式定价公式. 然而, 实证数据表明, Black-Scholes 期权定价公式存在一些偏差, 主要体现在两个方面: 1) 不同执行价的买权的隐含波动率随着执行价与股票的当前价格的偏差增大而增大, 呈现 U 字型, 并且隐含波动率的 U 字型图像不是对称的; 2) 对数回报率的经验分布与正态分布有较大偏离, 有厚尾现象. 在过去 30 年里, 期权定价在理论和实证研究上都取得了突飞猛进的进步, 在实际应用方面也一样.

本章介绍 Black-Scholes 期权定价模型的主要思想和结果, 以及它的修正模型. §5.1 介绍未定权益定价和对冲的鞅方法, 并推导出欧式期权的 Black-Scholes 公式, 对美式未定权益的定价问题也进行了简要讨论; §5.2 给出期权定价的若干例子; §5.3 介绍 Black-Scholes 公式的实际运用; §5.4 针对 Black-Scholes 期权定价公式中的偏差, 介绍 Black-Scholes 模型的几种修正.

§5.1 未定权益定价和对冲的鞅方法

本节介绍 Black-Scholes 模型, 并在 Black-Scholes 模型下给出未定权益定价和对冲的鞅方法.

§5.1.1 Black-Scholes 模型

考虑一个由两种资产组成的证券市场: 一种风险资产, 简称为资产; 另一种无风险资产 (例如银行账户). 假设资产不分红. 根据二叉树模型中近似连续交易情形的讨论, 可以合理地假定资产的连续时间价格满足如下 Itô 随机微分方程

$$dS_t = S_t(\mu dt + \sigma dB_t), \tag{5.1}$$

其中 $S_0 > 0, \mu$ 和 σ 为常数, (B_t) 是定义在随机基 $(\Omega, \mathcal{F}, (\mathcal{F}_t), \mathbb{P})$ 上的 Brown 运动, 我们假定 σ 代数流 $(\mathcal{F}_t)$ 为 Brown 运动 (B_t) 的自然 σ 代数流. 该模型源自

Black and Scholes (1973) 的开创性文章, 称为 Black-Scholes 模型. 这样的过程 (S_t) 称为几何 Brown 运动, 也称为对数正态过程, 这是因为由定理 4.14 有

$$S_t = S_0 \exp\left\{\left(\mu - \frac{\sigma^2}{2}\right)t + \sigma B_t\right\}, \tag{5.2}$$

所以 $\log(S_t)$ 服从正态分布. 称 μ 为 (瞬时) 期望收益率, σ 为 S 的波动率. 这里需要注意的是, 连续复合收益率 $\log(S_t/S_0)$ 与期望收益率不相同. 假定银行账户的价值过程 (β_t) 满足

$$d\beta_t = r\beta_t dt, \tag{5.3}$$

其中 r 为无风险利率. 以后我们总假定 $\beta_0 = 1$, 因此 $\beta_t = e^{rt}$.

　　假定市场是无摩擦的, 意指不存在交易成本, 没有买卖价差, 对诸如保证金要求或卖空等无限制, 没有税收, 借贷利率相等, 资产无限可分. 另外, 假设资产交易在时间上是连续发生的. 一交易策略是一对 $(\mathcal{F}_t)$-适应过程 $\{a,b\}$, 使得 $a \in \mathcal{L}^2$ 且 $b \in \mathcal{L}^1$, 其中 $a(t)$ 表示 t 时持有的资产份额, $b(t)\beta_t$ 为 t 时投资在银行账户上的总资金. 这里

$$\mathcal{L}^2 = \left\{\theta : \forall t > 0, \int_0^t \theta(s)^2 ds < \infty\right\},$$

$$\mathcal{L}^1 = \left\{\theta : \forall t > 0, \int_0^t |\theta(s)| ds < \infty\right\}.$$

因此投资组合 $\{a,b\}$ 在 t 时的财富 V_t 由下式给出,

$$V_t = a(t)S_t + b(t)\beta_t.$$

称一交易策略 $\{a,b\}$ 是自融资的, 如果它的财富改变仅仅是由投资组合中资产价格的变化所引起的, 即对所有的 t, 有

$$dV_t = a(t)dS_t + b(t)d\beta_t,$$

或者等价地,

$$dV_t = rV_t dt + a(t)[dS_t - rS_t dt]. \tag{5.4}$$

相反地, 对任何适应过程 $a \in \mathcal{L}^2$ 和 $x > 0$, (5.4) 的解 $(V_t)(V_0 = x)$ 为自融资策略 $\{a,b\}$ 的财富过程, 其中 $b(t) = e^{-rt}[V_t - a(t)S_t]$.

　　设 $\{a,b\}$ 是一自融资策略, (V_t) 是其财富过程, 称该策略为一套利策略, 如果 $V_0 = 0$, 且存在 $t > 0$, 使得 $V_t \geqslant 0$, $\mathbb{P}(V_t > 0) > 0$. 称一自融资策略为容许的 (admissible), 如果它的财富过程非负. 称一自融资策略为许可的 (allowable), 如果存在一正常数 c 使得 $V_t \geqslant -c(e^{rt} + S_t)$, 对所有的 $t \in [0,T]$, 其中 V_t 为该策略在时刻 t 的财富.

§5.1.2 等价鞅测度

设 (X_t) 为一随机过程. 令 $\widetilde{X}_t = X_t e^{-rt}$, 称 $(\widetilde{X}_t)$ 为折现过程. 期权定价的鞅方法的出发点源于如下观察.

> **引理 5.1** 一交易策略 $\{a, b\}$ 是自融资的当且仅当其折现财富过程 $(\widetilde{V}_t)$ 满足
>
> $$d\widetilde{V}_t = a(t)d\widetilde{S}_t. \tag{5.5}$$

证明 设 $\{a, b\}$ 为一自融资交易策略. 那么由 (5.4) 得

$$
\begin{aligned}
d\widetilde{V}_t &= -V_t r e^{-rt} dt + e^{-rt} dV_t \\
&= a(t)[S_t d(e^{-rt}) + e^{-rt} dS_t] \\
&= a(t) d\widetilde{S}_t,
\end{aligned}
$$

(5.5) 得证. 同理可证 (5.5) 蕴含 (5.4). □

我们将证明存在唯一概率测度 $\mathbb{P}^*$ 等价于 $\mathbb{P}$, 使得过程 $(\widetilde{S}_t)$ 为一 $\mathbb{P}^*$-鞅. 为了说明这点, 将 (5.1) 改写为

$$d\widetilde{S}_t = \widetilde{S}_t[(\mu - r)dt + \sigma dB_t].$$

如果令 $\left.\dfrac{d\mathbb{P}^*}{d\mathbb{P}}\right|_{\mathcal{F}_T} = \mathcal{E}(-\theta.B)_T$, 这里 $\theta(t) = \theta = (\mu - r)/\sigma$, 那么由 Girsanov 定理 (定理 4.16) 知 $B_t^* = B_t + \theta t$ 为一 $\mathbb{P}^*$-Brown 运动, 且

$$d\widetilde{S}_t = \widetilde{S}_t \sigma dB_t^*. \tag{5.6}$$

因此 $(\widetilde{S}_t)$ 为一 $\mathbb{P}^*$-鞅. 容易看出这样的概率测度 $\mathbb{P}^*$ 是唯一的.

设 $T > 0$, $\mathcal{F}_T$-可测的非负随机变量称为执行时刻为 T 的欧式未定权益. Dudley (1977) 的一个结果表明: 在 Black-Scholes 模型下, 对任何执行时刻 T 的欧式未定权益 ξ, 存在一适应过程 $a \in \mathcal{L}^2$ 使得 $\widetilde{\xi} = \int_0^T a(s) d\widetilde{S}_s$. 这意味着如果我们对自融资交易策略不加以一定的限制, 则市场存在套利机会.

根据引理 5.1, 一自融资策略的折现财富过程在 $\mathbb{P}^*$ 下为一局部鞅. 因此, 对一许可的自融资策略来说, 它的折现财富过程 $(\widetilde{V}_t)$ 为一 $\mathbb{P}^*$-上鞅, 因为它能表示为非负 $\mathbb{P}^*$-局部鞅和 $\mathbb{P}^*$-鞅之差. 事实上, 如果 $\widetilde{V}_t \geqslant -c(1 + \widetilde{S}_t)$, $c > 0$, 那么

$$\widetilde{V}_t = \widetilde{V}_t + c(1 + \widetilde{S}_t) - c(1 + \widetilde{S}_t).$$

从而在 Black-Scholes 模型下, 市场对所有的许可策略是无套利的. 这里需要强调的是, 当我们说市场 “无套利” 时, 需要指出市场对哪类自融资策略是无套利的.

　　称概率测度 $\mathbb{P}^*$ 为市场上的等价鞅测度. 与此相对照, $\mathbb{P}$ 称为 客观概率测度. 另一方面, (5.6) 可以改写成

$$dS_t = S_t[rdt + \sigma dB_t^*]. \tag{5.7}$$

这表明在概率测度 $\mathbb{P}^*$ 下, 风险资产的期望收益率等于无风险收益率 r. 基于这个原因, 等价鞅测度也称为风险中性概率测度.

　　注意到 (5.7) 可以写成

$$dS_t = S_t[(r + \sigma\theta)dt + \sigma dB_t],$$

其中 $\theta = (\mu - r)/\sigma$. 称 θ 为风险的市场价格, 它代表单位风险在无风险收益率之外的超额收益率. 为更深刻地解释风险的市场价格的经济含义, 我们设想在市场上有另一风险资产, 该资产不分红, 其价格过程 (W_t) 满足如下 Itô 过程

$$dW_t = W_t[\mu_t dt + \sigma_t dB_t].$$

折现价格过程 $(\widetilde{W}_t)$ 满足

$$\begin{aligned} d\widetilde{W}_t &= \widetilde{W}_t[(\mu_t - r)dt + \sigma_t dB_t] \\ &= \widetilde{W}_t[(\mu_t - r - \theta\sigma_t)dt + \sigma_t dB_t^*]. \end{aligned}$$

为了使市场无套利, $(\widetilde{W}_t)$ 必须是一 $\mathbb{P}^*$-局部鞅. 从而我们必须有 $\sigma_t^{-1}(\mu_t - r) = \theta$. 这表明在无套利市场中, 对具有相同不确定性源的资产而言, 它们必须有相同的风险市场价格.

§5.1.3　欧式未定权益的定价和对冲

　　设 ξ 为一欧式未定权益, 执行时刻为 T. 设 $\{a, b\}$ 是一自融资策略, (V_t) 是它的财富过程, 如果 $V_T = \xi$, 称该策略复制 ξ. 下一定理表明: 在 Black-Scholes 模型描述的市场中, 任一 $\mathbb{P}^*$-可积欧式未定权益都能被一容许自融资策略所复制.

定理 5.2　设 ξ 为一 $\mathbb{P}^*$-可积欧式未定权益. 则存在唯一的复制 ξ 的自融资容许策略 $\{a, b\}$, 其财富过程 (V_t) 为

$$V_t = \mathbb{E}^*\left[e^{-r(T-t)}\xi | \mathcal{F}_t\right], \tag{5.8}$$

且有 $H \in \mathcal{L}^2[0, T]$, 使得 $d\widetilde{V}_t = H_t dB_t^*$. 此外有

$$a(t) = H_t/(\sigma\widetilde{S}_t). \tag{5.9}$$

特别地, 如果 $V_t = F(t, S_t)$, $F \in C^{1,2}([0, T) \times \mathbb{R}_+)$, 那么 $a(t) = F_x(t, S_t)$.

证明 设 V_t 由 (5.8) 给出. 由于 $(\widetilde{V}_t)$ 为 $\mathbb{P}^*$- 鞅, 又 $(\mathcal{F}_t)$ 也是 (B_t^*) 的自然 σ-代数流, 由 Brown 运动的鞅表示定理知, 存在一 $H \in \mathcal{L}^2$ 使得

$$\widetilde{V}_t = V_0 + \int_0^t H_s dB_s^*, \quad t \in [0, T].$$

令

$$a(t) = H_t/(\sigma \widetilde{S}_t), \quad b(t) = \widetilde{V}_t - a(t)\widetilde{S}_t. \tag{5.10}$$

则 $\{a, b\}$ 为 ξ 的一复制策略, 且 (V_t) 是其财富过程. 由 (5.6) 和 (5.10) 有

$$a(t)d\widetilde{S}_t = a(t)\widetilde{S}_t\sigma dB_t^* = H_t dB_t^* = d\widetilde{V}_t.$$

因此根据引理 5.1 知, 交易策略 $\{a, b\}$ 是自融资的和容许的.

现令 $\{a, b\}$ 为一复制 ξ 的容许自融资交易策略. 那么根据 (5.5) 和 (5.6) , 有

$$d\widetilde{V}_t = a(t)\sigma \widetilde{S}_t dB_t^*,$$

从而立即得到 (5.9), 这说明了 $\{a, b\}$ 是唯一的复制 ξ 的自融资容许策略.

现在假设 $V_t = F(t, S_t)$, $F \in C^{1,2}([0, T) \times \mathbb{R}^+)$. 我们断言 $a(t) = F_x(t, S_t)$. 事实上, 由 Itô 公式,

$$\begin{aligned}
d\widetilde{V}_t &= d\Big(e^{-rt}F(t, S_t)\Big) = e^{-rt}F_x(t, S_t)dS_t + \text{``}dt\text{''} \ \text{项} \\
&= F_x(t, S_t)d\widetilde{S}_t + \text{``}dt\text{''} \ \text{项} \\
&= F_x(t, S_t)\widetilde{S}_t\sigma dB_t^*.
\end{aligned}$$

由定理 4.2 知, 这里第二个等式中的 "dt" 项必须为零, 因为 $(\widetilde{V}_t)$ 和 $(\widetilde{S}_t)$ 都是 $\mathbb{P}^*$-鞅. 因此从 (5.9) 可得 $a(t) = F_x(t, S_t)$. □

设 ξ 为一 $\mathbb{P}^*$-可积欧式未定权益. 根据定理 5.2, 如果定义 V_t 为未定权益 ξ 在 t 时的价格, 那么对该未定权益的买卖方来说都不存在套利机会. 称未定权益的此类定价方法为 **套利定价** . 等式 (5.8) 称为风险中性定价公式.

定理 5.3 如果欧式未定权益具有形式 $\xi = f(S_T)$, 那么其价格过程可以表示成 $V_t = F(t, S_t)$, 其中

$$F(t, x) = e^{-r(T-t)} \int_{-\infty}^{\infty} f\Big(xe^{(r-\sigma^2/2)(T-t)+\sigma y\sqrt{T-t}}\Big) \frac{e^{-y^2/2}}{\sqrt{2\pi}} dy. \tag{5.11}$$

证明 我们将 S_T 写成

$$S_T = S_t \exp\{(r - \sigma^2/2)(T-t) + \sigma(B_T^* - B_t^*)\}.$$

由于 S_t 是 $\mathcal{F}_t$ 可测的, 且 $B_T^* - B_t^*$ 与 $\mathcal{F}_t$ 独立, 根据 (5.8) 和定理 1.10 有

$$V_t = \mathbb{E}^* \left[e^{-r(T-t)} f \left(x \exp \left\{ (r - \sigma^2/2)(T-t) + \sigma(B_T^* - B_t^*) \right\} \right) \right] \Big|_{x=S_t},$$

从上式即得 $V_t = F(t, S_t)$. □

定理 5.4　令 $f(x) = (x - K)^+$, 则 $\xi = (S_T - K)^+$ 为一欧式买权. 作为公式 (5.11) 的一个特例, 我们得到 ξ 的价格过程为 $V_t = C(t, S_t)$, 其中

$$C(t, x) = xN(d_1) - Ke^{-r(T-t)}N(d_2), \tag{5.12}$$

$N(z)$ 为标准正态分布函数 $\left(N(z) = \int_{-\infty}^{z} \frac{1}{\sqrt{2\pi}} \exp\left\{ -\frac{y^2}{2} \right\} dy \right)$, 且

$$d_1 = \frac{\log(x/K) + \left(r + \frac{1}{2}\sigma^2 \right)(T-t)}{\sigma\sqrt{T-t}}, \quad d_2 = \frac{\log(x/K) + \left(r - \frac{1}{2}\sigma^2 \right)(T-t)}{\sigma\sqrt{T-t}}.$$
$$\tag{5.13}$$

公式 (5.12) 称为欧式买权的 Black-Scholes 公式. 利用买权-卖权平价公式, 可得欧式卖权相应的 Black-Scholes 公式:

$$P(t, x) = Ke^{-r(T-t)}N(-d_2) - xN(-d_1). \tag{5.14}$$

这表明欧式卖权 $\xi = (S_T - K)^-$ 的价格过程 (V_t) 由 $V_t = P(t, S_t)$ 给出.

由定理 5.3 看出, Black-Scholes 模型的一个重要特征就是风险资产的期望收益率 μ 并没有出现在 Black-Scholes 公式中. 更一般地, 如果我们用一适应过程 $(\mu(t))$ 替代 (5.1) 中的常数 μ, 使得 $\mathbb{E}\left[\exp\left\{ \frac{1}{2} \int_0^T (\theta(s))^2 ds \right\} \right] < \infty$, 其中 $\theta(t) = (\mu(t) - r)/\sigma$, 令

$$\frac{d\mathbb{P}^*}{d\mathbb{P}}\Big|_{\mathcal{F}_T} = \mathcal{E}(-\theta.B)_T, \quad B_t^* = B_t + \int_0^t \theta(s)ds,$$

则 (5.6) 仍然成立. 从而 Black-Scholes 公式适用于该情形. 该重要事实首先由 Merton (1973b) 发现. 我们将在 7.3.1 节介绍一般化的 Black-Scholes 模型的 Merton 形式.

§5.1.4　美式未定权益定价

现在我们转向 Black-Scholes 框架下的美式未定权益定价问题. 为简单起见, 假定资产不派发红利. 在连续时间情形下, 自然地定义一美式未定权益为一非负

适应过程 $(h_t)_{0 \leqslant t \leqslant T}$. 为简单起见, 我们仅考虑具有形式 $h_t = g(S_t)$ 的美式未定权益. g 称为回报函数 (reward function). 对买权来说, $g(x) = (x - K)^+$, 而对卖权来说, $g(x) = (K - x)^+$.

与离散时间情形相似, 为了定价美式未定权益, 我们需要引入交易-消费策略. 这样的策略由一交易策略 $\phi = \{a, b\}$ 和一初值为 0 的连续非降适应过程 (称为累积消费) (C_t) 构成, 使得交易策略 ϕ 的对应的财富过程 (V_t) (即 $V_t(\phi) = a(t)S_t + b(t)\beta_t$) 满足如下方程:

$$a(t)S_t + b(t)\beta_t = a(0)S_0 + b(0) + \int_0^t a(s)dS_s + \int_0^t b(s)d\beta_s - C_t, \quad \forall t \in [0, T].$$

容易证明: 对任一交易-消费策略 (ϕ, C), $e^{-rt}V_t(\phi) + \int_0^t e^{-rs}dC_s$ 为 $\mathbb{P}^*$-局部鞅. 交易-消费策略 (ϕ, C) 称为美式未定权益 (h_t) 的超对冲策略 (super-hedging strategy), 如果对所有的 $t \in [0, T]$, $V_t(\phi) \geqslant h_t$, a.s..

令 $\mathcal{T}_{t,T}$ 表示在 $[t, T]$ 中取值的所有停时全体. 令

$$\Phi(t, x) = \sup_{\tau \in \mathcal{T}_{t,T}} \mathbb{E}^* \left[e^{-r(\tau - t)} g(x \exp\{(r - (\sigma^2/2))(\tau - t) + \sigma(B_\tau^* - B_t^*)\}) \right],$$

这里假定 $g(x) \leqslant A + Bx$, 因此 $\Phi(t, x)$ 有定义. 由于

$$S_t \exp\{(r - (\sigma^2/2))(\tau - t) + \sigma(B_\tau^* - B_t^*)\} = S_\tau,$$

故根据定理 1.11 有

$$e^{-rt}\Phi(t, S_t) = \operatorname{ess\,sup}_{\tau \in \mathcal{T}_{t,T}} \mathbb{E}^* \left[e^{-r\tau} g(S_\tau) | \mathcal{F}_t \right].$$

由定理 4.24 知, 过程 $e^{-rt}\Phi(t, S_t)$ 为控制过程 $e^{-rt}g(S_t)$ 的最小上鞅.

下一定理为美式未定权益定价方面的主要结果. 关于证明, 读者可参看 (Karatzas and Shreve (1998, p.376–378)).

定理 5.5　存在交易-消费策略 (ϕ, C), 使其超对冲 $(g(S_t))$, 且 $V_t(\phi) = \Phi(t, S_t), \forall t \in [0, T]$. 此外, 对任一超对冲 $(g(S_t))$ 的交易-消费策略 (ψ, C), 我们有 $V_t(\psi) \geqslant \Phi(t, S_t), \forall t \in [0, T]$.

称 $\Phi(t, S_t)$ 为美式未定权益在 t 时的卖方价.

下面的定理表明: 如果标的资产不分红, 美式买权和欧式买权在任一时间 t 都有相同价格.

定理 5.6　如果标的资产不分红, 对美式买权来说, 即 $g(x) = (x - K)^+$, 我们有 $\Phi(t, x) = C(t, x)$, 其中 C 由 (5.12) 定义.

证明　我们只考虑 $t = 0$ 时的情况, 其他情形类似. 因为 $\widetilde{S}_t$ 为 $\mathbb{P}^*$-鞅, 对在 $[0, T]$ 中取值的任意停时 τ, 有

$$\widetilde{S}_\tau - e^{-rT}K = \mathbb{E}^*[e^{-rT}(S_T - K)|\mathcal{F}_\tau] \leqslant \mathbb{E}^*[e^{-rT}(S_T - K)^+|\mathcal{F}_\tau],$$

从上式得到

$$(\widetilde{S}_\tau - e^{-r\tau}K)^+ \leqslant (\widetilde{S}_\tau - e^{-rT}K)^+ \leqslant \mathbb{E}^*[e^{-rT}(S_T - K)^+|\mathcal{F}_\tau].$$

两边取期望, 得

$$\mathbb{E}^*[(\widetilde{S}_\tau - e^{-r\tau}K)^+] \leqslant \mathbb{E}^*[e^{-rT}(S_T - K)^+].$$

这蕴含了要证的结果成立.　　　　　　　　　　　　　　　　　　　　　　$\square$

现在我们转向美式未定权益的最优执行问题. 令 $\tau \in \mathcal{T}_{0,T}$. 如果在停时 τ 处执行美式未定权益, 那么在 $\mathbb{P}^*$ 下的期望折现损益为

$$V_0^\tau = \mathbb{E}^*\left[e^{-r\tau}g(S_\tau)\right].$$

令

$$\tau^* = \inf\left\{t \in [0, T] : \Phi(t, S_t) = g(S_t)\right\}. \tag{5.15}$$

那么 τ^* 是 $\mathcal{T}_{0,T}$ 中使 V_0^τ 最大化的停时. 因此将 τ^* 视为该美式未定权益的最优执行时刻是合理的. 对一美式卖权, 令

$$c(t) = \sup\left\{x \in \mathbb{R}_+ : \Phi(t, x) = (K - x)^+\right\}, \quad t \leqslant T. \tag{5.16}$$

那么

$$\tau^* = \inf\left\{t \in [0, T] : S_t \leqslant c(t)\right\}. \tag{5.17}$$

$c(t)$ 为 t 的非降函数, 称为 临界价格 (或者最优停止边界). 令

$$\mathcal{C} = \{(t, x) \in [0, T] \times \mathbb{R}_+ : x > c(t)\}$$
$$= \{(t, x) \in [0, T] \times \mathbb{R}_+ : \Phi(t, x) > (K - x)^+\}.$$

称 $\mathcal{C}$ 为继续区域 (continuation region). 对于临界价格, 我们所知道的结果如下: c 为 $(0, T)$ 上的 C^∞-函数, $\lim\limits_{t \to T} c(t) = K$, 且当 t 趋于到期日 T 时 (即 $T - t \to 0$),

$$K - c(t) \sim K\sqrt{(T - t)\log(T - t)}.$$

如果令 $b(t) = c(T - t), 0 \leqslant t \leqslant T$, 那么

$$\lim_{t \to \infty} b(t) = \frac{2rK}{2r + \sigma^2}.$$

从分析的角度看, Φ 满足下面的自由边界条件

$$\Phi(t, c(t)) = (K - c(t))^+, \quad \frac{\partial \Phi}{\partial x}(t, c(t)) = -1. \tag{5.18}$$

从而美式卖权的定价和最优执行问题就简化为求解一 PDE(偏微分方程) 的自由边界问题. 关于该问题的详细处理, 读者可参考 Wilmott et al.(1993).

§5.2 期权定价的一些例子

我们通过如下两个例子来说明期权定价的鞅方法.

§5.2.1 标的股票具有红利率的期权

如果股票不分红, 那么在风险中性概率测度下, 它的价格过程 (S_t) 由 (5.7) 刻画. 现在假设股票有分红, 其红利率为 q, $0 < q < r$. 那么该股票在 t 时的除权后价格为 $X_t = e^{-qt}S_t$. 从而在风险中性概率测度 $\mathbb{P}^*$ 下, 我们有

$$dX_t = X_t((r - q)dt + \sigma dB_t^*). \tag{5.19}$$

因此, 根据 (5.8), 标的资产为带红利率 q 的股票, 执行价为 K, 到期日为 T 的买权在 t 时的价格为

$$C_t = e^{-r(T-t)}\mathbb{E}^*[(X_T - K)^+|\mathcal{F}_t] = e^{-q(T-t)}e^{-(r-q)(T-t)}\mathbb{E}^*[(X_T - K)^+|\mathcal{F}_t].$$

然而, 如果无风险利率为 $r - q$, 从 (5.19) 我们看到 $\mathbb{P}^*$ 应为 (X_t) 的风险中性概率测度. 因而根据 (5.8), 有 $C_t = e^{-q(T-t)}C_t'$, 其中 C_t' 为买权在 t 时的价格, 该买权的执行价为 K, 到期日为 T, 而市场无风险利率为 $r - q$. 故根据 Black-Scholes 公式 (5.12) 得到

$$\begin{aligned}
C_t &= e^{-q(T-t)}[X_t N(d_1') - Ke^{-(r-q)(T-t)}N(d_2')] \\
&= e^{-q(T-t)}X_t N(d_1') - Ke^{-r(T-t)}N(d_2'),
\end{aligned}$$

其中

$$d_1' = \frac{\log(X_t/K) + \left(r - q + \frac{1}{2}\sigma^2\right)(T - t)}{\sigma\sqrt{T - t}}, \quad d_2' = d_1' - \sigma\sqrt{T - t}.$$

§5.2.2 外汇期权

考虑这样一张合约, 它给予持有者在 T 时以预先确定的汇率 K 购买 M 单位外汇的权利. 我们假定国内和国外的无风险利率均为非负常数, 分别为 r^d 和 r^f, 且汇率 Q 满足如下方程:

$$dQ_t = Q_t[\mu dt + \sigma dB_t], \tag{5.20}$$

其中 μ 和 σ 为常数. 从国内市场来考虑, 有两种基本资产: 一种为国内银行账户 (看作无风险资产), 它的价格过程为

$$d\beta_t^d = r^d \beta_t^d dt;$$

另一种是国外银行账户 (看作风险资产), 其价格过程 (折算成本币) 为 $S_t := \beta_t^f Q_t$, 其中

$$d\beta_t^f = r^f \beta_t^f dt.$$

根据 Itô 公式可得

$$dS_t = S_t[(r^f + \mu)dt + \sigma dB_t].$$

该合约在国内市场上可以看作一个欧式买权, 其到期日 T 时的损益为 $\xi = M(Q_T - K)^+$.

取 β_t^d 作为计价单位, 并令 $\widetilde{S}_t = (\beta_t^d)^{-1}S_t$, 那么

$$d\widetilde{S}_t = \widetilde{S}_t[(r^f - r^d + \mu)dt + \sigma dB_t].$$

因此, 如果我们令 $\left.\frac{d\mathbb{P}^*}{d\mathbb{P}}\right|_{\mathcal{F}_T} = \mathcal{E}(-\theta.B)_T$, $\theta(t) = \theta = (r^f - r^d + \mu)/\sigma$, 那么根据 Girsanov 定理知 $B_t^* = B_t + \theta t$ 为 $\mathbb{P}^*$-Brown 运动, 且 $(\widetilde{S}_t)$ 为 $\mathbb{P}^*$-鞅. 称 $\mathbb{P}^*$ 为国内鞅测度. 由 (5.8) 知, 期权 ξ 在 t 时的价格为

$$V_t = \mathbb{E}^*[e^{-r^d(T-t)}M(Q_T - K)^+|\mathcal{F}_t]. \tag{5.21}$$

将 (5.20) 和 (5.21) 重新写为

$$dQ_t = Q_t[(r^d - r^f)dt + \sigma dB_t^*],$$

$$V_t = Me^{-r^f(T-t)}\mathbb{E}^*[e^{-(r^d-r^f)(T-t)}(Q_T - K)^+|\mathcal{F}_t].$$

因此, 根据 Black-Scholes 公式立即可得期权 ξ 的定价公式:

$$V_t = Me^{-r^f(T-t)}C(t, Q_t), \tag{5.22}$$

其中 $C(t,x)$ 由 (5.12) 给出, 只是要用 $r^d - r^f$ 代替那里的 r. 与 Black-Scholes 公式一样, 参数 μ 没有在外汇期权的估价公式中出现, 即使当 μ 是依赖时间的或随机的.

§5.2.3　复合期权

复合期权 (compound option) 是指以某个期权合约本身为标的物的期权. 复合期权主要有四种类型: 基于某个买权的买权和卖权、基于某个卖权的买权和卖权. 下面以基于某个买权的买权为例, 该复合买权给予持有者在标的买权到期日 T 之前的某个约定时刻 $T_1 < T$ 以某个约定价购买该标的买权的权利. 设标的买权和复合买权的执行价分别为 K 和 K_1, 标的买权的价格过程为 $C(t, S_t)$, 则复合买权在执行时刻 T_1 的回报为

$$V(T_1) = (C(T_1, S_{T_1}) - K_1)^+,$$

其中 $C(t, x)$ 由 (5.12) 给出. 复合买权的定价公式首先由 Geske(1979) 用 Fourier 积分方法给出. 这里简单介绍用概率方法如何推出定价公式. 由 (5.8) 和定理 1.11 得到复合买权在时刻 $t \leqslant T_1$ 的定价 $V(t)$ 为

$$V(t) = e^{-r(T_1-t)}\mathbb{E}^*[(C(T_1, S_{T_1}) - K_1)^+|\mathcal{F}_t] = C_1(t, S_t),$$

函数 $C_1(t, x)$ 为

$$C_1(t, x) = e^{-r(T_1-t)}\mathbb{E}^*[(C(T_1, xS_t^{-1}S_{T_1}) - K_1)^+].$$

通过一些计算 (例如见 Kwok(1998)), 可以证明

$$C_1(t,x) = xN_2\left(D_1(t,x) + \sigma\sqrt{T_1-t}, D(t,x) + \sigma\sqrt{T-t}; \sqrt{\frac{T_1-t}{T-t}}\right)$$

$$- Ke^{-r(T-t)}N_2\left(D_1(t,x), D(t,x); \sqrt{\frac{T_1-t}{T-t}}\right)$$

$$- K_1Ke^{-r(T_1-t)}N(D_1(t,x)),$$

其中 $N(z)$ 为标准正态分布函数,

$$N_2(y,z;\rho) = \frac{1}{2\pi\sqrt{1-\rho^2}}\int_{-\infty}^{y}\int_{-\infty}^{z}\exp\left\{-\frac{1}{2}\left(\frac{u^2 - 2\rho uv + v^2}{1-\rho^2}dudv\right)\right\}.$$

$$D_1(t,x) = \frac{\ln(x/S^*) + \left(r - \frac{1}{2}\sigma^2\right)(T_1-t)}{\sigma\sqrt{T_1-t}},$$

$$D(t,x) = \frac{\ln(x/K) + \left(r - \frac{1}{2}\sigma^2\right)(T-t)}{\sigma\sqrt{T-t}},$$

S^* 为如下方程的唯一解:

$$C_1(T_1, S^*) - K_1 = 0.$$

§5.2.4　选择者期权

选择者期权 (chooser option) 给予期权持有者如下选择权: 在事先确定的某个未来时刻 $T_c < T$, 持有者可以在同一执行价 K 的买权或卖权中选择其一. 因此, 选择者期权的到期回报为

$$V(T_c) = \max\{C(T_c, S_{T_c}), P(T_c, S_{T_c})\},$$

其中 $C(t, x)$ 和 $P(t, x)$ 分别由 (5.12) 和 (5.14) 给出. 该选择者期权在时刻 t 的定价为: 对于 $t \geqslant T_c$, $V(t) = V(T_c)$; 对于 $t \leqslant T_c$,

$$\begin{aligned}V(t) &= e^{-r(T-t)}\mathbb{E}^*[V(T_c)|\mathcal{F}_t]\\&= e^{-r(T-t)}g(t, S_t),\end{aligned}$$

其中

$$g(t, x) = \mathbb{E}^*[\max\{C(T_c, xS_t^{-1}S_{T_c}), P(T_c, xS_t^{-1}S_{T_c})\}].$$

§5.3　Black-Scholes 公式的实际应用

§5.3.1　历史波动率和隐含波动率

注意到 Black-Scholes 公式中唯一的未知参数就是波动率. 大家可能用资产价格的历史数据来计算资产收益的标准差作为波动率的一个估计, 即所谓的历史波动率 (historical volatility). 另一方面, 承认资产的价格过程服从 Black-Scholes 模型且市场是无套利的, 我们可以利用同一标的资产而有不同到期日和 (或) 执行价的期权的报价, 根据 Black-Scholes 公式反推出相应的波动率值. 这些值称为隐含波动率 (implied volatility). 取这些隐含波动率的某类加权平均, 我们就得到波动率的一个估计, 该估计可以当作未来波动率的一个预测. 经验研究表明隐含波动率比历史波动率更适合资产波动率的未来预测. 可以基于该波动率来定价基于同一标的资产的其他期权. 因此对市场参与者来说, 包括套利交易者和经纪公司, 计算隐含波动率是 Black-Scholes 公式的主要应用之一.

§5.3.2　delta 对冲和期权价格的敏感性分析

Black-Scholes 公式为期权价格关于各种不同参数变化的敏感性提供了有用的度量. 已经证明这些敏感性度量对监控期权头寸 (position) 的风险暴露是有效的. 根据定义, 一个期权的 delta 度量了标的资产价格变化一单位时期权价格的变化程度. delta 关于标的资产价格变化的敏感性称为 gamma. 期权价格关于到期日变化 (相应地, 波动率变化、利率变化) 的敏感性称为 theta (相应地, Vega、rho).

从 Black-Scholes 公式可以看到买权的价格依赖 S_t, K, σ, r 和 $T-t$(离期权到期日的时间). 由于 $N'(x) = \frac{1}{\sqrt{2\pi}} e^{-\frac{1}{2}x^2}$, 容易验证

$$xN'(d_1) = Ke^{-r(T-t)}N'(d_2),$$

其中 d_1 和 d_2 由 (5.13) 给出. 由上式容易证明

$$\Delta = \frac{\partial C}{\partial x} = N(d_1) > 0,$$

$$\Gamma = \frac{\partial^2 C}{\partial x^2} = \frac{1}{x\sigma\sqrt{T-t}} N'(d_1) > 0,$$

$$V = \frac{\partial C}{\partial \sigma} = x\sqrt{T-t}N'(d_1) > 0,$$

$$\rho = \frac{\partial C}{\partial r} = (T-t)e^{-r(T-t)}KN(d_2) > 0,$$

$$\theta = \frac{\partial C}{\partial t} = -\frac{x\sigma}{2\sqrt{T-t}} N'(d_1) - Kre^{-r(T-t)}N(d_2) < 0.$$

由定理 5.2 可立即得到买权的对冲策略 $\{a(t), b(t)\}$, 这里 $a(t)$ 为期权在 t 时的 delta, $\frac{\partial C}{\partial x}(t, S_t)$. 因此该对冲也称为 delta 对冲. 在实际应用中, 由于存在交易成本, 仅当头寸的 delta 显著偏离目标水平时才应重新调整投资组合. 对此, 期权的 gamma 帮助我们知道重新调整投资组合的频率.

买权的 theta 总是负的. 这意味着买权的多头随着时间的流逝会损失它的时间价值. 避免这种损失的唯一途径就是设置风险中性头寸, 该头寸由具有相同 theta 的期权空头和多头组成. 如果某人相信波动率不是常数, 那么他也应该考虑 Vega.

另一关于期权价格的敏感性度量就是所谓的弹性, 或者 lambda, 记为 λ. 也称它为期权头寸的杠杆率 (leverage), 它度量了标的资产价格变化一个百分点时期权价格变化的百分点数. 在 Black-Scholes 框架下, 我们有

$$\lambda = \frac{\partial C}{\partial x} \frac{x}{C} = \frac{xN(d_1)}{C}.$$

从 (5.12) 可知, $\lambda > 1$ 总是成立, 该现象称为杠杆效应 (leverage effect). 对卖权来说, $\lambda = \frac{\partial P}{\partial x} \frac{x}{P}$, 它总是负的, 但不一定小于 -1. 这表明卖权不一定具有杠杆效应.

§5.4　在 Black-Scholes 公式中捕捉偏差

对欧式期权而言, 如果折现的执行价小于或大于股票当前价, 称该期权为价内的 (in-the-money) 或价外的 (out-of-the-money). 如果两者相等, 称该期权为价平的 (at-the-money). 如果 Black-Scholes 模型与现实市场相当吻合, 那么具有不同执行价或到期日的期权的隐含波动率应该是大致相同. 然而, 经验数据表明, 具有不同执行价的买权的隐含波动率价平时最低, 而随价内或价外程度不同呈递增趋势, 被称为有波动率微笑 (volatility smile), 如图 5.1. 另外, 隐含波动率的图形关于价内和价外并不对称, 而是有倾斜, 被称为有偏度 (skewness). 高频数据下的统计分析进一步表明股票对数价格的经验分布不是一个正态分布, 有厚尾现象, 这由所谓的超额峰度 (excess kurtosis) 来度量. 这里峰度表示四阶中心矩除以二阶矩的平方, 对正态分布来说它等于 3. 因此具有厚尾现象的分布的超额峰度就等于它的峰度减去 3. 另外, 一些股票市场还呈现出波动率聚类 (volatility cluster), 即有一段时间波动特别剧烈, 而其他时间相对平缓. Black-Scholes 期权定价公式中的这些偏差都表明, 应该修正 Black-Scholes 模型. 下面我们将简要介绍它的几种修正: 水平依赖波动率模型 (CEV（方差常弹性) 模型是它的一个特例)、随机波动率模型、VG (方差-Gamma) 模型、GARCH 模型. 关于其中一些模型的进一步讨论将在以后的章节中给出.

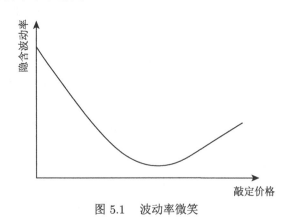

图 5.1　波动率微笑

§5.4.1　CEV 模型和水平依赖波动率模型

观察到的股价数据表明, 通常波动率和价格水平之间存在负相关性. 考虑到这种 "负杠杆效应", Cox (1975) 和 Cox and Ross (1976) 提出了一类常数方差弹性 (constant elasticity of variance, CEV) 模型:

$$dS_t = \mu S_t dt + \sigma S_t^{\frac{\alpha}{2}} dB_t,$$

其中 $0 < \alpha \leqslant 2$ 为常数, 称为弹性因子. 当 $\alpha = 2$ 时, 该模型退化为 Black-Scholes 模型. 如果 $0 < \alpha < 2$, CEV 过程有一吸收边界 0. 在该模型中, 波动率由股票价格水平内生确定. 关于 CEV 模型下的期权定价, 我们将在第七章讨论.

CEV 模型仅能捕捉隐含波动率图中所表现出的负偏度 (negative skew). 为了能够捕捉波动率微笑, 我们用一扩散过程来刻画股票价格过程 (S_t):

$$dS_t = S_t[\mu(t, S_t)dt + \sigma(t, S_t)dB(t)], \qquad (5.23)$$

其中假定 μ 和 σ 满足适当条件使得 SDE(5.23) 存在唯一解. 这一类模型称为水平依赖波动率模型. 为了记号简便, 假定存款利率为 0. 令

$$\eta_T = \exp\left\{-\int_0^T \frac{\mu}{\sigma}(t, S_t)dB_t - \frac{1}{2}\int_0^T \left(\frac{\mu}{\sigma}(t, S_t)\right)^2 dt\right\}.$$

假定 $\mathbb{E}[\eta_T] = 1$. 在 $(\Omega, \mathcal{F}_T)$ 上通过 $d\mathbb{P}^*/d\mathbb{P} = \eta_T$ 来重新定义概率测度 $\mathbb{P}^*$. 由 Girsanov 定理知, $B_t^* = B_t + \int_0^t \frac{\mu}{\sigma}(u, S_u)du$ 在 $\mathbb{P}^*$ 下为 Brown 运动, 并且有

$$dS_t = S_t\sigma(t, S_t)dB^*(t), \qquad (5.24)$$

若 $\sigma(t, x)$ 满足一定条件, 则 S_t 为 $\mathbb{P}^*$-鞅, 因此 $\mathbb{P}^*$ 为风险中性测度.

Breeden and Litzenberger (1978) 注意到, 如果记 S_T 在 $\mathbb{P}^*$ 下的密度函数为 $f(T, x)$, $G(T, K)$ 为到期日 T 执行价 K 的买权在 0 时刻的价格, 那么

$$G(T, K) = \mathbb{E}^*[(S_T - K)^+] = \int_0^\infty (x - K)^+ f(T, x)dx,$$

从而通过对 K 求二次导数可得如下等式:

$$\frac{\partial^2}{\partial K^2}G(T, K) = f(T, K). \qquad (5.25)$$

Dupire(1997) 基于 (5.25) 进一步指出, 可从买权价格族 $\{G(T, K)\}_{T>t, K>0}$ 推出 "波动率函数" $\sigma(t, x)$. 事实上, 对如下 Kolmogorov 向前方程关于 K 进行二次积分

$$\frac{\partial}{\partial T}f(T, K) = \frac{1}{2}\frac{\partial^2}{\partial K^2}\left(\sigma^2(T, K)K^2 f(T, K)\right).$$

并利用 (5.25) 可得

$$\frac{\partial}{\partial T}G(T, K) = \frac{1}{2}\sigma^2(T, K)K^2\frac{\partial^2}{\partial K^2}G(T, K) + a_1 K + a_2.$$

假定 $\lim_{T\to\infty}\frac{\partial}{\partial T}G(T, K) = 0$ 和 $\frac{\partial^2}{\partial K^2}G(T, K) > 0$, 那么必须有 $a_1 = 0, a_2 = 0$, 从

而得到波动率函数 $\sigma(t,x)$ 公式如下:

$$\sigma^2(T,K) = \frac{2\frac{\partial}{\partial T}G(T,K)}{K^2\frac{\partial^2}{\partial K^2}G(T,K)}. \tag{5.26}$$

该模型最大的优点就是, 当市场完备时, 基于观察到的不同执行价和到期日的买权价格, 利用波动率函数的参数形式或者插补算法就可以估计出波动率函数 $\sigma(t,x)$. 该估计的波动率函数称为隐含波动率函数. 然而, 经验测试表明隐含波动率函数在时间上很不稳定. 因此内生确定的水平依赖波动率模型也不十分适合用来刻画股价过程.

§5.4.2　随机波动率模型

为了克服水平依赖波动率模型的缺点, 我们将波动率看作为依赖一外生随机因子的随机过程, 即将股价过程 (S_t) 描述成

$$dS_t = S_t[\mu_t dt + \sigma_t dB_t], \tag{5.27}$$

但波动率 σ_t 本身也由一扩散过程来描述:

$$d\sigma_t = b(\sigma_t)dt + a(\sigma_t)dW_t, \tag{5.28}$$

其中 B_t 与 W_t 为两个 Brown 运动, 其相关系数为 $\rho \in (-1,1)$ (即 $\mathbb{E}[B_t W_t] = \rho t$, 或等价地, $[B,W]_t = \rho t$). 通常情形下, ρ 是负数. 这反映了波动率与价格之间的负相关性. 这样的模型称为随机波动率模型. 如果设 Z_t 为一与 B_t 独立的 Brown 运动, 并令 $W_t = \rho B_t + \sqrt{1-\rho^2}Z_t$, 那么可以将 (5.28) 重写为

$$d\sigma_t = b(\sigma_t)dt + \rho a(\sigma_t)dB_t + \sqrt{1-\rho^2}a(\sigma_t)dZ_t. \tag{5.29}$$

这类模型最初由 Hull and White(1987) 提出, 在他们的模型中 μ_t 为常数, 波动率的平方, 记为 v_t, 由一个几何 Brown 运动模型给出:

$$dv_t = v_t[bdt + \delta dW_t].$$

Heston(1993) 提出了另一随机波动率模型, 在该模型中 v_t 服从均值回复过程

$$dv_t = (\theta - \kappa v_t)dt + \delta\sqrt{v_t}dW_t,$$

其中 θ 和 κ 为两个正常数, κ 为回复速率, $\frac{\theta}{\kappa}$ 为回复水平.

结果表明随机波动率模型能很好地捕捉隐含波动率中的 "微笑" 和偏斜. 关于更一般的随机波动率模型, 读者可参考文献 Hofmann et al. (1992) 以及 Frey (1997).

下面简单讨论随机波动率模型的期权定价. 由于波动率不是一种可交易的资产, 所以随机波动率模型下的市场是不完备的, 从而许多未定权益不能唯一定价 (参看下面的第六章). 这时, 期权定价依赖投资者的风险偏好, 投资者可以选择效用函数作为偏好, 或者选定波动率风险的市场价格.

考虑一随机波动率模型 (5.27)—(5.29), 其中 $\mu_t = \mu(\sigma_t)$. 假定 $Z_t^* = Z_t + \int_0^t \lambda(\sigma_s)ds$ 为风险中性概率测度 $\mathbb{P}^*$ 下的 Brown 运动, 那么有

$$dS_t = S_t[rdt + \sigma_t dB_t^*], \qquad (5.30)$$

其中 $B_t^* = B_t + \int_0^t \dfrac{\mu(\sigma_s) - r}{\sigma_s}ds$ 为 $\mathbb{P}^*$ 下的 Brown 运动. 由于 $[Z^*, B^*]_t = [Z, B]_t = 0$, 故 Z_t^* 与 B_t^* 相互独立. 从 (5.29) 和 (5.30) 可得

$$d\sigma_t = \tilde{b}(\sigma_t)dt + \rho a(\sigma_t)dB_t^* + \sqrt{1 - \rho^2}a(\sigma_t)dZ_t^*, \qquad (5.31)$$

其中

$$\tilde{b}(\sigma_t) = b(\sigma_t) - \frac{\rho a(\sigma_t)(\mu(\sigma_t) - r)}{\sigma_t} - \sqrt{1 - \rho^2}a(\sigma_t)\lambda(\sigma_t). \qquad (5.32)$$

如果 μ_t 不依赖 σ_t, 并且两个 Brown 运动 B_t 与 W_t 独立 (i.e. $\rho = 0$), 那么容易证明以股票为标的的欧式期权的价格等于 Black-Scholes 价格在波动率平方平均的概率分布上的积分. 关于该结果的推导可参见文献 Hull and White (1987).

关于一般情形, 我们期望以股票为标的的欧式期权 $f(S_T)$ 的价格过程 V_t 能够表示成 $F(t, S_t, \sigma_t)$, $F(t, x, y)$ 为 $[0, T] \times (0, \infty) \times \mathbb{R}$ 上的 $C^{1,2,2}$-函数. 那么有

$$F(t, x, y) = e^{-r(T-t)}\mathbb{E}^*[f(S_T) \mid S_t = x, \sigma_t = y]. \qquad (5.33)$$

由 Feynman-Kac 公式知, $F(t, x, y)$ 满足下面的偏微分方程方程:

$$-rF + F_t + \frac{1}{2}a^2 F_{yy} + rxF_x + \rho xyaF_{xy} + \frac{1}{2}x^2 y^2 F_{xx} + \tilde{b}F_y = 0, \qquad (5.34)$$

其终端条件为 $F(T, x, y) = f(x)$. 在一些特殊情况下, 可求出期权价格的显式表达式.

§5.4.3 SABR 模型

Hagan et al. (2002) 提出了随机 alpha-beta-rho (SABR) 模型, 在该模型中, 股价过程 (S_t) 由 (5.27) 描述, 其中

$$\mu_t \equiv 0, \quad \sigma_t = \alpha_t S_t^{\beta-1},$$

(α_t) 服从如下的几何 Brown 运动:

$$d\alpha_t = \nu\alpha_t dW_t.$$

这里 $\beta \in [0,1]$ 和 $\nu > 0$ 是两个常数, (W_t) 和 (B_t) 的相关系数为 ρ. 事实上, ν 是过程 (α_t) 的波动率. 如果 $\nu = 0$, SABR 模型就退化为 CEV 模型, 其弹性系数等于 2β.

SABR 模型在金融业, 尤其是在外汇交易市场和利率市场, 非常流行. 这主要因为它只用 4 个参数 $(\alpha_0, \nu, \rho, \beta)$ 就能较好地拟合在市场中观察到的各类隐含波动率曲线. 此外, Hagan et al.(2002) 利用奇异摄动技巧对欧式期权定价和隐含波动率导出了显式的渐近展开, 这方便了 SABR 模型下的相关计算. 有关 SABR 模型下的期权定价和相关计算可以进一步参看文献 Glasserman and Wu (2011).

§5.4.4   方差-Gamma (VG) 模型

根据信息流的非齐次性和交易量的变化性, 解释波动率随机性的一种可能是资产收益过程仍然是一带漂移的 Brown 运动, 但时间参数要解释为内蕴时钟 (intrinsic clock), 而非日历时间. 换句话说, 资产收益过程 $X(t) = \ln\dfrac{S_t}{S_0}$ 由一时变的带漂移的 Brown 运动给出:

$$X(t) = \sigma B(A(t)) + \theta A(t),$$

其中 $A(t)$ 为一独立于 (S_t) 的增过程. 过程 A 称为 从属过程 (subordinator).

Madan and Seneta (1990) 建议选择 gamma 过程作为从属过程. gamma 过程 $\Gamma(t, \nu)$ 为一递增的 Lévy 过程 (即平稳独立增量过程), 它在区间 $(t, t+h)$ 上的增量具有均值为 h、方差为 νh 的 gamma 密度函数 $f_h(g)$:

$$f_h(g) = \frac{g^{h/\nu - 1}\exp(-g/\nu)}{(\nu)^{h/\nu}\Gamma\left(\dfrac{h}{\nu}\right)}, \quad g > 0,$$

其中 $\Gamma(x)$ 为 gamma 函数. 方差-Gamma (VG) 过程即为

$$X(t; \sigma, \nu, \theta) = \theta G(t, \nu) + \sigma B(G(t, \nu)).$$

结果表明 VG 过程为纯跳过程. 随机变量 $X(t)$ 的前四阶中心矩为

$$\mathbb{E}[X(t)] = \theta t,$$
$$\mathbb{E}[(X(t) - \theta t)^2] = (\theta^2 \nu + \sigma^2)t,$$
$$\mathbb{E}[(X(t) - \theta t)^3] = (2\theta^3 \nu^2 + 3\sigma^2 \theta \nu)t,$$
$$\mathbb{E}[(X(t) - \theta t)^4] = (3\theta^4 \nu + 12\sigma^2 \theta^2 \nu^2 + 6\theta^4 \nu^3)t$$

$$+(3\sigma^4 + 6\sigma^2\theta^2\nu + 3\theta^4\nu^2)t^2.$$

可看到, 如果 $\theta = 0$, 那么偏度为 0. 四阶中心矩除以二阶中心矩的平方为 $3(1+\nu)$, 因而相对于正态密度的峰度 (等于 3) 来说, ν 为 $X(t)$ 的峰度的超额比率.

现在假设在历史概率测度下股票对数价格由一 VG 过程 $X(t;\sigma,\nu,\theta)$ 刻画:

$$\ln S_t = \ln S_0 + \alpha t + \theta G(t,\nu) + \sigma B(G(t,\nu)).$$

那么在风险中性测度下可以将股票价格过程写成

$$S_t = S_0 \exp\left[rt + \frac{t}{\nu}\ln(1 - \theta\nu - \sigma^2\nu/2) + \theta G(t,\nu) + \sigma B(G(t,\nu))\right],$$

其中 r 为货币市场账户的常数利率. 股票收益率分布的偏度和峰度相应地由参数 θ 和 ν 所控制. 当 ν 趋于零时, 得到 Black-Scholes 模型. 关于期权定价在该模型下的显式解, 建议参考 Madan et al. (1998) (也可参见文献 Madan (2001)).

§5.4.5 GARCH 模型

Engle(1982) 第一次引入了自回归条件异方差模型 (ARCH 模型), 试图解释在金融市场上观察到的一种波动率聚类现象. 如果我们用 (P_n) 表示资产价格序列, 这是在离散时间上观察到的, 则 ARCH(p) 模型假定 (调整过的) 对数价格更新 (innovation) $h_n = \ln P_n - \ln P_{n-1} - \nu$ 服从

$$h_n = \sigma_n \varepsilon_n, \tag{5.35}$$

其中 (ε_n) 为一列独立同分布的标准正态随机变量, 条件方差 σ_n^2 具有随机系数自回归结构:

$$\sigma_n^2 = \alpha_0 + \sum_{i=1}^{p} \alpha_i h_{n-i}^2. \tag{5.36}$$

根据该模型, 标准化的对数价格 "更新" 是正态分布的, 这不符合经验数据. 为了克服该缺点, Bollerslev (1986) 提出了广义 ARCH 或 GARCH 模型. 在模型 GARCH (p, q) 中, 我们有

$$\sigma_n^2 = \alpha_0 + \sum_{i=1}^{p} \alpha_i h_{n-i}^2 + \sum_{j=1}^{q} \beta_j \sigma_{n-j}^2. \tag{5.37}$$

该结果表明, GARCH 模型是随机波动率模型的离散时间近似 (有关该结果的进一步讨论见 Nelson (1990) 和 Bollerslev et al.(1994).

第六章　奇异期权的定价和对冲

通常把在执行时的回报只依赖于标的资产当前价格的期权 (如在第四章研究的欧式期权、美式期权、复合期权等) 称为普通期权 (在英文中称为 vanila option, 尽管 "vanila" 原义是 "香草", 但放在名词前转义为 "普通的"). 非普通的期权则称为奇异期权 (exotic option). 奇异期权在执行时的回报不仅与标的资产当时价格有关, 还与此前的标的资产价格有关, 即奇异期权是路径依赖的 (path-dependent). 奇异期权被银行、公司和机构投资者广泛应用于投资和风险管理. 典型的奇异期权有障碍期权 (barrier options)、亚式期权 (Asian options)、回望期权 (lookback options) 和重置期权, 我们将在下面给出它们的定义.

本章将在 Black-Scholes 框架下研究上述欧式奇异期权的定价和对冲. 我们将不加说明地采用第五章有关 Black-Scholes 模型的记号.

§6.1　Brown 运动和它的极值联合分布

为了给出障碍期权和回望期权的定价, 我们首先给出带漂移的 Brown 运动在区间 $[0, t]$ 上的最大值或最小值分布以及它们和带漂移的 Brown 运动在时刻 t 的值的联合分布.

定理 6.1　设 B 为一维 Brown 运动, $\alpha, \lambda \in \mathbb{R}, \sigma > 0$. 则对 $x \geqslant \alpha, y \leqslant x$, 我们有

$$\mathbb{P}\Big(\alpha + \sigma B_t + \lambda t \geqslant y, \max_{s \leqslant t}(\alpha + \sigma B_s + \lambda s) \leqslant x\Big)$$

$$= N\Big(\frac{x - \alpha - \lambda t}{\sigma\sqrt{t}}\Big) - N\Big(\frac{y - \alpha - \lambda t}{\sigma\sqrt{t}}\Big) - e^{2\lambda(x-\alpha)/\sigma^2}$$

$$\cdot \Big[N\Big(\frac{-x + \alpha - \lambda t}{\sigma\sqrt{t}}\Big) - N\Big(\frac{-(2x - \alpha - y) - \lambda t}{\sigma\sqrt{t}}\Big)\Big], \tag{6.1}$$

$$\mathbb{P}\Big(-\alpha + \sigma B_t + \lambda t \leqslant -y, \min_{s \leqslant t}(-\alpha + \sigma B_s + \lambda s) \leqslant -x\Big)$$

$$= N\Big(\frac{-x + \alpha - \lambda t}{\sigma\sqrt{t}}\Big) + e^{-2\lambda(x-\alpha)/\sigma^2}\Big[N\Big(\frac{-x + \alpha + \lambda t}{\sigma\sqrt{t}}\Big) - N\Big(\frac{-(2x - \alpha - y) + \lambda t}{\sigma\sqrt{t}}\Big)\Big], \tag{6.2}$$

证明 我们只需证 (6.1). 此外, 为记号简单起见, 我们不妨假定 $\alpha = 0, \sigma = 1$. 令 $T_x = \inf\{t \geq 0 : B_t = x\}$ 和

$$\widetilde{B}_t = B_t I_{[t < T_x]} + (2x - B_t) I_{[t \geq T_x]}.$$

由 Brown 运动的反射原理 (见 §4.3.3 节), $(\widetilde{B}_t)$ 为一 Brown 运动. 由于在 $[t \leq T_x]$ 上, 对 $s \leq t$ 有 $\widetilde{B}_s = B_s$, 故有

$$[\max_{s \leq t} \widetilde{B}_s \geq x, y \leq \widetilde{B}_t \leq x] = [2x - y \geq B_t \geq x] \subset [t \geq T_x].$$

因此, 由 Girsanov 定理有

$$\mathbb{P}\left(B_t + \lambda t \geq y, \max_{s \leq t}(B_s + \lambda s) \leq x\right)$$

$$= \mathbb{P}\left(\widetilde{B}_t + \lambda t \geq y, \max_{s \leq t}(\widetilde{B}_s + \lambda s) \leq x\right)$$

$$= \mathbb{P}(y \leq \widetilde{B}_t + \lambda t \leq x) - \mathbb{P}\left(\max_{s \leq t}(\widetilde{B}_s + \lambda s) \geq x, y \leq \widetilde{B}_t + \lambda t \leq x\right)$$

$$= \mathbb{P}(y \leq \widetilde{B}_t + \lambda t \leq x) - \mathbb{E}\left[\exp\left\{\lambda \widetilde{B}_t - \frac{\lambda^2}{2}t\right\} I_{[\max_{s \leq t} \widetilde{B}_s \geq x, y \leq \widetilde{B}_t \leq x]}\right]$$

$$= \mathbb{P}(y \leq B_t + \lambda t \leq x) - \mathbb{E}\left[\exp\left\{\lambda(2x - B_t) - \frac{\lambda^2}{2}t\right\} I_{[2x - y \geq B_t \geq x]}\right]$$

$$= \mathbb{P}(y \leq B_t + \lambda t \leq x) - e^{2\lambda x}\mathbb{E}\left[\exp\left\{-\lambda B_t - \frac{\lambda^2}{2}t\right\} I_{[2x - y \geq B_t \geq x]}\right]$$

$$= \mathbb{P}(y \leq B_t + \lambda t \leq x) - e^{2\lambda x}\mathbb{P}(-(2x - y) \leq -B_t + \lambda t \leq -x)$$

$$= N\left(\frac{x - \lambda t}{\sqrt{t}}\right) - N\left(\frac{y - \lambda t}{\sqrt{t}}\right) - e^{2\lambda x}\left[N\left(\frac{-x - \lambda t}{\sqrt{t}}\right) - N\left(\frac{-(2x - y) - \lambda t}{\sqrt{t}}\right)\right].$$

$\square$

设 B 为一维 Brown 运动, $\alpha, \lambda \in \mathbb{R}, \sigma > 0$. 令

$$X_t = \alpha + \sigma B_t + \lambda t, \ m_t = \min\{X_s : 0 \leq s \leq t\}, \quad M_t = \max\{X_s : 0 \leq s \leq t\}.$$

下面我们依照 Freedman(1983) 的方法来研究 (B_t, m_t, M_t) 的联合分布. 为此先证明一个引理.

引理 6.2 设 $y \in \mathbb{R}$, H 为一 Borel 集. 令 $\tau_y = \inf\{t \geq 0 : B_t = y\}$, $r_y H = \{2y - x : x \in H\}$. $a, b \in \mathbb{R}, a < 0 < b$.
(1) 如果 $H \subset (-\infty, a]$, 则

$$\mathbb{P}(B_t \in H, \tau_b < \tau_a) = \mathbb{P}(B_t \in r_b H, \tau_b < \tau_a).$$

(2) 如果 $H \subset [b, \infty)$, 则

$$\mathbb{P}(B_t \in H, \tau_a < \tau_b) = \mathbb{P}(B_t \in r_a H, \tau_a < \tau_b).$$

证明　我们只证 (1), (2) 的证明类似. 显然有

$$[B_t \in H, \tau_b < \tau_a] \subset [\tau_b \leqslant t], \quad [B_t \in r_b H] \subset [\tau_b \leqslant t].$$

对停时 τ_b 应用 Brown 运动的反射原理得

$$\mathbb{P}(B_t \in H, \tau_b < \tau_a) = \mathbb{P}(2b - B_t \in H, \tau_b < \tau_a) = \mathbb{P}(B_t \in r_b H, \tau_b < \tau_a).$$

故 (1) 得证.　　　　　　　　　　　　　　　　　　　　　　　□

定理 6.3　设 $a < \alpha < b, a < x < b$, 对任何 Borel 集 $J \subset [a,b]$, 令 $J(\alpha, \sigma) = \left\{ \dfrac{x - \alpha}{\sigma} : x \in J \right\}$. 我们有

$$\mathbb{P}(X_t \in J, a < m_t \leqslant M_t < b) = \int_{J(\alpha,\sigma)} \exp\left\{ \frac{\lambda}{\sigma} y - \frac{\lambda^2}{2\sigma^2} \right\} k(y) dy, \quad (6.3)$$

其中

$$k(y) = \sum_{n=-\infty}^{+\infty} \left[\varphi\left(y; -\frac{2n(b-a)}{\sigma}, \sqrt{t}\right) - \varphi\left(y; \frac{2a - 2n(b-a)}{\sigma}, \sqrt{t}\right) \right], \quad (6.4)$$

$$\varphi(y; \mu, \delta) = \frac{1}{\delta\sqrt{2\pi}} \exp\left\{ -\frac{(y-\mu)^2}{2\delta^2} \right\}.$$

证明　无妨假定 $\alpha = 0$. 首先考虑 Brown 运动情形, 即假定 $\sigma = 1, \lambda = 0$. 对任何 Borel 集 $J \subset [a,b]$, 有

$$\mathbb{P}(B_t \in J, a < m_t \leqslant M_t < b) = \mathbb{P}(B_t \in J) - \mathbb{P}(B_t \in J, \tau_b < \tau_a, \tau_b \leqslant t)$$
$$- \mathbb{P}(B_t \in J, \tau_a < \tau_b, \tau_a \leqslant t) = T_1 - T_2 - T_3.$$

由于 $[B_t \in r_a J] \subset [\tau_a \leqslant t]$, 对停时 τ_a 应用反射原理得到

$$T_3 = \mathbb{P}(B_t \in J, \tau_a < \tau_b, \tau_a \leqslant t) = \mathbb{P}(B_t \in r_a J, \tau_a < \tau_b)$$
$$= \mathbb{P}(B_t \in r_a J) - \mathbb{P}(B_t \in r_a J, \tau_b < \tau_a).$$

注意到 $r_a J \subset (-\infty, a], r_b r_a J \subset [b, \infty), \cdots$, 反复应用引理 6.2 即得

$$T_3 = \mathbb{P}(B_t \in r_a J) - \mathbb{P}(B_t \in r_b r_a J) + \mathbb{P}(B_t \in r_a r_b r_a J) - \cdots.$$

由于

$$(r_b r_a)^n x = x + 2n(b-a), \quad (r_a r_b)^n x = x - 2n(b-a),$$

我们有

$$\mathbb{P}(B_t \in (r_b r_a)^n J) = \mathbb{P}(B_t - 2n(b-a) \in J) = \int_J \varphi(y; -2n(b-a), \sqrt{t}) dy,$$

$$\mathbb{P}(B_t \in r_a(r_b r_a)^n J) = \mathbb{P}(-B_t + 2a - 2n(b-a) \in J) = \int_J \varphi(y; 2a - 2n(b-a), \sqrt{t}) dy,$$

由此推得 $T_3 = \int_J k_3(y) dy$, 其中

$$k_3(y) = \sum_{n=0}^{\infty} \varphi(y; 2a - 2n(b-a), \sqrt{t}) - \sum_{n=1}^{\infty} \varphi(y; -2n(b-a), \sqrt{t}).$$

同理可证 $T_2 = \int_J k_2(y) dy$, 其中

$$k_2(y) = \sum_{n=-\infty}^{-1} \varphi(y; 2a - 2n(b-a), \sqrt{t}) - \sum_{n=-\infty}^{-1} \varphi(y; -2n(b-a), \sqrt{t}).$$

因此在 Brown 运动情形, 我们有

$$\mathbb{P}(X_t \in H, a < m_t \leqslant M_t < b) = \int_J k_1(y) dy, \tag{6.5}$$

其中

$$k_1(y) = \sum_{n=-\infty}^{+\infty} [\varphi(y; -2n(b-a), \sqrt{t}) - \varphi(y; 2a - 2n(b-a), \sqrt{t})]. \tag{6.6}$$

最后, 由 Girsanov 定理容易从 Brown 运动情形的结果 (6.5) 推出 (6.3). 我们将证明细节留给读者作为练习. □

§6.2 障 碍 期 权

障碍期权与普通欧式期权有些类似, 不同的是在到期日之前的某个时刻期权可能失效或才开始生效, 这取决于标的资产价格在到期时刻之前是否超过或低于某一事先约定的价格水平 (称为关卡或障碍 (barrier)). 障碍期权分为单障碍期权 (single-barrier options) 和双障碍期权 (double-barrier options). 单障碍期权又分为向下敲出 (down-and-out)、向下敲入 (down-and-in)、向上敲出 (up-and-out)

和向上敲入 (up-and-in) 期权. 例如, 对向下敲出期权而言, 只要标的资产价格在到期时刻之前的某个时刻低于下障碍 (lower barrier), 期权就失效, 否则在到期时给予通常期权回报. 对向下敲入期权而言, 当标的资产价格在到期时刻之前的某个时刻低于下障碍, 期权才开始生效, 在到期时给予通常期权回报, 否则期权到期时给予零回报. 双障碍期权则涉及下障碍和上障碍 (upper barrier) 两个障碍. 对双障碍敲出期权而言, 只要标的资产价格碰到任一障碍, 期权就失效, 否则在到期时给予通常期权回报. 例如, 双敲二元期权 (double-knock binary option) 就是最简单的双障碍敲出期权.

由于障碍期权价格比普通期权便宜, 障碍期权受到市场的青睐, 被广泛用于风险管理, 成为一种对冲工具. 例如, 具有下障碍的向下敲入买权提供了针对标的资产下行的一种保护. 下面将看到在 Black-Scholes 框架下, 给障碍期权定价并不困难. 对各种形式的单障碍期权定价的闭式解早已由 Goldman et al.(1979) 给出 (也见 Rubinstein (1992)). Geman and Yor (1996) 和 Hui(1996) 分别用 Laplace 变换和偏微分方程方法给出了障碍期权定价的两种不同的解析表达式. 我们将采用 Björk (1998) 的一种概率方法, 将障碍期权的定价转化为普通期权的定价.

§6.2.1 单障碍期权

我们只考虑向下敲出买权, 执行价格为 K, 到期时刻为 T, 下障碍 $L < S_0$. 其他情形可以类似处理. 如果在 T 时刻以前, 资产价格 S_t 不碰到下边界 L, 则到时刻 T 回报买权 (即 $(S_T - K)^+$), 否则期权失效. 于是

$$\xi = \begin{cases} (S_T - K)^+, & \text{如果对一切 } t \in [0, T], S_t > L, \\ 0, & \text{如果对某个 } t \in [0, T], S_t \leqslant L, \end{cases}$$

即有 $\xi = (S_T - K)^+ I_{[\min_{0 \leqslant t \leqslant T} S_t > L]}$. 如果用 $\widetilde{C}(t, S_t)$ 表示这一障碍期权在时刻 t 的定价, 由于在风险中性概率测度 $\mathbb{P}^*$ 下,

$$\ln S_t = \ln S_0 + \left(r - \frac{\sigma^2}{2}\right) t + \sigma B_t^*,$$

利用公式 (6.1) 容易推得

$$\widetilde{C}(t, x) = C(t, x) - \left(\frac{x}{L}\right)^{-(k-1)} C(t, X^2/x), \tag{6.7}$$

其中 $k = \dfrac{2r}{\sigma^2}$. 更一般地, 我们可以考虑下敲出未定权益 $\xi = g(S_T) I_{[\inf_{0 \leqslant t \leqslant T} S_t > L]}$, 其中 g 是一非负 Borel 可测函数. 利用公式 (6.1) 可以给出它的定价公式.

§6.2.2 双障碍期权

下面考虑双障碍敲出买权: 执行价格为 K, 到期时刻为 T, 下障碍 $L < S_0$, 上障碍 $U > S_0$. 如果在 T 时刻以前, 资产价格 S_t 不碰到下边界 L 和上边界 U, 则到时刻 T 回报买权 (即 $(S_T - K)^+$), 否则期权失效. 于是

$$\xi = \begin{cases} (S_T - K)^+, & \text{如果对一切 } t \in [0,T], U > S_t > L, \\ 0, & \text{如果对某个 } t \in [0,T], S_t \geqslant U, \text{或 } S_t \leqslant L, \end{cases}$$

即有 $\xi = (S_T - K)^+ I_{[U > \max\limits_{0 \leqslant t \leqslant T} S_t \geqslant \min\limits_{0 \leqslant t \leqslant T} S_t > L]}$. 利用 (6.3) 我们可以给出双障碍敲出买权的定价公式, 具体表达式就省略了.

§6.3 亚 式 期 权

亚式期权是其回报依赖于资产价格的某种平均的一种期权. 这里有两类平均: 几何平均和算术平均. 对每种平均又有两类期权: 平均执行价期权 (average strike option) 和平均基价期权 (average rate option). 它们与普通欧式期权类似, 唯一的差别是回报. 对前一类期权, 执行价用资产价在合约期限内的平均值代替; 对后一类期权, 资产价用它在合约期限内的平均值代替, 而执行价仍然是一固定值. 用于平均的采样可以是离散或连续的, 这里只考虑连续采样的平均基价期权情形.

有两类平均基价买权, 其回报分别为

$$\xi_1 = \left(\exp\left\{ \frac{1}{T} \int_0^T \log(S_u) du \right\} - K \right)^+$$

和

$$\xi_2 = \left(\frac{1}{T} \int_0^T S_u du - K \right)^+.$$

前者用几何平均, 后者用算术平均. 我们用 $C_t^{(i)}$ 表示 $\xi_i, i = 1, 2$ 在时刻 t 的定价.

§6.3.1 几何平均亚式期权

令 $\mathbb{P}^*$ 为关于 $\widetilde{S}$ 的等价鞅测度. 首先考虑几何平均情形. 我们有

$$C_t^{(1)} = e^{-r(T-t)} \mathbb{E}^*[\xi_1 | \mathcal{F}_t].$$

令

$$I_t = \int_0^t \log(S_u) du.$$

则

$$\xi_1 = \left(\exp\left\{ \frac{1}{T}I_t + \frac{1}{T}\int_t^T \log(S_u S_t^{-1})du + \frac{T-t}{T}\log S_t \right\} - K \right)^+$$
$$= (X_t Y_t - K)^+,$$

其中

$$X_t = e^{I_t/T} S_t^{(T-t)/T}, \quad Y_t = \exp\left\{ \frac{1}{T}\int_t^T \log S_u S_t^{-1} du \right\}. \tag{6.8}$$

注意到

$$S_t = S_0 \exp\left\{ \left(r - \frac{\sigma^2}{2} \right)t + \sigma B_t^* \right\},$$

我们有

$$Y_t = \exp\left\{ \frac{1}{T}\int_t^T \left[\left(r - \frac{\sigma^2}{2} \right)(u-t) + \sigma(B_u^* - B_t^*) \right]du \right\} = e^{r^*(T-t)+Z_t},$$

其中

$$r^* = \left(r - \frac{\sigma^2}{2} \right)\frac{T-t}{2T}, \quad Z_t = \frac{1}{T}\int_t^T \sigma(B_u^* - B_t^*)du. \tag{6.9}$$

由于 Z_t 和 $\mathcal{F}_t$ 独立, 且 X_t 为 $\mathcal{F}_t$-可测, 由定理 1.11 得到

$$C_t^{(1)} = e^{-r(T-t)} F(t, X_t),$$

其中

$$F(t,x) = \mathbb{E}^*[(xe^{r^*(T-t)+Z_t} - K)^+].$$

注意 Z_t 是一均值为零、方差为 $\sigma^{*2}(T-t)$ 的 Gauss 随机变量, 其中

$$\sigma^{*2} = \frac{\sigma^2(T-t)^2}{3T^2}, \tag{6.10}$$

我们有

$$F(t,x) = e^{r^*(T-t)} \int_{-\infty}^\infty \left(xe^{\sigma^*\sqrt{T-t}y} - Ke^{-r^*(T-t)} \right)^+ \frac{1}{\sqrt{2\pi}}e^{-\frac{y^2}{2}}dy$$
$$= xe^{(r^*+\frac{\sigma^{*2}}{2})(T-t)}N(d_1^*) - KN(d_2^*), \tag{6.11}$$

其中

$$d_1^* = \frac{\log(x/K) + (r^* + \sigma^{*2})(T-t)}{\sigma^*\sqrt{T-t}}, \quad d_2^* = \frac{\log(x/K) + r^*(T-t)}{\sigma^*\sqrt{T-t}}.$$

最终我们有

$$\widetilde{C}_t^{(1)} = e^{-rT} F(t, X_t), \quad X_t = e^{I_t/T} S_t^{(T-t)/T}.$$

为了获得对冲策略, 首先计算 $F_x(t, x)$. 由 (6.11) 的第一个等式易知

$$F_x(t, x) = e^{(r^* + \frac{\sigma^{*2}}{2})(T-t)} N(d_1^*). \tag{6.12}$$

其次我们有

$$dX_t = e^{I_t/T} \frac{T-t}{T} S_t^{-t/T} S_t \sigma dB_t^* + \text{``}dt\text{'' 项}$$

$$= \frac{T-t}{T} X_t \sigma dB_t^* + \text{``}dt\text{'' 项}.$$

由于 $\widetilde{C}_t^{(1)}$ 为一 $\mathbb{P}^*$-鞅, 由定理 4.2 推知, 我们必须有

$$d\widetilde{C}_t^{(1)} = e^{-rT} F_x(t, X_t) \frac{T-t}{T} X_t \sigma dB_t^*.$$

令 $a(t)$ 表示对冲策略在时刻 t 持有的风险资产的数量, 由 (5.9) 和 (6.12) 推得

$$a(t) = e^{-r(T-t)} F_x(t, X_t) \frac{T-t}{T} \frac{X_t}{S_t}$$

$$= e^{(-r+r^* + \frac{\sigma^{*2}}{2})(T-t)} \frac{X_t}{S_t} N \left(\frac{\log(X_t/K) + (r^* + \sigma^{*2})(T-t)}{\sigma^* \sqrt{T-t}} \right) \frac{T-t}{T}.$$

§6.3.2 算术平均亚式期权

考虑算术平均基价买权. Geman and Yor (1993) 求出了期权价格的 Laplace 变换. Rogers and Shi (1995) 推导出了定价函数满足的偏微分方程. 但这两种方法难于实施数值计算. Vecer (2001) 得到了一个便于数值求解的简化的偏微分方程. 一个类似的表述由 Hoogland and Neumann (2001) 独立给出.

偏微分方程方法

首先介绍 Rogers and Shi (1995) 推导出的算术平均基价买权定价函数满足的偏微分方程. 我们有

$$C_t^{(2)} = \mathbb{E}^* \left[e^{-r(T-t)} \left(\frac{1}{T} \int_0^T S_u du - K \right)^+ \Big| \mathcal{F}_t \right]. \tag{6.13}$$

令

$$M_t = \mathbb{E}^* \left[\left(\int_0^T S_u du - TK \right)^+ \Big| \mathcal{F}_t \right]. \tag{6.14}$$

由于 $\int_t^T S_t^{-1} S_u du$ 与 $\mathcal{F}_t$ 独立, 故有

$$M_t = S_t \mathbb{E}^* \Big[\Big(\int_t^T S_t^{-1} S_u du - S_t^{-1} \Big(TK - \int_0^t S_u du \Big) \Big)^+ \Big| \mathcal{F}_t \Big] = S_t f(t, Y_t),$$

其中

$$f(t,x) = \mathbb{E}^* \Big[\Big(\int_t^T S_t^{-1} S_u du - x \Big)^+ \Big], \tag{6.15}$$

$$Y_t = S_t^{-1} \Big(TK - \int_0^t S_u du \Big).$$

对 $x \leqslant 0$ 情形, 我们有

$$f(t,x) = \mathbb{E}^* \Big[\Big(\int_t^T S_t^{-1} S_u du - x \Big) \Big] = \int_t^T e^{r(u-t)} du - x = r^{-1}(e^{r(T-t)} - 1) - x.$$

剩下考虑 $x \geqslant 0$ 情形. 由于

$$dS_t^{-1} = -S_t^{-2} dS_t + S_t^{-3} d\langle S, S\rangle_t = S_t^{-1} [(\sigma^2 - r)dt - \sigma dB_t^*], \tag{6.16}$$

我们有

$$dY_t = \Big(TK - \int_0^t S_u du \Big) dS_t^{-1} - dt = Y_t [(\sigma^2 - r)dt - \sigma dB_t^*] - dt.$$

从而有

$$d\langle Y, Y \rangle_t = Y_t^2 \sigma^2 dt,$$

$$d\langle S, f(\cdot, Y_\cdot) \rangle_t = f_x(t, Y_t) d\langle S, Y \rangle_t = -f_x(t, Y_t) S_t Y_t \sigma^2 dt.$$

下面我们用记号 $A \sim B$ 表示 $A - B$ 为 $\mathbb{P}^*$-局部鞅. 利用 Itô 公式得

$$\begin{aligned}
dM_t &= S_t df(t, Y_t) + f(t, Y_t) dS_t + d\langle S, f(\cdot, Y_\cdot) \rangle_t \\
&= S_t \Big[f_t(t, Y_t) dt + f_x(t, Y_t) dY_t + \frac{1}{2} f_{xx}(t, Y_t) d\langle Y, Y \rangle_t \Big] \\
&\quad + f(t, Y_t) dS_t + d\langle S, f(\cdot, Y_\cdot) \rangle_t \\
&\sim S_t \Big(f_t - (1 + rY_t) f_x + \frac{1}{2} \sigma^2 Y_t^2 f_{xx} + rf \Big)(t, Y_t) dt.
\end{aligned}$$

由于 (M_t) 为 $\mathbb{P}^*$-鞅, 由定理 4.2 知上式右端必须为 0. 这导致如下偏微分方程:

$$f_t - (1 + rx) f_x + \frac{\sigma^2 x^2}{2} f_{xx} + rf = 0, \quad x \geqslant 0. \tag{6.17}$$

方程的第一个边界条件为 (依据 (6.15))

$$f(T, x) = 0,$$

第二个边界条件为

$$f(t, 0) = r^{-1}(e^{r(T-t)} - 1),$$

这是因为

$$\mathbb{E}^*[S_t^{-1} S_u] = \mathbb{E}^*\left[\exp\left\{\sigma(B_u^* - B_t^*) - \left(\frac{\sigma^2}{2} - r\right)(u-t)\right\}\right] = e^{r(u-t)}.$$

此外, 由于

$$f_x(t, x) = -\mathbb{P}^*\left(\int_t^T S_t^{-1} S_u du \geqslant x\right),$$

我们有第三个边界条件:

$$\lim_{x \to \infty} f_x(t, x) = 0.$$

遗憾的是至今未能发现方程 (6.17) 的解析解, 而且难以对该方程实施数值计算, 特别当 σ 很小时数值计算误差很大. 但是 Rogers and Shi (1995) 给出了解的一个比较接近的下界.

下面介绍 Vecer(2001)给出的一个关于期权定价函数便于数值求解的偏微分方程. 令 $\xi = \dfrac{1}{T}\displaystyle\int_0^T S_u du - K$. 假设复制 ξ 的自融资策略在时刻 t 持有股票份额为 $a(t)$, 其财富过程为 (V_t), 则由定理 5.2 知:

$$V_t = \mathbb{E}^*\left[e^{-r(T-t)}\left(\frac{1}{T}\int_0^T S_u du - K\right)\bigg|\mathcal{F}_t\right], \tag{6.18}$$

$$d\widetilde{V}_t = a(t)\sigma\widetilde{S}_t dB_t^*. \tag{6.19}$$

由 (6.18) 我们有

$$\begin{aligned}
\widetilde{V}_t &= \frac{e^{-rT}}{T}\left\{\int_0^t S_u du + \mathbb{E}^*\left[\int_t^T S_u du|\mathcal{F}_t\right]\right\} - e^{-rT}K \\
&= \frac{e^{-rT}}{T}\left\{\int_0^t S_u du + \widetilde{S}_t\int_t^T e^{ru} du\right\} - e^{-rT}K \\
&= \frac{e^{-rT}}{T}\int_0^t S_u du + \frac{1}{rT}(1 - e^{-r(T-t)})\widetilde{S}_t - e^{-rT}K.
\end{aligned}$$

由于 $(\widetilde{V}_t)$ 是局部鞅, $d\widetilde{S}_t = \sigma \widetilde{S}_t dB_t^*$, 由定理 4.2 必须有

$$d\widetilde{V}_t = \frac{1}{rT}(1 - e^{-r(T-t)})\sigma \widetilde{S}_t dB_t^*,$$

因此我们有

$$a(t) = \frac{1}{rT}(1 - e^{-r(T-t)}), \tag{6.20}$$

且有

$$V_0 = a(0)S_0 - e^{-rT}K.$$

由 (6.19) 得

$$dV_t = a(t)\sigma S_t dB_t^* + rV_t dt.$$

令 $Z_t = V_t S_t^{-1}$, 则由上式和 (6.16) 得

$$
\begin{aligned}
dZ_t &= S_t^{-1}dV_t + V_t dS_t^{-1} + d[V, S^{-1}]_t \\
&= a(t)\sigma dB_t^* + rZ_t dt + Z_t[(\sigma^2 - r)dt - \sigma dB_t^*] - a(t)\sigma^2 dt \\
&= \sigma(a(t) - Z_t)d(B_t^* - \sigma t).
\end{aligned}
$$

令

$$D_t = \left.\frac{d\widetilde{\mathbb{P}}}{d\mathbb{P}}\right|_{\mathcal{F}_t} = \exp\left\{\sigma B_t^* - \frac{1}{2}\sigma^2 t\right\} = e^{-rt}\frac{S_t}{S_0},$$

则 $\widetilde{B}_t = B_t^* - \sigma t$ 为 $\widetilde{\mathbb{P}}$-Brown 运动, 且

$$dZ_t = \sigma(a(t) - Z_t)d\widetilde{B}_t.$$

令

$$g(t, x) = \widetilde{\mathbb{E}}[(Z_T)^+ | Z_t = x],$$

即 $\widetilde{\mathbb{E}}[(Z_T)^+ | \mathcal{F}_t] = g(t, Z_t)$, 由 Itô 公式,

$$
\begin{aligned}
dg(t, Z_t) = &\left(g_t(t, Z_t) + \frac{1}{2}g_{zz}(t, Z_t)\sigma^2(a(t) - Z_t)^2\right)dt \\
&+ g_z(t, Z_t)\sigma(a(t) - Z_t)d\widetilde{B}_t.
\end{aligned}
$$

由于 $g(t, Z_t)$ 在 $\widetilde{\mathbb{P}}$ 下是鞅, 由定理 4.2 知, 上式中的 "dt" 项必须为 0, 因此 $g(t, x)$ 满足下述偏微分方程

$$
\begin{cases}
g_t(t, x) + \dfrac{1}{2}\sigma^2(a(t) - x)^2 g_{xx}(t, x) = 0, \\
g(T, x) = x^+.
\end{cases}
\tag{6.21}
$$

此外, g 还满足另外两个 "边界条件":

$$\lim_{x \to -\infty} g(t,x) = 0, \quad \lim_{x \to \infty} g(t,x) = \infty.$$

另一方面, 用 $C_t^{(2)}$ 表示算术平均基价买权在时刻 t 的定价, 则由条件期望的 Bayes 法则 (定理 1.11) 有

$$\begin{aligned} C_t^{(2)} &= e^{-r(T-t)} \mathbb{E}^*[(V_T)^+ | \mathcal{F}_t] = e^{-r(T-t)} D_t \widetilde{\mathbb{E}}[D_T^{-1}(V_T)^+ | \mathcal{F}_t] \\ &= S_t \widetilde{\mathbb{E}}[(Z_T)^+ | \mathcal{F}_t] \\ &= S_t g(t, Z_t) = S_t g(t, V_t S_t^{-1}), \end{aligned}$$

其中

$$V_t = \frac{e^{-r(T-t)}}{T} \int_0^t S_u du + \frac{1}{rT}(1 - e^{-r(T-t)}) S_t - e^{-r(T-t)} K.$$

概率方法

下面介绍 Yang et al.(2003) 用概率方法给出的期权定价的一个解析表达式. 算术平均基价买权在时刻 t 的估价由下式给出:

$$C_t^{(2)} = \mathbb{E}^* \left[e^{-r(T-t)} \left(\frac{1}{T} \int_0^T S_u du - K \right)^+ \Big| \mathcal{F}_t \right]. \tag{6.22}$$

下一引理和定理来自 Yang et al. (2003).

引理 6.4 设 $t > 0$, a, b 为常数. 随机变量 $\int_0^t \exp(au + bB_u) du$ 的概率密度函数为

$$\begin{aligned} p(t, a, b; x) = M(x) \int_0^{+\infty} L(v) \\ \cdot \left[\int_0^{+\infty} y^{\frac{2a}{b^2}} \exp\left(-\frac{2}{b^2 x}(y^2 + 2y\cosh(v) + 1) \right) dy \right] dv, \tag{6.23} \end{aligned}$$

其中

$$M(x) = 8(\pi b^3 x^2 \sqrt{2\pi t})^{-1} \exp\left(\frac{4\pi^2 - (at)^2}{2b^2 t} \right),$$

且

$$L(v) = \sin\left(\frac{4\pi v}{b^2 t} \right) \sinh(v) \exp\left(-\frac{2v^2}{b^2 t} \right).$$

证明 定义

$$U_t(a, b; x) = \mathbb{P}\left(\int_0^t \exp(au + bB_u)du \geqslant x\right).$$

令 $v = \dfrac{b^2 u}{4}$, 注意到 $\left(\dfrac{b}{2}B_{\frac{4v}{b^2}}\right)_{v \geqslant 0}$ 是一 Brown 运动, 我们得到

$$U_t(a, b; x) = \mathbb{P}\left(\int_0^{\frac{b^2 t}{4}} \exp\left\{2\left(B_v + \frac{2av}{b^2}\right)\right\}dv \geqslant \frac{b^2 x}{4}\right).$$

我们定义一个新的概率测度 $\widetilde{\mathbb{P}}$ 如下:

$$\left.\frac{d\widetilde{\mathbb{P}}}{d\mathbb{P}}\right|_{\mathcal{F}_t} = \exp\left(-\frac{2a}{b^2}B_t - \frac{2a^2}{b^4}t\right).$$

令

$$\widetilde{B}_u = B_u + \frac{2au}{b^2}, \quad A = \left\{\omega : \int_0^{\frac{b^2 t}{4}} \exp(2\widetilde{B}_u(\omega))du \geqslant \frac{b^2 x}{4}\right\}.$$

则 $(\widetilde{B}_u)$ 在 $\mathbb{P}^*$ 下为一 Brown 运动, 且由 Girsanov 定理得

$$U_t(a, b; x) = \int_\Omega I_A \exp\left(\frac{2a}{b^2}\widetilde{B}_{\frac{b^2 t}{4}} - \frac{2a^2}{b^4}\left(\frac{b^2 t}{4}\right)\right)d\widetilde{\mathbb{P}}. \tag{6.24}$$

如果用 $f_t(x, y)$ 表示随机向量 $\left(\int_0^t \exp(2B_u)du, B_t\right)$ 在 $\mathbb{P}$ 下的联合概率密度函数, 则由 (6.24) 得

$$U_t(a, b; x) = \exp\left(-\frac{a^2 t}{2b^2}\right)\int_{\frac{b^2 x}{4}}^\infty \int_{-\infty}^\infty \exp\left(\frac{2ay}{b^2}\right)f_{\frac{b^2 t}{4}}(u, y)dudy. \tag{6.25}$$

但从 Yor (1992) 中的 (6.c) 式知 $f_t(x, y)$ 由下式给出:

$$f_t(x, y) = \exp\left(\frac{2xyt + \pi^2 x - t - t\exp(2y)}{2xt}\right)\bigg/ x^2\sqrt{2\pi^3 t}$$
$$\cdot \int_0^\infty \exp\left(-\frac{z^2}{2t} - \frac{\exp(y)}{x}\cosh(z)\right)\sinh(z)\sin\left(\frac{\pi z}{t}\right)dz,$$

由此和 (6.25) 式推得 (6.23). $\square$

定理 6.5 对任一 $t \in [0, T]$, 我们有

$$C_t^{(2)} = \frac{1}{T} e^{-r(T-t)} S_t h(t, A_t), \tag{6.26}$$

其中 $h(t, y) = \mathbb{E}^* \left[\left(\int_t^T S_t^{-1} S_u du - y \right)^+ \right]$,

$$A_t = S_t^{-1} \left(KT - \int_0^t S_u du \right). \tag{6.27}$$

进一步,

$$h(t, y) = \int_y^{+\infty} (x - y) p \left(T - t, r - \frac{\sigma^2}{2}, \sigma; x \right) dx, \tag{6.28}$$

其中 $p(t, a, b; x)$ 由 (6.23) 给出.

证明 由 (6.27) 有

$$\xi_2 = \frac{1}{T} S_t \left(X_t - A_t \right)^+,$$

其中

$$X_t = \int_t^T S_t^{-1} S_u du = \int_t^T \exp \left\{ \sigma(B_u^* - B_t^*) + \left(r - \frac{1}{2}\sigma^2 \right) (u - t) \right\} du.$$

由于 S_t 和 A_t 关于 $\mathcal{F}_t$ 可测, 且在 $\mathbb{P}^*$ 下 X_t 与 $\mathcal{F}_t$ 独立, 定理 1.11 推得 (6.26). 由引理 6.5, 在 $\mathbb{P}^*$ 下 X_t 的密度函数为 $p \left(T - t, r - \frac{\sigma^2}{2}, \sigma; x \right)$, 从而推得 (6.28). □

定理 6.6 对于 ξ_2 的对冲策略 $a(t)$ 为

$$a(t) = \frac{e^{-r(T-t)}}{T} [h(t, A_t) - h_x(t, A_t) A_t], \tag{6.29}$$

其中 A_t 由 (6.27) 定义, $h(t, y)$ 由 (6.28) 给出.

证明 由 (6.16) 得

$$dA_t = \left(TK - \int_0^t S_u du \right) dS_t^{-1} - dt = A_t[(\sigma^2 - r)dt - \sigma dB_t^*] - dt. \tag{6.30}$$

令 $M_t = S_t g(t, A_t)$. 由于 $\widetilde{C}_t^{(2)} = \frac{e^{-rT}}{T} M_t$ 为一 $\mathbb{P}^*$-鞅, 由 (6.30) 和定理 4.2 我们必须有

$$d\widetilde{C}_t^{(2)} = \frac{1}{T} e^{-rT} dM_t = \frac{1}{T} e^{-rT} [h(t, A_t) - h_x(t, A_t) A_t] S_t \sigma dB_t^*.$$

于是由 (5.9) 推得 (6.29).　　　　　　　　　　　　　　　　　　　　　　$\square$

§6.4　回 望 期 权

回望期权是回报依赖于期权存活期限内标的资产历史价格的最大值或最小值的一种期权. 如同亚式期权, 有两类回望期权: 回望执行价期权 (look-back strike option) 和回望基价期权 (look-back rate option). 它们与普通欧式期权类似, 唯一的差别是回报. 对前一类执行价用资产按样本的最大值或最小值代替, 对后一类标的资产价用样本的最大值或最小值代替. 采样可以是离散或连续的, 这里只考虑连续采样情形.

§6.4.1　回望执行价期权

回望执行价买权和卖权分别定义为

$$\xi = S_T - \min_{0 \leqslant s \leqslant T} S_s, \quad \eta = \max_{0 \leqslant s \leqslant T} S_s - S_T.$$

我们分别用 C_t 和 P_t 表示买权和卖权在时刻 t 的价格. 由定理 5.2 有

$$C_t = e^{-r(T-t)} \mathbb{E}^*[\xi \mid \mathcal{F}_t], \quad P_t = e^{-r(T-t)} \mathbb{E}^*[\eta \mid \mathcal{F}_t]. \tag{6.31}$$

我们将推出 P_t 的显式表达式.

令 $\lambda = r - \dfrac{1}{2}\sigma^2$, 并令

$$W_t = \max_{0 \leqslant s \leqslant t} S_s, \quad L_t = \max_{t \leqslant s \leqslant T} S_s.$$

则 W_t 为 $\mathcal{F}_t$-可测. 由于

$$S_t^{-1} L_t = \exp\{\max_{t \leqslant s \leqslant T} \big(\sigma(B_s^* - B_t^*) + \lambda(s-t) \big)\},$$

$S_t^{-1} L_t$ 与 $\mathcal{F}_t$ 独立. 利用这些记号我们有

$$P_t = e^{-r(T-t)} \mathbb{E}^*[W_T - S_T | \mathcal{F}_t] = e^{-r(T-t)} S_t \mathbb{E}^*[\max(S_t^{-1} W_t, S_t^{-1} L_t) | \mathcal{F}_t] - S_t$$
$$= e^{-r(T-t)} S_t \mathbb{E}^*[\max(x, S_t^{-1} L_t)]|_{x = S_t^{-1} W_t} - S_t .$$

令

$$G(t,x) = \mathbb{E}^*[\max(x, S_t^{-1} L_t)], \quad R(t,x) = \mathbb{P}\Big(\max_{s \leqslant t} (\sigma B_s + \lambda s) \leqslant x \Big).$$

则由 (6.1) 得

$$G(t,x) = \mathbb{E}^*\big[\exp\{\max\big(\log x, \max_{t \leqslant s \leqslant T} [\sigma(B_s^* - B_t^*) + \lambda(s-t)]\big)\}\big]$$

$$= \mathbb{E}\Big[\exp\big\{\max\big(\log x, \max_{0\leqslant s\leqslant T-t}(\sigma B_s + \lambda s)\big)\big\}\Big]$$

$$= xR(T-t, \log x) + \int_{\log x}^{\infty} e^y R_x(T-t, y)dy, \tag{6.32}$$

其中

$$R(t, x) = N\Big(\frac{x-\lambda t}{\sigma\sqrt{t}}\Big) - e^{2\lambda x/\sigma^2} N\Big(\frac{-x-\lambda t}{\sigma\sqrt{t}}\Big).$$

经过计算我们得到

$$P_t = S_t(-1 + N(d_3)(1 + \sigma^2/2r))$$
$$+ W_t e^{-r(T-t)}\Big(N(d_1) - \sigma^2/2r(S_t^{-1}W_t)^{(2r/\sigma^2)-1}N(d_2)\Big), \tag{6.33}$$

其中

$$d_1 = \frac{\log(W_t/S_t) - \Big(r - \dfrac{1}{2}\sigma^2\Big)(T-t)}{\sigma\sqrt{T-t}},$$

$$d_2 = \frac{-\log(W_t/S_t) - \Big(r - \dfrac{1}{2}\sigma^2\Big)(T-t)}{\sigma\sqrt{T-t}},$$

$$d_3 = \frac{-\log(W_t/S_t) + \Big(r + \dfrac{1}{2}\sigma^2\Big)(T-t)}{\sigma\sqrt{T-t}}.$$

类似地, 由 (6.2) 我们可以得到 C_t 的显式表达式.

P_t 和 C_t 的显式表达最早由 Goldman et al. (1979) 给出, 进一步的结果参见 Conze and Viswanathan (1991).

下面我们导出回望执行价卖权的对冲策略. 由于 $\widetilde{P}_t$ 是 $\mathbb{P}^*$-鞅, 且有

$$\widetilde{P}_t = e^{-rT}S_t G(t, S_t^{-1}W_t) - \widetilde{S}_t,$$

由定理 4.2 知我们必须有

$$d\widetilde{P}_t = -e^{-rT}S_t G_x(t, S_t^{-1}W_t)W_t S_t^{-1}\sigma dB_t^*$$
$$+ e^{-rT}G(t, S_t^{-1}W_t)S_t\sigma dB_t^* - \widetilde{S}_t\sigma dB_t^*$$
$$= e^{-rT}[G(t, S_t^{-1}W_t)S_t - G_x(t, S_t^{-1}W_t)W_t]\sigma dB_t^* - \widetilde{S}_t\sigma dB_t^*.$$

由 (6.32) 我们有

$$G_x(t,x) = R(T-t, \log x).$$

因此, 由 (5.9) 得到

$$a(t) = e^{-r(T-t)}\left[G(t, S_t^{-1}W_t) - \frac{W_t}{S_t}R(T-t, \log(S_t^{-1}W_t))\right] - 1.$$

§6.4.2　回望基价期权

我们只考虑回望最大值和买权情形. 这时回望基价买权的回报是

$$\xi = (\max_{0 \leqslant s \leqslant T} S_s - K)^+.$$

我们用 C_t 表示它在时刻 t 的定价. 由定理 5.2 有

$$C_t = e^{-r(T-t)}\mathbb{E}^*[\xi \mid \mathcal{F}_t]. \tag{6.34}$$

利用前一节的记号并令 $K_t = \max(W_t, K)$, 我们有

$$\begin{aligned}
\mathbb{E}^*[\xi \mid \mathcal{F}_t] &= \mathbb{E}^*[\max(W_T, K) - K \mid \mathcal{F}_t] \\
&= \mathbb{E}^*[\max(K_t, L_t) - K_t \mid \mathcal{F}_t] + K_t - K \\
&= \mathbb{E}^*[(L_t - K_t)^+ \mid \mathcal{F}_t] + K_t - K \\
&= S_t\mathbb{E}^*[(S_t^{-1}L_t - S_t^{-1}K_t)^+ \mid \mathcal{F}_t] + K_t - K \\
&= S_t\mathbb{E}^*[(S_t^{-1}L_t - x)^+] \mid_{x=S_t^{-1}K_t} + K_t - K \\
&= S_tH(t, S_t^{-1}K_t) + K_t - K,
\end{aligned}$$

其中

$$\begin{aligned}
H(t,x) &= \mathbb{E}^*[(S_t^{-1}L_t - x)^+] = \mathbb{E}^*[\max(x, S_t^{-1}L_t) - x] \\
&= G(t,x) - x = -x(1 - R(T-t, \log x)) + \int_{\log x}^{\infty} e^y R_x(T-t, y)dy.
\end{aligned} \tag{6.35}$$

由与上一节相同的计算得到

$$\begin{aligned}
C_t &= S_tN(\widetilde{d_3})(1 + \sigma^2/(2r)) \\
&\quad + K_te^{-r(T-t)}\Big(N(\widetilde{d_1}) - \sigma^2/(2r)(S_t^{-1}K_t)^{(2r/\sigma^2)-1}N(\widetilde{d_2})\Big) - e^{-r(T-t)}K,
\end{aligned} \tag{6.36}$$

其中

$$\widetilde{d_1} = \frac{\log(K_t/S_t) - \left(r - \frac{1}{2}\sigma^2\right)(T-t)}{\sigma\sqrt{T-t}},$$

$$\widetilde{d}_2 = \frac{-\log(K_t/S_t) - \left(r - \frac{1}{2}\sigma^2\right)(T-t)}{\sigma\sqrt{T-t}},$$

$$\widetilde{d}_3 = \frac{-\log(K_t/S_t) + \left(r + \frac{1}{2}\sigma^2\right)(T-t)}{\sigma\sqrt{T-t}}.$$

现在我们导出回望基价买权的对冲策略. 由于 $\widetilde{C}_t$ 为 $\mathbb{P}^*$-鞅, 且有

$$\widetilde{C}_t = e^{-rT}S_t H(t, S_t^{-1}K_t) + e^{-rt}(K_t - K),$$

由定理 4.2 知我们必须有

$$\begin{aligned}
d\widetilde{C}_t &= e^{-rT}H(t, S_t^{-1}K_t)S_t\sigma dB_t^* \\
&\quad - e^{-rT}S_t H_x(t, S_t^{-1}K_t)K_t S_t^{-1}\sigma dB_t^* \\
&= e^{-rT}[H(t, S_t^{-1}K_t)S_t - H_x(t, S_t^{-1}K_t)K_t]\sigma dB_t^*.
\end{aligned}$$

由 (6.35) 得到

$$H_x(t, x) = R(T-t, \log x) - 1.$$

因此, 由 (5.9) 得到

$$a(t) = e^{-r(T-t)}\left[H(t, S_t^{-1}K_t) - \frac{K_t}{S_t}(R(T-t, \log(S_t^{-1}K_t)) - 1)\right].$$

§6.5 重 置 期 权

重置期权 (reset option) 是一种回望类型的期权. 与标准的回望期权不同的是, 若在预先确定的几个观察日期, 标的资产价格的最低价落在某个区间, 重置期权的执行价将调整到一个新的执行价. 具体说来, 如果预先确定 n 个观察时刻 $0 < t_1 < \cdots < t_n < T$ 和 m 次重置执行价 $(K_1, \cdots, K_m)$, 重置期权在执行日 T 的回报是 $C(T) = (S_T - K^*)^+$, 其中

$$K^* = \begin{cases} K_0, & \min[S_{t_1}, \cdots, S_{t_n}] > D_1, \\ K_i, & D_i \geqslant \min[S_{t_1}, \cdots, S_{t_n}] > D_{i+1}, \quad i = 1, \cdots, m-1, \\ K_m, & D_m \geqslant \min[S_{t_1}, \cdots, S_{t_n}]. \end{cases} \tag{6.37}$$

$D_1 > D_2 > \cdots > D_m$. Gray and Whaley (1999) 首先对 $m = 1$ 情形给出了重置期权的显式定价公式. 对一般情形下重置期权显式定价公式的推导, 读者可参看文献 Liao and Wang (2003).

第七章 Itô 过程和扩散过程模型

本章介绍金融市场的一般框架. §7.1 介绍 Itô 过程框架下欧式未定权益定价和对冲的鞅方法的基本概念和基本结果. §7.2 介绍扩散过程框架下, 通过偏微分方程方法实现欧式未定权益的定价和对冲. 然后在 §7.3 中, 我们介绍两种求解欧式期权定价显式解的概率方法, 并通过举例来说明这些方法. 最后, 我们在 §7.4 中简要地讨论了扩散模型下的美式未定权益定价问题.

§7.1 Itô 过程模型

§7.1.1 自融资交易策略

固定有限时间点 T. 令 $B = (B^1, \cdots, B^d)^\tau$ 为完备概率空间 $(\Omega, \mathcal{F}, \mathbb{P})$ 上的 d-维 Brown 运动, 其中 x^τ 表示向量 x 的转置. 记 $(\mathcal{F}_t)$ 为 (B_t) 的自然 σ-代数流, $\mathcal{L}$ 为 $(\mathcal{F}_t)$-适应可测过程全体. 沿用第四章中定义的记号 $\mathcal{L}^1$ 和 $\mathcal{L}^2$. 设 Itô 过程 X 的典则分解为

$$X_t = X_0 + \int_0^t a(t)^\tau dB_t + \int_0^t b(t)dt,$$

则令

$$\mathcal{L}^2(X) = \left\{ \theta \in \mathcal{L} : \theta a \in (\mathcal{L}^2)^d, \ \theta b \in \mathcal{L}^1 \right\}. \tag{7.1}$$

考虑由 $m+1$ 种资产形成的金融市场. 假定每种资产 i 的价格过程 (S_t^i) 为严格正的 Itô 过程. 因为它的对数也是 Itô 过程, 所以可以将 (S_t^i) 表示成

$$dS_t^i = S_t^i \left[\sigma^i(t)dB_t + \mu^i(t)dt \right], \quad S_0^i = p_i, \quad 0 \leqslant i \leqslant m. \tag{7.2}$$

称 $\mu = (\mu^0, \cdots, \mu^m)^\tau$ 为 上涨率向量 (appreciation rate vector), σ 为波动率矩阵 (volatility matrix). 我们指定其中任意一种资产的价格过程为计价单位, 比方说资产 0. 令 $\gamma_t \hat{=} (S_t^0)^{-1}$, 称 γ_t 为时刻 t 时的折算因子 (deflator). 由 Itô 公式, 有

$$d\gamma_t = -\gamma_t \left[\sigma^0(t)dB_t + (\mu^0(t) - |\sigma^0(t)|^2)dt \right].$$

令 $S_t = (S_t^1, \cdots, S_t^m)$, $\widetilde{S}_t = (\widetilde{S}_t^1, \cdots, \widetilde{S}_t^m)$, 其中 $\widetilde{S}_t^i = \gamma_t S_t^i$. 则有

$$d\widetilde{S}_t^i = \widetilde{S}_t^i \left[a^i(t)dB_t + b^i(t)dt \right], \quad 1 \leqslant i \leqslant m, \tag{7.3}$$

其中

$$a^i(t) = \sigma^i(t) - \sigma^0(t); \quad b^i(t) = \mu^i(t) - \mu^0(t) + |\sigma^0(t)|^2 - \sigma^i(t)\sigma^0(t).$$

特别地, 如果资产 0 为银行账户, 其利率过程为 $(r(t))$, 那么

$$a^i(t) = \sigma^i(t), \quad b^i(t) = \mu^i(t) - r(t).$$

交易策略为一对 $\mathcal{F}_t$-适应过程 $\phi = \{\theta^0, \theta\}$, 其中 $\theta^0(t) \in \mathcal{L}^2(S^0)$,

$$\theta(t) = (\theta^1(t), \cdots, \theta^m(t))^\tau, \quad \theta^i \in \mathcal{L}^2(S^i), \ \forall 1 \leqslant i \leqslant m.$$

$\theta^i(t)$ 表示在时刻 t 持有资产 i 的单位数量. 交易策略 $\phi = \{\theta^0, \theta\}$ 在 t 时的财富 V_t 为

$$V_t = \theta^0(t)S^0(t) + \theta(t)S(t). \tag{7.4}$$

其在时刻 t 的折现财富为 $\widetilde{V}_t = V_t\gamma_t$. 称交易策略 $\phi = \{\theta^0, \theta\}$ 为 自融资的, 如果

$$V_t = V_0 + \int_0^t \theta^0(u)dS_u^0 + \int_0^t \theta(u)^\tau dS_u. \tag{7.5}$$

称一自融资策略是容许的, 如果它的财富过程非负. 令 $S_t^{m+1} = \sum_{i=0}^m S_t^i$. 称一自融资策略 $\phi = \{\theta^0, \theta\}$ 是 许可的 (allowable), 如果存在一正常数 c 使得财富过程满足 $V_t \geqslant -cS_t^{m+1}$.

与 Black-Scholes 模型下的情形类似 (见引理 5.1), 我们有自融资交易策略的如下刻画.

引理 7.1　一交易策略 $\phi = \{\theta^0, \theta\}$ 是自融资的当且仅当

$$d\widetilde{V}_t = \theta(t)d\widetilde{S}_t. \tag{7.6}$$

证明　假设 $\phi = \{\theta^0, \theta\}$ 为一自融资策略. 将 dS_t 和 $d\gamma_t$ 改写为

$$dS_t = \sigma_S(t)dB_t + \mu_S(t)dt,$$

$$d\gamma_t = \sigma_\gamma(t)dB_t + \mu_\gamma(t)dt.$$

对乘积 $V_t\gamma_t$ 运用 Itô 公式, 由 (7.5) 得到 (注意 $d(S_t^0\gamma_t) = 0$)

$$\begin{aligned}
d\widetilde{V}_t &= V_t d\gamma_t + \gamma_t dV_t + d\langle V, \gamma \rangle_t \\
&= (\theta(t) \cdot S_t)d\gamma_t + \gamma_t \theta(t)^t \tau dS_t + [\theta(t)^t \tau \sigma_S(t)]\sigma_\gamma(t)dt + \theta^0(t)d(S_t^0\gamma_t) \\
&= \theta(t)[S_t d\gamma_t + \gamma_t dS_t + d\langle S, \gamma \rangle_t] = \theta(t)d\widetilde{S}_t.
\end{aligned}$$

可以类似证明 "充分性" 部分 (即 (7.6) 蕴含 (7.5)).　□

§7.1.2　等价鞅测度与无套利

假定资产 j 的价格过程为计价单位. 令 $\mathbb{Q}$ 为与 "客观" 概率测度 $\mathbb{P}$ 的等价概率测度. 如果折算价格过程 (向量形式) 为 $\mathbb{Q}$-鞅, 则称 $\mathbb{Q}$ 为市场的等价鞅测度. 我们记 $\mathcal{M}^j$ 表示以资产 j 的价格过程为计价单位时所有等价鞅测度全体.

下面的定理表明, 对 $\{0, \cdots, m\}$ 中的任意序偶 (i, j), 存在 $\mathcal{M}^i$ 到 $\mathcal{M}^j$ 的双射.

定理 7.2　令 $j \in \{0, 1, \cdots, m\}$. 对 $\mathbb{P}^* \in \mathcal{M}^0$, 通过下式定义概率测度 $\mathbb{Q}$,

$$\frac{d\mathbb{Q}}{d\mathbb{P}^*} = \frac{S_0^0}{S_0^j}(S_T^0)^{-1}S_T^j, \tag{7.7}$$

将它记为 $h_j(\mathbb{P}^*)$. 则 h_j 是从 $\mathcal{M}^0$ 到 $\mathcal{M}^j$ 的双射 (bijection).

证明　令 $\gamma_t' = (S_t^j)^{-1}$, 且令

$$\widehat{S}_t^i = \gamma_t' S_t^i, \quad 0 \leqslant i \leqslant m.$$

设 $\mathbb{P}^* \in \mathcal{M}^0$, 按照 (7.7) 定义概率测度 $\mathbb{Q}$. 由于 $(S_t^0)^{-1}S_t^j$ 为 $\mathbb{P}^*$-鞅, 故一定有

$$M_t := \mathbb{E}^*\Big[\frac{d\mathbb{Q}}{d\mathbb{P}^*}\Big|\mathcal{F}_t\Big] = \frac{S_0^0}{S_0^j}(S_t^0)^{-1}S_t^j.$$

根据如下事实

$$M_t\widehat{S}_t^i = M_t\gamma_t' S_t^i = \frac{S_0^0}{S_0^j}\widetilde{S}_t^i,$$

得知 $\mathbb{Q}$ 为市场中以资产 j 的价格过程为计价单位的等价鞅测度, 即 $\mathbb{Q} \in \mathcal{M}^j$. $\square$

称市场存在套利机会, 如果存在一许可的自融资策略使得其初始财富 V_0 为零, 但是终端财富 V_T 非负且 $\mathbb{P}(V_T > 0) > 0$.

下面我们指定资产 0 的价格过程为计价单位. 根据引理 7.1, 对任何 $\mathbb{Q} \in \mathcal{M}^0$, 自融资策略的折算财富过程为 $\mathbb{Q}$-局部鞅. 从而对任意 $\mathbb{Q} \in \mathcal{M}^0$, 许可的自融资策略的折算财富过程为 $\mathbb{Q}$-上鞅.

定理 7.3　如果市场存在等价鞅测度, 即 $\mathcal{M}^0 \neq \varnothing$, 则市场无套利. 这时令 $\mathbb{Q} \in \mathcal{M}^0$, 则有 $\dfrac{d\mathbb{Q}}{d\mathbb{P}}\Big|_{\mathcal{F}_T} = \mathcal{E}(-\psi.B)_T$, $\psi \in (\mathcal{L}^2[0,T])^d$, 且 ψ 为下面线性方程的解:

$$a(t)\psi(t) = b(t), \quad dt \times d\mathbb{P}\text{-a.e., a.s.} \mp [0,T] \times \Omega. \tag{7.8}$$

证明　令 $\mathbb{P}^* \in \mathcal{M}^0$. 设 $\phi = \{\theta^0, \theta\}$ 为一初始财富为零的许可的自融资策略. 如上所述, 其折算财富过程 $(\widetilde{V}_t)$ 为 $\mathbb{P}^*$-上鞅. 因此, 我们一定有 $\mathbb{E}^*[\widetilde{V}_T] \leqslant 0$. 从而市场无套利.

令 $\mathbb{Q} \in \mathcal{M}^0$. 并令

$$M_t = \mathbb{E}\left(\frac{d\mathbb{Q}}{d\mathbb{P}}\bigg|\mathcal{F}_t\right).$$

则 (M_t) 为 $\mathbb{P}$-鞅. 由 Brown 运动的鞅表示定理知, 存在 $\phi \in (\mathcal{L}^2)^d$ 使得 $dM_t = \phi(t)dB_t$. 令 $\psi(t) = -\phi(t)/M_t$, 那么 $M = \mathcal{E}(-\psi.B)$, 又由 Girsanov 定理知

$$B_t^* = B_t + \int_0^t \psi(s)ds$$ 为 $\mathbb{Q}$-Brown 运动. 此外, 由定理 4.18 知 (B_t^*) 在 $\mathbb{Q}$ 下关于 $(\mathcal{F}_t)$ 也有鞅表示性. 因此存在某一 $\sigma^* \in (\mathcal{L}^2)^{m \times d}$ 使得

$$d\widetilde{S}_t = \sigma^*(t)dB_t^* = \sigma^*(t)(dB_t + \psi(t)dt).$$

根据 Itô 过程 $(\widetilde{S}_t)$ 的典则分解唯一性和 Itô 随机积分在测度等价改变下的不变性, 并从 (7.3) 可知

$$\sigma^*(t) = \widetilde{S}_t a(t), \quad dt \times d\mathbb{P}\text{-a.e., a.s.,}$$

因此有

$$a(t)\psi(t) = b(t), \quad dt \times d\mathbb{P}\text{-a.e., a.s..}$$

从而 $(\psi(t))$ 为方程 (7.8) 的一个解. $\qquad\square$

自然会提出一个问题: 为了使市场存在等价鞅测度, 我们对扩散过程 $(\widetilde{S}_t)$ 的系数 a 和 b 需做出什么限制? 下面的定理给出了该问题的部分回答.

定理 7.4 如果 (7.8) 有一解 $\psi \in (\mathcal{L}^2)^d$ 满足

$$\mathbb{E}\left[\exp\left\{\frac{1}{2}\int_0^T |\psi(t)|^2 dt\right\}\right] < \infty \tag{7.9}$$

和

$$\mathbb{E}\left[\exp\left\{\frac{1}{2}\int_0^T |a^i(t) - psi(t)|^2 dt\right\}\right] < \infty, \quad 1 \leqslant i \leqslant m, \tag{7.10}$$

那么 Radon-Nikodym 导数为

$$\frac{d\mathbb{Q}}{d\mathbb{P}} = \mathcal{E}(-\psi.B)_T$$

的概率测度 $\mathbb{Q}$ 属于 $\mathcal{M}^0$. 特别有 $\mathcal{M}^0 \neq \varnothing$.

证明 设 ψ 为 (7.8) 的一个解, 且满足 (7.9). 由 Novikov 定理 (定理 4.11) 知 $\mathcal{E}(-\psi.B)$ 为 $\mathbb{P}$-鞅. 因此我们可定义概率测度 $\mathbb{Q}$, 使得 $\frac{d\mathbb{Q}}{d\mathbb{P}} = \mathcal{E}(-\psi.B)_T$. 为了

证明 $\mathbb{Q}$ 属于 $\mathcal{M}^0$, 即 $(\widetilde{S}_t)$ 是 $\mathbb{Q}$-鞅, 只需证明 $\mathcal{E}(-\psi.B)\widetilde{S}$ 为 $\mathbb{P}$-鞅即可. 根据 (7.3) 和 (1.26) 有

$$\widetilde{S}_t^i = \widetilde{S}_0^i \exp\left\{ \int_0^t [a^i(s)dB_s + b^i(s)ds] - \frac{1}{2}\int_0^t |a^i(s)|^2 ds \right\}.$$

故从 (7.8) 得到

$$\mathcal{E}(-\psi.B)_t \widetilde{S}_t^i = \widetilde{S}_0^i \exp\left\{ \int_0^t (a^i(s) - \psi(s))dB_s - \frac{1}{2}\int_0^t |a^i(s) - \psi(s)|^2 ds \right\}.$$

再由 (7.10) 和 Novikov 定理知 $\mathcal{E}(-\psi.B)\widetilde{S}^i$ 为 $\mathbb{P}$-鞅. □

由该定理可给出如下定义.

> **定义 7.5**　如果 a 满足 (7.9) 且方程 (7.8) 有一解 ψ 满足 (7.10), 则称市场是标准市场.

根据定理 7.4 和定理 7.3 知标准市场中存在等价鞅测度.

　　注　假设资产 0 是利率为 $r(t)$ 的银行账户, 且方程 (7.8) 有一解 $\eta \in (\mathcal{L}^2)^d$. 则称这样的 η 为风险 (过程) 的市场价格. 注意到在该情形下, 方程 (7.8) 变为

$$\sigma(t)\eta(t) = \mu(t) - r(t)1_m, \quad dt \times d\mathbb{P}\text{--a.e., a.s.于} [0,T] \times \Omega, \qquad (7.8')$$

其中 $1_m = (1, \cdots, 1)^\tau$. 因此风险的市场价格的经济意义就是 η 给出了风险资产价格超额收益率 $\mu - r1_m$ 与 "风险" σ 大小的比例关系. 如果 $\mathbb{Q}$ 为等价鞅测度, 且 $\frac{d\mathbb{Q}}{d\mathbb{P}} = \mathcal{E}(-\eta.B)_T$, 那么 η 刚好是风险的市场价格.

下面的定理给出了存在唯一等价鞅测度的一个充分条件.

> **定理 7.6**　假设 $m \geqslant d$, $a(t)^\tau a(t)$ 在 $[0,T] \times \Omega$ 上关于 $dt \times d\mathbb{P}$ a.e., a.s. 非退化, 其中 $a(t)^\tau$ 表示矩阵 $a(t)$ 的转置. 令 $\psi(t) = (a(t)^\tau a(t))^{-1} a(t)^\tau b(t)$. 如果 ψ 满足 (7.8), 且 a, ψ 满足 (7.9) 和 (7.10), 那么该市场存在唯一的等价鞅测度 $\mathbb{P}^*$. 此外我们有
>
> $$\mathbb{E}\left[\frac{d\mathbb{P}^*}{d\mathbb{P}} \Big| \mathcal{F}_t\right] = \exp\left\{ -\int_0^t \psi(s)dB_s - \frac{1}{2}\int_0^t |\psi(s)|^2 ds \right\}, \quad 0 \leqslant t \leqslant T.$$

　　证明　在该定理的假设下, 市场是标准的, 从而根据定理 7.4 存在等价鞅测度. 为了证明等价鞅测度的唯一性, 令 $\mathbb{Q}$ 为一等价鞅测度. 存在 $\theta \in (\mathcal{L}^2)^d$ 使得 $\frac{d\mathbb{Q}}{d\mathbb{P}} = \mathcal{E}(-\theta.B)_T$. 由定理 7.3, 有 $a(t)\theta(t) = b(t)$. 从而将 $(a^\tau(t)a(t))^{-1} a^\tau(t)$ 乘到

等式的两边, 得到 $\theta(t) = \psi(t)$. 唯一性得证. □

注 如果 $m = d$, 令 $\psi(t) = a(t)^{-1}b(t)$, 那么 $\psi(t) = a(t)^{-1}b(t)$ 自动满足 (7.8).

定义 7.7 令 $\mathbb{Q} \in \mathcal{M}^0$. 称欧式未定权益 (即一非负 $\mathcal{F}_T$-可测随机变量) ξ 为 $\mathbb{Q}$-可复制的 (或 可达的), 如果存在容许自融资策略使得其终端财富等于 ξ 且折算财富过程为 $\mathbb{Q}$-鞅. 这样的交易策略称为 ξ 的 $\mathbb{Q}$-对冲策略.

现在假设市场存在唯一的等价鞅测度 $\mathbb{P}^*$. 根据 Jacod and Yor (1977) 中的一定理, 等价鞅测度的唯一性蕴含等价测度下的鞅表示性质. 从该结果出发我们可以证明市场是 完备的, 即折算价值 $\gamma_T \xi$ 为 $\mathbb{P}^*$-可积的任何欧式未定权益 ξ 是 $\mathbb{P}^*$-可复制的. 在我们所考虑的特别情形中, 下面将给出市场完备性的一个直接证明.

定理 7.8 如果定理 7.6 的条件得以满足, 则市场是完备的.

证明 令 $\mathbb{P}^*$ 为唯一的等价鞅测度. 由定理 7.6 有 $\dfrac{d\mathbb{P}^*}{d\mathbb{P}} = \mathcal{E}(-\psi.B)_T$, 其中

$$\psi(t) = (a^\tau(t)a(t))^{-1}a^\tau(t)b(t).$$

令 $B_t^* = B_t + \displaystyle\int_0^t \psi(s)ds$, 则 (B_t^*) 为 $\mathbb{P}^*$-Brown 运动. 令 ξ 为一未定权益, 满足 $\mathbb{E}^*[\gamma_T \xi] < \infty$. 令

$$V_t = \gamma_t^{-1}\mathbb{E}^*[\gamma_T \xi \mid \mathcal{F}_t].$$

则折算价值过程 $(\widetilde{V}_t)$ 为 $\mathbb{P}^*$-鞅. 因为由定理 4.14 知 (B_t^*) 在 $\mathbb{P}^*$ 下关于 $(\mathcal{F}_t)$ 也有鞅表示性质, 所以存在 $(\mathcal{L}^2)^{m \times d}$ 中的两个过程 H 和 K 使得

$$d\widetilde{V}_t = H_t dB_t^* = H_t(dB_t + \psi(t)dt),$$

$$d\widetilde{S}_t = K_t dB_t^* = K_t(dB_t + \psi(t)dt).$$

令 C_t 为一矩阵, 其元素 $c_{i,j}(t) = \delta_{i,j}\widetilde{S}_t^i, 1 \leqslant i, j \leqslant m$. 从 (7.3) 知 $K_t = C_t a(t)$, $a(t)\psi(t) = b(t)$. 因此有

$$(a^\tau(t)a(t))^{-1}a^\tau(t)C_t^{-1}d\widetilde{S}_t = dB_t + \psi(t)dt.$$

令

$$\theta(t) = H_t(a^\tau(t)a(t))^{-1}a^\tau(t)C_t^{-1},$$

$$\theta^0(t) = S_t^{0^{-1}}[V_t - \theta(t) \cdot S_t].$$

则 $\phi = \{\theta^0, \theta\}$ 为 ξ 的对冲策略, 其财富过程为 (V_t). 根据定义知市场是完备的.
　　　　　　　　　　　　　　　　　　　　　　　　　　　　　　　　　　□

　　注　如果 $m = d$ 且市场是标准的, 那么市场是完备的当且仅当对 $(t, \omega) \in [0, T] \times \Omega$, a.e., a.s., $a(t, \omega)$ 非退化. 参见 Karatzas (1997).

§7.1.3　欧式未定权益的定价和对冲

　　我们在该小节中研究欧式未定权益的定价和对冲问题. 假定市场中存在等价鞅测度.

　　令 ξ 为一未定权益. 很自然会问: ξ 的 "公平" 价格过程是什么? 假定 $\gamma_T \xi$ 关于某个 $\mathbb{P}^* \in \mathcal{M}^0$ 可积. 我们令

$$V_t = \gamma_t^{-1} \mathbb{E}^*[\gamma_T \xi \,|\, \mathcal{F}_t]. \tag{7.11}$$

如果将 (V_t) 看作一种资产的价格过程, 那么加入了该资产的市场仍然存在等价鞅测度, 因为该资产的折算价格过程为 $\mathbb{P}^*$-鞅. 因此应该将 (V_t) 看作 ξ 的 "公平" 价格过程的候选者. 但是 "公平" 价格的这种定义依赖等价鞅测度的选择. 确定一等价鞅测度等价于界定相应的风险市场价格. 然而, 是市场本身确定了风险的市场价格. 从而, 在实践中, 基于统计模型可以利用已知的未定权益的市场数据来估计风险的市场价格.

　　下一定理表明, 可以合理地确定可复制未定权益的公平价格.

定理 7.9　令 $\mathbb{P}^*, \mathbb{Q} \in \mathcal{M}^0$, ξ 为 $\mathbb{P}^*$- 和 $\mathbb{Q}$-可复制的未定权益. 令 (V_t) (相应地, (U_t)) 为 ξ 的 $\mathbb{P}^*$-(相应地, $\mathbb{Q}$-) 对冲策略的财富过程, 则过程 (V_t) 和 (U_t) 无区别, 而且 V_t 由 (7.11) 给出.

　　证明　令 $\widetilde{V}_t = \gamma_t V_t$, $\widetilde{U}_t = \gamma_t U_t$. 则 $(\widetilde{V}_t)$ 为 $\mathbb{P}^*$-鞅和 $\mathbb{Q}$-上鞅, 而 $(\widetilde{U}_t)$ 为 $\mathbb{Q}$-鞅和 $\mathbb{P}^*$-上鞅. 注意到 $U_T = V_T = \xi$, 我们有

$$\mathbb{E}^*[\widetilde{V}_T \,|\, \mathcal{F}_t] = \widetilde{V}_t \geqslant \mathbb{E}_{\mathbb{Q}}[\widetilde{V}_T \,|\, \mathcal{F}_t] = \widetilde{U}_t.$$

因此 $V_t \geqslant U_t$, a.s.. 同样地, 我们有 $U_t \geqslant V_t$, a.s.. 因而 $V = U$. 该定理的最后一个断言显然成立.
　　　　　　　　　　　　　　　　　　　　　　　　　　　　　　　　　□

　　注　根据定理 7.9, 对一 $\mathbb{P}^*$-可复制的未定权益 ξ, 自然地定义它在 t 时的 "公平" 价格由 (7.11) 给出. 我们称这种定价方法为 **风险中性定价** (risk-neutral pricing) 或 **套利定价** (arbitrage pricing).

　　现假设定理 7.6 的条件得以满足. 因此该市场存在唯一的等价鞅测度 $\mathbb{P}^*$, 由定理 7.8 知市场是完备的. 设 ξ 为一欧式未定权益, 使得 $\gamma_T \xi$ 为 $\mathbb{P}^*$-可积. 从定理 7.8 的证明中可以看出, 这实际上存在 ξ 的 $\mathbb{P}^*$-对冲策略. 因而在该情形中, ξ 的 "公平" 价格过程由 (7.11) 给出.

一般地, 如果未定权益 ξ 不可复制, 我们不能唯一定义其 "公平" 价格过程. 在该情形下, 我们需要新类型的交易策略. 与离散时间情形类似, 一个带消费的策略 为满足如下性质的交易策略 $\phi = \{\theta^0, \theta, C\}$: 对所有 $t \in [0,T]$, 有

$$\theta^0(t)S_t^0 + \theta(t) \cdot S_t = \theta^0(0)S_0^0 + \theta(0) \cdot S_0 + \int_0^t \theta^0(u)dS_u^0 + \int_0^t \theta(u)dS_u - C_t$$

其中 (C_t) 为一适应的连续非减过程, 在 $t = 0$ 处为零. C_t 表示到 t 时的累积消费. 与之相对应的, 一个 带再投资的策略为满足如下性质的交易策略 $\phi = \{\theta^0, \theta, R\}$: 对所有 $t \in [0,T]$, 有

$$\theta^0(t)S_t^0 + \theta(t) \cdot S_t = \theta^0(0)S_0^0 + \theta(0) \cdot S_0 + \int_0^t \theta^0(u)dS_u^0 + \int_0^t \theta(u)dS_u + R_t$$

其中 (R_t) 为一适应的连续非降过程, 在 $t = 0$ 处为零. R_t 表示到 t 时的累积再投资. 对于这两种策略中的任一种, 记 $V_t(\phi)$ 为 ϕ 在 t 时的财富, 即 $V_t(\phi) = \theta^0(t)S_t^0 + \theta(t) \cdot S_t$. 与离散时间情形类似, 对任何等价鞅测度 $\mathbb{Q}$ 来说, 带消费的策略的折算财富过程为一 $\mathbb{Q}$-局部上鞅; 相反地, 带再投资的策略的折算财富过程为一 $\mathbb{Q}$-局部下鞅. 我们用 $\mathcal{G}_c$ 表示所有带消费的容许策略全体, $\mathcal{G}_r$ 表示所有带再投资的容许策略全体.

下一定义看起来是合理的.

定义 7.10 设 ξ 为一欧式未定权益, ξ 关于某个 $\mathbb{Q} \in \mathcal{M}^0$ 是 $\mathbb{Q}$-可积的. 令

$$V_t^s = \text{ess inf}\{V_t(\phi) : \phi \in \mathcal{G}_c, V_T(\phi) \geqslant \xi\},$$

$$V_t^b = \text{ess sup}\{V_t(\phi) : \phi \in \mathcal{G}_r, V_T(\phi) \leqslant \xi\}.$$

称 V_t^s 和 V_t^b 分别为 ξ 在 t 时的 卖方价和买方价.

注意, 存在 V^s (或 V^b) 的右连续版本, 使得 V^s (或 V^b) 为一 $\mathbb{Q}$-上鞅 (或局部 $\mathbb{Q}$-下鞅).

关于该论题的详细讨论, 建议读者参考 Karatzas (1997) 或 Musiela and Rutkowski (1997). 注意, 我们关于买价的定义与以上参考书中的有细微差别.

§7.1.4 计价单位的改变

下一定理表明风险中性定价在计价单位的改变下具有不变性.

定理 7.11 令 $j \in \{0, 1, \cdots, m\}$, h_j 是由 (7.7) 定义的从 $\mathcal{M}^0$ 到 $\mathcal{M}^j$ 的双射. 如果 $\mathbb{P}^* \in \mathcal{M}^0$, 且 ξ 为一 $\mathbb{P}^*$-可复制的未定权益, 那么 ξ 为一 $h_j(\mathbb{P}^*)$-可复制的未定权益, 并且其 "公平" 价格过程在计价单位的改变下不变.

证明 设 ξ 为一 $\mathbb{P}^*$-可复制的未定权益. 令 $\gamma_t' = (S_t^j)^{-1}$, 我们有

$$\mathbb{E}_{\mathbb{Q}}[\gamma_{\scriptscriptstyle T}'\xi] = \mathbb{E}^*[M_T\gamma_{\scriptscriptstyle T}'\xi] = \frac{S_0^0}{S_0^j}\mathbb{E}^*[\gamma_{\scriptscriptstyle T}\xi] = (S_0^j)^{-1}V_0.$$

这蕴含 ξ 的 $\mathbb{P}^*$-对冲策略也是 ξ 的 $\mathbb{Q}$-对冲策略. 因此, ξ 是 $\mathbb{Q}$-可复制的未定权益. 而且, 根据条件期望的 Bayes 法则 (定理 1.11) 有

$$(\gamma_t')^{-1}\mathbb{E}_{\mathbb{Q}}[\gamma_{\scriptscriptstyle T}'\xi|\,\mathcal{F}_t] = (\gamma_t')^{-1}M_t^{-1}\mathbb{E}^*[M_T\gamma_{\scriptscriptstyle T}'\xi|\,\mathcal{F}_t]$$
$$= \mathbb{E}^*[\gamma_{\scriptscriptstyle T}\xi|\,\mathcal{F}_t].$$

这就证明了 ξ 的 "公平" 价格过程在计价单位的改变下具有不变性. $\square$

一个例子: 互换期权

现举一个例子说明如何应用鞅方法和计价单位的改变来做期权定价. 考虑由 $d+1$ 种资产组成的市场 $(d \geqslant 2)$: 一利率为 r 的存储账户和 d 只股票, 股票的价格过程 $(S_t^i), i = 1, 2, \cdots, d$ 满足下面的 Itô 方程:

$$dS_t^i = S_t^i\left[\mu^i dt + \sum_{j=1}^d \sigma_{ij}dB_t^j\right], \quad i = 1, 2, \cdots, d,$$

其中 μ^i, σ_{ij} 为常数, 且 $(B_t^1, B_t^2, \cdots, B_t^d)^\tau$ 是 d 维 Brown 运动. 我们考虑一种所谓的**互换期权**. 它赋予持有者在 T 时用股票 2 交换股票 1 的权利, 而无须承担义务. 该期权的回报为 $\xi = (S_T^1 - S_T^2)^+$. Margrabe (1978) 首先在 Black-Scholes 框架下研究了互换期权. 通过改变计价单位来求解该问题的方法源于 Davis(1994). 下面我们按照 Karatzas (1997) 来介绍这一方法.

假定矩阵 $A = (\sigma_{ij})$ 是正定的. 令

$$Z_0(t) = \exp\left\{-\sum_{i=1}^d \theta^i B_t^i - \frac{1}{2}\sum_{i=1}^d (\theta^i)^2 t\right\}, \quad 0 \leqslant t \leqslant T$$

和

$$\frac{d\mathbb{P}^*}{d\mathbb{P}} = Z_0(T),$$

其中 $(\theta^1, \cdots, \theta^d)^\tau = A^{-1}(\mu^1 - r, \cdots, \mu^d - r)^\tau$. 则 (Z_t) 是 $\mathbb{P}$-鞅且 $\mathbb{P}^*$ 为该市场的唯一等价鞅测度. 令

$$B_t^{i*} = B_t^i + \theta^i t, \quad S_t^{i*} = e^{-rt}S_t^i, \quad i = 1, 2, \cdots, d,$$

那么 $(B_t^{1*}, B_t^{2*}, \cdots, B_t^{d*})^\tau$ 为 $\mathbb{P}^*$ 下的 d 维 Brown 运动, 且

$$dS_t^{i*} = S_t^{i*}\left[\sum_{j=1}^d \sigma_{ij}dB_t^{j*}\right].$$

由 (7.9) 知互换期权的价值过程为

$$V_t = \gamma_t^{-1}\mathbb{E}^*[\gamma_T(S_T^1 - S_T^2)^+|\mathcal{F}_t],$$

其中 $\gamma_t = e^{-rt}$. 现在以资产 2 作为计价单位, 相应的鞅测度 $\mathbb{Q}$ 如下给出:

$$\frac{d\mathbb{Q}}{d\mathbb{P}^*} = \frac{\gamma_T}{S_0^2}S_T^2 = \frac{1}{S_0^2}S_T^{2*}.$$

令

$$\widetilde{B}_t^i = B_t^{i*} - \sigma_{2i}t, \quad X_t = \frac{S_t^1}{S_t^2} = \frac{S_t^{1*}}{S_t^{2*}}.$$

则 $(\widetilde{B}_t^1, \widetilde{B}_t^2, \cdots, \widetilde{B}_t^d)^\tau$ 为 $\mathbb{Q}$ 下的 d 维 Brown 运动, 且

$$dX_t = X_t d\left[\sum_{j=1}^d (\sigma_{1j} - \sigma_{2j})\widetilde{B}_t^j\right] = X_t\sigma dW_t,$$

其中 $\sigma = \sqrt{\sum_{j=1}^d (\sigma_{1j} - \sigma_{2j})^2}$, (W_t) 为 $\mathbb{Q}$ 下的一维 Brown 运动. 因此有

$$V_t = S_t^2\mathbb{E}_{\mathbb{Q}}\left[\left(\frac{S_T^1}{S_T^2} - 1\right)^+\bigg|\mathcal{F}_t\right] = S_t^2\mathbb{E}_{\mathbb{Q}}[(X_T-1)^+|\mathcal{F}_t]$$

$$= S_t^2[X_tN(d_1) - N(d_2)] = S_t^1 N(d_1) - S_t^2 N(d_2),$$

其中

$$d_1 = \frac{\log(X_t) + \frac{1}{2}\sigma^2(T-t)}{\sigma\sqrt{T-t}}, \quad d_2 = \frac{\log(X_t) - \frac{1}{2}\sigma^2(T-t)}{\sigma\sqrt{T-t}}.$$

这里需要提醒注意的是: μ^i 和 r 并未出现在上面的定价公式中.

§7.2 期权定价的偏微分方程方法

在该节及 §7.3 节里, 假定市场由 $m+1$ 种资产组成, 其中一种为银行账户. 记 S_t^0 为银行账户的价值过程, $S_t = (S_t^1, \cdots, S_t^m)^\tau$ 为其他资产的价格过程. 我们取 (S_t^0) 为计价单位. 假定利率过程具有形式 $r(t, S_t)$, 其中 $r: \mathbb{R}_+ \times \mathbb{R}^m \to \mathbb{R}_+$ 是 Borel 可测的, 且 (S_t) 为扩散过程. 此外, 假设存在关于 $(\widetilde{S}_t)$ 的等价鞅测度 $\mathbb{P}^*$. 则在 $\mathbb{P}^*$ 下, (S_t) 可写成

$$dS_t^i = S_t^i\left[\sigma^i(t, S_t)dB_t^* + r(t, S_t)dt\right], \quad S_0^i = p_i, \quad 1 \leqslant i \leqslant m, \tag{7.12}$$

其中 $\sigma : \mathbb{R}_+ \times \mathbb{R}^m \to M^{m,d}$ 是 Borel 可测的, (B_t^*) 为 $\mathbb{P}^*$ 下的 d 维 Brown 运动. 如果 $r(t,x)x$ 和矩阵 $(x^i\sigma_j^i)$ 关于 x 满足 Lipschitz 条件和线性增长条件, 那么根据定理 4.18, (7.12) 有唯一解.

当维数 m 较低时, 比如说小于或等于 2, 用 Monte-Carlo 模拟方法来计算期权价格很有效. 但是当维数 m 大于或等于 3 时, 则偏微分方程 (偏微分方程) 方法更合适. 下面我们将介绍期权定价是如何与抛物型偏微分方程联系在一起的.

设欧式期权 ξ 具有形式 $g(S_T)$, g 为 $\mathbb{R}_+^d$ 上的 Borel 函数. 假定 $\mathbb{E}^*[\gamma_T g(S_T)] < \infty$. 由 (7.11) 知, 未定权益 ξ 在 t 时的价格为

$$V_t = \mathbb{E}^* \left[e^{-\int_t^T r(s,S_s)ds} g(S_T) \,\Big|\, \mathcal{F}_t \right]. \tag{7.13}$$

如果 V_t 可以表示成 $V_t = F(t, S_t)$, 那么根据扩散过程 (S_t) 的 Markov 性, 直觉告诉我们应该有

$$F(t,x) = \mathbb{E}^*[e^{-\int_t^T r(s,S_s)ds} g(S_T)|S_t = x].$$

利用马氏过程的记号, 可以将上式重新写为

$$F(t,x) = \mathbb{E}^{*t,x}[e^{-\int_t^T r(s,S_s)ds} g(S_T)]. \tag{7.14}$$

因此, 在系数 r 和 σ^i 满足一些技术性条件下, $F(t,x)$ 是如下抛物型偏微分方程的解:

$$-\frac{\partial u}{\partial t} + ru = \mathcal{A}_t u, \quad (t,x) \in [0,T) \times \mathbb{R}_+^d, \tag{7.15}$$

其终端条件为 $u(T,x) = g(x)$, 其中

$$\mathcal{A}_t = \frac{1}{2}\sum_{i,k=1}^d a_{ik}(t,x)\frac{\partial^2}{\partial x_i \partial x_k} + \sum_{i=1}^d r(t,x)x_i \frac{\partial}{\partial x_i},$$

$a(t,x) = x\sigma(t,x)(x\sigma(t,x))^\tau$. 经典的 Black-Scholes 微分方程为 (7.15) 的特殊情形. 通常地, 可以利用有限差分法来数值求解偏微分方程. 参见文献 Wilmott et al. (1993) 和姜礼尚 (2003).

§7.3　用概率方法求欧式期权定价显式解

在该节中我们根据 Goldenberg (1991) 来介绍求欧式期权定价显式解的概率方法, 期权标的资产价格服从扩散过程. 该方法通过线性与非线性时间和刻度变换将复杂的扩散过程变为熟悉的过程, 从而得到期权定价公式, 并统一了许多已有的结果.

§7.3.1 时间和刻度变换

考虑由两种资产组成的市场: 利率为确定性函数 (r_t) 的银行账户和一只股票. 假设在唯一的等价鞅测度 $\mathbb{P}^*$ 下, 股价由扩散过程刻画:

$$dS_t = S_t\Big[\sigma(t, S_t)dB_t^* + r_t dt\Big], \quad S_0 = p, \tag{7.16}$$

其中 σ 为 $\mathbb{R}^+ \times \mathbb{R}$ 上的 Borel 函数, (B_t^*) 为 $\mathbb{P}^*$ 下的标准 Brown 运动. 令

$$P(t, s) = e^{-\int_t^s r_u du}, \quad t \leqslant s$$

为到期日为 s 的单位折现债券 (discount bond) 在 t 时的价格. 到期日为 s 执行价格为 K 的买权 $(S_s - K)^+$ 在 t 时的价格为 $V_t = C(t, S_t; s, K)$, 其中

$$C(t, x; s, K) = P(t, s)\mathbb{E}^*[(S_s - K)^+ | S_t = x].$$

假设 $C(t, x; s, K)$ 有显式表达式. 我们下面的目标就是如何利用时间和刻度改变从 $C(t, x; s, K)$ 出发推导出一类市场中基于某一风险资产的买权的定价公式.

定理 7.12 设 $\mathcal{G}_t = \mathcal{F}_{\tau(t)}$, 在随机基 $(\Omega, (\mathcal{G}_t), \mathcal{F}, \mathbb{P})$ 中, 市场的风险资产价格过程可以表示为

$$Y_t = f(t)S_{\tau(t)},$$

其中 (S_t) 为满足 (7.16) 的扩散过程, f 和 τ 为严格正的确定性函数, 且 $f(0) = 1, \tau(0) = 0, \tau$ 可微且严格增. 又设 $P_Y(t, T) = \exp\left\{-\int_t^T r_Y(u)du\right\}$ 是到期日为 T 的单位折现债券在 t 时的价格, 其中 $(r_Y(t))$ 为市场中确定性利率函数. 则买权 $(Y_T - K)^+$ 在 t 时的价格为

$$\widehat{V}_t = \frac{P_Y(t, T)f(T)}{P(\tau(t), \tau(T))} C\Big(\tau(t), \frac{Y_t}{f(t)}; \tau(T), \frac{K}{f(T)}\Big). \tag{7.17}$$

证明 我们有

$$\widehat{V}_t = P_Y(t, T)\mathbb{E}^*[(Y_T - K)^+ | \mathcal{F}_{\tau(t)}]$$

$$= \frac{P_Y(t, T)f(T)}{P(\tau(t), \tau(T))} P(\tau(t), \tau(T))\mathbb{E}^*\left[\left(S_{\tau(T)} - \frac{K}{f(T)}\right)^+ \Big| \mathcal{F}_{\tau(t)}\right]$$

$$= \frac{P_Y(t, T)f(T)}{P(\tau(t), \tau(T))} C\Big(\tau(t), \frac{Y_t}{f(t)}; \tau(T), \frac{K}{f(T)}\Big).$$

(7.17) 得证. □

§7.3.2　Merton 模型下的期权定价

现在通过一个例子来说明公式 (7.17). 在 Merton 关于 Black-Scholes 模型的推广中, 银行账户的利率依赖于时间, 记为 $r(t)$, 标的资产回报红利及其期望收益率、波动率和红利率都依赖于时间, 分别记为 $\mu(t), \sigma(t)$ 和 $q(t)$. 假定 $r(t)$, $\mu(t)$, $\sigma(t)$ 和 $q(t)$ 为 t 的确定性函数. 在风险中性概率测度 $\mathbb{P}^*$ 下, 除权后的股票价格过程满足

$$dY_t = Y_t\Big[(r(t) - q(t))dt + \sigma(t)dW_t\Big], \tag{7.18}$$

令 (S_t) 满足 Black-Scholes 模型, 并且令 $Y_t = f(t)S_{\tau(t)}$. 由 Itô 公式得

$$dY_t = f'(t)S_{\tau(t)}dt + f(t)dS_{\tau(t)}$$
$$= f'(t)S_{\tau(t)}dt + f(t)S_{\tau(t)}\Big[\sigma dB^*_{\tau(t)} + r\tau'(t)dt\Big]$$
$$= Y_t\Big[\Big(\frac{f'(t)}{f(t)} + r\tau'(t)\Big)dt + \sigma\sqrt{\tau'(t)}dW_t\Big],$$

其中

$$W_t = \int_0^t \frac{1}{\sqrt{\tau'(s)}}dB^*_{\tau(s)}$$

为 $\mathbb{P}^*$ 下关于 $(\mathcal{F}_{\tau(t)})$ 的 Brown 运动 (利用 Brown 运动的 Lévy 鞅刻画定理). 为使 (Y_t) 满足 (7.18), 显然只需取 $\tau(t) = \sigma^{-2}\int_0^t \sigma(u)^2 du$, 以及

$$f(t) = \exp\Big\{-r\tau(t) + \int_0^t (r(u) - q(u))du\Big\}.$$

在当前情形下, 有 $P_Y(t, T) = \exp\Big\{-\int_t^T r(s)ds\Big\}$.

现在来考虑欧式买权 $\xi = (Y_T - K)^+$. 根据 (7.17), 容易知道它在 t 时的价格等于 $C(t, Y_t)$, 这里 $C(t, x)$ 由如下推广了的 Black-Scholes 公式给出:

$$C(t, x) = \widetilde{x}N(\widetilde{d_1}) - Ke^{-(T-t)\widetilde{r}}N(\widetilde{d_2}), \tag{7.17'}$$

其中

$$\widetilde{x} = xe^{-\int_t^T q(s)ds}, \quad \widetilde{r} = \frac{1}{T-t}\int_t^T r(s)ds,$$

$\widetilde{d_1}$ 和 $\widetilde{d_2}$ 具有与 (5.13) 相似的表达式, 唯一的差别是那里的 x, r 和 σ^2 相应地被

$\widetilde{x}, \widetilde{r}$ 和 $\dfrac{1}{T-t}\displaystyle\int_t^T \sigma^2(s)ds$ 取代. 关于利用偏微分方程方法如何推导该公式, 建议读者参考 Wilmott et al. (1993).

§7.3.3 一般非线性约化方法

令 (Y_t) 为风险资产价格过程, 它在风险中性测度下满足如下的 SDE:

$$dY_t = rY_t dt + \sigma(Y_t)dB_t^*.$$

如果能够知道扩散过程 (Y_t) 的转移密度函数, 那么就可以给出以该资产为标的资产的期权定价公式. 下面给出一种所谓的 "非线性约化方法".

令 (X_t) 为一具有已知转移密度函数的扩散过程, 满足

$$dX_t = \mu(X_t)dt + \overline{\sigma}(X_t)dB_t^*.$$

称 (Y_t) 可以约化为 (X_t), 如果存在二次连续可微单调函数 g 使得 $g(Y_t) = X_t$. 由 Itô 公式知,

$$dg(Y_t) = \left(rg'(Y_t)Y_t + \frac{1}{2}g''(Y_t)\sigma^2(Y_t) \right)dt + g'(Y_t)\sigma(Y_t)dB_t^*.$$

因此, 如果

$$ryg'(y) + \frac{1}{2}g''(y)\sigma^2(y) = \mu(g(y)),$$
$$g'(y)\sigma(y) = \overline{\sigma}(g(y)),$$

那么 $g(Y_t) = X_t$.

定理 7.13 令 $p_X(t,x;T,z)$ 为 (X_t) 的转移密度函数. 则扩散过程 (Y_t) 的转移密度函数 $\overline{p}_Y(t,y;T,z)$ 满足

$$\overline{p}_Y(t,y;T,z) = p_X(t,g(y);T,g(z))g'(z). \tag{7.19}$$

证明 我们有

$$\mathbb{E}^*[h(Y_T)|Y_t = y] = \mathbb{E}^*[h(g^{-1}(X_T))|X_t = g(y)]$$
$$= \int h(g^{-1}(w))p_X(t,g(y);T,w)dw$$
$$= \int h(z)p_X(t,g(y);T,g(z))g'(z)dz,$$

从而可得 (7.19). □

§7.3.4 CEV 模型下的期权定价

本节通过一个具体例子说明如何用非线性约化方法来进行期权定价.

假定股票价格过程由常数方差弹性 (constant elasticity of variance, CEV) 过程刻画:

$$dS_t = \mu S_t dt + \sigma S_t^{\frac{\alpha}{2}} dB_t, \tag{7.20}$$

其中 $0 < \alpha < 2$ 为一常数, 即所谓的弹性因子 (elasticity factor). 如果在 (7.20) 中 $\alpha = 2$, 该模型退化为 Black-Sholes 模型.

在风险中性概率测度 $\mathbb{P}^*$ 下, (7.20) 变为

$$dS_t = r S_t dt + \sigma S_t^{\frac{\alpha}{2}} dB_t^*. \tag{7.21}$$

下面利用定理 7.13 对 $\alpha = 1$ 这一特殊情形来推导期权定价公式. 首先考虑 $r = 0$ 情形. 相应的过程记为 (Y_t), 即

$$dY_t = \sigma Y_t^{\frac{1}{2}} dB_t^*.$$

令 $X_t = 2\dfrac{\sqrt{Y_t}}{\sigma}$. 则

$$dX_t = -\frac{1}{2X_t} dt + dB_t^*.$$

(X_t) 为一 Bessel 过程, 其转移密度函数为

$$p_X(t, x; T, y) = \frac{x}{T-t} \exp\left\{-\frac{x^2 + y^2}{2(T-t)}\right\} I_{-1}\left(\frac{xy}{T-t}\right),$$

其中 I_{-1} 为修正了的 Bessel 函数, 指数为 -1. 对应于价格过程 (Y_t) 的买权在 t 时的价格为

$$C_Y(t, Y_t; T, K) = \int_{g^{-1}(y) > K} [g^{-1}(y) - K] p_X(t, g(Y_t); T, y) dy,$$

其中 $g(x) = 2\dfrac{\sqrt{x}}{\sigma}$. 现在令 $S_t = f(t) Y_{\tau(t)}$, 其中

$$f(t) = e^{rt}, \quad \tau(t) = r^{-1}(1 - e^{-rt}).$$

则 (S_t) 满足

$$dS_t = r S_t dt + \sigma S_t^{\frac{1}{2}} dW_t,$$

其中 (W_t) 为一 Brown 运动. 于是由定理 7.12 得

$$
\begin{aligned}
C_S(t, S_t; T, K) &= e^{rT}e^{-r(T-t)}C_Y\left(\tau(t), \frac{S_t}{f(t)}; \tau(T), \frac{K}{f(T)}\right) \\
&= S_t\sum_{n=0}^{\infty}\left[\frac{e^{-S'_t}(S'_t)^n(n+1)G(n+2, K')}{(n+1)!}\right] \\
&\quad - Ke^{r(T-t)}\sum_{n=0}^{\infty}\left[\frac{e^{-S'_t}(S'_t)^{n+1}G(n+1, K')}{(n+1)!}\right],
\end{aligned}
$$

其中

$$
G(m, x) = \frac{1}{(m-1)!}\int_x^{\infty}e^{-z}z^{m-1}dz,
$$

$$
S'_t = \frac{2re^{r(T-t)}S_t}{\sigma^2(e^{r(T-t)}-1)}, \quad K' = \frac{2rK}{\sigma^2(e^{r(T-t)}-1)}.
$$

对 $0 < \alpha < 2$ 这种一般情形, 令 $X_t = \sigma^{-1}\left(1 - \frac{\alpha}{2}\right)^{-1}S_t^{1-\frac{\alpha}{2}}$. 则根据 Itô 公式
得

$$
dX_t = r\left(1 - \frac{\alpha}{2}\right)X_t dt - \frac{\alpha}{4\left(1 - \frac{\alpha}{2}\right)X_t}dt + dB_t^*.
$$

(X_t) 为刻度和时间改变的 Bessel 过程, 其转移密度函数是已知的. 因此仍然能够
给出期权定价的分析表达式.

§7.4 美式未定权益的定价

现考虑扩散模型框架下的美式未定权益定价问题. 这里采用前一节的符号.
请回忆一下, 美式未定权益定义为一适应的非负过程 $(h_t)_{0 \leqslant t \leqslant T}$. 为了简单起见,
我们只考虑具有形式 $h_t = g(t, S_t)$ 的美式未定权益. 如果 $m = 1$, 则关于美式买
权有 $g(t, x) = (x - K)^+$, 而美式卖权为 $g(t, x) = (K - x)^+$.

令 $\mathcal{T}_{t,T}$ 为所有在 $[t, T]$ 内取值的停时全体. 并令

$$
\Phi(t, x) = \sup_{\tau \in \mathcal{T}_{t,T}} \mathbb{E}^{*t,x}\left[e^{-\int_t^{\tau}r(s, S_s)ds}g(\tau, S_{\tau})\right], \tag{7.22}
$$

其中假设函数 g 使得 $\Phi(t, x)$ 有定义. 不难证明过程 $\gamma_t\Phi(t, S_t)$ 为一上鞅, 且对所
有的 $t \in [0, T]$, 它控制了过程 $\gamma_t g(t, S_t)$.

下面两个定理为有关美式未定权益定价的主要结果, 其证明可参考 Karatzas
(1988).

定理 7.14   存在一带消费 ϕ 的交易策略使得 ϕ 超对冲 $(g(t, S_t))$ 且其财富过程 $V_t(\phi)$ 由 $V_t(\phi) = \Phi(t, S_t), \forall t \in [0, T]$ 给出. 进一步, 对任何超对冲 $(g(t, S_t))$ 的带消费 ψ 的交易策略, 有 $V_t(\psi) \geqslant \Phi(t, S_t), t \in [0, T]$.

称 $\Phi(0, S_0)$ 为美式未定权益在 0 时的卖方价.

定理 7.15   在满足一定技术性条件下, $\Phi(t, x)$ 为如下偏微分不等式系统在 $[0, T] \times \mathbb{R}^m$ 上的解:

$$\frac{\partial u}{\partial t} + \mathcal{A}_t u - ru \leqslant 0, \quad u \geqslant g, \tag{7.23}$$

$$\left(\frac{\partial u}{\partial t} + \mathcal{A}_t u - ru \right) (g - u) = 0, \tag{7.24}$$

$$u(T, x) = g(T, x), \quad x \in \mathbb{R}^m. \tag{7.25}$$

现在转向美式未定权益的最优执行问题. 令 $\tau \in \mathcal{T}_{0,T}$. 如果在停时 τ 处执行美式未定权益, 则损益 $g(\tau, S_\tau)$ 的初始价值为

$$V_0^\tau = \mathbb{E}^* \left[e^{- \int_0^\tau r(s, S_s) ds} g(\tau, S_\tau) \right].$$

令

$$\tau^* = \inf \left\{ t \in [0, T] : \Phi(t, S_t) = g(t, S_t) \right\}. \tag{7.26}$$

则 τ^* 为 $\mathcal{T}_{0,T}$ 中使得 V_0^τ 最大化的停时. 因此将 τ^* 作为美式未定权益的最优执行时间是合理的.

第八章　利率期限结构模型

在 Black-Scholes 模型中, 假定利率是常数或者是时间的一个确定性函数对于以股票之类作为标的物的短期期权来说, 这是一个可接受的近似. 然而对利率衍生品的定价或者有关利率方面的风险管理来说, 这是一个不合理的假设. 因此, 研究随机利率模型和利率衍生品的定价是金融数学的一个主要论题之一.

所谓利率模型, 是指对债券收益率关于离债券到期时间的依赖关系的一种数学描述, 这一关系被称为利率期限结构. 按照对利率期限结构建模的过程来区分, 可以把它们大致分为两种类型: 第一类是根据市场均衡条件推导出的均衡模型, 属于这类模型有 Vasicek 模型、CIR 模型等; 第二类是通过相关债券之间必须满足的无套利条件建立的无套利模型. 属于这类模型的有 Hull-White 模型、HJM 模型、BGM 模型等. 另外, 按刻画利率期限结构的方法来分, 它们又可以分为短期利率模型、远期利率模型和状态价格密度模型. 该三类方法分别由 Vasicek (1997), Heath et al. (1987, 1992), 以及 Flesaker and Hughston (1996) 首先提出. 本章将按这三类方法介绍一些利率期限结构模型, 其中包括各种单因子短期利率模型、HJM 模型以及 HJM 模型的一个变种 (BGM 模型), 后者是由 Brace et al. (1997) 提出来的. 此外, 本章也简单讨论了利率衍生品的定价问题.

§8.1　债　券　市　场

§8.1.1　基本概念

在接下来的讨论中, 我们固定一时间区域 $[0, T]$. 考虑所谓的债券市场, 它由银行账户以及所有可能到期日 $0 < s \leqslant T$ 的折现债券构成. 所谓折现债券 (或者 零息债券), 是指一种不回报红利的金融证券, 且其卖价低于到期日时的票面价值. 今后称 s 时到期的折现债券为 s-债券, 记它在 t 时的价格为 $P(t, s)$, 并假设 $P(s, s)$ 等于 1 (即一个单位现金).

s-债券在 $t < s$ 时的到期收益率 (yield-to-maturity)(或简称收益率) 定义为

$$Y(t, s) = -\frac{\log P(t, s)}{s - t}.$$

它是 s-债券在 $[t, s]$ 内的平均回报. 不同到期日之间的收益率差别反映了市场对未来利率的看法. t 时的收益率曲线为 $Y(t, s)$ 关于到期日 s 的图形. 收益率曲线

对离到期时间 $s-t$ 的依赖关系被称为利率期限结构. t 时的短期利率 $r(t)$ 定义为 $\lim\limits_{s>t,s\to t} Y(t,s)$, 如果极限几乎必然存在. 下面假设对所有 $t\in[0,T]$, $r(t)$ 存在且过程 (r_t) 有一个可测版本. 此外假设 $\int_0^T r(t)dt<\infty$. 令

$$R_t = \exp\Big\{\int_0^t r(u)du\Big\}.$$

称过程 (R_t) 为储蓄账户 (saving account) (或者货币市场账户)(money market account) 的价值过程.

假定 $P(t,s)$ 关于 s 可微, 令

$$f(t,s) = -\frac{\partial \log P(t,s)}{\partial s} = -\frac{\partial P(t,s)/\partial s}{P(t,s)},$$

则

$$P(t,s) = \exp\Big\{-\int_t^s f(t,u)du\Big\}. \tag{8.1}$$

称 $f(t,s)$ 为签约日为 t 而到期日为 s 的 (瞬时) 远期利率. 直观上看, $f(t,s)$ 为站在 t 处看未来无限小区间 $[s,s+ds]$ 上的利率. 时刻 t 处的远期利率曲线为 $f(t,s)$ 随到期日 s 变化而形成的图形. 它是未来利率的另一种度量. 远期利率曲线关于离到期日时间差 $s-t$ 的依赖性也称为利率期限结构.

§8.1.2 债券价格过程

令 $B=(B^1,\cdots,B^d)^\tau$ 为完备概率空间 $(\Omega,\mathcal{F},\mathbb{P})$ 上的 Brown 运动. 记 (B_t) 的自然 σ-代数流为 $(\mathcal{F}_t)$. 如果 $P(t,s)_{t\leqslant s}$, $s\leqslant T$, 为已知的确定性光滑函数, 那么在无套利条件下, $P(t,s)$ 一定可以表示为

$$P(t,s) = \exp\Big\{-\int_t^s r(u)du\Big\},$$

其中 $r(t)$ 为 t 时的短期利率. 该情形下的债券价格完全由短期利率确定. 然而在不确定性世界里, 该结论不再正确. 事实上, 假设我们有一短期利率过程 $(r(t))$, 它为非负可测 $(\mathcal{F}_t)$-适应过程. 如果 $\mathbb{P}^*$ 为任一与 $\mathbb{P}$ 等价的概率测度, 那么可以通过定义

$$P(t,s) = \mathbb{E}^*\Big[e^{-\int_t^s r(u)du}\Big|\mathcal{F}_t\Big], \quad t\leqslant s\leqslant T \tag{8.2}$$

为债券价格, 则得到一个无套利债券市场, 且 $\mathbb{P}^*$ 自动成为市场的等价鞅测度. 因此, 不同的等价概率测度会导致不同的债券市场模型.

给定带 σ-代数流的概率空间 $(\Omega, \mathcal{F}, (\mathcal{F}_t), \mathbb{P})$, 其中 $(\mathcal{F}_t)$ 为 d 维 (标准)Brown 运动 (B_t) 的自然 σ-代数流. 令 $(r(t))$ 为可测 $(\mathcal{F}_t)$-适应的短期利率过程. 如何为该债券市场选择一个风险中性概率测度 $\mathbb{P}^*$ 呢? 我们将指出这与选定市场风险价格过程是一致的. 事实上, 根据鞅表示定理, 鞅测度 $\mathbb{P}^*$ 关于 $\mathbb{P}$ 的 Radon-Nikodym 导数具有形式

$$\frac{d\mathbb{P}^*}{d\mathbb{P}} = \exp\Big\{ -\int_0^T \lambda_u^\tau dB_u - \frac{1}{2}\int_0^T |\lambda_u|^2 du \Big\}.$$

另一方面, 根据 (8.2) 和鞅表示定理, s-债券价格过程 $P(t,s)$ 应该具有形式

$$d_t P(t,s) = P(t,s)\Big[r(t)dt + v(t,s)^\tau dB_t^* \Big], \quad t \leqslant s \leqslant T,$$

其中

$$B_t^* = B_t + \int_0^t \lambda_u du$$

为 $\mathbb{P}^*$ 下的 d 维 Brown 运动. 因此, 在客观概率测度 $\mathbb{P}$ 下, 有

$$d_t P(t,s) = P(t,s)\Big[m(t,s)dt + v(t,s)^\tau dB_t \Big], \quad t \leqslant s \leqslant T,$$

其中

$$m(t,s) = r(t) + \lambda_t^\tau v(t,s).$$

这表明 (λ_t) 为所有不同到期日债券的市场风险价格过程.

为简单起见, 假设在客观概率测度 $\mathbb{P}$ 下, 短期利率过程 $(r(t))$ 由如下扩散过程刻画:

$$dr(t) = \mu_0(t, r(t))dt + \sigma(t, r(t))^\tau dB_t, \quad t \leqslant T, \tag{8.3}$$

其中 $\mu_0(t,x)$ 和 $\sigma(t,x)$ 分别为实值和 $\mathbb{R}^d$-值的 Borel 函数. 现在只考虑那些等价鞅测度 $\mathbb{P}^*$, 它们关于 $\mathbb{P}$ 的 Radon-Nikodym 导数具有形式

$$\frac{d\mathbb{P}^*}{d\mathbb{P}} = \exp\Big\{ -\int_0^T \lambda(u, r(u))^\tau dB_u - \frac{1}{2}\int_0^T |\lambda(u, r(u))|^2 du \Big\}, \tag{8.4}$$

其中 $\lambda(t,x)$ 是 $[0,T] \times \mathbb{R}$ 上的 $\mathbb{R}^d$-值 Borel 函数. 这样一来, 选取这样的一个等价鞅测度 $\mathbb{P}^*$ 等价于选定一个函数 λ. 后者可通过利用市场数据和求解基于效用的一般经济均衡而确定, 这是因为 $\lambda(t, r(t))_{0 \leqslant t \leqslant s}$ 为风险的市场价格. 一旦确定了函数 λ, 可在 "风险中性" 世界里, 重新刻画由 (8.3) 描述的短期利率过程 $(r(t))$:

$$dr(t) = \mu(t, r(t))dt + \sigma(t, r(t))^\tau dB_t^*, \quad t \leqslant T, \tag{8.5}$$

其中 $\mu(t,x) = \mu_0(t,x) - \sigma(t,x)\lambda(t,x)$. 在该情况下, 根据 Feynman-Kac 公式, 可知在一定正则条件下, s-债券价格过程可表示为 $P(t,s) = F(t,r(t);s)$, 其中对任意固定 $s \in (0,T]$, $F(t,x;s)$ 为 $[0,s] \times \mathbb{R}$ 上的 $C^{1,2}$ 函数, 且为如下偏微分方程的唯一解:

$$F_t(t,x;s) + \mu(t,x)F_x(t,x;s) + \frac{1}{2}\sigma(t,x)^2 F_{xx}(t,x;s) - xF(t,x;s) = 0, \qquad (8.6)$$

满足终端条件 $F(s,x;s) = 1$.

§8.2 短期利率模型

最简单和易处理的期限结构模型是短期利率模型, 这类模型由 Itô 过程或扩散过程描述. 通过具体确定市场风险价格 (或等价地, 等价鞅测度), 我们可在风险中性世界里重新描述短期利率模型. 该类模型与短期利率的初始值保持一致, 但一般不吻合于初始期限结构 (例如, 具有不同到期日或初始远期利率的债券的初始价格). 对于一些短期利率模型 (例如, Vasicek 模型的 Hull-White 扩展模型和 CIR 模型), 可通过调节确定性的漂移系数使得模型能够很好地吻合于初始期限结构.

在本节中, 为了记号上的简单, 我们假定客观概率 $\mathbb{P}$ 本身就是风险中性测度.

§8.2.1 单因子模型和仿射期限结构

假定短期利率过程 $(r(t))$ 在风险中性测度 $\mathbb{P}$ 下由 (8.5) 式刻画, 不过那里的 (B_t^*) 用一维 Brown 运动 (B_t) 代替. 由于 (8.5) 中只有短期利率一个状态变量, 故称这样的模型为 单因子模型. 一般地, 模型中的因子数目与模型不确定性基本源的数目 (即模型中 Brown 运动的维数) 一致.

在过去的四十多年里, 研究人员提出了许多具有 (8.5) 形式的具体模型, 并研究了这些模型下利率衍生品定价. 现在知道的标准单因子模型有 Merton (1973b), Vasicek (1977), Marsh and Rosenfeld (1983), Constantinides and Ingersoll (1984), Cox et al. (1985), Ho and Lee (1986), Black et al. (1990), Black and Karasinski (1991), Pearson and Sun (1994) 等模型以及其他各种模型. Ait-Sahalia (1996) 从实证检验了这些模型中的大部分.

下面将得到广泛许可的单因子模型列表如下:

利率模型	参考文献
$dr_t = \alpha dt + \sigma dB_t$	Merton(1973b)
$dr_t = \alpha(t)dt + \sigma dB_t$	Ho and Lee(1986)
$dr_t = ar_t dt + \sigma r_t dB_t$	Dothan (1978)

利率模型	参考文献
$dr_t = \beta(\alpha - r_t)dt + \sigma dB_t$	Vasicek (1977)
$dr_t = (a(t) - b(t)r_t)dt + \sigma(t)dB_t$	Hull and White (1990)
$d\mathrm{ln}r_t = (a(t) - b(t)\mathrm{ln}r_t)dt + \sigma(t)dB_t$	Black and Karasinski(1991),
$\left(b(t) = -\dfrac{\sigma'(t)}{\sigma(t)}\right)$	Black et al. (1990)
$dr_t = (\alpha r_t^{\delta-1} + \beta r_t)dt + \sigma r_t^{\delta/2}dB_t$	Marsh and Rosenfeld (1983),
$(\delta = 3, \beta = 0)$	Constantinides and Ingersoll(1984)
$dr_t = \beta(\alpha - r_t)dt + \sigma\sqrt{r_t}dB_t$	Cox et al. (CIR)(1985)
$dr_t = (\alpha(t) - \beta(t)r_t)dt + \sigma(t)r_t^{1/2}dB_t$	Hull and White (extended CIR)(1990)
$dr_t = \beta(\alpha - r_t)dt + \sigma(\gamma + r_t)^{1/2}dB_t$	Pearson and Sun(1994)

定理 8.1　假定在风险中性测度下, 短期利率过程由 (8.5) 式刻画. 如果对固定的 t, $\mu(t,x)$ 和 $\sigma^2(t,x)$ 为 x 的仿射函数 (affine function), 也就是说

$$\mu(t,x) = \alpha(t)x + \beta(t), \quad \sigma(t,x) = \sqrt{\gamma(t)x + \delta(t)},$$

那么

$$P(t,s) = e^{A(t,s)-B(t,s)r(t)},$$

其中 $B(t,s)$ 和 $A(t,s)$ 为 s 和 t 的确定性函数, 且满足方程:

$$B_t(t,s) = -\alpha(t)B(t,s) + \frac{1}{2}\gamma(t)B(t,s)^2 - 1,$$

$$A_t(t,s) = \beta(t)B(t,s) - \frac{1}{2}\delta(t)B(t,s)^2, \tag{8.7}$$

其边界条件为 $A(s,s) = B(s,s) = 0$. 这里用 $B_t(t,s)$ 记 $\partial_t B(t,s)$.

证明 (见 Björk (1997))　假设 (8.6) 的解具有形式 $F(t,x;s) = e^{A(t,s)-B(t,s)x}$, 则在 μ 和 σ 的假设下, 对所有 x 有

$$A_t(t,s) - \beta(t)B(t,s) + \frac{1}{2}\delta(t)B(t,s)^2$$

$$-\left\{1 + B_t(t,s) + \alpha(t)B(t,s) - \frac{1}{2}\gamma(t)B(t,s)^2\right\}x = 0.$$

这表明 $B(t,s)$ 和 $A(t,s)$ 满足方程 (8.7), 而边界条件 $F(s,x;s) = 1$ 蕴含 $A(s,s) = B(s,s) = 0$. 逆转上述推理过程即得定理结论.　　　　　　　□

　　注 1　如果短期利率模型使得债券价格具有形式 (8.6), 则 t 时的到期收益率曲线 $Y(t,s)$ 为短期利率 $r(t)$ 的线性函数:

$$Y(t,s) = \frac{1}{s-t}\big[B(t,s)r(t) - A(t,s)\big].$$

因此, 称这样短期利率模型具有仿射期限结构. 该情形下的收益率曲线形状可能为斜向上、斜向下和驼峰型. 关于该主题的详细讨论可参考 Duffie (1996).

注 2　Brown and Schaefer (1994) 与 Duffie and Kan (1996) 指出, 由扩散过程描述的具有仿射期限结构的短期利率模型是定理 8.1 中描述的一类. Duffie et al. (2003) 进一步基于一般的非负 Markov 短期利率过程给出了仿射期限结构模型的完全刻画.

下面给出一些短期利率期限结构模型的例子.

Vasiceck 模型

$$dr_t = \beta(\alpha - r_t)dt + \sigma B_t.$$

这时方程 (8.7) 变为

$$B_t(t,s) - \beta B(t,s) = -1, \quad A_t(t,s) = \alpha\beta B(t,s) - \frac{1}{2}\sigma^2 B^2(t,s),$$

并满足边界条件: $A(s,s) = B(s,s) = 0$. 其解为

$$B(t,s) = \frac{1}{\beta}\Big\{1 - e^{-\beta(s-t)}\Big\},$$

$$A(t,s) = \frac{\{B(t,s) - s + t\}\left(\alpha\beta^2 - \frac{1}{2}\sigma^2\right)}{\beta^2} - \frac{\sigma^2 B^2(t,s)}{4\beta}.$$

Ho-Lee 模型

$$dr_t = \alpha(t)dt + \sigma dB_t.$$

这时方程 (8.7) 变为

$$B_t(t,s) = -1, \quad A_t(t,s) = \alpha(t)B(t,s) - \frac{1}{2}\sigma^2 B^2(t,s),$$

并满足边界条件: $A(s,s) = B(s,s) = 0$. 其解为

$$B(t,s) = s - t,$$
$$A(t,s) = \int_t^s \alpha(u)(u-s)du + \frac{\sigma^2}{2} \cdot \frac{(s-t)^3}{3}.$$

在该情形下, 为了 $\alpha(t)$ 符合观测到的初始期限结构 $\{P^*(0,s), s \geqslant 0\}$, 即使得 $P(0,s) = P^*(0,s)$. 则必须有

$$\alpha(t) = \frac{\partial f^*(0,t)}{\partial t} + \sigma^2 t,$$

其中 $f^*(0,t) = -\dfrac{\partial \log P^*(0,t)}{\partial t}$ 为观测到的远期利率. 最后得到

$$P(t,s) = \frac{P^*(0,s)}{P^*(0,t)} \exp\left\{(s-t)f^*(0,t) - \frac{\sigma^2}{2}t(s-t)^2 - (s-t)r(t)\right\}.$$

Hull-White 模型

$$dr_t = (a(t) - b(t)r_t)dt + \sigma(t)dB_t.$$

这时方程 (8.7) 变为

$$B_t(t,s) = b(t)B(t,s) - 1, \quad A_t(t,s) = a(t)B(t,s) - \frac{1}{2}\sigma(t)^2 B^2(t,s),$$

并满足边界条件: $A(s,s) = B(s,s) = 0$. 如果 $b(t) = b, \sigma(t) = \sigma$, 上述方程的解为

$$B(t,s) = \frac{1}{b}\left\{1 - e^{-b(s-t)}\right\},$$

$$A(t,s) = \int_t^s \left\{\frac{1}{2}\sigma^2 B^2(u,s) - a(u)B(u,s)\right\}du.$$

在该情形下, 为了 $a(t)$ 符合观测到的初始期限结构 $\{P^*(0,s), s \geqslant 0\}$, 即使得 $P(0,s) = P^*(0,s)$. 则 $a(t)$ 必须满足方程

$$f^*(0,s) = e^{-bs}r(0) + \int_o^s e^{-b(s-u)}a(u)du - \frac{\sigma^2}{2b^2}(1 - e^{-bs})^2,$$

其中 $f^*(0,t) = -\dfrac{\partial \log P^*(0,t)}{\partial t}$ 为观测到的远期利率. 令 $g(t) = \dfrac{\sigma^2}{2b^2}(1 - e^{-bs})^2$. 则解为

$$a(s) = f_s^*(0,s) - g'(s) + b(f^*(0,s) - g(s)).$$

最后得到

$$P(t,s) = \frac{P^*(0,s)}{P^*(0,t)} \exp\left\{B(t,s)f^*(0,t) - \frac{\sigma^2}{4b}B^2(t,s)(1 - e^{-2bt}) - B(t,s)r(t)\right\}.$$

CIR 模型 Vasicek 模型的缺陷是可能出现负的利率. 为了避免这个缺陷, Cox et al. (1985) 提出了如下的 CIR 模型:

$$dr_t = \beta(\alpha - r_t)dt + \sigma\sqrt{r_t}dB_t.$$

在 CIR 模型中, 方程 (8.7) 变为

$$B_t(t,s) = \beta B(t,s) + \frac{1}{2}\sigma^2 B(t,s)^2 - 1, \quad A_t(t,s) = \beta\alpha B(t,s),$$

并满足边界条件: $A(s, s) = B(s, s) = 0$. 方程的解为

$$B(t, s) = \frac{\sin h\gamma(s-t)}{\gamma \cosh \gamma(s-t) + \frac{1}{2}\beta \sinh \gamma(s-t)},$$

$$A(t, s) = \frac{2\beta\alpha}{\sigma^2} \ln \left\{ \frac{\gamma e^{\beta(s-t)/2}}{\gamma \cosh \gamma(s-t) + \frac{1}{2}\beta \sinh \gamma(s-t)} \right\},$$

其中 $\gamma = \frac{1}{2}(\beta^2 + 2\sigma^2)^{1/2}$.

§8.2.2　单因子模型的函数变换方法

前一节中所列的每个短期利率模型都曾被单独地研究过, 而且每个模型有各自独特的性质. 通常运用数值和统计方法, 或者 Monte-Carlo 模拟来实现对模型参数的校准.

Luo et al.(2012) 提出一种函数变换方法来刻画短期利率: 首先假定一 Markov 状态变量, 然后将短期利率描述成标的状态变量的非线性函数. 该方法被证明是简单而有效的: 它不仅包含了上述所列的全部例子, 而且在数值计算上具有优越性.

为了记号上的简单, 假定客观概率 $\mathbb{P}$ 本身就是鞅测度. 令 $\{B_t\}_{t \geqslant 0}$ 为 $\mathbb{P}$ 下的一维 Brown 运动. 接下来, 令 $\eta(t)$ 和 $\sigma(t)$ 为 t 的严格正的确定性函数, $\varepsilon \geqslant \frac{1}{2}\sigma^2$ 为一常数. 考虑推广了的 Ornstein-Uhlenbeck 过程 X_t 和时间与刻度改变了的 Bessel 过程 Y_t, 它们分别满足如下 SDE (见 § 4.4.2):

$$dX_t = -b(t)X_t dt + \sigma(t)dB_t, \tag{8.8}$$

$$dY_t = \left(-\eta Y_t + \frac{\varepsilon}{Y_t} \right)dt + \sigma dB_t. \tag{8.9}$$

将利率 $r(t)$ 刻画为时间 t 和状态变量 X_t 或 Y_t 的函数, 即

$$r(t) = f(t, X_t), \text{ 或 } r(t) = f(t, Y_t), \qquad t \geqslant 0,$$

其中 f 为一适当的函数. 如第四章描述的那样, 状态过程 (X_t) 或 (Y_t) 都是 Markov 过程, 且能准确地知道它们的转移概率密度函数, 因此我们的利率过程也是 Markov 过程且它们的转移概率密度函数也是知道的.

当 $f(t, x)$ 关于 x 二阶连续可微且关于 t 连续可微时, 根据 Itô 公式可得到 $r(t)$ 的 SDE:

$$dr(t) = df(t, X_t)$$

$$= f_t(t, X_t)dt + f_x(t, X_t)dX_t + \frac{1}{2}f_{xx}(t, X_t)d[X]_t$$

$$= \Big\{ f_t(t, X_t) + \frac{\sigma(t)^2}{2}f_{xx}(t, X_t) - \eta(t)X_t f_x(t, X_t) \Big\}dt$$

$$+ \sigma(t)f_x(t, X_t)dB_t, \tag{8.10}$$

或

$$dr(t) = df(t, Y_t)$$

$$= \Big\{ f_t(t, Y_t) + \frac{\sigma^2}{2}f_{xx}(t, Y_t) + \Big(\frac{\varepsilon}{Y_t} - \eta Y_t \Big) f_x(t, Y_t) \Big\}dt$$

$$+ \sigma f_x(t, Y_t)dB_t. \tag{8.11}$$

如果将 $r(t)$ 刻画成单个状态变量 X_t 或 Y_t 的函数, 那么可简单地写成 $r(t) = f(X_t)$ 或 $r(t) = f(Y_t)$. 在该框架下, 一个好的模型依赖 $f, \eta(t), \sigma(t)$ 或 η, ε 和 σ 的正确选择. 如果将 f 限制为正实数, 就能避免出现负利率这个常见缺点, 而这出现在 Vasicek 模型中.

为了说明这种方法的有用性和简单性, 我们通过具体选定一些初等函数 f 来重新构造出前面所列出的每个利率模型. 在 Merton, Dothan 和 Ho-Lee 模型中, 利率 r_t 显然为单一 Brown 运动的函数. 故省略对它们的讨论.

下面首先通过 (X_t) 来构造短期利率模型.

例 1　Black-Karasinski 模型为
$$d\ln r(t) = (a(t) - b(t)\ln r(t))dt + \sigma(t)dB_t.$$
如果令 $f(t, x) = \exp\{g(t, x)\}$, 即 $r(t) = \exp\{g(t, X_t)\}$, 用 g 代替 (8.10) 中的 f 得

$$d\ln r(t) = \Big\{ g_t(t, X_t) + \frac{\sigma(t)^2}{2}g_{xx}(t, X_t) - \eta(t)X_t g_x(t, X_t) \Big\}dt + \sigma(t)g_x(t, X_t)dB_t. \tag{8.12}$$

因此, 如果在 (8.8) 中取 $\eta(t) = b(t)$ 并令 $g(t, x) = x + \displaystyle\int_0^t a(s)ds$, 也就是说,

$\ln r(t) = X_t + \displaystyle\int_0^t a(s)ds$, $X_0 = \ln r(0)$, 则由 (8.12) 知, 我们重新得到 Black-

Karasinski 模型. 特别地, 如果令 $b(t) = -\dfrac{\sigma'(t)}{\sigma(t)}$, 则得到 Black-Derman-Toy 模型.

例 2　Vasicek 模型为

$$dr(t) = \beta(\alpha - r(t))dt + \sigma dB_t.$$

在 (8.8) 中令 $b(t) = \beta, \sigma(t) = \sigma, r(t) = X_t + \alpha$, 立得 Vasicek 模型.

例 3　扩展的 Vasicek 模型 (即 Hull-White 模型) 为

$$dr_t = (a(t) - b(t)r_t)dt + \sigma(t)dB_t.$$

令 $l(t) = \int_0^t b(u)du.$ 则有

$$d(e^{l(t)}r_t) = e^{l(t)}(a(t)dt + \sigma(t)dB_t).$$

因此

$$r_t = e^{-l(t)}\Big(r_0 + \int_0^t e^{l(u)}a(u)du + \int_0^t e^{l(u)}\sigma(u)dB_u\Big).$$

从而令 $g(t) = e^{-l(t)}\int_0^t e^{l(u)}a(u)du$ 和 $r_t = X_t + g(t)$, $X_0 = r_0$, 则得到扩展的 Vasicek 模型.

下面说明列表中剩下的几种模型都可以通过 (Y_t) 来构造, 而且具有如下形式: $r(t) = f(Y_t)$. 唯一的例外就是 $\delta = 2$ 情形的 Marsh-Rosenfeld 模型, 它表示为 $r(t) = f(t, Y_t)$(见例 5).

例 4　CIR 模型为

$$dr(t) = \beta(\alpha - r(t))dt + \sigma r(t)^{1/2}dB_t.$$

令 $f(x) = \dfrac{1}{4}x^2$, $r(t) = \dfrac{1}{4}Y_t^2$, $Y_0 = 2\sqrt{r(0)}$. 由 (8.11) 有

$$dr(t) = \Big(\frac{1}{4}\sigma^2 + \frac{\varepsilon}{2} - 2\eta r(t)\Big)dt + \sigma\sqrt{r(t)}dB_t. \tag{8.13}$$

通过选定 $\beta = 2\eta$ 和 $\alpha = (\sigma^2 + 2\varepsilon)/8\eta$, 即可重新得到 CIR 模型.

注　当 $\beta = \sigma^2/4\alpha$ 时, CIR 模型可从 Ornstein-Uhlenbeck 过程 (对应于 (8.9) 中 $\varepsilon = 0$ 情形) 来表示. 其他研究者也注意到这一事实, 例如 Rogers (1995) 和 Maghsoodi (1996). 在一般情形下, CIR 模型需要通过 (8.9) 中的时间和刻度改变了的 Bessel 过程来表示.

例 5 (Marsh and Rosenfeld (1983), Constantinides and Ingersoll (1984)) Marsh-Rosenfeld 模型为

$$dr(t) = (\alpha r(t)^{\delta-1} + \beta r(t))dt + \sigma r(t)^{\delta/2}dB_t.$$

我们分 $\delta < 2, \delta > 2$ 和 $\delta = 2$ 情形考虑. 如果 $\delta \neq 2$, 令 $f(x) = ax^{\frac{2}{2-\delta}}$, $r(t) = aY_t^{\frac{2}{2-\delta}}$.

那么 (8.11) 变为

$$dr(t) = \left\{ (\delta\sigma^2 + 2(2-\delta)\varepsilon)\frac{a^{2-\delta}}{(2-\delta)^2}r(t)^{\delta-1} - \frac{2\eta}{2-\delta}r(t) \right\}dt + \frac{2\sigma a^{1-\delta/2}}{2-\delta}r(t)^{\delta/2}dB_t.$$

$$(8.14)$$

首先, 假定 $\delta < 2$. 在该情形下取 a 使得

$$\frac{2a^{1-\delta/2}}{2-\delta} = 1, \quad 即 \quad a = \left(\frac{2-\delta}{2}\right)^{\frac{2}{2-\delta}}.$$

通过方程

$$(\delta\sigma^2 + 2(2-\delta)\varepsilon)\frac{a^{2-\delta}}{(2-\delta)^2} = \alpha, \quad -\frac{2\eta}{2-\delta} = \beta$$

确定 η, ε, 即令

$$\eta = -\frac{\beta(2-\delta)}{2}, \quad \varepsilon = \frac{4\alpha - \delta\sigma^2}{2(2-\delta)},$$

得到 Marsh-Rosenfeld 模型. 为了满足条件 $\varepsilon \geqslant \frac{1}{2}\sigma^2$, 需要假定 $\alpha \geqslant \frac{1}{2}\sigma^2$.

其次, 假定 $\delta > 2$. 在该情形下, 如果通过求解方程 $\frac{2a^{1-\delta/2}}{2-\delta} = 1$, 那么会得到一个负数 a. 这对利率模型来说是不合理的. 为了克服该困难, 我们应该考虑下面的状态过程:

$$dY_t = \left(-\eta Y_t + \frac{\varepsilon}{Y_t}\right)dt - \sigma dB_t,$$

通过求解方程 $\frac{2a^{1-\delta/2}}{2-\delta} = -1$ 得到 $a = \left(\frac{\delta-2}{2}\right)^{\frac{2}{2-\delta}}$. 参数 η 和 ε 的确定如上一样. 为了满足条件 $\varepsilon \geqslant \frac{1}{2}\sigma^2$, 需要假定 $\alpha \leqslant \frac{1}{2}\sigma^2$. 特别地, 如果 $\delta = 3, \beta = 0$, 则得到 Constantinides-Ingersoll 模型.

最后考虑 $\delta = 2$ 情形. 在该情形下 Marsh-Rosenfeld 模型为

$$dr(t) = (\alpha + \beta)r(t)dt + \sigma r(t)dB_t.$$

如果选取 $f(t,x) = \exp\left\{x + \left(\alpha+\beta-\frac{\sigma^2}{2}\right)t\right\}$, 即 $r(t) = \exp\left\{Y_t + \left(\alpha+\beta-\frac{\sigma^2}{2}\right)t\right\}$, $X_0 = \ln r(0)$, 则得到所需模型.

例 6 Pearson-Sun 模型为

$$dr(t) = \beta(\alpha - r(t))dt + \sigma(\gamma + r(t))^{1/2}dB_t.$$

令 $f(x) = \dfrac{1}{4}x^2 - \gamma$，$r(t) = \dfrac{1}{4}Y_t^2 - \gamma$，$X_0 = 2\sqrt{\gamma + r(0)}$. 则 (8.11) 变为

$$dr(t) = \Big(\frac{\sigma^2}{4} + \frac{\varepsilon}{2} - 2\eta\gamma - 2\eta r(t)\Big)dt + \sigma(r(t) + \gamma)^{1/2}dB_t.$$

通过确定 $\eta = \dfrac{1}{2}\beta$，$\varepsilon = 2\beta(\alpha + \gamma) - \dfrac{\sigma^2}{2}$，即可得到 Pearson-Sun 模型.

在实际应用中, 我们需要在鞅测度未知的情况下估计模型参数. 但是我们利用短期利率的历史数据估计出客观概率下的模型参数作为替代, 然后基于已估计的参数来计算一列交易中的债券价格, 并与它们的市场价格相比较. 通过调整参数的值, 重复相同的过程直至模型能够很好地吻合历史数据. 由于可自由选择 f, 这使得模型能符合任何当前分布曲线.

§8.2.3　多因子短期利率模型

前面列出的单因子模型为债券价格提供了精确表达式. 然而这些模型并不能很好地符合实际利率变化. 一个更现实的短期利率模型应该包含其他经济变量作为状态变量. 不确定性的来源通过多维 Brown 运动来表示. 这样的模型称为 多因子模型.

最简单的双因子模型是由二维扩散过程描述的. Fong and Vasicek (1991) 修正了 Vasicek 模型, 允许短期利率的方差服从一随机过程, 并给出如下模型:

$$dr(t) = \alpha(\bar{r} - r(t))dt + \sqrt{v(t)}dB_t,$$
$$dv(t) = \gamma(\bar{v} - v(t))dt + \xi\sqrt{v(t)}dW_t,$$

其中 (B_t) 和 (W_t) 为风险中性世界里的两个相关 Brown 运动, γ 为均值回复强度, $\bar{v}$ 为 v 的长期平均, ξ 为 v 的波动率参数. 结果表明在收益率为利率 $r(t)$ 和方差 $v(t)$ 的线性函数意义下, 该模型具有仿射期限结构性质. Vasicek 模型中利率可能为负数这个缺点仍然出现在 Fong-Vasicek 模型中, 甚至更糟糕. 关于另一类似 Fong-Vasicek 模型的双因子模型, 读者可参看 Longstaff and Schwartz (1992a).

Hull and White (1994) 提出了另一双因子模型. 他们在 Vasicek 模型中增加了一个随机参数 u:

$$dr_t = (a(t) + u(t) - b(t)r_t)dt + \sigma(t)dB_t,$$

假设 $u(t)$ 服从如下随机过程:

$$du(t) = -c(t)dt + \delta(t)dW_t,$$

其中 (B_t) 和 (W_t) 为风险中性世界里的两个相关的 Brown 运动.

Chen (1996) 提出了一个三因子模型. 在该模型中, 除了短期利率外, 另外两个因子为短期利率的均值和波动率.

在 20 世纪 90 年代, 有许多文章研究所谓的高维平方 Gauss-Markov 过程模型, 该模型描述如下:

$$dX_t = (a_t + C_t X_t)dt + \sigma_t dB_t^*,$$

$$r_t = \frac{1}{2}|X_t|^2,$$

其中 (B_t^*) 为风险中性测度 $\mathbb{P}^*$ 下的 d 维 Brown 运动, σ, C 为 $\mathbb{R}^+$ 上的 $\mathbb{R}^d \times \mathbb{R}^d$ 值函数, a 为 $\mathbb{R}^d$ 值函数. 该模型的优点是它可导出债券价格的精确表达式. 事实上, 容易证明 s-债券在 t 时的价格为

$$P(t,s) = \exp\left\{ -\frac{1}{2}X_t^\tau Q_t X_t + b_t^\tau X_t - \gamma_t \right\},$$

其中 Q_t 是下述矩阵形式 Riccati 方程的解:

$$I + Q_t C_t + (Q_t C_t)^\tau + Q_t - Q_t \sigma \sigma^\tau Q_t^\tau = 0, \quad Q_t(s,s) = 0,$$

而且 b_t 和 γ_t 分别是下述两个方程的解:

$$\frac{db_t}{dt} - Q_t a_t - (Q_t \sigma_t \sigma_t^\tau - C_t^\tau)b_t = 0, \quad b_t(s,s) = 0,$$

$$\frac{d\gamma_t}{dt} = b_t^\tau a_t - \frac{1}{2}tr(\sigma_t^\tau Q_t \sigma_t) + \frac{1}{2}b_t^\tau \sigma_t \sigma_t^\tau b_t, \quad \gamma_t(s,s) = 0.$$

关于这类模型读者可参考 Rogers (1995) 以及 Duffie and Kan (1996) .

§8.2.4 远期利率模型: HJM 模型

1987 年, Heath, Jarrow 和 Morton 提出另一种刻画利率期限结构的方法 (见 Heath et al. (1992)). 他们选择远期利率曲线作为 (无穷维) 状态变量. 按照该思路, HJM 模型自动吻合当前收益率曲线. Ho 和 Lee (1986) 曾经以二叉树的形式提出了类似于 HJM 模型的离散模型.

对每个固定的到期日 s, 在风险中性世界里, 刻画远期利率的 HJM 模型由 Itô 过程描述:

$$f(t,s) = f(0,s) + \int_0^t \alpha(u,s)du + \int_0^t \sigma(u,s)dB_u^*, \quad t \leqslant s, \qquad (8.15)$$

其中 (B_t^*) 为等价鞅测度 $\mathbb{P}^*$ 下的 d 维 Brown 运动, $\{\alpha(t,s) : 0 \leqslant t \leqslant s\}$ 和 $\{\sigma(t,s) : 0 \leqslant t \leqslant s\}$ 分别为取值于 $\mathbb{R}$ 和 $\mathbb{R}^d$ 的可测适应过程, 使得 (8.15) 中的 Itô 过程有定义, 并且初始远期曲线 $f(0,s)$ 是确定性函数, 且满足 $\int_0^T f(0,u)du < \infty$.

我们将证明 (8.15) 中的过程 $\alpha(u, s)$ 实际上由过程 $\sigma(u, s)$ 唯一确定 (见下面的 (8.18)). 假定 $(r(t))$ 为由远期利率过程 $f(t, s)$ 所决定的短期利率过程. 令

$$W_t = \mathbb{E}^* \left[e^{- \int_0^s r(u)du} \middle| \mathcal{F}_t \right] = e^{- \int_0^t r(u)du} P(t, s).$$

由于 $(W_t)_{0 \leqslant t \leqslant s}$ 为严格正的鞅, 故由 Brown 运动的鞅表示定理知, 存在 $\mathbb{R}^d$ 值的适应过程 $(H(u, s))_{u \leqslant s}$, 使得

$$W_t = W_0 \exp \left\{ \int_0^t H(u, s)dB_u^* - \frac{1}{2} \int_0^t |H(u, s)|^2 du \right\}, \tag{8.16}$$

即

$$\log W_t = \log W_0 + \int_0^t H(u, s)dB_u^* - \frac{1}{2} \int_0^t |H(u, s)|^2 du.$$

然而, 根据 (8.1) 和 (8.15) 又有

$$\log W_t = - \int_0^t r(u)du - \int_t^s f(t, u)du$$

$$= - \int_0^t r(u)du - \int_t^s \left[f(0, u) + \int_0^t \alpha(\tau, u)d\tau + \int_0^t \sigma(\tau, u)dB_\tau^* \right] du.$$

在一定技术性条件假定下, 可使用 "随机 Fubini 定理"(参看 Protter(2004)), 然后通过比较 $\log W_t$ 两个表达式中的局部鞅部分, 得到

$$H(t, s) = - \int_t^s \sigma(t, u)du. \tag{8.17}$$

由于 $P(t, s) = W_t e^{\int_0^t r(u)du}$, 由 (8.16) 有

$$d_t P(t, s) = P(t, s) \left[r(t)dt + H(t, s)dB_t^* \right].$$

另一方面, 利用 (8.15) 和 (8.1), 运用 Itô 公式可得

$$d_t P(t, s) = P(t, s) \left[\left(r(t) - \int_t^s \alpha(t, u)du + \frac{1}{2}|H(t, u)|^2 \right) dt + H(t, s)dB_t^* \right].$$

对比上面两个等式并利用 (8. 17) 得出

$$\int_t^s \alpha(t, u)du = \frac{1}{2} \left| \int_t^s \sigma(t, u)du \right|^2,$$

从而我们有

$$\alpha(t,s) = \sigma(t,s) \cdot \int_t^s \sigma(t,u) du, \tag{8.18}$$

其中 "·" 表示 $\mathbb{R}^d$ 中的内积. 从 (8.15) 和 (8.18) 可得

$$f(t,s) = f(0,s) + \int_0^t \sigma(v,s) \cdot \int_v^s \sigma(v,u) du\, dv + \int_0^t \sigma(v,s) dB_v^*, \tag{8.19}$$

$$r(t) = f(0,t) + \int_0^t \sigma(v,t) \cdot \int_v^t \sigma(v,u) du\, dv + \int_0^t \sigma(v,t) dB_v^*. \tag{8.20}$$

考虑一个例子, 这里 $d = 1$ 且 $\sigma(t,s)$ 为一常数 σ. 根据 (8.20) 可得

$$dr(t) = \Phi(t)dt + \sigma dB_t^*,$$

其中

$$\Phi(t) = \frac{\partial f(0,t)}{\partial t} + \sigma^2 t.$$

这就是 Ho-Lee 模型. 在这种情形下, 对 $u > t$ 有

$$r(u) = r(t) + \int_t^u \Phi(v)dv + \sigma(B_u^* - B_t^*).$$

由于 $B_u^* - B_t^*$ 独立于 $\mathcal{F}_t$, 故根据 (8.2) 有

$$P(t,s) = \exp\left\{ - r(t)(s-t) - \int_t^s \Phi(v)(s-v)dv + \frac{1}{6}\sigma^2(s-t)^3 \right\}.$$

最后得到

$$f(t,s) = r(t) + \int_t^s \Phi(v)dv - \frac{1}{2}\sigma^2(s-t)^2.$$

用 HJM 形式表述的短期利率模型

我们采用 Baxter (1997) 的推理来说明: 由扩散模型描述的任何短期利率模型都可表示成 HJM 形式. 事实上, 假设在风险中性世界里, 短期利率 $r(t)$ 满足

$$dr(t) = \mu(t,r(t))dt + v(t,r(t))dB_t^*, \quad t \leqslant T.$$

如果我们令

$$g(t,x,s) = -\log \mathbb{E}^*\left[\exp\left\{ - \int_t^s r(u)du \right\} \bigg| r(t) = x \right], \tag{8.21}$$

则 $\displaystyle\int_t^s f(t,u)du = -\log P(t,s) = g(t,r(t),s),\quad f(t,s) = \frac{\partial g}{\partial s}(t,r(t),s).$ 因此根据 Itô 公式可得

$$d_t f(t,s) = \frac{\partial^2 g}{\partial x \partial s}(\mu(t,r(t))dt + v(t,r(t))dB_t^*) + \frac{\partial^2 g}{\partial t \partial s}dt + \frac{1}{2}\frac{\partial^3 g}{\partial^2 x \partial s}v^2(t,r(t))dt.$$

这是一个 HJM 模型, 其中参数为

$$\sigma(u,s) = v(u,r(u))\frac{\partial^2 g}{\partial x \partial s}(u,r(u),s). \tag{8.22}$$

初始远期利率曲线 $f(0,T)$ 为

$$f(0,T) = \frac{\partial g}{\partial T}(r(0),0,T). \tag{8.23}$$

如何计算 g? 在适当条件下, Feynman-Kac 公式告诉我们, 对任何固定的 $s > 0$, $F(t,x,s) = e^{-g(t,x,s)}$ 为下面偏微分方程的解:

$$F_t(t,x,s) + \mathcal{A}_t F(t,x,s) = 0,\quad (t,x) \in [0,s) \times \mathbb{R}^d, \tag{8.24}$$

其边界条件为

$$F(s,x,s) = 1,\quad x \in \mathbb{R}^d, \tag{8.25}$$

其中

$$\mathcal{A}_t f(x) = \sum_{i=1}^d \mu_i(t,x)f_{x_i}(x) + \frac{1}{2}\sum_{i,j=1}^d \sigma_{i,j}(t,x)^2 f_{x_i x_j}(x),\quad f \in C^2(\mathbb{R}^d). \tag{8.26}$$

§8.3　远期价格和期货价格

远期合约 是买卖双方签订的一张协议, 卖方 (空头方) 同意在约定日期以约定价格向买方 (多头方) 交割一定数量的标的资产, 其中约定价格称为交割价 (delivery price) 或 远期价格 (forward price). 期货合约与远期合约相类似. 但是它们之间有三点区别. 第一点区别是, 远期合约是为了满足某类买方和卖方的特定需要而 "量身定做的", 而期货合约关于资产的质量、到期日、报价和交割程序都实行标准化. 另一区别是, 期货合约在交易所内交易, 而远期合约在场外 (over-the-counter) 市场上交易. 最重要的区别是, 它们各自的价格结算程序. 在远期合约双方之间直到交割日才有现金转移, 因此一张远期合约在其交割日之前的任何时间 t 都有一个市场价值, 只是其初始价值等于零. 但是期货合约有个每日结算 (或者叫盯市) 程序, 它要求买卖双方每日根据因期货价格变化而导致的盈利或亏损结

算, 并且调整他们的头寸. 这里 期货价格 为标的资产未来预期单位价格. 期货价格连续改变使得期货合约的市场价值总为零. 由于每日结算的缘故, 期货价格与远期价格一般不相同.

远期价格

考虑一张到期日为 T 的远期合约, 其标的资产为一单位风险资产 (或者一欧式期权), 资产价格过程为 (S_t). 假设短期利率过程 $r(t)$ 有界, 折现价格过程 $(\widetilde{S}_t)$ 在等价鞅测度下 $\mathbb{P}^*$ 为鞅. 令 $F(t,T)$ 为标的资产在 t 时的远期价格. 根据定义, 如果远期合约在 t 时签订的, 则其交割价格应使得合约具有零价值. 因为合约到期日 T 时的损益等于 $S_T - F(t,T)$, 所以我们必须有

$$0 = \mathbb{E}^* \left[\exp\left\{ -\int_t^T r(s)ds \right\} \left(S_T - F(t,T) \right) \Big| \mathcal{F}_t \right].$$

从而

$$F(t,T) = \frac{\mathbb{E}^* \left[\exp\left\{ -\int_t^T r(s)ds \right\} S_T \Big| \mathcal{F}_t \right]}{\mathbb{E}^* \left[\exp\left\{ -\int_t^T r(s)ds \right\} \Big| \mathcal{F}_t \right]},$$

得到

$$F(t,T) = \frac{S_t}{P(t,T)}. \tag{8.27}$$

需要注意 t 时订立的远期合约在 s $(t < s \leqslant T)$ 时的价值不再为零.

期货价格

考虑到期日为 T 的期货合约, 其标的为单位风险资产或欧式期权, 标的价格过程为 (S_t). 令 $\Phi(t,T)$ 为 t 时的期货价格. 假设 $(t,T]$ 期内的结算发生在 $t_1 < t_2 < \cdots < t_N = T$. 由于期货合约在 t 时的价值为零, 故必有

$$0 = \mathbb{E}^* \left[\sum_{i=1}^N \exp\left\{ -\int_0^{t_i} r(s)ds \right\} \left(\Phi(t_i,T) - \Phi(t_{i-1},T) \right) \Big| \mathcal{F}_t \right],$$

其中 $t_0 = t, \Phi(T,T) = S_T$. 为了得到 $\Phi(t,T)$ 的近似值, 我们考虑无摩擦连续结算情形. 在这种情形下, 应该有

$$0 = \mathbb{E}^* \left[\int_t^T Y_s d\Phi(s,T) \Big| \mathcal{F}_t \right],$$

其中

$$Y_s = \exp\left\{ -\int_0^s r(\tau)d\tau \right\}.$$

这意味着随机积分 $\int_0^t Y_s d\Phi(s,T)$ 为 $\mathbb{P}^*$-鞅. 由于存在常数 $k_1, k_2 > 0$ 使得 $k_2 \leqslant Y \leqslant k_2$, $\Phi(t,T)$ 也是鞅. 因此,

$$\Phi(t,T) = \mathbb{E}^*[\Phi(T,T) \mid \mathcal{F}_t] = \mathbb{E}^*[S_T \mid \mathcal{F}_t]. \tag{8.28}$$

从 (8.27) 和 (8.28) 可看出, 如果短期利率 r_t 是确定性函数, 那么远期价格与期货价格一样.

§8.4　利率衍生品的定价

利率衍生品是一种金融合约, 它的损益依赖未来利率或债券价格. 为了能够对利率衍生品进行定价, 我们不仅需要知道利率的动态变化, 而且需要知道相应的市场风险价格 (投资者承受单位超额风险所要求的超额收益) 或等价鞅测度 (风险中性测度). 在纯技术性条件下, 由于风险中性测度的存在性等价于无套利, 因而不失一般性假定等价鞅测度 $\mathbb{P}^*$ 已经给定.

本节介绍利率衍生品的定价的三种方法.

§8.4.1　基于函数变换方法的利率模型下的 PDE 方法

首先, 假定利率过程服从 (8.5) 中的单因子模型, 下面将在该情形下说明利率衍生品的价值可通过 PDE 的解来表示.

考虑一到期日为 $\tau \leqslant T$ 的利率衍生品, 它在任何 $t \leqslant \tau$ 时的红利率为 $h(t, r(t))$, 终端回报为 $g(\tau, r(\tau))$. 根据等价鞅测度 $\mathbb{P}^*$ 的定义, 该衍生品在 t 时的价值为

$$F(t, r(t)) = \mathbb{E}^* \left[\int_t^\tau \phi_{t,s} h(s, r(s)) ds + \phi_{t,\tau} g(\tau, r(\tau)) \Big| \mathcal{F}_t \right], \tag{8.29}$$

其中 $\phi_{t,s} = \exp\left\{ -\int_t^s r(u) du \right\}$. 在一定条件下, Feynman-Kac 公式保证了 F 满足如下 PDE,

$$F_t(t,x) + \mathcal{A}_t F(t,x) - h(t,x) + x F(t,x) = 0, \quad (t,x) \in [0,\tau) \times \mathbb{R}^d, \tag{8.30}$$

边界条件为

$$F(\tau, x) = g(\tau, x), \quad x \in \mathbb{R}^d, \tag{8.31}$$

其中 $\mathcal{A}_t$ 由 (8.26) 给出. 特别地, T-债券在 t 时的价格为 $P(t,T) = f(t, r(t))$, 其中 f 为方程 (8.30) 的解, $h = 0$ 且 $f(\tau, x) = 1$.

现在考虑如何基于函数变换方法的利率模型来对各种利率衍生品定价. 该方法在数值计算上具有优势. 为了更清楚地说明这一点, 我们只考虑利率过程 r_t 具有形式 $f(t, Y_t)$, 其中 Y_t 满足随机微分方程 (8.9).

债券

T-债券在 t 时的价格为 $P(t, T) = v(t, r_t)$, 其中

$$v(t, x) = \mathbb{E}\left(e^{-\int_t^T f(s, Y_s)ds} \middle| Y_t = x\right), \qquad t < T.$$

根据 Feynman-Kac 公式知, v 满足如下偏微分方程:

$$\left\{\frac{\partial}{\partial t} + \frac{1}{2}\sigma^2 \frac{\partial^2}{\partial x^2} + \left(-\eta x + \frac{\varepsilon}{x}\right)\frac{\partial}{\partial x} - f\right\}v = 0,$$
$$v(T, x) = 1.$$

利率互换

所谓利率互换 (swap) 就是两个对方 (称为 A 和 B) 交换一系列现金流的合约. A 同意回报 B 固定利率 (称为 **互换率** (swap rate)), 同时获得浮动利率 (floating rate). 最著名的浮动利率指标是 LIBOR, 即伦敦银行间同业拆借利率. 借助相同的名义本金来确定现金流回报大小, 而并没有本金交换. 从 A 方的观点来看, 互换仅是一衍生品, 它以 $h(t, r(t)) = r(t) - r^*$ 的速度回报红利, r^* 为零时刻确定的固定利率. 令 Z 为互换的名义本金, $Zv(t, x)$ 为从 (t, x) 处开始的到期日为 T 的互换价值, 则 v 满足如下方程:

$$\left\{\frac{\partial}{\partial t} + \frac{1}{2}\sigma^2 \frac{\partial^0}{\partial x^2} + \left(-\eta x + \frac{\varepsilon}{x}\right)\frac{\partial}{\partial x} - f\right\}v + f - r^* = 0,$$
$$v(T, x) = 0.$$

利率上限 (cap) 和下限 (floor)

通常, 借贷具有附带条款使得收取的利率不超过 (低于) 某个特定值 r^{cap} (r^{flr}), 即所谓的利率上限 (cap)(下限 (floor)). 令 Z 为借贷量, 需要在 T 时归还, 而 $Zv(t, x)$ 为从 (t, x) 处开始的利率上限借贷价值, 则 v 满足如下方程:

$$\left\{\frac{\partial}{\partial t} + \frac{1}{2}\sigma^2 \frac{\partial^2}{\partial x^2} + \left(-\eta x + \frac{\varepsilon}{x}\right)\frac{\partial}{\partial x} - f\right\}v + f + \min(r, r^{cap}) = 0,$$
$$v(T, x) = 1.$$

用来确定利率下限情形的方程与上述方程一样, 除了函数 min 换成函数 max, 以及 r^{cap} 换成 r^{flr}.

互换期权、上限期权、下限期权和其他衍生品

考虑一类利率衍生品, 它在到期日 T 回报是 $h(r(T))$. *互换期权、上限期权和下限期权* 就是这类利率衍生品的例子. 在我们的利率模型中, 回报可以表示为 $h(f(T, X_T))$. 因此衍生品在 t 时的价格为 $v(t, r_t)$, 其中

$$v(t, x) = \mathbb{E}\left(e^{-\int_t^T f(s, X_s)ds} h(f(T, X_T))\Big| X_t = x\right), \quad t < T.$$

根据 Feynman-Kac 公式, v 满足如下偏微分方程:

$$\left(\frac{\partial}{\partial t} + \frac{1}{2}\sigma^2 \frac{\partial^2}{\partial x^2} + \left(-\eta x + \frac{\varepsilon}{x}\right)\frac{\partial}{\partial x} - f\right)v = 0,$$
$$v(T, x) = h(f(T, x)).$$

在大多数情况下, 利率衍生品的价格不会有解析表达式. 因而数值计算是用来确定利率衍生品价值的最主要工具. 而利率模型的泛函方法在数值计算上具有很大优势. 事实上, 前节列出的偏微分方程具有形式:

$$(D - f)v + F(f) = 0.$$

这里

$$D = \frac{\partial}{\partial t} + \frac{1}{2}\sigma^2 \frac{\partial^2}{\partial x^2} + \left(-\eta x + \frac{\varepsilon}{x}\right)\frac{\partial}{\partial x}$$

是一个简单的微分算子. $F(f)$ 这一项没有涉及微分算子. 众所周知, 从数值分析的数学理论上看, 为了检查上述方程数值计算方案的稳定性, 只需检查 $F(f) = 0$ 这种情形下数值计算方案的稳定性. 而且, 对于许多种数值计算方案, 比如时间用前项差分、空间用中央差分方法 (forward-time central-space scheme), 时间用后项差分、空间用中央差分方法 (backward-time central-space scheme) 和 Crank-Nicolson 方法, 低阶项 $-fv$ 并不影响稳定性条件. 因此, 我们只需检验该方案关于方程

$$Dv = 0$$

是否稳定. 注意上面的方程不依赖 f. 因此该类数值计算方案对所有 f 形式的函数变换都是稳定的. 从而, 基于 §8.2.2 中的不同利率模型的利率衍生品可利用相同的数值方法计算其价格. 对每个不同模型来说, 即不同的 f, 只需在程序中做一行的改变. 这明显简化了我们的数值计算工作, 且为利率模型选择一个想要的函数变换形式提供有力工具.

§8.4.2 远期测度方法

假设衍生品的标的为一债券或者由 HJM 模型表示的利率期限结构. 在这种情况下我们可以取 T-债券为计价单位. 准确地说, 令 $P(t, T)$ 为债券在 t 时的价

格. 定义 $\alpha_t = P(t,T)/P(0,T)$ 为标准化的 T-债券, $\alpha_0 = 1$. 取 (α_t) 为计价单位. 记银行账户的价值过程为 β_t. 现在寻找 $\mathbb{P}^*$ 的一等价概率测度 $\mathbb{Q}$, 称为 T-远期测度, 使得银行账户的价值过程经过 (α_t) 折现后在 $[0,T]$ 上为 $\mathbb{Q}$-鞅. 为了实现这点, 在 $(\Omega, \mathcal{F}_T)$ 根据如下定义概率测度 $\mathbb{Q}$,

$$\frac{d\mathbb{Q}}{d\mathbb{P}^*} = \frac{\alpha_T}{\beta_T} = \frac{1}{P(0,T)\beta_T}.$$

由于相应的 $\mathbb{P}^*$-鞅显然为

$$L_t = \mathbb{E}^*\left[\frac{d\mathbb{Q}}{d\mathbb{P}^*}\Big|\,\mathcal{F}_t\right] = \frac{P(t,T)}{P(0,T)\beta_t} = \frac{\alpha_t}{\beta_t},$$

故 (β_t/α_t) 为 $\mathbb{Q}$-鞅.

如果一到期日为 T 的利率衍生品终端损益为 ξ, ξ 是 $\mathbb{Q}$-可积, 则根据 Bayes 法则它在 t 时的价值为

$$V_t = \beta_t\mathbb{E}^*[\beta_T^{-1}\xi\mid\mathcal{F}_t] = \beta_t L_t\mathbb{E}_{\mathbb{Q}}[L_T^{-1}\beta_T^{-1}\xi\mid\mathcal{F}_t] = P(t,T)\mathbb{E}_{\mathbb{Q}}[\xi\mid\mathcal{F}_t].$$

另一方面, 由 (8.27) 知, 在 T-远期测度 $\mathbb{Q}$ 下, ξ 在 t 时的 T-远期价格 $F(t,T)$ 为

$$F(t,T) = \mathbb{E}_{\mathbb{Q}}[\xi\mid\mathcal{F}_t].$$

特别地, T-远期价格过程 $F(t,T)$ 在 T-远期测度 $\mathbb{Q}$ 下为鞅.

§8.4.3 计价单位改变方法

考虑一个短期利率为 r 的金融市场, 资产价格过程为 $S(t)$. 我们想计算等价鞅测度 P^* 下买权 $(S(T) - K)^+$ 的价格.

下面的定理来自 Björk (见 Björk (1998), 命题 19.15).

定理 8.2 如果在 T-远期测度 $\mathbb{Q}$ 下, 过程 $Z_T(t) = \dfrac{S(t)}{P(t,T)}$ 如下给出:

$$dZ_T(t) = Z_T(t)\sigma_T(t)dB_T(t),$$

其中 $B_T(t)$ 为 $\mathbb{Q}$ 下 d 维 Brown 运动, $\sigma_T(t)$ 为确定性行向量函数, 那么买权在 P^* 下的价格为

$$V_0 = S(0)N(d_1) - KP(0,T)N(d_2),$$

其中

$$d_2 = \frac{\ln\left(\dfrac{S(0)}{KP(0,T)}\right) - \dfrac{1}{2}\sigma^2}{\sigma}, \quad d_1 = d_2 + \sigma, \quad \sigma^2 = \int_0^T \|\sigma_T(t)\|^2 dt.$$

证明　我们有

$$V_0 = \mathbb{E}^*[\beta_T^{-1}(S(T) - K)I_{S(T) \geqslant K}]$$

$$= \mathbb{E}^*\big[\beta_T^{-1}S(T)I_{S(T) \geqslant K}\big] - K\mathbb{E}^*\big[\beta_T^{-1}I_{S(T) \geqslant K}\big].$$

在第一项中, 将 S 作为计价单位, 并记相应的鞅测度为 $\mathbb{Q}^S$, $\dfrac{dP^*}{d\mathbb{Q}^S} = \dfrac{\beta_T S(0)}{S(T)}$, 关于第二项我们使用 T-远期概率测度 $\mathbb{Q}$, 则得到

$$V_0 = S(0)Q^S(S(T) \geqslant K) - KP(0,T)Q(S(T) \geqslant K).$$

由于

$$Z_T(T) = \frac{S(0)}{P(0,T)}\exp\left\{\frac{1}{2}\int_0^T \|\sigma_T(t)\|^2 dt + \int_0^T \sigma_T(t)dB_T(t)\right\},$$

因而有

$$\mathbb{Q}(S(T) \geqslant K) = \mathbb{Q}(Z_T(T) \geqslant K) = \mathbb{Q}(\ln Z_T(T) \geqslant \ln K) = N(d_2).$$

另一方面, 如果令

$$Y_T(t) = \frac{P(t,T)}{S(t)} = \frac{1}{Z_T(t)},$$

则 $Y_T(T) = \dfrac{1}{S(T)}$, $Y_T(t)$ 为 $\mathbb{Q}^S$-鞅. 因此有

$$dY_T(t) = Y_T(t)\delta_T(t)dB_S(t),$$

其中 $B_S(t)$ 为 $\mathbb{Q}^S$ 下的 d 维 Brown 运动. 又由于 $Y_T(t) = \dfrac{1}{Z_T(t)}$, 因此根据 Itô 公式必定有 $\delta_T(t) = -\sigma_T(t)$. 从而

$$Y_T(T) = \frac{S(0)}{P(0,T)}\exp\left\{\frac{1}{2}\int_0^T \|\sigma_T(t)\|^2 dt - \int_0^T \sigma_T(t)dB_S(t)\right\}.$$

因此得到

$$\mathbb{Q}^S(S(T) \geqslant K) = \mathbb{Q}^S\left(\frac{1}{S(T)} \leqslant \frac{1}{K}\right) = \mathbb{Q}^S\left(Y_T(T) \leqslant \frac{1}{K}\right) = N(d_1),$$

其中 $d_1 = d_2 + \sigma.$　　　　　　　　　　　　　　　　　　　　　　　　　　　　□

作为一个例子, 我们得到 Hull-White 模型下债券买权的价格表达式 (见 Björk (1998), 命题 19.16).

定理 8.3 在如下的 Hull-White 模型中,

$$dr_t = (a(t) - b)dt + \sigma dB_t,$$

执行价为 K, 到期日为 T_1, 标的债券到期日为 T_2 的欧式买权在 0 时的定价公式为

$$V_0 = P(0, T_2)N(d_1) - KP(0, T_1)N(d_2),$$

其中

$$d_2 = \frac{\ln\left(\dfrac{P(0, T_2)}{KP(0, T_1)}\right) - \dfrac{1}{2}\sigma^2}{\sigma}, \quad d_1 = d_2 + \sigma,$$

且

$$\sigma^2 = \frac{\sigma^2}{2b^3}\{1 - e^{-2bT_1}\}\left\{1 - e^{-b(T_2 - T_1)}\right\}^2.$$

证明 在 §8.2.2 中, 我们得到仿射期限结构

$$P(t, s) = e^{A(t,s) - B(t,s)r(t)},$$

其中 A 和 B 为确定性函数, $B(t, s) = \dfrac{1}{b}\{1 - e^{b(s-t)}\}$. 令 $Z(t) = \dfrac{P(t, T_2)}{P(t, T_1)}$, 则

$$Z(t) = \exp\{A(t, T_2) - A(t, T_1) - [B(t, T_2) - B(t, T_1)]r(t)\}.$$

根据 Itô 公式可得

$$dZ(t) = Z(t)\{\cdots\}dt + Z(t)\sigma_Z(t)dB_t,$$

其中

$$\sigma_Z(t) = -\sigma[B(t, T_2) - B(t, T_1)] = \frac{\sigma}{b}e^{bt}[e^{-bT_2} - e^{-bT_1}].$$

因此, σ_Z 为一确定性函数, 故应用定理即得结果. □

§8.5 Flesaker-Hughston 模型

Flesaker and Hughston (1996) 提出了一种方法用来刻画利率期限结构. 该方法的关键点是来自对 (8.2) 的观察: 设 s-债券价格过程 $P(t, s)$ 由 (8.2) 定义. 令

$$\eta_t = \left.\frac{d\mathbb{P}^*}{d\mathbb{P}}\right|_{\mathcal{F}_t}, \quad 0 \leqslant t \leqslant T,$$

则根据 Bayes 法则, 有

$$P(t,s) = A_t^{-1}\mathbb{E}[A_s \mid \mathcal{F}_t], \quad s \geqslant t, \tag{8.32}$$

其中

$$A_s = \eta_s \exp\left\{ -\int_0^s r(\tau)d\tau \right\}. \tag{8.33}$$

由于 (η_t) 是 $\mathbb{P}$-鞅, 所以 (A_t) 是 $\mathbb{P}$-上鞅. 注意 (8.33) 式仅是上鞅 (A_t) 的乘积分解. 现假设 (A_t) 为严格正的 $\mathbb{P}$-上鞅, 债券价格 $P(t,s)$ 由 (8.32) 描述. 如果上鞅 A 的乘积分解是 (8.33) 这种形式, η 为 $\mathbb{P}$-鞅且 r 为非负过程, 那么相应的短期利率过程必然是 r, 且密度过程为 η^{-1} 的概率测度 $\mathbb{P}^*$ 为不同到期日债券价格过程的等价鞅测度. 下面看一个例子 (Flesaker and Hughston (1996)), 令

$$A_t = f(t) + g(t)M_t, \quad t \in [0,T], \tag{8.34}$$

其中 $f, g : [0,T] \to \mathbb{R}_+$ 为严格正的减函数, $f(0) + g(0) = 1$, 且 (M_t) 在 $\mathbb{P}$ 下为一严格正鞅, $M_0 = 1$. 则从 (8.32) 可很快得出

$$P(t,s) = \frac{f(s) + g(s)M_t}{f(t) + g(t)M_t}, \quad t \in [0,s]. \tag{8.35}$$

该模型容易于初始曲线吻合: 可以选择 f 和 g 使得

$$P(0,s) = f(s) + g(s), \quad s \in [0,T]. \tag{8.36}$$

为了得到短期利率的精确表达式, 假定 $(\mathcal{F}_t)$ 为 Brown 运动 (B_t) 生成的自然 σ-代数流. 由于 (M_t) 为严格正的鞅, 故它一定可以写成 $M_t = \mathcal{E}(\sigma.B)_t$, 其中 $\sigma = (\sigma_t)$ 是一可测适应过程, $\mathcal{E}(\sigma.B)_t$ 为 $\sigma.B$ 的 Doléans 指数 (定理 4.14). 事实上, 设 $M_t = 1 + (H.B)_t$, 则 $M_t = \mathcal{E}(N)_t$, 其中 $N = M^{-1}M$, 于是有 $\sigma = M^{-1}H$.

令 $A_t = \eta_t C_t$ 为上鞅 A 的乘积分解 (参看 Yan(2002c)), 其中 η 为严格正的局部鞅, C 为严格正的减过程, 且 $\eta_0 = C_0 = 1$. η 一定可以写成 $\eta_t = \mathcal{E}(\gamma.B)_t$. 故根据 Itô 公式, 可得

$$\eta_t dC_t + C_t \eta_t \gamma_t dB_t = dA_t = f'(t)dt + M_t g'(t)dt + g(t)M_t \sigma_t dB_t. \tag{8.37}$$

通过比较 (8.37) 式两边的 "dB_t" 项和剩余项, 可发现

$$\gamma_t = \frac{\sigma_t g(t)M_t}{f(t) + g(t)M_t},$$

$$dC_t = C_t \frac{f'(t) + g'(t)M_t}{f(t) + g(t)M_t} dt. \tag{8.38}$$

因此, 如果 η 是鞅, 那么可通过 $\dfrac{d\mathbb{P}^*}{d\mathbb{P}} = \eta_T^{-1}$ 来定义概率测度 $\mathbb{P}^*$, 则 $\mathbb{P}^*$ 为唯一的概率测度使得

$$P(t,s) = C_t^{-1}\mathbb{E}^*[C_s \mid \mathcal{F}_t]. \tag{8.39}$$

又可从 (8.38) 中求出 C_t, 结果有

$$C_t = \exp\left\{ \int_0^t \frac{f'(\tau) + g'(\tau)M_\tau}{f(\tau) + g(\tau)M_\tau} d\tau \right\}.$$

然后根据 (8.39) 可推出短期利率过程 $(r(t))$ 的一个精确表达式:

$$r(t) = -\frac{f'(t) + g'(t)M_t}{f(t) + g(t)M_t}. \tag{8.40}$$

特别地, 容易验证 $r(t) = f(t,t)$, 其中 $f(t,s)$ 是远期利率.

Flesaker-Hughston 模型的主要优点是我们可以直接用上鞅 A 来如下表示到期日为 $s < T$ 的利率衍生品 ξ 在 t 时的价格:

$$V_t = A_t^{-1}\mathbb{E}[\xi A_s \mid \mathcal{F}_t], \quad \forall t \in [0,s]. \tag{8.41}$$

该式子使得我们能够得到一些利率衍生品价格的显式表达式, 比如对利率上限期权和利率互换期权的定价. 关于这一论题可参考 Rutkowski (1997).

§8.6 BGM 模型

与 HJM 模型相比, 实际金融市场中应用更为广泛的一类模型是 Brace et al. (1997), Miltersen et al.(1997) 以及 Jamshidian(1997) 提出的 BGM 模型. 这时, 我们是对实际市场中有交易的、可观测的远期 LIBOR 进行建模, 因此, BGM 模型也被称作 LIBOR 市场模型 (LIBOR market model). 从这个意义上说, 我们还可以将 BGM 模型看作是 HJM 模型的离散版本.

我们考虑由一列离散时间构成的集合 $0 = T_0 < T_1 < \cdots < T_{N+1}$, 并记 $\delta_i = (T_{i+1} - T_i)/$每年, $\forall i \in [0, N]$. 实际中, (T_i) 通常对应于利率衍生品的利率重置日, $T_{i+1} - T_i$ 通常为三、六或十二个月. 我们如下定义 t 时刻的 T_i- 远期 LIBOR:

$$L(t, T_i, T_{i+1}) = \frac{P(t, T_i) - P(t, T_{i+1})}{\delta_i P(t, T_{i+1})}, \tag{8.42}$$

即 $L(t, T_i, T_{i+1})$ 表示时刻 t 市场中蕴含的作用于 $[T_i, T_{i+1}]$ 时间段内的单期利率. 为简单起见, 我们记 $L(t, T_i, T_{i+1})$ 为 $L_i(t)$. 与 HJM 模型对瞬时远期利率在通常的等价鞅测度下进行建模不同, 这时我们考虑远期风险中性测度, 即由零息债券作为计价单位所对应的风险中性测度. 我们首先考虑最远端的远期风险中性测度 $\mathbb{Q}^{N+1}$, 这时由上式的远期 LIBOR 定义, $L_N(t)$ 在 $\mathbb{Q}^{N+1}$ 下是鞅, 我们假设其服从一个没有漂移项的如下扩散过程:

$$dL_N(t) = L_N(t)\sigma_N(t)dZ^{N+1}(t), \quad t \leqslant T_N, \tag{8.43}$$

其中 $Z^{N+1}(t)$ 是 $\mathbb{Q}^{N+1}$ 下的 m 维标准 Brown 运动, $\sigma_N(t)$ 为 m 维函数. BGM 模型可以通过对 $\sigma_N(t)$ 采用不同的形式, 表现不同的波动率期限结构, 同时也可以体现实际市场所表现出的波动率微笑或偏斜现象, 在这一点上, BGM 模型有很大的灵活性. 下一步, 我们考虑远期风险中性测度 $\mathbb{Q}^N$, 同理, $L_{N-1}(t)$ 在 $\mathbb{Q}^N$ 下是鞅, 我们对其进行如下建模:

$$dL_{N-1}(t) = L_{N-1}(t)\sigma_{N-1}(t)dZ^N(t), \quad t \leqslant T_{N-1}, \tag{8.44}$$

其中 $Z^N(t)$ 是 $\mathbb{Q}^N$ 下的 m 维标准 Brown 运动, $\sigma_{N-1}(t)$ 为 m 维函数. 由测度变换技巧, 我们容易得到相邻的两个远期风险中性测度 $\mathbb{Q}^{N+1}$ 与 $\mathbb{Q}^N$ 之间满足如下关系:

$$\left.\frac{d\mathbb{Q}^N}{d\mathbb{Q}^{N+1}}\right|_{\mathcal{F}_t} = \frac{1 + \delta_N L_N(t)}{1 + \delta_N L_N(0)}, \tag{8.45}$$

进而由 Girsanov 测度变换公式 (这时我们需要对波动率系数施加某些技术性条件以保证 Girsanov 测度变换公式成立), 如下的 $Z^N(t)$ 在 $\mathbb{Q}^N$ 下是 m 维标准 Brown 运动:

$$Z^N(t) = Z^{N+1}(t) - \int_0^t \frac{\delta_N L_N(s)\sigma_N(s)}{1 + \delta_N L_N(s)}\, ds. \tag{8.46}$$

以此类推, 一般地, 我们可以在远期风险中性测度 $\mathbb{Q}^{i+1}$ 下, 对 $L_i(t)$ 进行建模, 并可递推地得到不同远期风险中性测度之间的关系及相应的标准 Brown 运动之间的关系. 这样我们就可以在必要的时候转换到同一个风险中性测度下考虑问题.

下面我们以一个利率上限为例, 考虑 BGM 模型下的定价问题. 为了能够得到显示表达式, 我们假设上述波动率系数均为确定性函数. 设 $T_i(i = 1, \cdots, N)$ 为该利率上限的重置日, M 是其名义本金, R^* 是其上限利率. 我们知道, 该利率上限可以分解为 N 个利率上限单元 (caplet) 的和. 由风险中性定价公式, 第 i 个利率上限单元在时刻 $t \leqslant T_i$ 的价值为

$$\text{Caplet}_i(t) = M\delta_i P(t, T_{i+1})E_{\mathbb{Q}^{i+1}}[(L_i(T_i) - R^*)_+ | \mathcal{F}_t]. \tag{8.47}$$

而根据前面的模型假设, 我们知道, $L_i(T_i)$ 在 $\mathbb{Q}^{i+1}$ 下是对数正态的, 并且满足

$$\mathrm{Var}_{\mathbb{Q}^{i+1}}[\log L_i(T_i)|\mathcal{F}_t] = \int_t^T \sigma_i^2(u)du, E_{\mathbb{Q}^{i+1}}[\log L_i(T_i)|\mathcal{F}_t]$$

$$= \log L_i(t) - \frac{1}{2}\int_t^T \sigma_i^2(u)du. \tag{8.48}$$

记

$$\nu_i^2 = \frac{1}{T_i - t}\int_t^{T_i} \sigma_i^2(u)du, \tag{8.49}$$

由 (8.47)—(8.49) 式, 我们得到第 i 个利率上限单元的显式定价公式:

$$\mathrm{Caplet}_i(t) = M\delta_i P(t, T_{i+1})\{L_i(t)\Phi(d_{1i}) - R^*\Phi(d_{2i})\}, \tag{8.50}$$

其中

$$d_{1i} = \frac{\log(L_i(t)/R^*) + \nu_i^2(T_i - t)/2}{\nu_i\sqrt{T_i - t}}, \quad d_{2i} = d_{1i} - \nu_i\sqrt{T_i - t}. \tag{8.51}$$

实际市场中, 对利率上、下限及互换期权的报价都是通过 Black 公式相应的隐含波动率给出的. 而 (8.49) 式实际上是给出了 Black 公式相应的隐含波动率与 BGM 模型所采用的波动率系数之间的关系. 也正是由于 BGM 模型给出了如上符合实际的定价公式, 在该模型下与实际金融市场报价的校准变得易于操作, 使得该模型在过去的许多年中十分流行.

第九章　扩散过程模型下的最优投资组合与投资-消费策略

在扩散过程模型下的完备市场中, 期望效用最大化问题已经被很多作者研究过 (参见 Karatzas (1989) 的综述). Karatzas et al. (1991) 研究了不完备市场情况下的该问题. 他们考虑的市场由一个债券和 d 只股票组成, 后者是由一 m 维 Brown 运动驱动. 他们用一些虚拟的股票把原市场扩充成一个完备的市场. 在对模型加一定条件下, 他们证明可以明智地选择股票, 使得在完备化了的市场中解效用最大化问题所得到的最优投资组合中, 虚拟的股票是多余的. 在这种情况下, 这个解也是原来不完备市场中的最优解.

本章首先在扩散过程模型下引进投资-消费策略, 然后在 §9.2 节研究期望效用最大化问题, 采用的方法是所谓的 "鞅方法", 参见 Dana and Jeanblanc (2003); §9.3 节在 L^2 容许交易策略范围内研究风险-均值投资组合选择问题, 包括加权均值-方差模型和 Markowitz 均值-方差投资组合问题.

§9.1　市场模型与投资-消费策略

我们首先介绍市场模型. 设 $W(t) = (W^1(t), \cdots, W^m(t))^\tau$ 为定义于随机基 $(\Omega, \mathcal{F}, (\mathcal{F}_t), \mathbb{P})$ 上的 m-维标准 Brown 运动, 其中 $(\mathcal{F}_t)$ 为 Brown 运动 $W(\cdot)$ 产生的自然 σ-代数流. 假设在市场中有 $d+1$ 种资产可供交易, 其中一种为无风险资产 (通常称之为债券), 其价格过程记为 $S_0(t)$, 它满足如下方程:

$$\begin{cases} dS_0(t) = S_0(t)r(t)dt, & t \in [0, T], \\ S_0(0) = 1, \end{cases}$$

其中 $T > 0$ 为一固定的终端时刻, $(\mathcal{F}_t)$ 循序可测过程 $r(\cdot)$ 为短期利率, 满足

$$\int_0^T |r(s)|ds < \infty \quad \text{a.s..}$$

其余 d 种为风险资产 (通常称之为股票), 它们的价格过程 $S_i(t)$, $i = 1, \cdots, d$, 满足如下方程:

$$\begin{cases} dS_i(t) = S_i(t)\left[\mu_i(t)dt + \sum_{j=1}^m \sigma_{ij}(t)dW^j(t) \right], & t \in [0, T], \\ S_i(0) = s_i > 0, \end{cases}$$

其中 $(\mathcal{F}_t)$ 循序可测过程 $\mu_i(\cdot)$ 与 $\sigma_i.(\cdot) := (\sigma_{i1}, \cdots, \sigma_{im})^\tau$ 分别为第 i 只股票的收益率与波动率向量, 满足

$$\int_0^T \left[|\mu_i(t)| + \sum_{j=1}^m (\sigma_{ij}(t))^2 \right] dt < \infty \quad \text{a.s.}.$$

定义超额收益率向量

$$b(t) := (\mu_1(t) - r(t), \cdots, \mu_d(t) - r(t))^\tau = \mu(t) - r(t)\mathbf{1}$$

和波动率矩阵

$$\sigma(t) := (\sigma_{ij}(t))_{d \times m}.$$

这里 $\mathbf{1}$ 表示分量都是 1 的 d 维列向量.

下面我们考虑一个投资者, 假设其初始财富为 x. 在第七章中, 我们介绍了 (自融资) 交易策略的概念. 在那里, 一个交易策略为 $\varphi(t) = (\varphi_0(t), \cdots, \varphi_d(t))^\tau$, 其中每个分量 $\varphi_i(t)$ 代表投资者在时刻 t 所持有的资产 i 的数量. 如果其财富过程 $X(t)$ 满足

$$X(t) = x + \sum_{i=0}^d \int_0^t \varphi_i(s) dS_i(s), \quad \forall t \in [0, T],$$

则称该交易策略为自融资的. 在本章中, 我们换一种方式来表示交易策略. 我们考虑投资者在时刻 t 投入在每种资产 i 上的财富 $\pi_i(t)$. 显然有如下关系: $\pi_i(t) = \varphi_i(t)S_i(t)$. 令

$$\bar{\pi}(t) = (\pi_0(t), \pi_1(t), \cdots, \pi_d(t))^\tau.$$

我们通常也称 $\pi(\cdot)$ 为交易策略. 显然, $\pi(\cdot)$ 为自融资的当且仅当

$$dX(t) = \pi_0(t)r(t)dt + \sum_{i=1}^d \pi_i(t) \left[\mu_i(t)dt + \sum_{j=1}^m \sigma_{ij}(t)dW^j(t) \right], \quad \forall t \in [0, T].$$

同样显然的是, 上述条件可以改写为

$$dX(t) = X(t)r(t)dt + \sum_{i=1}^d \pi_i(t) \left[(\mu_i(t) - r(t))dt + \sum_{j=1}^m \sigma_{ij}(t)dW^j(t) \right], \forall t \in [0, T].$$

通常我们采用向量与矩阵的记号, 结果为

$$dX(t) = X(t)r(t)dt + \pi(t)^\tau(\mu(t) - r(t)\mathbf{1})dt + \pi(t)^\tau \sigma(t)dW(t), \quad \forall t \in [0, T]. \tag{9.1}$$

这里, 向量

$$\pi(t) = (\pi_1(t), \cdots, \pi_d(t))^\tau$$

表示投资在各种股票上的资金量. 方程 (9.1) 刻画了: 在自融资的交易策略中, 财富的瞬间变化 $dX(t)$ 如何依赖于股票上的投资量 $\pi(t)$. 方程 (9.1) 通常被称为动态预算约束或动态预算方程. 另外值得注意的是: 对于自融资的交易策略而言, 其财富的变化完全取决于在股票上的投资量, 于是其财富过程 $X(\cdot)$ 完全取决于初始财富 x 和在股票上的投资量 $\pi(\cdot)$. 鉴于此, 以后只要是考虑自融资交易策略时, 我们只需指明初始财富 x 和在股票上的投资量 $\pi(\cdot)$ 即可. 因为是自融资, 除了投资于股票外, 剩下的钱全部用于投资债券.

　　在现实投资中, 投资者除了在证券市场上交易外, 还要进行消费活动. 为了刻画投资者的消费行为, 我们再引进一个非负循序可测过程: 消费率 (过程) $c(\cdot)$, 满足 $\int_0^T c(s)ds < \infty$. $\int_0^t c(s)ds$ 表示从时刻 0 到时刻 t, 投资者累计消费的财富. 这样, 我们就有了交易-消费策略 (φ, c). 称其为自融资的, 如果它满足

$$X(t) = x + \sum_{i=0}^d \int_0^t \varphi_i(s)dS_i(s) - \int_0^t c(s)ds, \quad \forall t \in [0, T].$$

当然, 我们也可以用 (π, c) 来表示交易-消费策略. 显然, $(\bar{\pi}, c)$ 是自融资的, 当且仅当 $\forall t \in [0, T]$,

$$dX(t) = X(t)r(t)dt + \pi(t)^\tau(\mu(t) - r(t)1)dt + \pi(t)^\tau \sigma(t)dW(t) - c(t)dt. \quad (9.2)$$

方程 (9.2) 也通常被称为动态预算约束或动态预算方程. 同样地, 对于自融资的交易-消费策略而言, 其财富过程 $X(\cdot)$ 完全取决于初始财富 x、在股票上的投资量 $\pi(\cdot)$ 以及消费率 $c(\cdot)$. 鉴于此, 以后只要是考虑自融资交易-消费策略时, 我们只需指明初始财富 x, 在股票上的投资量 $\pi(\cdot)$ 以及消费率 $c(\cdot)$ 即可.

§9.2　期望效用最大化

　　这里考虑两种效用函数. 一种是关于消费的时间依赖的效用函数

$$U : [0, T] \times (0, \infty) \to (-\infty, \infty),$$

$$(t, c) \mapsto U(t, c).$$

我们假定: 对任意 $t \in [0, T]$, $U(t, \cdot)$ 在 $(0, \infty)$ 上严格凹、严格增、连续可微并且满足如下的 Inada 条件:

$$\frac{\partial U}{\partial c}(t, 0) := \lim_{c \downarrow 0} \frac{\partial U}{\partial c}(t, c) = \infty, \quad \frac{\partial U}{\partial c}(t, \infty) := \lim_{c \uparrow \infty} \frac{\partial U}{\partial c}(t, c) = 0.$$

另外一种是关于终端财富的效用函数

$$V : (0, \infty) \to (-\infty, \infty),$$

$$x \mapsto V(x).$$

我们假定: V 在 $(0, \infty)$ 上严格凹、严格增、连续可微并且满足如下的 Inada 条件:

$$V'(0) := \lim_{x \downarrow 0} V'(x) = \infty, \quad V'(\infty) := \lim_{x \uparrow \uparrow \infty} V'(x) = 0.$$

容易验证: $\ln x, \dfrac{x^\alpha}{\alpha}$ $(\alpha < 1, \alpha \neq 0)$ 都是满足上述条件的效用函数.

对于自融资交易-消费策略 (π, c), 财富过程满足动态预算方程 (9.2), 该策略带给投资者的期望效用是

$$\mathbb{E}\left[\int_0^T U(t, c(t))dt + V(X(T))\right].$$

对于自融资交易策略 π, 财富过程满足动态预算方程 (9.1), 该策略带给投资者的期望效用是

$$\mathbb{E}[V(X(T))].$$

投资者的目标就是在一定的范围内选取自融资策略, 使得期望效用达到最大.

下面我们就要界定自融资策略所属的范围.

定义 9.1　称自融资交易策略 π 为容许的 (admissible), 如果对任意 $t \in [0, T]$, 在时刻 t 的财富 $X(t) \geqslant 0$ a.s.; 称自融资交易-消费策略 (π, c) 为容许的, 如果对任意 $t \in [0, T]$, 在时刻 t 的消费率 $c(t) \geqslant 0$ a.s., 且在时刻 t 的财富 $X(t) \geqslant 0$ a.s..

给定初始财富 x, 所有的自融资交易策略 π 构成的集合记为 $\mathcal{A}(x)$; 所有的自融资交易-消费策略 (π, c) 构成的集合记为 $\mathcal{A}_c(x)$, 其中下标 c 表示 "带消费".

投资者的目标就是

$$\max_{(\pi, c) \in \mathcal{A}_c(x)} \quad \mathbb{E}\left[\int_0^T U(t, c(t))dt + V(X(T))\right] \tag{9.3}$$

满足 (9.2) 或者

$$\max_{\pi \in \mathcal{A}(x)} \quad \mathbb{E}[V(X(T))] \tag{9.4}$$

满足 (9.1).

以上两个问题的解决方法类似, 我们主要介绍如何解决问题 (9.3).

在问题 (9.3) 中, 预算约束 (9.2) 是 "动态" 的, 即它描述了财富在每时每刻是如何演化的. 注意到在问题 (9.3) 的目标 $\mathbb{E}\left[\int_0^T U(t,c(t))dt + V(X(T))\right]$ 中, 只出现了消费过程 $c(\cdot)$ 和终端财富 $X(T)$. 这样问题 (9.3) 就可以分解成两步:

第一步, 刻画出怎样的消费过程 $c(\cdot)$ 和终端财富 $X(T)$ 是最优的, 即回答 "最优结局应该是什么?".

第二步, 选取某交易策略 $\pi(\cdot)$ 来实现上述最优的消费过程 $c(\cdot)$ 和终端财富 $X(T)$, 即回答 "具体如何实现最优结局?".

这就是效用最大化问题 "鞅方法" 的两个步骤. 简单地说, 就是先考虑 "结局" 问题, 再倒过来考虑 "实现" 问题.

先来完成第一个步骤 "结局" 问题. 为此, 我们需要刻画出哪些结局是 "可实现" 的, 然后在这些可实现结局中寻找最优结局. 所以我们首先要刻画出那些消费过程 $c(\cdot)$ 和终端财富 $X(T)$ 是可以通过容许的交易-消费策略来实现的.

当市场不完全时, 这种刻画难度较大. 下面仅考虑完全市场, 即假定 $d = m$ 且市场参数 $r(t)$、$\mu(t)$ 和 $\sigma(t)$ 满足以下条件:

(1) 存在 $\delta > 0$, 使得

$$\sigma(t)\sigma(t)^\tau \geqslant \delta I_m, \quad \forall t \in [0,T],$$

这里 I_m 为 $m \times m$ 单位矩阵;

(2) $\mathbb{E}\left[e^{\frac{1}{2}\int_0^T |\theta(s)|^2 ds}\right] < \infty$, 其中 $\theta(t) = \sigma(t)^{-1}b(t)$, $t \in [0,T]$.

对于这样的完全市场, 存在唯一的风险中性测度 $\mathbb{Q}$, $\left.\dfrac{d\mathbb{Q}}{d\mathbb{P}}\right|_{\mathcal{F}_t} = Z(t)$, 其中

$$Z(t) = \exp\left\{-\int_0^t \theta(s)^\tau dW(s) - \frac{1}{2}\int_0^t |\theta(s)|^2 ds\right\}. \tag{9.5}$$

在 $\mathbb{Q}$ 下股票价格过程满足如下的 SDE:

$$dS_i(t) = S_i(t)\left[r(t)dt + \sum_{j=1}^m \sigma_{ij}(t)d\widetilde{W}^j(t)\right],$$

其中 $\widetilde{W}(t) := W(t) + \displaystyle\int_0^t \theta(s)ds$, $0 \leqslant t \leqslant T$ 是概率测度 $\mathbb{Q}$ 下的 Brown 运动. 自融资交易-消费策略 (π, c) 的财富过程 X 满足

$$d\left(\frac{X(t)}{S_0(t)}\right) = \frac{1}{S_0(t)}\pi^\tau(t)\sigma(t)d\widetilde{W}(t) - \frac{c(t)}{S_0(t)}dt, \quad t \in [0,T].$$

令

$$\rho(t) = \exp\left\{-\int_0^t r(s)ds\right\}Z(t)$$

$$= \exp \left\{ - \int_0^t \theta(s)^\tau dB(s) - \int_0^t \left(r(t) + \frac{1}{2} |\theta(s)|^2 \right) ds \right\}. \tag{9.6}$$

称 ρ 为定价核 (pricing kernel), 或状态价格密度 (state price density). 易知 $0 < \rho(T) < \infty$ a.s., 且 $0 < \mathbb{E}[\rho(T)] < \infty$. 这时对所有 $i = 1, \cdots, d$ 有

$$d(\rho(t)S_i(t)) = \rho(t)S_i(t) \sum_{j=1}^m \sigma_{ij}(t) dW^j(t), \quad \forall t \in [0, T],$$

从而有

$$\rho(t)S_i(t) = \mathbb{E}[\rho(T)S_i(T)|\mathcal{F}_t], \quad \forall t \in [0, T].$$

此外, 自融资交易-消费策略 (π, c) 的财富过程 X 满足

$$d(\rho(t)X(t)) = \rho(t)\pi^\tau(t)\sigma(t)dW(t) - \rho(t)c(t)dt, \quad \forall t \in [0, T]. \tag{9.7}$$

引理 9.2 对任意 $(\pi, c) \in \mathcal{A}_c(x)$, 有

$$\mathbb{E}\left[\int_0^T \rho(t)c(t)dt + \rho(T)X(T) \right] \leqslant x.$$

证明 由 (9.7) 可知 $\int_0^t \rho(s)c(s)ds + \rho(t)X(t)$ 为非负局部鞅, 从而为上鞅. 于是可得引理结论. □

引理 9.3 对任意给定的非负消费过程 $c(\cdot)$ 和非负 $\mathcal{F}_T$-可测随机变量 ξ, 若它们满足

$$\mathbb{E}\left[\int_0^T \rho(t)c(t)dt + \rho(T)\xi \right] = x,$$

则存在交易策略 $\pi(\cdot)$ 使得 $(\pi, c) \in \mathcal{A}_c(x)$ 并且 $X(T) = \xi$.

证明 令

$$M(t) = \mathbb{E}\left[\int_0^T \rho(t)c(t)dt + \rho(T)\xi \,\middle|\, \mathcal{F}_t \right], \quad t \in [0, T].$$

则 $M(\cdot)$ 为鞅. 由鞅表示定理, 存在 m-维循序可测过程 $\phi(\cdot)$ 使得

$$M(t) = M(0) + \int_0^t \phi(s)^\tau dW(s), \quad t \in [0, T].$$

令

$$\pi(t) = (\sigma(t)^{-1})^\tau \left(\frac{\phi(t)}{\rho(t)} + \theta(t)X(t) \right),$$

其中
$$X(t) = \frac{M(t) - \int_0^t \rho(s)c(s)ds}{\rho(t)}.$$

则容易验证 $(\pi, c) \in \mathcal{A}_c(x)$ 并且其财富过程为 $X(t)$, 满足 $X(T) = \xi$. $\qquad \square$

引理 9.4　对任意 $(\pi, c) \in \mathcal{A}_c(x)$, 若
$$\mathbb{E}\left[\int_0^T \rho(t)c(t)dt + \rho(T)X(T)\right] < x.$$
则存在交易策略 $\widetilde{\pi}(\cdot)$ 使得 $(\widetilde{\pi}, c) \in \mathcal{A}_c(x)$ 并且其相应的终端财富 $\widetilde{X}(T) > X(T)$.

证明　假设 $(\pi, c) \in \mathcal{A}_c(x)$ 满足 $\mathbb{E}\left[\int_0^T \rho(t)c(t)dt + \rho(T)X(T)\right] < x$. 则存在 $\varepsilon > 0$ 使得
$$\mathbb{E}\left[\int_0^T \rho(t)c(t)dt + \rho(T)(X(T) + \varepsilon)\right] = x.$$

由引理 9.3, 存在交易策略 $\widetilde{\pi}(\cdot)$ 使得 $(\widetilde{\pi}, c) \in \mathcal{A}_c(x)$ 并且其相应的终端财富 $\widetilde{X}(T) = X(T) + \varepsilon > X(T)$. $\qquad \square$

引理 9.4 表明, 问题 (9.3) 的最优解一定满足
$$\mathbb{E}\left[\int_0^T \rho(t)c(t)dt + \rho(T)X(T)\right] = x.$$

再由引理 9.3 可知, 问题 (9.3) 等价于如下问题:
$$\max_{c(\cdot), \xi} \quad \mathbb{E}\left[\int_0^T U(t, c(t))dt + V(\xi)\right] \tag{9.8}$$

满足 $c(t) \geqslant 0, \xi \geqslant 0, c(\cdot)$ 循序可测, $\xi \in \mathcal{F}_T$,
$$\mathbb{E}\left[\int_0^T \rho(t)c(t)dt + \rho(T)\xi\right] = x.$$

在上述问题中, $\mathbb{E}\left[\int_0^T \rho(t)c(t)dt + \rho(T)\xi\right] = x$ 取代了问题 (9.3) 中的动态预算约束. 前者通常称为静态预算约束, 它刻画了可以从初始资本 x 达到的消费过程和终端财富 (c, ξ).

下面我们通过 Lagrange 乘子法来求解问题 (9.8). 考虑如下问题

$$\max_{c(\cdot),\,\xi} \quad \mathbb{E}\left[\int_0^T U(t,c(t))dt + V(\xi)\right] - \lambda\left(\mathbb{E}\left[\int_0^T \rho(t)c(t)dt + \rho(T)\xi\right] - x\right)$$

$$(9.9)$$

满足 $c(t) \geqslant 0, \xi \geqslant 0, c(\cdot)$ 循序可测, $\xi \in \mathcal{F}_T$.

容易证明: 如果存在 λ 使得问题 (9.9) 的最优解 (c, ξ) 恰好满足静态预算约束

$$\mathbb{E}\left[\int_0^T \rho(t)c(t)dt + \rho(T)\xi\right] = x,$$

则 (c, ξ) 必定是问题 (9.8) 的最优解. 另外, 我们将会找到这样的 $\lambda > 0$.

问题 (9.9) 显然等价于如下问题:

$$\max_{c(\cdot),\,\xi} \quad \mathbb{E}\left[\int_0^T (U(t,c(t)) - \lambda\rho(t)c(t))dt + V(\xi) - \lambda\rho(T)\xi\right] \qquad (9.10)$$

满足 $c(t) \geqslant 0, \xi \geqslant 0, c(\cdot)$ 循序可测, $\xi \in \mathcal{F}_T$.

而问题 (9.10) 又显然等价于如下问题: 对每个 $\omega \in \Omega$,

$$\max_{c(\cdot),\,\xi} \quad \int_0^T (U(t,c(t)) - \lambda\rho(t)c(t))dt + V(\xi) - \lambda\rho(T)\xi \qquad (9.11)$$

满足 $c(t) \geqslant 0, \xi \geqslant 0$.

为了记号简单, 我们已在问题 (9.11) 中省略了 ω. 对于任意 $\lambda > 0$, 问题 (9.11) 的最优解 (c^*, ξ^*) 显然满足如下的一阶条件:

$$\begin{cases} \dfrac{\partial U}{\partial c}(t, c^*(t)) = \lambda\rho(t), & \forall t \in [0, T], \\ V'(\xi^*) = \lambda\rho(T). \end{cases} \qquad (9.12)$$

对每个 t, 令 $I(t, \cdot)$ 为 $\dfrac{\partial U}{\partial c}(t, \cdot)$ 的反函数, 则易知 $I(t, \cdot)$ 为 $(0, \infty)$ 上的连续、严格减函数且满足

$$I(t, 0) := \lim_{y \downarrow\downarrow 0} I(t, y) = \infty, \quad I(t, \infty) := \lim_{y \uparrow\uparrow \infty} I(t, y) = 0.$$

此外, 令 J 为 V' 的反函数, 则易知 J 为 $(0, \infty)$ 上的连续、严格减函数且满足

$$J(0) := \lim_{y \downarrow\downarrow 0} J(y) = \infty, \quad J(\infty) := \lim_{y \uparrow\uparrow \infty} J(y) = 0.$$

因此, 一阶条件 (9.12) 可以写为

$$\begin{cases} c^*(t) = I(t, \lambda\rho(t)), & \forall t \in [0, T], \\ \xi^* = J(\lambda\rho(T)). \end{cases} \qquad (9.13)$$

对于任意 $\lambda > 0$, 上述定义的 (ξ^*, c^*) 自动都是严格正的. 也就是说, 问题 (9.11) 中的约束条件其实是不起作用的.

因此, 从以上讨论可知: 对任意 $\lambda > 0$, 问题 (9.9) 的最优解由 (9.13) 给出. 为了最终解决问题 (9.8), 还需要定好 λ 的值. 实际上, λ 的值由以下方程给定:

$$\mathbb{E}\left[\int_0^T \rho(t)I(t,\lambda\rho(t))dt + \rho(T)J(\lambda\rho(T))\right] = x. \tag{9.14}$$

我们总结一下第一个步骤的结论: 先解方程 (9.14), 定好 λ 的值, 然后问题 (9.9) 的最优解由 (9.13) 给出.

最后, 我们再来完成第二个步骤: "实现" 问题. 实际上, 该问题已经在引理 9.3 的证明过程中解决了, 不再赘述.

下面给出直接求解问题 (9.3) 的一个例子.

假设 $U(t,c) = e^{-\beta t}\ln c, \forall t \in [0,T]$, 其中 $\beta \geqslant 0$, 又设 $V(x) = \ln x$. 我们有

$$I(t,y) = e^{-\beta t}y^{-1}, \quad J(y) = y^{-1}.$$

这时方程 (9.14) 就是

$$\int_0^T e^{-\beta t}\frac{1}{\lambda}dt + \frac{1}{\lambda} = x.$$

该方程的解为

$$\lambda = \frac{1 + \beta - e^{-\beta T}}{\beta x}.$$

由 (9.13), 问题 (9.9) 的最优解是

$$c^*(t) = \frac{\beta e^{-\beta t}x}{\rho(t)(1 + \beta - e^{-\beta T})}, \quad \xi^* = \frac{\beta x}{\rho(T)(1 + \beta - e^{-\beta T})}.$$

这样就完成了第一个步骤. 下面按照引理 9.3 的证明过程来完成第二个步骤. 容易算得

$$\int_0^T \rho(t)c^*(t)dt + \rho(T)\xi^* = x.$$

于是

$$M(t) = \mathbb{E}\left[\int_0^T \rho(t)c^*(t)dt + \rho(T)\xi^* \,\bigg|\, \mathcal{F}_t\right] = x.$$

从而 $\phi(t) = 0$.

$$\pi^*(t) = (\sigma(t)^{-1})^{\tau}\theta(t)X(t),$$

其中

$$X(t) = \frac{\beta + e^{-\beta t} - e^{-\beta T}}{1 + \beta - e^{-\beta T}} \cdot \frac{x}{\rho(t)}.$$

从中可以看出, 在每个时刻 t,

$$\frac{\pi^*(t)}{X(t)} = (\sigma(t)^{-1})^\tau \theta(t).$$

该向量表示了在各只股票上的最优投资比例, 即投资在各只股票 i 上的资金 $\pi_i^*(t)$ 在总财富 $X(t)$ 中的占比. 我们发现, 最优交易策略很简单, 就是在每个时刻 t 都是把总财富按照比例向量 $(\sigma(t)^{-1})^\tau \theta(t)$ 在各只股票间进行配置. 此外, 还可算得

$$\frac{c^*(t)}{X(t)} = \frac{\beta e^{-\beta t}}{\beta + e^{-\beta t} - e^{-\beta T}}.$$

这是最优消费占总财富的比重.

§9.3 均值-风险投资组合选择

本节研究均值-风险投资组合选择问题, 它是 Markowitz 均值-方差投资组合理论的一个自然推广. 本节内容取自 Jin et al. (2005) 和 Zhou(2008).

§9.3.1 一般均值-风险模型框架

下面我们假设 $d = m$, 并且假定市场参数 $r(t)$, $\mu(t)$ 和 $\sigma(t)$ 满足 §9.2 中的条件. 这时市场是完全的, 并且存在唯一的风险中性测度 $\mathbb{Q}$, $d\mathbb{Q}/d\mathbb{P}|_{\mathcal{F}_t} = Z_t$, 其中 $Z(t)$ 由 (9.5) 给出.

> **定义 9.5** 满足 $\mathbb{E}\left[\int_0^T |\pi(t)|^2 dt\right] < \infty$ 的自融资交易策略称为 L^2-容许的.

我们用 $\mathcal{A}_2(x)$ 表示初始财富为 x 的 L^2-容许的交易策略全体.

这时有

$$S_i(t) = \rho(t)^{-1} E(\rho(T)S_i(T)|\mathcal{F}_t), \quad \forall t \in [0, T],$$

其中 ρ 为定价核. 此外, 对 L^2-容许的交易策略 π, 其财富过程 $X(t)$ 满足

$$X(t) = \rho(t)^{-1} E(\rho(T)X(T)|\mathcal{F}_t), \quad \forall t \in [0, T],$$

下面考虑比较一般的均值-风险投资组合选择问题:

$$
\begin{cases}
\pi^* = \arg\min_{\pi} \mathbb{E}[f(X(T) - \mathbb{E}[X(T)])], \\
\pi \in \mathcal{A}_2(x_0), \quad \mathbb{E}[X(T)] = z,
\end{cases}
\tag{9.15}
$$

其中 $x_0, z \in \mathbb{R}$, $f : \mathbb{R} \to \mathbb{R}$ 为给定的一个可测函数. Markowitz 均值-方差投资组合相应于 (9.15) 中 $f(x) = x^2$ 情形.

由于市场是完全的, 均值-风险投资组合选择问题 (9.15) 可以归结为如下静态优化问题

$$
\begin{cases}
\xi^* = \arg\min_{\xi} \mathbb{E}[f(\xi - z)], \\
\xi \in L^2(\mathcal{F}_T, \mathbb{R}), \quad \mathbb{E}[\xi] = z, \quad \mathbb{E}[\rho(T)\xi] = x_0
\end{cases}
\tag{9.16}
$$

和一复制未定权益问题. 假定 ξ^* 是问题 (9.16) 的解, 由 (9.1) 知, 复制问题归结为对下述倒向随机微分方程 (BSDE)

$$
\begin{cases}
dX(t) = [r(t)X(t)dt + Z(t)^\tau \sigma(t)^{-1} b(t)]dt + Z(t)^\tau dW(t), \\
X(T) = \xi^*,
\end{cases}
\tag{9.17}
$$

求出其解 (X, Z), 然后再令

$$
\pi(t) = (\sigma(t)^{-1})^\tau Z(t).
\tag{9.18}
$$

在一般均值-风险模型下, BSDE (9.17) 通常没有解析解.

§9.3.2　加权均值-方差模型

本节考虑 Markowitz 均值-方差的一个最简单推广: 加权均值-方差模型. 令 $Y = \xi - z$, 考虑如下静态优化问题:

$$
\begin{cases}
Y^* = \arg\min_{Y} \alpha \mathbb{E}[Y_+^2] + \mathbb{E}[Y_-^2], \\
Y \in L^2(\mathcal{F}_T, \mathbb{R}), \quad \mathbb{E}[Y] = 0, \quad \mathbb{E}[\rho Y] = y_0,
\end{cases}
\tag{9.19}
$$

其中 $\alpha > 0$ 是一预先给定的正常数, $\rho = \rho(T)$, $y_0 = x_0 - z\mathbb{E}[\rho]$. 为了解此优化问题, 我们采用 Langrange 乘子方法, 首先对任何一对乘子 (λ, μ), 解如下问题:

$$
\min_{Y \in L^2(\mathcal{F}_T, \mathbb{R})} \mathbb{E}[\alpha Y_+^2 + Y_-^2 - 2(\lambda - \mu\rho)Y].
\tag{9.20}
$$

引理 9.6　问题 (9.20) 的唯一解为 $Y^* = \dfrac{(\lambda - \mu\rho)_+}{\alpha} - (\lambda - \mu\rho)_-$.

证明　对任意 $Y \in L^2(\mathcal{F}_T, \mathbb{R})$, 我们有

$$
\alpha Y_+^2 + Y_-^2 - 2(\lambda - \mu\rho)Y
$$

$$= \alpha \left(Y_+^2 - 2\frac{\lambda - \mu\rho}{\alpha} Y_+ \right) + Y_-^2 + 2(\lambda - \mu\rho)Y_-$$

$$= \alpha \left(Y_+ - \frac{\lambda - \mu\rho}{\alpha} \right)^2 - \frac{(\lambda - \mu\rho)^2}{\alpha} + (Y_- + \lambda - \mu\rho)^2 - (\lambda - \mu\rho)^2$$

$$\geqslant -\frac{(\lambda - \mu\rho)_+^2}{\alpha} - (\lambda - \mu\rho)_-^2$$

$$= \alpha(Y_+^*)^2 + (Y_-^*)^2 - 2(\lambda - \mu\rho)Y^*.$$

这表明 Y^* 是问题 (9.20) 的唯一解. □

我们将下一定理的证明留给读者作为练习.

定理 9.7　问题 (9.19) 的唯一解为

$$Y^* = \frac{(\lambda - \mu\rho)_+}{\alpha} - (\lambda - \mu\rho)_-,$$

其中 (λ, μ) 是如下方程组的唯一解:

$$\begin{cases} \dfrac{\mathbb{E}[(\lambda - \mu\rho)_+]}{\alpha} - \mathbb{E}[(\lambda - \mu\rho)_-] = 0, \\ \dfrac{\mathbb{E}[\rho(\lambda - \mu\rho)_+]}{\alpha} - \mathbb{E}[\rho(\lambda - \mu\rho)_-] = y_0. \end{cases}$$

对加权均值-方差模型, BSDE (9.17) 也没有解析解. 但当 $\alpha = 1$, 这一加权均值-方差模型退化为 Markowitz 均值-方差模型. 这时问题 (9.19) 的唯一解为 $Y^* = \lambda - \mu\rho$, 其中 (λ, μ) 是如下线性方程组的唯一解:

$$\mathbb{E}[\rho(\lambda - \mu\rho)] = y_0, \quad \mathbb{E}[\lambda - \mu\rho] = 0,$$

即有

$$\lambda = -\frac{y_0 \mathbb{E}[\rho]}{\mathrm{Var}(\rho)}, \quad \mu = -\frac{y_0}{\mathrm{Var}(\rho)}. \tag{9.21}$$

下面假定 $r(t)$, $\mu_i(t)$ 和 $\sigma_{i,j}(t)$ 都是有界可测函数, 我们可以通过计算条件数学期望首先求出 $X(t)$, 然后求出最优投资策略 π^*.

> **定理 9.8**　假定 $r(t)$, $\mu_i(t)$ 和 $\sigma_{i,j}(t)$ 都是有界可测函数, 则 Markowitz 均值-方差问题的最优投资策略为
>
> $$\pi^*(t) = -(\sigma(t)^\tau)^{-1}\theta(t)\Big(X^*(t) - (\lambda - z)e^{-\int_t^T r(s)ds}\Big), \tag{9.22}$$
>
> $$X^*(t) = (\lambda - z)\exp\Big\{-\int_t^T r(s)ds\Big\} - \mu e^{-\int_t^T (2r(s)-|\theta(s)|^2)ds}\rho(t), \tag{9.23}$$
>
> (λ, μ) 由 (9.12) 式给出, 其中
>
> $$\mathbb{E}[\rho] = \exp\Big\{-\int_0^T r(s)ds\Big\}, \quad \mathbb{E}[\rho^2] = \exp\Big\{\int_0^T (|\theta(s)|^2 - 2r(s))ds\Big\}. \tag{9.24}$$

　　证明　由于 $\rho(t) = \exp\Big\{-\int_0^t r(s)ds\Big\}Z(t)$, $\{Z(t), t \geqslant 0\}$ 为由 (9.5) 式定义的鞅, 我们立得 (9.24), 并且有

$$\mathbb{E}[\rho|\mathcal{F}_t] = e^{-\int_t^T r(s)ds}\rho(t), \quad \mathbb{E}[\rho^2|\mathcal{F}_t] = e^{-\int_t^T (2r(s)-|\theta(s)|^2)ds}\rho(t)^2.$$

由于 $X^*(T) = Y^* - z = \lambda - \mu\rho - z$, 我们有

$$X^*(t) = \rho(t)^{-1}\mathbb{E}\Big[(\lambda - \mu\rho - z)\rho|\mathcal{F}_t\Big].$$

由此立刻推得 (9.23). 从而有

$$dX^*(t) = \mu e^{-\int_t^T (2r(s)-|\theta(s)|^2)ds}\rho(t)\theta(t)^\tau dW(t) + \text{``}dt\text{项''}.$$

将此式与 (9.2) 式对比即得 (9.22). □

第十章 静态风险度量

金融市场由于面临诸多不确定性因素而产生风险, 这些风险包括市场风险、信用风险、流动性风险、操作风险等. 1988 年, 巴塞尔银行监管委员会针对信用风险提出了控制银行风险的措施. 随着金融风险事件的增加, 一种称之为风险值 (Value-at-Risk, VaR) 的风险度量方法 20 世纪 90 年代成为银行、证券公司、投资基金等金融机构进行投资风险度量与管理、资产配置、绩效评价等的重要工具. 所谓 "风险值" 是指在给定某个置信水平下, 一风险投资在未来一定时期内可能产生的损失上限. 1996 年巴塞尔银行监管委员会认可了 VaR 作为银行内部可接受的风险度量方法之一. 但由于 VaR 存在先天缺陷, 各种新的风险度量应运而生. 本章主要从理论上介绍有关的成果.

§10.1 一致风险度量

假定期末所有可能的状态及可能发生的事件是已知的, 即给定了一个可测空间 $(\Omega, \mathcal{F})$. 在交易期末的金融头寸 (这里是指扣除了投资成本的) 通常用 $(\Omega, \mathcal{F})$ 上的可测函数 ξ 来描述. 如果进一步知道可能发生事件的概率, 即假定给定了可测空间 $(\Omega, \mathcal{F})$ 上的一概率测度 $\mathbb{P}$, 则金融头寸通常用 $(\Omega, \mathcal{F}, \mathbb{P})$ 上的随机变量 ξ 来描述. 为了记号和叙述方便起见, 我们用 $X = -\xi$ 表示在交易期末的潜在损失 (potential losses). 这里的潜在损失是相对于某个参照点而言的. 如果 X 取负值, 则它表示盈余.

§10.1.1 币值风险度量和一致风险度量

所谓风险度量, 它是用一个数值 $\rho(X)$ 去量化某个潜在损失 X. 如果把我们所要考虑的潜在损失的集合记为 $\mathcal{G}$, 风险度量 ρ 就是 $\mathcal{G}$ 到 $\mathbb{R}$ 中的一个映射. 本章我们恒取 $L^\infty(\Omega, \mathcal{F})$ 或 $L^\infty(\Omega, \mathcal{F}, \mathbb{P})$ 为潜在损失的集合 $\mathcal{G}$ 或 $\mathcal{G}(\mathbb{P})$, 前者为 $(\Omega, \mathcal{F})$ 上赋一致范数 $\|\cdot\|_\infty$ 的有界 $\mathcal{F}$ 可测函数全体, 后者为前者按概率 $\mathbb{P}$ 的等价类全体. 在前一种情形, 状态及可能的事件发生的概率 $\mathbb{P}$ 是未知的, 或者不为市场共识, 这时的风险度量称为无模型的 (model free). 在后一种情形下的风险度量称为模型依赖的 (model-dependent). 在模型依赖情形下, 很自然地, 我们恒假定风险度量 ρ 满足如下性质: 如果 $X = Y$, $\mathbb{P}$-a.s., 则有 $\rho(X) = \rho(Y)$.

我们只考虑单期的不确定性, 从而只研究静态风险度量.

定义 10.1　称 $\mathcal{G}$ 到 $\mathbb{R}$ 中的一个映射 ρ 为一币值风险度量 (monetary risk measure), 简称风险度量, 如果它满足两个条件.

(1) 单调性: 对所有满足 $X \leqslant Y$ 的 $X, Y \in \mathcal{G}$, 有 $\rho(Y) \leqslant \rho(X)$.

(2) 平移不变性: 对所有 $X \in \mathcal{G}$ 及任意实数 α, 有

$$\rho(X + \alpha) = \rho(X) + \alpha.$$

注　任意币值风险度量 ρ 关于 $\mathcal{G}$ 上一致范数 $||\cdot||_\infty$ Lipschitz 连续:

$$|\rho(X) - \rho(Y)| \leqslant ||X - Y||_\infty. \tag{10.1}$$

事实上, 显然有 $X \leqslant Y + ||X - Y||_\infty$, 故由单调性以及平移不变性得

$$\rho(X) \leqslant \rho(Y) + ||X - Y||_\infty.$$

由于 X 和 Y 地位对称, 故得 (10.1).

给定某个潜在损失 X, 对 $\alpha \in (0, 1)$, X 的置信水平为 $1 - \alpha$ 的风险值 $\text{VaR}_\alpha(X)$ 定义为

$$\text{VaR}_\alpha(X) = \inf\{x \in \mathbb{R} : \mathbb{P}[X > x] \leqslant \alpha\}.$$

对 $\alpha = 0$, 我们有

$$\text{VaR}_0(X) = \lim_{\alpha \to 0} \text{VaR}_\alpha(X) = \operatorname{ess\,sup}(X).$$

显然 VaR_α 是一币值风险度量, 但可以构造例子说明 VaR_α 不满足次可加性. 例如, 设 X 和 Y 是两个独立同分布随机变量, 满足 $\mathbb{P}(X = 0) = 0.95, \mathbb{P}(X = 1) = 0.05$, 则 $\text{VaR}_{0.05}(X) = \text{VaR}_{0.05}(Y) = 0$, 但由于

$$\mathbb{P}(X + Y = 0) = 0.9025, \quad \mathbb{P}(X + Y = 1) = 0.095, \quad \mathbb{P}(X + Y = 2) = 0.0025,$$

我们有 $\text{VaR}_{0.05}(X + Y) = 1$.

许多金融经济学家认为, 一个合理的风险度量应当满足次可加性 (subadditivity). Embrechts et al.(2000) 指出: VaR 方法仅针对椭圆分布具有次可加性. 为了克服 VaR 的这一缺点, Artzner et al. (1997, 1999) 引入了一致风险度量 (coherent risk measure) $\rho : \mathcal{G} \to \mathbb{R}$, 它首先是一币值风险度量 (即满足上述的单调性和平移不变性), 还具有以下两条性质.

(3) 正齐次性: 对所有 $\lambda \geqslant 0$ 及任意 $X \in \mathcal{G}$, 有 $\rho(\lambda X) = \lambda \rho(X)$.

(4) 次可加性: 对所有的 $X_1, X_2 \in \mathcal{G}$, 有 $\rho(X_1 + X_2) \leqslant \rho(X_1) + \rho(X_2)$.

由一致风险度量 ρ 的正齐次性推知 $\rho(0) = 0$. 于是对所有 $X \in \mathcal{G}$, 我们有 $0 = \rho(X - X) \leqslant \rho(X) + \rho(-X)$, 从而有

$$\rho(X) \geqslant -\rho(-X). \tag{10.2}$$

例 1　令

$$\rho_{\max}(X) = \sup_{\omega \in \Omega} X(\omega), \quad \forall X \in \mathcal{G}.$$

容易验证 $\rho_{\max}$ 为一致风险度量, 称为最坏情形 (worst-case) 风险度量.

例 2　对某个 $\lambda \in (0, 1]$, 令

$$\mathcal{Q}_\lambda = \{Q \in \mathcal{M}_1(\mathbb{P}) : d\mathbb{Q}/d\mathbb{P} \leqslant 1/\lambda\}.$$

则可以验证: 如下定义的

$$\pi_\lambda(X) := \sup_{\mathbb{Q} \in \mathcal{Q}_\lambda} E_{\mathbb{Q}}(X)$$

是一致风险度量.

我们以后将看到 (见定理 10.20), π_λ 具有如下表示形式:

$$\pi_\lambda(X) = \frac{1}{\lambda} \int_0^\lambda \mathrm{VaR}_\gamma(X) d\gamma.$$

这种表示是通过 VaR 的平均给出的, 称为水平 λ 的平均 VaR, 记为 AVaR_λ.

§10.1.2　一致风险度量的表示

首先考虑无模型情形, 即设 $\mathcal{G} = L^\infty(\Omega, \mathcal{F})$. 令 $\mathcal{M}_{1,f}$ 和 $\mathcal{M}_1$ 分别表示 $(\Omega, \mathcal{F})$ 上的有限可加的概率测度全体和可列可加的概率测度全体.

下一定理来自 Artzner et al. (1999), 这里给出的证明简化了定理的原始证明, 它是对下面定理 10.6 的证明的一个模仿.

定理 10.2　$\rho : \mathcal{G} \to \mathbb{R}$ 是一致风险度量, 当且仅当存在 $\mathcal{M}_{1,f}$ 的某个子集 $\mathcal{Q}$, 使得

$$\rho(X) = \sup_{\mathbb{Q} \in \mathcal{Q}} \mathbb{E}_{\mathbb{Q}}(X), \quad \forall X \in \mathcal{G}. \tag{10.3}$$

而且, 在 (10.3) 中, $\mathcal{Q}$ 可以取为 $\mathcal{M}_{1,f}$ 的一个凸子集, 使得上式的上端可在 $\mathcal{Q}$ 中达到. 例如可令

$$\mathcal{Q} = \{\lambda \in \mathcal{M}_{1,f} : \lambda(Y) \leqslant \rho(Y), \forall Y \in \mathcal{G}\}.$$

如果 ρ 在 $\mathcal{G}$ 中是从上连续的, 即对 $X_n, X \in \mathcal{G}$, 有

$$X_n \searrow X \implies \rho(X_n) \searrow \rho(X),$$

则 $\mathcal{Q}$ 可以进一步取为 $\mathcal{M}_1$ 的一个凸子集.

证明　充分性容易验证, 下面证明必要性. 为此我们只需证明: 假定 ρ 是一致风险度量, 则对任意的 $X \in \mathcal{G}$, 存在 $\mathbb{Q}_X \in \mathcal{M}_{1,f}$, 使得 $\mathbb{Q}_X(X) = \rho(X)$, 且有 $\mathbb{Q}_X(Y) \leqslant \rho(Y), \forall Y \in \mathcal{G}$, 因为这时就有

$$\rho(X) = \sup_{\mathbb{Q} \in \mathcal{Q}_0} \mathbb{E}_\mathbb{Q}(X), \quad \forall \mathcal{G}, \tag{10.4}$$

其中 $\mathcal{Q}_0 = \{\mathbb{Q}_X : X \in \mathcal{G}\}$. 显然用 $\mathcal{Q}_0$ 的凸包 $\mathcal{Q}$ 代替 $\mathcal{Q}_0$, (10.4) 仍然成立.

由 ρ 和 $\mathbb{E}_\mathbb{Q}$ 的平移不变性, 我们只需考虑 $\rho(X) = 1$ 情形的 X. 令

$$\mathcal{B} = \{Y \in \mathcal{G} : \rho(Y) < 1\}.$$

容易看出 $\mathcal{B}$ 为凸集, $B_1 := \{Y \in \mathcal{G} : \|Y\|_\infty < 1\} \subset \mathcal{B}$, 且 $X \notin \mathcal{B}$. 由于 $L^\infty(\Omega, \mathcal{F})$ 的对偶空间是 $(\Omega, \mathcal{F})$ 上全变差有限的有限可加集函数全体 $ba(\Omega, \mathcal{F})$(见定理 1.12), 由凸集分离定理, 存在非零元 $\lambda \in ba(\Omega, \mathcal{F})$, 使得

$$\sup_{Y \in \mathcal{B}} \lambda(Y) \leqslant \lambda(X).$$

由于 $B_1 \subset \mathcal{B}$, 我们有 $\lambda(X) > 0$. 于是可以选择 λ 使得 $\lambda(X) = 1$. 我们将证明 λ 有如下性质:

(1) 对任何 $Y \geqslant 0, Y \in \mathcal{G}$, 有 $\lambda(Y) \geqslant 0$;

(2) $\lambda(1) = 1$;

(3) 对任何 $Y \in \mathcal{G}$, 有 $\lambda(Y) \leqslant \rho(Y)$.

事实上, 对任何 $Y \geqslant 0, Y \in \mathcal{G}, c > 0$, 我们有 $-cY \in \mathcal{B}$. 于是 $\lambda(-cY) \leqslant \lambda(X) = 1$. 由于 c 是任意的, 必须有 (1) 成立. 对任意 $0 < c < 1$, 有 $c \in \mathcal{B}$, 这蕴含 $\lambda(1) \leqslant 1$. 另一方面, 对任意 $c > 1$, 我们有 $2 - c\lambda(1) = \lambda(2X - c) \leqslant \lambda(X) = 1$, 这蕴含 $\lambda(1) \geqslant 1/c$, 从而必须有 $\lambda(1) \geqslant 1$. 于是 (2) 得证. 最后, 对任意 Y, 令 $Y_1 = Y - \rho[Y] + 1$, 则对任何 $c > 1$, 有 $Y_1/c \in \mathcal{B}$, 从而有 $\lambda(Y_1) \leqslant 1$, 故得 $\lambda(Y) \leqslant \rho(Y)$. (3) 得证. 因此 $\lambda \in \mathcal{M}_{1,f}$, 可以取作为 $\mathbb{Q}_X$.

此外, 如果进一步 ρ 是从上连续的, 则由于 $\lambda \leqslant \rho$, 故 λ 在 0 处是从上连续的, 从而 $\lambda \in \mathcal{M}_1$. □

现在考虑模型依赖情形, 即设 $\mathcal{G}(\mathbb{P}) = L^\infty(\Omega, \mathcal{F}, \mathbb{P})$. 令 $\mathcal{M}_1(\mathbb{P})$ 表示 $(\Omega, \mathcal{F})$ 上关于 $\mathbb{P}$ 绝对连续的概率测度全体.

下一定理来自 Artzner et al. (1999), 可以利用定理 10.2 直接给出它的证明 (参见下面的定理 10.6 的证明).

定理 10.3 对于 $\mathcal{G}$ 上一致风险度量 ρ, 以下条件是等价的:

(1) ρ 是从上连续的: $X_n \searrow X \implies \rho(X_n) \searrow \rho(X)$;

(2) 存在 $\mathcal{M}_1(\mathbb{P})$ 的一个子集 $\mathcal{Q}$, 使得

$$\rho(X) = \sup_{\mathbb{Q} \in \mathcal{Q}} E_{\mathbb{Q}}(X), \ \forall X \in \mathcal{G}(\mathbb{P});$$

(3) ρ 具有 "Fatou 性质" (Fatou property): 对任意 $\mathbb{P}$-a.s. 收敛到某个 X 的有界序列 (X_n), 有

$$\rho(X) \leqslant \liminf_{n \uparrow \infty} \rho(X_n).$$

---

§10.2 共单调次可加的风险度量

次可加性是一致风险度量的基本假设. 从风险厌恶的角度来看, 这似乎是合理的, 因为我们总是期望把不同的风险放在一起能够分散掉一些风险. 然而, 风险度量的次可加性的假设在某些时候是太强了. 例如, 在保险数学中有许多 "保费原理" (premium principle) 就只对共单调索赔有次可加性. 两个函数 $X, Y : \Omega \to \mathbb{R}$ 称为共单调的, 是指不存在 $\omega_1, \omega_2 \in \Omega$ 使得 $X(\omega_1) < X(\omega_2)$ 且 $Y(\omega_1) > Y(\omega_2)$.

定理 10.4 设 $X, Y : \Omega \to \mathbb{R}$, 以下两个条件是等价的:

1) X 和 Y 是共单调的;

2) 存在 $\mathbb{R}$ 上的连续非降函数 u 和 v, 使得 $u(z) + v(z) = z, z \in \mathbb{R}$, 且

$$X = u(X + Y), \quad Y = v(X + Y).$$

证明 只需证 1)$\Rightarrow$ 2). 设 X, Y 共单调. 令 $Z = X + Y$. 易知任一 $z \in Z(\Omega)$ 有唯一分解: 存在某个 $\omega \in \Omega$, 使得 $z = Z(\omega), x = X(\omega), y = Y(\omega), z = x + y$. 我们用 $u(z)$ 和 $v(z)$ 分别记 x 和 y. 则由 X 和 Y 的共单调性易知 u 和 v 为 $Z(\Omega)$ 上的非降函数.

往证 u, v 在 $Z(\Omega)$ 上连续. 首先注意对 $h > 0$ 和 $z, z + h \in Z(\Omega)$, 我们有

$$z + h = u(z+h) + v(z+h) \geqslant u(z+h) + v(z) = u(z+h) + z - u(z).$$

于是有

$$u(z) \leqslant u(z+h) \leqslant u(z) + h.$$

类似地, 对 $h > 0$ 和 $z, z - h \in Z(\Omega)$, 我们有

$$u(z) - h \leqslant u(z-h) \leqslant u(z).$$

这两个不等式蕴含 u 的连续性, 从而 v 也连续.

下面只需证明 u 和 v 可以延拓成为 $\mathbb{R}$ 上的连续非降函数. 首先将其延拓到 $Z(\Omega)$ 的闭包 $\overline{Z(\Omega)}$ 上. 如果 z 是 $Z(\Omega)$ 的单向边界点, 由于 u 和 v 是非降函数, 则通过取极限来连续延拓. 如果 z 是 $Z(\Omega)$ 的双向极限点, 则上面两个不等式蕴含双向极限吻合, 从而可以连续延拓. 最后, 通过在开集 $\mathbb{R} \setminus \overline{Z(\Omega)}$ 的每个连通区间上进行线性延拓, 可以将 u 和 v 从 $\overline{Z(\Omega)}$ 延拓到 $\mathbb{R}$, 而且保持 $u(z) + v(z) = z$ 成立. $\qquad\qquad\qquad\qquad\qquad\qquad\qquad\qquad\qquad\qquad\qquad\qquad\qquad\quad \Box$

§10.2.1 共单调次可加风险度量的表示: 无模型情形

现在我们考虑 $\mathcal{G} = L^\infty(\Omega, \mathcal{F})$ 情形. 我们用 $\mathcal{M}_{1,m}$ 表示满足 $\mu(\Omega) = 1$ 单调集函数 $\mu : \mathcal{F} \to [0,1]$ 全体.

设 $\mu \in \mathcal{M}_{1,m}$, $X \in \mathcal{G}$, X 关于 μ 的 Choquet 积分定义为

$$\mu(X) := \int_{-\infty}^{0} [\mu(X \geqslant x) - 1] dx + \int_{0}^{\infty} \mu(X \geqslant x) dx.$$

这是 Choquet (1953—1954) 在研究容度理论时首次引入的.

下面我们介绍与 Choquet 积分相关的一些结论, 其证明可以参考 Denneberg (1994) 或 Yan(2010).

令 $\mu \in \mathcal{M}_{1,m}, X, Y \in \mathcal{G}$. Choquet 积分具有以下性质:

(1) 正齐次性: 如果 $c \geqslant 0$, 那么 $\mu(cX) = c\mu(X)$;

(2) 单调性: $X \leqslant Y$ 蕴含 $\mu(X) \leqslant \mu(Y)$;

(3) 平移不变性: $\mu(X + c) = \mu(X) + c, \forall c \in \mathbb{R}$;

(4) 共单调可加性: 如果 X 和 Y 是共单调的, 则有 $\mu(X+Y) = \mu(X) + \mu(Y)$.

下一定理是所谓的 Greco 表示定理, 证明见 Denneberg (1994) 或 Yan (2010).

定理 10.5 令 $\mathcal{H}$ 为 Ω 上的一族有界函数, 具有以下性质:

1° 设 $X \in \mathcal{H}$, 则对任何 $a \in \mathbb{R}_+$, 有 $aX, X \wedge a, X - X \wedge a \in \mathcal{H}$;

2° 设 $X \in \mathcal{H}$, 则 $X + 1 \in \mathcal{H}$.

如果 Γ 是 $\mathcal{H}$ 上的一个实泛函, 具有单调性和共单调可加性, 那么存在 2^Ω (Ω 的子集全体) 上的单调集函数 γ, 使得 $\forall X \in \mathcal{H}, \gamma(X) = \Gamma(X)$.

令 $\mathcal{Q}$ 为 $\mathcal{M}_{1,m}$ 的一个子集. 定义风险度量 ρ:

$$\rho(X) = \sup_{\mu \in \mathcal{Q}} \mu(X), \quad X \in \mathcal{G}, \tag{10.5}$$

其中 $\mu(X)$ 为 X 关于 μ 的 Choquet 积分. 容易验证 ρ 满足单调性、正齐次性、平移不变性和共单调次可加性.

Song and Yan (2006) 建议把次可加性替换为较弱的共单调次可加性.

(4)′ 共单调次可加性: 对所有共单调的 $X_1, X_2 \in \mathcal{G}$, 有

$$\rho(X_1 + X_2) \leqslant \rho(X_1) + \rho(X_2),$$

并称满足单调性、平移不变性、正齐次性和共单调次可加性的风险度量为共单调次可加风险度量. 可以证明 VaR 实际上具有共单调可加性.

下一定理 (来自 Song and Yan (2006)) 表明: 任意具有正齐次性和共单调次可加性的风险度量有 (10.5) 式的表示.

定理 10.6　设 $\rho : \mathcal{G} \to \mathbb{R}$ 为一具有正齐次性和共单调次可加性的风险度量, 则

$$\rho(X) = \max_{\mu \in \mathcal{M}} \mu(X), \quad X \in \mathcal{G},$$

其中

$$\mathcal{M} = \{\mu \in \mathcal{M}_{1,m} : \mu(Y) \leqslant \rho(Y), \ \forall \, Y \in \mathcal{G}\},$$

$\mu(X)$ 为 X 关于 μ 的 Choquet 积分.

证明　与定理 10.2 情形类似, 只需证明: 对任意 $X \in \mathcal{G}$, 存在 $\mu_X \in \mathcal{M}_{1,m}$, 使得 $\mu_X(X) = \rho(X)$, 且对任意 $Y \in \mathcal{G}$, 有 $\mu_X(Y) \leqslant \rho(Y)$. 由 ρ 和 μ 的平移不变性, 我们只需考虑 $\rho(X) = 1$ 的情形. 对于这样的 X, 令 $[X] := \{u(X) : u$ 为 $\mathbb{R}$ 上连续非降的函数$\}$, 且令

$$\mathcal{B} = \{Y \in \mathcal{G} : \exists Z \in [X], \text{ 使得 } \rho(Z) < 1, \text{ 且 } Y \leqslant Z\}.$$

容易证明 $\mathcal{B}$ 是凸的, $B_1 := \{Y \in \mathcal{G} : \|Y\| < 1\} \subset \mathcal{B}$, 且 $X \notin \mathcal{B}$. 由于 $L^\infty(\Omega, \mathcal{F})$ 的对偶空间是 $(\Omega, \mathcal{F})$ 上全变差有限的有限可加集函数全体 $ba(\Omega, \mathcal{F})$(见定理 1.12), 由凸集分离定理, 存在非平凡的 $\lambda \in ba(\Omega, \mathcal{F})$, 使得

$$\sup_{Y \in \mathcal{B}} \lambda(Y) \leqslant \lambda(X).$$

由于 $B_1 \subset \mathcal{B}$, 故有 $\lambda(X) > 0$. 因此可以选择 λ 使得 $\lambda(X) = 1$. 我们断言 λ 具有以下性质:

1° $\forall Y \geqslant 0, Y \in \mathcal{G}$, 有 $\lambda(Y) \geqslant 0$;

2° $\lambda(1) = 1$;

3° $\forall Y \in \mathcal{G}$, 有 $\lambda(Y) \leqslant \rho(Y)$.

事实上, $\forall Y \geqslant 0, Y \in \mathcal{G}, c > 0$, 我们有 $-cY \in \mathcal{B}$. 于是 $\lambda(-cY) \leqslant \lambda(X) = 1$. 由于 c 是任意的, 我们得到 1°.

$\forall 0 < c < 1, c \in \mathcal{B}$. 由于 $c < 1$ 是任意的, 这蕴含 $\lambda(1) \leqslant 1$. 另一方面, $\forall c > 1$, 我们有

$$2 - c\lambda(1) = \lambda(2X - c) \leqslant \lambda(X) = 1,$$

这蕴含了 $\lambda(1) \geqslant 1/c$. 由于 $c > 1$ 是任意的, 故有 $\lambda(1) \geqslant 1$. 这证明了 2°.

最后, $\forall Y \in [X]$, 令 $Y_1 = Y - \rho[Y] + 1$, 则对 $c > 1$, $Y_1/c \in \mathcal{B}$. 由于 $c > 1$ 是任意的, 这蕴含了 $\lambda(Y_1) \leqslant 1$, 故有 $\lambda(Y) \leqslant \rho(Y)$. 从而 3° 得证.

定义 $\pi^* : \mathcal{G} \to \mathbb{R}$

$$\pi^*(Y) := \sup\{\lambda(Z) : Z \leqslant Y, Z \in [X]\}, \quad Y \in \mathcal{G}.$$

显然 π^* 具有单调性、正齐次性以及以下性质:

$$\pi^*(Y) \leqslant \rho(Y), \ \forall Y \in \mathcal{G}; \qquad \pi^*(Y) = \lambda(Y), \ \forall Y \in [X]. \tag{10.6}$$

我们断言 π^* 也具有共单调可加性. 事实上, 令 $Y_1, Y_2 \in \mathcal{G}$ 为共单调的, 那么存在 $\mathbb{R}$ 上的连续非降函数 u, v, 使得 $u(z) + v(z) = z, z \in \mathbb{R}$, 且

$$Y_1 = u(Y_1 + Y_2), \quad Y_2 = v(Y_1 + Y_2).$$

对任意满足 $Z \leqslant Y_1 + Y_2$ 的 $Z \in [X]$, 有 $u(Z), v(Z) \in [X]$, 且有

$$u(Z) \leqslant u(Y_1 + Y_2) = Y_1,$$
$$v(Z) \leqslant v(Y_1 + Y_2) = Y_2.$$

因此

$$\pi^*(Y_1) + \pi^*(Y_2) \geqslant \lambda(u(Z)) + \lambda(v(Z)) = \lambda(Z).$$

由 π^* 的定义, 我们得出

$$\pi^*(Y_1 + Y_2) \leqslant \pi^*(Y_1) + \pi^*(Y_2).$$

由 π^* 的定义, 相反的不等式是显然的. 因此, π^* 具有共单调可加性.

由 Greco 表示定理, 存在 2^Ω 上的单调集函数 μ_X 使得 $\mu_X(Y) = \pi^*(Y)$, $\forall\, Y \in \mathcal{G}$. 由 (10.6) 得到 $\mu_X \in \mathcal{M}$ 以及

$$\mu_X(X) = \pi^*(X) = \lambda(X) = \rho(X). \qquad \qquad \square$$

§10.2.2　共单调次可加风险度量的表示: 模型依赖情形

现在假设市场中存在一个概率模型, 即给定了一个概率测度 $\mathbb{P}$. 这时 $\mathcal{G}(\mathbb{P}) = L^\infty(\Omega, \mathcal{F}, \mathbb{P})$.

下面将函数的共单调性和 Choquet 积分的概念推广到随机变量情形.

定义 10.7　两个实值的随机变量 X, Y 称为共单调的, 如果存在 $\Omega_0 \in \mathcal{F}$, 满足 $\mathbb{P}(\Omega_0) = 1$ 且不存在 $\omega_1, \omega_2 \in \Omega_0$, 使得 $X(\omega_1) < X(\omega_2)$ 且 $Y(\omega_1) > Y(\omega_2)$.

容易由定理 10.4 证明: 随机变量 X 和 Y 共单调, 当且仅当存在 $\mathbb{R}$ 上的连续非降函数 u, v, 使得 $u(z) + v(z) = z, z \in \mathbb{R}$, 且 $X = u(X + Y), Y = v(X + Y)$, a.s..

定义 10.8　$\mu \in \mathcal{M}_{1,m}$ 称为关于 P 绝对连续, 如果对于任意满足 $P(A\Delta B) = 0$ 的 $A, B \in \mathcal{F}$, 有 $\mu(A) = \mu(B)$.

我们将 $\mathcal{M}_{1,m}$ 中关于 $\mathbb{P}$ 绝对连续的容度全体记为 $\mathcal{M}_{1,m}(\mathbb{P})$.

对于 $\mu \in \mathcal{M}_{1,m}, X \in \mathcal{G}(\mathbb{P})$, 在前面定义的 Choquet 积分可能不存在. 所以对 $X \in \mathcal{G}(\mathbb{P})$, 我们只考虑关于 $\mu \in \mathcal{M}_{1,m}(\mathbb{P})$ 的 Choquet 积分. 在这种情形下, Choquet 积分具有以下 "a.s. 单调性": $X \leqslant Y$ a.s. 蕴含 $\mu(X) \leqslant \mu(Y)$, 以及 "a.s. 共单调可加性": 如果 X, Y 是 a.s. 共单调的, 则 $\mu(X + Y) = \mu(X) + \mu(Y)$. 这些性质是空间 $L^\infty(\Omega, \mathcal{F})$ 上的 Choquet 积分的简单推论. 因此, 今后在提到这些性质时, 我们省去前缀 "a.s.".

下一定理是 Greco 表示定理的一个简单推论.

定理 10.9　如果 Γ 是 $\mathcal{G}(\mathbb{P})$ 上的一个实值的泛函满足 $\Gamma(1) = 1$, 单调性以及共单调可加性, 那么存在 $\gamma \in \mathcal{M}_{1,m}(\mathbb{P})$, 使得对所有的 $X \in \mathcal{G}(\mathbb{P})$, 有 $\gamma(X) = \Gamma(X)$.

证明　令 $\mathcal{H} = L^\infty(\Omega, \mathcal{F})$, 那么 Γ 限制在 $\mathcal{H}$ 上满足 Greco 表示定理的条件. 因此, 存在 2^Ω 上的单调集函数 γ, 使得对所有 $X \in \mathcal{H}$, $\gamma(X) = \Gamma(X)$. 对于 $A, B \in \mathcal{F}$ 使得 $P(A\Delta B) = 0$, 我们有 $\Gamma(I_A) = \Gamma(I_B)$, 从而 $\gamma(A) = \gamma(B)$. 于是 $\gamma \in \mathcal{M}_{1,m}(\mathbb{P})$. 由此, 易证对所有的 $X \in \mathcal{G}(\mathbb{P})$, $\gamma(X) = \Gamma(X)$. $\qquad \square$

令 $\mathcal{Q}$ 为 $\mathcal{M}_{1,m}(\mathbb{P})$ 的一个子集. 定义风险度量 ρ:

$$\rho(X) = \sup_{\mu \in \mathcal{Q}} \mu(X), \quad X \in \mathcal{G}(\mathbb{P}),$$

其中 $\mu(X)$ 为 X 关于 μ 的 Choquet 积分. 容易验证 ρ 满足单调性、正齐次性、平移不变性和共单调次可加性.

事实上, 下一定理 (来自 Song and Yan (2006)) 表明: $\mathcal{G}(\mathbb{P})$ 上任意具有正齐次性和共单调次可加性的风险度量有如上形式的表示.

定理 10.10　设 $\rho : \mathcal{G}(\mathbb{P}) \to \mathbb{R}$ 为一具有正齐次性和共单调次可加性的风险度量, 则

$$\rho(X) = \max_{\mu \in \mathcal{M}(\mathbb{P})} \mu(X), \quad X \in \mathcal{G}(\mathbb{P}),$$

其中

$$\mathcal{M} = \{\mu \in \mathcal{M}_{1,m}(\mathbb{P}): \ \mu(Y) \leqslant \rho(Y), \ \forall \, Y \in \mathcal{G}(\mathbb{P})\},$$

$\mu(X)$ 为 X 关于 μ 的 Choquet 积分.

证明　令 $ba(\Omega, \mathcal{F}, \mathbb{P})$ 表示关于 $\mathbb{P}$ 绝对连续的具有有限变差的有限可加测度 μ 全体构成的空间. 注意到 $ba(\Omega, \mathcal{F}, \mathbb{P})$ 为 $L^{\infty}(\Omega, \mathcal{F}, \mathbb{P})$ 的对偶空间 (见定理 1.12), 类似于定理 10.6 的证明, 我们可以证明此定理.

下面基于定理 10.6, 我们给出定理的另一证明. 我们将 ρ 视为 $L^{\infty}(\Omega, \mathcal{F})$ 上的泛函. 那么由定理 10.6, 有

$$\rho(X) = \max_{\mu \in \mathcal{M}} \mu(X), \quad \forall X \in L^{\infty}(\Omega, \mathcal{F}).$$

因此, 对任意给定的 $X \in L^{\infty}(\Omega, \mathcal{F})$, 存在 $\mu_X \in \mathcal{M}$, 使得 $\mu_X(X) = \rho(X)$. 令 $[X] := \{u(X): \ u$ 为 $\mathbb{R}$ 上连续非降的函数$\}$, 我们定义 $\Gamma : L^{\infty}(\Omega, \mathcal{F}) \to \mathbb{R}$ 为

$$\Gamma(Y) := \sup\{\mu_X(Z): \ Z \leqslant Y, \ \text{a.s.} \ Z \in [X]\}.$$

类似于定理 10.6 的证明, Γ 具有单调性、正齐次性、共单调可加性, 以及下面的性质:

$$\Gamma(Y) \leqslant \rho(Y), \ \forall Y \in L^{\infty}(\Omega, \mathcal{F});$$

$$\Gamma(Y) \geqslant \mu_X(Y), \ \forall Y \in [X];$$

$$\text{如果 } Y_1, Y_2 \in L^{\infty}(\Omega, \mathcal{F}), \ Y_1 = Y_2, \text{a.s.}, \text{则} \Gamma(Y_1) = \Gamma(Y_2).$$

由定理 10.6, 存在 $\mu_X^* \in \mathcal{M}_{1,m}$ 使得对所有的 $Y \in L^{\infty}(\Omega, \mathcal{F})$, $\mu_X^*(Y) = \Gamma(Y)$. 于是有 $\mu_X^* \in \mathcal{M}(\mathbb{P})$, 以及 $\mu_X^*(X) = \Gamma(X) = \rho(X)$.　□

§10.3 凸风险度量

一致风险度量的正齐次性蕴含风险关于头寸的增长是线性的, 这不太符合实际. 例如, 流动性风险关于头寸的增长就是非线性的. Föllmer and Schied (2002) 和 Frittelli and Rosazza Gianin (2002) 独立地建议用较弱的 "凸性" 假设代替 "正齐次性" 和 "次可加性" 假设:

(5) 凸性: 设 $X, Y \in \mathcal{G}$, 则

$$\forall \lambda \in (0, 1), \quad \rho(\lambda X + (1 - \lambda)Y) \leqslant \lambda \rho(X) + (1 - \lambda)\rho(Y).$$

称具有凸性的风险度量为凸风险度量. 由于凸风险度量 ρ 不必具有正齐次性, 所以不必有 $\rho(0) = 0$.

考虑某个可以对两种未定收益进行投资的投资者. 一种投资策略为把全部资源投资到第一种未定收益, 可以得到 X; 另一种投资策略为全部投资到第二种未定权益, 可以得到 Y. 如果分散投资, 仅把资源的 λ 份额投资到第一种未定权益, 把剩余部分投资到第二种未定权益, 可以得到 $\lambda X + (1 - \lambda)Y$. 这样, 凸性公理蕴含了分散投资不会增加风险.

例 3 考虑 $\mathbb{R}$ 上的效用函数 u. 对概率测度 $\mathbb{Q} \in \mathcal{M}_1$, 固定某个阈值 $c \in \mathbb{R}$. 定义如下的风险度量

$$\rho(X) = \inf\{m | E_{\mathbb{Q}}[u(X + m)] \geqslant u(c)\}.$$

显然 ρ 为凸风险度量.

这一节介绍 Föllmer and Schied (2004) 中关于凸风险度量的主要结果, 这些结果可以采用 Song and Yan (2006) 有关共单调凸风险度量的表示的推理方法来证明 (参见下面的定理 10.15 和定理 10.16 的证明). 因此这里证明从略.

§10.3.1 凸风险度量的表示: 无模型情形

我们考虑 $\mathcal{G} = L^{\infty}(\Omega, \mathcal{F})$ 的情形. 令 $\alpha : \mathcal{M}_{1,f} \to \mathbb{R} \cup \{+\infty\}$ 为一泛函, 使得

$$\inf_{\mathbb{Q} \in \mathcal{M}_{1,f}} \alpha(\mathbb{Q}) \in \mathbb{R}.$$

对每个 $Q \in \mathcal{M}_{1,f}$, 泛函 $X \to \mathbb{E}_{\mathbb{Q}}[X] - \alpha(\mathbb{Q})$ 在 $\mathcal{G}$ 上是凸的、单调的、平移不变的. 当对 $\mathbb{Q} \in \mathcal{M}_{1,f}$ 取上端 (supreme) 时, 这些性质是保持的. 因此,

$$\rho(X) = \sup_{\mathbb{Q} \in \mathcal{M}_{1,f}} (\mathbb{E}_{\mathbb{Q}}[X] - \alpha(\mathbb{Q}))$$

定义了 $\mathcal{G}$ 上的一凸风险度量, 并且

$$\rho(0) = -\inf_{\mathbb{Q} \in \mathcal{M}_{1,f}} \alpha(\mathbb{Q}).$$

我们称函数 α 为 $\mathcal{M}_{1,f}$ 上表示凸风险度量 ρ 的一个惩罚函数.

定理 10.11　$\mathcal{G}$ 上的任意凸的风险度量 ρ 具有以下形式:

$$\rho(X) = \sup_{\mathbb{Q} \in \mathcal{M}_{1,f}} (\mathbb{E}_{\mathbb{Q}}[X] - \alpha_{\rho}(\mathbb{Q})), \quad X \in \mathcal{G},$$

其中惩罚函数 α_{ρ} 由下式给出:

$$\alpha_{\rho}(\mathbb{Q}) = \sup_{X \in \mathcal{G}} (\mathbb{E}_{\mathbb{Q}}[X] - \rho(X)),$$

它是 Banach 空间 $\mathcal{G}$ 上凸函数 ρ 的 Fenchel-Legendre 变换, 或者共轭函数. 此外, α_{ρ} 为表示 ρ 的最小惩罚函数, 即对任意表示 ρ 的惩罚函数 α, 有

$$\alpha(\mathbb{Q}) \geqslant \alpha_{\rho}(\mathbb{Q}), \quad \forall \mathbb{Q} \in \mathcal{M}_{1,f}.$$

定理 10.12　令 ρ 为从上连续的凸的风险度量:

$$X_n \searrow X \Longrightarrow \rho(X_n) \searrow \rho(X),$$

并且假定 α 为 $\mathcal{M}_{1,f}$ 上表示 ρ 的任意惩罚函数. 那么 $\alpha(\mathbb{Q}) < \infty$ 蕴含 $\mathbb{Q}$ 是概率测度, 从而这时有

$$\rho(X) = \sup_{\mathbb{Q} \in \mathcal{M}_1} (\mathbb{E}_{\mathbb{Q}}[X] - \alpha_{\rho}(\mathbb{Q})), \quad X \in \mathcal{G}.$$

---

§10.3.2　凸风险度量的表示: 模型依赖情形

在这一部分, 我们假设存在一个概率的模型, 即给定了一个概率测度 $\mathbb{P}$. 这时 $\mathcal{G}(\mathbb{P}) = L^{\infty}(\Omega, \mathcal{F}, \mathbb{P})$.

定理 10.13　$\mathcal{G}(\mathbb{P})$ 上任意凸风险度量 ρ 具有以下形式:

$$\rho(X) = \sup_{\mathbb{Q} \in \mathcal{M}_{1,f}(\mathbb{P})} (\mathbb{E}_{\mathbb{Q}}[X] - \alpha_{\rho}(\mathbb{Q})), \quad X \in \mathcal{G},$$

其中 $\mathcal{M}_{1,f}(\mathbb{P})$ 为 $\mathcal{M}_{1,f}$ 中关于 $\mathbb{P}$ 绝对连续的有限可加概率测度全体, 惩罚函数 α_{ρ} 为

$$\alpha_{\rho}(\mathbb{Q}) = \sup_{X \in \mathcal{G}(\mathbb{P})} (\mathbb{E}_{\mathbb{Q}}[X] - \rho(X)),$$

而且 α_{ρ} 为表示 ρ 的最小惩罚函数, 即任意表示 ρ 的惩罚函数 α 满足

$$\alpha(\mathbb{Q}) \geqslant \alpha_{\rho}(\mathbb{Q}), \quad \forall \mathbb{Q} \in \mathcal{M}_{1,f}(\mathbb{P}).$$

定理 10.14 对于凸的风险度量, 以下条件是等价的.

1° ρ 是从上连续的: $X_n \searrow X \implies \rho(X_n) \searrow \rho(X)$.

2° ρ 的表达式可以把最小惩罚函数 $\alpha_{\min}$ 限制在 $\mathcal{M}_1(\mathbb{P})$ 上:

$$\rho(X) = \sup_{\mathbb{Q} \in \mathcal{M}_1(\mathbb{P})} (E_{\mathbb{Q}}(X) - \alpha_{\min}(\mathbb{Q})).$$

3° ρ 具有 "Fatou 性质": 对任意 $\mathbb{P}$-a.s. 收敛到某个 X 的有界序列 (X_n), 有

$$\rho(X) \leqslant \liminf_{n \uparrow \infty} \rho(X_n).$$

§10.4 共单调凸风险度量

Song and Yan (2006) 建议把凸风险度量中的凸性公理替换为较弱的共单调凸性公理.

(5)′ 共单调凸性: 对所有共单调的 $X_1, X_2 \in \mathcal{G}$ 和所有 $\lambda \in (0,1)$, 有

$$\rho(\lambda X + (1-\lambda)Y) \leqslant \lambda\rho(X) + (1-\lambda)\rho(Y).$$

并称满足单调性、平移不变性、正齐次性和共单调凸性的风险度量为**共单调凸风险度量**.

§10.4.1 共单调凸风险度量的表示: 无模型情形

在这一部分, 我们考虑 $\mathcal{G} = L^\infty(\Omega, \mathcal{F})$ 的情形. 令 $\alpha : \mathcal{M}_{1,m} \to \mathbb{R} \cup \{+\infty\}$ 为任意使得 $\inf_{\mu \in \mathcal{M}_{1,m}} \alpha(\mu)$ 有限的泛函. 如果我们定义 $\rho : \mathcal{G} \to \mathbb{R}$ 为

$$\rho(X) := \sup_{\mu \in \mathcal{M}_{1,m}} (\mu(X) - \alpha(\mu)), \quad \forall X \in \mathcal{G},$$

则 ρ 是共单调凸风险度量.

下一定理表明任一共单调凸风险度量具有如上的表示.

定理 10.15 任一共单调凸风险度量 $\rho : \mathcal{G} \to \mathbb{R}$ 具有以下形式:

$$\rho(X) = \max_{\mu \in \mathcal{M}_{1,m}} (\mu(X) - \alpha(\mu)), \quad \forall X \in \mathcal{G},$$

其中

$$\alpha(\mu) = \sup_{\rho(X) \leqslant 0} \mu(X), \quad \mu \in \mathcal{M}_{1,m}.$$

证明　不失一般性, 我们假设 $\rho(0) = 0$. 首先, 我们证明

$$\rho(X) \geqslant \sup_{\mu \in \mathcal{M}_{1,m}} (\mu(X) - \alpha(\mu)), \quad \forall X \in \mathcal{G}.$$

事实上, 对任意 $X \in \mathcal{G}$, 令 $X_1 = X - \rho(X)$, 那么 $\rho(X_1) = 0$. 因此

$$\alpha(\mu) \geqslant \mu(X_1) = \mu(X) - \rho(X), \quad \forall \mu \in \mathcal{M}_{1,m},$$

由此推知上述结论成立. 因此, 为了证明此定理, 我们只需要证明对任意的 $X \in \mathcal{G}$, 存在 $\mu_X \in \mathcal{M}_{1,m}$ 使得

$$\rho(X) \leqslant \mu_X(X) - \alpha(\mu_X).$$

由平移不变性, 只需对满足 $\rho(X) = 0$ 的 X 证明此结论. 对于这样的 $X \in \mathcal{G}$, 令

$$[X] := \{u(X) : u \text{为} \mathbb{R} \text{ 上连续非降的函数}\},$$

且令

$$\mathcal{B} = \{Y \in \mathcal{G} : \exists Z \in [X] \text{ 使得 } \rho(Z) < 0, \ Y \leqslant Z\}.$$

容易证明 $\mathcal{B}$ 是凸的, $B_1 := \{Y \in \mathcal{G} : \| Y + 1 \| < 1\} \subset \mathcal{B}$, 且 $X \notin \mathcal{B}$. 由凸集分离定理, 存在非平凡的 $\lambda \in ba(\Omega, \mathcal{F})$, 使得

$$b := \sup_{Y \in \mathcal{B}} \lambda(Y) \leqslant \lambda(X).$$

我们断言:

　　1) 对任意 $Y \geqslant 0, Y \in \mathcal{G}$, 有 $\lambda(Y) \geqslant 0$;

　　2) $\lambda(1) > 0$.

　　事实上, 对任意的 $Y \geqslant 0, Y \in \mathcal{G}$ 以及 $c > 0$, 我们有 $-1 - cY \in \mathcal{B}$, $\lambda(-1 - cY) \leqslant \lambda(X)$. 由于 c 是任意的, 得到 $\lambda(Y) \geqslant 0$. 至于 2), 由于 λ 是非平凡的, 存在某个 $Y \in \mathcal{G}, \|Y\| < 1$, 使得 $\lambda(Y) > 0$. 因此, $\lambda(Y^+) > 0, \lambda(1 - Y^+) \geqslant 0$, 由此有 $\lambda(1) > 0$. 从而我们可以选择 λ, 使得 $\lambda(1) = 1$.

　　定义 $\rho^* : \mathcal{G} \to \mathbb{R}$ 为

$$\rho^*(Y) := \sup\{\lambda(Z) : Z \leqslant Y, Z \in [X]\}.$$

类似于定理 10.6 的证明, 我们可以证明 ρ^* 具有单调性、正齐次性、共单调可加性, 以及下面的性质:

$$\rho^*(Y) = \lambda(Y), \quad \forall Y \in [X].$$

因此, 由 Greco 表示定理, 存在 2^Ω 上的单调集函数 μ_X 表示 ρ^*:

$$\rho^*(Y) = \mu_X(Y), \quad \forall\, Y \in \mathcal{G}.$$

于是有

$$\mu_X(1) = \rho^*(1) = \lambda(1) = 1.$$

如果 $\rho(Y) \leqslant 0$, 那么对任意的 $\varepsilon > 0$, 有 $\rho(Y - \varepsilon) < 0$. 这样一来, 我们得到

$$\begin{aligned}
\mu_X[Y] - \varepsilon &= \mu_X(Y - \varepsilon) = \rho^*(Y - \varepsilon) \\
&= \sup\{\lambda(Z) : Z \leqslant Y - \varepsilon, Z \in [X]\} \\
&\leqslant \sup_{Z \in \mathcal{B}} \lambda(Z) = b.
\end{aligned}$$

最后, 我们有

$$\alpha(\mu_X) = \sup_{\rho(Y) \leqslant 0} \mu_X(Y) \leqslant b,$$

$$\mu_X(X) - \alpha(\mu_X) \geqslant \mu_X(X) - b = \lambda(X) - b \geqslant 0 = \rho(X). \qquad \square$$

§10.4.2 共单调凸风险度量的表示: 模型依赖情形

在这一部分, 我们假设存在一个概率模型, 即给定了一个概率测度 $\mathbb{P}$. 这时 $\mathcal{G}(\mathbb{P}) = L^\infty(\Omega, \mathcal{F}, \mathbb{P})$.

定理 10.16 如果 $\rho : \mathcal{G}(\mathbb{P}) \to \mathbb{R}$ 是共单调凸风险度量, 那么 ρ 具有以下形式

$$\rho(X) = \max_{\mu \in \mathcal{M}_{1,m}(\mathbb{P})} (\mu(X) - \alpha(\mu)), \quad X \in \mathcal{G}(\mathbb{P}),$$

其中

$$\alpha(\mu) = \sup_{\rho(X) \leqslant 0} \mu(X), \quad \mu \in \mathcal{M}_{1,m}(\mathbb{P})$$

证明 类似于定理 10.15, 我们可以根据 $ba(\Omega, \mathcal{F}, \mathbb{P})$ 为 $L^\infty(\Omega, \mathcal{F}, \mathbb{P})$ 的对偶空间这一事实来证明该定理. 下面我们给出一个基于定理 10.15 的证明.

我们可以将 ρ 视为定义在 $\mathcal{G} = L^\infty(\Omega, \mathcal{F})$ 上的凸风险度量, 那么由定理 10.15, ρ 具有以下形式:

$$\rho(X) = \max_{\mu \in \mathcal{M}_{1,m}} (\mu(X) - \alpha(\mu)), \quad X \in \mathcal{G},$$

其中

$$\alpha(\mu) = \sup_{\rho(X) \leqslant 0} \mu(X), \quad \mu \in \mathcal{M}_{1,m}.$$

因此, 对任意给定的 $X \in \mathcal{G}$, 存在 $\mu_X \in \mathcal{M}_{1,m}$, 使得 $\mu_X(X) - \alpha(\mu_X) = \rho(X)$. 令

$$[X] := \{u(X): \ u \text{为} \mathbb{R} \text{ 上连续非降的函数}\},$$

且定义 $\Gamma : \mathcal{G} \to \mathbb{R}$ 为

$$\Gamma(Y) := \sup\{\mu_X(Z): \ Z \leqslant Y, \text{ a.s. } Z \in [X]\}.$$

类似于定理 10.9 的证明, 可证 Γ 具有单调性、正齐次性、共单调可加性和如下性质:

$$\Gamma(Y) \leqslant \alpha(\mu_X) + \rho(Y), \quad \forall Y \in \mathcal{G}; \quad \Gamma(Y) \geqslant \mu_X(Y), \quad \forall Y \in [X]. \tag{10.7}$$

$$\Gamma(Y_1) = \Gamma(Y_2), \quad \text{如果} Y_1, Y_2 \in \mathcal{G}, Y_1 = Y_2, \text{ a.s..} \tag{10.8}$$

下面证明 $\Gamma(1) = 1$. 由 (10.7) 知, $\Gamma(1) \geqslant 1$. 因此只需证明 $\Gamma(1) \leqslant 1$. 我们断言: 如果 $Y \in \mathcal{G}$, $Y = 0$, a.s., 那么 $\mu_X(Y) \leqslant 0$. 事实上, 如果存在某个 $Y \in \mathcal{G}$, $Y = 0$ a.s. 使得 $\mu_X(Y) > 0$, 则对任意的 $n \in \mathbb{N}$, $\rho(nY) = 0$, 从而有

$$\alpha(\mu_X) \geqslant \mu_X(nY) = n\mu_X(Y), \quad \forall n \in \mathbb{N}.$$

由此我们得到 $\alpha(\mu_X) = +\infty$, 这与 $\mu_X(X) - \alpha(\mu_X) = \rho(X)$ 矛盾. 因此, 对任意满足 $Z \leqslant 1$, a.s. 的 $Z \in [X]$, 我们有

$$Z \vee 1 - 1 = 0, \text{ a.s., } \text{以及 } \mu_X(Z \vee 1 - 1) \leqslant 0.$$

这样一来,

$$\mu_X(Z) \leqslant \mu_X(Z \vee 1) = \mu_X(Z \vee 1 - 1) + 1 \leqslant 1.$$

因此有 $\Gamma(1) \leqslant 1$.

由 Greco 表示定理, 存在 2^Ω 上的单调集函数 μ_X^* 使得

$$\forall Y \in \mathcal{G}, \quad \mu_X^*(Y) = \Gamma(Y).$$

由 (10.7) 和 (10.8), 我们知道 $\mu_X^* \in \mathcal{M}_{1,m}(\rho)$ 且 $\mu_X^*(X) = \mu_X(X)$. 我们断言 $\alpha(\mu_X^*) \leqslant \alpha(\mu_X)$. 事实上, 对任意 $Y \in \mathcal{G}$, 使得 $\rho(Y) \leqslant 0$, 由 (10.4) 我们有

$$\mu_X^*(Y) \leqslant \rho(Y) + \alpha(\mu_X) \leqslant \alpha(\mu_X),$$

因此 $\alpha(\mu_X^*) \leqslant \alpha(\mu_X)$. $\square$

§10.5 分布不变的风险度量

我们假定存在一个概率模型, 即给定了一个概率测度 $\mathbb{P}$. 这时 $\mathcal{G}(\mathbb{P}) = L^\infty(\Omega, \mathcal{F}, \mathbb{P})$.

> **定义 10.17** $\mathcal{G}(\mathbb{P})$ 上的某个币值风险度量 ρ 称为分布不变的 (law-invariant), 如果当 X 和 Y 在概率 $\mathbb{P}$ 下具有相同的分布, 则 $\rho(X) = \rho(Y)$.

在本节我们介绍具有分布不变性的风险度量及其表示.

§10.5.1 分布不变的一致风险度量

显然, $\mathrm{VaR}_\lambda(X)$ 是分布不变的. 对 $\lambda \in (0, 1]$, 令

$$AVaR_\lambda(X) = \frac{1}{\lambda} \int_0^\lambda \mathrm{VaR}_\gamma(X) d\gamma.$$

对 $\alpha = 0$, 我们定义

$$AVaR_0(X) = \lim_{\lambda \to 0} AVaR_\lambda(X) = \mathrm{VaR}_0(X) = \operatorname{ess\,sup}(X).$$

$AVaR_\lambda$(称为平均 VaR) 也是分布不变的风险度量.

下面定义加权 VaR.

> **定义 10.18** 设 μ 为 $[0, 1]$ 上的概率测度, 令
> $$WVaR_\mu(X) = \int_{[0,1]} AVaR_\lambda(X) \mu(d\lambda), \quad \forall X \in \mathcal{G}(\mathbb{P}),$$
> 称 $WVaR_\mu$ 为关于 μ 的加权 VaR.

容易看出, 加权 VaR 可以与 $[0, 1]$ 上的概率测度一一对应: 设 μ_1 和 μ_2 为 $[0, 1]$ 上的两个概率测度, 则有

$$WVaR_{\mu_1} = WVaR_{\mu_2} \Longrightarrow \mu_1 = \mu_2.$$

> **定义 10.19** 设 X 是一随机变量, $\lambda \in (0, 1)$. X 的 λ-分位数是任一满足如下条件的实数 q:
> $$\mathbb{P}(X \leqslant q) \geqslant \lambda, \quad \mathbb{P}(X < q) \leqslant \lambda.$$
> 令
> $$q_X(t) = \inf\{x \in \mathbb{R} : F_X(x) \geqslant t\}, \quad \forall t \in (0, 1),$$
> $$q_X^+(t) = \inf\{x \in \mathbb{R} : F_X(x) > t\}, \quad \forall t \in (0, 1),$$

这里 F_X 是 X 的分布函数. 分别称 q_X 和 q_X^+ 为 X 的分位数函数 (quantile function) 和上分位数函数 (upper quantile function).

我们有

$$\mathrm{VaR}_\lambda(X) = q_X(1-\lambda).$$

下一定理表明: 平均 VaR 为从上连续的一致风险度量, 从而加权 VaR 也是从上连续的一致风险度量.

定理 10.20 设 $\lambda > 0$, 则 $A\mathrm{VaR}_\lambda$ 为从上连续的一致风险度量, 且具有如下表示:

$$A\mathrm{VaR}_\lambda(X) = \max_{\mathbb{Q} \in \mathcal{Q}_\lambda} \mathbb{E}_{\mathbb{Q}}[X],$$

其中

$$\mathcal{Q}_\lambda := \{\mathbb{Q} \ll \mathbb{P} : d\mathbb{Q}/d\mathbb{P} \leqslant 1/\lambda\}.$$

该定理的证明基于以下版本的经典 Neyman-Pearson 引理.

引理 10.21 对给定的 $\lambda \in [0,1]$ 以及 $\mathbb{Q} \ll \mathbb{P}$, 考虑以下最优化问题:

$$\mathrm{Maximize}\ \ \mathbb{E}_{\mathbb{Q}}[\psi],$$

约束条件为

$$0 \leqslant \psi \leqslant 1, \quad \mathbb{E}[\psi] = \lambda.$$

该问题具有以下形式的最优解:

$$\psi^0 = 1_{[\varphi > q]} + \kappa 1_{[\varphi = q]},$$

其中 q 是 $\varphi := d\mathbb{Q}/d\mathbb{P}$ 关于 $\mathbb{P}$ 的某个 $1-\lambda$ 分位数, 常数 κ 的选取使得 $\mathbb{E}[\psi^0] = \lambda$. 此外, 该问题的任意最优解 ψ 在 $[\varphi \neq q]$ 上等于 ψ^0, $\mathbb{P}$-a.s..

证明 令 ψ 为满足约束条件的任意可测函数. 则有 $(\psi^0 - \psi)(\varphi - q) \geqslant 0$. 因此

$$\mathbb{E}_{\mathbb{Q}}[\psi^0 - \psi] = \mathbb{E}[(\psi^0 - \psi)\varphi] \geqslant q\mathbb{E}[\psi^0 - \psi] = 0,$$

ψ^0 为最优解.

另一方面, 对任意最优解 ψ, 我们有

$$\mathbb{E}[(\psi^0 - \psi)(\varphi - q)] = \mathbb{E}_{\mathbb{Q}}[\psi^0 - \psi] - q\mathbb{E}[\psi^0 - \psi] = 0.$$

因此 $(\psi^0 - \psi)(\varphi - q) = 0$, $\mathbb{P}$-a.s.. 于是在 $[\varphi \neq q]$ 上, $\psi^0 = \psi$, $\mathbb{P}$-a.s..　□

定理 10.20 的证明   令 $\rho_\lambda(X) := \sup_{\mathbb{Q} \in \mathcal{Q}_\lambda} \mathbb{E}_{\mathbb{Q}}[X]$. 由 ρ_λ 以及 $A\mathrm{VaR}_\lambda$ 的平移不变性和正齐次性, 我们只需证明: 对于 $X > 0$ 和 $\mathbb{E}[X] = 1$ 的随机变量 X, $\rho_\lambda(X) = A\mathrm{VaR}_\lambda X$.

$$\rho_\lambda(X) = \sup_{\mathbb{Q} \in \mathcal{Q}_\lambda} \mathbb{E}_{\mathbb{Q}}[X] = \frac{1}{\lambda} \sup\{\mathbb{E}[X\psi] \,|\, 0 \leqslant \psi \leqslant 1, \mathbb{E}[\psi] = \lambda\}.$$

由引理 10.21, $\rho_\lambda(X) = 1/\lambda \mathbb{E}[X\psi^0]$, 其中 $\psi^0 = 1_{[X>q]} + \kappa 1_{[X=q]}$, q 是 X 关于 $\mathbb{P}$ 的某个 $1 - \lambda$ 分位数, 常数 κ 使得 $\mathbb{E}[\psi^0] = \lambda$. 因此

$$\rho_\lambda(X) = 1/\lambda \mathbb{E}[(X - q)^+] + q = A\mathrm{VaR}_\lambda(X). \qquad \square$$

如果概率空间 $(\Omega, \mathcal{F}, \mathbb{P})$ 是无原子的, Kusuoka (2001) 首先给出了分布不变的一致风险度量的如下表示.

定理 10.22   如果概率空间 $(\Omega, \mathcal{F}, \mathbb{P})$ 是无原子的, 那么以下条件是等价的:

(1) ρ 为分布不变的一致风险度量.

(2) 存在 $(0, 1]$ 上的一族概率测度 $\mathcal{M}_0^*$, 使得

$$\rho(X) = \sup_{\mu \in \mathcal{M}_0^*} W\mathrm{VaR}_\mu = \sup_{\mu \in \mathcal{M}_0^*} \int_{(0,1]} A\mathrm{VaR}_\alpha(X)\mu(d\alpha).$$

下面定义由扭曲概率产生的风险度量.

定义 10.23   对于某个满足 $g(0) = 0$, $g(1) = 1$ 非降的函数 $g : [0, 1] \to [0, 1]$ (称为扭曲函数), 我们令 $(g \circ \mathbb{P})$ 表示 g 与 $\mathbb{P}$ 的复合, 称 $(g \circ \mathbb{P})$ 为扭曲概率. 如果扭曲函数 g 还是凹的, 我们称 $(g \circ \mathbb{P})$ 为凹的扭曲概率.

对一扭曲概率 $(g \circ \mathbb{P})$, 令

$$\rho_g(X) = g \circ \mathbb{P}(X), \quad \forall X \in \mathcal{G}(\mathbb{P}),$$

其中 $g \circ \mathbb{P}(X)$ 为 X 关于 $g \circ \mathbb{P}$ 的 Choquet 积分. 则有

$$(g \circ \mathbb{P})(X) = \int_0^1 q_X(1 - x)dg(x) = \int_0^1 q_X(t)d\gamma(t),$$

其中 $\gamma(t) = 1 - g(1 - t)$.

下面我们研究由扭曲概率产生的风险度量和加权 VaR 之间的关系. 首先证明一个引理 (来自 Föllmer and Schied (2004)).

引理 10.24　密度

$$g'_+(t) = \int_{(t,1]} s^{-1}\mu(ds), \quad 0 < t < 1,$$

定义了 $[0, 1]$ 上的概率测度 μ 与凹扭曲函数 g 之间存在一一的对应. 此外有 $g(0+) = \mu(\{0\})$.

证明　给定 $[0,1]$ 上的概率测度 μ, 令 $g(1) = 1$, 并按密度 g'_+ 定义增函数 g, 则有

$$1 - g(0+) = \int_0^1 g'_+(t)dt = \int_{(0,1]} s^{-1}\int_0^1 I_{(t,1]}(s)\mu(ds) = \mu((0,1]) \leqslant 1.$$

因此, 我们可令 $g(0) = 0$, 这时 g 为凹扭曲函数, 且有 $g(0+) = \mu(\{0\})$.

反之, 给定一凹扭曲函数 g, 由于 g 的右导数 $g'_+(t)$ 是一右连续非增函数, 存在 $(0,1]$ 上局部有限正测度 ν 使得 $\nu((t,1]) = g'_+(t)$. 定义 $(0,1]$ 上的测度 μ: $\mu(ds) = s\nu(ds)$, 则由 Fubini 定理有

$$\mu((0,1]) = \int_0^1 \int_{(0,1]} I_{[t<s]}\nu(ds)dt = 1 - g(0+) \leqslant 1.$$

于是令 $\mu(\{0\}) = g(0+)$, 即得了 $[0, 1]$ 上的概率测度 μ.　　　　□

以下定理说明, 如果概率空间是无原子的, 则在 $(0, 1]$ 上的加权 VaR 与满足 $g(0+) = 0$ 的凹扭曲的 Choquet 积分是完全等同的.

定理 10.25　假设概率空间 $(\Omega, \mathcal{F}, \mathbb{P})$ 是无原子的. 令 $\rho: \mathcal{G}(\mathbb{P}) \to \mathbb{R}$, 那么以下条件是等价的:
(1) 存在 $(0, 1]$ 上的概率测度 μ, 使得 $\rho = W\mathrm{VaR}_\mu$;
(2) 存在某个满足 $g(0+) = 0$ 的凹扭曲函数 g, 使得 $\rho = \rho_g$.

证明　先证 $(1) \Rightarrow (2)$. 设 (a) 成立, 则

$$\rho_\mu(X) = \int_{(0,1]} A\mathrm{VaR}_\lambda(X)\mu(d\lambda)$$

$$= \int_{(0,1]} \frac{1}{\lambda}\int_0^\lambda \mathrm{VaR}_\gamma(X)d\gamma\mu(d\lambda)$$

$$= \int_{(0,1]} \mathrm{VaR}_\gamma(X)\int_{(\gamma,1]} \frac{1}{\lambda}\mu(d\lambda)d\gamma.$$

令 $g(t) = \int_0^t \int_{(\gamma,1]} \frac{1}{\lambda}\mu(d\lambda)d\gamma$, 则 g 为非降的凹函数, 且满足 $g(0+) = 0$,

$g(1) = 1$, g 的右导数 $g'_+(t) = \int_t^1 s^{-1}\mu(ds)$. 所以有

$$
\begin{aligned}
\rho_\mu(X) &= \int_{(0,1]} \mathrm{VaR}_\gamma(X) g'_+(\gamma) d\gamma \\
&= \int_{[0,1)} \left[\int_0^\infty 1_{[F_X(x) \leqslant \gamma]} dx + \int_{-\infty}^0 (1_{[F_X(x) \leqslant \gamma]} - 1) dx \right] g'_+(1-\gamma) d\gamma \\
&= \int_0^\infty \int_{[0,1)} 1_{[F_X(x) \leqslant \gamma]} g'_+(1-\gamma) d\gamma dx \\
&\quad + \int_{-\infty}^0 \int_{[0,1)} (1_{[F_X(x) \leqslant \gamma]} - 1) g'_+(1-\gamma) d\gamma dx \\
&= \int_0^\infty g(1 - F_X(x)) dx + \int_{-\infty}^0 [g(1 - F_X(x)) - 1] dx \\
&= g \circ P(X).
\end{aligned}
$$

现在证明 $(2) \Rightarrow (1)$. 对于满足 $g(0+) = 0$ 的凹扭曲函数 g, 令

$$
\mu((0,t]) := - \int_0^t s dg'_+(s),
$$

类似于上面的推导我们可以得到 $(2) \Rightarrow (1)$. □

以后, 我们将 $[0,1]$ 上的扭曲函数全体记为 $\mathcal{D}$; 将 $[0,1]$ 上的凹扭曲函数全体记为 $\mathcal{D}^{cc}$.

由于 ρ_μ 中的测度 μ 与凹的扭曲函数 g 是一一对应的, 由定理 10.22 知: 分布不变的一致风险度量可以表示为一族满足 $g(0+) = 0$ 的凹扭曲的 Choquet 积分的上端:

$$
\rho(X) = \sup_{g \in \mathcal{D}^*} g \circ \mathbb{P}(X),
$$

其中 $\mathcal{D}^*$ 为一族满足 $g(0+) = 0$ 的凹扭曲函数.

下面的定理 (证明见文献 Föllmer and Shied, 2004) 刻画了 $A\mathrm{VaR}_\lambda$ 与 VaR_λ 的关系, 体现了 $A\mathrm{VaR}_\lambda$ 作为一种特殊的分布不变的一致风险度量的重要性.

> **定理 10.26** $A\mathrm{VaR}_\lambda$ 为控制 VaR_λ 的最小的分布不变一致风险度量.

§10.5.2 分布不变的凸风险度量

Dana(2005) 和 Föllmer and Schied(2004) 首先研究了分布不变的凸风险度量. 下面我们介绍他们关于分布不变的风险度量的表示结果, 证明从略.

下一定理来自 Dana(2005) 和 Föllmer and Schied(2004).

定理 10.27　令 ρ 为某个凸的风险度量, 且假定 ρ 是从上连续的. 那么 ρ 是分布不变的当且仅当对 $Q \in \mathcal{M}_1(\mathbb{P})$, 最小惩罚函数 $\alpha_{\min}(\mathbb{Q})$ 仅依赖于 $\varphi_Q := d\mathbb{Q}/d\mathbb{P}$ 在 $\mathbb{P}$ 下的分布. 在这种情形下, ρ 具有以下表示

$$\rho(X) = \sup_{\mathbb{Q} \in \mathcal{M}_1(\mathbb{P})} \left(\int_0^1 q_X(t) q_{\varphi_Q}(t) dt - \alpha_{\min}(\mathbb{Q}) \right),$$

其中最小惩罚函数满足

$$\alpha_{\min}(\mathbb{Q}) = \sup_{X \in \mathcal{A}_\rho} \int_0^1 q_X(t) q_{\varphi_Q}(t) dt$$
$$= \sup_{X \in \mathcal{G}(\mathbb{P})} \left(\int_0^1 q_X(t) q_{\varphi_Q}(t) dt - \rho(X) \right).$$

---

§10.5.3　有关随机序和分位数的几个结果

有关一阶随机占优和二阶随机占优的定义已经在第二章给出, 我们用 $X \leqslant_{st} Y$ 表示 Y 比 X 一阶随机占优. 下面给出止损序的定义.

定义 10.28　设 X 和 Y 是两个实值的随机变量. 称 Y 在止损序 (stop-loss order) 意义下优于 X, 记为 $X \leqslant_{sl} Y$, 如果对所有的 $d \in \mathbb{R}$, 我们有 $E[(X - d)_+] \leqslant E[(Y - d)_+]$.

由定理 2.13 知, Y 在止损序意义下优于 X, 等价于 $-X$ 在二阶随机占优意义下优于 $-Y$.

下面两个定理分别给出了一阶随机占优和止损序的刻画, 其证明分别见文献 Föllmer and Schied (2004) 和 Dhaene et al. (2006).

定理 10.29　$X \leqslant_{st} Y$ 当且仅当存在某个概率空间 $(\Omega', \mathcal{F}', \mathbb{P}')$ 以及它上的随机变量 X', Y', 使得 X' 与 X 同分布, Y' 与 Y 同分布, 且

$$X' \leqslant Y' \quad \mathbb{P}'\text{-a.s.}$$

$X \leqslant_{sl} Y$ 当且仅当存在某个概率空间 $(\Omega', \mathcal{F}', \mathbb{P}')$ 以及它上的随机变量 X', Y', 使得 X' 与 X 同分布, Y' 与 Y 同分布, 且

$$\mathbb{E}_{\mathbb{P}'}[Y'|X'] \geqslant X'.$$

定理 10.30 $X \leqslant_{st} Y$, 当且仅当对所有的扭曲函数 g, 有

$$g \circ \mathbb{P}(X) \leqslant g \circ \mathbb{P}(Y).$$

$X \leqslant_{sl} Y$, 当且仅当对所有的凹扭曲函数 g, 有

$$g \circ \mathbb{P}(X) \leqslant g \circ \mathbb{P}(Y).$$

下一引理的证明留给读者.

引理 10.31 令 Y 为一非负随机变量. 如果存在 $[0, \infty)$ 上的增函数 f 使得 $X = f(Y)$, 那么

$$q_X(t) = f(q_Y(t)), \text{ 对 a.e. } t \in (0, 1),$$

其中 $q_X(t)$ 和 $q_Y(t)$ 为 F_X 和 F_Y 相应的右逆函数. 如果 f 是连续的, 那么

$$q_X(t) = f(q_Y(t)), \forall t \in (0, 1).$$

引理 10.32 设 $X_1, X_2 \in \mathcal{G}(\mathbb{P})$. 如果 X_1 和 X_2 是共单调的, 那么

$$q_{X_1 + X_2}(t) = q_{X_1}(t) + q_{X_2}(t), \quad \forall t \in (0, 1).$$

证明 只需证明 X_1 和 X_2 为非负情形. 由于 X_1 和 X_2 是共单调的, 存在 $\mathbb{R}$ 上的连续非降函数 u_1, u_2, 使得 $u_1(z) + u_2(z) = z$, 且 $X_i = u_i(X_1 + X_2), i = 1, 2$. 由引理 10.31,

$$u_i(q_{X_1 + X_2}(t)) = q_{X_i}(t), \quad \forall t \in (0, 1), \quad i = 1, 2.$$

因此我们得到, 对所有 $t \in (0, 1)$,

$$q_{X_1 + X_2}(t) = u_1(q_{X_1 + X_2}(t)) + u_2(q_{X_1 + X_2}(t)) = q_{X_1}(t) + q_{X_2}(t). \qquad \square$$

下一引理来自文献 Dhaene et al.(2006)

引理 10.33 假设 $X \overset{\mathrm{d}}{=} X^c, Y \overset{\mathrm{d}}{=} Y^c$, 且 X 与 Y, X^c 与 Y^c 分别定义在同一概率空间上. 如果 X^c, Y^c 为共单调的, 那么 $X + Y \leqslant_{sl} X^c + Y^c$. 这里 $\xi \overset{\mathrm{d}}{=} \eta$ 表示 ξ 与 η 同分布.

证明 由定理 10.30, 只需证明对所有凹的扭曲函数 g,

$$g \circ \mathbb{P}(X + Y) \leqslant g \circ P(X^c + Y^c).$$

事实上, 我们有

$$g \circ \mathbb{P}(X + Y) \leqslant g \circ \mathbb{P}(X) + g \circ \mathbb{P}(Y)$$

$$= g \circ \mathbb{P}(X^c) + g \circ \mathbb{P}(Y^c)$$
$$= g \circ \mathbb{P}(X^c + Y^c). \qquad \square$$

下一引理来自文献 Song and Yan (2009a).

引理 10.34 令 $X_1, X_2, Y_1, Y_2 \in \mathcal{G}(\mathbb{P})$. 假设 X_1 和 X_2 共单调, Y_1 和 Y_2 共单调. 如果 $X_1 \leqslant_{st} Y_1$ 且 $X_2 \leqslant_{st} Y_2$, 那么

$$X_1 + X_2 \leqslant_{st} Y_1 + Y_2;$$

如果 $X_1 \leqslant_{sl} Y_1$ 且 $X_2 \leqslant_{sl} Y_2$, 那么

$$X_1 + X_2 \leqslant_{sl} Y_1 + Y_2.$$

证明 由定义, $X \leqslant_{st} Y$ 当且仅当对所有的 $t \in (0,1)$, $q_X(t) \leqslant q_Y(t)$. 由引理 10.32, 对所有的 $t \in (0,1)$,

$$q_{(X_1+X_2)}(t) = q_{X_1}(t) + q_{X_2}(t) \leqslant q_{Y_1}(t) + q_{Y_2}(t) = q_{(Y_1+Y_2)}(t).$$

因此

$$X_1 + X_2 \leqslant_{st} Y_1 + Y_2.$$

至于对止损序情形, 注意到 $X \leqslant_{sl} Y$ 当且仅当

$$\int_t^1 q_X(s)ds \leqslant \int_t^1 q_Y(s)ds, \quad \forall t \in (0,1).$$

由引理 10.32, 对所有的 $t \in (0,1)$,

$$\int_t^1 q_{(X_1+X_2)}(s)ds = \int_t^1 q_{X_1}(s)ds + \int_t^1 q_{X_2}(s)ds$$
$$\leqslant \int_t^1 q_{Y_1}(s)ds + \int_t^1 q_{Y_2}(s)ds$$
$$= \int_t^1 q_{(Y_1+Y_2)}(s)ds.$$

因此

$$X_1 + X_2 \leqslant_{sl} Y_1 + Y_2. \qquad \square$$

§10.5.4 分布不变的共单调次可加风险度量

设 $\rho : \mathcal{G}(\mathbb{P}) \to \mathbb{R}$. 如果 $X \leqslant_{st} Y$ 蕴含 $\rho(X) \leqslant \rho(Y)$, 则称 ρ 满足一阶随机占优. 容易证明: ρ 满足一阶随机占优蕴含 ρ 的单调性和分布不变性. 反之, 如果

概率空间 $(\Omega, \mathcal{F}, \mathbb{P})$ 是无原子的, 则 ρ 的单调性和分布不变性蕴含 ρ 满足一阶随机占优. 事实上, 这时存在概率空间上服从 $(0,1)$ 上均匀分布的随机变量 U. 若 $X \leqslant_{st} Y$, 则对所有的 $x \in \mathbb{R}$, 有 $F_X(x) \geqslant F_Y(x)$, 于是对所有的 $t \in (0,1)$, 有 $q_X(t) \leqslant q_Y(t)$, 从而 $q_X(U) \leqslant q_Y(U)$, $\mathbb{P}$-a.s.. 注意到 X 与 $q_X(U)$ 同分布, Y 与 $q_Y(U)$ 同分布, 我们有

$$\rho(Y) = \rho(q_Y(U)) \leqslant \rho(q_X(U)) = \rho(X).$$

从而 ρ 满足一阶随机占优.

分布不变的一致风险度量满足一阶随机占优. 如果某个保费原理可以表示某个扭曲的 Choquet 积分, 那么它自然满足一阶随机占优. 这样的保费原理在保险中非常常见, 称为扭曲保费原理.

本小节的结果主要来自文献 Song and Yan (2009a).

定理 10.35 令 $\mathcal{M}^{st}(\mathbb{P})$ 为满足以下性质的 $\mu \in \mathcal{M}_{1,m}(\mathbb{P})$ 构成的集合:

$$X \leqslant_{st} Y \Longrightarrow \mu(X) \leqslant \mu(Y).$$

那么 $\mathcal{M}^{st}(\mathbb{P}) = \{g \circ \mathbb{P} : g \in \mathcal{D}\}$.

证明 如果存在 $g \in \mathcal{D}$, 使得 $\mu = g \circ \mathbb{P}$, 那么, 由定理 10.30, 我们知道 $\mu \in \mathcal{M}^{st}(\mathbb{P})$. 现在假定 $\mu \in \mathcal{M}^{st}(\mathbb{P})$. 对于满足 $\mathbb{P}(A) = \mathbb{P}(B)$ 的 $A, B \in \mathcal{F}$, 我们有 $\mu(A) = \mu(B)$. 事实上, I_A 和 I_B 具有相同的分布, 而 $\mu \in \mathcal{M}^{st}(\mathbb{P})$ 是分布不变的. 因此, 对于 $A \in \mathcal{F}$, 数值 $\mu(A)$ 是由数值 $\mathbb{P}(A)$ 唯一确定的. 于是, 令 $E = \{\mathbb{P}(A) : A \in \mathcal{F}\}$, 可以如下定义一个映射 $g : E \to \mathbb{R}$,

$$\forall \, x \in E, \, g(x) = \mu(A), \text{ 对某个 } A \in \mathcal{F}, \text{ 使得 } \mathbb{P}(A) = x.$$

对于 $x, y \in E$, $x \leqslant y$, 由 E 的定义, 存在 $A, B \in \mathcal{F}$, 使得 $\mathbb{P}(A) = x \leqslant y = \mathbb{P}(B)$. 因此, $1_A \leqslant_{st} 1_B$, 从而有 $g(x) = \mu(A) \leqslant \mu(B) = g(y)$, 即 g 是 E 上的增函数. 这样, g 可以扩展成 E 的闭包上的增函数, 进而扩展成 $[0,1]$ 上的增函数, 使得 $g(0) = 0, g(1) = 1$, 且 $\mu = g \circ \mathbb{P}$. $\square$

注 由定理 10.35 知, 满足平移不变性、正齐次性、共单调可加性和一阶随机占优的泛函 $\rho : \mathcal{G}(\mathbb{P}) \to \mathbb{R}$ 可以表示为某个扭曲的 Choquet 积分.

令 $\mathcal{H}$ 为 $\mathcal{D}$ 的任意子集. 如果我们定义 $\rho : \mathcal{G} \to \mathbb{R}$ 为

$$\rho(X) = \sup_{g \in \mathcal{H}} (g \circ \mathbb{P})(X),$$

那么显然, ρ 满足平移不变性、正齐次性、共单调可加性和一阶随机占优. 以下定理说明逆命题也成立.

定理 10.36 如果 $\rho : \mathcal{G}(\mathbb{P}) \to \mathbb{R}$ 满足平移不变性、正齐次性、共单调次可加性和一阶随机占优, 那么 ρ 具有以下表示:

$$\rho(X) = \max_{g \in \mathcal{D}^\rho} (g \circ \mathbb{P})(X),$$

其中

$$\mathcal{D}^\rho = \{g \in \mathcal{D} :\ (g \circ \mathbb{P})(Y) \leqslant \rho(Y), \forall Y \in \mathcal{G}(\mathbb{P})\}.$$

证明 由定理 10.35, 为了证明此定理, 只需证明 ρ 具有以下表示:

$$\rho(X) = \max_{\mu \in \mathcal{M}^\rho(\mathbb{P})} \mu(X),$$

其中

$$\mathcal{M}^\rho(\mathbb{P}) = \{\mu \in \mathcal{M}^{st}(\mathbb{P}) :\ \mu(Y) \leqslant \rho(Y), \forall Y \in \mathcal{G}(\mathbb{P})\}.$$

为此, 我们只需证明对任意的 $X \in \mathcal{G}(\mathbb{P})$, 存在 $\mu_X \in \mathcal{M}^\rho(\mathbb{P})$ 使得 $\mu_X(X) = \rho(X)$. 由 ρ 和 μ 的平移不变性, 我们只需考虑 $\rho(X) = 1$ 的情形.

对于给定的这样的 X, 令 $[X] := \{u(X) :\ u\ \text{是}\ \mathbb{R}\ \text{上连续递增的函数}\}$, 且令

$$\mathcal{B} = \{Y \in \mathcal{G}(\mathbb{P}) :\ \exists Z \in [X]\ \text{使得}\ \rho(Z) < 1,\ \text{且}\ Y \leqslant Z\ \text{a.s.}\}.$$

容易验证 $\mathcal{B}$ 是凸的, $B_1 := \{Y \in \mathcal{G}(\mathbb{P}) : \|Y\| < 1\} \subset \mathcal{B}$, 且 $X \notin \mathcal{B}$. 由凸集分离定理, 存在非平凡的 $\lambda \in ba(\Omega, \mathcal{F}, \mathbb{P})$, 使得

$$\sup_{Y \in \mathcal{B}} \lambda(Y) \leqslant \lambda(X),$$

这里 $ba(\Omega, \mathcal{F}, \mathbb{P})$ 表示所有关于 $\mathbb{P}$ 绝对连续的具有有限变差的有限可加测度 μ 全体构成的空间. 由于 $B_1 \subset \mathcal{B}$, 我们有 $\lambda(X) > 0$. 因此我们可以选择 λ 使得 $\lambda(X) = 1$. 我们断言 λ 具有以下性质:

1° $\forall Y \geqslant 0, Y \in \mathcal{G}(\mathbb{P}), \lambda(Y) \geqslant 0$;

2° $\lambda(1) = 1$;

3° $\forall Y \in [X], \lambda(Y) \leqslant \rho(Y)$.

事实上, $\forall Y \geqslant 0, Y \in \mathcal{G}(\mathbb{P}), c > 0$, 我们有 $-cY \in \mathcal{B}$. 从而 $\lambda(-cY) \leqslant \lambda(X) = 1$. 由于 c 是任意的, 故有 1°.

$\forall 0 < c < 1$, 显然有 $c \in \mathcal{B}$. 由于 $c < 1$ 是任意的, 故有 $\lambda(1) \leqslant 1$. 另一方面, $\forall c > 1$, 我们有

$$2 - c\lambda(1) = \lambda(2X - c) \leqslant \lambda(X) = 1,$$

这蕴含了 $\lambda(1) \geqslant 1/c$. 由于 $c > 1$ 是任意的, 得到 $\lambda(1) \geqslant 1$. 于是 2° 得证.

最后, 对任意 $Y \in [X]$, 令 $Y_1 = Y - \rho[Y] + 1$, 那么对 $c > 1$, 有 $Y_1/c \in \mathcal{B}$. 由于 $c > 1$ 是任意的, 这蕴含了 $\lambda(Y_1) \leqslant 1$. 因此, 我们得到 $\lambda(Y) \leqslant \rho(Y)$. 我们证明了 3°.

我们定义 $\rho_* : \mathcal{G}(\mathbb{P}) \to \mathbb{R}$ 为

$$\rho_*(Y) := \sup\{\lambda(Z) : Z \leqslant_{st} Y, Z \in [X]\}, \quad Y \in \mathcal{G}(\mathbb{P}).$$

显然 ρ_* 满足一阶随机占优、正齐次性, 以及以下性质:

$$\rho_*(Y) \leqslant \rho(Y), \ \forall Y \in \mathcal{G}(\mathbb{P}); \quad \rho_*(Y) \geqslant \lambda(Y), \ \forall Y \in [X]. \tag{10.9}$$

我们断言 ρ_* 还具有共单调可加性. 事实上, 令 $Y_1, Y_2 \in \mathcal{G}(\mathbb{P})$ 为共单调的, 那么存在 $\mathbb{R}$ 上的连续增函数 u, v, 使得 $u(z) + v(z) = z, z \in \mathbb{R}$, 且

$$Y_1 = u(Y_1 + Y_2), \quad Y_2 = v(Y_1 + Y_2) \text{ a.s..}$$

对任意的 $Z \in [X]$ 使得 $Z \leqslant_{st} Y_1 + Y_2$, 我们有 $u(Z), v(Z) \in [X]$ 且

$$u(Z) \leqslant_{st} u(Y_1 + Y_2) = Y_1, \quad v(Z) \leqslant_{st} v(Y_1 + Y_2) = Y_2.$$

因此

$$\rho_*(Y_1) + \rho_*(Y_2) \geqslant \lambda(u(Z)) + \lambda(v(Z)) = \lambda(Z).$$

由 ρ_* 的定义, 我们得到

$$\rho_*(Y_1 + Y_2) \leqslant \rho_*(Y_1) + \rho_*(Y_2).$$

另一方面, 对所有的 $Z_1, Z_2 \in [X]$, 使得 $Z_1 \leqslant_{st} Y_1, Z_2 \leqslant_{st} Y_2$, 由引理 10.34, 我们得到 $Z_1 + Z_2 \leqslant_{st} Y_1 + Y_2$. 因此

$$\lambda(Z_1) + \lambda(Z_2) = \lambda(Z_1 + Z_2) \leqslant \rho_*(Y_1 + Y_2).$$

由 ρ_* 的定义, 我们得到

$$\rho_*(Y_1 + Y_2) \geqslant \rho_*(Y_1) + \rho_*(Y_2).$$

因此, ρ_* 具有共单调可加性.

由定理 10.9 知, 存在 $\mu_X \in \mathcal{M}_{1,m}(\mathbb{P})$, 使得对所有 $Y \in \mathcal{G}(\mathbb{P}), \mu_X(Y) = \rho_*(Y)$. 由 (10.9) 知, $\mu_X \in \mathcal{M}(\mathbb{P})$, 且

$$\mu_X(X) = \rho_*(X) = \lambda(X) = \rho(X). \qquad \square$$

注 Heyde et al. (2006) 引入了所谓的自然风险统计 (natural risk statistic) 的概念. 自然风险统计 ρ 定义在随机变量的数据观察 $x = (x_1, x_2, \cdots, x_n) \in \mathbb{R}^n$

上, 且满足单调性、正齐次性、平移不变性、共单调次可加性, 以及置换不变性: 对任意的置换 $(i_1, \cdots, i_n)$,

$$\rho((x_1, \cdots, x_n)) = \rho((x_{i_1}, \cdots, x_{i_n})).$$

他们证明了任意的自然风险统计 ρ 可以表示为一族加权平均的上端.

用本文的记号来刻画他们的问题: 令 $\Omega = \{1, 2, \cdots, n\}$; $\mathcal{F} = 2^\Omega$; $\mathbb{P}(i) = 1/n, i = 1, 2, \cdots, n$; $\mathcal{G}(\mathbb{P}) = \{X | X : \Omega \to \mathbb{R}\}$. 在这里, $X, Y \in \mathcal{G}(\mathbb{P}), X \leqslant_{st} Y$ 蕴含存在某个 $\widetilde{Y} \in \mathcal{G}(\mathbb{P}), \widetilde{Y} \overset{\mathrm{d}}{=} Y$, 使得 $X \leqslant \widetilde{Y}$. 事实上, 假设 $X_1 \leqslant X_2 \leqslant \cdots \leqslant X_n$, $Y_{\sigma(1)} \leqslant Y_{\sigma(2)} \leqslant \cdots \leqslant Y_{\sigma(n)}$. 定义 $\widetilde{Y}_i = Y_{\sigma(i)}, i = 1, 2, \cdots, n$, 那么 $\widetilde{Y}$ 满足所要求的条件.

在这个框架下, ρ 可以视为 $\mathcal{G}(\mathbb{P})$ 上具有单调性、正齐次性、平移不变性、共单调次可加性, 以及分布不变性的泛函. 由上面的讨论, 在这个框架下, 单调性和分布不变性等价于满足一阶随机占优. 因此 ρ 满足一阶随机占优、正齐次性、平移不变性、共单调次可加性. 相应地, 它们的关于自然风险统计表示的结果为定理 10.36 的一个特殊情形.

下面我们考虑凹扭曲与止损序的关系. 定理 10.30 蕴含了以下结论.

定理 10.37 令 g 为一个凹扭曲函数. 如果 $X \leqslant_{sl} Y$, 那么
$$g \circ \mathbb{P}(X) \leqslant g \circ \mathbb{P}(Y).$$

下一定理表明, 在假定概率空间 $(\Omega, \mathcal{F}, \mathbb{P})$ 是无原子的前提下, 上述命题的逆命题也成立.

定理 10.38 假设概率空间 $(\Omega, \mathcal{F}, \mathbb{P})$ 是无原子的. 令 $\mathcal{M}^{sl}(\mathbb{P})$ 为满足以下性质的 $\mu \in \mathcal{M}_{1,m}(\mathbb{P})$ 构成的集合:
$$X \leqslant_{sl} Y \Longrightarrow \mu(X) \leqslant \mu(Y).$$
那么
$$\mathcal{M}^{sl}(\mathbb{P}) = \{g \circ \mathbb{P} : g \in \mathcal{D}, \ g \text{ 是凹的}\}.$$
$\mathcal{M}^{sl}(\mathbb{P})$ 中所有的元素称为 $\mathbb{P}$ 的凹扭曲.

证明 由于 $X \leqslant_{st} Y$ 蕴含 $X \leqslant_{sl} Y$, 由定理 10.37, 存在某个 $g \in \mathcal{D}$, 使得 $\mu = g \circ \mathbb{P}$. 我们只需要证明 g 是凹的. 我们用反证法. 假设 g 非凹, 则存在 $0 \leqslant a < b < c \leqslant 1$, 使得
$$(1 - \alpha)g(a) + \alpha g(c) - g(b) > 0,$$
其中 $\alpha = (b - a)/(c - a)$. 由于概率空间无原子, 我们可以取 $A, B, C \in \mathcal{F}$ 使得

$A \subset B \subset C$ 且

$$\mathbb{P}(A) = a, \quad \mathbb{P}(B) = b, \quad \mathbb{P}(C) = c.$$

令

$$X = 3I_A + (1+\alpha)I_{C \setminus A}, \quad Y = 3I_A + 2I_{B \setminus A} + I_{C \setminus B}.$$

我们断言 $X \leqslant_{sl} Y$. 事实上, 我们只需要验证对任意 $d \in [1, 1+\alpha]$, 有

$$\mathbb{E}[(X-d)_+] \leqslant \mathbb{E}[(Y-d)_+].$$

这是成立的, 因为对于 $d \in [1, 1+\alpha]$, 我们有

$$\mathbb{E}[(Y-d)_+] - \mathbb{E}[(X-d)_+] = (d-1)(c-b) \geqslant 0.$$

另一方面, 由 Choquet 积分的定义, 我们有

$$(g \circ \mathbb{P})(X) - (g \circ \mathbb{P})(Y) = (2-\alpha)g(a) + (1+\alpha)g(c) - (g(a) + g(b) + g(c))$$
$$= (1-\alpha)g(a) + \alpha g(c) - g(b) > 0,$$

这与假设矛盾. 因此 g 是凹的. $\qquad\square$

注 由定理 10.38 知, 满足平移不变性、正齐次性、共单调可加性和止损序的泛函 $\rho : \mathcal{G}(\mathbb{P}) \to \mathbb{R}$ 可以表示为某个凹扭曲的 Choquet 积分.

止损序代表了风险厌恶决策者的共同偏好. 因此, 满足平移不变性、正齐次、共单调次可加性和止损序是对风险度量的一个非常自然的要求.

下面我们证明满足平移不变性、正齐次性、共单调次可加性和止损序的泛函 $\rho : \mathcal{G}(\mathbb{P}) \to \mathbb{R}$ 可以表示为一族凹扭曲的上端. 为此, 先证明一个引理.

引理 10.39 令 g 为 $[0,1]$ 上的一个递增的函数, 使得 $g(0) = 0$, $g(1) = 1$, 且令 $\overline{g}$ 为大于 g 的最小的凹函数. 那么 $\overline{g}$ 也为 $[0,1]$ 上的递增函数, 使得 $\overline{g}(0) = 0$, $\overline{g}(1) = 1$ 且满足以下性质: $\forall b \in (0,1)$, $\varepsilon > 0$, $\exists 0 \leqslant a < b < c \leqslant 1$, 使得

$$\overline{g}(b) - \varepsilon \leqslant (1-\alpha)g(a) + \alpha g(c),$$

其中 $\alpha = (b-a)/(c-a)$.

证明 我们只需证明最后一个断言. 我们用反证法来证明. 假定断言不成立, 则存在 $b \in (0,1)$, $\varepsilon > 0$, 使得对任意的 $0 \leqslant a < b < c \leqslant 1$, 有

$$A := \overline{g}(b) - \varepsilon > (1-\alpha)g(a) + \alpha g(c),$$

其中 $\alpha = (b-a)/(c-a)$. 令

$$f_1(x) = Ax/b, \quad f_2(x) = (1-A)(x-b)/(1-b) + A,$$

那么 $f_1 \wedge f_2$ 是凹的, 且 $g \leqslant f_1 \vee f_2$. 令

$$G = \{(x,y) : x \in [0,1], f_1 \wedge f_2(x) < y \leqslant g(x)\}$$

以及

$$k = \sup\{(y-A)/(x-b) : (x,y) \in G\} \vee (1-A)/(1-b),$$

那么 $k \leqslant A/b$ 且

$$f := k(x-b) + A \geqslant g(x),$$

从而 $f \geqslant \bar{g}$. 然而, $f(b) = A < \bar{g}(b)$. 这导致矛盾, 从而断言成立. □

定理 10.40 假设概率空间 $(\Omega, \mathcal{F}, \mathbb{P})$ 是无原子的. 如果 $\rho : \mathcal{G}(\mathbb{P}) \to \mathbb{R}$ 满足平移不变性、正齐次性、共单调次可加性和止损序, 那么 ρ 具有以下表示:

$$\rho(X) = \max_{g \in \mathcal{D}^{\rho,cc}} (g \circ \mathbb{P})(X),$$

其中

$$\mathcal{D}^{\rho,cc} = \{g \in \mathcal{D}^{cc} : (g \circ \mathbb{P})(Y) \leqslant \rho(Y), \forall Y \in \mathcal{G}(\mathbb{P})\},$$
$$\mathcal{D}^{cc} = \{g \in \mathcal{D} : g \text{ 是凹的}\}.$$

证明 我们只需证明对任意的 $X \in \mathcal{G}(\mathbb{P})$, 存在 $g \in \mathcal{D}^{\rho,cc}$, 使得 $g \circ \mathbb{P}(X) = \rho(X)$. 由 ρ 和 $g \circ \mathbb{P}$ 的平移不变性, 我们只需考虑 $\rho(X) = 1$ 的情形.

对于给定的这样的 X, 令

$$[X] := \{u(X) : u \text{ 是 } \mathbb{R} \text{ 上连续递增的函数}\},$$

且令

$$\mathcal{B} = \{Y \in \mathcal{G}(\mathbb{P}) : \exists Z \in [X] \text{ 使得 } \rho(Z) < 1, \text{ 且 } Y \leqslant Z \text{ a.s.}\}.$$

容易验证 $\mathcal{B}$ 是凸的, $B_1 := \{Y \in \mathcal{G}(\mathbb{P}) : \|Y\| < 1\} \subset \mathcal{B}$, 且 $X \notin \mathcal{B}$. 由凸集分离定理, 存在非平凡的 $\lambda \in ba(\Omega, \mathcal{F}, \mathbb{P})$, 使得

$$\sup_{Y \in \mathcal{B}} \lambda(Y) \leqslant \lambda(X),$$

这里 $ba(\Omega, \mathcal{F}, \mathbb{P})$ 表示所有关于 P 绝对连续的具有有限变差的有限可加测度 μ 全体构成的空间. 由于 $B_1 \subset \mathcal{B}$, 我们有 $\lambda(X) > 0$. 因此可以选择 λ, 使得 $\lambda(X) = 1$. 我们断言 λ 具有以下性质:

1° 对任意的 $Y \geqslant 0, Y \in \mathcal{G}(\mathbb{P})$, $\lambda(Y) \geqslant 0$;

2° $\lambda(1) = 1$;

3° 对任意的 $Y \in [X]$, $\lambda(Y) \leqslant \rho(Y)$.

事实上, 对任意的 $Y \geqslant 0, Y \in \mathcal{G}(\mathbb{P}), c > 0$, 我们有 $-cY \in \mathcal{B}$. 这样, $\lambda(-cY) \leqslant \lambda(X) = 1$. 由于 c 是任意的, 我们得到 1°.

对任意的 $0 < c < 1$, 显然 $c \in \mathcal{B}$. 由于 $c < 1$ 是任意的, 这蕴含 $\lambda(1) \leqslant 1$. 另一方面, 对任意的 $c > 1$, 我们有

$$2 - c\lambda(1) = \lambda(2X - c) \leqslant \lambda(X) = 1,$$

这蕴含了 $\lambda(1) \geqslant 1/c$. 由于 $c > 1$ 是任意的, 我们得到 $\lambda(1) \geqslant 1$. 于是 2° 得证.

最后, 对任意 $Y \in [X]$, 令 $Y_1 = Y - \rho[Y] + 1$, 那么对 $c > 1$, 有 $Y_1/c \in \mathcal{B}$. 由于 $c > 1$ 是任意的, 这蕴含了 $\lambda(Y_1) \leqslant 1$. 因此, 我们得到 $\lambda(Y) \leqslant \rho(Y)$. 我们证明了 3°.

我们定义 ρ_* 以及 $\rho^*: \mathcal{G}(\mathbb{P}) \to \mathbb{R}$ 为

$$\rho_*(Y) := \sup\{\lambda(Z) : Z \leqslant_{st} Y, Z \in [X]\}, \quad Y \in \mathcal{G}(\mathbb{P}).$$

$$\rho^*(Y) := \sup\{\lambda(Z) : Z \leqslant_{sl} Y, Z \in [X]\}, \quad Y \in \mathcal{G}(\mathbb{P}).$$

根据定理 10.36 的证明, 存在某个扭曲函数 $g \in \mathcal{D}$ 使得 $g \circ \mathbb{P} = \rho_* \leqslant \rho$ 且 $g \circ P(X) = \rho_*(X) = \rho(X)$.

显然 ρ^* 满足平移不变性、正齐次性和止损序, 以及以下性质:

$$\rho_*(Y) \leqslant \rho^*(Y) \leqslant \rho(Y), \quad \forall Y \in \mathcal{G}(\mathbb{P}); \quad \rho^*(Y) \geqslant \lambda(Y), \quad \forall Y \in [X].$$

我们断言 ρ^* 也具有共单调超可加性. 事实上, 令 $Y_1, Y_2 \in \mathcal{G}(\mathbb{P})$ 为共单调的. 对所有的 $Z_1, Z_2 \in [X]$, 使得 $Z_1 \leqslant_{sl} Y_1, Z_2 \leqslant_{sl} Y_2$, 由引理 10.34, 我们得到

$$Z_1 + Z_2 \leqslant_{sl} Y_1 + Y_2.$$

因此

$$\lambda(Z_1) + \lambda(Z_2) = \lambda(Z_1 + Z_2) \leqslant \rho^*(Y_1 + Y_2).$$

由 ρ^* 的定义, 我们得到

$$\rho^*(Y_1 + Y_2) \geqslant \rho^*(Y_1) + \rho^*(Y_2).$$

所以, ρ^* 具有共单调超可加性.

令 $\bar{g}:[0,1]\to[0,1]$ 为大于 g 的最小的凹函数. 对 $B\in\mathcal{F}$ 使得 $b:=\mathbb{P}(B)\in(0,1)$ 以及 $\varepsilon>0$, 存在 $0\leqslant a<b<c\leqslant 0$ 使得

$$\bar{g}(b)-\varepsilon<(1-\alpha)g(a)+\alpha g(c),$$

其中 $\alpha=(b-a)/(c-a)$. 由于概率空间无原子, 可以取 $A\subset B\subset C$ 使得 $\mathbb{P}(A)=a, P(C)=c$, 那么

$$\bar{g}\circ\mathbb{P}(B)-\varepsilon<(1-\alpha)g\circ\mathbb{P}(A)+\alpha g\circ\mathbb{P}(C).$$

由 (10.3),

$$(1-\alpha)g\circ\mathbb{P}(A)+\alpha g\circ P(C)\leqslant(1-\alpha)\rho^*(I_A)+\alpha\rho^*(I_C).$$

由于 ρ^* 具有正齐次性和共单调超可加性,

$$(1-\alpha)\rho^*(I_A)+\alpha\rho^*(I_C)\leqslant\rho^*((1-\alpha)I_A+\alpha I_C).$$

注意到, $(1-\alpha)I_A+\alpha I_C\leqslant_{sl}I_B$ 以及 ρ^* 满足止损序, 我们得到

$$\rho^*((1-\alpha)I_A+\alpha I_C)\leqslant\rho^*(I_B).$$

因此 $\bar{g}\circ\mathbb{P}(B)\leqslant\rho^*(I_B)$.

定义 $\rho(Y)=-\rho^*(-Y)$, 对所有的 $Y\in\mathcal{G}(\mathbb{P})$. 由于 $X\leqslant_{st}Y$ 蕴含 $-Y\leqslant_{sl}-X$, 我们知道 ρ 满足平移不变性、正齐次性、共单调次可加性和止损序. 由定理 10.36, 存在 $\mathcal{M}^{st}(\mathbb{P})$ 的某个子集 $\mathcal{M}^\rho(\mathbb{P})$, 使得

$$\rho(Y)=\max_{\mu\in\mathcal{M}^\rho(\mathbb{P})}\mu(Y).$$

从而

$$\rho^*(Y)=\min_{\mu\in\mathcal{M}^{\rho^*}(\mathbb{P})}\mu(Y),$$

其中 $\mathcal{M}^{\rho^*}(\mathbb{P})$ 为 $\mathcal{M}^{st}(\mathbb{P})$ 的另外一个子集.

因此, 对任意的 $B\in\mathcal{F}$ 以及 $\mu\in\mathcal{M}^{\rho^*}(P)$, $\bar{g}\circ\mathbb{P}(B)\leqslant\mu(B)$. 从而, 对任意的 $Y\in\mathcal{G}(P)$ 以及 $\mu\in\mathcal{M}^{\rho^*}(\mathbb{P})$, $\bar{g}\circ P(Y)\leqslant\mu(Y)$. 因此, 我们得到, 对所有的 $Y\in\mathcal{G}(\mathbb{P})$, $\bar{g}\circ\mathbb{P}(Y)\leqslant\rho^*(Y)\leqslant\rho(Y)$, 且 $\bar{g}\circ\mathbb{P}(X)=\rho(X)$. □

由定理 10.40 我们看到, 满足平移不变性、正齐次性、共单调次可加性和止损序的风险度量与分布不变的一致风险度量具有完全相同的表示, 于是有以下推论.

系 10.41 假定概率空间 $(\Omega,\mathcal{F},\mathbb{P})$ 是无原子的. $\rho:\mathcal{G}(\mathbb{P})\to\mathbb{R}$ 满足平移不变性、正齐次性、共单调次可加性和止损序, 当且仅当 ρ 满足平移不变性、正齐次性、次可加性和一阶随机占优.

证明 这是定理 10.40 的一个直接的推论. 下面我们给出一个基于引理 10.33 的证明.

首先证明必要性. 假设 ρ 满足平移不变性、正齐次性、共单调次可加性和止损序, 我们只需要证明 ρ 满足次可加性. 由于 $(\Omega, \mathcal{F}, \mathbb{P})$ 是无原子的, 该概率空间上存在在 $[0, 1]$ 上均匀分布的随机变量 U. 对任意的 $X, Y \in \mathcal{G}(\mathbb{P})$, 令 $X^c = q_X(U)$, $Y^c = q_Y(U)$, 其中 $q_X(t)$ 和 $q_Y(t)$ 分别为 F_X 和 F_Y 的右逆函数. 那么 $X^c, Y^c \in \mathcal{G}(\mathbb{P})$ $X \overset{d}{=} X^c$, $Y \overset{d}{=} Y^c$, 且 X^c, Y^c 是共单调的. 这里 $\xi \overset{d}{=} \eta$ 表示 ξ 与 η 同分布. 由引理 10.33,
$$X + Y \leqslant_{sl} X^c + Y^c,$$
从而
$$X^c + Y^c \leqslant_{sl} X + Y.$$
由于 ρ 满足共单调次可加性和止损序,
$$\rho(X + Y) \leqslant \rho(X^c + Y^c) \leqslant \rho(X^c) + \rho(Y^c) = \rho(X) + \rho(Y).$$
因此, ρ 满足次可加性.

现在证明充分性. 假设 ρ 满足平移不变性、正齐次性、次可加性和一阶随机占优, 我们只需要证明 ρ 满足止损序. 由定理 10.30 以及分布不变一致风险度量的表示定理, 这个结论是显然的. $\qquad\square$

注 由于满足止损序的风险度量反映了风险厌恶, 上述推论给出了一致风险度量所要求的次可加性的一个合理解释. 特别地, 由于 VaR 不具有次可加性, 从而 VaR 不反映风险厌恶.

由于任一 $g \in \mathcal{D}^{cc}$ 是某个连续增函数序列 $\{g_n\} \subset \mathcal{D}^{cc}$ 的极限, 故由 Choquet 积分的定义知, 我们有定理 10.40 的如下推论.

系 10.42 假定概率空间 $(\Omega, \mathcal{F}, \mathbb{P})$ 是无原子的. 如果 $\rho: \mathcal{G}(\mathbb{P}) \to \mathbb{R}$ 满足平移不变性、正齐次性、共单调次可加性和止损序, 那么 ρ 有以下表示:
$$\rho(X) = \sup_{g \in \mathcal{D}_0^{\rho, cc}} (g \circ \mathbb{P})(X),$$
其中
$$\mathcal{D}_0^{\rho, cc} = \{g \in \mathcal{D}^{cc} : g(0+) = 0, (g \circ \mathbb{P})(Y) \leqslant \rho(Y), \quad \forall Y \in \mathcal{G}(\mathbb{P})\}.$$

§10.5.5 分布不变的共单调凸风险度量

在这一节, 我们将考虑分布不变的共单调凸风险度量以及它的一种特殊情形: 满足止损序的共单调凸风险度量. 我们将给出这两种风险度量的数学表示, 且由此表示发现, 满足止损序的共单调凸风险度量其实为分布不变的凸风险度量. 本小节的结果主要来自文献 Song and Yan (2009a).

令 $\alpha : \mathcal{D} \to \mathbb{R} \cup \{+\infty\}$ 为任意使得 $\inf_{g \in \mathcal{D}} \alpha(g)$ 有限的泛函. 如果我们定义 $\rho : \mathcal{G}(\mathbb{P}) \to \mathbb{R}$ 为

$$\rho(X) = \sup_{g \in \mathcal{D}} \big((g \circ \mathbb{P})(X) - \alpha(g)\big), \quad X \in \mathcal{G}(\mathbb{P}),$$

那么 ρ 满足单调性、平移不变性, 以及共单调凸性. 下面我们证明相反的结论.

定理 10.43　　如果 $\rho : \mathcal{G}(\mathbb{P}) \to \mathbb{R}$ 满足一阶随机占优、平移不变性, 以及共单调凸性, 那么 ρ 具有以下表示:

$$\rho(X) = \max_{g \in \mathcal{D}} \big((g \circ \mathbb{P})(X) - \alpha(g)\big), \quad X \in \mathcal{G}(\mathbb{P}),$$

其中

$$\alpha(g) = \sup_{\rho(X) \leqslant 0} (g \circ \mathbb{P})(X), \quad g \in \mathcal{D}.$$

证明　　由定理 10.35, 只需证明

$$\rho(X) = \max_{\mu \in \mathcal{M}^{st}} \big(\mu(X) - \alpha(\mu)\big), \quad X \in \mathcal{G},$$

其中

$$\alpha(\mu) = \sup_{\rho(X) \leqslant 0} \mu(X), \quad \mu \in \mathcal{M}^{st}.$$

不失一般性, 我们假定 $\rho(0) = 0$. 首先, 我们证明

$$\rho(X) \geqslant \sup_{\mu \in \mathcal{M}^{st}} (\mu(X) - \alpha(\mu)), \quad X \in \mathcal{G}(\mathbb{P}). \tag{10.10}$$

事实上, 对任意的 $X \in \mathcal{G}(\mathbb{P})$, 令 $X_1 = X - \rho(X)$, 那么 $\rho(X_1) = 0$. 因此

$$\alpha(\mu) \geqslant \mu(X_1) = \mu(X) - \rho(X), \quad \forall \mu \in \mathcal{M}^{st},$$

从而 (10.10) 成立. 因此, 为了证明此定理, 我们只需证明对任意 $X \in \mathcal{G}(\mathbb{P})$, 存在一个 $\mu_X \in \mathcal{M}^{st}$ 使得

$$\rho(X) \leqslant \mu_X(X) - \alpha(\mu_X).$$

由平移不变性, 只需对满足 $\rho(X) = 0$ 的 X 进行证明. 对于某个给定的这样的 $X \in \mathcal{G}(\mathbb{P})$, 令 $[X] := \{u(X) : u$ 是 $\mathbb{R}$ 上连续递增的函数$\}$, 且令

$$\mathcal{B} = \{Y \in \mathcal{G}(P) : 存在 Z \in [X], 使得 \rho(Z) < 0, 且 Y \leqslant Z, \text{a.s.}\}.$$

容易验证 $\mathcal{B}$ 是凸的, $B_1 := \{Y \in \mathcal{X}(\mathbb{P}) : \parallel Y + 1 \parallel < 1\} \subset \mathcal{B}$, 且 $X \notin \mathcal{B}$. 由凸集分离定理, 存在非平凡的 $\lambda \in ba(\Omega, \mathcal{F}, \mathbb{P})$, 使得

$$b := \sup_{Y \in \mathcal{B}} \lambda(Y) \leqslant \lambda(X).$$

我们断言:

(1) 对任意 $Y \geqslant 0$ a.s., $Y \in \mathcal{G}(\mathbb{P})$, $\lambda(Y) \geqslant 0$;

(2) $\lambda(1) > 0$.

事实上, 对任意的 $Y \geqslant 0$ a.s., $Y \in \mathcal{G}(\mathbb{P})$ 以及 $c > 0$, 我们有 $-1 - cY \in \mathcal{B}$, $\lambda(-1 - cY) \leqslant \lambda(X)$. 由于 c 是任意的, 得到 $\lambda(Y) \geqslant 0$.

至于 (2), 由于 λ 是非平凡的, 存在某个 $Y \in \mathcal{G}(\mathbb{P}), \|Y\| < 1$, 使得 $\lambda(Y) > 0$. 因此, $\lambda(Y^+) > 0, \lambda(1 - Y^+) \geqslant 0$. 由此我们知道 $\lambda(1) > 0$. 从而, 我们可以选择 λ 使得 $\lambda(1) = 1$. 定义 $\rho_* : \mathcal{G}(\mathbb{P}) \to \mathbb{R}$ 为

$$\rho_*(Y) := \sup\{\lambda(Z) : Z \leqslant_{sl} Y, Z \in [X]\}.$$

容易证明 ρ_* 满足一阶随机占优、正齐次性以及以下性质:

$$\rho_*(Y) \geqslant \lambda(Y), \quad \forall Y \in [X].$$

我们断言 ρ_* 也具有共单调可加性. 事实上, 令 $Y_1, Y_2 \in \mathcal{G}(\mathbb{P})$ 为共单调的, 那么存在 $\mathbb{R}$ 上的连续递增的函数 u, v, 使得 $u(z) + v(z) = z, z \in \mathbb{R}$, 且

$$Y_1 = u(Y_1 + Y_2), \quad Y_2 = v(Y_1 + Y_2) \text{ a.s..}$$

对任意的 $Z \in [X]$ 使得 $Z \leqslant_{st} (Y_1 + Y_2)$, 我们有 $u(Z), v(Z) \in [X]$ 且

$$u(Z) \leqslant_{st} u(Y_1 + Y_2) = Y_1, \quad v(Z) \leqslant_{st} v(Y_1 + Y_2) = Y_2.$$

因此

$$\rho_*(Y_1) + \rho_*(Y_2) \geqslant \lambda(u(Z)) + \lambda(v(Z)) = \lambda(Z).$$

由 ρ_* 的定义, 我们得到

$$\rho_*(Y_1 + Y_2) \leqslant \rho_*(Y_1) + \rho_*(Y_2).$$

另一方面, 对所有的 $Z_1, Z_2 \in [X]$, 使得 $Z_1 \leqslant_{st} Y_1, Z_2 \leqslant_{st} Y_2$, 由引理 10.34, 我们得到 $Z_1 + Z_2 \leqslant_{st} (Y_1 + Y_2)$. 因此

$$\lambda(Z_1) + \lambda(Z_2) = \lambda(Z_1 + Z_2) \leqslant \rho_*(Y_1 + Y_2).$$

由 ρ_* 的定义, 我们得到

$$\rho_*(Y_1 + Y_2) \geqslant \rho_*(Y_1) + \rho_*(Y_2).$$

因此, ρ_* 具有共单调可加性.

因此, 由定理 10.9, 存在 2^Ω 上的一个单调有限集函数 μ_X 表示 ρ_*. 由 ρ_* 的定义,

$$\mu_X(1) = \rho_*(1) = 1.$$

如果 $\rho(Y) \leqslant 0$, 则对任意 $\varepsilon > 0$, 有 $\rho(Y - \varepsilon) < 0$. 于是得到

$$\begin{aligned}
\mu_X[Y] - \varepsilon &= \mu_X(Y - \varepsilon) = \rho_*(Y - \varepsilon) \\
&= \sup\{\lambda(Z) : Z \leqslant_{st} Y - \varepsilon, Z \in [X]\} \\
&\leqslant \sup_{Z \in \mathcal{B}} \lambda(Z) = b.
\end{aligned}$$

最终有

$$\alpha(\mu_X) = \sup_{\rho(Y) \leqslant 0} \mu_X(Y) \leqslant b,$$

$$\mu_X(X) - \alpha(\mu_X) \geqslant \mu_X(X) - b \geqslant \lambda(X) - b \geqslant 0 = \rho(X). \qquad \square$$

任意分布不变的共单调凸风险度量可以表示为一族扭曲的上端. 风险度量可以表示为一族扭曲的上端.

> **定理 10.44**　假定概率空间 $(\Omega, \mathcal{F}, \mathbb{P})$ 是无原子的. 如果 $\rho : \mathcal{G}(\mathbb{P}) \to \mathbb{R}$ 满足止损序、平移不变性, 以及共单调凸性, 那么 ρ 具有以下表示:
>
> $$\rho(X) = \max_{g \in \mathcal{D}^{cc}} \big((g \circ \mathbb{P})(X) - \alpha(g)\big), \quad X \in \mathcal{G}(\mathbb{P}),$$
>
> $$\alpha(g) = \sup_{\rho(X) \leqslant 0} (g \circ P)(X), \quad g \in \mathcal{D}^{cc}.$$

证明　由定理 10.38, 只需证明

$$\rho(X) = \max_{\mu \in \mathcal{M}^{sl}} \big(\mu(X) - \alpha(\mu)\big), \quad X \in \mathcal{G}(\mathbb{P}),$$

其中

$$\alpha(\mu) = \sup_{\rho(X) \leqslant 0} \mu(X), \quad \mu \in \mathcal{M}^{sl}.$$

不失一般性, 我们假定 $\rho(0) = 0$. 首先证明

$$\rho(X) \geqslant \sup_{\mu \in \mathcal{M}^{sl}} \big(\mu(X) - \alpha(\mu)\big), \quad X \in \mathcal{G}(\mathbb{P}). \tag{10.11}$$

事实上, 对任意的 $X \in \mathcal{G}(\mathbb{P})$, 令 $X_1 = X - \rho(X)$, 那么 $\rho(X_1) = 0$. 因此

$$\alpha(\mu) \geqslant \mu(X_1) = \mu(X) - \rho(X), \quad \forall \mu \in \mathcal{M}^{sl},$$

从而 (10.11) 成立. 因此, 为了证明此定理, 我们只需证明对任意 $X \in \mathcal{G}(\mathbb{P})$, 存在某个 $\mu_X \in \mathcal{M}^{sl}$ 使得

$$\rho(X) \leqslant \mu_X(X) - \alpha(\mu_X).$$

由 ρ 的平移不变性, 只需对满足 $\rho(X) = 0$ 的 X 进行证明. 对于某个给定的这样的 $X \in \mathcal{G}(\mathbb{P})$, 令 $[X] := \{u(X): u \text{ 是 } \mathbb{R} \text{ 上连续递增的函数}\}$, 且令

$$\mathcal{B} = \{Y \in \mathcal{G}(\mathbb{P}): \text{存在 } Z \in [X], \text{ 使得 } \rho(Z) < 0, \text{ 且 } Y \leqslant Z \text{ a.s.}\}.$$

容易验证 $\mathcal{B}$ 是凸的, $B_1 := \{Y \in \mathcal{X}(\mathbb{P}): \| Y + 1 \| < 1\} \subset \mathcal{B}$, 且 $X \notin \mathcal{B}$. 由凸集分离定理, 存在非平凡的 $\lambda \in ba(\Omega, \mathcal{F}, \mathbb{P})$, 使得

$$b := \sup_{Y \in \mathcal{B}} \lambda(Y) \leqslant \lambda(X).$$

我们断言:

(1) 对任意 $Y \geqslant 0$ a.s., $Y \in \mathcal{G}(\mathbb{P})$, 有 $\lambda(Y) \geqslant 0$;

(2) $\lambda(1) > 0$.

事实上, 对任意的 $Y \geqslant 0$ a.s., $Y \in \mathcal{G}(\mathbb{P})$ 以及 $c > 0$, 我们有 $-1 - cY \in \mathcal{B}$, $\lambda(-1 - cY) \leqslant \lambda(X)$. 由于 c 是任意的, 我们得到 $\lambda(Y) \geqslant 0$.

至于 (2), 由于 λ 是非平凡的, 存在某个 $Y \in \mathcal{G}(\mathbb{P}), \|Y\| < 1$, 使得 $\lambda(Y) > 0$. 因此, $\lambda(Y^+) > 0, \lambda(1 - Y^+) \geqslant 0$. 由此我们知道 $\lambda(1) > 0$. 从而, 我们可以选择 λ 使得 $\lambda(1) = 1$. 我们定义 $\rho_*, \rho^*: \mathcal{G}(\mathbb{P}) \to \mathbb{R}$ 为

$$\rho_*(Y) := \sup\{\lambda(Z): Z \leqslant_{st} Y, Z \in [X]\}, \quad Y \in \mathcal{G}(\mathbb{P}).$$

$$\rho^*(Y) := \sup\{\lambda(Z): Z \leqslant_{sl} Y, Z \in [X]\}, \quad Y \in \mathcal{G}(\mathbb{P}).$$

由定理 10.36 以及定理 10.43 的证明, 存在扭曲函数 $g \in \mathcal{D}$ 使得 $g \circ \mathbb{P} = \rho_* \leqslant \rho$ 以及 $g \circ \mathbb{P}(X) = \rho_*(X) = \rho(X)$. 显然 ρ^* 满足止损序、正齐次性、平移不变性, 以及以下性质:

$$\rho_*(Y) \leqslant \rho^*(Y) \leqslant \rho(Y), \forall Y \in \mathcal{G}(\mathbb{P}); \quad \rho^*(Y) \geqslant \lambda(Y), \forall Y \in [X]. \quad (10.12)$$

我们断言 ρ^* 也具有共单调超可加性. 事实上, 令 $Y_1, Y_2 \in \mathcal{G}(\mathbb{P})$ 为共单调的. 对所有的 $Z_1, Z_2 \in [X]$, 使得 $Z_1 \leqslant_{sl} Y_1, Z_2 \leqslant_{sl} Y_2$, 由引理 10.34, 我们得到

$$Z_1 + Z_2 \leqslant_{sl} Y_1 + Y_2.$$

因此,
$$\lambda(Z_1) + \lambda(Z_2) = \lambda(Z_1 + Z_2) \leqslant \rho^*(Y_1 + Y_2).$$

由 ρ^* 的定义, 我们得到
$$\rho^*(Y_1 + Y_2) \geqslant \rho^*(Y_1) + \rho^*(Y_2).$$

所以, ρ^* 具有共单调超可加性.

令 $\overline{g}: [0,1] \to [0,1]$ 为大于 g 的最小的凹函数. 对 $B \in \mathcal{F}$ 使得 $b := \mathbb{P}(B) \in (0,1)$ 以及 $\varepsilon > 0$, 存在 $0 \leqslant a < b < c \leqslant 0$ 使得
$$\overline{g}(b) - \varepsilon < (1-\alpha)g(a) + \alpha g(c),$$

其中 $\alpha = (b-a)/(c-a)$. 由于概率空间无原子, 可以取 $A \subset B \subset C$ 使得 $\mathbb{P}(A) = a, \mathbb{P}(C) = c$, 那么
$$\overline{g} \circ \mathbb{P}(B) - \varepsilon < (1-\alpha)g \circ \mathbb{P}(A) + \alpha g \circ \mathbb{P}(C).$$

故由 (10.12) 得
$$(1-\alpha)g \circ \mathbb{P}(A) + \alpha g \circ P(C) \leqslant (1-\alpha)\rho^*(I_A) + \alpha\rho^*(I_C).$$

由于 ρ^* 具有正齐次性和共单调超可加性,
$$(1-\alpha)\rho^*(I_A) + \alpha\rho^*(I_C) \leqslant \rho^*((1-\alpha)I_A + \alpha I_C).$$

注意到 $(1-\alpha)I_A + \alpha I_C \leqslant_{sl} I_B$ 以及 ρ^* 满足止损序, 我们得到
$$\rho^*((1-\alpha)I_A + \alpha I_C) \leqslant \rho^*(I_B).$$

因此 $\overline{g} \circ \mathbb{P}(B) \leqslant \rho^*(I_B)$.

$\forall Y \in \mathcal{G}(\mathbb{P})$, 定义 $\pi(Y) = -\rho^*(-Y)$. 由于 $X \leqslant_{st} Y$ 蕴含 $-Y \leqslant_{sl} -X$, 我们知道 π 满足一阶随机占优、正齐次性、平移不变性和共单调次可加性, 由定理 10.36, 存在 $\mathcal{M}^{st}(\mathbb{P})$ 的某个子集 $\mathcal{M}^\rho(\mathbb{P})$, 使得
$$\pi(Y) = \max_{\mu \in \mathcal{M}^\rho(\mathbb{P})} \mu(Y).$$

从而
$$\rho^*(Y) = \min_{\mu \in \mathcal{M}^{\rho^*}(\mathbb{P})} \mu(Y),$$

其中 $\mathcal{M}^{\rho^*}(\mathbb{P})$ 为 $\mathcal{M}^{st}(\mathbb{P})$ 的另外一个子集.

因此, 对任意的 $B \in \mathcal{F}$ 以及 $\mu \in \mathcal{M}^{\rho^*}(\mathbb{P})$, $\bar{g} \circ \mathbb{P}(B) \leqslant \mu(B)$. 于是对任意的 $Y \in \mathcal{G}(\mathbb{P})$ 和 $\mu \in \mathcal{M}^{\rho^*}(\mathbb{P})$, 有 $\bar{g} \circ \mathbb{P}(Y) \leqslant \mu(Y)$. 因此, 对所有的 $Y \in \mathcal{G}(\mathbb{P})$, 我们有 $\bar{g} \circ \mathbb{P}(Y) \leqslant \rho^*(Y) \leqslant \rho(Y)$, 且 $\bar{g} \circ \mathbb{P}(X) = \rho(X)$.

如果 $\rho(Y) \leqslant 0$, 则对任意 $\varepsilon > 0$, 有 $\rho(Y - \varepsilon) < 0$. 于是我们有

$$\bar{g} \circ \mathbb{P}(Y) - \varepsilon = \bar{g} \circ \mathbb{P}(Y - \varepsilon) \leqslant \rho^*(Y - \varepsilon)$$
$$= \sup\{\lambda(Z) : Z \leqslant_{sl} Y - \varepsilon, Z \in [X]\}$$
$$\leqslant \sup_{Z \in \mathcal{B}} \lambda(Z) = b.$$

最终有

$$\alpha(\bar{g}) = \sup_{\rho(Y) \leqslant 0} \bar{g} \circ P(Y) \leqslant b,$$

$$\bar{g} \circ \mathbb{P}(X) - \alpha(\bar{g}) \geqslant \bar{g} \circ \mathbb{P}(X) - b \geqslant \lambda(X) - b \geqslant 0 = \rho(X). \qquad \square$$

系 10.45 假定概率空间 $(\Omega, \mathcal{F}, \mathbb{P})$ 是无原子的. 设 $\rho : \mathcal{G}(\mathbb{P}) \to \mathbb{R}$, 则 ρ 满足止损序、平移不变性和共单调凸性, 当且仅当 ρ 满足一阶随机占优、平移不变性和凸性.

证明 这是定理 10.44 的一个直接的推论. 下面我们给出一个基于引理 10.33 的证明.

首先, 假设 ρ 止损序、平移不变性和共单调凸性, 我们只需要证明 ρ 满足凸性. 由于 $(\Omega, \mathcal{F}, \mathbb{P})$ 是无原子的, 该概率空间上存在在 $(0, 1)$ 上均匀分布的随机变量 U. 对任意的 $X, Y \in \mathcal{G}(\mathbb{P})$, 令 $-X^c = q_{(-X)}(U)$, $-Y^c = q_{(-Y)}(U)$, 其中 $q_{(-X)}(t)$ 和 $q_{(-Y)}(t)$ 分别为 $F_{(-X)}$ 和 $F_{(-Y)}$ 的右逆函数. 那么 $-X^c, -Y^c \in \mathcal{G}(\mathbb{P})$, $-X \stackrel{\mathrm{d}}{=} -X^c$, $-Y \stackrel{\mathrm{d}}{=} -Y^c$, 且 $-X^c, -Y^c$ 是共单调的. 由引理 10.33, 对任意的 $\alpha \in (0, 1)$, 有

$$\alpha(-X) + (1 - \alpha)(-Y) \leqslant_{sl} \alpha(-X^c) + (1 - \alpha)(-Y^c),$$

从而

$$\alpha X^c + (1 - \alpha)Y^c \leqslant_{sl} \alpha X + (1 - \alpha)Y.$$

由于 ρ 满足止损序和共单调凸性,

$$\rho(\alpha X + (1 - \alpha)Y) \leqslant \rho(\alpha X^c + (1 - \alpha)Y^c)$$
$$\leqslant \alpha \rho(X^c) + (1 - \alpha)\rho(Y^c)$$
$$= \alpha \rho(X) + (1 - \alpha)\rho(Y).$$

因此, ρ 满足凸性.

反之, 假设 ρ 满足一阶随机占优、平移不变性和凸性, 我们要证明 ρ 满足止损序. 由定理 10.30 以及分布不变凸风险度量的表示定理, 这个结论是显然的. □

第十一章　随机分析与半鞅模型

K. Itô 于 20 世纪 40 年代创立了著名的 Brown 运动随机分析理论. 20 世纪六七十年代, 由 P. A. Meyer 领导的法国斯特拉斯堡学派发展了现代鞅理论、随机过程的一般理论和半鞅的随机分析. 很快就证明了半鞅构成了使得简单可料被积过程的随机积分满足依概率收敛的控制收敛定理的右连续适应过程积分子的最大类. 半鞅的随机分析不仅成为一个重要的现代概率论和随机过程的工具, 而且广泛应用于数学的许多分支、物理、工程和金融数学.

当标的股票回报不连续时, 期权定价的最早研究是 Merton (1976). 后来, 很多人用过更一般的非连续过程 (例如跳扩散过程或 Lévy 过程) 对资产回报进行建模. 这些模型的特点是允许资产价格有随机跳跃. 最一般的资产回报模型是半鞅模型.

在本章中, 我们首先依照 Yan(2002c) 简要介绍半鞅和半鞅随机分析 (详见何声武等 (1995)). 然后在 §11.2 按照 Xia and Yan (2002), 介绍半鞅模型的一些基本概念和记号, 在等价鞅测度构架下建立 Kramkov 的可选分解定理的一个版本. 基于这个定理, 在 §11.3 我们得到超对冲成本的一个不依赖计价单位的表达式. 最后, 在 §11.4 我们引入正规策略概念, 并给出可达未定权益和市场完备性的不依赖计价单位的刻画.

§11.1　半鞅与随机分析

令 $(\Omega, \mathcal{F}, (\mathcal{F}_t), \mathbb{P})$ 为一满足通常条件的随机基. 在本章中, 我们假设 $\mathcal{F} = \mathcal{F}_\infty = \sigma(\bigcup_t \mathcal{F}_t)$.

> **定义 11.1**　$\Omega \times \mathbb{R}_+$ 上使得全体右连左极适应过程为可测的最小 σ-域称为可选 σ-域, 记为 $\mathcal{O}$. $\Omega \times \mathbb{R}_+$ 上使得全体左连续适应过程为可测的最小 σ-域称为可料 σ-域, 记为 $\mathcal{P}$. 一随机集或过程称为可选的 (可料的), 如果它是 $\mathcal{O}(\mathcal{P})$-可测的.

§11.1.1　上鞅的 Doob-Meyer 分解

令 $\mathcal{T}$ 为停时全体. 可测过程 X 称为类 (D) 过程, 如果 $\{X_T I_{[T<\infty]} : T \in \mathcal{T}\}$ 为一致可积随机变量族.

下面的类 (D) 上鞅的 Doob-Meyer 分解定理源于 Meyer (1962).

定理 11.2 设 X 为一右连续类 (D) 上鞅, 则 X 可唯一地分解为

$$X = M - A, \tag{11.1}$$

其中 M 为一致可积鞅, A 为零初值可料可积增过程. (11.1) 称为 X 的 Doob-Meyer 分解.

设 M 为一平方可积鞅, 如果

$$\sup_t \mathbb{E}[M_t^2] < \infty,$$

则称 M 为一致平方可积鞅, 我们用 $\mathcal{M}^2$ 表示一致平方可积鞅全体, 以 $\mathcal{M}^{2,c}$ 记连续一致平方可积鞅全体.

设 $M \in \mathcal{M}$, 则 $M \in \mathcal{M}^2$ 当且仅当 $\mathbb{E}[M_\infty^2] < \infty$. 事实上, 我们有

$$\mathbb{E}[M_\infty^2] = \sup_t \mathbb{E}[M_t^2].$$

此外, $\mathcal{M}^2$ 按内积 $(M, N) = \mathbb{E}[M_\infty N_\infty]$ 构成一 Hilbert 空间, 且与 $L^2(\Omega, \mathcal{F}_\infty, \mathbb{P})$ 同构, $M \mapsto M_\infty$ 为其同构映射.

令 $\mathcal{M}^{2,d}$ 记 $\mathcal{M}^{2,c}$ 在 $\mathcal{M}^2$ 中的直交补. $\mathcal{M}^{2,d}$ 中的元素称为纯断平方可积鞅.

设 $M \in \mathcal{M}^{2,d}$, 则显然有 $M_0 = 0, \mathrm{a.s.}$. 设 $M \in \mathcal{M}^2$, 则 M 有如下唯一分解

$$M = M_0 + M^c + M^d,$$

其中 $M^c \in \mathcal{M}_0^{2,c}$, $M^d \in \mathcal{M}^{2,d}$. M^c 和 M^d 分别称为 M 的连续鞅部分和纯断鞅部分.

设 $M \in \mathcal{M}^2$. 由 Doob 不等式, $M_\infty^* = \sup_t |M_t| \in L^2$. 因此, M^2 为类 (D) 下鞅. 由 Doob-Meyer 分解定理, 存在唯一的可料可积增过程, 记作 $\langle M \rangle$, 使得 $M^2 - \langle M \rangle \in \mathcal{M}_0$.

定义 11.3 设 $M \in \mathcal{M}^2$. 我们称 $\langle M \rangle$ 为 M 的 *可料二次变差过程* 或 *尖括号过程*. 对 $M, N \in \mathcal{M}^2$, 令

$$\langle M, N \rangle = \frac{1}{2}[\langle M + N \rangle - \langle M \rangle - \langle N \rangle]. \tag{11.2}$$

我们称 $\langle M, N \rangle$ 为 M 与 N 的 *可料二次协变差过程* 或 *尖括号过程*.

定义 11.4 对 $M, N \in \mathcal{M}^2$, 令

$$[M, N]_t = M_0 N_0 + \langle M^c, N^c \rangle_t + \sum_{0 < s \leqslant t} \Delta M_s \Delta N_s, \quad t \geqslant 0,$$

其中 M^c, N^c 分别为 M, N 的连续鞅部分. $[M, N]$ 为适应可积变差过程, 称为 M 与 N 的二次协变差过程. $[M, M]$(简记为 $[M]$) 是适应可积增过程, 称为 M 的二次变差过程或方括号过程.

下一定理是定义随机积分的基础.

定理 11.5 (Kunita-Watanabe 不等式) 设 $M, N \in \mathcal{M}^2$. 则对两个可测过程 H 和 K,

$$\int_{[0, \infty[} |H_s K_s| |d\langle M, N \rangle_s|$$
$$\leqslant \Big(\int_{[0, \infty[} H_s^2 d\langle M \rangle_s \Big)^{1/2} \Big(\int_{[0, \infty[} K_s^2 d\langle N \rangle_s \Big)^{1/2}, \quad \text{a.s.},$$
$$\mathbb{E}\left[\int_{[0, \infty[} |H_s K_s| |d\langle M, N \rangle_s| \right]$$
$$\leqslant \left\| \sqrt{\int_{[0, \infty[} H_s^2 d\langle M \rangle_s} \right\|_p \left\| \sqrt{\int_{[0, \infty[} K_s^2 d\langle N \rangle_s} \right\|_q, \tag{11.3}$$

其中 (p, q) 是一对共轭指数, 即 $1 < p, q < \infty$ 和 $1/p + 1/q = 1$, $\| \cdot \|_p$ 是 L^p-范数.

类似结果对 $[M, N], [M]$ 和 $[N]$ 成立.

§11.1.2 局部鞅和半鞅

定义 11.6 设 M 为一右连左极适应过程. 如果存在一列停时 T_n, $T_n \uparrow +\infty$ 使得每个 $M^{T_n} - M_0$ 为一致可积鞅 (相应地, 可积变差鞅), 则称 M 为局部鞅 (相应地, 局部可积变差鞅). 我们称 (T_n) 为 M 的局部化序列.

我们分别用 $\mathcal{M}_{\text{loc}}$ 及 $\mathcal{W}_{\text{loc}}$ 表示局部鞅及局部可积变差鞅全体. 令

$$\mathcal{M}_{\text{loc},0} = \{M \in \mathcal{M}_{\text{loc}} : M_0 = 0\}, \quad \mathcal{W}_{\text{loc},0} = \{M \in \mathcal{W}_{\text{loc}} : M_0 = 0\}.$$

下一定理是局部鞅的一个基本定理, 归于作者 (参见 Meyer (1977) 和严加安 (1981)). 它表明, 研究局部鞅可归结为研究有界鞅和可积变差鞅.

> **定理 11.7**   设 M 为一局部鞅, 则对任给 $\epsilon > 0, M$ 可作如下分解:
> $$M = M_0 + U + V,$$
> 其中 U 为零初值局部有界鞅, 且 $|\Delta U| \leqslant \epsilon, V$ 为零初值局部可积变差鞅.

设 M 为一局部鞅, 称 M 为纯断局部鞅, 若 $M_0 = 0$, 且 M 可作如下分解:
$$M = U + V,$$
其中 $U \in \mathcal{M}_{\mathrm{loc}}^{2,d}, V \in \mathcal{W}_{\mathrm{loc}}$. 我们以 $\mathcal{M}_{\mathrm{loc}}^d$ 记纯断局部鞅全体, 并以 $\mathcal{M}_{\mathrm{loc}}^c$ 记连续局部鞅全体.

> **定理 11.8**   任一局部鞅 M 有如下唯一分解:
> $$M = M_0 + M^c + M^d, \tag{11.4}$$
> 其中 $M^c \in \mathcal{M}_{\mathrm{loc},0}^c$, $M^d \in \mathcal{M}_{\mathrm{loc}}^d$. 称 M^c 为 M 的连续鞅部分, 称 M^d 为 M 的纯断鞅部分.

设 M, N 为两个局部鞅, 定义
$$[M, N]_t = M_0 N_0 + \langle M^c, N^c \rangle_t + \sum_{s \leqslant t} \Delta M_s \Delta N_s. \tag{11.5}$$

$[M, N]$ 为适应有限变差过程. $[M, N]$ 称为 M 与 N 的二次协变差过程. 易见, 对任一停时 T, 有 $[M^T, N] = [M, N]^T$. 特别, $[M, M]$(简记为 $[M]$) 为适应增过程, 称为 M 的二次变差过程或方括号过程. 易见, $M = 0$ 当且仅当 $[M] = 0$; $M \in \mathcal{M}_{\mathrm{loc}}^c$, 当且仅当 $[M]$ 连续; $M \in \mathcal{M}_{\mathrm{loc}}^d$, 当且仅当 $[M]$ 纯断.

> **定义 11.9**   设 $X = (X_t)$ 为一右连左极适应过程, 称 X 为半鞅, 如果 X 可作如下分解:
> $$X = M + A,$$
> 其中 M 为局部鞅, 且 $M_0 = 0$, A 为适应有限变差过程. 半鞅全体记作 $\mathcal{S}$.

若 X 为一半鞅, T 为一停时, 则 X^T 为半鞅. 此外, 令
$$X^{T-} = X^T - \Delta X_T I_{[\![T,\infty[\![},$$
则 X^{T-} 也为半鞅.

在半鞅的分解中, M 的连续鞅部分 M^c 由半鞅 X 唯一决定, 称它为半鞅 X 的连续鞅部分, 记作 X^c. 容易看出, 对任一停时 T, 有

$$(X^T)^c = (X^c)^T, \quad (X^{T-})^c = (X^c)^T.$$

设 X, Y 为半鞅. 令

$$[X, Y]_t = X_0 Y_0 + \langle X^c, Y^c \rangle_t + \sum_{s \leqslant t} \Delta X_s \Delta Y_s \quad t \geqslant 0,$$

则 $[X, Y]$ 称为 X 和 Y 的二次协变差过程; $[X, X]$ (简记为 $[X]$) 是一适应增过程, 称为 X 的二次变差过程或方括号过程.

§11.1.3 关于局部鞅的随机积分

在本节中我们将定义可料过程对局部鞅的随机 (不定) 积分, 积分所得过程仍为局部鞅. 首先, 对初等可料过程, 可用自然的方式定义随机积分, 且不难给出这类随机积分的刻画. 然后, 在此基础上可以给出一般可料过程对局部鞅的随机积分定义.

先考虑一维情形. 令 M 为一局部鞅, $M = M_0 + M^c + M^d$, H 为一可料过程. 我们要定义 H 关于 M 的随机积分, 记为 $H.M$. 如果 $H = \xi I_{]\!]S,T]\!]}$, 其中 $S \leqslant T$ 为两个停时, ξ 为 $\mathcal{F}_S$-可测随机变量, $H.M$ 自然应该定义为 $H.M = \xi(M^T - M^S)$. 则 $H.M$ 为局部鞅, 且对任何局部鞅 N, 有 $[H.M, N] = H.[M, N]$. 这一性质唯一刻画了 $\mathcal{M}_{\text{loc}}$ 中的元素 $H.M$.

如果我们要对一般的可料过程 H 定义满足上述性质的局部鞅 $H.M$, 则 H 满足的一个必要条件是 $H^2 \in L_S([M])$ 且 $\sqrt{H^2.[M]} \in \mathcal{A}_{\text{loc}}^+$, 其中 $\mathcal{A}_{\text{loc}}^+$ 是所有局部可积适应增过程的集合, $L_S(A)$ 是关于 A Stieltjes 可积的所有可测过程的集合. 幸运的是, 这一条件对定义满足上述性质的局部鞅 $H.M$ 也是充分的.

首先, 根据关于平方可积鞅的 Kunita-Watanabe 不等式 (定理 11.5), 我们可以定义一个连续局部鞅 L' 使得对任何局部鞅 N, 有 $[L', N] = H.[M^c, N]$. 其次, 根据局部鞅跳过程的刻画, 我们可以定义一个 $L'' \in \mathcal{M}_{\text{loc}}^d$, 使得 $\Delta L'' = H\Delta M$. 最后, 我们令 $H.M = L' + L''$. 则对任何局部鞅 N, 我们有

$$[H.M, N] = H.[M, N].$$

我们称 $H.M$ 为 H 关于 M 的随机积分. 有时我们用 $H_{\dot{m}}M$ 强调是在局部鞅随机积分意义下定义的积分, 所得到的过程是局部鞅.

令 M 为一局部鞅. 用 $L_m(M)$ 表示使得 $H^2 \in L_S([M])$ 和 $\sqrt{H^2.[M]} \in \mathcal{A}_{\text{loc}}^+$ 的所有可料过程 H 的集合.

我们用如下记号表示随机积分 (包括以后概念推广了的随机积分): 对 $t \geqslant 0$,

$$\int_{[0,t]} H_s dM_s = (H.M)_t,$$

$$\int_0^t H_s dM_s = \int_{(0,t]} H_s dM_s = ((HI_{]\![0,\infty[\![}).M)_t.$$

下一定理刻画了随机积分.

定理 11.10　设 M 为一局部鞅, $H \in L_m(M)$. 则 $H.M$ 为唯一的局部鞅使得对每个局部鞅 N, $[H.M, N] = H.[M, N]$.

下一定理概括了随机积分的基本性质.

定理 11.11　设 M 为局部鞅, $H, K \in L_m(M)$.

(1) $L_m(M) = L_m(M^c) \cap L_m(M^d)$, $(H.M)^c = H.M^c$, $(H.M)^d = H.M^d$;

(2) $(H.M)_0 = H_0 M_0, \Delta(H.M) = H\Delta M$;

(3) $H + K \in L_m(M), (H + K).M = H.M + K.M$;

(4) 设 H' 为一可料过程, 则 $H' \in L_m(H.M)$, 当且仅当 $(HH') \in L_m(M)$. 这时有

$$H'.(H.M) = (H'H).M;$$

(5) 设 T 为一停时, 则

$$(H.M)^T = H.M^T = (HI_{]\![0,T]\!]}).M.$$

容易证明, 如果积分过程为一局部可积变差鞅, 这里定义的随机积分与按轨道的 Stielties 积分一致.

现在研究向量随机积分 (参见 Jacod (1979)). 设 $M = (M^i)_{i \leqslant n}$ 为一 $\mathbb{R}^n$-值局部鞅, 且 $H = (H^i)_{i \leqslant n}$ 为一 $\mathbb{R}^n$-值可料过程. 如果对每个 i, $H^i \in L_m(M^i)$, 则我们自然定义 H 关于 M 的分量式随机积分为

$$H.M = \sum_{i=1}^n H^i.M^i.$$

为了随机积分有好的性质, 例如把一局部鞅表示为关于一向量局部鞅的随机积分, 我们需要考虑更大的被积过程类. 为此, 我们选取一个适应增过程 Γ (例如, $\Gamma = $

$\sum_{i=1}^{n}[M^i, M^i])$ 使得 $d[M^i, M^j] \ll d\Gamma, \forall i, j \leqslant n$, 并令

$$\gamma^{ij} = \frac{d[M^i, M^j]}{d\Gamma}.$$

我们用 $L_m(M)$ 表示所有满足

$$\sqrt{\left(\sum_{i,j=1}^{n} H^i \gamma^{ij} H^j \right) . \Gamma} \in \mathcal{A}_{\text{loc}}^+$$

$\mathbb{R}^n$-值可料过程 H 的集合. 易见 $L_m(M)$ 不依赖 Γ 的选取. 与实值局部鞅情形类似, 对 $H \in L_m(M)$ 定义唯一的局部鞅, 记为 $H.M$, 使得对每个局部鞅 N,

$$[H.M, N] = \left(\sum_{i=1}^{n} H^i \gamma^{iN} \right) . \Gamma,$$

其中 $\gamma^{iN} = d[M^i, N]/d\Gamma$. 我们称 $H.M$ 为 H 关于 M 的 (向量) 随机积分. 有时我们把这一积分记为 $H_{\dot{m}}M$. 如果 $H, K \in L_m(M)$, 则

$$[H.M, K.M] = \left(\sum_{i,j=1}^{n} H^i \gamma^{ij} K^j \right) . \Gamma.$$

向量随机积分的性质与标量情形类似.

定理 11.12 设 $M = (M^i)_{i \leqslant n}$ 为一向量局部鞅. 如果 $[M^i, M^j] = 0, \forall i \neq j$, 则 $L_m(M) = \{ H = (H^i)_{i \leqslant n} : H^i \in L_m(M^i), \forall i \leqslant n \}$, 并且向量随机积分与分量式随机积分一致.

---

§11.1.4 关于半鞅的随机积分

我们只叙述实值半鞅情形的结果.

引理 11.13 设 X 为一半鞅, H 为一可料过程, 令 $X = M + A, X = N + B$ 为 X 的两个分解, 其中 $M, N \in \mathcal{M}_{\text{loc}}, A, B \in \mathcal{V}_0$. 这里 $\mathcal{V}_0$ 记所有零初值适应有限变差过程的集合. 如果 $H \in L_m(M) \cap L_S(A)$ 且 $H \in L_m(N) \cap L_S(B)$, 则

$$H_{\dot{m}}M + H_{\dot{s}}A = H_{\dot{m}}N + H_{\dot{s}}B.$$

基于引理 11.13 我们给出如下定义.

定义 11.14　设 X 为一半鞅, H 为一可料过程. 如果存在 X 的一个分解 : $X = M + A$, 其中 $M \in \mathcal{M}_{\mathrm{loc}}, A \in \mathcal{V}_0$, 使得 $H \in L_m(M) \cap L_S(A)$, 我们称 H 对 X 在半鞅积分意义下可积 (或简称X-可积), $X = M + A$ 为 X 的一个H-分解. 这时, 令

$$H.X = H_{\dot{m}}M + H_{\dot{s}}A.$$

$H.X$ 不依赖于 X 的 H-分解, 称为 H 对 X 的随机积分.

对 X 在半鞅积分意义下可积的可料过程全体记为 $L(X)$.

　　注　设 M 为一局部鞅. 则 $L_m(M) \subset L(M)$, 且对于 $H \in L_m(M)$ 两个积分 $H_{\dot{m}}M$ 和 $H.M$ 一致. 但是, 对于 $H \in L(M)$, 我们不能断言 $H.M$ 仍是局部鞅. 例如, 设 $M \in \mathcal{W}_{\mathrm{loc},0}, H$ 为一可料过程, 使得 Stieltjes 积分 $H_{\dot{s}}M$ 存在, 但 $H_{\dot{s}}M \notin \mathcal{A}_{\mathrm{loc}}$, 则 $H \notin L_m(M)$.

　　下一定理概括了可料过程对半鞅的随机积分的基本性质, 它们是定理 11.11 的直接推论.

定理 11.15　设 X 为一半鞅, $H \in L(X)$.

(1) $(H.X)^c = H.X^c, \Delta(H.X) = H\Delta X, (H.X)_0 = H_0 X_0$.

(2) 对任一半鞅 Y, 有 $[H.X, Y] = H.[X, Y]$.

(3) $H, K \in L(X) \Longrightarrow H + K \in L(X)$.

(4) 设 K 为一可料过程. 则 $K \in L(H.X)$ 当且仅当 $K.H \in L(X)$. 这时有 $K.(H.X) = (KH).X$.

半鞅被证明是合理定义可料过程随机积分的积分子的最大过程类. 此外, 半鞅性质和随机积分在概率等价变换下不变.

§11.1.5　Itô 公式和 Doléans 指数公式

本节介绍半鞅的变量替换公式 (Itô 公式), 它是随机分析的最强有力工具.

首先, 类似于定理 4.12, 我们可以证明如下所谓的 *分部积分公式*.

定理 11.16　如果 X 和 Y 是两个半鞅, 则有如下的分部积分公式:

$$X_t Y_t = \int_0^t X_{s-} dY_s + \int_0^t Y_{s-} dX_s + [X, Y]_t, \quad t \geqslant 0.$$

从这一公式出发我们容易证明如下的 Itô 公式 (参见定理 4.11 的证明).

定理 11.17 设 $X_t = (X_t^1, \cdots, X_t^d)$ 为 d-维半鞅, F 为 $\mathbb{R}^d$ 上的 C^2-函数 (即 F 有连续的一阶与二阶偏导数). 则

$$F(X_t) - F(X_0) = \sum_{j=1}^d \int_0^t D_j F(X_{s-}) dX_s^j + \sum_{0 < s \leqslant t} \eta_s(F) + \frac{1}{2} A_t(F),$$

其中

$$\eta_s(F) = F(X_s) - F(X_{s-}) - \sum_{j=1}^d D_j F(X_{s-}) \Delta X_s^j,$$

$$A_t(F) = \sum_{i,j=1}^d \int_0^t D_{ij} F(X_{s-}) d\langle (X^j)^c, (X^j)^c \rangle_s,$$

$D_j F = \dfrac{\partial F}{\partial x_j}$, $D_{ij} F = \dfrac{\partial^2 F}{\partial x_i \partial x_j}$, 且级数 $\sum_{0 < s \leqslant t} \eta_s(F)$ 绝对收敛.

令

$$Z_t = \exp \left\{ X_t - X_0 - \frac{1}{2} \langle X^c \rangle_t \right\} \prod_{0 < s \leqslant t} (1 + \Delta X_s) e^{-\Delta X_s}, \tag{11.6}$$

则 $Z = (Z_t)$ 为唯一的半鞅, 满足如下随机积分方程:

$$Z_t = 1 + \int_0^t Z_{s-} dX_s.$$

我们称 Z 为 X 的 Doléans (随机) 指数, 记为 $\mathcal{E}(X)$. 等式 (11.6) 称为 Doléans (指数) 公式, 源于 Doléans-Dade (1970).

§11.2 半 鞅 模 型

我们固定一个时间范围 $[0, T]$, 考虑由 $m + 1$ 个资产构成的证券市场. 假定资产价格过程 $(S_t^i), i = 0, \cdots, m$ 为定义于满足通常条件的随机基 $(\Omega, \mathcal{F}, (\mathcal{F}_t), \mathbb{P})$ 的严格正半鞅. 此外, 假设 $\mathcal{F}_0$ 为不足道 σ-代数. 我们任取一个资产, 例如编号为 0 的资产价格过程作为计价单位. 令 $\gamma_t \hat{=} (S_t^0)^{-1}$, 并称 γ_t 为在时刻 t 的折算因子. 设定

$$S_t = (S_t^1, \cdots, S_t^m), \quad \widetilde{S}_t = (\widetilde{S}_t^1, \cdots, \widetilde{S}_t^m),$$

其中 $\widetilde{S}_t^i = \gamma_t S_t^i, 1 \leqslant i \leqslant m$. 我们称 $(\widetilde{S}_t)$ 为资产折算价格过程. 注意编号为 0 的资产折算价格过程为常数 1.

一种广泛采用的 "无套利" 金融市场设定, 是假设存在一个关于资产折算价格过程的等价局部鞅测度. 根据所谓的 "资产定价基本定理"(源于 Kreps (1981) 和

Delbaen and Schachermayer (1994)), 如果折算价格过程是局部有界的, 这个假设相当于 "没有风险消失的免费午餐" 的条件 (简称 NFLVR). 但是, NFLVR 的属性并不是在计价单位改变下不变的. 而且, 在这一设定下, 市场 "无套利" 仅适用于容许策略, 市场可能允许静态交易卖空策略. 使用一个等价局部鞅测度的定价系统可能与一些原始资产的原始价格不一致. 为了弥补这些缺点, Yan (1998a) 引进了不依赖计价单位的 "许可策略" 和公平市场的概念.

§11.2.1　基本概念和记号

一交易策略是一 $\mathbb{R}^{m+1}$-值 $(\mathcal{F}_t)$-可料过程 $\phi = \{\theta^0, \theta\}$, 使得 ϕ 关于半鞅 (S_t^0, S_t) 可积, 其中

$$\theta(t) = (\theta^1(t), \cdots, \theta^m(t)), \quad S_t = (S_t^1, \cdots, S_t^m),$$

$\theta^i(t)$ 表示在时刻 t 拥有资产 i 单位数量. 交易策略 $\phi = \{\theta^0, \theta\}$ 在时刻 t 的财富 $V_t(\phi)$ 为

$$V_t(\phi) = \theta^0(t)S_t^0 + \theta(t) \cdot S_t,$$

其中 $\theta(t) \cdot S_t = \sum_{i=1}^m \theta^i(t)S_t^i$. 时刻 t 的折算财富是 $\widetilde{V}_t(\phi) = V_t(\phi)\gamma_t$. 交易策略 $\{\theta^0, \theta\}$ 称为自融资的, 如果

$$V_t(\phi) = V_0(\phi) + \int_0^t \phi(u)d(S_u^0, S_u).$$

策略 $\phi = \{\theta^0, \theta\}$ 是自融资的, 当且仅当它的财富过程 (V_t) 满足

$$d\widetilde{V}_t = \theta(t)d\widetilde{S}_t,$$

其中 $\widetilde{V}_t = V_t\gamma_t$.

易见对任何给定的关于 (S_t) 可积的 $\mathbb{R}^m$-值可料过程 θ 和一实数 x, 存在一实值可料过程 (θ_t^0) 使得 $\phi = \{\theta^0, \theta\}$ 为一初始资本 x 的自融资策略.

令 $\mathbb{Q}$ 为一与历史概率测度 $\mathbb{P}$ 等价的概率测度. 如果折算价格过程 $(\widetilde{S}_t)$ 是一 (向量值) $\mathbb{Q}$-鞅 (相应地, $\mathbb{Q}$-局部鞅), 则称 $\mathbb{Q}$ 为市场等价鞅测度 (相应地, 等价局部鞅测度).

证券市场称为公平的, 如果存在市场等价鞅测度. Yan (1998a) 证明了市场的公平性在计价单位改变下是不变的.

一自融资策略称为容许的, 如果它的财富过程非负. 一自融资策略 ϕ 称为驯服的, 如果存在一个正常数 c 使得它的财富过程 $V_t(\phi)$ 从下限为 $-cS_t^0$. 一自融资策略称为许可的, 如果存在正常数 c, 使得它的财富过程 V_t 从下被 $-c\sum_{i=0}^m S_t^i$ 界住. 容许的或驯服的策略是许可的.

我们用 $\mathcal{P}^j$ (相应地, $\mathcal{P}^j_{\mathrm{loc}}$) 表示取编号为 j 的资产价格过程为计价单位时所有等价鞅测度 (相应地, 等价局部鞅测度) 的集合. 有时我们也用 $\mathcal{P}$ (相应地, $\mathcal{P}_{\mathrm{loc}}$) 表示 $\mathcal{P}^0$ (相应地, $\mathcal{P}^0_{\mathrm{loc}}$). 如果 $\mathcal{P}$ 只包含一个元素, 市场称为完备的, 否则称为不完备的. 由跳扩散过程和 Lévy 过程驱动的市场是不完备的.

对任何 $\mathbb{Q} \in \mathcal{P}$, 许可策略的折算财富过程是 $\mathbb{Q}$-局部鞅和 $\mathbb{Q}$-上鞅.

到期时刻为 T 的未定权益是一 $\mathcal{F}_T$-可测随机变量 ξ. 令

$$V_0^b(\xi) = \inf_{\mathbb{Q} \in \mathcal{P}} E_{\mathbb{Q}}[\gamma_T \xi], \quad V_0^a(\xi) = \sup_{\mathbb{Q} \in \mathcal{P}} E_{\mathbb{Q}}[\gamma_T \xi].$$

分别称 $V_0^b(\xi)$ 和 $V_0^a(\xi)$ 为 ξ 的买方价和卖方价.

半鞅模型市场中的期权定价在于发现一个合适的鞅测度.

现在我们给出寻找鞅测度的一般原则. 假设市场上有两种资产, 其价格过程分别是 $B_t = B_0 \mathcal{E}_t(h)$ 和 $S_t = S_0 \mathcal{E}_t(H)$, 其中 h 和 H 是半鞅. 我们将 B 取为计价单位, 并希望找到市场的所有鞅测度.

令 $X_t = S_t / B_t$. 则

$$X_t = X_0 \mathcal{E}(H)_t \mathcal{E}_t(h)^{-1}.$$

由于 $\mathcal{E}(h)_t^{-1} = \mathcal{E}(-h^*)_t$, 其中

$$h_t^* = h_t - \langle h^c, h^c \rangle_t - \sum_{s \leqslant t} \frac{(\Delta h_s)^2}{1 + \Delta h_s}.$$

根据公式 $\mathcal{E}(Y)\mathcal{E}(Z) = \mathcal{E}(Y + Z + [Y, Z])$, 我们有 $X_t = X_0 \mathcal{E}_t(\Psi(h, H))$, 其中

$$\Psi_t(h, H) = H_t - h_t + \langle h^c, h^c + H^c \rangle_t + \sum_{s \leqslant t} \frac{\Delta h_s (\Delta h_s - \Delta H_s)}{1 + \Delta h_s}.$$

令 $\mathbb{P}^* \sim \mathbb{P}$, $Z_t = d\mathbb{P}^*/d\mathbb{P}|_{\mathcal{F}_t}$. 则 X 为 $\mathbb{P}^*$-局部鞅, 当且仅当 XZ 是 $\mathbb{P}$-局部鞅. 由于 $Z_t = \mathcal{E}_t(N)$, 其中 N 是某个 $\mathbb{P}$-局部鞅, 我们有

$$X_t \mathcal{E}_t(N) = X_0 \mathcal{E}_t(\Psi(h, H) + N + [\Psi(h, H), N]).$$

发现鞅测度的问题化为确定何时 $\Psi(h, H) + N + [\Psi(h, H), N]$ 为一局部鞅. 我们推荐读者参考 Mel'nikov 等 (2002) 了解更多详情和例子.

§11.2.2 关于半鞅的向量随机积分

下一定理源于 Xia and Yan (2002).

定理 11.18　令 X 为一 $\mathbb{R}^n$-值半鞅, H 为一 $\mathbb{R}^n$-值可料过程. 如果 $H \in L(X)$ 和

$$H_t \cdot X_t = H_0 \cdot X_0 + \int_0^t H_s dX_s, \tag{11.7}$$

其中 · 记两个向量的内积, 则对任一实值半鞅 y, 我们有 $H \in L(yX)$ 和

$$y_t(H \cdot X)_t = y_0(H \cdot X)_0 + \int_0^t H_s d(yX)_s. \tag{11.8}$$

证明　不失一般性, 假设 $X_0 = 0$. 由分部积分公式和 (11.7), 我们得到

$$y_t(H \cdot X)_t = \int_0^t y_{s-} d(H_s \cdot X_s) + \int_0^t (H \cdot X)_{s-} dy_s + [y, H \cdot X]_t$$

$$= \int_0^t y_{s-} H_s dX_s + \int_0^t (H \cdot X)_{s-} dy_s + \int_0^t H_s d[y, X]_s. \tag{11.9}$$

由于 $H \cdot \Delta X = \Delta(H.X)$, 由 (11.7), 我们有

$$(H \cdot X)_{t-} - H_t \cdot X_{t-} = (H.X)_{t-} - H_t \cdot X_{t-} = (H.X)_t - (H \cdot X)_t = 0.$$

因此, 如果令 $Z_t = \int_0^t X_{s-} dy_s$, 则 H 关于 Z 可积, 且有

$$\int_0^t H_s dZ_s = \int_0^t (H \cdot X)_{s-} dy_s.$$

另一方面, 我们有

$$(yX)_t = \int_0^t y_{s-} dX_s + Z_t + [y, X]_t.$$

于是 H 关于 yX 可积, 且有 (11.9) 推得

$$\int_0^t H_s d(yX)_s = \int_0^t H_s y_{s-} dX_s + \int_0^t (H \cdot X)_{s-} dy_s + \int_0^t H_s d[y, X]_s = y_t(H \cdot X)_t.$$

定理得证.　　　　　　　　　　　　　　　　　　　　　　　　　　　　□

从定理 11.18 立刻推得如下引理.

引理 11.19　一交易策略 $\phi = \{\theta^0, \theta\}$ 是自融资的, 当且仅当其财富过程 $(V_t(\phi))$ 满足

$$d\left(\frac{V_t(\phi)}{S_t^0}\right) = \theta_t d\left(\frac{S_t}{S_t^0}\right).$$

引理 11.19 容易导致以下定理, 它将在后面用到.

定理 11.20 对于任何给定的关于 S 可积的 $\mathbb{R}^m$-值可料过程 θ 和一个实数 x, 存在一实值可料过程 θ^0, 使得 $\{\theta^0, \theta\}$ 是初始财富为 x 的自融资策略.

下一定理源于 Yan (1998a).

定理 11.21 市场是公平的, 当且仅当不存在一列初始财富为 0 的容许策略 (ϕ_n) 使得对所有 $n \geqslant 1$,

$$V_T(\phi_n) \geqslant -\frac{1}{n}\sum_{j=0}^{m} S_T^j, \quad \text{a.s.},$$

且 $V_T(\phi_n)$ a.s. 趋于一满足 $\mathbb{P}(\xi > 0) > 0$ 的非负随机变量 ξ.

§11.2.3 可选分解定理

可选分解定理 (源于 Kramkov (1996)) 是金融数学中一个非常有用的工具. 它是在等价局部鞅测度设定下给出的 (另见 Föllmer and Kramkov (1998)). 为了能够应用这个定理于公平市场, 我们将依照 Xia and Yan (2002, 2003) 在等价鞅测度设定下建立这一定理的一个版本.

定理 11.22 假设 $\mathcal{P}$ 非空. 如果 Y 是非负的 $\mathcal{P}$-上鞅, 即对所有 $\mathbb{Q} \in \mathcal{P}$, Y 是 $\mathbb{Q}$-上鞅, 则存在一个初值 0 适应右连续增过程 C 和一 S-可积的可料过程 φ, 使得

$$Y = Y_0 + \varphi.X - C.$$

此外, $\varphi.S$ 是局部鞅.

证明 令 $X = (X^1, X^2, \cdots, X^m)$, $X^* = 1 + X^1 + X^2 + \cdots + X^m$. 用 $\mathcal{P}^*$ 记所有 $\widetilde{X} = (X^1/X^*, \cdots, X^m/X^*)$ 的等价鞅测度的集合. 对每个 $\mathbb{Q} \in \mathcal{P}$, X^* 是 $\mathbb{Q}$-鞅. 可以用 $d\mathbb{Q}^*/d\mathbb{Q}|_{\mathcal{F}_t} = X_t^*/X_0^*$ 定义一概率测度 $\mathbb{Q}^*$. 易见 $\mathbb{Q} \longrightarrow \mathbb{Q}^*$ 是从 $\mathcal{P}$ 到 $\mathcal{P}^*$ 上的双射. 由于 Y 是 $\mathcal{P}$-上鞅, 由条件期望的 Bayes 法则, 对任意 $\mathbb{Q} \in \mathcal{P}$ 和 $t > s \geqslant 0$, 我们有

$$\mathbb{E}_{\mathbb{Q}^*}\left[\frac{Y_t}{X_t^*}\Big| \mathcal{F}_s\right] = \frac{\mathbb{E}_{\mathbb{Q}}[Y_t|\mathcal{F}_s]}{X_s^*} \leqslant \frac{Y_s}{X_s^*}.$$

因此, Y/X^* 是 $\mathbb{Q}^*$-上鞅, 从而为 $\mathcal{P}^*$-上鞅.

由于 $(X^1/X^*, \cdots, X^m/X^*)$ 是一致有界的, $\mathcal{P}^*$ 也是它的所有的等价局部鞅测度的集合. 由 Kramkov 的可选分解定理可知, 存在一 $\widetilde{X}$-可积可料过程 θ 和一

初值 0 适应右连续增过程 D, 使得

$$\frac{Y}{X^*} = \frac{Y_0}{X_0^*} + \theta.\widetilde{X} - D. \tag{11.10}$$

令 $\theta_t^0 = Y_0 / X_0^* + (\theta.\widetilde{X})_{t-} - \theta_t \cdot \widetilde{X}_{t-}, \phi = \{\theta^0, \theta\}$, 则有

$$\phi_t \cdot (1, \widetilde{X}_t) = \frac{Y_0}{X_0^*} + (\theta.\widetilde{X})_{t-} - \theta_t \cdot \widetilde{X}_{t-} + \theta_t \cdot \widetilde{X}_t$$

$$= \frac{X_0}{X_0^*} + (\theta.\widetilde{X})_t = \frac{Y_0}{X_0^*} + \int_0^t \phi_u d(1, \widetilde{X}_u). \tag{11.11}$$

由定理 11.18 知, ϕ 关于 (X^*, X) 可积, 且有

$$X^*\phi \cdot (1, \widetilde{X}) = Y_0 + \phi.(X^*, X). \tag{11.12}$$

由于 $X^*\phi \cdot (1, \widetilde{X}) = Y + X^*D$ 非负, 根据 (11.12), $\phi.(X^*, X)$ 必然是 $\mathcal{P}_{\mathrm{loc}}$-局部鞅. 因此, 由 Jacka (1992) 或 Ansel and Stricker (1994) 的一个结果 (它也是可选分解定理的一个推论), 存在一 X-可积可料过程 σ, 使得 $\phi.(X^*, X) = \sigma.X$. 另一方面,

$$X^iD = X_-^i.D + D_-.X^i + [D, X^i] = X_-^i.D + D_-.X^i + \Sigma\Delta X^i\Delta D$$

$$= X_-^i.D + D_-.X^i + \Delta X^i.D = D_-.X^i + X^i.D.$$

因此

$$X^*D = (D_-e_m).(X^1, X^2, \cdots, X^m) + X^*.D, \tag{11.13}$$

其中 e_m 是 m-维向量 $(1, 1, \cdots, 1)$. 从 (11.10) 到 (11.13), 我们得到

$$Y = Y_0 + \varphi.X - C,$$

其中 $\varphi = \sigma - D_-e_m, C = X^*.D.$ □

§11.3　超 对 冲

令 ξ 为时刻 T 的未定权益. 一自融资策略 ϕ 称为 ξ 的超对冲策略, 如果

$$V_t(\phi) + \int_t^T \phi d(S^0, S^1, \cdots, S^m) \geqslant \xi, \text{ a.s.}$$

且

$$V_t(\phi) + \int_t^u \phi d(S^0, S^1, \cdots, S^m) \geqslant 0, \text{ a.s.}, \forall u \in [t, T].$$

一般来说, 找不到复制 ξ 的自融资策略 ϕ (即使得在第一个不等式中等号成立), 但总能找到 ξ 的超对冲策略. 我们将 $\operatorname{essinf}_\phi V_t(\phi)$ 定义为 ξ 的超对冲策略在时刻 t 的成本, 其中 ϕ 遍历 ξ 的所有超对冲策略类. 注意上面对超对冲策略成本的定义不涉及计价单位.

在文献中, 例如在 Kramkov (1996) 和 Föllmer and Kabanov (1998) 中, 超对冲问题是应用等价局部鞅测度设定下的可选分解定理得以解决的. 结果可以表述如下: 我们取 S^0 作为计价单位, 令 $\mathcal{P}^0_{\text{loc}}$ 表示 $(S^1/S^0, \cdots, S^m/S^0)$ 的所有等价局部鞅测度的集合. 假设 $\mathcal{P}^0_{\text{loc}}$ 非空. 则未定权益 ξ 在时刻 t 的超对冲成本为

$$U_t = \operatorname*{ess\,sup}_{\mathbb{Q}\in\mathcal{P}^0_{\text{loc}}} S^0_t \mathbb{E}_{\mathbb{Q}}\left[\left.\frac{\xi}{S^0_T}\right|\mathcal{F}_t\right], \tag{11.14}$$

如果

$$\sup_{\mathbb{Q}\in\mathcal{P}^0_{\text{loc}}} S^0_0 \mathbb{E}_{\mathbb{Q}}\left[\frac{\xi}{S^0_T}\right] < \infty.$$

然而, 在这样的市场中, 对于一些计价单位, 相应的局部鞅测度可能不存在. Delbaen and Schachermayer (1995) 中的模型 $S = (1, R)$ 就是这样一个例子. 在这种情况下, 我们应该使用所谓的 "严格鞅密度" 而不是局部鞅测度 (见 Stricker and Yan (1998)). 更准确地说, 对于任意 $0 \leqslant j \leqslant m$, 将资产 j 的价格过程取作为计价单位, 如果 Z^j 是初值为 1 的严格正局部鞅, 且 $Z^j(S^j)^{-1}(S^0, S^1, \cdots, S^m)$ 为局部鞅, 则称 Z^j 为折算资产价格过程 $(S^j)^{-1}(S^0, S^1, \cdots, S^m)$ 的严格鞅密度.

严格鞅密度的存在性是与计价单位无关的属性. 事实上, 我们用 $\mathcal{Z}(j)$ 表示所有折算资产价格过程 $(S^j)^{-1}(S^0, S^1, \cdots, S^m)$ 的严格鞅密度的集合. 对于任何 $0 \leqslant i, j \leqslant m$, 容易看出 $Z^i \longrightarrow \frac{S^j S^i_0}{S^i S^j_0} Z^i$ 是一个从 $\mathcal{Z}(i)$ 到 $\mathcal{Z}(j)$ 的双射. 如果选择资产 i 的价格过程作为计价单位, 然后通过 Stricker and Yan (1998) 中的扩展了的可选分解定理, 我们知道权益 ξ 在时刻 t 的超对冲成本为

$$\operatorname*{ess\,sup}_{Z^i\in\mathcal{Z}(i)} S^i_t \mathbb{E}\left[\left. Z^i_T \cdot \frac{\xi}{S^i_T}\right|\mathcal{F}_t\right](Z^i_t)^{-1}. \tag{11.15}$$

由于

$$S^j_t \mathbb{E}\left[\left.\frac{S^j_T S^i_0}{S^i_T S^j_0} Z^i_T \cdot \frac{\xi}{S^j_T}\right|\mathcal{F}_t\right]\left(\frac{S^j_t S^i_0}{S^i_t S^j_0} Z^i_t\right)^{-1} = S^i_t \mathbb{E}\left[\left. Z^i_T \cdot \frac{\xi}{S^i_T}\right|\mathcal{F}_t\right](Z^i_t)^{-1},$$

表达超对冲成本的公式 (11.15) 与计价单位的选取无关.

现在我们展示如何在公平市场中表达超对冲的成本. 首先, 我们通过引入价格过程为 $S^{m+1} = \sum_{j=0}^{m} S^j$ 的新资产 $m+1$ 来扩大市场. 很明显, 任何在扩大了的市场 $(S^0, S^1, \cdots, S^{m+1})$ 中的自融资策略可以表示为原始市场 $(S^0, S^1, \cdots, S^m)$ 中的自融资策略. 因此, 在这两个市场的超对冲成本是一样的. 用 $\mathcal{P}^{m+1}$ 表示相应于计价单位 S^{m+1} 的所有等价鞅测度的集合. 由于 $\left(\dfrac{S^0}{S^{m+1}}, \dfrac{S^1}{S^{m+1}}, \cdots, \dfrac{S^m}{S^{m+1}} \right)$ 是一致有界的, $\mathcal{P}^{m+1}$ 正是它的所有等价局部鞅测度的集合. 因此, 由 (11.14), 权益 ξ 在时刻 t 的超对冲成本为

$$U_t = \operatorname*{ess\,sup}_{\mathbb{Q} \in \mathcal{P}^{m+1}} S_t^{m+1} \mathbb{E}_{\mathbb{Q}} \left[\left. \frac{\xi}{S_T^{m+1}} \right| \mathcal{F}_t \right].$$

现在令 $0 \leqslant j \leqslant m$. 由条件期望的 Bayes 法则, 我们得到

$$U_t = \operatorname*{ess\,sup}_{\mathbb{Q} \in \mathcal{P}^j} S_t^j \mathbb{E}_{\mathbb{Q}} \left[\left. \frac{\xi}{S_T^j} \right| \mathcal{F}_t \right], \tag{11.16}$$

它不依赖计价单位的选取.

§11.4　公平价格和可达未定权益

首先, 我们证明即使在 Black-Scholes 经济中, 关于容许策略的 NFLVR 原则无法唯一确定未定权益的价格. 事实上, 令 W 是概率空间 $(\Omega, \mathcal{F}, \mathbb{P})$ 上定义的一个标准 Brown 运动, $(\mathcal{F}_t)$ 是 W 的自然 σ-代数流, 且 $\mathcal{F} = \mathcal{F}_T$. 我们令 $S^0 \equiv 1$, 并令

$$dS_t^1 = S_t^1 (\mu dt + \sigma dW_t),$$

其中 μ 和 σ 是常数. 定义 $Z = \mathcal{E}(-(\mu/\sigma)W)$ 和 $d\mathbb{Q} = Z_T d\mathbb{P}$, 其中 $\mathcal{E}(X)$ 表示 X 的 Doléans 指数, 则

$$\mathcal{P}_{\text{loc}}^0 = \mathcal{P}^0 = \{\mathbb{Q}\}.$$

在这个市场上, 将两个资产价格过程中的任何一种选为计价单位, 关于容许策略的 NFLVR 性质皆成立. 我们可以找到一个非负的 $\mathbb{Q}$-局部鞅 X 使得 X 不是 $\mathbb{Q}$-鞅. 很明显, X 是 $\mathbb{Q}$-上鞅, 且 $\mathbb{E}_{\mathbb{Q}}[X_T] < X_0$. 令 $Y_t = \mathbb{E}_{\mathbb{Q}}[X_T | \mathcal{F}_t]$. 显然 $X \neq Y$. (S^1, X) 和 (S^1, Y) 都是 $\mathbb{Q}$-局部鞅. 因此, 在关于容许策略的 NFLVR 原则下, X 和 Y 都可以作为未定权益 X_T 的价格过程候选者. 我们应该选择哪一个? 关于容许策略的 NFLVR 原则不能给出答案, 但是关于许可策略的 NFLVR 原则可以. 在关于许可策略的 NFLVR 原则下, 权益 X_T 的价格过程应该是 $\mathbb{Q}$-鞅. 所以它必须是 Y.

这一例子启示我们必须在关于许可策略的 NFLVR 原则下严究欧式期权定价. 这表明我们应该在公平市场中讨论问题. 令 ξ 为一未定权益. 假设对某个 $0 \leqslant j \leqslant m$ 和某个 $\mathbb{Q} \in \mathcal{P}^j$, $(S_T^j)^{-1}\xi$ 是 $\mathbb{Q}$-可积的. 令

$$V_t = S_t^j \mathbb{E}_{\mathbb{Q}} \left[(S_T^j)^{-1}\xi \,|\, \mathcal{F}_t \right]. \tag{11.17}$$

如果我们将 (V_t) 视为资产的价格过程, 则用该衍生资产扩充后的市场仍然是公平的, 因为当我们把资产 j 的价格过程取为计价单位, 该衍生资产的折算价格过程是 $\mathbb{Q}$-鞅. 所以看起来, (V_t) 可以考虑为 ξ 的 "公平价格" 过程的候选者. 然而, 一般来说, 如果鞅测度不唯一, 我们不能唯一定义未定权益的 "公平价格".

很明显, ξ 的 "公平价格" 不必是 ξ 的通过一个许可策略的 "复制成本", 而后者也不必是 ξ 的 "公平价格". 一般来说, 公平价格 ξ 不是唯一的. 即使 ξ 可以被许可策略复制, 不同许可策略复制 ξ 的成本通常是不同的. 为了消除这种不确定性, 我们建议引入以下正规交易策略的概念.

定义 11.23   一交易策略 ϕ 称为正规的 (相应地, 强正规的), 如果它是许可的, 且存在一个 j, $0 \leqslant j \leqslant m$, 和某个 $\mathbb{Q} \in \mathcal{P}^j$ (相应地, 对所有 $\mathbb{Q} \in \mathcal{P}^j$), 使得 $\dfrac{V(\phi)}{S^j}$ 为 $\mathbb{Q}$-鞅, 或等价地, $\mathbb{E}_{\mathbb{Q}} \left[\dfrac{V_T(\phi)}{S_T^j} \right] = \dfrac{V_0(\phi)}{S_0^j}$.

由条件期望的 Bayes 法则, 易知如果 ϕ 是正规的 (相应地, 强正规的), 则对每个 j, $0 \leqslant j \leqslant m$, 和对某个 $\mathbb{Q} \in \mathcal{P}^j$ (相应地, 对所有 $\mathbb{Q} \in \mathcal{P}^j$), $\dfrac{V(\phi)}{S^j}$ 是 $\mathbb{Q}$-鞅 $\left(\text{或等价地}, \mathbb{E}_{\mathbb{Q}} \left[\dfrac{V_T(\phi)}{S_T^j} \right] = \dfrac{V_0(\phi)}{S_0^j}\right)$.

引理 11.24   设 ϕ 和 ϕ' 是正规策略, 使得 $V_T(\phi) = V_T(\phi')$. 则 $V_t(\phi) = V_t(\phi')$, 对所有 $t \in [0, T]$.

证明   由于 ϕ 和 ϕ' 是正规策略, 存在 $\mathbb{Q} \in \mathcal{P}^0$ 和 $\mathbb{Q}' \in \mathcal{P}^0$ 使得 $\dfrac{V(\phi)}{S^0}$ (相应地, $\dfrac{V(\phi')}{S^0}$) 是 $\mathbb{Q}$-鞅 (相应地, $\mathbb{Q}'$-鞅). 由于 $\dfrac{V(\phi')}{S^0}$ 是一 $\mathbb{Q}$-上鞅, 对所有 $t \in [0, T]$ 有

$$\frac{V_t(\phi)}{S_t^0} = \mathbb{E}_{\mathbb{Q}} \left[\frac{V_T(\phi)}{S_T^0} \,\bigg|\, \mathcal{F}_t \right] = \mathbb{E}_{\mathbb{Q}} \left[\frac{V_T(\phi')}{S_T^0} \,\bigg|\, \mathcal{F}_t \right] \leqslant \frac{V_t(\phi')}{S_t^0}.$$

类似地, 我们有 $\dfrac{V_t(\phi')}{S_t^0} \leqslant \dfrac{V_t(\phi)}{S_t^0}$. 因此, 引理结论得证. $\square$

一未定权益 ξ 称为可达的, 如果 ξ 可以被一正规策略复制. 由引理 11.24 知, 复制一未定权益 ξ 的不同正规策略的成本是相同的, 它是 ξ 的公平价格. 由定理 11.22 容易推出可达权益的如下刻画, 它是文献中熟知结果的不依赖于计价单位选择的版本.

定理 11.25　设 ξ 为一未定权益, 使得 $\sup_{\mathbb{Q} \in \mathcal{P}^0} \mathbb{E}_{\mathbb{Q}} \left[\dfrac{\xi}{S_T^0} \right] < \infty$ $\left(\text{或等价地, 对}\right.$ 所有 $j, 0 \leqslant j \leqslant m, \sup_{\mathbb{Q} \in \mathcal{P}^j} \mathbb{E}_{\mathbb{Q}} \left[\dfrac{\xi}{S_T^j} \right] < \infty \Big)$. 则下列条件等价:

(1) 存在某个 $j, 0 \leqslant j \leqslant m$ 和某个 $\mathbb{Q}^j \in \mathcal{P}^j$, 使得

$$\sup_{\mathbb{Q} \in \mathcal{P}^j} \mathbb{E}_{\mathbb{Q}} \left[\frac{\xi}{S_T^j} \right] = \mathbb{E}_{\mathbb{Q}^j} \left[\frac{\xi}{S_T^j} \right]; \tag{11.18}$$

(2) 对每个 $j, 0 \leqslant j \leqslant m$, 存在某个 $\mathbb{Q}^j \in \mathcal{P}^j$, 使得 (11.18) 成立;

(3) ξ 是可达的.

作为上一定理的推论, 我们得到 Jacka (1992) 结果的不依赖于计价单位选择的版本.

定理 11.26　设 ξ 为一未定权益. 则下列条件等价:

(1) 存在某个 $j, 0 \leqslant j \leqslant m$ 使得对所有 $\mathbb{Q} \in \mathcal{P}^j$, $\mathbb{E}_{\mathbb{Q}} \left[\dfrac{\xi}{S_T^j} \right]$ 是同一常数;

(2) 对所有 $j, 0 \leqslant j \leqslant m$ 和所有 $\mathbb{Q} \in \mathcal{P}^j$, $\mathbb{E}_{\mathbb{Q}} \left[\dfrac{\xi}{S_T^j} \right]$ 是同一常数;

(3) ξ 可以被一强正规策略复制.

现在我们转向研究市场的完备性. 下面的定理是本研究的关键.

定理 11.27　设 ϕ 是一正规策略, 使得对某个正常数 $c, 0 \leqslant V_T(\phi) \leqslant c \sum_{j=0}^m S_T^j$ a.s., 则 ϕ 是强正规的.

证明　由于 ϕ 是一正规策略, 存在某个 $\mathbb{Q}^j \in \mathcal{P}^j$, 使得 $\dfrac{V(\phi)}{S^j}$ 为 $\mathbb{Q}^j$-鞅. 于是有

$$0 \leqslant \frac{V_t(\phi)}{S_t^j} = \mathbb{E}_{\mathbb{Q}^j} \left[\frac{V_T(\phi)}{S_T^j} \,\middle|\, \mathcal{F}_t \right] \leqslant c \sum_{i=0}^m \frac{S_t^i}{S_t^j}, \quad 0 \leqslant t \leqslant T.$$

从而对所有 $\mathbb{Q} \in \mathcal{P}^j$, $\dfrac{V(\phi)}{S^j}$ 是 $\mathbb{Q}$-鞅. □

我们给出以下不依赖于计价单位选择的完备市场的定义.

定义 11.28 市场称为完备市场, 如果任何满足 $0 \leqslant \xi \leqslant \sum_{j=0}^{m} S_T^j$ 的未定权益是可达的.

下一定理给出了市场完备性的一个刻画.

定理 11.29 下列条件等价:

(1) 市场是完备的;

(2) $\mathcal{P}^0$ 只含一个元素;

(3) 任何满足 $\sup\limits_{\mathbb{Q} \in \mathcal{P}^0} \mathbb{E}_{\mathbb{Q}} \left[\dfrac{\xi}{S_T^0} \right] < \infty$ $\left(\text{或等价地, 对所有 } j, \, 0 \leqslant j \leqslant m, \right.$ $\sup\limits_{\mathbb{Q} \in \mathcal{P}^j} \mathbb{E}_{\mathbb{Q}} \left[\dfrac{\xi}{S_T^j} \right] < \infty\Big)$ 的未定权益 ξ 是可达的;

(4) 存在某个 $j, 0 \leqslant j \leqslant m$, 使得任何满足 $0 \leqslant \xi \leqslant S_T^j$ 的未定权益是可达的.

证明 (2)$\Rightarrow$(3), (3)$\Rightarrow$(1) 和 (1)$\Rightarrow$(4) 都是不足道的. 只需证明 (4) $\Rightarrow$ (2). 假设 (4) 成立. 由定理 11.26 和定理 11.27 知, 任何 $\mathcal{F}_T$-可测非负有界随机变量 η, 对所有 $\mathbb{Q} \in \mathcal{P}^j$, $\mathbb{E}_{\mathbb{Q}}[\eta]$ 是同一常数. 这等价于 $\mathcal{P}^j$ 只含一个元素, 即 $\mathcal{P}^0$ 只含一个元素. $\qquad\square$

注 对于连续时间模型和在局部鞅测度的设定下, 可达未定权益和完备市场的刻画主要源于 Jacka (1992), 他使用鞅表示结果. El Karoui and Quenez (1995) 和 Kramkov (1996) 应用了可选分解定理来简化这些结果的证明, 但仍然在局部鞅测度的设定下. 本节的所有结果是在鞅测度的设定下建立的, 因此有一个优势, 它们不依赖于计价单位的选择.

第十二章 最优投资的凸对偶方法

最大化经纪人交易策略 (折算后) 的终端财富的期望效用, 是金融数学中的一个重要课题. 在连续时间模型中, 问题是由 Merton (1969, 1971) 首次研究, 他用随机控制的方法推导出优化问题价值函数的贝尔曼方程. 不过这种方法需要状态过程是 Markov 的. 鞅和对偶方法, 作为解决问题的另一种方法, 允许我们在非 Markov 设定下研究. 在完备市场的情况下, 该方法是由 Pliska (1986), Cox and Huang (1989, 1991) 和 Karatzas et al.(1987) 开发的. 在更复杂的不完备市场情况下, 这个问题是由 He and Pearson (1991a, 1991b) 和 Karatzas et al.(1991) 对某些特定的模型研究的. 在一般的半鞅模型中, 对于有效域为 $\mathcal{D}(U) = \mathbb{R}_+$ 的效用函数 U, 投资组合优化问题是由 Kramkov and Schachermayer (1999, 2003) 完全解决的. Bellini and Frittelli(2002) 和 Schachermayer (2002) 研究了 $\mathcal{D}(U) = \mathbb{R}$ 的效用函数 U 问题. 投资组合优化和未定权益定价之间的关系是在 Frittelli (2000a) 和 Goll and Rüschendorf (2001) 等研究的.

在 §12.1 中, 依照 Xia and Yan (2008) 对 Kramkov and Schachermayer (1999, 2003) 在等价局部鞅测度的设定下提出的最优投资的凸对偶方法进行了综述. 在 §12.2 中, 提出了一个不依赖于计价单位的且基于原始概率的金融市场框架 (源于 Yan (2002a)), 并给出了 Kramkov 和 Schachermayer 的结果在这个框架下关于非折算财富的新表述. 在 §12.3 中, 我们介绍了两种基于效用的期权定价方法: 一种与期望效用最大化的对偶法密切相关, 另一种是 Hugonnier et al.(2005) 的基于边际效用的方法.

§12.1 关于效用最大化的凸对偶

在本节中, 我们将研究第十一章中的半鞅模型市场.

§12.1.1 问题

我们将编号为 0 的资产价格过程作为计价单位并处理折算财富过程. 因此, 不失一般性我们可以假设 $S^0 \equiv 1$. 为了记号方便, 我们令 $S = (S^1, \cdots, S^d)$. 所有等价局部鞅测度 (相应地, 鞅测度) 记为 $\mathcal{P}_{\mathrm{loc}}$(相应地, $\mathcal{P}$). 我们假设 $\mathcal{P}_{\mathrm{loc}} \neq \varnothing$.

一初始资本为 x 的自融资策略是一序偶 (x, H), 其中 $H = (H^1, \cdots, H^d)$ 是

一可料 S-可积过程. 自融资策略 (x, H) 的折算财富过程 $X = (X_t, 0 \leqslant t \leqslant T)$ 为

$$X_t = x + \int_0^t H_u dS_u, \quad 0 \leqslant t \leqslant T. \tag{12.1}$$

我们用 $\mathcal{X}(x)$ 表示所有初始资本为 x 的容许策略的财富过程的集合, 用 $\mathcal{X}$ 表示 $\mathcal{X}(1)$. 显然有, $\mathcal{X}(x) = x\mathcal{X} = \{\, xX : X \in \mathcal{X} \,\}$, $x \geqslant 0$.

假设一经纪人有初始资本 $x > 0$ 和一关于折算财富的效用函数 $U : (0, \infty) \mapsto (-\infty, \infty)$. U 是一个连续可微、严格增且在 $(0, \infty)$ 上严格凹的函数, 满足 Inada 条件:

$$U'(0) := \lim_{x \downarrow 0} U'(x) = \infty, \quad U'(\infty) := \lim_{x \to \infty} U'(x) = 0.$$

经纪人的目标是在 $\mathcal{X}(x)$ 上最大化时刻 T 的折算终端财富的期望效用:

$$\underset{X \in \mathcal{X}(x)}{\text{Maximize}} \, \mathbb{E}[U(X_T)]. \tag{12.2}$$

对任意 $x > 0$, 令

$$\mathcal{C}(x) = \{g \in L^0(\Omega, \mathcal{F}, \mathbb{P}) : \exists X \in \mathcal{X}(x), \text{使得} 0 \leqslant g \leqslant X_T, \text{a.s.}\}.$$

根据效用函数的单调性, 问题 (12.2) 等价于

$$\underset{g \in \mathcal{C}(x)}{\text{Maximize}} \, \mathbb{E}[U(g)]. \tag{12.3}$$

根据超对冲的有关结果, 例如见 El Karoui and Quenez (1995), Kramkov (1996), 和 Föllmer and Kabanov (1998), 熟知

$$g \in \mathcal{C}(x) \Longleftrightarrow g \geqslant 0 \text{a.s.}, \quad \sup_{\mathbb{Q} \in \mathcal{P}_{\text{loc}}} \mathbb{E}_{\mathbb{Q}}[g] \leqslant x. \tag{12.4}$$

从而问题 (12.3) 等价于

$$\begin{cases} \underset{g \in \mathcal{C}(x)}{\text{Maximize}} \, \mathbb{E}[U(g)], \\ \text{受制于} g \geqslant 0, \text{a.s.}, \quad \sup_{\mathbb{Q} \in \mathcal{P}_{\text{loc}}} \mathbb{E}_{\mathbb{Q}}[g] \leqslant x. \end{cases} \tag{12.5}$$

§12.1.2 完备市场情形

对一完备市场, 存在唯一的等价鞅测度 $\mathbb{Q}$, 即 $\mathcal{P}_{\text{loc}} = \{\mathbb{Q}\}$ 是单点集. 在这种情形下, 问题 (12.5) 化为

$$\begin{cases} \underset{g \in \mathcal{C}(x)}{\text{Maximize}} \, \mathbb{E}[U(g)], \\ \text{受制于} g \geqslant 0, \text{a.s.}, \quad \mathbb{E}_{\mathbb{Q}}[g] \leqslant x. \end{cases} \tag{12.6}$$

利用 Lagrange 乘子法, 我们应该考虑没有预算约束的以下问题:

$$
\begin{cases}
\underset{g \in \mathcal{C}(x)}{\text{Maximize}} \, L(\lambda, g) := \mathbb{E}[U(g)] - \lambda(\mathbb{E}_{\mathbb{Q}}[g] - x), \\
\text{受制于} \, g \geqslant 0, \text{a.s.}.
\end{cases} \tag{12.7}
$$

如果 $\widehat{\lambda} > 0$, $\widehat{g} \geqslant 0$ a.s., 且 $(\widehat{\lambda}, \widehat{g})$ 是 L 的一个鞍点, 即对所有 $\lambda > 0$ 和 $g \geqslant 0$, a.s., 有

$$
\mathbb{E}[U(g)] - \widehat{\lambda}(\mathbb{E}_{\mathbb{Q}}[g] - x) \leqslant \mathbb{E}[U(\widehat{g})] - \widehat{\lambda}(\mathbb{E}_{\mathbb{Q}}[\widehat{g}] - x) \leqslant \mathbb{E}[U(\widehat{g})] - \lambda(\mathbb{E}_{\mathbb{Q}}[\widehat{g}] - x),
$$

则当 $g \geqslant 0$, a.s., 且 $\mathbb{E}_{\mathbb{Q}}[g] \leqslant x$ 时, 有 $\mathbb{E}_{\mathbb{Q}}[\widehat{g}] = x$ 和 $\mathbb{E}[U(g)] \leqslant \mathbb{E}[U(\widehat{g})]$, 因此, $\widehat{g}$ 是问题 (12.6) 的解.

剩下的问题是: 鞍点存在吗? 如果存在, 鞍点是什么? 从上面的论证我们可以看出, $(\widehat{\lambda}, \widehat{g})$ 是鞍点, 当且仅当 $\mathbb{E}_{\mathbb{Q}}[\widehat{g}] = x$, 以及

$$
\mathbb{E}[U(g)] - \widehat{\lambda}(\mathbb{E}_{\mathbb{Q}}[g] - x) \leqslant \mathbb{E}[U(\widehat{g})] - \widehat{\lambda}(\mathbb{E}_{\mathbb{Q}}[\widehat{g}] - x), \quad \text{对所有} \, g \geqslant 0 \, \text{a.s.},
$$

或等价地,

$$
\mathbb{E}\left[U(g) - \widehat{\lambda}\frac{d\mathbb{Q}}{d\mathbb{P}}g\right] \leqslant \mathbb{E}\left[U(\widehat{g}) - \widehat{\lambda}\frac{d\mathbb{Q}}{d\mathbb{P}}\widehat{g}\right], \quad \text{对所有} \, g \geqslant 0 \, \text{a.s.}. \tag{12.8}
$$

U 的共轭函数 V 定义为

$$
V(y) := \sup_{x > 0}[U(x) - xy], \quad y > 0. \tag{12.9}
$$

熟知 (例如见 Rockafellar (1970)), V 连续可微、严格增且严格凹, 满足 $V'(0) = -\infty$, $V'(\infty) = 0$, $V(0) = U(\infty)$, $V(\infty) = U(0)$, 并且如下关系成立:

$$
U(x) = \inf_{y > 0}[V(y) + xy], \quad x > 0.
$$

用 I 记 U' 的反函数, 则 $I = -V'$, $I(0) = \infty$, $I(\infty) = 0$, 并且 (12.9) 的上确界在 $x = I(y)$ 处达到, 即

$$
V(y) = U(I(y)) - yI(y).
$$

对任意给定的 $\widehat{\lambda} > 0$, 令

$$
\widehat{g} = I\left(\widehat{\lambda}\frac{d\mathbb{Q}}{d\mathbb{P}}\right), \tag{12.10}
$$

则有 (12.8) 成立. 因此, 如果 $\widehat{\lambda} > 0$ 满足

$$\mathbb{E}\left[\frac{d\mathbb{Q}}{d\mathbb{P}}I\left(\widehat{\lambda}\frac{d\mathbb{Q}}{d\mathbb{P}}\right)\right] = x, \tag{12.11}$$

即 $\mathbb{E}_{\mathbb{Q}}[\widehat{g}] = x$, 则有 (12.8) 成立, $(\widehat{\lambda}, \widehat{g})$ 是 L 的一个鞍点, 且 $\widehat{g}$ 是问题 (12.6) 的解.

§12.1.3 不完备市场情形

对于不完全市场, 存在多个等价局部鞅测度 $\mathbb{Q} \in \mathcal{P}_{\mathrm{loc}}$. 在这种情况下, 相应于问题 (12.7), 我们应该考虑没有预算约束的以下问题:

$$\begin{cases} \underset{g \in \mathcal{C}(x)}{\text{Maximize}} \, L(\lambda, g) := \mathbb{E}[U(g)] - \lambda\left(\sup_{\mathbb{Q} \in \mathcal{P}_{\mathrm{loc}}} \mathbb{E}_{\mathbb{Q}}[g] - x\right), \\ \text{受制于} g \geqslant 0 \text{a.s.}. \end{cases} \tag{12.12}$$

如果 $\widehat{\lambda} > 0$, $\widehat{g} \geqslant 0$, a.s., 并且 $(\widehat{\lambda}, \widehat{g})$ 是 L 的一个鞍点, 即对所有 $\lambda > 0$ 和 $g \geqslant 0$, a.s., 下式成立:

$$\mathbb{E}[U(g)] - \widehat{\lambda}\left(\sup_{\mathbb{Q} \in \mathcal{P}_{\mathrm{loc}}} \mathbb{E}_{\mathbb{Q}}[g] - x\right)$$

$$\leqslant \mathbb{E}[U(\widehat{g})] - \widehat{\lambda}\left(\sup_{\mathbb{Q} \in \mathcal{P}_{\mathrm{loc}}} \mathbb{E}_{\mathbb{Q}}[\widehat{g}] - x\right)$$

$$\leqslant \mathbb{E}[U(\widehat{g})] - \lambda\left(\sup_{\mathbb{Q} \in \mathcal{P}_{\mathrm{loc}}} \mathbb{E}_{\mathbb{Q}}[\widehat{g}] - x\right),$$

则有

$$\begin{cases} \sup_{\mathbb{Q} \in \mathcal{P}_{\mathrm{loc}}} \mathbb{E}_{\mathbb{Q}}[\widehat{g}] = x, \\ \mathbb{E}[U(g)] \leqslant \mathbb{E}[U(\widehat{g})], \text{ 如果} g \geqslant 0, \text{a.s.}, \text{且} \sup_{\mathbb{Q} \in \mathcal{P}_{\mathrm{loc}}} \mathbb{E}_{\mathbb{Q}}[g] \leqslant x, \end{cases}$$

这蕴含 $\widehat{g}$ 是问题 (12.5) 的解.

容易看出 $(\widehat{\lambda}, \widehat{g})$ 是 L 的鞍点, 当且仅当

$$\begin{cases} \sup_{\mathbb{Q} \in \mathcal{P}_{\mathrm{loc}}} \mathbb{E}_{\mathbb{Q}}[\widehat{g}] = x, \\ \mathbb{E}[U(g)] - \widehat{\lambda}\left(\sup_{\mathbb{Q} \in \mathcal{P}_{\mathrm{loc}}} \mathbb{E}_{\mathbb{Q}}[g] - x\right) \leqslant \mathbb{E}[U(\widehat{g})] - \widehat{\lambda}\left(\sup_{\mathbb{Q} \in \mathcal{P}_{\mathrm{loc}}} \mathbb{E}_{\mathbb{Q}}[\widehat{g}] - x\right), \text{对所有} g \geqslant 0, \end{cases}$$

或等价地,

$$\begin{cases} \sup_{\mathbb{Q} \in \mathcal{P}_{\mathrm{loc}}} \mathbb{E}_{\mathbb{Q}}[\widehat{g}] = x, \\ \inf_{\mathbb{Q} \in \mathcal{P}_{\mathrm{loc}}} \mathbb{E}\left[U(g) - \widehat{\lambda}\frac{d\mathbb{Q}}{d\mathbb{P}}g\right] \leqslant \inf_{\mathbb{Q} \in \mathcal{P}_{\mathrm{loc}}} \mathbb{E}\left[U(\widehat{g}) - \widehat{\lambda}\frac{d\mathbb{Q}}{d\mathbb{P}}\widehat{g}\right], \text{对所有} g \geqslant 0, \text{a.s.} \end{cases} \tag{12.13}$$

鉴于 (12.13), 我们应该考虑如下的最大最小值问题:

$$\text{Maximize} \inf_{\substack{g\in\mathcal{C}(x)}} \inf_{\mathbb{Q}\in\mathcal{Q}_{\text{loc}}} \mathbb{E}\left[U(g) - \widehat{\lambda}\frac{d\mathbb{Q}}{d\mathbb{P}}g\right], \quad \text{受制于} \ g \geqslant 0, \text{a.s.} \tag{12.14}$$

对一给定的 $\widehat{\lambda} > 0$, 如果 $(\widehat{g}, \widehat{\mathbb{Q}})$ 是问题 (12.14) 的一个鞍点, 则有

$$\sup_{\substack{g\in\mathcal{C}(x),\, g\geqslant 0}} \inf_{\mathbb{Q}\in\mathcal{Q}_{\text{loc}}} \mathbb{E}\left[U(g) - \widehat{\lambda}\frac{d\mathbb{Q}}{d\mathbb{P}}g\right] = \inf_{\mathbb{Q}\in\mathcal{P}_{\text{loc}}} \sup_{\substack{g\in\mathcal{C}(x),\, g\geqslant 0}} \mathbb{E}\left[U(g) - \widehat{\lambda}\frac{d\mathbb{Q}}{d\mathbb{P}}g\right]$$

$$= \sup_{\substack{g\in\mathcal{C}(x),\, g\geqslant 0}} \mathbb{E}\left[U(g) - \widehat{\lambda}\frac{d\widehat{\mathbb{Q}}}{d\mathbb{P}}g\right]$$

$$= \mathbb{E}\left[U(\widehat{g}) - \widehat{\lambda}\frac{d\widehat{\mathbb{Q}}}{d\mathbb{P}}\widehat{g}\right],$$

并且 $\widehat{g}$ 满足 (12.13) 中的不等式. 根据最后的不等式和 §12.1.2 中的论证, 我们推得

$$\widehat{g} = I\left(\widehat{\lambda}\frac{d\widehat{\mathbb{Q}}}{d\mathbb{P}}\right).$$

进一步, 如果

$$\sup_{\mathbb{Q}\in\mathcal{P}_{\text{loc}}} \mathbb{E}_{\mathbb{Q}}[\widehat{g}] = \sup_{\mathbb{Q}\in\mathcal{P}_{\text{loc}}} \mathbb{E}\left[\frac{d\mathbb{Q}}{d\mathbb{P}}I\left(\widehat{\lambda}\frac{d\widehat{\mathbb{Q}}}{d\mathbb{P}}\right)\right] = x,$$

从而得到 (12.13). 因此 $(\widehat{\lambda}, \widehat{g})$ 是 L 的一个鞍点, 这蕴含 $\widehat{g}$ 是问题 (12.5) 的解.

§12.1.4　Kramkov 和 Schachermayer 的结果

不幸的是, 问题 (12.14) 的鞍点 $(\widehat{g}, \widehat{\mathbb{Q}})$ 一般来说不存在, 原因是集合 $\left\{\frac{d\mathbb{Q}}{d\mathbb{P}} : \mathbb{Q}\in\mathcal{P}_{\text{loc}}\right\}$ 在依概率收敛拓扑下不一定是闭的. 为了克服 $\mathcal{P}_{\text{loc}}$ 这个缺点, Kramkov and Schachermayer (1999) 引入了以下非负半鞅族:

$$\mathcal{Y} = \{Y \geqslant 0 : Y_0 = 1, \text{且} XY \text{是一半鞅}, \text{对所有} X \in \mathcal{X}(1)\}.$$

注意, 由于 $1 \in \mathcal{X}$, 任一 $Y \in \mathcal{Y}$ 是一上鞅. 另外注意, 集合 $\mathcal{Y}$ 包含所有 $\mathbb{Q} \in \mathcal{P}_{\text{loc}}$ 的密度过程. 令

$$\mathcal{D} = \{g \in L^0(\Omega, \mathcal{F}, \mathbb{P}) : 0 \leqslant g \leqslant Y_T \text{a.s.}, \text{对某个} Y \in \mathcal{Y}\}.$$

则由 Kramkov and Schachermayer (1999) 中的命题 3.1, $\mathcal{C}(x)$ 和 $\mathcal{D}$ 都是凸的, 并且在依概率收敛拓扑下是闭的. 此外, $\mathcal{C}(x)$ 和 $\mathcal{D}$ 有如下两极关系:

$$g \in \mathcal{C}(x) \Longleftrightarrow g \geqslant 0\text{a.s.}, \text{且} \mathbb{E}[gh] \leqslant x, \ \forall h \in \mathcal{D}, \tag{12.15}$$

$$h \in \mathcal{D} \Longleftrightarrow h \geqslant 0 \text{a.s.}, \text{且} \mathbb{E}[gh] \leqslant x, \ \forall g \in \mathcal{C}(x). \tag{12.16}$$

由 (12.15), 我们可用 $\mathcal{D}$ 代替 $\mathcal{P}_{\text{loc}}$, 并且预算约束等价于 $\sup_{h \in \mathcal{D}} \mathbb{E}[gh] \leqslant x$. 更准确地说, 问题 (12.5) 可以写成

$$\begin{cases} \underset{g \in \mathcal{C}(x)}{\text{Maximize}} \mathbb{E}[U(g)], \\ \text{受制于} g \geqslant 0 \text{a.s.}, \text{且} \underset{h \in \mathcal{D}}{\sup} \mathbb{E}[gh] \leqslant x. \end{cases} \tag{12.17}$$

利用 Lagrange 乘子法, 我们应该考虑如下的没有预算约束问题:

$$\begin{cases} \underset{g \in \mathcal{C}(x)}{\text{Maximize}} l(\lambda, g) := \mathbb{E}[U(g)] - \lambda \Big(\underset{h \in \mathcal{D}}{\sup} \mathbb{E}[gh] - x \Big), \\ \text{受制于} g \geqslant 0 \text{a.s.}. \end{cases} \tag{12.18}$$

对应于问题 (12.14), 我们应该考虑如下最大化问题:

$$\underset{g \in \mathcal{C}(x)}{\text{Maximize}} \underset{h \in \mathcal{D}}{\inf} \mathbb{E}\Big[U(g) - \widehat{\lambda} gh\Big], \quad \text{受制于} g \geqslant 0 \text{a.s.}. \tag{12.19}$$

原来是这个问题 (12.19) 具有一个鞍点 $(\widehat{g}, \widehat{h})$, 即

$$\underset{g \in \mathcal{C}(x), g \geqslant 0}{\sup} \underset{h \in \mathcal{D}}{\inf} \mathbb{E}\Big[U(g) - \widehat{\lambda} gh\Big] = \underset{h \in \mathcal{D}}{\inf} \underset{g \geqslant 0 \text{ a.s.}}{\sup} \mathbb{E}\Big[U(g) - \widehat{\lambda} gh\Big], \tag{12.20}$$

$$\underset{g \in \mathcal{C}(x), g \geqslant 0}{\sup} \mathbb{E}\Big[U(g) - \widehat{\lambda} g\widehat{h}\Big] = \mathbb{E}\Big[U(\widehat{g}) - \widehat{\lambda} \widehat{g}\widehat{h}\Big]. \tag{12.21}$$

由 (12.21), 我们有

$$\widehat{g} = I(\widetilde{\lambda h}). \tag{12.22}$$

此外, 如果 $\sup_{h \in \mathcal{D}} \mathbb{E}[\widehat{g} h] = x$, 即 $\sup_{h \in \mathcal{D}} \mathbb{E}[I(\widetilde{\lambda h}) h] = x$, 则 $(\widehat{\lambda}, \widehat{g})$ 是 l 的一个鞍点, 并且 $\widehat{g}$ 是问题 (12.5) 的解.

另一方面, 由于 $(\widehat{g}, \widehat{h})$ 是问题 (12.19) 的一个鞍点, (12.20) 中的下端在 $\widehat{h}$ 处达到. 因此有

$$\underset{h \in \mathcal{D}}{\inf} \underset{g \in \mathcal{C}(x), g \geqslant 0}{\sup} \mathbb{E}\Big[U(g) - \widehat{\lambda} gh\Big] = \underset{h \in \mathcal{D}}{\inf} \mathbb{E}[V(\widehat{\lambda h})] = \mathbb{E}[V(\widehat{\lambda h})],$$

这蕴含 $\widehat{h}$ 是如下问题的对偶问题的解:

$$\underset{h \in \mathcal{D}}{\text{Maximize}} \mathbb{E}[V(\widehat{\lambda h})].$$

原始问题 (12.3) 的解 $\widehat{g}$ 和上述对偶问题的解 $\widehat{h}$ 通过 (12.22) 关联.

对任意 $x > 0$ 和 $y > 0$, 令

$$u(x) = \sup_{X \in \mathcal{X}(x)} \mathbb{E}[U(X_T)], \tag{12.23}$$

$$v(y) = \inf_{Y \in \mathcal{Y}} \mathbb{E}[V(yY_T)]. \tag{12.24}$$

现在我们可以陈述源于 Kramkov and Schachermayer (1999, 2003) 关于效用最大化的凸对偶理论的主要结果.

定理 12.1 (Kramkov-Schachermayer)　　如果对所有 $y > 0$ 有 $v(y) < \infty$, 则有下述结论:

(1) 函数 u 是有限值、严格增、严格凹, 且在 $(0, \infty)$ 上连续可微. 此外, 对所有 $x > 0$ 存在唯一的 $\widehat{X} \in \mathcal{X}(x)$, 它达到 (12.23) 中的上确界.

(2) 函数 v 是有限值、严格降、严格凸, 且在 $(0, \infty)$ 上连续可微. 此外, 对所有 $y > 0$ 存在唯一的 $\widehat{Y} \in \mathcal{Y}$, 它达到 (12.24) 中的下确界.

(3) 函数 u 和 v 互为共轭:

$$v(y) = \sup_{x > 0}[u(x) - xy], \quad u(x) = \inf_{y > 0}[v(y) + xy],$$

其中 $x > 0$, $y = u'(x)$, 相应的优化子由 $\widehat{X}_T = I(y\widehat{Y}_T)$ (或等价地, $y\widehat{Y}_T = U'(\widehat{X}_T)$) 相互关联, 且 $\widehat{X}\widehat{Y}$ 为鞅.

(4) 函数 v 可以表示为

$$v(y) = \inf_{\mathbb{Q} \in \mathcal{P}_{\text{loc}}} \mathbb{E}\left[V\left(y \frac{d\mathbb{Q}}{d\mathbb{P}}\right)\right].$$

从上面的定理看出, 单个经纪人的期望效用最大化问题在一个相当广泛的设定下是很好理解的.

§12.2　一个不依赖计价单位的框架

本节介绍由 Yan (2002a) 引入的一个关于金融市场的不依赖计价单位和基于原始概率的框架.

市场由 d 个 (原生) 资产组成, 其价格过程 $(S_t^i), i = 1, \cdots, d$ 假定为初始值非零的非负半鞅. 我们进一步假设过程 $\sum_{i=1}^d S_t^i$ 是严格正的, 并且每个 S_t^i 在 $[T^i, \infty)$ 上为 0, 其中

$$T^i(\omega) = \inf\{t > 0 : S_t^i(\omega) = 0 \text{ 或 } S_{t-}^i(\omega) = 0\}$$

代表发行资产 i 的公司破产时刻. 稍后我们将看到, 对公平市场而言, 后一个假设自动满足, 因为任何非负上鞅满足这个性质. 在文献中, 假设所有原生资产都有严格正的价格.

令 $S_t = (S_t^1, \cdots, S_t^d)$. 下面定义

$$S_t^* = \left(\sum_{i=1}^d S_0^i \right)^{-1} \sum_{i=1}^d S_t^i.$$

依假定, S_t^* 是严格正半鞅. 在金融数学文献中, 人们通常将一价格恒正的原生资产价格过程取为计价单位. 在我们的模型中, 这样的原生资产可能不存在. 但是, 根据我们关于模型的假定, 我们总可以把 (S_t^*) 取为计价单位. 利用这一计价单位, 我们如上定义许可策略、公平市场和等价鞅测度.

§12.2.1　鞅折算因子和超对冲

原则上, 我们可以将任何严格正半鞅取为一个计价单位, 它的倒数是折算因子. 初值为 1 的严格正半鞅 M_t 称为市场的鞅折算因子, 如果折算价格过程 $(S_t^i M_t)$,

$i = 1, \cdots, d$, 是原始概率测度 $\mathbb{P}$ 下的鞅. 显然, 市场是公平的当且仅当市场存在鞅折算因子.

假设市场是公平的. 我们用 $\mathcal{M}$ 记所有鞅折算因子的集合, 用 $\mathcal{P}$ 记所有等价鞅测度的集合, 其中 S_t^* 取为计价单位. 注意在 $\mathcal{M}$ 和 $\mathcal{P}$ 之间存在一一对应关系. 如果 $M \in \mathcal{M}$, 则 $\dfrac{d\mathbb{Q}}{d\mathbb{P}} = M_T S_T^*$ 定义 $\mathcal{P}$ 的一个元素 Q. 如果 $\mathbb{Q} \in \mathcal{P}$, 则我们通过 $M_T = \dfrac{dQ}{dP}(S_T^*)^{-1}$ 可以定义 $\mathcal{M}$ 的一个元素 M. 如果 $\mathcal{P}$ 只含一个元素, 市场称为完备的. 否则称为不完备的.

利用 Delbaen and Schachermayer (1994) 的主要结果, Yan(1998a) 获得了公平市场的内蕴刻画. 同样的结果也适用于我们更一般的模型.

定理 12.2　市场是公平的当且仅当不存在一列初值为 0 的许可策略 (θ_n), 使得 $W_T(\theta_n) \geqslant -\dfrac{1}{n} S_T^*$ a.s., $\forall n \geqslant 1$, 且 $W_T(\theta_n)$ a.s. 趋于一满足 $P(\xi > 0) > 0$ 的非负随机变量 ξ.

注　用折算术语来说, 定理 12.2 中的条件就是 Delbaen and Schachermayer (1994) 引入的 NFLVR 条件.

下一定理是用鞅折算因子术语对定理 11.22 的重新表述.

定理 12.3　假设市场是公平的. 设 X 是一个半鞅. 如果对所有 $M \in \mathcal{M}$, XM 是局部上鞅, 则存在一个初值 0 适应右连续增过程 C 和一个 S-可积可料过程 φ, 使得

$$X = X_0 + \varphi.S - C.$$

此外, 如果 X 是非负的, 则对所有 $M \in \mathcal{M}$, $(\varphi.S)M$ 是局部鞅.

证明　设 $\widetilde{X}_t = X_t(S_t^*)^{-1}$. 则 $\widetilde{X}$ 是一局部 $\mathcal{P}$-上鞅. 由定理 12.3 有

$$\widetilde{X} = X_0 + \psi.\widetilde{S} - D,$$

其中 D 是一初值 0 适应右连续增过程. 设 $\theta^*(t)$ 是一实值可料过程, 使得 $\{\theta^*(t)1_d + \psi(t)\}$ 是一初始财富为 X_0 的自融资策略. 由于 $\sum_{i=1}^d \widetilde{S}_t^i = \sum_{i=1}^d S_0^i$, 我们有 $\theta^*(t)1_d.\widetilde{S} = 0$. 因此

$$X_0 + ((\theta^* 1_d + \psi).S)_t = S_t^*(X_0 + ((\theta^* 1_d + \psi).\widetilde{S})_t) = S_t^*(X_0 + (\psi.\widetilde{S})_t) = X_t + S_t^* D_t.$$

令 $\varphi = (\theta^* - D_-)1_d + \psi$ 和 $C = S^*.D$, 得到所要的分解. □

在一公平市场设定中, 如果 $\sup_{Q \in \mathcal{P}} E_Q\left[(S_T^*)^{-1}\xi\right] < \infty$, 则由 (11.15), 超对冲权益 ξ 的在时刻 t 的代价是

$$U_t = \operatorname*{esssup}_{Q \in \mathcal{Q}} S_t^* E_Q\left[(S_T^*)^{-1}\xi\big|\mathcal{F}_t\right]. \tag{12.25}$$

U 是满足 $U_T \geqslant \xi$ 的最小非负 $\mathcal{Q}$-上鞅. 采用鞅折算因子术语, 可以重写 (12.25) 为

$$U_t = \operatorname*{esssup}_{M \in \mathcal{M}} M_t^{-1} E\left[M_T \xi\big|\mathcal{F}_t\right]. \tag{12.26}$$

利用可选分解定理, Föllmer and Leukert (2000) 表明：适当修改后的权益的可选分解提供了未定权益的一个更现实的对冲 (称为有效对冲). 该结果也可以用鞅折算因子术语重新表述.

现在我们用鞅折算因子术语重新表述正规策略和强正规策略概念.

定义 12.4　一自融资策略 ψ 称为正规的 (相应地, 强正规的), 如果对某个 (相应地, 对所有) $M \in \mathcal{M}$, $W_t(\psi)M_t$ 是鞅. 一未定权益称为可达的, 如果它可以被正规策略复制.

由定理 12.3 容易推导出可达权益和完备市场的如下刻画.

定理 12.5 设 ξ 是一未定权益, 使得 $\sup_{M \in \mathcal{M}} E\left[\xi M_T\right] < \infty$. 则 ξ 是可达的 (相应地, 被一强正规复制), 当且仅当 (12.26) 中的上确界被一 $M^* \in \mathcal{M}$ 达到 (相应地, $E[M_T\xi]$ 不依赖于 $M \in \mathcal{M}$).

定理 12.6 市场是完备的, 当且仅当任意被 S_T^* 控制的未定权益 ξ 是可达的, 或等价地, $E[M_T\xi]$ 不依赖于 $M \in \mathcal{M}$.

§12.2.2 定理 12.1 的重新表述

对 $x > 0$, 我们用 $\mathcal{A}(x)$ 表示所有初始财富为 x 的容许策略的集合. 对 $x > 0$, $y > 0$, 令

$$\mathcal{X}(x) = \{W_T(\psi) : \psi \in \mathcal{A}(x)\}, \quad \mathcal{X} = \mathcal{X}(1),$$

$$\mathcal{Y} = \{Y \geqslant 0 : Y_0 = 1, YX \text{ 是一上鞅, } \forall X \in \mathcal{X}\}, \quad \mathcal{Y}(y) = y\mathcal{Y},$$

$$\mathcal{C}(x) = \{g \in L^0(\Omega, \mathcal{F}_T, P), 0 \leqslant g \leqslant X_T, \text{对某个} X \in \mathcal{X}(x)\}, \quad \mathcal{C} \doteq \mathcal{C}(1),$$

$$\mathcal{D}(y) = \{h \in L^0(\Omega, \mathcal{F}_T, P), 0 \leqslant h \leqslant Y_T, \text{对某个} Y \in \mathcal{Y}(y)\}, \quad \mathcal{D} \doteq \mathcal{D}(1).$$

经纪人的最优化问题是

$$\widehat{\psi}(x) = \arg \max_{\psi \in \mathcal{A}(x)} E\left[U(W_T(\psi))\right].$$

为解此问题, 我们考虑两个最优化问题 (I) 和 (II):

$$(\text{I}) \quad \widehat{X}(x) = \arg \max_{X \in \mathcal{X}(x)} E\left[U(X_T)\right];$$

$$(\text{II}) \quad \widehat{Y}(y) = \arg \min_{Y \in \mathcal{Y}(y)} E\left[V(Y_T)\right].$$

问题 (II) 是问题 (I) 的对偶. 它们的值函数是

$$u(x) = \sup_{X \in \mathcal{X}(x)} E\left[U(X_T)\right], \qquad v(y) = \inf_{Y \in \mathcal{Y}(y)} E\left[V(Y_T)\right].$$

下一定理是定理 12.1(即我们框架下 Kramkov and Schachermayer (1999, 2001) 的结果) 的重新表述.

> **定理 12.7**　假设存在一个 $X \in \mathcal{X}(1)$, 使得 $X_T \geqslant K$ (例如, $S_T^* \geqslant K$), K 为一正常数. 如果 $v(y) < \infty, \forall y > 0$, 则值函数 u 和 v 是在下述意义下共轭的:
>
> $$v(y) = \sup_{x>0}[u(x) - xy], \quad u(x) = \inf_{y>0}[v(y) + xy],$$
>
> 且有如下结论:
> (1) 对任意 $x > 0$ 和 $y > 0$, 最优化问题 (I) 和 (II) 都有唯一解 $\widehat{X}(x)$ 和 $\widehat{Y}(y)$.
> (2) 如果 $y = u'(x)$, 则 $\widehat{X}_T(x) = I(\widehat{Y}_T(y))$, 并且过程 $\widehat{X}(x)\widehat{Y}(y)$ 是鞅.
> (3) $v(y) = \inf_{M \in \mathcal{P}} E\left[V(yM_T)\right]$.

证明　下面用 K-S 简记 Kramkov and Schachermayer. 证明几乎与 K-S (1999, 2001) 中的证明相同. 主要区别如下. 显然, $\mathcal{C}$ 和 $\mathcal{D}$ 是凸集. 由 K-S (1999) 中的命题 3.1 和引理 4.2 的一个小的修正, 可以证明 $\mathcal{C}$ 和 $\mathcal{D}$ 在依概率收敛下是闭的. 对于结论 (1) 和结论 (2), 如同在 K-S (1999) 中的引理 3.2 和 K-S (2003) 中的引理 1, 为证随机变量族 $(V^-(h))_{h \in \mathcal{D}(y)}$ 和 $(U^+(g))_{g \in \mathcal{C}(x)}$ 是一致可积的, 需要利用 $\mathcal{C}$ 含有一个正常数这一事实. 在我们情形, 确实有 $K \in \mathcal{C}$, 因为依假定对某个 $\psi \in \mathcal{A}(1)$ 有 $K \leqslant W_T(\psi)$. 至于 (3), 根据 K-S (2003) 中的命题 1, 我们只需证明 $\widehat{\mathcal{D}} = \{M_T : M \in \mathcal{P}\}$ 满足如下条件:

- 对任意 $g \in \mathcal{C}$, $\sup_{h \in \widehat{\mathcal{D}}} E[gh] = \sup_{h \in \mathcal{D}} E[gh]$;
- $\widehat{\mathcal{D}} \subset \mathcal{D}$, 并且 $\widehat{\mathcal{D}}$ 在可数凸组合下是凸的和闭的.

第一个结论容易证明, 第二个结论是不足道的.　　　　　　　　　　　　　　□

§12.3　基于效用的期权定价方法

§12.3.1　最小最大鞅折算因子方法

在本小节中, 在 §12.2 的框架下和用鞅折算因子术语, 我们研究基于效用的方法给未定权益定价, 这与期望效用最大化的对偶法密切相关.

假设市场是公平的. 设 ξ 为一未定权益, 使得对某个 $M \in \mathcal{M}$, $M_T\xi$ 为可积的. 令

$$V_t = (M_t)^{-1} E\left[M_T\xi \mid \mathcal{F}_t\right]. \tag{12.27}$$

我们可以定义 (V_t) 为 ξ 的一个 "公平价格过程". 因此, 在不完备市场中未定权益的定价, 在于选择一个合理的鞅测度. 有几种方法可以做出这样的选择. 一个众所周知的选择是所谓的 "基于效用的方法". 这种方法的基本思想如下: 假设代表经

纪人在市场中具有由效用函数表示的偏好. 在某些情况下, 对偶优化问题 (II) 可能会产生所谓的最小最大鞅测度 (MMM).

下面假定对所有 $y > 0$ 有 $v(y) < \infty$. 首先考虑如下情形, 其中对对偶问题

$$v(y) = \inf_{\mathbb{Q} \in \mathcal{P}} \mathbb{E}\left[V\left(y\frac{d\mathbb{Q}}{d\mathbb{P}}\right)\right]$$

存在最小化子 $\widehat{\mathbb{Q}}(y)$. 在这种情形下, $\widehat{\mathbb{Q}}(y)$ 称为最小最大鞅测度. 对于效用函数 $U : (-\infty, \infty) \mapsto (-\infty, \infty)$, Bellini and Frittelli (2002) 给出了最小最大鞅测度存在性的某些充分条件.

我们将展示, 期望效用最大化问题是通过对偶与鞅折算因子关联的. 假定对偶优化问题 (II) 的解 $\widehat{Y}(y)$ 位于 $y\mathcal{P}$. 令 $\widehat{M}(y) = y^{-1}\widehat{Y}(y)$. 则 $\widehat{M}(y) \in \mathcal{M}$, 且有

$$\widehat{M}(y) = \arg\min_{M \in \mathcal{P}} E\left[V(yM_T)\right].$$

我们称 $\widehat{M}(y)$ 为最小最大鞅折算因子.

下一定理给出了最小最大鞅折算因子存在性的一个充要条件.

定理 12.8   假设存在 $\psi \in \mathcal{A}(1)$, 使得对某个常数 K, 有 $W_T(\psi) \geqslant K$ (例如, $S_T^* \geqslant K$), 且对所有 $y > 0$, 有 $v(y) < \infty$. 设 $x > 0$ 为经纪人的初始财富, 且 $M^* \in \mathcal{M}$. 为了 M^* 是相应于效用函数 U 的最小最大鞅折算因子, 当且仅当存在 $y > 0$ 和 $X^* \in \mathcal{X}(x)$, 使得 $X_T^* = I(yM_T^*)$, 且 $\mathbb{E}[M_T^* X_T^*] = x$. 如果是这种情形, 则 X^* 是优化问题 (I) 的解.

证明   只需证明条件的充分性. 我们有如下不等式:

$$U(I(z)) \geqslant U(w) + z[I(z) - w], \quad \forall w > 0, \ z > 0.$$

如果用 yM_T^* 和 $X_T \in \mathcal{X}(x)$ 代入 z 和 w, 且关于 $\mathbb{P}$ 取期望, 立得

$$\mathbb{E}[U(X_T^*)] \geqslant \mathbb{E}[U(X_T)], \quad \forall X \in \mathcal{X}(x).$$

这表明 X^* 是优化问题 (I) 的解. 另一方面, 由于 $X_T^* = I(yM_T^*)$ 和 $\mathbb{E}[M_T^* X_T^*] = x$ 蕴含 M^*X^* 为鞅, 根据定理 12.19, yM^* 必然是优化问题 (II) 的解. 特别, M^* 是最小最大鞅折算因子.   □

假定最小最大鞅折算因子 $\widehat{M}(y)$ 存在. 设 ξ 为一未定权益. 如果由 (12.27) 用 $\widehat{M}(y)$ 计算 ξ 的公平价格, 则与 Davis (1997) 通过边际替代率方法 (见 §14.3) 推出的公平价格一致. 事实上, ξ 的 Davis 公平价格定义为

$$\hat{\pi}(\xi) = \frac{\mathbb{E}[U'(\widehat{X}_T(x))\xi]}{u'(x)}.$$

由于 $y = u'(x)$ 和 $U'(\widehat{X}_T(x)) = \widehat{Y}(y)$, 我们有 $\hat{\pi}(\xi) = \mathbb{E}[\widehat{M}_T(y)\xi]$.

现在解释未定权益的 Davis 公平价格的经济含义. 假设 ξ 为一未定权益, $\mathbb{E}[\widehat{M}_T(y)\xi] < \infty$. 令 $\xi_t = (\widehat{M}_t(y))^{-1}\mathbb{E}[\widehat{M}_T(y)\xi|\mathcal{F}_t]$. 我们用衍生资产 ξ 来扩大市场, 并在新市场中考虑投资组合最大化问题. 那么容易看出 $\widehat{Y}(y)$ 仍然是新市场中对偶优化问题 (II) 的解. 因此, 价值函数 v 及其共轭函数 u 保持不变. 根据定理 12.7, $\widehat{X}_T(x)$ 仍然是新市场中的优化问题 (I) 的解. 这表明, 如果未定权益的价格定义为 Davis 的公平价格, 与最优交易相比, 没有任何在该未定权益上的交易会增加最大期望效用战略. 这一事实在 Goll and Rüschendorf (2001) 中已经被观察到.

请注意, 通常 MMM(即最小最大鞅测度) 依赖于经纪人的初始财富 x. 这是基于效用的未定权益定价方法的一个缺点. 然而, 对于效用函数 $\ln x$ 和 x^p/p, 其中 $p \in (-\infty, 1) \setminus \{0\}$, MMM 是独立于经纪人的初始财富 x 的.

对于 $U(x) = -e^{-x}$, 相应的 MMM 称为最小熵鞅测度. 有关这一论题的研究, 我们请读者参考 Frittelli (2000b), Miyahara (1999, 2001) 和 Xia and Yan (2000b). 如果 $U(x) = \ln x$, 最小最大鞅折算因子 $\widehat{M}$, 如果存在, 正好是增长最优组合的财富过程 $\widehat{X}(1)$ 的倒数 (见第十四章).

§12.3.2　基于边际效用的方法

Hugonnier et al. (2005) 开发了另一种基于效用的定价方法, 这允许我们处理以下情况, 其中对偶问题

$$v(y) = \inf_{\mathbb{Q} \in \mathcal{P}_{\text{loc}}} \mathbb{E}\left[V\left(y\frac{d\mathbb{Q}}{d\mathbb{P}}\right)\right]$$

的最小化子不存在. 下面介绍他们的主要结果.

一个过程 $X \in \mathcal{X}(x)$ 称为最大的, 如果 $X' \in \mathcal{X}(x)$ 和 $X_T \leqslant X'_T$ 蕴含 $X' = X$. 一过程 X 称为可达的, 如果它有形如 $X = X' - X''$ 的分解, 其中 X' 是容许的, 并且 X'' 是最大的. 设 $B \in L^0(\Omega, \mathcal{F}, \mathbb{P})$ 为一未定权益. 设 $(x, q) \in \mathbb{R}^2$, 我们用 $\mathcal{X}(x, q|B)$ 表示初值为 x 且终值控制 $-qB$ 的可达过程的集合. 给定初始资本 x, 实数 p 称为 B 的一个基于边际效用的价格, 如果

$$\mathbb{E}[U(X_T + qB)] \leqslant u(x), \quad q \in \mathbb{R}, \ X \in \mathcal{X}(x - qp, q|B).$$

基于边际效用的价格 p 的经济意义如下: 鉴于有可能以价格 p 购买并持有权益 B, 经纪人对未定权益的最优需求等于零.

Hugonnier et al. (2005) 的主要结果是下一定理, 它给出了基于边际效用的价格的唯一性的充分条件.

定理 12.9 假定对所有 $y > 0$ 有 $v(y) < \infty$. 对 $x > 0$, 定义 $y = u'(x)$, 且令 $\widehat{Y}(y)$ 记 (12.24) 相应的解. 则对任一最大容许过程 $\widetilde{X} \in \mathcal{X}$, 我们有

(1) 如果乘积 $\widehat{Y}(y)\widetilde{X}$ 是一致可积鞅, 则每个具有如下性质的未定权益 B: $|B| \leqslant c\widetilde{X}_T$ 对某个 $c > 0$, 相应于初始财富 x, 有唯一的基于边际效用的价格, 它由下式给出:
$$p(B|x) := \mathbb{E}[\widehat{Y}(y)B]$$

(2) 如果乘积 $\widehat{Y}(y)\widetilde{X}$ 不是一致可积鞅, 则存在一未定权益 B, $0 \leqslant B \leqslant \widetilde{X}_T$ 和一常数 $\alpha \geqslant 0$, 使得每个 $\alpha \leqslant \pi \leqslant \alpha + \delta$ 是 B 的一个基于边际效用的价格.

作为定理的一个推论, 对偶优化子 $\widehat{Y}(y)$ 是 $\widehat{\mathbb{Q}}(y) \in \mathcal{P}_{\text{loc}}$ 关于 $\mathbb{P}$ 的密度过程, 或者等价地,
$$v(y) = \inf_{\mathbb{Q} \in \mathcal{P}_{\text{loc}}} \mathbb{E}\left[V\left(y\frac{d\mathbb{Q}}{d\mathbb{P}}\right)\right]$$

的最小化子存在, 当且仅当对给定的初始资本 x, 每个有界未定权益具有唯一的基于边际效用的价格. 如果是这种情况, 基于边际效用的价格 $p(B|x)$ 等于 $\mathbb{E}_{\widehat{\mathbb{Q}}(y)}[B]$.

第十三章 期望效用最大化的鞅方法

对完备市场, 扩散模型中期望效用最大化问题被许多作者研究过, 见 Karatzas (1989) 的综述文章. 在不完备市场中的同样问题已被 Karatzas et al. (1991) 广泛地研究过. 他们明智地用虚拟股票增加股票来创造一个完备市场, 使得虚拟股票在完备市场的最优投资组合中是多余的. 在这种情况下, 他们的解对于原始的不完备市场也是最优的.

在本章中, 我们基本按照 Xia and Yan (2000a, 2000b) 介绍一般半鞅模型中的期望效用最大化和估价问题. 在这种情况下, "虚拟完备化" 方法不再适用, 因为这个模型是一个无限维的模型. 为了解决这个问题, 提出了鞅测度方法. 我们的市场模型与第十二章中描述的相同. 我们用 $\mathcal{P}$ 表示所有等价鞅测度的集合.

在 §13.1 中, 对于任何 $x > 0$ 和 $\mathbb{Q} \in \mathcal{P}$, 类似于 Karatzas et al. (1991) 的方法, 我们构造一个时刻 T 的未定权益 $\xi_{\mathbb{Q}}^x(T)$. 我们证明, 如果对于某个 $\mathbb{Q} \in \mathcal{P}$, $\xi_{\mathbb{Q}}^x(T)$ 可以通过初始财富为 x 的自融资策略复制, 则该策略是最优的, 并且使用鞅测度 $\mathbb{Q}$ 对未定权益定价是与 Davis 的期权定价规则相关的. 在 §13.2 中, 我们考虑三个特殊类型的效用函数: HARA 效用函数 $\log x$ $\left(\text{相应地}, \dfrac{1}{\gamma}(x^\gamma - 1), \gamma < 0\right)$, 效用函数 $W_\gamma(x) = -(1 - \gamma x)^{\frac{1}{\gamma}}$, $\gamma < 0$, 以及效用函数 $W_0(x) = -e^{-x}$. 这里 HARA 是 "双曲绝对风险厌恶"(hyperbolic absolute risk aversion) 的英文简写. 在 §13.3 中, 对于由 Lévy 过程驱动的市场, 关于三个效用函数中的每一个, 给出了最优投资组合和相关的鞅测度的显式表达.

§13.1 期望效用最大化与估价

假定编号为 0 的资产是一无风险债券, 其价格过程为

$$S_t^0 = \exp\left\{\int_0^t r_u du\right\}, \quad 0 \leqslant t \leqslant T,$$

其中 $r = (r_t)_{0 \leqslant t \leqslant T}$ 是一非负适应过程. 我们用这一资产的价格过程作为计价单位, 折现因子是 $\beta_t = \exp\left\{-\displaystyle\int_0^t r_u du\right\}, 0 \leqslant t \leqslant T.$

§13.1.1 期望效用最大化

在我们的模型中, 经纪人有一关于财富的效用函数 $U : (D_U, \infty) \mapsto \mathbb{R}$, $-\infty < D_U < \infty$. 我们始终假定 U 是严格增、严格凹、连续可微, 且满足

$$U'(D_U) \widehat{=} \lim_{x \downarrow D_U} U'(x) = \infty, \quad U'(\infty) \widehat{=} \lim_{x \to \infty} U'(x) = 0.$$

U' 的 (连续、严格降) 逆记为 $I : (0, \infty) \longrightarrow (D_U, \infty)$. 显然有

$$I(0) \widehat{=} \lim_{y \downarrow 0} I(y) = \infty, \quad I(\infty) \widehat{=} \lim_{y \to \infty} I(y) = D_U.$$

下一不等式很有用 :

$$U(I(y)) \geqslant U(x) + y[I(y) - x], \quad \forall x > D_U, \ y > 0. \tag{13.1}$$

对于 $K \in (-\infty, \infty)$, 我们用 $\mathcal{A}_K(x)$ 记所有满足 $\beta_t V_t(\psi) > K$, $\forall t \in [0, T]$ 且初始财富为 x 的自融资策略 ψ 的集合. 对任一 $\mathbb{Q} \in \mathcal{P}$, $\mathcal{A}_K(x)$ 中策略的折现财富过程为一 $\mathbb{Q}$-上鞅.

对于给定的效用函数 U 和给定的初始资本 $x > 0$, 我们在类 $\mathcal{A}_{D_U}(x)$ 中考虑终端财富 $\mathbb{E}[U(V_T(\psi))]$ 期望效用最大化问题. 使期望效用最大化的策略 $\psi \in \mathcal{A}_{D_U}(x)$ 称为最优的. 由 U 的严格凹性, 显然最优策略的终端财富是唯一的.

下面假定 r_t 是确定性的, 则 β_t 亦然. 对所有 $\mathbb{Q} \in \mathcal{P}$, 记 $Z_t^{\mathbb{Q}} = \mathbb{E}\left[\left.\dfrac{d\mathbb{Q}}{d\mathbb{P}} \right| \mathcal{F}_t \right]$, 并令

$$\mathcal{P}_t = \{\, \mathbb{Q} \in \mathcal{P} : \mathbb{E}[\beta_t Z_t^{\mathbb{Q}} I(y\beta_t Z_t^{\mathbb{Q}})] \text{有限, 对所有} y \in (0, \infty) \}, \quad t \in [0, T].$$

依照 Karatzas et al.(1991), 对每个 $t \in [0, T]$ 和 $\mathbb{Q} \in \mathcal{P}_t$, 定义一函数 $\mathcal{X}_t^{\mathbb{Q}}$ 如下:

$$\mathcal{X}_t^{\mathbb{Q}}(y) \widehat{=} \mathbb{E}\left[\beta_t Z_t^{\mathbb{Q}} I(y\beta_t Z_t^{\mathbb{Q}})\right], \quad 0 < y < \infty,$$

作为一个从 $(0, \infty)$ 到 $(D_U \beta_t, \infty)$ 之上的映射, 它从 I 继承了连续性和严格降性质, 从而 $\mathcal{X}_t^{\mathbb{Q}}$ 有一个从 $(D_U \beta_t, \infty)$ 到 $(0, \infty)$ 之上的 (连续、严格降的) 逆 $\mathcal{Y}_t^{\mathbb{Q}}$. 对所有 $t \in [0, T]$, $\mathbb{Q} \in \mathcal{P}_t$, $x \in (D_U \beta_t, \infty)$, 定义

$$\xi_{\mathbb{Q}}^x(t) \widehat{=} I(\mathcal{Y}_t^{\mathbb{Q}}(x)\beta_t Z_t^{\mathbb{Q}}).$$

则有

$$\mathbb{E}_{\mathbb{Q}}\left[\beta_T \xi_{\mathbb{Q}}^x(T)\right] = \mathbb{E}\left[\beta_T Z_T^{\mathbb{Q}} I(\mathcal{Y}_T^{\mathbb{Q}}(x)\beta_T Z_T^{\mathbb{Q}})\right]$$

$$= \mathcal{X}_T^{\mathbb{Q}}(\mathcal{Y}_T^{\mathbb{Q}}(x)) = x, \quad x \in (D_U \beta_t, \infty). \tag{13.2}$$

注意对每个 $\psi \in \mathcal{A}_{D_U}(x)$, $\beta V(\psi)$ 是 $\mathbb{Q}$-上鞅, 从而

$$\mathbb{E}\left[\beta_T Z_T^{\mathbb{Q}} V_T(\psi)\right] \leqslant x, \quad \mathbb{Q} \in \mathcal{P}_T. \tag{13.3}$$

由 (13.1)-(13.3), 我们有

$$
\begin{aligned}
\mathbb{E}\left[U(\xi_{\mathbb{Q}}^x(T))\right] &\geqslant \mathbb{E}\left[U(V_T(\psi)) + \mathcal{Y}_T^{\mathbb{Q}}(x)\beta_T Z_T^{\mathbb{Q}}(\xi_{\mathbb{Q}}^x(T) - V_T(\psi))\right] \\
&= \mathbb{E}\left[U(V_T(\psi))\right] + \mathcal{Y}_T^{\mathbb{Q}}(x)\left(\mathbb{E}\left[\beta_T Z_T^{\mathbb{Q}} \xi_{\mathbb{Q}}^x(T)\right] - \mathbb{E}\left[\beta_T Z_T^{\mathbb{Q}} V_T(\psi)\right]\right) \\
&\geqslant \mathbb{E}\left[U(V_T(\psi))\right].
\end{aligned}
\tag{13.4}
$$

因此, 对给定 $x > 0$, 如果存在概率测度 $\mathbb{Q} \in \mathcal{P}_T$, 使得对一交易策略 $\widehat{\psi} \in \mathcal{A}_{D_U}(x)$ 有 $x \in (D_U \beta_T, \infty)$ 和 $\xi_{\mathbb{Q}}^x(T) = V_T(\widehat{\psi})$, 则 $\widehat{\psi}$ 是最优的. 由于 $Z_T^{\mathbb{Q}}$ 被 $\xi_{\mathbb{Q}}^x(T)$ 唯一决定, 这样的 $\mathbb{Q}$ 是唯一的, 且由 (13.4), 在下述意义下 $\mathbb{Q}$ 在 $\mathcal{P}_T$ 中是最优的:

$$\mathbb{E}\left[U(\xi_{\mathbb{Q}}^x(T))\right] \leqslant \mathbb{E}\left[U(\xi_{\mathbb{R}}^x(T))\right], \quad \forall \mathbb{R} \in \mathcal{P}_T.$$

§13.1.2　基于效用的估价

在 §12.3 中, 我们已经介绍了两种基于效用的期权定价方法. 一种与期望效用最大化的对偶方法密切相关, 而另一种是 Hugonnier et al. (2005) 的基于边际效用的方法. 在本小节中, 我们从另一个角度来考虑基于效用的估价问题. 似乎这种角度具有明确的经济意义. 将会发现, 这种基于效用的估价仍然与 Davis (1997) 的估价一致.

假定对一给定的 $x > 0$, 存在一概率测度 $\mathbb{Q} \in \mathcal{P}_T$, 使得对一交易策略 $\widehat{\psi} \in \mathcal{A}_{D_U}(x)$, 有 $x \in (D_U \beta_T, \infty)$ 和 $\xi_{\mathbb{Q}}^x(T) = V_T(\widehat{\psi})$. 设 B 是时刻 T 的不可复制的未定权益, 并且 $\mathbb{E}_{\mathbb{Q}}[\beta_T B] < \infty$. 我们将表明, 对初始财富为 x 和效用函数为 U 的投资人, $\mathbb{E}_{\mathbb{Q}}[\beta_T B]$ 是 B 的公平价格.

第一, 假定 B 的价格是 p, 且 $p \geqslant \mathbb{E}_{\mathbb{Q}}[\beta_T B]$. 我们将证明投资者不应购买任何份额价格为 p 的未定权益 B. 假设初始财富为 x 的投资者购买了 δ 份额价格为 p 的未定权益 B, 其中 $\delta p \left(0 < \delta < \dfrac{x}{p}\right)$, 并且使用策略 $\psi \in \mathcal{A}_{D_U}(x - \delta p)$ 投资剩余的财富 $x - \delta p$ 到市场中, 则有

$$
\begin{aligned}
&\mathbb{E}[U(V_T(\widehat{\psi}))] - \mathbb{E}[U(V_T(\psi) + \delta B)] \\
&= \mathbb{E}[U(\xi_{\mathbb{Q}}^x(T)) - U(V_T(\psi) + \delta B)]
\end{aligned}
$$

$$> \mathbb{E}[U'(\xi_Q^x(T))(\xi_Q^x(T) - V_T(\psi) - \delta B)]$$

$$= \mathbb{E}[\mathcal{Y}_T^{\mathbb{Q}}(x)\beta_T Z_T^{\mathbb{Q}}(I(\mathcal{Y}_T^{\mathbb{Q}}(x)\beta_T Z_T^{\mathbb{Q}}) - V_T(\psi) - \delta B)]$$

$$= \mathcal{Y}_T^{\mathbb{Q}}(x)(x - \mathbb{E}_{\mathbb{Q}}[\beta_T V_T(\psi)] - \delta\mathbb{E}_{\mathbb{Q}}[\beta_T B])$$

$$\geqslant \mathcal{Y}_T^{\mathbb{Q}}(x)(x - (x - \delta p) - \delta\mathbb{E}_{\mathbb{Q}}[\beta_T B])$$

$$= \mathcal{Y}_T^{\mathbb{Q}}(x)\delta(p - \mathbb{E}_{\mathbb{Q}}[\beta_T B]) \geqslant 0.$$

这里第三行的严格不等式来自 U 的严格凹性和 B 的不可复制这一事实.

第二, 假定 B 的价格为 $p < \mathbb{E}_{\mathbb{Q}}[\beta_T B]$. 我们将证明投资者应该以价格 p 购买适当份额的未定权益 B. 为此, 我们需要对效用函数 U 做如下额外假定: 对任意 $K_1 \in (0, \infty)$, 存在 $K_2 \in (0, \infty)$, 使得对所有 $x \in (0, \infty)$, $U'(K_1 x) \leqslant K_2 U'(x)$. 注意 HARA 效用函数 $U_0(x) = \log x$ 和 $U_\gamma(x) = \frac{1}{\gamma}(x^\gamma - 1)$ $(\gamma < 0)$ 满足这一条件.

对任意 $\varepsilon \in \left(0, \dfrac{x}{p}\right]$, 我们有

$$\frac{1}{\varepsilon}\left(U\left(\frac{x - \varepsilon p}{x}V_T(\widehat{\psi}) + \varepsilon B\right) - U(V_T(\widehat{\psi}))\right)^-$$

$$\leqslant U'\left(\frac{x - \varepsilon p}{x}V_T(\widehat{\psi}) + \varepsilon B\right)\left(B - \frac{p}{x}V_T(\widehat{\psi})\right)^-$$

$$\leqslant U'\left(\frac{x - \varepsilon p}{x}V_T(\widehat{\psi})\right)\left(\frac{p}{x}V_T(\widehat{\psi}) - B\right)I_{[\frac{p}{x}V_T(\widehat{\psi}) > B]}$$

$$\leqslant K_2 U'(V_T(\widehat{\psi}))\left(\frac{p}{x}V_T(\widehat{\psi}) - B\right)I_{[\frac{p}{x}V_T(\widehat{\psi}) > B]}$$

$$= K_2 \mathcal{Y}_T^{\mathbb{Q}}(x)\beta_T Z_T^{\mathbb{Q}}\left(\frac{p}{x}V_T(\widehat{\psi}) - B\right)I_{[\frac{p}{x}V_T(\widehat{\psi}) > B]} \in L^1(\mathbb{P}).$$

由 Fatou 引理得到

$$\liminf_{\varepsilon \downarrow 0}\frac{1}{\varepsilon}\mathbb{E}\left[U\left(\frac{x - \varepsilon p}{x}V_T(\widehat{\psi}) + \varepsilon B\right) - U(V_T(\widehat{\psi}))\right]$$

$$\geqslant \mathbb{E}\left[U'(V_T(\widehat{\psi}))\left(B - \frac{p}{x}V_T(\widehat{\psi})\right)\right]$$

$$= \mathbb{E}\left[\mathcal{Y}_T^{\mathbb{Q}}(x)\beta_T Z_T^{\mathbb{Q}}\left(B - \frac{p}{x}V_T(\widehat{\psi})\right)\right]$$

$$= \mathcal{Y}_T^{\mathbb{Q}}(x)\left(\mathbb{E}_{\mathbb{Q}}[\beta_T B] - \frac{p}{x}\mathbb{E}_{\mathbb{Q}}[\beta_T V_T(\widehat{\psi})]\right)$$

$$= \mathcal{Y}_T^{\mathbb{Q}}(x)(\mathbb{E}_{\mathbb{Q}}[\beta_T B] - p) > 0.$$

因此, 存在 $\varepsilon_0 \in \left(0, \dfrac{x}{p}\right]$, 使得对任意 $\varepsilon \in (0, \varepsilon_0]$ 有

$$\mathbb{E}\left[U\left(\frac{x - \varepsilon p}{x} V_T(\widehat{\psi}) + \varepsilon B\right)\right] > \mathbb{E}[U(V_T(\widehat{\psi}))].$$

这表明如果投资人以价格 p 购买适当份额的 B, 则他将比使用最优策略获得更多的利益.

现在我们要证明, 由鞅测度 $\mathbb{Q}$ 定义的价格与 Davis (1997) 定义的公平价格一致. 固定一 $x > 0$, 假定存在一 $\varepsilon, 0 < \varepsilon < x$ 和一 $\mathbb{Q} \in \mathcal{P}_T$, 使得对每个 $y \in (x - \varepsilon, x + \varepsilon)$, $\xi_{\mathbb{Q}}^y(T)$ 可以被复制. 定义 $V(y) = \sup\limits_{\psi \in \mathcal{A}_{D_U}(y)} \mathbb{E}[U(V_T(\psi))]$, 则

$$V(y) = \mathbb{E}[U(V_T(\widehat{\psi}))] = \mathbb{E}[U(\xi_{\mathbb{Q}}^y(T))] = \mathbb{E}[U(I(\mathcal{Y}_T^{\mathbb{Q}}(y)\beta_T Z_T^{\mathbb{Q}}))]. \tag{13.5}$$

由于 I 是 U' 的逆, 通过形式计算显示 $V'(x) = \mathcal{Y}_T^{\mathbb{Q}}(x)$. 由 $\xi_{\mathbb{Q}}^x(T)$ 的定义, 有 $U'(\xi_{\mathbb{Q}}^x(T))$
$= \mathcal{Y}_T^{\mathbb{Q}}(x)\beta_T Z_T^{\mathbb{Q}}$. 因此,

$$Z_T^{\mathbb{Q}} = \frac{U'(\xi_{\mathbb{Q}}^x(T))}{\mathcal{Y}_T^{\mathbb{Q}}(x)\beta_T} = \frac{U'(V_T(\widehat{\psi}))}{V'(x)\beta_T}.$$

于是在鞅测度 $\mathbb{Q}$ 下, 期权 B 的套利价格为

$$\mathbb{E}_{\mathbb{Q}}[\beta_T B] = \frac{\mathbb{E}[U'(V_T(\widehat{\psi}))B]}{V'(x)},$$

这与 Davis (1997) 用 "边际替代率方法" 给出的公平价格 $\widehat{p}(x)$ 一致.

§13.2　最小相对熵与最大 Hellinger 积分

在本节, 考虑三个特殊类型的效用函数. 将要表明, 对于 HARA 效用函数 $\log x$
$\left(\text{相应地,} \dfrac{1}{\gamma}(x^\gamma - 1), \gamma < 0\right)$, 历史概率测度关于 $\mathbb{Q}^*$ 在 $\mathcal{P}$ 中具有最小相对熵$\left(\text{相应地, 阶为} \dfrac{\gamma}{\gamma - 1} \text{的最大 Hellinger 积分}\right)$; 对于效用函数 $-(1 - \gamma x)^{\frac{1}{\gamma}}, \gamma < 0$, $\mathbb{Q}^*$ 在 $\mathcal{P}$ 中最大化关于历史概率测度阶为 $\dfrac{\gamma}{\gamma - 1}$ 的 Hellinger 积分; 对于效用函数 $-e^{-x}$, $\mathbb{Q}^*$ 关于历史概率测度也有最小相对熵.

§13.2.1　HARA 效用函数

在本小节, 考虑如下广泛使用的 HARA 效用函数:

$$U_\gamma(x) = \begin{cases} \dfrac{1}{\gamma}(x^\gamma - 1), & \gamma < 0, \\ \log x, & \gamma = 0. \end{cases}$$

对 HARA 效用函数 $U_\gamma(\gamma \leqslant 0)$, 我们有

$$D_{U_\gamma} = 0, \quad U'_\gamma(x) = x^{\gamma-1}, \quad I(x) = x^{\frac{1}{\gamma-1}}, \quad \delta \hat{=} \frac{\gamma}{\gamma-1} \in [0,1),$$

其中对 $\gamma < 0$, δ 满足 $1/\delta + 1/\gamma = 1$. 因此, 对所有 $\mathbb{Q} \in \mathcal{P}$, $t \in [0,T]$ 和 $y \in (0,\infty)$, 我们有

$$\mathcal{X}_t^{\mathbb{Q}}(y) = \mathbb{E}\left[\beta_t Z_t^{\mathbb{Q}}(y\beta_t Z_t^{\mathbb{Q}})^{\frac{1}{\gamma-1}}\right] = y^{\frac{1}{\gamma-1}}\mathbb{E}\left[(\beta_t Z_t^{\mathbb{Q}})^\delta\right] \leqslant y^{\frac{1}{\gamma-1}} < \infty, \qquad (13.6)$$

这表明对所有 $t \in [0,T]$ 成立 $\mathcal{P}_t = \mathcal{P}$.

由 (13.6),

$$x = \mathcal{X}_t^{\mathbb{Q}}(\mathcal{Y}_t^{\mathbb{Q}}(x)) = (\mathcal{Y}_t^{\mathbb{Q}}(x))^{\frac{1}{\gamma-1}}\mathbb{E}[(\beta_t Z_t^{\mathbb{Q}})^\delta],$$

于是

$$(\mathcal{Y}_t^{\mathbb{Q}}(x))^{\frac{1}{1-\gamma}} = \frac{\beta_t^\delta}{x}\mathbb{E}\left[(Z_t^{\mathbb{Q}})^\delta\right], \quad t \in [0,T]. \qquad (13.7)$$

另一方面,

$$\xi_\mathbb{Q}^x(t) = I(\mathcal{Y}_t^{\mathbb{Q}}(x)\beta_t Z_t^{\mathbb{Q}}) = (\mathcal{Y}_t^{\mathbb{Q}}(x)\beta_t Z_t^{\mathbb{Q}})^{\frac{1}{\gamma-1}} = \frac{x(Z_t^{\mathbb{Q}})^{\frac{1}{\gamma-1}}}{\beta_t\mathbb{E}[(Z_t^{\mathbb{Q}})^\delta]}, \quad t \in [0,T]. \qquad (13.8)$$

因此, 对 $\gamma < 0$,

$$\begin{aligned} \mathbb{E}\left[U_\gamma(\xi_\mathbb{Q}^x(T))\right] &= \mathbb{E}\left[\frac{1}{\gamma}(\mathcal{Y}_T^{\mathbb{Q}}(x)\beta_T Z_T^{\mathbb{Q}})^\delta\right] - \frac{1}{\gamma} \\ &= \frac{1}{\gamma}(\mathcal{Y}_T^{\mathbb{Q}}(x))^\delta\mathbb{E}\left[(\beta_T Z_T^{\mathbb{Q}})^\delta\right] - \frac{1}{\gamma} \\ &= \frac{x}{\gamma}(\mathcal{Y}_T^{\mathbb{Q}}(x))^{\delta-\frac{1}{\gamma-1}} - \frac{1}{\gamma} = \frac{x}{\gamma}\mathcal{Y}_T^{\mathbb{Q}}(x) - \frac{1}{\gamma}. \end{aligned} \qquad (13.9)$$

对 $\gamma = 0$, 由 (13.7) 推得 $\mathcal{Y}_t^{\mathbb{Q}}(x) = 1/x$ 和

$$U_0(\xi_\mathbb{Q}^x(T)) = \log x - \log \beta_T - \log Z_T^{\mathbb{Q}}. \qquad (13.10)$$

由 (13.7) 和 (13.9) 容易得到如下定理.

定理 13.1　　设 $\gamma < 0$, $x > 0$ 和 $\mathbb{Q} \in \mathcal{P}$. 对于 HARA 效用函数 U_γ, 下列陈述等价:

(1) $\mathbb{E}\left[U(\xi_{\mathbb{Q}}^x(T))\right] \leqslant \mathbb{E}\left[U(\xi_{\mathbb{R}}^x(T))\right]$, 对所有 $\mathbb{R} \in \mathcal{P}_T$.

(2) $\mathcal{Y}_T^{\mathbb{Q}}(x) \geqslant \mathcal{Y}_T^{\mathbb{R}}(x)$, 对所有 $\mathbb{R} \in \mathcal{P}$.

(3) $\mathbb{E}\left[(Z_T^{\mathbb{Q}})^\delta\right] \geqslant \mathbb{E}\left[(Z_T^{\mathbb{R}})^\delta\right]$, 对所有 $\mathbb{R} \in \mathcal{P}$.

下一定理是 (13.10) 的推论.

定理 13.2　　对于 HARA 效用函数 $U_0(x) = \log x$, 定理 13.1 中的陈述 (1) 等价于如下陈述:

(4) $\mathbb{E}[\log Z_T^{\mathbb{Q}}] \geqslant \mathbb{E}[\log Z_T^{\mathbb{R}}]$, 对所有 $\mathbb{R} \in \mathcal{P}$.

假定概率测度 $\mathbb{P}$ 关于概率测度 $\mathbb{Q}$ 绝对连续 (记为 $\mathbb{P} \ll \mathbb{Q}$). 对 $\delta \in (0,1)$, $\mathbb{P}$ 关于 $\mathbb{Q}$ 阶为 δ 的 Hellinger 积分定义为

$$H_\delta(\mathbb{Q}, \mathbb{P}) = \mathbb{E}_{\mathbb{P}}\left[\left(\frac{d\mathbb{Q}}{d\mathbb{P}}\right)^\delta\right] = \mathbb{E}_{\mathbb{P}}\left[(Z_T^{\mathbb{Q}})^\delta\right].$$

$\mathbb{P}$ 关于 $\mathbb{Q}$ 的相对熵定义为

$$I_{\mathbb{Q}}(\mathbb{P}) = \mathbb{E}_{\mathbb{Q}}\left[\frac{d\mathbb{P}}{d\mathbb{Q}} \log \frac{d\mathbb{P}}{d\mathbb{Q}}\right] = \mathbb{E}_{\mathbb{P}}\left[\log \frac{d\mathbb{P}}{d\mathbb{Q}}\right].$$

Hellinger 积分和相对熵都是 $\mathbb{Q}$ 和 $\mathbb{P}$ 之间差异的量化度量. 须知, 如果 $\mathbb{P}$ 与 $\mathbb{Q}$ 等价, 一般来说, $H_\delta(\mathbb{Q}, \mathbb{P})$ (相应地, $I_{\mathbb{Q}}(\mathbb{P})$) 不等于 $H_\delta(\mathbb{P}, \mathbb{Q})$ (相应地, $I_{\mathbb{P}}(\mathbb{Q})$).

对于效用函数 $U_0(x) = \log x$, 由定理 13.2 和 §13.1 节中的结果, 我们知道, 如果存在概率测度 $\mathbb{Q} \in \mathcal{P}$, 使得 $\xi_{\mathbb{Q}}^x(T)$ 可以被某个策略 $\psi \in \mathcal{A}_0(x)$ 复制, 则 ψ 是最优的, 并且历史概率测度 $\mathbb{P}$ 关于 $\mathbb{Q}$ 在 $\mathcal{P}$ 中具有最小相对熵.

对于效用函数 $U_\gamma(\gamma < 0)$, 由定理 13.1 和 §13.1 节中的结果, 我们知道, 如果存在概率测度 $\mathbb{Q} \in \mathcal{P}$, 使得 $\xi_{\mathbb{Q}}^x(T)$ 可以被某个策略 $\psi \in \mathcal{A}_0(x)$ 复制, 则 ψ 是最优的, 并且 $\mathbb{Q}$ 在 $\mathcal{P}$ 上最大化 Hellinger 积分, 其中 δ 满足 $1/\delta + 1/\gamma = 1$. 对于由一 Lévy 过程驱动的市场, 我们也将明确给出这一最大化 Hellinger 积分的测度.

在 HARA 效用函数情形, 由 (13.7), (13.9), (13.10) 和 (13.5), 易见 $V'(x) = \mathcal{Y}_T^{\mathbb{Q}}(x)$. 在这种情形, 更加明显地, 是期权的 Davis 公平价格与使用鞅测度 $\mathbb{Q}$ 计算的价格相同.

§13.2.2　另一类效用函数

在这一小节中, 我们考虑如下另一类型的效用函数:

$$W_\gamma(x) = -(1 - \gamma x)^{\frac{1}{\gamma}}, \quad \gamma < 0.$$

易见 $U_\gamma(-W_\gamma(x)) = -x, \gamma < 0$. 对于效用函数 W_γ, 我们有

$$D_{W_\gamma} = \frac{1}{\gamma}, \quad W'_\gamma(x) = (1 - \gamma x)^{\frac{1-\gamma}{\gamma}}, \quad I(x) = \frac{1 - x^{\frac{\gamma}{1-\gamma}}}{\gamma}.$$

对所有 $\mathbb{Q} \in \mathcal{P}, t \in [0,T]$ 和 $y \in (0,\infty)$, 我们看出

$$
\begin{aligned}
\mathcal{X}_t^{\mathbb{Q}}(y) &= \mathbb{E}[\beta_t Z_t^{\mathbb{Q}} I(y \beta_t Z_t^{\mathbb{Q}})] \\
&= \mathbb{E}\left[\beta_t Z_t^{\mathbb{Q}} \frac{1 - (y \beta_t Z_t^{\mathbb{Q}})^{\frac{\gamma}{1-\gamma}}}{\gamma}\right] \\
&= \frac{\beta_t}{\gamma} - \frac{1}{\gamma} y^{\frac{\gamma}{1-\gamma}} \beta_t^{\frac{1}{1-\gamma}} \mathbb{E}\left[(Z_t^{\mathbb{Q}})^{\frac{1}{1-\gamma}}\right]
\end{aligned}
$$

是有限的. 因此, 对所有 $t \in [0,T]$, $\mathcal{P}_t = \mathcal{P}$. 令 $\mathcal{Y}_t^{\mathbb{Q}}(x)$ 使得 $\mathcal{X}_t^{\mathbb{Q}}(\mathcal{Y}_t^{\mathbb{Q}}(x)) = x$, 则对 $t \in [0,T]$, 有

$$\beta_t^{\frac{1}{1-\gamma}} \mathbb{E}\left[(Z_t^{\mathbb{Q}})^{\frac{1}{1-\gamma}}\right] = (\beta_t - \gamma x)(\mathcal{Y}_t^{\mathbb{Q}}(x))^{\frac{\gamma}{\gamma-1}}, \quad \gamma < 0.$$

在下面, 对于效用函数 $W_\gamma (\gamma < 0)$, 我们用 $\zeta_{\mathbb{Q}}^x(t)$ 替换 $\xi_{\mathbb{Q}}^x(t)$. 即令

$$\zeta_{\mathbb{Q}}^x(t) = I(\mathcal{Y}_t^{\mathbb{Q}}(x)\beta_t Z_t^{\mathbb{Q}}).$$

则与 §13.2.1 节同样方式处理可以得到

$$\zeta_{\mathbb{Q}}^x(t) = \frac{1}{\gamma}\left\{1 - \frac{\beta_t - \gamma x}{\beta_t} \frac{(Z_t^{\mathbb{Q}})^{\frac{\gamma}{1-\gamma}}}{\mathbb{E}\left[(Z_t^{\mathbb{Q}})^{\frac{1}{1-\gamma}}\right]}\right\}, \quad \gamma < 0, \tag{13.11}$$

$$\mathbb{E}\left[W_\gamma(\zeta_{\mathbb{Q}}^x(T))\right] = -(\beta_T - \gamma x)\mathcal{Y}_T^{\mathbb{Q}}(x), \quad \gamma < 0.$$

因此, 我们可以得到如下结果.

> **定理 13.3** 对于效用函数 $U = W_\gamma$ $(\gamma < 0)$, 定理 13.1 中的陈述 (1) 等价于如下陈述:
>
> (5) $\mathbb{E}\left[(Z_T^{\mathbb{Q}})^{\frac{1}{1-\gamma}}\right] \geqslant \mathbb{E}\left[(Z_T^{\mathbb{R}})^{\frac{1}{1-\gamma}}\right]$, 对所有 $\mathbb{R} \in \mathcal{P}$.

对于效用函数 $W_\gamma(\gamma < 0)$, 由定理 13.1 和 §13.1 节中的结果, 我们知道, 如果存在概率测度 $\mathbb{Q} \in \mathcal{P}$, 使得 $\zeta_{\mathbb{Q}}^x(T)$ 可以被某个策略 $\psi \in \mathcal{A}_0(x)$ 复制, 则 ψ 是最优的, 并且测度 $\mathbb{Q}$ 在 $\mathcal{P}$ 上最大化 Hellinger 积分 $H_{\frac{1}{1-\gamma}}(\mathbb{Q}, \mathbb{P}) = H_{1-\frac{1}{1-\gamma}}(\mathbb{P}, \mathbb{Q}) = H_\delta(\mathbb{P}, \mathbb{Q})$, 其中 δ 满足 $1/\delta + 1/\gamma = 1$.

与上一节一样, 可以证明 $V'(x) = \mathcal{Y}_T^{\mathbb{Q}}(x)$.

§13.2.3 效用函数 $W_0(x) = -e^{-x}$

对于效用函数 $W_0(x) = -e^{-x}$, 我们有 $W_0'(x) = e^{-x}$ 和 $I(x) = -\log x$. 对所有 $\mathbb{Q} \in \mathcal{P}$, $t \in [0, T]$ 和 $y \in (0, \infty)$, 有

$$\beta_t Z_t^{\mathbb{Q}} I(y\beta_t Z_t^{\mathbb{Q}}) = -\beta_t Z_t^{\mathbb{Q}} \log(y\beta_t) - \beta_t Z_t^{\mathbb{Q}} \log Z_t^{\mathbb{Q}}.$$

因此,

$$\mathcal{P}_t = \{\mathbb{Q} \in \mathcal{P} : \ \mathbb{E}[Z_t^{\mathbb{Q}} \log Z_t^{\mathbb{Q}}] \text{有限}\}.$$

特别, $\mathcal{P}_T = \{\mathbb{Q} \in \mathcal{P} : \ I_{\mathbb{P}}(\mathbb{Q}) \text{有限}\}$, 且有

$$-\log \mathcal{Y}_T^{\mathbb{Q}}(x) = \log \beta_T + \frac{x}{\beta_T} + \mathbb{E}[Z_T^{\mathbb{Q}} \log Z_T^{\mathbb{Q}}],$$

$$\xi_{\mathbb{Q}}^x(t) = \frac{x}{\beta_t} + \mathbb{E}[Z_t^{\mathbb{Q}} \log Z_t^{\mathbb{Q}}] - \log Z_t^{\mathbb{Q}}, \tag{13.12}$$

$$\mathbb{E}\left[W_0(\xi_{\mathbb{Q}}^x(T))\right] = -\beta_T \mathcal{Y}_T^{\mathbb{Q}}(x).$$

于是现在情形下, 陈述 (1) 化为如下的陈述:

$$\mathbb{E}[Z_T^{\mathbb{Q}} \log Z_T^{\mathbb{Q}}] \leqslant \mathbb{E}[Z_T^{\mathbb{Q}'} \log Z_T^{\mathbb{Q}'}], \text{对所有} \mathbb{Q}' \in \mathcal{P}_T.$$

因此, 我们得到以下定理.

> **定理 13.4** 设 $x > 0$. 如果存在概率测度 $\mathbb{Q} \in \mathcal{P}_T$, 使得对一交易策略 $\widehat{\psi} \in \mathcal{A}(x)$, 有 $\xi_{\mathbb{Q}}^x(T) = V_T(\widehat{\psi})$, 则 $\widehat{\psi}$ 是最优的, 并且在 $\mathcal{P}_T$ 中, $\mathbb{Q}$ 关于历史测度 $\mathbb{P}$ 有最小相对熵.

§13.3 由一 Lévy 过程驱动的市场

§13.3.1 市场模型

设 (X_t) 是一具有跳测度 μ 的右连左极 Lévy 过程. 对 $\mathbb{R} \backslash \{0\}$ 中的 Borel 集 Λ, 令

$$\nu(\Lambda) = \mathbb{E}[\mu([0, 1] \times \Lambda)], \quad \widetilde{\mu}(dt, dx) = dt\nu(dx).$$

注意 $\widetilde{\mu}$ 是 μ 的可料投影.

熟知 (X_t) 有如下的 Lévy 分解 (见 Protter (2004) 或何声武等 (1995)):

$$X_t = \alpha t + c B_t + M_t + A_t,$$

其中 α, c 是常数, (B_t) 为一标准 Brown 运动, 并且

$$M_t = \int_{[0,t] \times [|x|<1]} x(\mu(ds, dx) - \widetilde{\mu}(ds, dx)),$$

$$A_t = \int_{[0,t] \times [|x| \geqslant 1]} x\mu(ds, dx) = \sum_{0<s \leqslant t} \Delta X_s I_{[|\Delta X_s| \geqslant 1]}.$$

关于 $(\mu - \widetilde{\mu})$ 的随机积分的定义, 可以见何声武等 (1995) 或 Jacod and Shiryaev (1987). 我们回忆有如下事实: $\int_{\mathbb{R} \setminus \{0\}} (x^2 \wedge 1)\nu(dx) < \infty$.

现在考虑一个金融市场, 其中有两只资产: 股票和无风险债券. 假设股票的价格过程 S_t 满足以下方程:

$$dS_t = S_{t-}(\sigma_t dX_t + b_t dt),$$

其中 σ_t, b_t 是 t 的确定性函数. 假定 $\sigma_t \neq 0$. 在时刻 t 的债券价格为 $S_t^0 = e^{\int_0^t r_u du}$, 其中 r_t 是 t 的非负确定性函数. 在时刻 t 的折现因子是 $\beta_t = e^{-\int_0^t r_u du}$. 我们假定存在 $c_1 \in [0,1)$ 和 $0 < c_2 \leqslant \infty$, 使得 $-c_1 \leqslant \Delta X \leqslant c_2$. 因此, Lévy 测度 ν 的支撑于 $[-c_1, c_2]$. 我们假定 $\sigma_t \in (-c_2^{-1}, c_1^{-1})$ 以确保 S_t 的严格正性.

下面始终假定 $\alpha = 0$, 否则的话我们用 $b_t + \alpha\sigma_t$ 替换 b_t.

一交易策略 $\psi = \{\varphi^0, \varphi\}$ 在时刻 t 的财富为 $V_t(\psi) = \varphi_t^0 S_t^0 + \varphi_t S_t$. 对一自融资策略 ψ, 令

$$\pi_t = \varphi_t S_{t-} / V_{t-}(\psi), \tag{13.13}$$

则有

$$d(\beta_t S_t) = \beta_t S_{t-} d\widetilde{X}_t, \tag{13.14}$$

$$d(\beta_t V_t(\psi)) = \varphi_t d(\beta_t S_t) = \beta_t \varphi_t S_{t-} d\widetilde{X}_t = \beta_t V_{t-}(\psi)\pi_t d\widetilde{X}_t, \tag{13.15}$$

其中

$$d\widetilde{X}_t = (b_t - r_t)dt + \sigma_t(cdB_t + dM_t + dA_t). \tag{13.16}$$

如果 $\pi_t \sigma_t$ 取值于 $(-c_2^{-1}, c_1^{-1})$, 则 $(V_t(\psi))$ 为严格正的. 可料过程 $\pi = (\pi_t)$ 表示经纪人投资于股票的财富比例. 我们用 $(V_t^{x,\pi})$ 表示相应于初始财富为 x 的投资组合 π 的财富过程. 另一方面, 对任何满足 $\pi_t \sigma_t \in (-c_2^{-1}, c_1^{-1})$ 的可料过程 π, 令 $\varphi_t = \pi_t V_{t-}^{x,\pi}/S_{t-}$, 则存在唯一的初始财富为 x 的自融资策略, 使得 $V_t(\psi) = V_t^{x,\pi}$, 或等价地, (13.15) 成立.

用 $L(B)$ (相应地, $\mathcal{G}(\mu)$) 记所有关于 B (相应地, $(\mu - \widetilde{\mu})$) 可积的可料过程的集合, 即

$$L(B) = \left\{ \theta_1 : \theta_1 \text{ 为可料过程, 且} \int_0^T \theta_1^2(s)ds < \infty, \text{ a.s. } \right\},$$

$$\mathcal{G}(\mu) = \left\{ W \in \widetilde{\mathcal{P}} : \sqrt{\sum_{0<s\leqslant t} W^2(s, \Delta X_s)I_{[\Delta X_s \neq 0]}} \text{ 为局部可积增过程, 且} \right.$$

$$\left. \forall t \in [0, T], \int_{\mathbb{R} \backslash \{0\}} |W(t, x)|\nu(dx) < \infty \right\},$$

其中 $\widetilde{\mathcal{P}} = \mathcal{P} \times \mathcal{B}(\mathbb{R} \backslash \{0\})$.

对 $\theta_1 \in L(B)$ 和 $1 - \theta_2 \in \mathcal{G}(\mu)$, 记 $\theta = (\theta_1, \theta_2)$, 并令

$$Z_\theta = \mathcal{E}\left(-\int \theta_1 dB - \int (1 - \theta_2)d(\mu - \widetilde{\mu}) \right),$$

其中 $\mathcal{E}(Y)$ 为 Y 的 Doléans-Dade 指数. 根据 Doléans-Dade 公式, 我们有

$$Z_\theta(t) = \exp\left\{ -\int_0^t \theta_1(s)dB_s - \frac{1}{2}\int_0^t \theta_1^2(s)ds - \int_0^t \int_{\mathbb{R} \backslash \{0\}} (1 - \theta_2)d(\mu - \widetilde{\mu}) \right.$$

$$\left. + \int_0^t \int_{\mathbb{R} \backslash \{0\}} (\log \theta_2 + 1 - \theta_2)d\mu \right\}. \tag{13.17}$$

记

$$\Theta = \{\theta : \theta_1 \in L(B), 1 - \theta_2 \in \mathcal{G}(\mu) \text{ 且 } Z_\theta \text{为一严格正鞅}\}.$$

对 $\theta \in \Theta$, 在 $(\Omega, \mathcal{F}_T)$ 上用 $d\mathbb{P}_\theta = Z_\theta(T)d\mathbb{P}$ 定义概率测度 $\mathbb{P}_\theta$, 则 $\mathbb{E}\left[\left. \dfrac{d\mathbb{P}_\theta}{d\mathbb{P}} \right| \mathcal{F}_t \right] = Z_\theta(t)$. 熟知, 在概率测度 $\mathbb{P}_\theta$ 下, μ 的可料投影为 $\widetilde{\mu}_\theta(dt, dx) = \theta_2(t, x)\widetilde{\mu}(dt, dx) = \theta_2(t, x)dt\nu(dx)$.

请回忆, 对于 $(\beta_t S_t)$, $\mathcal{P}$ 是所有等价鞅测度的集合. 下一定理可以由常规推理证明.

定理 13.5 $\mathbb{Q} \in \mathcal{P}$ 当且仅当 $\mathbb{Q} = \mathbb{P}_\theta$, 对某个 $\theta \in \Theta$, $\theta = (\theta_1, \theta_2)$ 满足

$$\frac{b_t - r_t}{\sigma_t} - c\theta_1(t) + \int_{[|x|\geqslant 1]} x\theta_2(t, x)\nu(dx), -\int_{[|x|<1]} x(1 - \theta_2(t, x))\nu(dx) = 0,$$

对所有 $t \in [0, T]$.

§13.3.2   关于 HARA 效用函数的结果

在本小节中, 我们将给出关于 HARA 效用函数 $U_\gamma (\gamma \leqslant 0)$ 的最优策略的显式表示, 且得到最小相对熵鞅测度和最大 Hellinger 积分鞅测度.

引理 13.6   如果下述条件成立:

$$\int_0^T \int_{\mathbb{R} \setminus \{0\}} |g(s,x)| \nu(dx) ds < \infty, \tag{13.18}$$

则

$$g * (\mu - \widetilde{\mu}) = g * \mu - g * \widetilde{\mu}.$$

证明   由 (13.18) 和何声武等 (1995) 中的定理 11.21 得知, $g * (\mu - \widetilde{\mu})$ 有明确定义, 并且具有局部可积变差. 由于 $\sqrt{|g|} * (\mu - \widetilde{\mu})$ 也有明确定义, 于是 $|g| * \mu = \left[\sqrt{|g|} * (\mu - \widetilde{\mu}) \right]$, 而且 $g * \mu$ 有明确定义. 注意 $g * (\mu - \widetilde{\mu}) - g * \mu$ 是连续的, 易见 $g * \mu$ 具有可积变差, 因此引理的结论得证.   □

对任何 $\theta \in \Theta$, $t \in [0,T]$ 以及 HARA 效用函数 $U_\gamma (\gamma \leqslant 0)$, 令

$$\delta = \frac{\gamma}{\gamma - 1}, \quad \xi_\theta^x(t) = \frac{x}{\beta_t \mathbb{E}[Z_\theta^\delta(t)]} \cdot (Z_\theta(t))^{\frac{1}{\gamma - 1}}.$$

容易看出

$$\begin{aligned}
\beta_t \xi_\theta^x(t) = {} & \frac{x}{\mathbb{E}[Z_\theta^\delta(t)]} \cdot \exp \Bigg\{ -\int_0^t \frac{1}{\gamma - 1} \theta_1(s) dB_s - \frac{1}{2} \int_0^t \frac{1}{\gamma - 1} \theta_1^2(s) ds \\
& - \int_0^t \int_{\mathbb{R} \setminus \{0\}} \frac{1}{\gamma - 1} (1 - \theta_2) d(\mu - \widetilde{\mu}) \\
& + \int_0^t \int_{\mathbb{R} \setminus \{0\}} \frac{1}{\gamma - 1} (\log \theta_2 + 1 - \theta_2) d\mu \Bigg\}.
\end{aligned} \tag{13.19}$$

我们有

$$\begin{aligned}
Z_\theta^\delta(t) = {} & \exp \Bigg\{ -\int_0^t \delta \theta_1(s) dB_s - \frac{1}{2} \int_0^t \delta \theta_1^2(s) ds - \int_0^t \int_{\mathbb{R} \setminus \{0\}} \delta (1 - \theta_2) d(\mu - \widetilde{\mu}) \\
& + \int_0^t \int_{\mathbb{R} \setminus \{0\}} \left(\log \theta_2^\delta + \delta(1 - \theta_2) \right) d\mu \Bigg\}.
\end{aligned}$$

在如下两个条件下:

(6) $(1-\theta_2^\delta)*(\mu-\widetilde{\mu})$ 有明确定义,

和

(7) $\displaystyle\int_0^T\int_{\mathbb{R}\backslash\{0\}}|\theta_2^\delta-1+\delta(1-\theta_2)|(s,x)\nu(dx)ds<\infty,$

由引理 13.6, 我们有

$$Z_\theta^\delta(t)=\mathcal{E}\left(-\int\delta\theta_1 dB-(1-\theta_2^\delta)*(\mu-\widetilde{\mu})\right)_t$$

$$\times\exp\left\{\frac{1}{2}\int_0^t(\delta^2-\delta)\theta_1^2(s)ds+\int_0^t\int_{\mathbb{R}\backslash\{0\}}[(\theta_2^\delta-1)\right.$$

$$\left.+\delta(1-\theta_2)](s,x)\nu(dx)ds\right\}.$$

在如下条件下:

(8) $\mathcal{E}\left(-\displaystyle\int\delta\theta_1 dB-(1-\theta_2^\delta)*(\mu-\widetilde{\mu})\right)$ 是鞅, 且 (θ_1,θ_2) 是确定性的, 我们有

$$\mathbb{E}[Z_\theta^\delta(t)]$$

$$=\exp\left\{\frac{1}{2}\int_0^t(\delta^2-\delta)\theta_1^2(s)ds+\int_0^t\int_{\mathbb{R}\backslash\{0\}}[(\theta_2^\delta-1)+\delta(1-\theta_2)](s,x)\nu(dx)ds\right\}.$$

$$(13.20)$$

同样容易看出

$$\beta_t V_t^{x,\pi}=x\exp\left\{\int_0^t\pi_s(b_s-r_s)ds+\int_0^t c\pi_s\sigma_s dB_s-\frac{1}{2}\int_0^t c^2\pi_s^2\sigma_s^2 ds\right.$$

$$+\int_0^t\int_{\mathbb{R}\backslash\{0\}}\pi_s\sigma_s xI_{[|x|<1]}d(\mu-\widetilde{\mu})$$

$$\left.+\int_0^t\int_{\mathbb{R}\backslash\{0\}}(\log(1+\pi_s\sigma_s x)-\pi_s\sigma_s xI_{[|x|<1]})d\mu\right\}.\qquad(13.21)$$

对比 (13.19) 和 (13.21), 并且考虑到 (13.20), 我们看到, 为了有 $\xi_\theta^x(T)=V_T^{x,\pi}$, 必须选取

$$\theta_1(s)=(1-\gamma)ca_s,\quad\theta_2(s,x)=(1+a_s x)^{\gamma-1},\qquad(13.22)$$

其中 $a_s=\pi_s\sigma_s$. 由定理 13.5, a_s 是如下方程的解:

$$\frac{b_s-r_s}{\sigma_s}+(\gamma-1)c^2 a_s+\int_{\mathbb{R}\backslash\{0\}}\left(x(1+a_s x)^{\gamma-1}-xI_{[|x|<1]}\right)\nu(dx)=0.\quad(13.23)$$

反之, 假定 (a_s) 是一定义于 $(-c_2^{-1}, c_1^{-1})$ 的函数, 且是方程 (13.23) 的解. 我们令 $\pi_s = a_s / \sigma_s$, 且由 (13.22) 定义 θ_1 和 θ_2. 如果满足上述条件 (6)—(8) 和下面两个条件:

(9) $\displaystyle\int_0^T \int_{\mathbb{R}\backslash\{0\}} |\log(1 + a_s x) - a_s x I_{[|x|<1]}| \nu(dx) ds < \infty.$

(10) $\displaystyle\int_0^T \int_{\mathbb{R}\backslash\{0\}} |\log \theta_2 + 1 - \theta_2|(s, x)\nu(dx) ds < \infty,$

则根据引理 13.6, 由 (13.19), (13.21) 和 (13.20) 容易验证, 对 $t \in [0, T]$, 我们有 $\xi_\theta^x(t) = V_t^{x,\pi}$.

引理 13.7　对给定的 $b, r, \sigma \neq 0$ 和 $\gamma \leqslant 0$, 令

$$h(a) = \frac{b-r}{\sigma} + (\gamma-1)c^2 a + \int_{\mathbb{R}\backslash\{0\}} \left(x(1+ax)^{\gamma-1} - xI_{[|x|<1]}\right)\nu(dx), \quad a \in (-c_2^{-1}, c_1^{-1}).$$

则 $h(a) = 0$ 在 $(-c_2^{-1}, c_1^{-1})$ 中有唯一解 a^*, 当且仅当

$$\lim_{a \downarrow -c_2^{-1}} h(a) > 0, \quad \lim_{a \uparrow c_1^{-1}} h(a) < 0. \tag{13.24}$$

证明　对一固定的 $a \in (-c_2^{-1}, c_1^{-1})$, $x(1+ax)^{\gamma-1} I_{[x \geqslant 1]}$ 和 $(1+ax)^{\gamma-1} I_{[x \geqslant 1]}$ 关于 $x \in [-c_1, c_2]$ 都被某个常数 $K_1 > 0$ 控制. 因此, 我们有

$$\left| x(1+ax)^{\gamma-1} I_{[x \geqslant 1]} \right| \leqslant K_1(x^2 \wedge 1), \quad x \in [-c_1, c_2].$$

另一方面, 根据微分均值定理, 对一固定的 $x \in (-c_1, c_2)$, 如果 $a > 0$ (相应地, $a < 0$), 对某个 $\xi \in (0, a)$ (相应地, $\xi \in (a, 0)$), 我们有

$$x\left((1+ax)^{\gamma-1} - 1\right) = (\gamma-1)ax^2(1+\xi x)^{\gamma-2}.$$

显然, 对 $a \in (0, c_1^{-1})$ (相应地, $a \in (-c_2^{-1}, 0)$), 对于 $x \in [-c_1, c_2]$, 有 $(1+\xi x)^{\gamma-2} < (1 - ac_1)^{\gamma-2}$ (相应地, $< (1 + ac_2)^{\gamma-2}$). 因此, 对某个常数 $K_2 > 0$, 我们有

$$\left| x\left((1+ax)^{\gamma-1} - 1\right) I_{[|x|<1]} \right| \leqslant K_2(x^2 \wedge 1), \quad x \in [-c_1, c_2].$$

由于 $0 \leqslant c_1 < 1$, ν 支撑于 $[-c_1, c_2] \subset (-1, \infty)$, 且 $\displaystyle\int_{\mathbb{R}\backslash\{0\}} (x^2 \wedge 1)\nu(dx) < \infty$, 可见 $h(a)$ 有明确定义.

设 $a \in (-c_2^{-1}, c_1^{-1})$ 且 $\varepsilon > 0$, 使得 $a + \varepsilon \in (-c_2^{-1}, c_1^{-1})$. 由于

$$x\left((1+ax+\varepsilon x)^{\gamma-1} - (1+ax)^{\gamma-1}\right) < 0, \quad x \in [-c_1, c_2] \backslash \{0\},$$

h 在 $(-c_2^{-1}, c_1^{-1})$ 中严格降. 根据单调收敛定理, h 在 $(-c_2^{-1}, c_1^{-1})$ 中连续. 因此, 引理结论得证.　　　　　　　　　　　　　　　　　　　　　　　　　　　　　$\square$

在以下, 对每个 $t \in [0, T]$, 我们令

$$\begin{aligned} h_t(a) = &\frac{b_t - r_t}{\sigma_t} + (\gamma - 1)c^2 a \\ &+ \int_{\mathbb{R} \setminus \{0\}} \Big(x(1 + ax)^{\gamma-1} - xI_{[|x|<1]} \Big) \nu(dx), \quad a \in (-c_2^{-1}, c_1^{-1}), \end{aligned}$$

并且假定

$$\lim_{a \downarrow -c_2^{-1}} h_t(a) > 0, \quad \lim_{a \uparrow c_1^{-1}} h_t(a) < 0.$$

则由引理 13.7, $h_t(a) = 0$ 在 $(-c_2^{-1}, c_1^{-1})$ 中有唯一解 a_t^*. 定义 $\pi_t^* = \sigma_t^{-1} a_t^*$, 则 (V_t^{x, π^*}) 显然是严格正的.

定理 13.8　令 $\widehat{\theta}_1(s) = (1 - \gamma)c a_s^*$, $\widehat{\theta}_2(s, x) = (1 + a_s^* x)^{\gamma-1}$, $\widehat{\theta} = (\widehat{\theta}_1, \widehat{\theta}_2)$. 如果

$$\int_0^T (a_s^*)^2 ds < \infty, \quad \int_0^T \int_{\mathbb{R} \setminus \{0\}} \left(1 - (1 + a_s^* x)^{\gamma-1} \right)^2 \nu(dx) ds < \infty, \quad (13.25)$$

则 $\widehat{\theta} \in \Theta$, 且有 $\mathbb{P}_{\widehat{\theta}} \in \mathcal{P}$. 如果进一步,

$$\int_0^T \int_{\mathbb{R} \setminus \{0\}} |\widehat{\theta}_2^\delta - 1 + \delta(1 - \widehat{\theta}_2)|(s, x) \nu(dx) ds < \infty, \quad (13.26)$$

$$\int_0^T \int_{\mathbb{R} \setminus \{0\}} (1 - \widehat{\theta}_2^\delta(s, x))^2 \nu(dx) ds < \infty, \quad (13.27)$$

$$\int_0^T \int_{\mathbb{R} \setminus \{0\}} |\log(1 + a_s^* x) - a_s^* x I_{[|x|<1]}| \nu(dx) ds < \infty, \quad (13.28)$$

$$\int_0^T \int_{\mathbb{R} \setminus \{0\}} |\log \widehat{\theta}_2 + 1 - \widehat{\theta}_2|(s, x) \nu(dx) ds < \infty, \quad (13.29)$$

则对于效用函数 $U(x) = U_\gamma(x)$, $\gamma \leqslant 0$, 有 $\xi_{\widehat{\theta}}^x(T) = V_T^{x, \pi^*}$.

证明　由 (13.25) 和何声武等 (1995) 中的定理 11.21, 我们有 $\widehat{\theta}_1 \in L(B)$ 和 $1 - \widehat{\theta}_2 \in \mathcal{G}(\mu)$. 因此, $Z_{\widehat{\theta}}$ 有明确定义. 显然有 $-(1 - \widehat{\theta}_2(s, x)) > -1$, $\forall x \in [-c_1, c_2]$. 因此, $Z_{\widehat{\theta}}$ 是严格正的. 由 (13.25),

$$\langle -\widehat{\theta}_1.B - (1 - \widehat{\theta}_2) * (\mu - \widetilde{\mu}) \rangle_T$$

$$=(1-\gamma)^2 c^2 \int_0^T (a_s^*)^2 ds + \int_0^T \int_{\mathbb{R}\setminus\{0\}} (1-(1+a_s^* x)^{\gamma-1})^2 \nu(dx) ds$$

为一有限常数. 于是由 Lépingle and Mémin (1978) 的一个结果, $Z_{\widehat{\theta}}$ 为一平方可积鞅. 从而有 $\widehat{\theta} \in \Theta$. 另一方面, 由于 $h_t(a_t^*) = 0$, $\widehat{\theta}$ 满足定理 13.5 的条件, 我们有 $\mathbb{P}_{\widehat{\theta}} \in \mathcal{P}$.

由 (13.27) 和何声武等 (1995) 中的定理 11.21, $(1-\widehat{\theta}_2^{\delta}) * (\mu - \widetilde{\mu})$ 有明确定义. 由 (13.25), (13.27) 和 Lépingle and Mémin (1978) 的一个结果, $\mathcal{E}\big(-\delta\widehat{\theta}_1.B - (1-\widehat{\theta}_2^{\delta}) * (\mu-\widetilde{\mu})\big)$ 为一平方可积鞅. 因此, 根据本小节开头的讨论, 我们完成了定理的证明. $\qquad\square$

由定理 13.8 和 §13.2 节的结果, 我们知道, 对 HARA 效用函数, 相应于 π^* 的策略是最优的. 此外, 定理 13.8 中定义的 $\mathbb{P}_{\widehat{\theta}}$ 正是有关的最优等价鞅测度. 对 $\gamma = 0$, $\mathbb{P}_{\widehat{\theta}}$ 在 $\mathcal{P}$ 中最小化相对熵 $I_{\mathbb{Q}}(\mathbb{P})$. Yan et al. (1999) 用计价单位投资组合 (numeraire portfolio) 方法也得到了这一最小相对熵测度. 对 $\gamma < 0$, $\mathbb{P}_{\widehat{\theta}}$ 在 $\mathcal{P}$ 中最大化 Hellinger 积分 $H_{\delta}(\mathbb{Q}, \mathbb{P})$, 其中 δ 满足 $\frac{1}{\delta} + \frac{1}{\gamma} = 1$.

§13.3.3 关于形如 W_{γ} ($\gamma < 0$) 的效用函数的结果

在本小节我们处理形如 W_{γ} ($\gamma < 0$) 的效用函数. 这时我们有 $D_{W_{\gamma}} = 1/\gamma$, 且有

$$\zeta_{\theta}^x(t) = \frac{1}{\gamma} \left\{ 1 - \frac{\beta_t - \gamma x}{\beta_t} \cdot \frac{(Z_{\theta}(t))^{\frac{\gamma}{1-\gamma}}}{\mathbb{E}[(Z_{\theta}(t))^{\frac{1}{1-\gamma}}]} \right\}.$$

令 $1/\delta + 1/\gamma = 1$, 即 $\delta = \gamma/(\gamma-1)$. 又令 $\gamma' = 1/\gamma$, $1/\delta' + 1/\gamma' = 1$, 则 $\delta' = \gamma'/(\gamma'-1) = 1 - \delta$. 在定理 13.8 的条件和记号下, 我们有

$$\frac{(Z_{\widehat{\theta}}(t))^{\frac{\gamma}{1-\gamma}}}{\mathbb{E}\left[(Z_{\widehat{\theta}}(t))^{\frac{1}{1-\gamma}}\right]} = \frac{(Z_{\widehat{\theta}}(t))^{\frac{1}{\gamma'-1}}}{\mathbb{E}\left[(Z_{\widehat{\theta}}(t))^{\delta'}\right]} = \frac{\beta_t \xi_{\widehat{\theta}}^x(t)}{x} = \frac{\beta_t V_t^{x,\pi^*}}{x}.$$

因此,

$$\zeta_{\widehat{\theta}}^x(t) = \frac{1}{\gamma} + \left(1 - \frac{\beta_t}{\gamma x}\right) V_t^{x,\pi^*}.$$

现在构造一个自融资策略 $\widehat{\psi} = (\widehat{\varphi}^0, \widehat{\varphi})$ 如下. 设 $\psi = (\varphi^0, \varphi)$ 为相应于投资组合 π^* 的策略. 令

$$\widehat{\varphi}_t^0 = \left(1 - \frac{\beta_T}{\gamma x}\right) \varphi_t^0 + \frac{\beta_T}{\gamma}, \quad \widehat{\varphi}_t = \left(1 - \frac{\beta_T}{\gamma x}\right) \varphi_t.$$

则

$$\beta_t V_t(\widehat{\psi}) = \frac{\beta_T}{\gamma} + \left(1 - \frac{\beta_T}{\gamma x}\right)\beta_t V_t^{x,\pi^*} > \frac{1}{\gamma}, \quad t \in [0,T],$$

这蕴含 $\widehat{\psi} \in \mathcal{A}_{\frac{1}{\gamma}}(x)$. 此外, 我们有 $V_T(\widehat{\psi}) = \frac{1}{\gamma} + \left(1 - \frac{\beta_T}{\gamma x}\right)V_T^{x,\pi^*} = \zeta_{\widehat{\theta}}^x(T)$. 因此, 根据 §13.2 节的一个结果, $\widehat{\psi}$ 对于效用函数 $W_\gamma(x) = -(1-\gamma x)^{\frac{1}{\gamma}}$ $(\gamma < 0)$ 是最优的, 并且鞅测度 $\mathbb{P}_{\widehat{\theta}}$ 在 $\mathcal{P}$ 上最大化 Hellinger 积分 $H_{\delta'}(\mathbb{P}, \mathbb{Q})$.

§13.3.4　关于效用函数 $W_0(x) = -e^{-x}$ 的结果

对 $\theta \in \Theta$ 和 $t \in [0,T]$, 由 (13.12) 和 (13.17) 推得

$$\beta_t \xi_\theta^x(t) = x + \beta_t \mathbb{E}[Z_\theta(t)\log Z_\theta(t)] + \beta_t\left[\int_0^t \theta_1(s)dB_s + \frac{1}{2}\int_0^t \theta_1^2(s)ds\right.$$
$$\left. + \int_0^t\int_{\mathbb{R}\setminus\{0\}}(1-\theta_2)d(\mu-\widetilde{\mu}) - \int_0^t\int_{\mathbb{R}\setminus\{0\}}(\log\theta_2 + 1 - \theta_2)d\mu\right].$$

另一方面, 易见

$$\beta_t V_t(\psi) = x + \int_0^t \beta_s\varphi_s S_{s-}[(b_s - r_s)ds + c\sigma_s dB_s + \sigma_s dM_s + \sigma_s dA_s].$$

对比这两个表达式提示我们, 为要有 $\xi_\theta^x(T) = V_T(\psi)$, 必须取

$$\begin{cases} \beta_T\theta_1(s) = c\beta_s\varphi_s S_{s-}\sigma_s, \\ \log\theta_2(s,x) = -\dfrac{\beta_s\varphi_s S_{s-}\sigma_s x}{\beta_T}. \end{cases}$$

记 $a_s = \beta_s\varphi_s S_{s-}\sigma_s/\beta_T$, 则有

$$\theta_1(s) = ca_s, \quad \theta_2(s,x) = e^{-a_s x}.$$

由定理 13.5, a_s 该是如下方程的解:

$$\frac{b_s - r_s}{\sigma_s} - c^2 a_s + \int_{\mathbb{R}\setminus\{0\}}(xe^{-a_s x} - xI_{[|x|<1]})\nu(dx) = 0.$$

引理 13.9　对给定的 b, r 和 $\sigma \neq 0$, 令

$$f(a) = \frac{b-r}{\sigma} - c^2 a + \int_{\mathbb{R}\setminus\{0\}}(xe^{-ax} - xI_{[|x|<1]})\nu(dx).$$

则存在某个 $k \in [-\infty, 0]$, 使得对 $a < k$, $f(a)$ 为 $+\infty$, 对 $a > k$, $f(a)$ 为有限. 此外, $f(a) = 0$ 在 (k,∞) 中有唯一解 $\widetilde{a}$, 当且仅当 $\lim\limits_{a\downarrow k} f(a) > 0$.

证明 对任意 $a \in (-\infty, \infty)$, 我们有

$$|x(e^{-ax} - 1)I_{[|x|<1]}| \leqslant (|a|e^{|a|}x^2) \wedge (1 + e^{|a|}).$$

因此, $\int_{\mathbb{R}\backslash\{0\}} |x(e^{-ax} - 1)I_{[|x|<1]}|\nu(dx) < \infty$. 显然存在某个 $k(-\infty \leqslant k \leqslant 0)$ 使得 $\int_{\mathbb{R}\backslash\{0\}} xe^{-ax}I_{[x\geqslant 1]}\nu(dx)$ 对 $a < k$ 为 $+\infty$, 且对 $a > k$ 为有限. 由于 $0 \leqslant c_1 < 1$ 且 ν 支撑于 $[-c_1, c_2] \subset (-1, \infty)$, 从而得到 $f(a)$ 的第一个性质. 对任意 $a \in (k, \infty)$ 和 $\varepsilon > 0$, 当 $x \in \mathbb{R} \backslash \{0\}$, 显然有 $xe^{-(a+\varepsilon)x} - xe^{-ax} < 0$. 于是有

$$f(a + \varepsilon) - f(a) = -c^2\varepsilon + \int_{\mathbb{R}\backslash\{0\}} (xe^{-(a+\varepsilon)x} - xe^{-ax})\nu(dx) < 0.$$

因此, f 在 (k, ∞) 中严格降. 由单调收敛定理, f 也在 (k, ∞) 中连续. 显然有 $\lim\limits_{a\to\infty} f(a) = -\infty$. 引理得证. □

对每个 $t \in [0, T]$, 令

$$f_t(a) = \frac{b_t - r_t}{\sigma_t} - c^2 a + \int_{\mathbb{R}\backslash\{0\}} (xe^{-ax} - xI_{[|x|<1]})\nu(dx), \quad a \in (k, \infty),$$

并假定 $\lim\limits_{a\downarrow k} f_t(a) > 0$. 则由引理 13.9, $f_t(a) = 0$ 在 (k, ∞) 中有唯一解 $\widetilde{a}_t$. 对 $t \in [0, T]$, 定义 $\varphi_s^t = \frac{\beta_t \widetilde{a}_s}{\beta_s \sigma_s S_{s-}}$, $s \in [0, t]$, 并令 ψ^t 为相应于 φ^t 的初始资本为 x 的自融资策略.

定理 13.10 令 $\widetilde{\theta}_1(s) = c\widetilde{a}_s$, $\widetilde{\theta}_2(s, x) = e^{-\widetilde{a}_s x}$, $\widetilde{\theta} = (\widetilde{\theta}_1, \widetilde{\theta}_2)$. 如果

$$\int_0^T (\widetilde{a}_s)^2 ds < \infty, \quad \int_0^T \int_{\mathbb{R}\backslash\{0\}} \left(1 - e^{-\widetilde{a}_s x}\right)^2 \nu(dx)ds < \infty, \tag{13.30}$$

则 $\widetilde{\theta} \in \Theta$, 且 $\mathbb{P}_{\widetilde{\theta}} \in \mathcal{P}$. 此外, 如果

$$\int_0^T \int_{\mathbb{R}\backslash\{0\}} \left|1 - e^{-\widetilde{a}_s x} - \widetilde{a}_s x\right| e^{-\widetilde{a}_s x}\nu(dx)ds < \infty, \tag{13.31}$$

$$\int_0^T \int_{\mathbb{R}\backslash\{0\}} \left|\widetilde{a}_s xe^{-\widetilde{a}_s x}\right| \nu(dx)ds < \infty, \tag{13.32}$$

则对效用函数 $W_0(x) = -e^{-x}$, $\xi_{\widetilde{\theta}}^x(T) = V_T(\psi^T)$. 进一步, 如果 $\int_{\mathbb{R}\backslash\{0\}} x^2\nu(dx) < \infty$, 则 $\psi^T \in \mathcal{A}(x)$.

证明　在条件 (13.30) 下, 易证 $\widetilde{\theta} \in \Theta$, $\mathbb{P}_{\widetilde{\theta}} \in \mathcal{P}$, 以及 $Z_{\widetilde{\theta}}$ 是一 $\mathbb{P}$-平方可积鞅.

现令 $\widetilde{B}_t = B_t + \displaystyle\int_0^t \widetilde{\theta}_1(s)ds$. 则在概率测度 $\mathbb{P}_{\widetilde{\theta}}$ 下, $\widetilde{B}$ 是一标准 Brown 运动.
在以下证明中, 对任意可积可料函数 W, 积分 $W * (\mu - \widetilde{\mu})$ (相应地, $W * (\mu - \widetilde{\mu}_{\widetilde{\theta}})$)
是在概率测度 $\mathbb{P}$ (相应地, $\mathbb{P}_{\widetilde{\theta}}$) 下定义的. 由于 $1 - \widetilde{\theta}_2 \in \mathcal{G}(\mu)$, 则 $(1 - \widetilde{\theta}_2)^2 * \mu$ 是
有明确定义的$\Big($事实上, $(1 - \widetilde{\theta}_2)^2 * \mu = \big[(1 - \widetilde{\theta}_2) * (\mu - \widetilde{\mu})\big]\Big)$, 其中 $[M]$ 为局部鞅
M 的二次变差过程. 由 (13.30), 我们有

$$\mathbb{E}[(1 - \widetilde{\theta}_2)^2 * \mu_T] = \int_0^T \int_{\mathbb{R}\setminus\{0\}} \left(1 - e^{-\widetilde{a}_s x}\right)^2 \nu(dx)ds < \infty. \tag{13.33}$$

因此, $(1 - \widetilde{\theta}_2)^2 * \mu$ 是一可积增过程. 显然

$$-\Big[(1 - \widetilde{\theta}_2) * (\mu - \widetilde{\mu}), Z_{\widetilde{\theta}}\Big] = \int Z_{\widetilde{\theta}}(-)d((1 - \widetilde{\theta}_2)^2 * \mu)$$

为一局部可积增过程, 其中 $Z_{\widetilde{\theta}}(-)$ 是 $Z_{\widetilde{\theta}}$ 的左极限. 因此,

$$\left(\frac{1}{Z_{\widetilde{\theta}}(-)}\right) \cdot \langle (1 - \widetilde{\theta}_2) * (\mu - \widetilde{\mu}), Z_{\widetilde{\theta}} \rangle = -\langle (1 - \widetilde{\theta}_2) * (\mu - \widetilde{\mu}) \rangle = -(1 - \widetilde{\theta}_2)^2 * \widetilde{\mu}.$$

由何声武等 (1995) 中的定理 12.28, $(1 - \widetilde{\theta}_2) * (\mu - \widetilde{\mu}_{\widetilde{\theta}})$ 是明确定义的, 且有

$$(1 - \widetilde{\theta}_2) * (\mu - \widetilde{\mu}) = (1 - \widetilde{\theta}_2) * (\mu - \widetilde{\mu}_{\widetilde{\theta}}) - (1 - \widetilde{\theta}_2)^2 * \widetilde{\mu}. \tag{13.34}$$

由 (13.32) 推知, 在 $\mathbb{P}_{\widetilde{\theta}}$ 下, $(\log \widetilde{\theta}_2 + 1 - \widetilde{\theta}_2) * \mu$ 是明确定义的, 且有可积变差. 因此,

$$\begin{aligned}
(\log \widetilde{\theta}_2 &+ 1 - \widetilde{\theta}_2) * (\mu - \widetilde{\mu}_{\widetilde{\theta}}) \\
&= (\log \widetilde{\theta}_2 + 1 - \widetilde{\theta}_2) * \mu - (\log \widetilde{\theta}_2 + 1 - \widetilde{\theta}_2) * \widetilde{\mu}_{\widetilde{\theta}}
\end{aligned} \tag{13.35}$$

是鞅. 由 (13.33)— (13.35),

$$\begin{aligned}
\log Z_{\widetilde{\theta}}(t) = &-\int_0^t \widetilde{\theta}_1(s)d\widetilde{B}_s - (1 - \widetilde{\theta}_2) * (\mu - \widetilde{\mu}_{\widetilde{\theta}})_t + (\log \widetilde{\theta}_2 + 1 - \widetilde{\theta}_2) * (\mu - \widetilde{\mu}_{\widetilde{\theta}})_t \\
&+ \frac{1}{2}\int_0^t \widetilde{\theta}_1^2(s)ds + (1 - \widetilde{\theta}_2)^2 * \widetilde{\mu}_t + \Big((\log \widetilde{\theta}_2 + 1 - \widetilde{\theta}_2) * \widetilde{\mu}_{\widetilde{\theta}}\Big)_t \\
= &-\int_0^t \widetilde{\theta}_1(s)d\widetilde{B}_s - (1 - \widetilde{\theta}_2) * (\mu - \widetilde{\mu}_{\widetilde{\theta}})_t + (\log \widetilde{\theta}_2 + 1 - \widetilde{\theta}_2) * (\mu - \widetilde{\mu}_{\widetilde{\theta}})_t
\end{aligned}$$

$$+ \frac{1}{2}\int_0^t \widetilde{\theta}_1^2(s)ds + (\widetilde{\theta}_2 \log \widetilde{\theta}_2 + 1 - \widetilde{\theta}_2) * \widetilde{\mu}_t.$$

由 (13.30) 知, $\int \widetilde{\theta}_1 d\widetilde{B}$ 为 $\mathbb{P}_{\widetilde{\theta}}$-鞅. 由于 $Z_{\widetilde{\theta}}$ 是 $\mathbb{P}$-平方可积鞅, 则由 (13.33),

$$\mathbb{E}_{\widetilde{\theta}}\left[\sqrt{[(1 - \widetilde{\theta}_2) * (\mu - \widetilde{\mu}_{\widetilde{\theta}})]_T}\right] = \mathbb{E}_{\widetilde{\theta}}\left[\sqrt{(1 - \widetilde{\theta}_2)^2 * \mu_T}\right]$$

$$= \mathbb{E}\left[Z_{\widetilde{\theta}}(T)\sqrt{(1 - \widetilde{\theta}_2)^2 * \mu_T}\right] \leqslant \left(\mathbb{E}\left[Z_{\widetilde{\theta}}^2(T)\right] \cdot \mathbb{E}\left[(1 - \widetilde{\theta}_2)^2 * \mu_T\right]\right)^{1/2} < \infty.$$

因此, $(1 - \widetilde{\theta}_2) * (\mu - \widetilde{\mu}_{\widetilde{\theta}})$ 在 $\mathbb{P}_{\widetilde{\theta}}$ 下是一 $\mathcal{H}^1$-鞅. 于是有

$$\mathbb{E}[Z_{\widetilde{\theta}}(t) \log Z_{\widetilde{\theta}}(t)] = \mathbb{E}_{\widetilde{\theta}}[\log Z_{\widetilde{\theta}}(t)] = \frac{1}{2}\int_0^t \widetilde{\theta}_1^2(s)ds + (\widetilde{\theta}_2 \log \widetilde{\theta}_2 + 1 - \widetilde{\theta}_2) * \widetilde{\mu}_t,$$

且有

$$\xi_{\widetilde{\theta}}^x(t) = \frac{x}{\beta_t} + \mathbb{E}[Z_{\widetilde{\theta}}(t) \log Z_{\widetilde{\theta}}(t)] - \log Z_{\widetilde{\theta}}(t)$$

$$= \frac{x}{\beta_t} + \int_0^t \widetilde{\theta}_1(s)d\widetilde{B}_s - (\log \widetilde{\theta}_2) * (\mu - \widetilde{\mu}_{\widetilde{\theta}})_t$$

$$= \frac{x}{\beta_t} + \int_0^t c\widetilde{a}_s d\widetilde{B}_s + (\widetilde{a}_s x) * (\mu - \widetilde{\mu}_{\widetilde{\theta}})_t.$$

对每个 $t \in [0, T]$, $\varphi_s^t = \dfrac{\beta_t \widetilde{a}_s}{\beta_s \sigma_s S_{s-}}$, $s \in [0, t]$. 于是由 (13.15), 在时刻 t, 相应于 φ^t 的初始资本为 x 的自融资策略 ψ^t 的财富满足

$$\beta_t V_t(\psi^t) = x + \int_0^t \beta_s \varphi_s^t S_{s-}((b_s - r_s)ds + c\sigma_s dB_s + \sigma_s dM_s + \sigma_s dA_s)$$

$$= x + \beta_t \left(\int_0^t \widetilde{a}_s \frac{b_s - r_s}{\sigma_s}ds + \int_0^t c\widetilde{a}_s dB_s + \int_0^t \widetilde{a}_s dM_s + \int_0^t \widetilde{a}_s dA_s\right).$$

因此,

$$V_t(\psi^t) = \frac{x}{\beta_t} + \int_0^t \widetilde{a}_s \frac{b_s - r_s}{\sigma_s}ds + \int_0^t c\widetilde{a}_s dB_s$$

$$+ (\widetilde{a}_s x I_{[|x|<1]}) * (\mu - \widetilde{\mu}) + (\widetilde{a}_s x I_{[|x|\geqslant 1]}) * \mu. \tag{13.36}$$

显然,

$$\left[(\widetilde{a}_s x I_{[|x|<1]}) * (\mu - \widetilde{\mu}), Z_{\widetilde{\theta}}\right] = -\int Z_{\widetilde{\theta}}(-) d\left((\widetilde{a}_s x I_{[|x|<1]}(1 - e^{-\widetilde{a}_s x})) * \mu\right).$$

但是, $\widetilde{a}_s x I_{[|x|<1]}(1 - e^{-\widetilde{a}_s x}) \leqslant \dfrac{\widetilde{a}_s^2}{2}(x^2 \wedge 1) + \dfrac{1}{2}(1 - e^{-\widetilde{a}_s x})^2$. 由 (13.30), 可见二次协变差过程 $\left[(\widetilde{a}_s x I_{[|x|<1]}) * (\mu - \widetilde{\mu}), Z_{\widetilde{\theta}}\right]$ 为局部可积变差过程. 类似于 (13.34), 我们有

$$(\widetilde{a}_s x I_{[|x|<1]}) * (\mu - \widetilde{\mu}) = (\widetilde{a}_s x I_{[|x|<1]}) * (\mu - \widetilde{\mu}_{\widetilde{\theta}}) - (\widetilde{a}_s x I_{[|x|<1]}(1 - e^{-\widetilde{a}_s x})) * \widetilde{\mu}.$$

由 (13.33), 与 (13.35) 类似, 我们有

$$(\widetilde{a}_s x I_{[|x|\geqslant 1]}) * (\mu - \widetilde{\mu}_{\widetilde{\theta}}) = (\widetilde{a}_s x I_{[|x|\geqslant 1]}) * \mu - (\widetilde{a}_s x I_{[|x|\geqslant 1]}) * \widetilde{\mu}_{\widetilde{\theta}}.$$

于是有

$$\begin{aligned}
V_t(\psi^t) &= \frac{x}{\beta_t} + \int_0^t c\widetilde{a}_s d\widetilde{B}_s + (\widetilde{a}_s x) * (\mu - \widetilde{\mu}_{\widetilde{\theta}})_t + \int_0^t \widetilde{a}_s \frac{b_s - r_s}{\sigma_s} ds \\
&\quad - \int_0^t c^2 \widetilde{a}_s^2 ds - (\widetilde{a}_s x I_{[|x|<1]}(1 - e^{-\widetilde{a}_s x})) * \widetilde{\mu}_t + ((\widetilde{a}_s x I_{[|x|\geqslant 1]}) * \widetilde{\mu}_{\widetilde{\theta}})_t \\
&= \xi_{\widetilde{\theta}}^x(t) + \int_0^t \widetilde{a}_s \left(\frac{b_s - r_s}{\sigma_s} - c^2 \widetilde{a}_s + \int_{\mathbb{R}\setminus\{0\}} (x e^{-\widetilde{a}_s x} - x I_{[|x|<1]}) \nu(dx) \right) ds \\
&= \xi_{\widetilde{\theta}}^x(t) + \int_0^t \widetilde{a}_s f_s(\widetilde{a}_s) ds = \xi_{\widetilde{\theta}}^x(t), \quad t \in [0, T]. \tag{13.37}
\end{aligned}$$

特别有 $V_T(\psi^T) = \xi_{\widetilde{\theta}}^x(T)$. 对 $t \in [0, T]$, 注意 $\varphi_s^T = \dfrac{\beta_T}{\beta_t} \varphi_s^t$, $s \leqslant t$. 因此有

$$\begin{aligned}
\beta_t V_t(\psi^T) &= x + \int_0^t \beta_s \varphi_s^T S_{s-} d\widetilde{X}_s = x + \int_0^t \frac{\beta_T}{\beta_t} \beta_s \varphi_s^t S_{s-} d\widetilde{X}_s \\
&= x + \frac{\beta_T}{\beta_t} \int_0^t \beta_s \varphi_s^t S_{s-} d\widetilde{X}_s = x + \frac{\beta_T}{\beta_t} (\beta_t V_t(\psi^t) - x) \\
&= x + \beta_T V_t(\psi^t) - \frac{\beta_T}{\beta_t} x = \left(1 - \frac{\beta_T}{\beta_t} \right) x + \beta_T \xi_{\widetilde{\theta}}^x(t). \tag{13.38}
\end{aligned}$$

由 (13.36)—(13.38), 显然有 $\psi^T \in \mathcal{A}(x)$, 如果 $\displaystyle\int_{\mathbb{R}\setminus\{0\}} x^2 \nu(dx) < \infty$. $\qquad\square$

第十四章　最优增长投资组合与期权定价

在本章, 我们引入半鞅模型市场中的 "最优增长策略" 及其相关的 "最优增长投资组合"(也称 "计价单位投资组合"). 我们给出几何 Lévy 过程模型以及跳扩散型过程驱动的模型中的最优增长投资组合的表达式. 在 §14.2 节, 我们展示最优增长投资组合方法用于几何 Lévy 过程模型中的未定权益定价. 在 §14.3 节, 我们概述未定权益定价的其他鞅测度方法.

我们使用第十一章相同的概念和记号.

§14.1　最优增长投资组合

用于期权定价的最优增长投资组合方法是由 Long (1990) 提出, 并被称为 "基准方法" 由 Bajeux-Besnainou and Portait (1997) 进一步发展. 这种方法的出发点是寻找一个合适的衍生资产的价格过程作为计价单位, 使得原生资产的折算价格过程是历史概率测度下的鞅. 原来, 这个计价单位必然是最优增长投资组合的财富过程. 对于一个资产回报是扩散过程的市场, 最优增长投资组合是众所周知的 (见 Karatzas and Shreve (1998)).

在本节中, 我们首先介绍关于半鞅模型市场中最优增长策略的一般结果. 然后我们依照 Yan et al.(2000), 在资产回报过程是 Lévy 过程或跳扩散型过程的市场中给出最优增长投资组合.

§14.1.1　最优增长策略

> **定义 14.1**　一容许自融资策略 $\{\theta^0, \theta\}$ 称为*最优增长策略*, 如果它的财富过程 V_t 满足如下条件: 对任一其他初始财富为 V_0 的容许自融资策略的财富过程 (X_t), 我们有
> $$\mathbb{E}\left[\log X_t\right] \leqslant \mathbb{E}\left[\log V_t\right], \quad t \geqslant 0.$$

以下众所周知的定理可以追溯到 Samuelson (1963). 为了读者的方便, 我们附上了它的证明.

> **定理 14.2**　设 (V_t) 为 $V_0 = 1$ 的容许自融资策略的财富过程. 假定对每个 j: $0 \leqslant j \leqslant m$, $(V_t^{-1} S_t^j)$ 是一 $\mathbb{P}$-鞅. 则 (V_t) 是唯一的初值为 1 的最优增长财富过程.

证明　对任一给定的 j, 依假设可以定义一概率测度 $\mathbb{P}^j$, 使得

$$M_t^j \cong \left. \frac{d\mathbb{P}^j}{d\mathbb{P}} \right|_{\mathcal{F}_t} = V_t^{-1} S_t^j (S_0^j)^{-1}.$$

由于 $\left. \dfrac{d\mathbb{P}}{d\mathbb{P}^j} \right|_{\mathcal{F}_t} = (M_t^j)^{-1}$, 我们知道对每个 $i: 0 \leqslant i \leqslant m$,

$$S_t^i (S_t^j)^{-1} S_0^j = (M_t^j)^{-1} S_t^i V_t^{-1}$$

是一 $\mathbb{P}^j$-鞅, 从而 $\mathbb{P}^j \in \mathcal{P}^j$.

现在假定 (X_t) 是 $X_0 = 1$ 的容许自融资策略的财富过程. 则 $\left(X_t (S_t^j)^{-1} \right)$ 是一非负 $\mathbb{P}^j$-局部鞅, 从而为 $\mathbb{P}^j$-上鞅. 因此有

$$\mathbb{E}\left[\frac{X_t}{V_t} \right] = \mathbb{E}^{(j)}\left[\left. \frac{X_t}{V_t} \frac{d\mathbb{P}}{d\mathbb{P}^j} \right|_{\mathcal{F}_t} \right] = \mathbb{E}^{(j)} \left[X_t (S_t^j)^{-1} \right] S_0^j \leqslant 1. \tag{14.1}$$

由 Jensen 不等式, 这蕴含

$$\mathbb{E}\left[\log \frac{X_t}{V_t} \right] \leqslant \log \mathbb{E}\left[\frac{X_t}{V_t} \right] \leqslant 0. \tag{14.2}$$

因此, 我们有 $\mathbb{E}[\log X_t] \leqslant \mathbb{E}[\log V_t]$. 这意味着 V_t 是一个最优增长财富过程, 其唯一性可以证明如下. 假设 (X_t) 是一个初值为 1 的最优增长财富过程. 则有 $\mathbb{E}\log X_t \geqslant \mathbb{E}\log V_t$, 即有 $\log \mathbb{E}\left[\dfrac{X_t}{V_t} \right] \geqslant 0$, 这连同 (14.2) 蕴含

$$\mathbb{E}\left[\log \frac{X_t}{V_t} \right] = \log \mathbb{E}\left[\frac{X_t}{V_t} \right] = 0.$$

这样一来, X_t/V_t 和 $\log(X_t/V_t)$ 都是 $\mathbb{P}$-鞅, 因为已知两者都是 $\mathbb{P}$-上鞅. 因此, $X_t = V_t$, a.s.. $\qquad\square$

定义 14.3　对一自融资策略 $\phi = \{\theta^0, \theta\}$, 令

$$\pi_t = \theta_t \cdot S_{t-} / V_{t-}(\phi),$$

其中 $V_t(\phi) = \theta^0(t) S_t^0 + \theta(t) \cdot S_t$. 我们称 (π_t) 为与交易策略 (ϕ_t) 联系的投资组合. 与最优增长策略联系的投资组合称为最优增长投资组合. 最优增长投资组合的财富过程称为最优增长财富过程.

如果概率测度 $\mathbb{P}$ 与 $\mathbb{Q}$ 等价, $\mathbb{P}$ 关于 $\mathbb{Q}$ 的相对熵 $I_{\mathbb{Q}}(\mathbb{P})$ 可以表示为

$$I_{\mathbb{Q}}(\mathbb{P}) = \mathbb{E}_{\mathbb{Q}}\left[\frac{d\mathbb{P}}{d\mathbb{Q}} \log \frac{d\mathbb{P}}{d\mathbb{Q}} \right] = -\mathbb{E}_{\mathbb{P}}\left[\log \frac{d\mathbb{Q}}{d\mathbb{P}} \right]. \tag{14.3}$$

$I_{\mathbb{Q}}(\mathbb{P})$ 是 $\mathbb{Q}$ 与 $\mathbb{P}$ 之间差异性的量化度量.

下一定理表明, 客观测度 $\mathbb{P}$ 关于测度 $\mathbb{P}^j$ 在 $\mathcal{P}^j$ 中具有最小相对熵. 我们将 Chan (1999) 推荐给读者, 以获得关于 Esscher 变换的一个类似结果 (以 "对偶形式").

定理 14.4   我们有

$$\mathbb{E}\left[\log\left(\frac{d\mathbb{P}^j}{d\mathbb{P}}\bigg|_{\mathcal{F}_t}\right)\right] \geqslant \mathbb{E}\left[\log\left(\frac{d\mathbb{Q}}{d\mathbb{P}}\bigg|_{\mathcal{F}_t}\right)\right], \quad \forall\, \mathbb{Q} \in \mathcal{P}^j. \tag{14.4}$$

证明   设 $\mathbb{Q} \in \mathcal{P}^j$. 令

$$N_t = \frac{d\mathbb{Q}}{d\mathbb{P}}\bigg|_{\mathcal{F}_t}, \quad L_t = \frac{d\mathbb{Q}}{d\mathbb{P}^j}\bigg|_{\mathcal{F}_t}.$$

由于 V_t 是一容许自融资策略的财富过程, $V_t(S_t^j)^{-1}$ 必然是一非负 $\mathbb{Q}$-局部鞅, 从而为一 $\mathbb{Q}$-上鞅. 因此, $L_t V_t^{-1} S_t^j$ 是一 $\mathbb{P}^j$-上鞅. 这样一来, L_t 为一 $\mathbb{P}$-上鞅, 并且 $\mathbb{E}[L_t] \leqslant \mathbb{E}[L_0] = 1$. 于是由 Jensen 不等式, 我们有 $\mathbb{E}[\log L_t] \leqslant 0$. 但是

$$\mathbb{E}[\log N_t] = \mathbb{E}[\log L_t] + \mathbb{E}[\log(V_t^{-1} S_t^j)].$$

从而 (14.4) 得证.   □

§14.1.2   几何 Lévy 过程模型

Chan (1999) 引入了一个市场模型, 其中股票价格 (S_t) 由一个过程驱动:

$$dS_t = \sigma_t S_{t-} dX_t + b_t S_{t-} dt,$$

这里 σ_t 和 b_t 是 t 的确定性函数, $X_t = cB_t + N_t + \alpha t$, (B_t) 是 Brown 运动, (N_t) 是纯断鞅.

我们的模型更一般一点. 设 (X_t) 为一 Lévy 过程, 即一平稳独立增量过程. 令

$$\mu(\omega, dt, dx) = \sum_{s>0} I_{[\Delta X_s(\omega) \neq 0]}(s)\delta_{(s, \Delta X_s(\omega))}.$$

称 μ 为 X 的跳测度. 对 $\mathbb{R}\backslash\{0\}$ 中的一 Borel 集 Λ, 令

$$N_t(\omega, \Lambda) = \mu(\omega, [0, t] \times \Lambda) = \sum_{0 < s \leqslant t} I_\Lambda(\Delta X_s(\omega)), \quad \nu(\Lambda) = E[N_1(\cdot, \Lambda)].$$

则对每个 $t \in \mathbb{R}_+$ 和 $\omega \in \Omega$, $N_t(\omega, \cdot)$ 和 ν 是 $\mathbb{R}\backslash\{0\}$ 上的 σ-有限测度. 称 ν 为 Lévy 测度. 对每个 $n \geqslant 2$, $N_t(\cdot, [n^{-1}, 1))$ 为一可积增过程,

$$M_t^{(n)} = \int_{[\frac{1}{n} \leqslant |x| < 1]} x N_t(\cdot, dx) - t \int_{[\frac{1}{n} \leqslant |x| < 1]} x\nu(dx)$$

为一平方可积鞅, 并且序列 $(M_t^{(n)})$ 趋于一平方可积鞅 (M_t). 我们用

$$M_t = \int_{[|x|<1]} x(N_t(\cdot, dx) - t\nu(dx)).$$

记这一极限. 应该小心, $\int_{[|x|<1]} xN_t(\cdot, dx)$ 和 $\int_{[|x|<1]} x\nu(dx)$ 个别地可能没有意义

或者等于无穷大. 我们只知道如下事实: $\int_{\mathbb{R}\setminus\{0\}} (x^2 \wedge 1)\nu(dx) < \infty$. 熟知 (X_t) 有

如下 Lévy 分解 (见 Protter (2004))

$$X_t = \alpha t + cB_t + M_t + A_t,$$

其中 α 和 c 是常数, (B_t) 是一标准 Brown 运动, 并且

$$A_t = \int_{[|x|\geqslant 1]} xN_t(\cdot, dx) = \sum_{0<s\leqslant t} \Delta X_s I_{[|\Delta X_s|\geqslant 1]}.$$

特别, (X_t) 为一半鞅.

现在考虑只有一个风险资产和一个储蓄账户这两个资产的证券市场. 假定风险资产的价格过程 S_t 为一几何 Lévy 过程, 它满足如下方程:

$$dS_t = S_{t-}[\sigma_t dX_t + b_t dt], \tag{14.5}$$

其中 σ_t 和 b_t 为 t 的确定性函数. 假定 σ_t 是严格正的. 储蓄账户在时刻 t 的价值为 $\beta_t = \int_0^t e^{rs} ds$, 这里 r_t 假定为 t 的确定性函数. 我们假设存在 $c_1 \in [0,1)$ 和 $0 < c_2 \leqslant \infty$, 使得 $-c_1 \leqslant \Delta X \leqslant c_2$. 这样一来, Lévy 测度 ν 支撑于 $[-c_1, c_2]$. 假定 $c_1\sigma_t < 1$ 以确保 (S_t) 的严格正性.

以下总假定 $\alpha = 0$, 否则可以用 $b_t + \alpha\sigma_t$ 替代 b_t.

设 (V_t) 为一容许自融资策略 (θ_t^0, θ_t) 的财富过程, 即 $V_t = \theta_t S_t + \theta_t^0 \beta_t$, 则

$$dV_t = \theta_t dS_t + \theta_t^0 r_t \beta_t dt. \tag{14.6}$$

设 $\widetilde{V}_t = \beta_t^{-1} V_t$, $\widetilde{S}_t = \beta_t^{-1} S_t$, $\pi_t = \theta_t S_{t-}/V_{t-}$. 则

$$d\widetilde{S}_t = \widetilde{S}_{t-}[(b_t - r_t)dt + \sigma_t(cdB_t + dM_t + dA_t)], \tag{14.7}$$

$$d\widetilde{V}_t = \theta_t d\widetilde{S}_t = \widetilde{V}_{t-}\pi_t[(b_t - r_t)dt + \sigma_t(cdB_t + dM_t + dA_t)]. \tag{14.8}$$

如果 $\pi_t\sigma_t$ 取值于 $(-c_2^{-1}, c_1^{-1})$, 则 (V_t) 为严格正的.

引理 14.5 我们有

$$\int_{\mathbb{R}\backslash\{0\}} \frac{x^2}{(1+ax)^2}\nu(dx) < \infty, \quad a \in (-c_2^{-1}, c_1^{-1}). \tag{14.9}$$

对给定 b, r 和 $\sigma > 0$, 令

$$f(a) = b - r - a\sigma c^2 + \sigma \int_{\mathbb{R}\backslash\{0\}} \left(\frac{x}{1+ax} - xI_{[|x|<1]}\right)\nu(dx), \quad a \in (-c_2^{-1}, c_1^{-1}). \tag{14.10}$$

则 $f(a) = 0$ 在 $(-c_2^{-1}, c_1^{-1})$ 中有唯一解, 当且仅当

$$\lim_{a \to -c_2^{-1}} f(a) > 0, \quad \lim_{a \to c_1^{-1}} f(a) < 0. \tag{14.11}$$

证明 对 $a \in (-c_2^{-1}, c_1^{-1})$, $x \in [-c_1, c_2]$, 我们有

$$\frac{x}{1+ax} - xI_{[|x|<1]} = \frac{x}{1+ax}I_{[|x|\geqslant 1]} - \frac{ax^2}{1+ax}I_{[|x|<1]},$$

$$\frac{|ax^2|}{1+ax}I_{[|x|<1]} \leqslant \frac{|a|x^2}{1-ac_1} \wedge \frac{|a|}{1-ac_1},$$

$$\frac{|x|}{1+ax} \leqslant \frac{|x|}{1-ac_1} \wedge \frac{c_2}{1+ac_2}, \quad \frac{|x|}{1+ax}I_{[|x|\geqslant 1]} \leqslant \frac{x^2}{1-ac_1} \wedge \frac{c_2}{1+ac_2}.$$

由于 $\displaystyle\int_{\mathbb{R}\backslash\{0\}}(x^2 \wedge 1)\nu(dx) < \infty$, 可见 $f(a)$ 有明确定义, 而且 (14.9) 成立. 这里 $c_2/(1+ac_2) = 1/a$, $c_2 = \infty$. 因此, 由控制收敛定理易知, 对每个 $a \in (-c_2^{-1}, c_1^{-1})$, 导数 $f'(a)$ 存在, 且有

$$f'(a) = -\sigma c^2 - \sigma \int_{\mathbb{R}\backslash\{0\}} \frac{x^2}{(1+ax)^2}\nu(dx) < 0.$$

这蕴含 $f(a) = 0$ 有唯一解 $a^* \in (-c_2^{-1}, c_1^{-1})$, 当且仅当 (14.11) 成立. □

以下, 对每个 $t \in [0, T]$, 令

$$f_t(a) = b_t - r_t - a\sigma_t c^2 + \sigma_t \int_{\mathbb{R}\backslash\{0\}} \left(\frac{x}{1+ax} - xI_{[|x|<1]}\right)\nu(dx), \quad a \in (-c_2^{-1}, c_1^{-1}), \tag{14.12}$$

并假定

$$\lim_{a \to -c_2^{-1}} f_t(a) > 0, \quad \lim_{a \to c_1^{-1}} f_t(a) < 0, \quad t \in [0, T]. \tag{14.13}$$

由引理 14.5, 在 $(-c_2^{-1}, c_1^{-1})$ 中存在 $f_t(a) = 0$ 的唯一解 a_t^*.

定理 14.6　假定 (14.13) 成立. 我们用 (V_t) 记投资组合 $\pi_t^* = \sigma_t^{-1} a_t^*$ 的财富过程, 其中 $V_0 = 1$. 如果

$$\int_0^T (a_s^*)^2 ds < \infty, \qquad \int_0^T (1 - \pi_s^*)^2 \sigma_s^2 ds < \infty, \tag{14.14}$$

$$\int_0^t \int_{\mathbb{R} \setminus \{0\}} \frac{(a_s^*)^2 x^2}{(1 + a_s^* x)^2} \nu(dx) ds < \infty, \tag{14.15}$$

并且

$$\int_0^t \int_{\mathbb{R} \setminus \{0\}} \frac{(1 - \pi_s^*)^2 \sigma_s^2 x^2}{(1 + a_s^* x)^2} \nu(dx) ds < \infty, \tag{14.16}$$

则 $(V_t^{-1} \beta_t)$ 和 $(V_t^{-1} S_t)$ 是严格正平方可积鞅.

证明　设 (V_t) 是一容许自融资策略 π 的财富过程, 使得对每个 $t \in [0, T], \sigma_t \pi_t$ 取值于 $(-c_2^{-1}, c_1^{-1})$. 我们将用记号 $dY_t \sim dZ_t$ 表示 $Y_t - Z_t$ 是一局部鞅. 根据 Itô 公式, 我们有

$$d\widetilde{V}_t^{-1} = -\widetilde{V}_{t-}^{-2} d\widetilde{V}_t + \widetilde{V}_{t-}^{-3} d\langle V^c, V^c \rangle_t + d \sum_{0 < s \leqslant t} \left(\widetilde{V}_s^{-1} - \widetilde{V}_{s-}^{-1} + \widetilde{V}_{s-}^{-2} \Delta \widetilde{V}_s \right)$$

$$\sim -\widetilde{V}_{t-}^{-1} [\pi_t (b_t - r_t - \pi_t \sigma_t^2 c^2) dt + \pi_t \sigma_t dA_t] + d \sum_{0 < s \leqslant t} \widetilde{V}_{s-}^{-1} \frac{\pi_s^2 \sigma_s^2 \Delta X_s^2}{1 + \pi_s \sigma_s \Delta X_s}$$

$$\sim -\widetilde{V}_{t-}^{-1} \left[\pi_t (b_t - r_t - \pi_t \sigma_t^2 c^2) - \int_{\mathbb{R} \setminus \{0\}} \left(\frac{\pi_t^2 \sigma_t^2 x^2}{1 + \pi_t \sigma_t x} - \pi_t \sigma_t x I_{[|x| \geqslant 1]} \right) \nu(dx) \right] dt$$

$$\sim -\widetilde{V}_{t-}^{-1} \pi_t \left[b_t - r_t - \pi_t \sigma_t^2 c^2 + \sigma_t \int_{\mathbb{R} \setminus \{0\}} \left(\frac{x}{1 + \pi_t \sigma_t x} - x I_{[|x| < 1]} \right) \nu(dx) \right] dt.$$

类似地, 我们有

$$d(V_t^{-1} S_t) = d(\widetilde{V}_t^{-1} \widetilde{S}_t) = \widetilde{V}_{t-}^{-1} d\widetilde{S}_t + d[\widetilde{V}^{-1}, \widetilde{S}]_t + \widetilde{S}_{t-} d\widetilde{V}_t^{-1}$$

$$\sim \widetilde{V}_{t-}^{-1} \widetilde{S}_{t-} [(b_t - r_t) dt + \sigma_t dA_t] - \widetilde{V}_{t-}^{-2} d[\widetilde{V}, \widetilde{S}]_t$$

$$+ d \sum_{0 < s \leqslant t} \left(\widetilde{V}_s^{-1} - \widetilde{V}_{s-}^{-1} + \widetilde{V}_{s-}^{-2} \Delta \widetilde{V}_s \right) \Delta \widetilde{S}_s + \widetilde{S}_{t-} d\widetilde{V}_t^{-1}$$

$$\sim \widetilde{V}_{t-}^{-1} \widetilde{S}_{t-} (1 - \pi_t) \left[b_t - r_t - \pi_t \sigma_t^2 c^2 \right.$$

$$+ \sigma_t \int_{\mathbb{R}\setminus\{0\}} \Big(\frac{x}{1 + \pi_t \sigma_t x} - x I_{[|x| < 1]} \Big) \nu(dx) \Big] dt.$$

因此, 如果 (V_t) 是相应于 $\pi_t^* = \sigma_t^{-1} a_t^*$ 的财富过程, 则 $(V_t^{-1}\beta_t)$ 和 $(V_t^{-1}S_t)$ 都是局部鞅.

现在将证明 $(V_t^{-1}\beta_t)$ 和 $(V_t^{-1}S_t)$ 是平方可积鞅. 下面对任意 $Y_0 = 0$ 的半鞅 Y, 用 $\mathcal{E}(Y)$ 记 Y 的 Doléans 指数, 即

$$\mathcal{E}(Y)_t = \exp\Big\{ Y_t - \frac{1}{2}\langle Y^c, Y^c \rangle_t \Big\} \prod_{0 < s \leqslant t} (1 + \Delta Y_s) e^{-\Delta Y_s},$$

其中 Y^c 是 Y 的连续鞅部分. 注意 $\mathcal{E}(Y)$ 是如下方程的唯一解:

$$dW_t = W_{t-} dY_t, \quad W_0 = 1.$$

由于 $V_t^{-1}\beta_t = \widetilde{V}_t$, 由 Doléans 指数公式推得

$$V_t^{-1}\beta_t = \exp\Big\{ - \int_0^t \pi_s^* \Big[(b_s - r_s) ds + c \sigma_s dB_s - \frac{c^2 \sigma_s^2 \pi_s^*}{2} ds + \sigma_s(dM_s + dA_s) \Big] \Big\}$$

$$\times \prod_{0 < s \leqslant t} (1 + a_s^* \Delta X_s)^{-1} e^{a_s^* \Delta X_s}$$

$$= \mathcal{E}(-c(a^* . B)_t) \exp\Big\{ - \int_0^t [\pi_s^*(b_s - r_s - \pi^* \sigma_s^2 c^2) ds + a_s^*(dM_s + dA_s)] \Big\}$$

$$\times \prod_{0 < s \leqslant t} \Big(1 - \frac{a_s^* \Delta X_s}{1 + a_s^* \Delta X_s} \Big) e^{\frac{a_s^* \Delta X_s}{1 + a_s^* \Delta X_s} + \frac{a_s^{*2}(\Delta X_s)^2}{1 + a_s^* \Delta X_s}}.$$

令

$$Z_t = \int_0^t \int_{\mathbb{R}\setminus\{0\}} \frac{\sigma_s x}{1 + a_s^* x} [\mu(\cdot, ds, dx) - \nu(dx) ds].$$

则 Z 是明确定义的局部鞅. 由 (14.7), 随机积分 $\pi^*.Z$ 是明确定义的, 而且它的尖括号过程是一确定性函数:

$$\langle \pi^*.Z, \pi^*.Z \rangle_t = \int_0^t \int_{\mathbb{R}\setminus\{0\}} \frac{(\sigma_s \pi_s^*)^2 x^2}{(1 + a_s^* x)^2} \nu(dx) ds < \infty.$$

因此, $\pi^*.Z$ 是一平方可积鞅.

由于有

$$\mathcal{E}(-\pi^*.Z)_t = e^{-(\pi^*.Z)_t} \prod_{0 < s \leqslant t} \Big(1 - \frac{a_s^* \Delta X_s}{1 + a_s^* \Delta X_s} \Big) e^{\frac{a_s^* \Delta X_s}{1 + a_s^* \Delta X_s}},$$

由 $f_t(a_t^*) = 0$ 这一事实推得

$$V_t^{-1}\beta_t = \mathcal{E}(-\pi^*.(c\sigma.B + Z))_t.$$

鞅 $\pi^*.(c\sigma.B + Z)$ 的尖括号过程在时刻 T 的值为

$$\langle \pi^*.(c\sigma.B + Z), \pi^*.(c\sigma.B + Z)\rangle_T = c^2 \int_0^T (a_s^*)^2 ds + \langle \pi^*.Z, \pi^*.Z\rangle_T,$$

它是一有限常数. 因此, 根据 Lépingle and Mémin (1978) 的一个结果, $\mathcal{E}(-\pi^*. (c\sigma.B + Z))$ 是一平方可积鞅.

类似地, 我们有

$$V_t^{-1}S_t = \widetilde{V}_t^{-1}\widetilde{S}_t$$

$$= \exp\left\{-\int_0^t \left[\pi_s^*(b_s - r_s) - \frac{(c\sigma_s\pi_s^*)^2}{2}\right] ds - (a^*.(cB + M + A))_t\right\}$$

$$\times \prod_{0 < s \leqslant t}(1 + a_s^*\Delta X_s)^{-1}e^{a_s^*\Delta X_s}\exp\left\{\int_0^t \left[b_s - r_s - \frac{(c\sigma_s)^2}{2}\right]ds\right.$$

$$\left. + (\sigma.(cB + M + A))_t\right\} \times \prod_{0 < s \leqslant t}(1 + \sigma_s\Delta X_s)e^{-\sigma_s\Delta X_s},$$

据此和由 $f_t(a^*) = 0$ 这一事实, 容易证明

$$V_t^{-1}S_t = \mathcal{E}((1 - \pi^*).(c\sigma.B + Z))_t.$$

所以, 由 (14.14), (14.16), 以及 Lépingle and Mémin (1978) 的一个结果, 我们得知 $(V_t^{-1}S_t)$ 也是一平方可积鞅.   □

th 注 如果 $[-c_1, c_2]$ 确是 Lévy 测度 ν 的支撑, 条件 (14.12) 对于 (V_t) 为严格正也是必要的. 这一条件对某些具体模型 (例如复合 Poisson 过程情形) 是容易验证的.

§14.1.3 由跳扩散型过程驱动的模型

令

$$X_t = \int_o^t \sigma(s)dB_s + \int_0^t \phi(s)dN_s,$$

其中 (B_t) 是一 $(\mathcal{F}_t, \mathbb{P})$-标准 Brown 运动, $N(t)$ 是 $\mathcal{F}_t$-适应的计数过程, 其强度 $\lambda(t) > 0$, 而且 $\sigma(t)$, $\phi(t)$ 和 $\lambda(t)$ 都假定为有界 $\mathcal{F}_t$-可料过程. 此外, 假定 $\phi(t) > -1$, 并且 $|\sigma(t)|$, $|\phi(t)|$ 和 $\lambda(t)$ 从下方被一正常数一致界住. 称 X_t 为 **跳扩散型过程**. 如果 $\sigma(t)$ 和 $\phi(t)$ 形如 $b(t, S_t)$, $\sigma(t, S_t)$ 和 $\phi(t, S_t)$, 则 X_t 为跳扩散过程.

现在考虑只有一个风险资产和一个储蓄账户 (价格 S_t^0) 这两个资产的证券市场. 假定储蓄账户价格过程 S_t^0 和风险资产的价格过程 S_t 满足如下方程:

$$dS_t^0 = S_t^0 r(t)\, dt, \quad S_0^0 = 1,$$
$$dS_t = S_{t-}\left[b(t)dt + dX_t\right], \tag{14.17}$$

其中 X_t 为跳扩散型过程, $r(t)$ 和 $b(t)$ 为有界 $\mathcal{F}_t$-可料过程.

设 $\{\theta^0(t), \theta(t)\}$ 为一容许自融资策略, 其财富过程 V_t 满足

$$dV_t = \theta(t)dS_t + \theta^0(t)S_t^0 r(t)dt.$$

令 $\widetilde{V}_t = e^{-\int_0^t r(s)ds}V_t$ 和 $\widetilde{S}_t = e^{-\int_0^t r(s)ds}S_t$. 我们有

$$d\widetilde{V}_t = \theta(t)d\widetilde{S}_t = \theta(t)\widetilde{S}_{t-}\left[\bar{b}(t)dt + \sigma(t)dB_t + \phi(t)dN_t\right]$$
$$= \widetilde{V}_{t-}\pi(t)\left[\bar{b}(t)dt + \sigma(t)dB_t + \phi(t)dN_t\right], \tag{14.18}$$

其中

$$\pi(t) = \theta(t)S_{t-}/V_{t-}, \quad \bar{b}(t) = b(t) - r(t),$$

即 $(\pi(t))$ 是与策略 $\{\theta^0(t), \theta(t)\}$ 联系的投资组合.

显然, (V_t) 为严格正, 当且仅当对每个 t, $\pi(t)\phi(t) > -1$.

引理 14.7 假定对每个 t, $\pi(t)\phi(t) > -1$. 则

$$\widetilde{V}_t^{-1} - \widetilde{V}_{t-}^{-1} + \widetilde{V}_{t-}^{-2}\Delta\widetilde{V}_t = \widetilde{V}_{t-}^{-1}\frac{\pi(t)^2\phi(t)^2}{1 + \pi(t)\phi(t)}\Delta N_t, \tag{14.19}$$

其中用记号 $\Delta X = X - X_-$.

证明 由 (14.18), 有 $\Delta\widetilde{V}_t = \widetilde{V}_{t-}\pi(t)\phi(t)\Delta N_t$. 因此有

$$\widetilde{V}_t^{-1} - \widetilde{V}_{t-}^{-1} + \widetilde{V}_{t-}^{-2}\Delta\widetilde{V}_t = -\frac{\Delta\widetilde{V}_t}{\widetilde{V}_t\widetilde{V}_{t-}} + \widetilde{V}_{t-}^{-1}\pi(t)\phi(t)\Delta N_t$$
$$= -\frac{\pi(t)\phi(t)\Delta N_t}{\widetilde{V}_{t-}(1 + \pi(t)\phi(t)\Delta N_t)} + \widetilde{V}_{t-}^{-1}\pi(t)\phi(t)\Delta N_t$$
$$= \widetilde{V}_{t-}^{-1}\frac{\pi(t)^2\phi(t)^2}{1 + \pi(t)\phi(t)}\Delta N_t. \qquad \square$$

定理 14.8　假定 $\pi(t)\phi(t) > -1$ 且对每个 t, $\sigma^2(t) > 0$. 令

$$\pi(t) = \frac{-(\sigma^2(t) - \phi(t)\bar{b}(t)) + \sqrt{(\sigma^2(t) + \phi(t)\bar{b}(t))^2 + 4\sigma^2(t)\phi^2(t)\lambda(t)}}{2\sigma^2(t)\phi(t)}, \quad (14.20)$$

且 (V_t) 为其财富过程. 则 $(V_t^{-1}S_t^0)$ (即 $(\widetilde{V}_t^{-1})$) 和 $(V_t^{-1}S_t)$ 为 $\mathbb{P}$-鞅, 即 $(\pi(t))$ 为最优增长投资组合. 此外, 我们有

$$d\widetilde{V}_t^{-1} = \widetilde{V}_{t-}^{-1}\left[-\pi(t)\sigma(t)dB_t + \left((1 + \pi(t)\phi(t))^{-1} - 1\right)dM_t\right], \quad (14.21)$$

其中 (M_t) 是如下的 $(\mathcal{F}_t, \mathbb{P})$-鞅:

$$M_t = N_t - \int_0^t \lambda(s)ds.$$

证明　下面我们用 $dX_t \sim dY_t$ 表示 $(X_t - Y_t)$ 是一 $\mathbb{P}$-局部鞅. 由 Itô 公式和 (14.19), 我们有

$$dV_t^{-1} = -\widetilde{V}_{t-}^{-2}d\widetilde{V}_t + \widetilde{V}_{t-}^{-3}d\left\langle \widetilde{V}^c, \widetilde{V}^c \right\rangle_t + d\sum_{0 < s \leqslant t}\left(\widetilde{V}_s^{-1} - \widetilde{V}_{s-}^{-1} + \widetilde{V}_{s-}^{-2}\Delta\widetilde{V}_s\right)$$

$$\sim -\widetilde{V}_{t-}^{-1}[\pi(t)\bar{b}(t)dt + \pi(t)\phi(t)\lambda(t)dt] + \widetilde{V}_{t-}^{-1}\pi(t)^2\sigma(t)^2 dt$$

$$+ \widetilde{V}_{t-}^{-1}\frac{\pi(t)^2\phi(t)^2\lambda(t)}{1 + \pi(t)\phi(t)}dt$$

$$\sim \widetilde{V}_{t-}^{-1}\pi(t)\left(\bar{b}(t) + \phi(t)\lambda(t) - \pi(t)\sigma(t)^2 - \frac{\pi(t)\phi(t)^2\lambda(t)}{1 + \pi(t)\phi(t)}\right)dt,$$

以及

$$d\left(V_t^{-1}S_t\right) = d\left(\widetilde{V}_t^{-1}\widetilde{S}_t\right) = \widetilde{S}_{t-}d\widetilde{V}^{-1} + \widetilde{V}_{t-}^{-1}d\widetilde{S}_t + d[\widetilde{V}^{-1}, \widetilde{S}]_t$$

$$\sim \widetilde{S}_{t-}d\widetilde{V}^{-1} + \widetilde{V}_{t-}^{-1}\widetilde{S}_{t-}[\bar{b}(t)dt + \phi(t)\lambda(t)dt] - \widetilde{V}_{t-}^{-2}d[\widetilde{V}^{-1}, \widetilde{S}]_t$$

$$+ d\sum_{0 < s \leqslant t}\left(\widetilde{V}_s^{-1} - \widetilde{V}_{s-}^{-1} + \widetilde{V}_{s-}^{-2}\Delta\widetilde{V}_s\right)\Delta\widetilde{S}_s$$

$$= \widetilde{S}_{t-}d\widetilde{V}^{-1} + \widetilde{V}_{t-}^{-1}\widetilde{S}_{t-}[\bar{b}(t)dt + \phi(t)\lambda(t)dt]$$

$$- \widetilde{V}_{t-}^{-1}\widetilde{S}_{t-}[\pi(t)\sigma(t)^2 dt + \pi(t)\phi(t)^2 dN_t]$$

$$+ d\sum_{0 < s \leqslant t}\left(\widetilde{V}_s^{-1} - \widetilde{V}_{s-}^{-1}\frac{\pi(s)^2\phi(s)^2}{1 + \pi(s)\phi(s)}\phi(t)\Delta N_s\right)$$

$$\sim \widetilde{S}_{t-} d\widetilde{V}^{-1} + \widetilde{V}_{t-}^{-1} \widetilde{S}_{t-}$$

$$\left[\bar{b}(t) + \phi(t)\lambda(t) - \pi(t)\sigma(t)^2 - \pi(t)\phi(t)^2\lambda(t) + \frac{\pi(t)^2\phi(t)^3\lambda(t)}{1+\pi(t)\phi(t)} \right] dt$$

$$= \widetilde{S}_{t-} d\widetilde{V}^{-1} + \widetilde{V}_{t-}^{-1} \widetilde{S}_{t-} \left[\bar{b}(t) + \phi(t)\lambda(t) - \pi(t)\sigma(t)^2 - \frac{\pi(t)\phi(t)^2\lambda(t)}{1+\pi(t)\phi(t)} \right] dt.$$

因此, 为要 $(\widetilde{V}_t^{-1})$ 和 $(V_t^{-1}S_t)$ 是 $\mathbb{P}$-局部鞅, 上面的 "dt" 项必须为 0, 即 π 必须满足如下方程:

$$\bar{b} - \pi\sigma^2 + \frac{\phi\lambda}{1+\pi\phi} = 0. \tag{14.22}$$

方程 (14.22) 有两个解. 只有由 (14.20) 给出的解满足条件 $\pi\phi > -1$. 由上述证明容易看出, 对 π 的这一选择, 我们有

$$d\widetilde{V}_t^{-1} = -\widetilde{V}_{t-}^{-1}[\pi(t)\sigma(t)dB_t + \pi(t)\phi(t)dM_t] + \widetilde{V}_{t-}^{-1} \frac{\pi(t)^2\phi(t)^2}{1+\pi(t)\phi(t)}dM_t,$$

由此推得 (14.22).

现在证明 $(\widetilde{V}_t^{-1})$ 和 $(V_t^{-1}S_t)$ 实际上是 $\mathbb{P}$-鞅. 事实上, 易见

$$\widetilde{V}_t^{-1} = V_0^{-1} \exp \left\{ - \int_0^t \pi(s)\bar{b}(s)ds - \int_0^t \pi(s)\sigma(s)dB_s \right.$$

$$\left. - \int_0^t \log(1+\pi(s)\phi(s))dN_s - \frac{1}{2}\int_0^t \pi(s)^2\sigma(s)^2 ds \right\}$$

和

$$V_t^{-1}S_t = \widetilde{V}_t^{-1}\widetilde{S}_t$$

$$= V_0^{-1}S_0 \exp \left\{ \int_0^t (1-\pi(s))\bar{b}(s)ds + \int_0^t (1-\pi(s))\sigma(s)dB_s \right.$$

$$\left. + \int_0^t \log \frac{1+\phi(s)}{1+\pi(s)\phi(s)}dN_s - \frac{1}{2}\int_0^t (1-\pi(s)^2)\sigma(s)^2 ds \right\}.$$

由于函数 π, $\bar{b}$, σ 和 ϕ 有界, $(\widetilde{V}_t^{-1})$ 和 $(V_t^{-1}S_t)$ 在 $[0, T]$ 上一致可积, $(\widetilde{V}_t^{-1})$ 和 $(V_t^{-1}S_t)$ 为 $\mathbb{P}$-鞅. □

注 由上述证明容易看出, $(\widetilde{V}_t^{-1})$ 和 $(V_t^{-1}S_t)$ 为 $\mathbb{P}$-鞅, 当且仅当 π 由 (14.20) 给出. 对满足 $\bar{b}(t) + \phi(t)\lambda(t) = 0$ 的 $t \in [0, T]$, 我们有 $\pi(t) = 0$.

> **定理 14.9**　设 $\pi(t)$ 由 (14.20) 给出, V_t 为其财富过程, $V_0 = 1$. 令
>
> $$\left.\frac{d\widehat{\mathbb{P}}}{d\mathbb{P}}\right|_{\mathcal{F}_t} = \widetilde{V}_t^{-1}, \ \ 0 \leqslant t \leqslant T.$$
>
> 则在 $\widehat{\mathbb{P}}$ 下, $\widehat{B}_t = B_t + \int_0^t \pi(s)\sigma(s)ds$ 为一 $(\mathcal{F}_t)$-标准 Brown 运动, N_t 为一 $(\mathcal{F}_t)$-适应的计数过程, 其强度为 $(1 + \pi(t)\phi(t))^{-1}\lambda(t)$. 此外,
>
> $$d\widetilde{S}_t = \widetilde{S}_{t-}\left[\sigma(t)d\widehat{B}_t + \phi(t)[dN_t - ((1 + \pi(t)\phi(t))^{-1}\lambda(t))dt]\right].$$

证明　我们有

$$\begin{aligned}
d(\widehat{B}_t\widetilde{V}_t^{-1}) &\sim \widetilde{V}_t^{-1}d\widehat{B}_t + d[\widehat{B}, \widetilde{V}^{-1}]_t \\
&= \widetilde{V}_{t-}^{-1}(dB_t + \pi(t)\sigma(t)dt) - \widetilde{V}_{t-}^{-1}\pi(t)\sigma(t)dt \\
&= \widetilde{V}_{t-}^{-1}dB_t.
\end{aligned}$$

这蕴含 $(\widehat{B}_t\widetilde{V}_t^{-1})$ 为一 $\mathbb{P}$-局部鞅, 即 $(\widehat{B}_t)$ 为一 $\widehat{\mathbb{P}}$-局部鞅. 另一方面, 在 $\mathbb{P}$ 下, $[\widehat{B}, \widehat{B}]_t = [B, B]_t = t$, 并且 $[\widehat{B}, \widehat{B}]$ 在概率等价改变下不变. 因此, 由熟知的 Lévy 定理, $(\widehat{B}_t)$ 为 $(\mathcal{F}_t, \widehat{\mathbb{P}})$-标准 Brown 运动. 类似地, 可以证明 (N_t) 是一 $(\mathcal{F}_t, \widehat{\mathbb{P}})$-计数过程, 其强度 $(1 + \pi(t)\phi(t))^{-1}\lambda(t)$. □

§14.2　几何 Lévy 过程模型下的定价

在本节中, 我们将研究由 Lévy 过程驱动的股票的未定权益定价问题. 我们将最优增长财富过程取为一个计价单位, 推导出一个关于未定权益定价的积分-微分方程. 在这种情况下, 根据定理 14.3, 历史概率测度是市场的鞅测度. 因此, 对于在时刻 T 支付 ξ 的未定权益, ξ 的无套利价格过程 $U_t(\xi)$ 可以定义为

$$U_t(\xi) = V_t\mathbb{E}[\xi V_T^{-1}|\mathcal{F}_t]. \tag{14.23}$$

通过改变计价单位计算价格过程 $U_t(\xi)$ 更为方便 (Geman et al., 1995). 由于 $(\widetilde{V}_t^{-1})$ 为 $\mathbb{P}$-鞅, 我们通过 $\left.\frac{d\widehat{\mathbb{P}}}{d\mathbb{P}}\right|_{\mathcal{F}_t} = \widetilde{V}_t^{-1}$ 定义一个新的概率测度 $\widehat{\mathbb{P}}$. 则由 (14.23) 和条件期望的 Bayes 法则, 我们得到

$$U_t(\xi) = \beta_t\widetilde{V}_t\mathbb{E}[\beta_T^{-1}\xi\widetilde{V}_T^{-1}|\mathcal{F}_t] = \beta_t\widehat{\mathbb{E}}[\beta_T^{-1}\xi|\mathcal{F}_t]. \tag{14.24}$$

这意味着 $\widehat{\mathbb{P}}$ 是市场的鞅测度, 如果把储蓄账户取为计价单位. 这样一个鞅测度称为风险中性测度.

> **定理 14.10** 设 ξ 是形如 $f(S_T)$ 的未定权益. 如果 f 连续且存在 $l \geqslant 1$, 使得 $f(x) \leqslant c(1 + x^l)$, $x \geqslant 0$, 则有
> $$U_t(\xi) = \beta_t \widehat{\mathbb{E}} \left[\beta_T^{-1} f(S_T) \,\middle|\, \mathcal{F}_t \right] = F(t, S_t),$$
> 其中 $F(t, x)$ 满足如下的积分-微分方程:
> $$F_t' + rxF_x' + \frac{c\sigma_t^2 x^2}{2} F_{xx}'' - r_t F$$
> $$+ \int_{-1}^{\infty} [F(t, x + \sigma_t xy) - F(t, x) - F_x'(t, x)\sigma_t xy]\hat{\nu}_t(dy) = 0,$$
> $$F(T, x) = f(x),$$
> 这里
> $$\nu_t(dx) = (1 + \pi_t^* \sigma_t x)^{-1} \nu(dx),$$
> 并且 $\nu(dt, dx) = \nu_t(dx)dt$ 是 Y 的跳测度在 $\widehat{\mathbb{P}}$ 下的补偿子 (compensator).

证明 由于 $f_t(a^*) = 0$, 容易验证

$$d\widetilde{S}_t = \widetilde{S}_{t-}[\sigma_t(cd\widehat{B}_t + d\widehat{M}_t)],$$

这里由 Girsanov 定理,

$$\widehat{B}_t = B_t + c \int_0^t \pi_s^* \sigma_s ds$$

为一 $\widehat{\mathbb{P}}$ 下的标准 Brown 运动, 且有

$$\widehat{M}_t = \int_0^t \int_{\mathbb{R}\setminus\{0\}} x(\mu(\cdot, ds, dx) - \nu_s(dx)ds).$$

因此,

$$dS_t = S_{t-}[rdt + \sigma_t(cd\widehat{B}_t + d\widehat{M}_t)].$$

容易证明, 对任何 $p > 1$, $S_T \in L^p(\widehat{\mathbb{P}})$. 于是由 f 的假定, $f(S_T)$ 是 $\widehat{\mathbb{P}}$-鞅. 令 $W_t = \beta_t^{-1} F(t, S_t)$. 则 (W_t) 是一 $\widehat{\mathbb{P}}$-鞅. 根据 Itô 公式,

$$dW_t = \beta_t^{-1} dF(t, S_t) - r_t \beta_t^{-1} F(t, S_{t-})dt$$

$$=\beta_t^{-1}\left[F_t'(t,S_{t-})+F_x'(t,S_{t-})S_{t-}r_t+\frac{1}{2}F_{xx}''(t,S_{t-})S_{t-}^2c^2\sigma_t^2-r_tF(t,S_{t-})\right]dt$$

$$+\beta_t^{-1}dM_t^{(1)}\quad(M^{(1)}\text{ 是一 }\widehat{\mathbb{P}}\text{-局部鞅})$$

$$+\beta_t^{-1}d\left[\sum_{0<s\leqslant t}(F(s,S_s)-F(s,S_{s-})-F_x'(s,S_{s-})\Delta S_s)\right]$$

$$=\beta_t^{-1}\left[F_t'(t,S_{t-})+F_x'(t,S_{t-})S_{t-}r_t+\frac{1}{2}F_{xx}''(t,S_{t-})S_{t-}^2c^2\sigma_t^2-r_tF(t,S_{t-})\right]dt$$

$$+\beta_t^{-1}d(M_t^{(1)}+dM_t^{(2)})\quad(M^{(2)}\text{ 是一 }\widehat{\mathbb{P}}\text{-局部鞅})$$

$$+\beta_t^{-1}\int_{\mathbb{R}\setminus\{0\}}(F(t,S_{t-}(1+y))-F(t,S_{t-})-F_x'(t,S_{t-})S_{t-}y)\,\hat{\nu}_t(dy)\,dt.$$

从而 $W_t-\displaystyle\int_0^t\beta_s^{-1}d(M_s^{(1)}+M_s^{(2)})$ 是一连续 $\widehat{\mathbb{P}}$-局部鞅. 因此, "dt" 项必须为 0. 定理证毕. □

以下应用上述结果到一个所有参数为常数的市场模型. 特别地, 假定利率 r_t 为一常数 r, $\sigma_t\equiv 1$, b_t 为一常数 b. 这时方程 (14.5) 约化为

$$dS_t=S_{t-}dX_t,$$

其中 (X_t) 为一 Lévy 过程, 其跳测度为 μ, Lévy 测度为 ν. 即有

$$X_t=bt+cB_t+M_t+A_t,\tag{14.25}$$

其中 b 和 c 为常数, (B_t) 为一标准 Brown 运动,

$$M_t=\int_{[|x|<1]}x(N_t(\cdot,dx)-t\nu(dx)),\tag{14.26}$$

以及

$$A_t=\int_{[|x|\geqslant 1]}xN_t(\cdot,dx)=\sum_{0<s\leqslant t}\Delta X_sI_{[|\Delta X_s|\geqslant 1]}.\tag{14.27}$$

设 $f(a)$ 如 (14.10) 定义. 下面假定 (14.13) 成立, 且用 (V_t) 记相应于 $\pi_t^*\equiv a^*$ 的财富过程. 由定理 14.3, $(V_t^{-1}e^{rt})$ 和 $(V_t^{-1}S_t)$ 是严格正的平方可积 $\mathbb{P}$-鞅. 我们通过 $\left.\dfrac{d\widehat{\mathbb{P}}}{d\mathbb{P}}\right|_{\mathcal{F}_t}=\widetilde{V}_t^{-1}$ 定义一个新的概率测度 $\widehat{\mathbb{P}}$.

由定理 14.10 推出如下定理.

定理 14.11 设 ξ 为形如 $f(S_T)$ 的未定权益. 如果 f 连续且存在 $l \geqslant 1$, 使得 $f(x) \leqslant c(1 + x^l)$, $x \geqslant 0$, 则有

$$U_t(\xi) = \widehat{\mathbb{E}} \left[e^{-r(T-t)} f(S_T) \big| \mathcal{F}_t \right] = F(t, S_t), \tag{14.28}$$

其中 $F(t, x)$ 满足如下方程:

$$F_t' + rxF_x' + \frac{\sigma^2 x^2}{2} F_{xx}'' - rF$$
$$+ \int_{-1}^{\infty} (F(t, x + xy) - F(t, x) - F_x'(t, x)xy)\hat{\nu}(dy) = 0,$$
$$F(T, x) = f(x).$$

现在我们将推导出函数 F 的解析表达式. 为此, 我们首先考虑具有有限 Lévy 测度的 Lévy 过程, 然后我们通过一系列有限的 Lévy 测度来近似一个 σ-有限的 Lévy 测度. 如果 Lévy 测度是有限的, 则 Lévy 过程具有以下形式:

$$X_t = bt + cB_t + \sum_{j=1}^{\Phi_t} U_j, \tag{14.29}$$

其中 (Φ_t) 是具有参数 λ 的 Poisson 过程, $(U_j)_{j \geqslant 1}$ 是一列平方可积独立同分布的取值于 $[-c_1, c_2]$ 的随机变量, (Φ_t) 独立于 $(U_j)_{j \geqslant 1}$, 并且 (B_t) 是与 $\sum_{j=1}^{\Phi_t} U_j$ 独立的标准 Brown 运动. 我们用 $F(x)$ 记 U_1 的分布函数. 过程 $\sum_{j=1}^{\Phi_t} U_j$ 通常称为到达率为 λ 和跳分布为 F 的 复合 Poisson 过程. 将 (14.29) 重写为

$$X_t = \left[b + \lambda \int_{[|x|<1]} xF(dx) \right] t + cB_t + \int_{[|x|<1]} x[N_t(\cdot, dx) - \lambda t F(dx)]$$
$$+ \int_{[|x| \geqslant 1]} x N_t(\cdot, dx),$$

我们发现 (14.10) 约化为

$$f(a) = b - r - ac^2 + \lambda \mathbb{E} \left[\frac{U_1}{1 + aU_1} \right]. \tag{14.30}$$

我们有

$$\widehat{\mathbb{E}} \left[\exp \left\{ iu(B_t + a^*ct) + iv \sum_{j=1}^{\Phi_t} U_j \right\} \right]$$

$$= \mathbb{E} \left[\widetilde{V}_t^{-1} \left[\exp \left\{ iu(B_t + a^*ct) + iv \sum_{j=1}^{\Phi_t} U_j \right\} \right] \right]$$

$$=\mathbb{E}\Big[\exp\Big\{-a^*(\alpha-r)t-(a^*c-iu)B_t+\frac{a^{*2}c^2t}{2}\Big\}\Big]$$

$$=\exp\Big\{-a^*(\alpha-r)t+a^{*2}c^2t-\frac{u^2}{2}t\Big\}\mathbb{E}\Big[\exp\Big\{\sum_{j=1}^{\Phi_t}[ivU_j-\log(1+a^*U_j)]\Big\}\Big]$$

$$=\exp\Big\{-a^*(\alpha-r)t+a^{*2}c^2t-\frac{u^2}{2}t+\lambda t\mathbb{E}\Big[\frac{e^{ivU_1}}{1+a^*U_1}-1\Big]\Big\}$$

$$=\exp\Big\{\lambda ta^*\mathbb{E}\Big[\frac{U_1}{1+a^*U_1}\Big]-\frac{u^2}{2}t+\lambda t\mathbb{E}\Big[\frac{e^{ivU_1}}{1+a^*U_1}-1\Big]\Big\}\ (\text{因为 } f(a^*)=0)$$

$$=\exp\Big\{-\frac{u^2}{2}t+\lambda t\int_{\mathbb{R}\backslash\{0\}}(e^{ivx}-1)(1+a^*x)^{-1}F(dx)\Big\}.$$

因此, 在 $\widehat{\mathbb{P}}$ 下, (Φ_t) 为一参数为 $\hat{\lambda}=\lambda\mathbb{E}[(1+a^*U_1)^{-1}]$ 的 Poisson 过程, $(U_j)_{j\geqslant 1}$ 为一列分布为

$$\widehat{F}(dx)=\big(1/\{(1+a^*x)\mathbb{E}[(1+a^*U_1)^{-1}]\}\big)\,F(dx)$$

的独立同分布随机变量, $\sum_{j=1}^{\Phi_t}U_j$ 为一复合 Poisson 过程, $\widehat{B}_t=B_t+a^*ct$ 为一标准 Brown 运动. 根据何声武等 (1995) 中的定理 11.43, $(\widehat{B}_t)$ 与 $\sum_{j=1}^{\Phi_t}U_j$ 独立. 我们有

$$d\widetilde{S}_t=\widetilde{S}_{t-}\Big[cd\widehat{B}_t+d\Big(\sum_{j=1}^{\Phi_t}U_j-\hat{\lambda}\widehat{\mathbb{E}}[U_1]t\Big)\Big]. \tag{14.31}$$

由 Lamberton and Lapeyer (1996) 的一个结果立即得到如下定理.

定理 14.12 设 ξ 为形如 $f(S_T)$ 的未定权益. ξ 的价格过程由下式给出:

$$U_t(\xi)=\widehat{\mathbb{E}}\big[e^{-r(T-t)}f(S_T)\big|\mathcal{F}_t\big]\,F(t,S_t),$$

其中

$$F(t,x)=\sum_{n=0}^{\infty}\widehat{\mathbb{E}}\Big[F_0\Big(t,xe^{-\hat{\lambda}(T-t)\widehat{\mathbb{E}}[U_1]}\prod_{j=1}^{n}(1+U_j)\Big)\Big]\frac{\hat{\lambda}^n(T-t)^n}{n!}e^{-\hat{\lambda}(T-t)},$$

$$F_0(t,x)=\widehat{\mathbb{E}}\big[e^{-r(T-t)}f(xe^{(r-c^2/2)(T-t)+c\widehat{B}_{T-t}})\big].$$

定理 14.13 在定理 14.8 的假定下, 我们有

$$F(t,x) = \lim_{m\to\infty} \sum_{n=0}^{\infty} \int_{\mathbb{R}^n\setminus(-1/m,1/m)^n} F_0\Big(t, xe^{-(T-t)\int_{[|y|\geqslant 1/m]}\frac{y}{1+a^*y}\nu(dy)} \prod_{i=1}^{n}(1+y_i)\Big)$$

$$\times \prod_{i=1}^{n}(1+a^*y_i)^{-1}\nu(dy_1)\cdots\nu(dy_n)\frac{(T-t)^n}{n!}e^{-(T-t)\int_{[|y|\geqslant 1/m]}\frac{1}{1+a^*y}\nu(dy)},$$

$$(14.32)$$

其中 $F_0(t,x) = \widehat{\mathbb{E}}\left[e^{-r(T-t)}f(xe^{(r-c^2/2)(T-t)+c\hat{B}_{T-t}})\right]$.

证明 根据何声武等 (1995) 中的引理 14.39, 我们有

$$\widehat{\mathbb{E}}\left[\exp\Big\{iu\int_{[|x|\geqslant\frac{1}{m}]} xN_t(\cdot,dx)\Big\}\right] = \exp\Big\{t\int_{[|x|\geqslant\frac{1}{m}]}(e^{iux}-1)\hat{\nu}(dx)\Big\}.$$

因此, $Y_t^{(m)} = \int_{[|x|\geqslant\frac{1}{m}]} xN_t(\cdot,dx)$ 是一到达率为 $\lambda_m = \hat{\nu}\left(\mathbb{R}\setminus\left(-\frac{1}{m},\frac{1}{m}\right)\right)$ 和跳分布为 $F_m(dx) = \lambda_m^{-1}I_{[|x|\geqslant\frac{1}{m}]}\hat{\nu}(dx)$ 的复合 Poisson 过程. 令 $\widetilde{S}_t^{(m)} = \mathcal{E}(Z^{(m)})_t$, 其中

$$Z_t^{(m)} = c\widetilde{B}_t + \int_{[|x|\geqslant\frac{1}{m}]} x(N_t(\cdot,dx) - \hat{\nu}(dx)).$$

则有

$$S_t^{(m)} = e^{Z_t^{(m)}-\frac{1}{2}c^2t}\prod_{s\leqslant t}(1+\Delta Z_s^{(m)})e^{-\Delta Z_s^{(m)}} \leqslant e^{Z_t^{(m)}-\frac{1}{2}c^2t}.$$

类似地, 我们有 $\widetilde{S}_t \leqslant e^{Z_t-\frac{1}{2}c^2t}$, 其中

$$Z_t = c\widetilde{B}_t + \int_{\mathbb{R}\setminus\{0\}} x(N_t(\cdot,dx) - \hat{\nu}(dx)).$$

再次由何声武等 (1995) 中的引理 14.39, 对任何 $p\geqslant 1$, 我们有

$$\widehat{\mathbb{E}}[e^{pZ_t^{(m)}}] = e^{t\int_{[|x|\geqslant\frac{1}{m}]}(e^{px}-1-px)\hat{\nu}(dx)} \longrightarrow e^{t\int_{\mathbb{R}\setminus\{0\}}(e^{px}-1-px)\hat{\nu}(dx)} = \widehat{\mathbb{E}}[e^{pZ_t}].$$

于是当 $m\to\infty$ 时, $e^{Z_t^{(m)}}$ 在 $L^p(\widehat{\mathbb{P}})$ 中收敛于 e^{Z_t}. 因此, 由控制收敛定理知, 当 $m\to\infty$ 时, 对任何 $p\geqslant 1$, $\mathcal{E}(Z^{(m)})_t$ 在 $L^p(\widehat{\mathbb{P}})$ 中收敛于 $\mathcal{E}(Z)_t$. 但是, 我们有

$$\widehat{\mathbb{E}}\left[e^{-r(T-t)}f(S_T^{(m)})\Big|\mathcal{F}_t\right] = F_m(t, S_t^{(m)}),$$

其中

$$F_m(t,x) = \sum_{n=0}^{\infty} \int_{\mathbb{R}^n} F_0\Big(t, xe^{-(T-t)\lambda_m \int_{\mathbb{R}} F_m(dx)} \prod_{i=1}^{n}(1+y_i)\Big)$$

$$\times F_m(dy_1)\cdots F_m(dy_n)\frac{\lambda_m^n(T-t)^n}{n!}e^{-\lambda_m(T-t)}, \qquad (14.33)$$

以及

$$F_m(dx) = \lambda^{-1} I_{[|x| \geqslant \frac{1}{m}]} \frac{1}{1+a^*x}\nu(dx).$$

所以, 从 (14.33) 得到 (14.32). 　　　　　　　　　　　　　　　　　　　　□

§14.3　期权定价的其他方法

§14.3.1　Föllmer-Schwarzer 方法

假设风险资产的折算价格过程是连续半鞅, 具有分解 $X_t = M_t + A_t$, 其中 M 是平方可积鞅, A 是平方可积变差过程. 如果存在鞅测度 $\mathbb{P}^*$, 使得对于任何在 $\mathbb{P}$ 下与 M 正交的平方可积 $\mathbb{P}$-鞅, 仍然是 $\mathbb{P}^*$ 下的鞅, 则称 $\mathbb{P}^*$ 是最小鞅测度.

设 ξ 是时刻 T 的未定权益. 我们用 $\tilde{\xi}$ 记 ξ 的折算价格: $\tilde{\xi} = \gamma_T \xi$. 定义

$$\widetilde{U}_t(\xi) = \mathbb{E}^*[\tilde{\xi}|\mathcal{F}_t].$$

则

$$\widetilde{U}_t(\xi) = x^* + \int_0^t \varphi_s^* d\widetilde{X}_s + L_t, \quad 0 \leqslant t \leqslant T,$$

其中 L 为一与 M 正交的平方可积 $\mathbb{P}$-鞅, (x^*, φ^*) 达到如下极小值:

$$\inf_{x,\varphi} \mathbb{E}\left[\left(\tilde{\xi} - x - \int_0^T \varphi_s d\widetilde{X}_s\right)^2\right], \quad x \geqslant 0, \quad \varphi \in \mathcal{A}(x),$$

这里 $\mathcal{A}(x)$ 是初始财富为 x 的所有容许交易策略的集合.

对连续价格过程模型, 最小鞅测度 $\mathbb{Q}^*$ 在所有鞅测度 $\mathbb{Q}$ 中极小逆相对熵 $H(\mathbb{Q}, \mathbb{P})$, 其中 $H(\mathbb{Q}, \mathbb{P}) = \mathbb{E}\big(\frac{d\mathbb{Q}}{d\mathbb{P}}\log\frac{d\mathbb{Q}}{d\mathbb{P}}\big)$, 如果 $\mathbb{Q} \ll \mathbb{P}$; $H(\mathbb{Q}, \mathbb{P}) = +\infty$, 其他情形.

详细讨论请参见 Föllmer and Schweizer (1991), Schweizer (1994) 和 Chan (1999).

§14.3.2 Davis 方法

令 $\mathcal{A}(x)$ 记初始财富为 x 的所有容许交易策略的集合. 对 $\varphi \in \mathcal{A}(x)$, 我们用 X_T^φ 表示交易策略 φ 在时刻 T 的财富, 并令

$$V(x) = \sup_{\varphi \in \mathcal{A}(x)} \mathbb{E}[U(X_T^\varphi)],$$

其中 U 为一效用函数. 对 $\delta, p > 0$, 令

$$W(\delta, p, x) = \sup_{\varphi \in \mathcal{A}(x-\delta)} \mathbb{E}\left[U\left(X_T^\varphi + \frac{\delta}{p}\xi \right) \right].$$

定义 14.14 如果 $\hat{\pi}(x)$ 是如下方程的唯一解:

$$\frac{\partial W}{\partial \delta}(0, p, x) = 0,$$

则称 $\hat{\pi}(x)$ 为 ξ 在时刻 0 的公平价格.

下一定理源于 Davis(1997).

定理 14.15 假定在 R_+ 上 $V'(x) > 0$. 则

$$\hat{\pi}(x) = \frac{\mathbb{E}[U'(X_T^{\varphi^*}\xi)]}{V'(x)},$$

其中 φ^* 为达到 $V(x)$ 的最优策略.

在某些条件下, 可以证明 $\hat{\pi}(x) = D_+ p(x)$.

§14.3.3 Esscher 变换方法

这一期权定价方法是由 Gerber and Shiu (1994) 最先引入的. 假设时刻 t 的股票价格为 $S_t = S_0 e^{X_t}$, 其中 X_t 是 Lévy 过程 (即平稳独立增量过程). 则对任意 $h \in \mathbb{R}$, 我们有

$$\mathbb{E}[e^{hX_t}] = \mathbb{E}[e^{hX_1}]^t \hat{=} e^{t\psi(h)},$$

这里

$$\psi(h) = \exp\left\{ hb + \frac{h^2}{2}c + \int_{\mathbb{R}} [(e^{hx} - 1 - hxI_{[|x|\leqslant 1]})\nu(dx)] \right\},$$

$M_t^h = \dfrac{e^{hX_t}}{e^{t\psi(h)}}$ 是一鞅, 且 $M_0^h = 1$. 于是我们可以通过下式定义一个等价概率测度 $\mathbb{P}^h$:

$$\frac{d\mathbb{P}^h}{dP}\bigg|_{\mathcal{F}_t} = M_t^h.$$

时刻 t 的股票折现价格为

$$\widetilde{S}_t = e^{-rt}S_t = S_0 e^{X_t - rt}.$$

因此, 关于 $\widetilde{S}_t$, $\mathbb{P}^h$ 是等价鞅测度, 当且仅当

$$\widetilde{S}_t M_t^h = S_0 \frac{e^{(1+h)X_t - rt}}{e^{t\psi(h)}}$$

是一 $\mathbb{P}$-鞅, 即 h 满足如下方程:

$$\psi(h) = \psi(1+h) - r.$$

关于进一步的结果, 请参见 Bühmann et al.(1996).

参 考 文 献

何声武, 汪嘉冈, 严加安. 1995. 半鞅与随机分析. 北京: 科学出版社.

姜礼尚. 2003. 期权定价的数学模型和方法. 北京: 高等教育出版社.

王江. 2006. 金融经济学. 北京: 中国人民大学出版社.

严加安. 1981. 鞅与随机积分引论. 上海: 上海科学技术出版社.

严加安. 2021. 测度论讲义. 第三版. 北京: 科学出版社.

严加安, 彭实戈, 方诗赞, 吴黎明. 1997. 随机分析选讲. 北京: 科学出版社.

Ait-Sahalia, Y. 1996. Testing continuous-time models of the spot interest rate. Review of Financial Studies, 9: 385-426.

Akahori, J. 1995. Some formulae for a new type of path-dependent option. Annals of Applied Probability, 5(2): 383-388.

Alexander, C. 1996.The Handbook of Risk Management and Analysis. New York: John Wiley & Sons.

Ansel, J. P. and Stricker, C. 1990. Quelques remarques sur un théorème de Yan. Sém. Probab. XXIV, LN in Math. 1426. New York: Springer: 266-274.

Ansel, J. P., and Stricker, C. 1994. Couverture des Actifs contigents et Prix Maximum. Ann. Inst. H. Poincaré Probab. Statist., 30: 303-315.

Arrow, K. 1965. Aspects of the Theory of Risk-Bearing. Helsinki: Yrjö Hahnsson Foundation.

Artzner, P., and Delbaen F. 1989. Term structure of interest rates: The martingale approach. Advances in Appl. Math., 10: 95-129.

Artzner, P., Delbaen, F., Eber, J. M., and Heath, D. 1997. Thinking Coherently., Risk, 10: 68-71.

Artzner, P., Delbaen, F., Eber, J. M., and Heath, D. 1999. Coherent measures of risk. Math. Finance, 9(3): 203-228.

Bachelier, L. 1900. Théorie de la spéculation. Ann. Sci. Ecole Norm. Sup., 17: 21-86.

Back, K., and Pliska. S. 1991. On the fundamental theorem of asset pricing with an infinite state space. J. Math. Econ., 20: 1-18.

Bajeux-Besnainou, I., and Portait, R. 1997. The numeraire portfolio: A new perspective on financial theory.European Journal of Finance, 3: 291-309.

Bass, R. F. 1995. Probabilistic Techniques in Analysis. New York: Springer-Verlag.

Bass, R. F. 1996. Doob-Meyer decomposition revisited. Canadian Mathematical Bulletin, 39(2): 138-150.

Baxter, M. 1997. General interest-rate models and the universality of HJM. // Dempster,

A.H., Pliska, S.R. eds. Mathematics of Derivative Securities. Publications of the Newton Institute, Cambridge: Cambridge University Press: 315-335.

Beckers, S. 1980. The constant elasticity of variance model and its implications for option pricing. J. Finance, 35: 661-673.

Bellini, F., and Frittelli, M. 2002. On the existence of minimax martingale measures. Math. Finance, 12: 1-21.

Biagini S, Frittelli M. 2005. Utility maximization in incomplete markets for unbounded processes. Finance Stochast, 9: 493-517.

Bingham, N. H., and Kiesel, R. 2004. Risk-Neutral Valuation: Pricing and Hedging of Financial Derivatives. 2nd ed. Berlin: Springer.

Björk, T. 1997. Interest rate theory// Runggaldier W. ed. Financial Mathematics. New York: Springer: 53-122.

Björk, T. 1998. Abitrage Theory in Continuous Time. New York: Oxford University Press.

Benninga, S., Björk, T., and Wiener, Z. 2002. On the use of numeraires in option pricing. Journal of Derivatives, 2: 43-58.

Black, F. 1972. Capital market equilibrium with restricted borrowing. Journal of Business, 45: 444-454.

Black, F., Derman, E., and Toy, W. 1990. A one-factor model of interest rates and its application to Treasury bond Options. Financial Analysts Journal, 46: 33-39.

Black, F., and Karasinski, P. 1991. Bond and option pricing when short rates are lognormal. Financial Analysts Journal, 47: 52-59.

Black, F., and Scholes M. 1973. The pricing of options and corporate liabilities. J. Political Economy, 81: 637-654.

Bollerslev, T. 1986. Generalized autoregressive conditional heteroskedasticity. Journal of Econometrics, 31: 307-327.

Bollerslev, T., Engle, R. F., and Nelson, D. B. 1994. ARCH models//Engle, R. F., McFadden, D. L. The Handbook of Econometrics. Vol.4, R. F. Amsterdan: Elsvier.

Bouchard, B., Touzi,N., and Zeghal A. 2004. Dual formulation of the utility maximization problem: The case of nonsmooth utility. Ann. Appl. Prob, 14: 678-717.

Brace, A., Gatarek, D., and Musiela, M. 1997. The market model of interest rate dynamics. Mathematical Finance, 7: 127-155.

Breeden, D. 1979. An intertemporal asset pricing model with stochastic consumption and investment opportunities. Journal of Financial Economics, 7: 265-296.

Breeden, D., and Litzenberger, R. 1978. Prices of state-contingent claims implicit in options prices. Journal of Business, 51: 621-651.

Brennan, M. J. 1979. The pricing of contingent claims in discrete time models. Journal of Finance,34(1): 53-68.

Brennan, M. J., and Schwartz, E. S. 1979. A continuous time approach to the pricing of bonds. J. Banking Fin, 3: 133-155.

Brown, R. G., and Schaefer, S. M. 1994. Interest rate volatility and the shape of the term structure. Phil. Trans. R. Soc. Lond, A347: 563-576.

Bühlmann, H., Delbaen, F., Embrechts, P., and Shiryaeve, A. N. 1996. No-arbitrage, change of measure and conditional esscher transforms. CWI Quarterly, 9(4): 291-317.

Carr, P., Ellis, K., and Gupta, V. 1998. Static hedging of exotic options. Journal of Finance, 53: 1165-1190.

Cakmak, U., Özekici, S. 2006. Portfolio optimization in stochastic markets. Mathematical Methods of Operations Research, 63: 151-168.

Canakoglu, E., Özekici, S. 2008. Portfolio selection in stochastic markets with exponential utility functions. Annals of Operations Research, 166(1): 281-297.

Celikyurt, U., and Özekici, S. 2007. Multiperiod portfolio optimization models in stochastic markets using the mean-variance approach. European Journal of Operational Research, 179: 186-202.

Cerny, A., and Hodges, S. D. 2002. The Theory of Good-Deal Pricing in Financial Markets// Geman H., Madan D., Pliska S., Vorst T. Mathematical Finance - Bachelier Congress 2000. New York: Springer Verlag: 175-202.

Chamberlain, G. 1983. A characterization of the distributions that imply mean-variance utility functions. J. Econ. Theory, 29: 185-201.

Chan, T. 1999. Pricing contingent claims on stocks driven by Lévy processes. The Annals of Applied Probability,9(2): 504-528.

Chen, L. 1996. Interest Rate Dynamics, Derivatives Pricing and Risk Management. LN in Econom. and Math. Systems 435. Berlin: Springer: 143-149.

Cherny, A. S., and Grigoriev, P. G. 2007. Dilatation monotone risk measures are law invariant. Finance Stoch., 11(2): 291-298.

Choquet, G. 1953-1954. Theory of Capacities. Ann. Inst. Fourier Grenoble, 5: 131-295.

Cochrane, J. H., and Saa-Requejo, J. 2000. Good-dela option price bounds with stochastic volatility and stochastic interest rate. Journal of Political Economy, 108: 79-119.

Constantinides, G. M., and Ingersoll, J. E. 1984. Optimal bond trading with personal taxes. Journal of Financial Economics, 13: 299-335.

Constantinides, G. M. 1992. A theory of the nominal term structure of interest rates. Review of Financial Studies, 5: 531-552.

Cont, R., and Tankov, P. 2004. Financial Modelling with Jump Processes. London: Chapman & Hall/CRC.

Conze, A., and Viswanathan, R. 1991. Path Dependent Options: The Case of Lookback Options. The Journal of Finance,46(5): 1893-1907.

Corcuera, J. M., Guerra. J., Nualart. D., and Schoutens, W. 2006. Optimal investment in a Lévy Market. Applied Mathematics and Optimization, 53: 279-309.

Cox, J. C. 1975. Notes on option pricing I: Constant elasticity of variance diffusions.

Palo Alto: Stanford University.

Cox, J. C., and Huang, C. F. 1989. Optimal consumption and portfolio policies when asset prices follow a diffusion Process. Journal of Economic Theory, 49: 33-83.

Cox, J. C., and Huang, C. F. 1991. A variational problem arising in financial economics. J. Math. Econ., 20: 465-487.

Cox, J. C., Ingersoll, J. E., and Ross S A. 1985. A theory of the term structure of interest rates. Econometrica, 53: 385-408.

Cox, J. C., and Ross, S. A. 1976. The valuation of options for alternative stochastic processes. Journal of Financial Economics, 3: 145-166.

Cox, J. C., Ross, S. A., and Rubinstein, M. 1979. Option pricing: A simplified approach. Journal of Financial Economics, 7: 229-263.

Cox, J. C., and Rubinstein, M. 1985. Options Markets. Upper Saddle River: Prentice-Hall.

Cui, X., Li, D., and Yan, A. 2015. Classical mean-variance model revisited: Pseudo efficiency. Journal of the Operational Research Society, 66: 1646-1655.

Cvitanić, J. 1997. Optimal trading under constraints//Runggaldier W. Financial Mathematics. New York: Springer: 123-190.

Cvitanić, J. 2001. Theory of Portfolio Optimization in Markets with Frictions//Cvitanić, J., Jouini, E., Musiela, M. eds. Handbooks in Mathematical Finance: Option Pricing, Interest Rates and Risk Management. Cambridge: Cambridge University Press: 577-631.

Cvitanić, J., and Karatzas, I. 1993. Hedging contingent claims with constrained portfolios. Ann. Appl. Probab., 3: 767-818.

Cvitanić, J., and Karatzas, I. 1996. Hedging and portfolio optimization under transaction costs: A martingale approach. Math. Finance, Wiley Blackwell, 6: 133-165.

Cvitanić, J., and Karatzas, I. 2001. Generalized Neyman-Pearson Lemma via convex Duality. Bernoulli, 7: 79-97.

Cvitanić, J., Schachermayer, W., and Wang, H. 2001. Utility maximization in incomplete markets with random endowment. Finance Stochast.,5(2): 259-272.

Dalang, R. C., Morton, A., and Willinger, W. 1990. Equivalent martingale measures and no-arbitrage in stochastic securities market models. Stoch. and Stoch. Reports, 29(2): 185-202.

Dana, R. A. 2005. A representation result for concave Schur concave functions. Math. Finance, 15: 615-634.

Dana, R. A., and Jeanblanc, M. 2003. Financial Markets in Continuous Time. New York: Springer.

Davis, M. H. A. 1994. On Margrabe's formula. London: Mitsubishi Capital.

Davis, M. H. A. 1997. Option pricing in incomplete markets // Dempster, A. H., and Pliska, S. R. Mathematics of Derivative Securities. Publications of the Newton

Institute. Cambridge: Cambridge University Press: 216-226.

Davis, M. H. A., Panas, V., and Zariphopoulou, T. 1993. European option pricing with transaction costs. S.I.A.M. J. Control and Optim., 31: 470-493.

Davydov, D., and Linetsky, V. 2001. Pricing and Hedging Path-Dependent Options under the CEV Process. Management Science, 47(7): 949-965.

Deelstra, G., Pham, H., and Touzi, N. 2001. Dual formulation of the utility maximization problem under transaction Costs. Ann. Appl. Probab.,11(4): 1353-1383.

Delbaen, F. 1992. Representing martingale measures when asset prices are continuous and bounded. Math. Finance,2(2): 107-130.

Delbaen, F. 2002. Coherent risk measures on general probability spaces//Advancees in Finance and Stochastics, Essays in Honour of Dieter Sonder-mann. New York: Springer-Verlag: 1-38.

Delbaen, F., Grandits, P., and Rheinländer, T., et al. 2002. Exponential hedging and entropic penalties. Math. Finance, 12: 99-123.

Delbaen, F., and Schachermayer, W. 1994. A general version of the fundamental theorem of asset pricing. Math. Ann., 300: 463-520.

Delbaen, F., and Schachermayer, W. 1995. The no-arbitrage property under a change of numeraire. Stoch. and Stoch. Report, 53: 213-226.

Delbaen, F., and Schachermayer, W. 2006. The Mathematics of Arbitrage. New York: Springer Finance.

Dellacherie, C., and Meyer, P. A. 1982. Probabilities and Potential B. New York: Amsterdam, North-Holland.

Dempster, A. H., and Pliska, S. R. 1997. Mathematics of Derivative Secu-rities. Publications of the Newton Institute. Cambridge: University Press.

Denneberg, D. 1994. Non-additive Measure and Integral. Boston: Kluwer Academic Publishers.

Denuit, M., Dhaene, J., Goovaerts, M., Kaas, R., and Laeven, R. 2006. Risk measurement with equivalent utility principles. Statistics & Decisions, 24: 1-25.

Dhaene, J., and Goovaerts, M. J. 1996. Dependency of risks and stop-loss order. ASTIN Bulletin,26(2): 201-212.

Dhaene, J., Vanduffel, S., Goovaerts, M. J., Kaas, R., Tang, Q., and Vyncke D. 2006. Risk measures and comonotonicity: A Review. Stochastic Models, 22: 573-606.

Doléans-Dade, C. 1970. Quelques applications de la formule de changement de variables pour les semimartingales. Zeitschrift für Wahrscheinlichkeitstheorie und Verwandte Gebiete, 16: 181-194.

Dothan, U. 1978. On the term structure of interest rates. Journal of Financial Economics, 6: 59-69.

Dudley, R. M. 1977. Wiener functionals as Itô Integrals. Ann. Probab., 5: 140-141.

Dudley R.M. 1989. Real Analysis and Probability, Wadsworth, Brooks & Cole, Pacific

Grove, CA.

Duffie, D. 1996. Dynamic Asset Pricing Theory. 2nd ed. Princeton: Princeton University Press.

Duffie, D., Filipović, D., and Schachermayer, W. 2003. Affine processes and applications in finance. Ann. Appl. Probab., 13(3): 984-1053.

Duffie, D., and Kan, R. 1996. A yield-factor model of interest rates. Mathematical Finance, 6: 379-406.

Duffie, D., Pan, J., and Singleton, K. 2000. Transform analysis and asset pricing for affine jump-diffusions. Econometrica, 68: 1343-1376.

Duan, J. C. 1995. The GARCH option pricing model. Mathematical Finance, 5: 13-32.

Dupire, B. 1997. Pricing and Hedging with Smiles//Dempster A. H., and Pliska S. R. Mathematics of Derivative Securities. Publications of the Newton Institute. Cambridge: University Press: 103-111.

Dybvig, P. H. 1989. Bond and option pricing on the current term structure. St. Luois, Missouri: Washington University.

Dybvig, P. H, Ingersoll, J. E., and Ross, S. A. 1996. Long forward and zero-coupon rates can never fall. J. Business, 69: 1-25.

El Karoui, N., and Quenez, M. C. 1995. Dynamic programming and pricing of contingent claims in an incomplete market. S. I. S. M. J. Control and Optim., 33: 29-66.

El Karoui, N., and Rouge, R. 2000. Pricing via utility maximization and entropy. Mathematical Finance, 10: 259-276.

El Karoui, N, Peng, S., and Quenez, M. C. 1997. Backward stochastic differential equations in finance. Math. Finance,7(1): 1-71.

Elliot, R. J., and Kopp, P. E. 1999. Mathematics of Financial Markets. New York: Springer.

Embrechts, P., McNeil, A. J., and Straumann, D. 2000. Correlation and dependence in risk management: Properties and pitfalls// Dempster, M., and Moffatt, H. K. Risk Management: Value at Risk and Beyond. Cambridge: Cambridge University Press.

Engle, R. F. 1982. Autoregressive conditional heteroscedasticity with estimates of the variance of United Kingdom Inflation. Econometrica, 50: 987-1007.

Fishburn, P. 1970. Utility Theory for Decision Making. New York: John Wiley.

Flesaker, B., and Hughston, L. 1996. Positive interest. Risk Magazine,9(1): 46-49.

Föllmer H. 1991. Probabilistic aspects of option, Discussion paper No. B-202, Information und Koordination wirshaftlicher Aktivität, Bonn: University Bonn.

Föllmer H., and Kabanov Y M. 1998. Optional decomposition theorem and Lagrange multipliers. Finance Stochast., 2: 69-81.

Föllmer H., and Leukert P. 2000. Efficient hedging: Cost versus shortfall risk. Finance Stochast., 4: 117-146.

Föllmer H., and Schied A. 2002. Convex measures of risk and trading constraints.

Finance and Stochastics,6(4): 429-447.

Föllmer, H., and Schied, A. 2004. Stochastic Finance, An Introduction in Discrete Time. 2nd ed. Berlin, New York: Welter de Gruyter.

Föllmer H., and Schweizer, M. 1991. Hedging of contingent claims under incomplete information. Appl. Stoch. Analysis: 389-414.

Föllmer, H., and Sondermann, D. 1986. Hedging of non-redundant claims // Hildenbrand W, MasColell A. Contrubitions to Mathematical Economics: Essays in Honorur of G. Debreu. Amsterdam: North-Holland 205-223.

Fong, H. G., and Vasicek, O. A. 1991. Fixed-income volatility management. J. Portfolio Management, Summer: 41-46.

Fouque, J. P., and Han, C. H. 2003. Pricing ASIAN options with stochastic volatility. Quant. Finance, 3: 353-362.

Freedman, D. 1983 Brownian Motion and Diffusion. New York: Springer-Verlag.

Frey, R. 1997. Derivative asset analysis in models with level-dependent and stochastic volatility. CWI Quart, 10: 1-34.

Frey, R., and Sommer, D. 1998. The generalization of the Geske-formula for compound options to stochastic interest rates is not trivial-A note. J. Appl. Prob., 35: 501-509.

Frittelli, M. 2000a. Semimartingales and asset pricing under constraints. In: Dempster, A.H., Pliska, S.R. eds. Mathematics of Derivative Securities. Publications of the Newton Institute. Cambridge: Cambridge University Press: 216-226.

Frittelli, M. 2000b. The minimal entropy martingale measure and the valuation problem in incomplete markets. Math. Financ. 10, 39-52.

Fujisaki, M., and Kallianpur, G., and Kunita, H. 1972. Stochastic differential equations for the non-linear filtering problem. Osaka J. Math., 9: 19-40.

Fujiwara, T., and Miyahara, Y. 2003. The minimal entropy martingale measures for geometric Lévy processes. Finance Stochast, 7: 509-531.

Garman, M., and Kohlhagen, S. W. 1983. Foreign currency option values. J. Intern. Money and Finance, 2: 231-237.

Geman, H., El Karoui, N., and Rochet, J. C. 1995. Changes of numeraire, changes of probability measure and option pricing. J. Appl. Probab., 32: 443-458.

Geman, H., and Yor, M. 1993. Bessel processes, Asian options and perpetuities. Math. Finance, 3: 349-375.

Geman, H., and Yor, M. 1996. Pricing and hedging double-barrier options: A probabilistic approach. Mathematical Finance,6(4): 365-378.

Gerber, H. U., and Shiu, E. S. W. 1994. Option pricing by Esscher transforms. Transactions of the Society of Actuaries, 46: 99-191.

Geske, R. 1979. The valuation of compound options. J. Financial Economics, 7: 63-81.

Glasserman, P., and Wu, Q. 2011. Forward and future implied volatility. Int. J. Theoretical Appl. Finance, 14(3): 407-432.

Goldenberg, D. H. 1991. A unified method for pricing options on diffusion processes. J. Financial Economics, 29: 3-34.

Goldman M B, Sosin H B., and Gatto M A. 1979. Path dependent options: By at low, sell at the high. J. of Finance, 34: 1111-1127.

Goll, T., Rüschendorf L. 2001. Minimax and minimal distance martingale measures and their relationship to portfolio optimization. Finance Stochast., 5(4), 557-581.

Gray, S., and Whaley, R. 1999. Reset put options: Valuation, risk characteristics, and an application. Australian Journal of Management, 24: 1-20.

Haber, R. J., Schönbucher, P. J., and Wilmott P. 1999. Pricing parisian options. J. of Derivatives: 71-79.

Hagan, P. S., Kumar, D., Lesniewski, A. S., and Woodward, D. E. 2002. Managing smile risk. Wilmott Magazine: 84-108.

Harrison, M. J., and Kreps, D. M. 1979. Martingales and arbitrage in multiperiod securities markets. J. Economic Theory, 29: 381-408.

Harrison, M. J., and Pliska, S. R. 1981. Martingales and stochastic integrals in the theory of continuous trading. Stoch. Pro. and their Appl., 11: 215-260.

Harrison, M. J., and Pliska, S. R. 1983. Stochastic calculus model of continuous trading; Complete markets. Stoch. Proc. and Their Appl., 15: 313-316.

He, H., and Pearson, N. D. 1991a. Consumption and portfolio policies with incomplete markets and short-sale constraints: The finite-dimensional case. Math. Finance 1: 1-10.

He, H., and Pearson, N. D. 1991b. Consumption and portfolio policies with incomplete markets and short-sale constraints: The infinite dimensional case. J. Econ. Theory, 54: 259-304.

He, S. W., Wang, J. G., and Yan, J. A. 1992. Semimartingale Theory and Stochastic Calculus. Beijing: Science Press, Boca Raton: CRC Press.

Heath, D., Jarrow, A., and Morton, A. 1987. Bond pricing and the term structure of interest rates.

Heath, D., Jarrow, R., and Morton, A. 1992. Bond pricing and the term structure of the interest rates: A new methodology. Econometrica, 60(1): 77-105.

Heston, S. L. 1993. A closed-form solution for options with stochastic volatility with applications to bond and currency options. The Review of Financial Studies, 6(2): 327-343.

Ho, T. S., and Lee, S. B. 1986. Term structure movements and pricing interest rate contingent claims. J. Finance, 41: 1011-1029.

Hobson, D. G. 1998. Stochastic volatility// Hand D J, Jacka S D. Statistics in Finance. New York: John Wiley & Sons Inc: 283-306.

Hodges, S D., and Neuberger, A. 1989. Optimal replication of contingent claims under transaction costs. Review of Futures Markets, 8: 222-239.

Hofmann, N,Platen, E., and Schweizer, M. 1992. Option pricing under incompleteness and stochastic volatility. Mathematical Finance, 2: 153-187.

Hoogland, J., and Neumann, C. 2001. Local Scale Invariance and Contingent Claim Pricing. International Journal of Theoretical and Applied Finance,4(1): 1-21.

Hou, C., and Karatzas, I. 2004. Least-squares approximation of random variables by stochastic integrals. Adv. Stud. Pure Math., 41: 141-166.

Huang, C. F., and Litzenberger, R. H. 1988.Foundations for Financial Economics. New York: North-Holland.

Huber, P. J. 1981. Robust Statistics. New York: Wiley.

Huberman, G. 1982. A simplified approach to arbitrage pricing theory. J. Econ. Theory, 28: 183-191.

Hugonnier, J., and Kramkov, D. 2004. Optimal investment with random endowments in incomplete markets. Ann. Appl. Prob., 14: 845-864.

Hugonnier, J., Kramkov, D., and Schachermayer, W. 2005. On utility-based pricing of contingent claims in incomplete markets. Math. Finance, 15: 203-212.

Hui, C. H. 1996. One-touch double barrier binary option Values. Applied Financial Economics, 6: 343-346.

Hull, J., and White, A. 1987. The pricing of options on assets with stochastic volatilities. J. Finance, 42: 281-300.

Hull, J., and White, A. 1990. Pricing interest rate derivative securities. Review of Financial Studies, 3: 573-592.

Hull, J., and White, A. 1993a. Bond option pricing on a model for the evolution of bond prices. Advances in Futures and Options Research, 6: 1-13.

Hull, J., and White, A. 1993b. One-factor interest-rate models and the valuation of interest rate derivative securities. J. Financial and Quantitative Analysis, 28: 235-254.

Hull, J., and White, A. 1994. Numerical procedures for implementing term structure models II: Two factor models. Journal of Derivatives, 2: 37-47.

Hull, J., and White, A. 1996. Hull-White on Derivatives. London: Risk Publications.

Hurlimann, W. 1998. On Stop-loss order and the distortion pricing principle. Astin Bulletin,28(1): 119-134.

Ikeda, N., and Watanabe, S. 1989. Stochastic Differential Equations and Diffusion Processes. 2nd ed. New York: North-Holland.

Jacka, S. D. 1992. A martingale representation result and an application to incomplete financial markets. Math. Finance, 2: 239-250.

Jacka, S. D. 1998. Notes on Term Structure Models//Hand D J, Jacka S D. Statistics in Finance. Arnold Applications of Statistics Series. New York: John Wiley & Sons Inc: 231-238.

Jacod, J. 1979. Calcul Stochastique Et Problémes de Martingales. Berlin: Springer.

Jacod, J. 1980. Intégrales stochastiques par rapport à une semimartingale vectorielle et changements de filtrations. Sém. Probab. XIV, LN in Math., Berlin: Springer: 161-172.

Jacod, J., and Shiryaev, A. N. 1987. Limit Theorems for Stochastic Processes. Berlin, Heidelberg: Springer-Verlag.

Jacod, J., and Yor, M. 1977. Etude des solutions extrémales et representation integrable de solutions pour certains problèmes de martingales. Z. W., 38: 83-125.

Jacka, S. D. 1992. A martingale representation result and an application to incomplete financial markets. Mathematical Finance,2(4): 239-250.

Jakubowski, A. 2006. Towards a general Doob-Meyer decomposition theorem. Probab. Math. Statist., 26: 143-153.

Jamshidian, F. 1984. An exact bond option pricing formula. Journal of Finance, American Finance Association, 44: 205-209.

Jamshidian, F. 1996. Bond, futures and option evaluation in the quadratic interest rate model. Applied Mathematical Finance, 3: 93-115.

Jamshidian, F. 1997. Libor and swap market models and Measures. Finance and Stochastics, 1: 293-330.

Jiang, L. 2003. Mathematical Modelling and Methods of Option Pricing. Beijing: High Education Press.

Jin, H., Xu Z., and Zhou X. 2008. A convex stochastic optimization problem arising from portfolio selection. Mathematical Finance, 18: 171-183.

Jouini, E., and Kallal, H. 1995a. Martingales and arbitrage in securities markets with transaction costs. Journal of Economic Theory, 66(1): 178-197.

Jouini, E., and Kallal, H. 1995b. Arbitrage in securities markets with short-sales constraints. Math. Finance, 5: 197-232.

Jouini, E., Schachermayer, W., and Touzi, N. 2006. Law invariant risk measures have the Fatou property. Advances in Mathematical Economics, 9: 49-71.

Jin, H., Markowitz, H. M., and Zhou, X. Y. 2006. A note on semivariance. Math. Finance, 16: 53-61.

Jin, H., Yan, J. A., and Zhou, X. Y. 2005. Continuous-Time mean-risk portfolio selection. Ann. I. H. Poincar-PR, 41: 559-580.

Kabanov, Y., and Kramkov, D. O. 1994. No-arbitrage and equivalent martingale measures: An elementary proof of the Harrisson-Pliska theorem. Theory Probab. Appl., 39: 523-527.

Kabanov, Y., and Stricker, C. 2004. A teachers' note on no-arbitrage criteria. Séminaire de Probabilités: 149-152.

Kallenberg, O. 2002. Foundations of Modern Probability. 2nd ed. New York: Springer-Verlag.

Kallianpur, G., Karandikar, R. L. 2000. Introduction to Option Pricing Theory. Boston,

Basel, Berlin: Birkhäuser.

Kallsen, J. 2000. Optimal portfolios for exponential Lévy processes. Math. Meth. Oper. Res., 51: 357-374.

Karatzas, I. 1988. On the pricing of American options. Appl. Math. Optim., 17: 37-60.

Karatzas, I. 1989. Optimization problems in the theory of continuous trading. SIAM J. Control and Optimization,27(6): 1221-1259.

Karatzas, I. 1997. Lectures on the Mathematics of Finance. CRM Monograph Series, Vol. 8. Providence: American Mathematical Society.

Karatzas, I., and Kou, S, G. 1996. On the pricing of contingent claims under constraints. Ann. Appl. Probab., 6: 321-369.

Karatzas, I., Lehoczky, J. P., and Shreve, S. E. 1987. Optimal portfolio and consumption decisions for a "small investor" on a finite horizon. SIAM Journal on Control and Optimization, 25: 1157-1586.

Karatzas, I., Lehoczky, J. P., Shreve, S. E., and Xu, G. L. 1991. Martingale and duality methods for utility maximization in an incomplete market. SIAM Journal on Control and Optimization, 29: 702-730.

Karatzas, I., and Shreve, S. E. 1991. Brownian Motions and Stochastic Calculus. 2nd ed. New York: Springer-Verlag.

Karatzas, I., and Shreve, S. E. 1998. Methods of Mathematical Finance. Berlin, Heidelberg, New York: Springer.

Karatzas, I., and Zitkovic, G. 2003. Optimal consumption from investment and random endowment in incomplete semimartingale markets. Ann. Prob., 31: 1821-1858.

Kazamaki, N. 1978. A sufficient condition for the uniform integrability of exponential martingales. Math. Report, Toyama Univ., 2: 1-11.

Kennedy, D. P. 1994. The term structure of interest rates as a Gaussian random field. Mathematical Finance, 4: 247-258.

Korn, R. 1997. Optimal Portfolios. Singapore: World Scientific.

Korn, R., and Korn, E. 2001. Option Pricing and Portfolio Optimization: Modern Methods of Financial Mathematics. Providence, Rhode Island: American Mathematical Society.

Korn, R., and Kraft, H. 2001. A stochastic control approach to portfolio problems with stochastic interest rates. SIAM Journal on Control and Optimization, 40: 1250-1269.

Kou, S. 2002. A jump-diffusion model for option pricing. Mgmt. Sci., 48(8): 1086-1101.

Kramkov, D. 1996. Optional decomposition of supermartingales and hedging contingent claims in incomplete security markets. Probab. Theory Related Fields, 105: 459-479.

Kramkov, D., and Schachermayer, W. 1999. The asymptotic elasticity of utility functions and optimal investment in incomplete markets. Ann. Appl. Probab., 9: 904-950.

Kramkov, D., and Schachermayer, W. 2003. Necessary and sufficient conditions in the problem of optimal investment in incomplete markets. Ann. Appl. Prob., 13: 1504-

1516.

Kreps, D. M. 1981. Arbitrage and equilibrium in economies with infinitely many commodities. J. Math. Econ., 8: 15-35.

Kunita, H. 1984. Stochastic differential equations and stochastic flows of diffeomorphisms. LN in Math., 1097: 143-303. Springer.

Kusuoka, S. 1993. A remark on arbitrage and martingale measure. Publ. RIMS, Kyoto Univ., 29: 833-840.

Kusuoka, S. 2001. On law invariant coherent risk measures. Adv. Math. Econ., 3: 83-95.

Kwok, Y. K. 1998. Mathematical Models of Financial Derivatives. New York: Springer.

Lakner, P. 1993. Martingale measures for a class of right-continuous processes. Math. Finance, 3: 43-53.

Lamberton, D. 1998. American options// Hand D J., and Jacka S D. Statistics in Finance. Arnold Applications of Statistics Series. New York: John Wiley & Sons Inc: 205-229.

Lamberton, D., and Lapeyre, B. 1996. Introduction to Stochastic Calculus Applied to Finance. London: Chapman & Hall.

Lépingle, D., and Mémin, J. 1978. Sur l'intergrabilité uniforme des martingales exponentielles. Z.W.,42: 175-203.

Levental, S., and Skorohod, A. 1995. A necessary and sufficient condition for absence of arbitrage with tame portfolios. Ann. Appl. Probab., 5: 906-925.

Li, D., and Ng, W. L. 2000. Optimal dynamic portfolio selection: Multi-period mean-variance formulation. Mathematical Finance,10(3): 387-406.

Li, P., Xia, J. M., and Yan, J. A. 2001. Martingale measure method for expected utility maximization in discrete-time incomplete markets. Annals of Economics and Finance, 2(2): 445-465.

Liao, S. L., and Wang, C. W. 2003. The valuation of reset options with multiple strike resets and reset dates. The Journal of Futures Markets,23(1): 87-107.

Lintner, J. 1965. The valuation of risk assets and the selection of risky investments in stock portfolios and capital budgets. Rev. Econ. Statist., 47: 13-37.

Long, J. B. 1990. The numeraire portfolio. Journal of Financial Economics, 26: 29-69.

Longstaff, F., and Schwartz, E. 1992a. Interest rate volatility and the term structure: A two-factor general equilibrium model. Journal of Finance, 47: 1259-1282.

Longstaff, F., and Schwartz, E. 1992b. A two-factor interest rate model and contingent claim valuation. Journal of Fixed Income, 3: 16-23.

Lucas, R. E. 1978. Asset prices in an exchange economy. Econometrica, 46: 1429-1445.

Luo, S. L, Yan, J. A., and Zhang, Q. 2002. Arbitrage Pricing Systems in a Market Driven by an Itô Process// Yong J M. Recent developments in mathematical finance: 263-271.

Luo, S. L, Yan, J. A., and Zhang, Q. 2012. A functional transformation approach to interest rate modeling// Cohen et al. Stochastic Processes, Finance and Control: 303-316.

Madan, D. B. 2001. Purely Discontinuous Asset Price Processes// Jouini, E. et al. Option Pricing, Interest Rates and Risk Management. Cambridge: Cambridge University Press: 105-153.

Madan, D. B., Carr, P., and Chang, E. 1998. The variance gamma process and option pricing. European Finance Review, 2: 79-105.

Madan, D. B., and Seneta, E. 1990. The variance gamma (V.G.) model for share market returns. Journal of Business, 63: 511-524.

Maghsoodi, Y. 1996. Solution of the extended CIR term structure and bond option valuation. Mathematical Finance, 6: 89-109.

Mania, M., Santacroce, M., and Tevzadze, R. 2002. A semimartingale backward equation related to the p-optimal martingale measure and the lower price of a contingent claim// Buckdahn, R., Engllebert, H. J., and Yor, M. Stochastic Processes and Related Topics. London and New York: Stochastics Monographs: 189-212.

Margrabe, W. 1978. The value of an option to exchange one Asset for another. Journal of Finance, 33: 177-186.

Markowitz, H. M. 1952. Portfolio selection. Journal of Finance, 7: 77-91.

Markowitz, H. M. 1959. Portfolio Selection: Efficient Diversification of Investments. New York: John Wiley & Sons.

Markowitz, H. M. 1987. Mean-Variance Analysis in Portfolio Choice and Capital Markets. Oxford: Basil Blackwell.

Marsh, T., and Rosenfeld, E. R. 1983. Stochastic processes for interest rates and equilibrium bond prices. Journal of Finance, 38: 635-646.

McKean, H. P. 1969. Stochastic Integrals. New York: Academic Press.

Mehra, R., and Prescott, E. C. 1985. The equity risk premium: a puzzle. Journal of Monetary Economics,15(2): 145-161.

Mel'nikov, A. V., and Nechaeve, M. L. 1998. On the mean-variance hedging problem. Theory Probab. Appl., 43(4): 588-603.

Mel'nikov, A. V., and Shiryaev, A. N. 1996. Criteria for absence of arbitrage in financial market. Frontiers in Pure and Applied Probability, IITVP, Moscow: 121-134.

Mel'nikov, A. V, Volkov, S. N., and Nechaev, M. L. 2002. Mathematics of Financial Obligations. Translations of Mathematical Monographs Volume 212. American Mathematical Society.

Merton, R. C. 1969. Lifetime portfolio selection under uncertainty: The continuous-time case. Review of Economics and Statistics, 51: 247-257.

Merton, R. C. 1971. Optimum consumption and portfolio rules in continuous time model. Journal of Economic Theory, 3: 373-413.

Merton, R. C. 1973a. An intertemporal capital asset pricing model. Econometrica, 41: 867-887.

Merton R C. 1973b. Theory of rational option pricing. Bell J. Econ. and Manag. Sci., 4: 141-183.

Merton, R. C. 1976. Option pricing when underlying stock returns are discontinuous. J. Finan. Econom., 3: 125-144.

Merton, R. C. 1990. Continuous-Time Finance. Oxford: Basil Blackwell.

Meyer, P. A. 1962. A decomposition theorem for supermartingales. Illinois J. Math., 6: 193-205.

Meyer, P. A. 1963. Decomposition of supermartingales: The uniqueness theorem. Illinois J. Math., 7: 1-17.

Meyer, P. A. 1972. Martingales and Stochastic Integrals I. LN in Math., 284. New York: Springer-Verlag.

Meyer, P. A. 1977. Notes sur les intégrales stochastiques, I-VI, Sém. de Probab. XIV, LN in Math. 581, Springer: 446-481.

Miltersen, K., Sandmann, K., and Sondermann, D. 1997. Closed form solutions for term structure derivatives with log-normal interest rates. Journal of Finance, 52: 409-430.

Miyahara, Y. 1999. Mimimal entropy martingale measures of jump type price processes in incomplete assets markets. Asia-Pacific Financial Markets, 6: 97-113.

Miyahara, Y. 2001. [Geometric Lévy process & MEMM] pricing model and related estimation problem. Asia-Pacific Financial Markets, 8: 45-60.

Monoyios, M. 2006. Characterisation of optimal dual measures via distortion. Decisions in Economics and Finance,29(2): 95-119.

Monoyios, M. 2004. Performance of utility-based strategies for hedging basis risk. Quantitative Finance, 4: 245-255.

Monoyios, M. 2005. The Minimal Entropy Measure and An Esscher Transform in An Incomplete Market Model. Mathematical Institute. Oxford: University of Oxford.

Mossin, J. 1966. Equilibrium in a capital assets markets. Econometrica, 34: 768-783.

Musiela, M., and Rutkowski, M. 1997. Martingale Methods in Financial Modelling. Berlin, Heidelberg, New York: Springer.

Musiela, M., and Zariphopoulou, T. 2004. An example of indifference prices under exponential preferences. Finance and Stochastics, 8: 229-239.

Myneni, R. 1992. The pricing of the American option. Ann. Appl. Probab., 2: 1-23.

Novikov, A. A. 1972. On an identity for stochastic integrals. Theor. Probability Appl., 17: 717-720.

Nualart, D., and Schoutens, W. 2000. Chaotic and predictable representations for Lévy processes. Stochastic Processes and Their Applications, 90: 109-122.

Ocone, D. L., and Karatzas, I. 1991. A generalized Clark representation formula, with application to optimal portfolios. Stoch. and Stoch. Reports, 34: 187-220.

Oksendal, B. 1998. Stochastic Differential Equations. 5th ed. Berlin: Springer-Verlag.

Pardoux, E., and Peng, S. G. 1990. Adapted solution of a backward stochastic differential equation. Systems and Control Letters,14(1): 55-61.

Pearson, N. D., and Sun, S. T. 1994. Exploiting the conditional density in estimating the term structure: An application to the Cox, Ingersoll, and Ross model. Journal of Finance, 49: 1279-1304.

Pliska, S. R. 1986. A stochastic calculus model of continuous trading: Optimal portfolios. Mathematics Methods of Operations Research, 11: 371-382.

Pratt, J.1964. Risk aversion in the small and in the large. Econometrica, 32: 122-136.

Pozdnyakova, V., and Steeleb, J. M. 2004. On the martingale framework for futures prices. Stochastic Processes and their Applications, 109: 69-77.

Protter, P. 2004. Stochastic Integration and Differential Equations. 2nd ed. Berlin: Springer-Verlag.

Rao, K. M. 1969. On decomposition theorem of Meyer. Math. Scand., 24: 66-78.

Rebonato, R. 1998. Interest-Rate Option Models. 2nd ed. New York: John Wiley & Sons.

Renault, E., and Touzi, N. 1996. Option hedging and implied volatilities in a stochastic volatility model. Math. Finance, 6: 279-302.

Revuz, D., and Yor, M. 1999. Continuous Martingales and Brownian Motion. 3rd ed. Berlin: Springer-Verlag.

Rockafellar R T. 1970. Convex Analysis. Princeton: Princeton University Press.

Rogers, L. C. G. 1994. Equivalent martingale measures and no-arbitrage. Stoch. and Stoch. Reports, 51(1/2): 41-51.

Rogers, L. C. G. 1995. Which model for the term-structure of interest rates should one use? // Davis M. H. A., Mathematical Finance. IMA Volume 65, New York: Springer-Verlag: 93-115.

Rogers, L. C. G. 1997. The potential approach to the term structure of interest rates and foreign exchange rates. Math. Finance,7(2): 157-176.

Rogers, L. C. G., and Shi, Z. 1995. The value of an Asian option. J. Appl. Probab., 32: 1077-1088.

Roll, R. 1977. A critique of the asset pricing theory's tests- Part 1: On past and potential testability of the theory. Journal of Financial Economics, 4: 129-176.

Ross, S. A. 1976. The arbitrage theory of capital asset pricing. Journal of Economic Theory,13(3): 341-360.

Rossi, P. E. 1996. Modeling Stock Market Volatility. New York: Academic Press.

Roy, A. D. 1952. Safety first and the holding of assets. Econometrica, 20(3): 431-449.

Rubinstein, M. 1992. Exotic options. FORC Conf., Warwick.

Rutkowski, M. 1997. A note on the Flesaker-Hughston model of the term structure of interest rates. Appl. Math. Finance, 4: 151-163.

Samuelson, P. 1963. Risk and ambiguity: A fallacy of large numbers. Scientia. 98: 108-113.

Schachermayer, W. 1992. A Hilbert space proof of the fundamental theorem of asset pricing in finite discrete time. Insurance: Math. and Economics, 11: 249-257.

Schachermayer, W. 1994. Martingale measures for discrete-time processes with infinite horizon. Mathematical Finance, 4: 25-55.

Schachermayer, W. 2001. Optimal investment in incomplete markets when wealth may become negative. Ann. Appl. Prob., 11: 694-734.

Schachermayer, W. 2002. Optimal investment in incomplete financial markets // Mathematical Finance-Bachelier Congress, 2000. Paris. Berlin: Springer Verlag: 427-462.

Schachermayer, W. 2003. A supermartingale property of the optimal portfolio process. Finance Stochast, 7: 433-456.

Schied, A. 2006. Risk measures and robust optimization problems. Stochastic Models, 22: 753-831.

Schürger, K. 1994. On the existence of equivalent τ-measure in finite discrete time. Discussion paper No. B-297, Univ. Bonn.

Schwartz, E. S. 1997. The stochastic behavior of commodity prices: Implications for valuation and hedging. Journal of Finance, 52(3): 923-973.

Schweizer, M. 1992. Mean-variance hedging for general claims. Ann. Appl. Probab., 2: 171-179.

Schweizer, M. 1995. On the minimal martingale measure and the Föllmer- Schweizer decomposition. Stoch. Analysis and Appl., 13: 573-599.

Schweizer, M. 2001. A guided tour through quadratic hedging approaches//Jouini, E. et al. Handbooks in Mathematical Finance: Option Pricing, Interest Rates and Risk Management. Cambridge: Cambridge University Press: 538-574.

Sharpe, W. F. 1964. Capital asset prices: A theory of market equilibrium under conditions of risk. J. Finance, 19: 425-442.

Shepp, L. A. 1966. Radon-Nikodym derivatives of Gaussian measures. Ann. Math. Stat., 37: 321-354.

Shiryaev, A. N., Kabanov, Y. M., Kramkov, D. O., and Mel'nikov, A. V. 1994. Toward the theory of pricing of options of both European and American types. I. Discrete time; II. Continuous time. Theory Probab. Appl., 39(1): 1-102.

Siu, T. K., Tong, H., and Yang, H. 2004. On pricing derivatives under GARCH models: A dynamic Gerber-Shiu approach. North American Actuarial Journal, 8(3): 17-31.

Soner, H. M, Shreve, S. E., and Cvitanić, J. 1995. There is no trivial hedging portfolio for option pricing with transaction costs. Annals of Application Probability, 5(2): 327-355.

Song, Y., and Yan, J. A. 2006. The representations of two types of functionals on $L^{\infty}(\Omega, \mathcal{F})$ and $L^{\infty}(\Omega, \mathcal{F}, P)$. Science in China, Series A: Mathematics, 49(10): 1376-

1382.

Song, Y., and Yan, J. A. 2009a. Risk measures with comonotonic subadditivity or convexity and respecting stochastic orders. Insurance Mathematics and Economics, 45: 459-465.

Song, Y., and Yan, J. A. 2009b. An overview of representation theorems for static risk measures. Science in China, Series A: Mathematics, 52(7): 1412-1422.

Stricker, C. 1990. Arbitrage et lois de martingale. Ann. Inst. Henri Poincaré, 26: 451-460.

Stricker, C., and Yan, J. A. 1998. Some remarks on the optional decomposition theorem. Séminaire de Probabilités XXXII, LN in Math. 1686, Berlin: Springer, 56-66.

Taqqu, M. S., and Willinger, W. 1987. The analysis of finite security markets using martingales. Adv. in Appl. Probab., 19: 1-25.

Tehranchi, M. 2004. Explicit solutions of some utility maximization problems in incomplete markets. Stochastic Processes and their Applications, 114: 109-125.

Tobin, J. 1958. Liquidity preference as behavior towards risk. Review of Economic Studies, 25: 65-86.

Tobin, J. 1965. The theory of portfolio selection//Hahn, F H, Brechling F R P.The Theory of Interest Rates. London: Macmillan: 3-51.

Vasicek, O. A. 1997. An equilibrium characterization of the term structure. J. Fin. Econ., 5: 177-188.

Vecer, J. 2001. A new PDE approach for pricing arithmetic average Asian options. The Journal of Computational Finance,4(4): 105-113.

Vecer, J. 2002. Unified pricing of Asian options. Risk,15(6): 113-116.

Vecer, J., and Xu, M. 2004. Pricing asian options in a semimartingale model. Quantitative Finance,4 (2): 170-175.

Vorst, T. 1992. Prices and Hedge ratios of average exchange rate options. Int. Rev. Financial Anal., 1: 179-193.

von Neumann, J., and Morgenstern, O. 1944. Theory of Games and Economic Behavior. Princeton: Princeton University Press.

Wang, S. 2000. A class of distortion operators for pricing financial and insurance risks. Journal of Risk and Insurance, 67(1): 15-36.

Wang, S., Young, V. R., and Panjer, H. H. 1997. Axiomatic characterization of insurance prices. Insurance: Mathematics and Economics, 21: 173-183.

Willinger, W., and Taqqu, M. S. 1988. Pathwise approximations of processes based on the fine structure of their Filtrations. Sém. Probab. XXII, LN. in Math. 1321. Berlin: Springer: 542-599.

Wilmott, P., Dewynne, J., and Howison, S. 1993. Option Pricing: Mathematical Models and Computations. Oxford: Oxford Financial Press.

Xia, J. M., and Yan, J. A. 2000a. Martingale measure method for expected utility maximization and valuation in incomplete markets, unpublished.

Xia, J. M., and Yan, J., A. 2000b. The utility maximization approach to a martingale measure constructed via Esscher transform, unpublished.

Xia, J. M., and Yan, J. A. 2002. Some remarks on arbitrage pricing theory// Yong J E. Recent Developments in Mathematical Finance. New York: World Scientific Publishing: 218-227.

Xia, J. M., and Yan, J. A. 2003. A new look at some basic concepts in arbitrage pricing theory. Science in China . Series A: Mathematics, 46(6): 764-774.

Xia, J. M., and Yan, J. A. 2006. Markowitz's portfolio optimization in an incomplete market. Mathematical Finance, 16(1): 203-216.

Xia, J. M., and Yan, J. A. 2008. Convex duality for optimal investment. AMS/IP Studies in Advanced Mathematics, 42: 663-678.

Xu, G. L., and Shreve, S. E. 1992. A duality method for optimal consumption and investment under short- selling prohibition. I. General Market Coefficients, II. Constant Market Coeficients. Ann. Appl. Probab., 2: 87-112: 314-328.

Yamada, T., and Watanabe, S. 1971. On the uniqueness of solutions of stochastic differential equations. J. of Math. of Kyoto Univ., 11: 155-167.

Yan, J. A. 1980a. Caractérisation d'une classe d'ensembles convexes de L^1 ou H^1, Sém. de Probab. XIV, LN in Math. 784, Berlin: Springer, 220-222.

Yan, J. A. 1980b. Critères d'intégrabilité uniforme des martingales exponentielles. Acta. Math. Sinica, 23: 311-318.

Yan, J. A. 1980c. Propriété de représentation prévisible pour les semimartingales spéciales. Sientia Sinica, 23(7): 803-813.

Yan, J. A. 1998a. A new look at the fundamental theorem of asset pricing. J. Korean Math. Soc., 35(3): 659-673.

Yan, J. A. 1998b. Introduction to Martingale Methods in Option Pricing. LN in Mathematics 4, Liu Bie Ju Centre for Mathematical Sciences, City University of Hong Kong.

Yan, J. A. 2002a. A numeraire-free and oringinal probability based framework for financial markets. Proceedings of the ICM 2002, Vol. III, 861-871.

Yan, J. A. 2002b. An Overview on the martingale approach to option pricing. AMS/IP Studies in Advanced Mathematics, 26: 121-134.

Yan, J. A. 2002c. Semimartingale theory and stochastic Calculus// Kannan D, Lakshmikantham V. Handbook of Stochastic Analysis and Applications. Marcel Dekker, Inc: 47-105.

Yan, J. A. 2010. A short presentation of Choquet integral// Duan, J. et al. Recent Developments in Stochastic Dynamics and Stochastic Analysis. Interdisciplinary Mathematical Science: 269-291.

Yan, J. A. 2018. Introduction to Stochastic Finance. Beijing: Science Press, Singapore:

Springer Nature.

Yan, J. A., Zhang, Q., and Zhang, S. 2000. Growth optimal portfolio in a market driven by a jump-diffusion-like process or a Lévy process. Annals of Economics and Finance, 1: 101-116.

Yang, Z., Huang, L., and Ma, C. 2003. Explicit expressions for the valuation and hedging of the arithmetic Asian option. Journal of Systems Science and Conplexity, 16(4): 557-561.

Yor, M. 1992. On some exponential functionals of Brownian motion. Adv. Appl. Probab. 24: 509-531.

Zhang, P. G. 2006. Exotic Options. 2nd ed. New York: World Scientific.

Zhou, X. Y. 2008. Continuous-time asset allocation// Melnick, E. L, Everitt, B. S. eds. Encyclopedia of Quantitative Risk Analysis and Assessment. New York: Wiley.

索　引

《现代数学基础丛书》已出版书目

(按出版时间排序)